Hardware Microinformático

Viaje a las profundidades del PC

4ª Edición ampliada y actualizada

Hardware Microinformático

Viaje a las profundidades del PC

4ª Edición ampliada y actualizada

José María Martín Martín-Pozuelo

Alfaomega Ra-Ma®

Hardware Microinformático: Viaje a las profundidades del PC, 4ª edición

MARCAS COMERCIALES: RA-MA ha intentado a lo largo de este libro distinguir las marcas registradas de los términos descriptivos, siguiendo el estilo de mayúsculas que utiliza el fabricante, sin intención de infringir la marca y sólo en beneficio del propietario de la misma.

Cuarta edición: Alfaomega Grupo Editor, septiembre 2005

Pitágoras 1139, Col. Del Valle, 03100 México, D.F.

Miembro de la Cámara Nacional de la Industria Editorial Mexicana
Registro No. 2317

Internet: **http://www.alfaomega.com.mx**
Email: **ventas1@alfaomega.com.mx**

ISBN 970-15-1131-X

NOTA IMPORTANTE
La información contenida en esta obra tiene un fin exclusivamente didáctico y, por lo tanto, no está previsto su aprovechamiento a nivel profesional o industrial. Las indicaciones técnicas y programas incluidos, han sido elaborados con gran cuidado por el autor y reproducidos bajo estrictas normas de control. ALFAOMEGA GRUPO EDITOR, S.A. de C.V. no será jurídicamente responsable por: errores u omisiones; daños y perjuicios que se pudieran atribuir al uso de la información comprendida en este libro y en el CD-ROM adjunto, ni por la utilización indebida que pudiera dársele.

Edición autorizada para venta en México y todo el continente americano

Impreso en México - Printed in Mexico

Dedicado a mis abuelos

...y, cómo no, a mis padres, a mi esposa Ana y a mis hijos Diego y Patricia por todas las horas que no les he dedicado durante la elaboración de este texto

ÍNDICE

PRÓLOGO A LA CUARTA EDICIÓN

La tendencia mundial señala al ordenador personal, en sus diferentes formatos, como el terminal por excelencia para el acceso de los usuarios a la información, los servicios y las aplicaciones que existen en la red. El surgimiento del concepto de Sociedad de la Información como aquel estadio de desarrollo social caracterizado por la capacidad de sus miembros (ciudadanos, empresas y Administración Pública) para obtener y compartir cualquier información, instantáneamente, desde cualquier lugar y forma que se desee, hacen de la evolución de la penetración de los ordenadores personales entre los usuarios un indicador fundamental para medir el grado de avance de la Sociedad de la Información. La tendencia creciente de esta evolución supone un aliciente para comprender el intrincado mundo del PC, y, por ese motivo, todo aquel que desee formar parte de las nuevas tendencias tecnológicas debe considerar el adquirir los conocimientos básicos en que se fundamenta, o complementar los que ya posee.

La situación en España refleja que el desconocimiento de informática, el no identificar la utilidad del PC, o la falta de interés son las principales barreras que impiden la introducción del ordenador personal en los hogares, más importantes que el precio. El desentramado de la nebulosa que muchas veces supone el conocimiento del funcionamiento específico de cada una de las partes y componentes del ordenador personal, ayuda a comprender mejor el enorme potencial de actuación e interacción con la red de que disponemos, muchas veces sin saberlo, con nuestro PC.

Si conseguimos superar las anteriores barreras y los nuevos usuarios del PC convergen con el desarrollo de Internet, como elemento integrador, se facilitará en gran medida la evolución del "hogar tradicional" hacia un centro de comunicaciones que permita la integración flexible de las distintas facetas del individuo (familiar, laboral y de ocio), es decir, el "hogar digital".

Las necesidades, cada vez mayores, de compaginar las tareas domésticas con la vida profesional y el ocio; la creciente preocupación por la seguridad de los hogares, durante muchas horas al día deshabitados; el creciente número de personas mayores que, cada vez más, requieren cuidados asistenciales; el aumento del bienestar económico y el aumento en la formación tecnológica de la sociedad, particularmente de los más jóvenes; permiten convertir el concepto de "hogar digital" en un concepto fundamentalmente de presente, pero con un potencial de evolución futuro a medida que se produzca la convergencia de tecnologías y servicios.

Por todo esto, este libro contribuye a dotar al usuario de una nueva perspectiva en su relación con la emergente Sociedad de la Información, focalizando sus esfuerzos en la comprensión de la piedra angular presente y futura de su vía de comunicación con el mundo de la información y los contenidos, el PC.

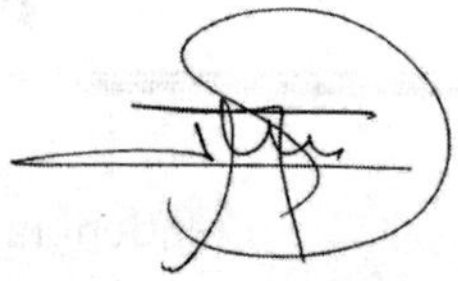

José Luis Sanz Villegas
Director Desarrollo Sociedad de la Información
Telefónica Soluciones

PREFACIO

"*Informática. ¿Y por qué no? Hoy por hoy es como hablar de Mecánica, Física, Estadística, Biblioteconomía...; pero hace años no era así y, quizás en esencia, sigue sin serlo. La Informática, por sus meros fonemas, implica un 'algo más'.*" Así comenzaba el prefacio a las tres primeras ediciones del libro que tiene entre sus manos: hablando de la singularidad de la Informática frente a otras disciplinas.

A continuación de esas líneas se describía, entre otros puntos interesantes, ese "algo más" argumentándolo con un importante grupo de razones para profundizar en el apasionante mundo del Hardware Microinformático. Lo cierto es que el atractivo característico de este tema poco ha cambiado y, si acaso lo ha hecho, ha sido para incrementar su contenido y variedad, a veces frenético.

El Hardware Microinformático es, probablemente, el gran desconocido dentro del apasionante mundo de la Informática. De hecho basta con mirar alrededor y sorprenderse con las millonarias campañas publicitarias que anuncian nuevos sistemas operativos o quedar seducidos por las maravillas que realizan nuevas aplicaciones, más potentes y sencillas. Todo esto está muy bien y, sin duda es preciso. Ahora, no hay que olvidar que no deja de ser parte de "un todo" que carecería de sentido sino existiese una plataforma donde poder ejecutarse (*Mens sana in corpore sano,* que decía el escritor latino Juvenal).

Este libro trata de eso, de la plataforma, del *corpore*. De circuitos integrados, cables y tornillos… Desde luego, a primera vista no puede decirse que la presentación sea excesivamente atractiva pero, a medida que se avanza, un sinfín de posibilidades e ingenios cautivan a quien se atreve a profundizar en estos "lúgubres" y apasionantes temas.

Y así ha sido. Esta cuarta edición de *Hardware Microinformático, viaje a las profundidades del PC* demuestra que un sector de los profesionales y aficionados a la Informática se interesan por este aspecto de la Informática, menos popular que otros pero, cuando menos, tan gratificante como el que más. La publicación de una cuarta entrega es la ratificación de la idea original.

Durante este tiempo han aparecido novedades –algunas ya recogidas como avances en la anterior edición– que han venido a enriquecer más la oferta Microelectrónica actual y de las que este texto se ha hecho eco. Esto, junto a las sugerencias enviadas por los lectores (mil gracias a todos ellos), ha generado este nuevo libro, revisado en sus detalles y ampliado en la materia, que espera tener la misma buena acogida que el anterior. Correos electrónicos de lugares dispares dentro y fuera no sólo de la geografía nacional sino, incluso, del continente, han ido definiendo el texto.

Además de los cambios "ligeros" (ampliando algunos conceptos, perfilando fechas, nombres...) esta nueva edición reúne todo lo referente a los últimos microprocesadores aparecidos en el mercado de la compañía Intel. De igual modo se contemplan los nuevos chipsets comerciales y se profundiza en temas diversos como pueden ser los osciladores. Es importante destacar también que, a fin de no hacer un libro excesivamente voluminoso, ha desaparecido todo lo referente a la Electrónica Digital y la Codificación de la Información pasando a formar parte del fichero *Apéndices Adicionales.PDF*, incluido en el CD ROM e imprimible por el usuario.

Es interesante destacar otra de las aportaciones de esta nueva edición, que se encuentra en los primeros capítulos del libro. Éstos, dedicados a la evolución de la Informática donde se indica cómo se alcanzan los diseños de las arquitecturas actuales, se han ampliado de forma significativa incluyendo nuevos gráficos y fotografías. Estas imágenes ayudarán al lector a percibir con claridad cómo eran los personajes (George Boole, Blaise Pascal...) y las máquinas (la tabuladora de Herman Hollerith, la máquina de diferencias de Babbage, el legendario Ábaco...) de hace unas décadas e incluso, unos siglos.

Otra novedad es la inclusión de nuevos apéndices y la eliminación de otros que, debido a la evolución del sector, perdían interés. En concreto los dedicados a solventar ejercicios propuestos a lo largo del libro. Algunos capítulos se prestan a ejercicios de carácter numérico que ayudan a afianzar los conceptos expuestos. Parece una buena idea el incluir, además de los ejemplos ilustrativos que acompañan a la práctica totalidad de capítulos, nuevos ejercicios que aporten más claridad. Todos estos ejercicios, así como sus soluciones, aparecen en el citado apéndice final, donde el lector podrá comprobar la asimilación de lo leído. Se espera que este punto sirva de utilidad, además, a los docentes que imparten esta asignatura en los diferentes ciclos formativos –reglados y no reglados– donde se incluye.

El resto de la estructuración general del libro continúa igual, manteniendo así la división original de capítulos, aunque el contenido de los mismos haya podido variar. El estudio detallado de cada uno de los componentes, la arquitectura de las máquinas, las averías más comunes... son temas que no pierden su actualidad y se siguen ofertando al lector bajo una nueva panorámica: la consulta. Y así es: de manera implícita, este libro, que en el momento de su aparición, se caracterizó por reunir todas las novedades del sector microinformático, ahora pasa a ser, además, un libro de consulta. Esto no le hace perder su vigencia como libro actual y dinámico (debido a RA-MA en gran medida), sino que aporta un nuevo enfoque que, si bien no fue perseguido inicialmente, sí enriquece el contenido.

Todos y cada uno de los componentes tratados en estas líneas tienen una vida útil muy corta (del orden de algunos meses), lo que les condena pronto a la obsolescencia, momento en el que desaparece la escasa documentación que sobre ellos pudiese existir. Esto representa un problema ya que las empresas y particulares no varían su parque microinformático al ritmo marcado por las novedades, sino que se trata de rentabilizar las inversiones manteniendo los equipos mientras siguen siendo productivos. Esto ocasiona que el técnico que debe mantener, reparar, ampliar y, en definitiva, trabajar en el sector real de la empresa, se encuentre con máquinas de las que no se dispone de información. En estos casos, también podrá encontrarse soluciones en estas páginas ya que se analizan en la práctica totalidad de componentes, su evolución histórica. Esto convierte a este libro en una herramienta potente de consulta sin perder, como se indicaba anteriormente, sus características didácticas contemplando todas las novedades del amplio y extenso panorama microinformático actual.

Y si este prefacio comenzaba tal y como lo hacía desde la primera edición, lo apropiado parece ser que finalice de igual manera ya que, los deseos de implicar al lector en este terreno técnico, siguen siendo los mismos: *"Es preciso prepararse para realizar un viaje a las profundidades del PC con la seguridad de encontrar un mundo fascinante que hasta ahora, quizás los no iniciados, ni siquiera imaginaban. ¡Buen viaje!"*.

AGRADECIMIENTOS

Lo cierto es que la tarea de escribir un libro puede ser harto compleja sino se cuenta con colaboradores. Estas personas no tienen que, necesariamente, aportar nada al texto: en algunos casos basta con que estimulen y apoyen en esta tarea que, a veces, se hace cuesta arriba. Son éstos los motivos (y otra gran cantidad de ellos que no tendría sentido enumerar aquí) los que me llevan a un agradecimiento público.

He de confesar que, en algunos casos, me ha ilusionado esta labor de apoyo, encontrando un entusiasmo difícilmente descriptible a través de palabras. Es realmente es un lujo contar con profesionales que han vivido en primera persona y como auténticos protagonistas la sucesión de hechos de la evolución informática.

Quisiera agradecer a Miguel Ángel Sánchez y a Loli sus datos y pesquisas de la mano de *Google* y a Pauso su apoyo subversivo y anónimo (aunque siempre bien documentado). Por otro lado resulta obligado el agradecimiento profesional (y personal) a la compañía Soltec (http://tienda.soltecsl.com/) en general y a D. Javier Serna y a D. Vicente Duarte en particular por su apoyo y documentación, especialmente por toda aquella que procede de sus Laboratorios y que enriquece el contenido del libro. También, cómo no, mi agradecimiento a José Luis Ramírez (RA-MA) que me permite seguir disfrutando escribiendo.

Por último pero no en cuanto a orden de importancia, mi agradecimiento más sincero a mi familia en general y Ana –mi "equilibrio", que diría Miguel Delibes– en particular, por todo el tiempo que, sentado delante de la pantalla del ordenador no les he podido dedicar a ella, Diego y Patricia. Soy consciente de que ese tiempo (ni ningún otro) se puede recuperar pero también sé que les satisface sentirse partícipes de estas líneas.

También en esta edición, y como siempre, mi recuerdo a Bottor…

El Autor

INTRODUCCIÓN

El origen del libro que tiene entre sus manos ha sido consecuencia de una serie de circunstancias que, de modo fortuito, han hecho del autor un observador (incluso en ocasiones hasta actor) privilegiado dentro del entorno del Hardware.

Así, varios han sido los puntos de vista que ha tenido la ocasión de recibir, bajo perspectivas que le han permitido recopilar, notas y experiencias. De este modo, en su experiencia como modesto empresario del sector en el pasado, pudo comprobar, de primera mano, la evolución del sector, su dinamismo y amplitud. Como punto intermedio entre importadores y clientes finales, pudo recibir impresiones tanto de los proveedores como de los clientes finales. En el grupo de los primeros, las estadísticas han sido lo más reales que se pueden obtener. Así, si un componente en cuestión fallaba de forma habitual, eran los Laboratorios de estos los que tenían el material RMA (averiado o reparado). Igualmente, el servicio comercial era el primer interesado en recomendar productos de calidad que le evitasen problemas de sustitución. Debe tenerse en cuenta que la importación de componentes microinformáticos deja un pequeño margen comercial por lo que el único modo de supervivencia se basa en la comercialización masiva con mínimos errores de devolución (material RMA).

Como se indicaba, estos componentes, una vez ensamblados, eran suministrados a clientes finales que ofrecían sus propios puntos de vista en cuanto a rendimiento y precio ¡qué mejor banco de pruebas para poder comprobar qué ofertan unos y qué opinan otros! Entre medias de ambos actores, el proceso de ensamblajes y pruebas también deja información esencial para incluir en el texto. Así, la facilidad de montaje, documentación, índice de error,… son aspectos que sólo en esta perspectiva privilegiada son susceptibles de ser apreciados. Esta experiencia podría haber sido suficiente para elaborar un texto capaz de ayudar a todos aquellos interesados en este apasionante mundo. Debe tenerse en cuenta en este sentido que, cualquier libro basado sobre Hardware, no aportará más información técnica al lector que la que el propio fabricante pueda dar, por ejemplo, a través de su web. Son los comentarios y experiencias adicionales los que pueden distinguir unos textos de otros.

Bajo esta consideración, *Hardware microinformático, viaje a las profundidades del PC*, en su cuarta edición, aporta no sólo los datos que los propios fabricantes aportan mediante sus webs o servicios de prensa, sino que, además, se ofrecen las direcciones más interesantes y se someten a debate cada uno de los puntos vitales de componente en cuestión.

Pero volvamos a la premisa inicial... El autor ha tenido una perspectiva privilegiada, decíamos, bajo diferentes puntos de vista. Otra de las referencias fue, en otra faceta de profesional libre, la impartición de cursos de Hardware Microinformático y Redes desde el año 1994. Esta labor obligaba, necesariamente, al estudio más profundo de todos los temas relacionados con el sector. Así, ya no resulta válido hacer "actos de fe" y creer todo lo que el fabricante dice; además hay que demostrarlo. La demostración tiene que pasar de forma obligatoria por el análisis exhaustivo, realizando cálculos donde sea posible y comparativas en todos los casos. Ése es el único camino válido para formar a verdaderos profesionales.

Poco a poco, cualquiera que se introduzca en este sector, podrá comprobar la escasez documental del mismo. Así, pocos son los componentes que incluyen algún tipo de información sobre su funcionamiento. Se supone que el comprador, con independencia de su posición en la escala comercial, debe estar suficientemente ducho en la materia como para saber instalar y configurar cualquier componente.

De forma más reciente y, como siempre, de mano del bagaje profesional del autor, esta serie de experiencias se han visto complementadas por personajes que han vivido de primera mano la evolución del sector. Así, aunque pueda parecer a muchos que los ordenadores siempre han estado ahí, la historia (incluso la prehistoria) microinformática es relativamente reciente y existen profesionales que la han vivido en primera persona. Desde aquellos que conocieron el Silicon Valley con un puñado de empresas hasta introductores de importantes tecnologías que, en su momento desconocidas, hoy son un estándar y punto de referencia.

Todas y cada una de las impresiones que se pueden reunir en los diferentes niveles tratados, han conformado la realidad que hoy se publica en su cuarta edición: *Hardware Microinformático, viaje a las profundidades del PC*.

Son éstos los motivos por los que el lector podrá encontrar razonamientos y explicaciones detallados, bajo los más estrictos parámetros didácticos y pedagógicos a la vez que experiencias prácticas y reales. Esto último hace de este libro una herramienta de trabajo y consulta imprescindible y cercana a la realidad. No se trata, por tanto, de una "Informática de Salón" sino, más bien, de una aplicación de laboratorio.

Se ha supuesto un punto de partida bajo, requerido por neófitos ya que el objetivo de este libro es el de enseñar, sin poner barreras y menos en el inicio. No obstante, no debe confundirse con un texto superfluo: aunque se comienza desde unos mínimos, el paulatino avance en cada una de las materias requiere del lector ese ánimo imprescindible para abordar cualquier tema técnico, hasta alcanzar un alto nivel de conocimiento sobre la materia aquí tratada.

El libro se ha dispuesto en áreas de conocimiento relacionadas entre sí pero con entidad propia. De este modo se tratan con independencia los bloques de Introducción, Electrónica Digital (incluido en esta versión en el CD ROM adjunto), Componentes, Experiencias prácticas, Sistemas Operativos y Apéndices. Sobre cada una de las áreas enumeradas, se realiza un recorrido destacando aquellos puntos que, bajo el enfoque buscado por el libro, se consideran de mayor interés para el lector.

La introducción pretende dar una panorámica de cuál ha sido la evolución y punto de partida hasta obtener las máquinas que actualmente conocemos. No se trata de un relato histórico sin aplicación práctica: el entendimiento de las dificultades de la época, máquinas, disponibilidades técnicas… ayudan a comprender mejor el porqué de las diferentes arquitecturas y la razón, en nuestro caso, del uso de Von Neumann como modelo de referencia. Los conceptos digitales, electrónicos, físicos… se entienden con mayor profundidad conociendo su origen y motivación. De este primer bloque, el lector extraerá ese "background" informático imprescindible para abordar el resto del libro.

La Electrónica Digital es la base para cimentar muchos de los conceptos aquí expuestos. Sí es cierto que, salvo la reparación específica de tarjetas, con material de laboratorio apropiado, la Electrónica Digital se "escapa" al quehacer diario microinformático. En este libro se trata y además de forma bastante pormenorizada en el CD ROM suministrado. El motivo estriba en la experiencia adquirida en la docencia de esta asignatura. El entendimiento de cómo se realizan las operaciones lógicas o cómo se codifica la información, ayudan al alumno –en este caso al lector– a comprender mejor todos los conceptos. No hay que olvidar que, en definitiva, el Hardware no es, ni más ni menos, que la expresión Informática de la Electrónica del ordenador. Cómo funciona la memoria, cómo se consigue la seguridad en las comunicaciones, cuál es el concepto de frecuencia, período… Todo es tratado aquí. Es más, una de las novedades de esta segunda edición es, aparte de un análisis más exhaustivo de este tema, la aportación de ejercicios resueltos en los apéndices finales para una mayor comprensión.

El apartado dedicado a Componentes es el más extenso del libro. A través de varios capítulos se van tratando los diferentes elementos que conforman el ordenador, agrupados, según los casos, por características comunes (soportes físicos de información, sistema de vídeo…). Cada capítulo trata conceptualmente el elemento en cuestión con todas sus variaciones, evolución, fabricantes, cálculos… En definitiva se realiza un análisis exhaustivo del componente con aportaciones prácticas.

Fruto del apartado anterior, surge otro bloque, eminentemente práctico, dedicado al ensamblaje y configuración de la máquina. Una vez afianzados los conocimientos específicos anteriores, el lector estará preparado para abordar en conjunto el ensamblaje de los diferentes componentes estudiados. Aquí encontrará todas las referencias precisas a condiciones de trabajo, herramienta y todo lo preciso para llevar a buen fin esta tarea. Una vez montado el equipo, será preciso configurarlo tal y como se detalla en el capítulo, dando especial importancia a los aspectos del SETUP, POST y sintomatología de la máquina antes y después de instalar el sistema operativo.

Otro de los bloques citados hace referencia a los sistemas operativos. Lo cierto es que éste no es un libro de software y, es más, se intenta evitar cualquier parecido. Es difícil encontrar textos que se ciñan a la materia del Hardware y con frecuencia, lo que comienza siendo un libro práctico, acaba terminado en el análisis de herramientas software para determinar averías hardware. No, no es ése el objetivo de éste… No obstante, resulta imposible ignorar algunas aplicaciones y sin duda, la "aplicación principal" es un sistema operativo. Este apartado enumera los sistemas más usados (tanto actuales como de hace unos años). Sus principales características, limitaciones, fabricantes… son conceptos que ayudarán al usuario a conocer la existencia pero no su manejo (objetivo no pretendido en este texto). La especialización en cada uno de los sistemas operativos será una tarea adicional, aunque qué duda cabe de la necesidad del conocimiento básico de cada uno de ellos. De este modo, aun sin saber manejarlos en profundidad necesariamente, sí será preciso conocer cómo manejan las particiones o gestiones la memoria. En definitiva, qué aspectos básicos afectan al hardware del ordenador.

Otra serie de capítulos adicionales forman al lector en el resto de áreas de conocimiento imprescindibles que no han sido englobadas en ninguno de los grupos anteriores. De esta manera encontrará interesantes capítulos dedicados a virus, reparaciones, normativas vigentes en cuanto al ensamblaje de máquinas, montajes prácticos…, incluso diferentes temas relacionados con redes, Internet y los diferentes modos de conexión. Por supuesto es imposible tratar detalladamente todos los conceptos anteriores (podrían ser cada uno de ellos un libro por sí mismos), pero sí tener las nociones básicas y el conocimiento necesario para saber en qué consisten y de qué forma pueden verse relacionados con el Hardware.

Como se puede observar, las pretensiones de este libro son ambiciosas: formar verdaderos profesionales en el Hardware Microinformático, un sector ávido de nuevos profesionales que tengan una sólida base formativa. La carencia de estos técnicos ha dado lugar al intrusismo de muchos "cambia-tarjetas" que no han beneficiado la imagen del resto de los profesionales. Este sector requiere una deontología que comienza, precisamente, por la honestidad de los profesionales que se dediquen a él. Es preciso tener los conocimientos necesarios antes de enfrentarse a una máquina. No debe olvidarse que, en definitiva, no se trata de una labor electrónica sin más: el proceso informático da lugar a información muy importante y, a veces, insustituible e irrecuperable. No puede dejarse en manos de cualquiera operaciones tan delicadas como éstas.

Con mi convencimiento más absoluto de que estas líneas servirán de utilidad a las personas interesadas en este apasionante tema, aprovecho para ponerme a su disposición para cuantas observaciones, mejoras o ampliaciones deseen hacerme llegar a través de jmaria_martin@hotmail.com. Gracias de antemano y espero sinceramente que encuentren en estas líneas soluciones y aplicaciones prácticas que satisfagan sus expectativas.

El Autor

CAPÍTULO 1

ARQUITECTURA DE UN PC

Se entiende por Arquitectura de los ordenadores todos aquellos aspectos que afectan al estudio de la estructura, diseño y funcionamiento de los ordenadores. Obviamente esto atañe de una manera directa al hardware pero también tiene una serie de implicaciones software. La lógica de diseño resultó en su día curiosa –cuando menos– vista con la objetividad que el tiempo proporciona. Lo cierto es que, gracias a planteamientos arriesgados y absurdos a veces, la Informática es hoy por hoy, lo que conocemos.

Este capítulo determina cómo se alcanzan desde los más variopintos planteamientos, procesos concretos y efectivos de computación. Actualmente resulta relativamente sencillo pensar en la estructura de un ordenador. Aun para los no iniciados, los términos de memoria, disco duro, programa... les resultan familiares. El problema surge cuando estos conceptos de partida no existen. Se sabe qué se pretende conseguir pero aún no se sabe cómo: el objetivo es, fundamentalmente, obtener máquinas capaces de realizar operaciones. Incluso los propios términos como software o hardware que definen claramente conceptos perfectamente delimitados, son nuevos.

Han sido muchas las personas que de una década hasta ahora han pensado cuál sería el mejor diseño organizativo para manejar la información. Aunque ha cambiado la tecnología, los componentes y los procesos industriales, las bases de la computación actual siguen siendo prácticamente las mismas que las definidas hace años. El implementar un circuito de memoria a través de relés y contactores o mediante semiconductores con sistemas de detección y corrección de errores, sólo difiere en cuanto a la velocidad de respuesta, consumo o mantenimiento. En esencia, ambos sistemas, sirven para almacenar de modo temporal datos.

Este capítulo evalúa parte de esos ingenios brillantes que han ido perfilando la estructura actual de los ordenadores. Desde el ábaco hasta el más complejo microprocesador.

1.1. LOS ORDENADORES. CONCEPTO DE ARQUITECTURA

En algún sitio leí que, según John F. Kennedy, "*el futuro no es un regalo, sino una conquista*" y debo reconocer que la frase me impactó. Probablemente nuestra vida no sería como es si no fuese porque algunos pioneros *conquistaron* por nosotros. Ésa ha sido la tónica de la arquitectura de los ordenadores y, probablemente, de otras muchas ciencias más. Este primer capítulo trata, precisamente de eso, de conquistas y logros, de avances y, a veces, retrocesos pero, en definitiva, de una sucesión de éxitos, fracasos y caminos alternativos que han hecho que nuestro entorno sea lo que hoy es.

La evolución de la informática ha ido pareja, cómo no, a la de la electrónica. Así, las grandes pautas impuestas por esta última ciencia han condicionado de forma decisiva todos los avances en el proceso de la información de manera automática. Estos avances han marcado una serie de hitos que han dividido etapas de ordenadores. Estas etapas –o generaciones– han tenido siempre como protagonista principal un componente electrónico cada vez más pequeño, más rápido, más barato, con menos consumo...

Ahora bien, de poco serviría disponer de potentes componentes si no existiese una estructuración, una jerarquización que definiese el modo en el que deben trabajar. Éste es el reto que se plantean los estudiosos de la arquitectura de los ordenadores.

Según Kai Hwang y Fayé Briggs, la arquitectura de los ordenadores trata del concepto del sistema que integra el hardware, software, algoritmos y lenguajes para realizar cálculos. También J. L. Baer define la arquitectura como "*el arte o la ciencia de planificar, diseñar, construir y dar tratamiento a los computadores*". Cualquiera que sea la teoría a adoptar, todas persiguen un fin común: el aumento del rendimiento. Dicho rendimiento, tal y como se verá en el siguiente capítulo, no depende exclusivamente de la velocidad del microprocesador, sino que intervienen muchos más parámetros. Así, un buen sistema de medida son los MIPS, o millones de instrucciones por segundo, definidos por dos factores: la arquitectura de la máquina y la tecnología de la misma. Ambos conceptos definirán la potencia total de la máquina.

Conocer los distintos avances (generaciones) ayudarán al lector a asimilar el concepto, a veces abstracto, de arquitectura de un PC.

1.2. LOS ELEMENTOS BÁSICOS

Siempre que se aborda el tema informático y hay que establecer precedentes, se recurre a ejemplos que, a menudo, dejan al lector pensando en qué tienen que ver con la Informática (al menos a mí me ocurría cuando me hablaban de ábacos para indicarme que eso era el precedente de mi primer ordenador: un Amstrad CPC 472, perfectamente incompatible; era "discreto" pero... ¡de ahí a un ábaco!). Es necesario establecer una cierta abstracción para definir una serie de elementos indispensables en el entorno informático. A partir de ahí, comenzará la búsqueda por el "pasado de la Informática".

Bien entendida, la Informática es la ciencia capaz de manejar información mediante el uso de máquinas. Esta definición tan ambigua reúne ideas que, aparentemente, están muy lejanas del concepto actual. Así llama la atención el pensar en, por ejemplo, una caja de música (sí, una caja de música) como un elemento capaz de procesar información. No obstante, analizado detenidamente, nos encontramos con una máquina capaz de realizar una función que responde a una información previamente definida: reproducir una melodía. Esta idea se asemeja, lejanamente, con la de un programador (la persona que diseñó la caja), una máquina (el propio mecanismo de reproducción en sí) y un programa (la melodía, implementada como agujas de diferente longitud y que, como consecuencia, oscilan a diferentes frecuencias al ser golpeadas).

Ahora bien, tomando por válido el ejemplo anterior, surge una diferencia fundamental con los sistemas actuales. Esta diferencia marcó en su momento un antes y un después de su implementación. Como el lector habrá apreciado, una máquina actual es capaz de ejecutar diferentes programas, mientras que una caja de música siempre reproduce la misma melodía. En otras palabras, el programa como tal está embebido dentro del diseño del mecanismo y es imposible separar ambos conceptos, es decir, habría que cambiar el *hardware* (maquinaria) para obtener cambios en el *software* (melodía). Se trata, por tanto, de una máquina capaz de ejecutar siempre un mismo programa.

No sería hasta el siglo XIX cuando Babbage solventase este problema separando la idea de máquina (hardware) y programa (software), manteniendo, eso sí, el concepto del programador como artífice del programa. Esta idea proporciona versatilidad a la máquina y la hace válida para la ejecución de diferentes tareas según las necesidades. No obstante, aun dando por válida la idea, es preciso desarrollar una tecnología que permita soportar el programa. En los próximos apartados se verán los diferentes ingenios que han conseguido albergar datos (algunos realmente ingeniosos, ya verá...).

De todo lo expuesto, surgen tres conceptos claramente diferenciados que es preciso definir antes de abordar ideas más complejas. El correcto entendimiento de estas ideas proporcionará un punto de partida sólido a la hora de abordar el fascinante mundo microinformático:

Hardware Define el soporte físico, la maquinaria capaz de procesar y mantener información (la parte tangible de la Informática, vaya). Obsérvese que no se hace referencia a la tecnología empleada (caja de música u ordenador): el concepto es independiente de su implementación que podrá ser mecánica, electromecánica, electrónica (en este capítulo se detallarán temas como los ordenadores analógicos frente a los digitales convencionales), o de cualquier otra tecnología venidera. En otras disciplinas –parejas en cierta medida– como es la Inteligencia Artificial, se define este concepto como de un modo suficientemente claro por parte de Newell & Simon. Así, se entiende que la inteligencia (proceso en nuestro caso) es *neutral con respecto al substrato* (la máquina, el hardware), haciendo referencia a la independencia del soporte físico.

Software Es el conjunto de programas, datos, procesos a realizar... En definitiva toda aquella parte de la informática no tangible, es decir, que no es posible tocar (la idea de que suene una melodía en el ejemplo anterior). Hay que distinguir entre los datos y los dispositivos físicos que los soportan. Así, un texto escrito en un papel será software (es información y no se puede tocar), mientras que el papel será hardware. Este concepto es el más novedoso ya que implica la necesidad de cuantificar algo que hasta el momento no se había hecho: la información.

Usuario Es la persona que controla y maneja toda la operación. No tiene por qué ser beneficiario de los datos: simplemente usa la máquina para procesar datos y obtener información. Según la cualificación del trabajo realizado frente al sistema informático, esta persona recibirá un nombre que defina su capacitación laboral como operario, analista, programador,...

Seguro que el lector habrá identificado estos tres componentes con la tecnología actual. Quizás con esa idea clara, asimilada desde el presente, sea más sencillo abordar el pasado. Así aparecen diferentes máquinas e ingenios con los que se puede establecer un vínculo.

1.3. LA PREHISTORIA INFORMÁTICA

Indagando entre los diferentes conceptos que se pueden asociar a la información y las máquinas que hacen uso de ella, la primera referencia que se encuentra en un sistema de cálculo basado en un "aparato" es en ¡el tercer milenio a.C.! (el mismo ingenio que se repite hace 2.500 años en China y 100 años a.C. en Roma). Ya entonces se utilizaban sistemas capaces de realizar cálculos. El aparato en cuestión era el popular ábaco. Dicho elemento es capaz de contar y almacenar datos (ya aparece el concepto de "almacenaje" y, asociado a él, el de "memoria").

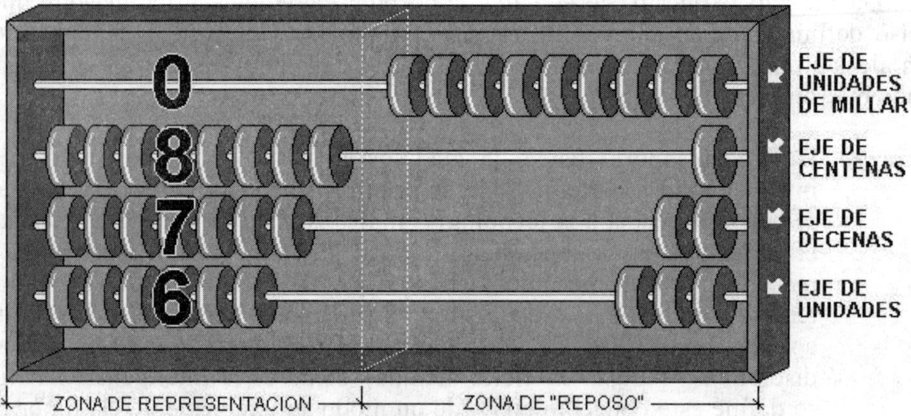

Figura 1–1 Funcionamiento del ábaco

El ábaco está formado por varios ejes (que definen la capacidad de conteo de la máquina[1]) y, en cada uno de estos ejes se encuentran nueve “cuentas” o fichas. La idea es sencilla (al menos vista con cierta distancia histórica): basta con asignar a cada eje un rango de valores. El primero será el de unidades, el segundo el de decenas, centenas el tercero, unidades de millar el cuarto... y así sucesivamente. A continuación, se colocarán en uno de los extremos tantas cuentas como unidades de ese mismo eje se quieran representar. Por ejemplo, el número 876 se representará como ocho cuentas en el eje de centenas, siete en el de decenas y seis en el de unidades, tal y como indica la figura anterior.

Resulta interesante observar que no sólo es posible almacenar datos (de forma que esto ya es una memoria), sino que además se puede operar con ellos. El proceso consiste en incrementar en tantas *cuentas* (así se denominan cada una de las “fichas” del ábaco) como se quieran sumar y observar el resultado. Habrá que tener presente que cuando se tengan nueve cuentas en un eje, habrá que incrementar en una unidad el inmediato superior y eliminar todas las cuentas del eje que se encontraba completo (es el paso, por ejemplo, del número nueve al diez).

Este sistema rudimentario tiene muchas limitaciones pero, a pesar de todo, cumple su función perfectamente y es totalmente operativo. Probablemente éste sea el primer dispositivo relacionado con la informática del que se tiene constancia y donde es posible identificar el hardware (el ábaco en sí, las cuentas...), el software (proceso de representación, normas de adición...) y el usuario (persona que lo maneja).

Incluso una aproximación al sistema binario, base de los sistemas digitales utilizados en la actualidad se encuentra en China dos milenios a.C.: es el “Libro de las mutaciones” o “I-Ching”, donde aparece la formulación del citado sistema.

La primera máquina capaz de realizar operaciones que, hasta el momento, sólo se atribuían a los humanos fue la construida por Samuel Morland en 1666, sobre la base previamente establecida por el francés Blaise Pascal en 1642 que, con tan sólo 19 años creó la primera máquina capaz de sumar. Unos años más tarde, en 1671, por fin, se implementa la máquina multiplicadora de la mano de Gottfried W. Leibniz, matemático alemán, llegando a multiplicar y dividir.

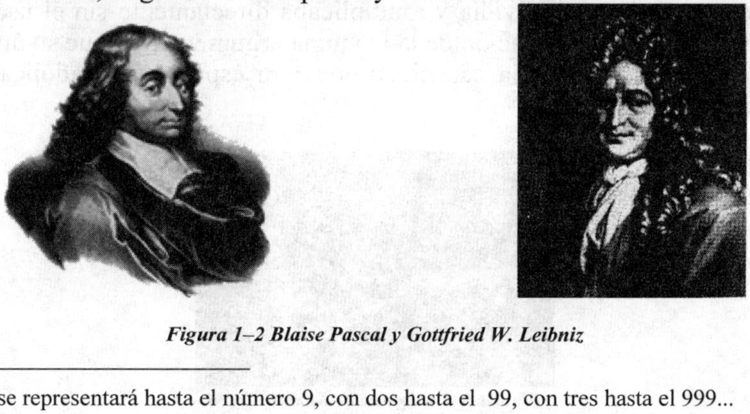

Figura 1–2 Blaise Pascal y Gottfried W. Leibniz

[1] Con un eje se representará hasta el número 9, con dos hasta el 99, con tres hasta el 999...

¡Prácticamente una calculadora en el siglo XVII! La idea consistía en una serie de ruedas dentadas que, girando sobre un mismo eje común, disponían de diez dientes. Cada diente con el número 9 llevaba un tope que incidía sobre la rueda anexa haciéndola avanzar una posición. Este sistema, mediante el empuje de una manivela o cualquier otro dispositivo, conseguía contar de forma secuencial. No sería hasta dos siglos más tarde, en 1889 cuando se realizasen máquinas capaces de sumar, restar, multiplicar y dividir automáticamente.

En 1800 aparecen mejoras importantes en Estados Unidos: Dorr E. Felt inventará una calculadora a la que se denominará *Comptómetro* pero, sobre todo, Bill S. Burroughs diseñará una sumadora capaz de *recordar* el resultado de la operación anterior, ¡por fin el concepto de memoria va tomando forma física!

En esta época destaca el inglés Charles Babbage, profesor en la Universidad de Cambridge que en 1821 presenta ante la Royal Astronomical Society su "máquina de diferencias", capaz de resolver ecuaciones polinómicas mediante el cálculo de las diferencias sucesivas entre los conjuntos de números. Fue premiada en 1822 con la Medalla de Oro de la citada institución. Se intentó perfeccionar pero la falta de precisión de la mecánica impidió que Babbage, a pesar de contar con dos subvenciones importantes, terminase su proyecto 40 años más tarde, en 1887.

Figura 1–3 Babbage y su máquina

Relevante es el libro de *El análisis matemático del pensamiento* que George Boole publica en 1847 dando las bases de "su" álgebra: el Álgebra de Boole.

En 1878, España también toma parte en la carrera de los ingenios. Ramón Verea desarrolló una máquina que dividía y multiplicaba directamente sin el uso de tablas. Verea se negó a la comercialización de la máquina argumentando que su único motivo para el diseño era demostrar la capacidad creadora española (paradójicamente este señor residía en Nueva York).

Figura 1–4 Máquina de Ramón Verea

Leonardo Torres y Quevedo fue otro español que diseñó varias máquinas para la resolución de ecuaciones algebraicas y construyó la primera capaz de jugar al ajedrez. Su actividad la desarrolló entre 1893 y 1920 y fue en 1914 cuando escribió *Ensayos sobre la Automática* donde define una máquina que opera según unas reglas previas definidas (metodología de la programación). Este estudio no se implementó físicamente por la falta de tecnología de la época.

En 1890, bajo el respaldo comercial de "Tabulating Machine Company", aparece la máquina tabuladora de Herman Hollerith, basada en los ensayos de Boole y Babbage. Con un sistema eléctrico trabajaba en binario a través de tarjetas perforadas, asociando los diferentes estados lógicos a la presencia o no de perforaciones. Herman Holleritz creó su empresa pero, ante problemas económicos, vendió su patente a CTR (*Computer Tabulating Recording*).

Figura 1–5 Logotipo de CTR y primero de IBM

Más tarde, T.J. Wason, comercial de CTR vio claras posibilidades de negocio en las máquinas interpretadoras de tarjetas perforadas y en 1924 creó su propia compañía: la *International Business Machine*, más popularmente conocida como IBM. ¡El gigante azul acababa de nacer!

Figura 1–6 Herman Hollerith y su Tabuladora

Al alemán Konrad Zuse se le deben dos máquinas denominadas Z1 y Z2 bastante similares a un ordenador actual, desarrolladas entre 1934 y 1939. La guerra impidió el perfeccionamiento con válvulas de vacío ya que el diseño era, fundamentalmente, electromagnético.

Es en esta época cuando, a raíz de la utilización de sistemas electrónicos, aparece la figura de los *debuggers*. En la actualidad, se interpreta un *debugger* como una aplicación para depurar o escudriñar programas (hasta no hace demasiado, el propio MS-DOS incluía una aplicación llamada *debug*). En origen, tanto la función como la figura eran radicalmente diferentes: los *debuggers* eran señores que, armados de insecticida en ristre, limpiaban los circuitos de las máquinas de bichos (*bugs*) que provocaban cortocircuitos y errores en el funcionamiento. En la actualidad esta función "limpiadora" sigue estando presente, obviamente, de forma evolucionada.

Aunque realmente no se consideran ordenadores como tal a las máquinas que no realizan sus funciones con tecnología electrónica (los primeros con válvulas de vacío), cabe una excepción por su potencia y éxito en la época: el Z3. Se trata de una máquina diseñada por Konrad Zuse usando tecnología electromagnética (fundamentalmente relés ¡usaba 2.000! similares a los actuales). Con más de una tonelada de peso consumía 4 KW y su memoria era de 176 bytes, organizada en 64 palabras de 22 bits cada una. Admitía la programación mediante cintas perforadas.

Figura 1–7 Z3 (Museo Deutsche)

Se puede encontrar una reconstrucción de la máquina original destruida en 1944 como consecuencia de un bombardeo en el Museo Deutsche de Munich.

Además de todo lo expuesto, existen más apariciones de ingenios, ideas... relacionadas con el cálculo y el proceso de datos. Dentro de este cajón de sastre se podría incluir la referencia literaria a un autómata en el libro XVIII de *La Iliada* de Homero (600 a.C.), definiciones de la electricidad estática por parte de Tales de Mileto (500 a.C.) de cuyo texto se obtiene la palabra "electrón", o la construcción por parte de Herón de Alejandría del primer robot, en el 100 a.C., con fines lúdicos basado en sistemas hidráulicos... ¡Qué gran verdad es aquello de *Nihil novum sub sole* que decía el proverbio latino (Nada nuevo bajo el sol)! Efectivamente, en materia de tecnología, no hay propiamente nada nuevo, sino un permanente devenir creador, en el que inventos y descubrimientos del pasado han dado lugar a nuevos desarrollos. Todos y cada uno de los conceptos aquí tratados, han contribuido en su justa medida (para bien o para mal) a hacer de la Informática la ciencia que es hoy, con sus éxitos y errores.

1.4. PRIMERA GENERACIÓN DE ORDENADORES (1946-1955)

En estos inicios de la Informática no hay una idea real de la revolución que el proceso de datos implica y, aunque hay conciencia de que "algo" está sucediendo, no se alcanza a entender la magnitud. Sólo este razonamiento explica la primera previsión de necesidades informáticas en los EE.UU. donde, a través de un estudio, se asegura que veinte máquinas son suficientes para saturar el proceso de datos.

Cada una de las diferentes etapas en que se ha dividido la historia informática han sido lideradas por la aparición de un componente electrónico que ha potenciado la creación de ingenios. Si bien hasta ahora ya existían máquinas capaces de realizar cálculos más o menos complejos, no es hasta este momento cuando se implementan gracias a un componente: la válvula de vacío. La válvula de vacío, tubo de vacío o, simplemente, válvula es un componente[2] que, gracias al efecto termoiónico de calentar una pletina de tungsteno toriado (cátodo) y a la habilidad para controlar el flujo de electrones producido como consecuencia de dicho calentamiento a través de una rejilla, consigue funcionar como un amplificador (triodo). Dicho amplificador tiene dos extremos de trabajo límite: el corte y la saturación, que son fácilmente relacionables con los valores lógicos 0 y 1 que conforman el sistema binario para su posterior tratamiento con el Álgebra de Boole. La programación a través de este sistema recibió el nombre de "código máquina". Existen varios nombres asociados a esta primera generación, tanto de máquinas (que eran personalizadas al tratarse de grandes proyectos únicos) como de personas.

Esta etapa que abarcó –aproximadamente– la década de los años 50, destacaron cerebros privilegiados como el de Alan Turing (1912-1954), autor de varios textos definitivos como el primer proyecto de cerebro artificial (1937), "Maquinaria Inteligente" (1947) donde establece relaciones entre el cerebro "virgen" de un niño y una máquina sin programación.

Figura 1-8. Alan Mathison Turing

En 1943, Turing colaboró con Tommy Flowers en la construcción de "Colossus", una máquina encargada de descifrar los mensajes nazis codificados en la Segunda Guerra Mundial (lo que hoy se llamaría un ordenador "dedicado"), formado por 2.400 válvulas, 5 paneles de entrada de datos con tarjetas perforadas y un rudimentario sistema de impresión.

2 Diseñado por A. Meisner en 1913.

Los mensajes nazis codificados eran generados por otra máquina: Enigma. Ésta cobró especial protagonismo en el año 2001 al conocerse los detalles de su fabricación y funcionamiento de forma pública.

Posteriormente, en 1945 trabajó en el Laboratorio Nacional de Física intentando construir una máquina a semejanza del cerebro humano, que no llegó a buen puerto al desconocer otras disciplinas como la neurofisiología.

Otros dos personajes destacados en esta generación fueron James Bryce (IBM) y Howard Aiken (Universidad de Harvard). Bryce había trabajado en 1932 en un proyecto de implementación de válvulas de vacío en máquinas calculadoras y este proyecto atrajo a Aiken de tal modo que en 1937 se firmó un convenio IBM-Harvard para el desarrollo de una máquina electromecánica basada en relés que dio sus frutos en 1944: el MARK I. A esta máquina le sucedieron versiones mejoradas que se llamaron MARK II y MARK III pero, para que el lector se haga una idea, MARK I medía unos 18 m "de pasillo" por 2,5 m de altura, siendo las tarjetas perforadas la única interfaz establecida con el usuario. La potencia aproximada era de 10 operaciones/segundo. Aunque esta máquina no usaba la electrónica como base de su funcionamiento, se le considera dentro de esta etapa, probablemente, por su afinidad cronológica.

En paralelo, otras Universidades como la de Pennsylvania construyeron otras máquinas con otras tecnologías: las válvulas de vacío. A partir de un proyecto de J. W. Manchyl en 1941 y con un total de entre 17.468 y 19.000 válvulas (los historiadores no coinciden en este respecto) John P. Eckert y Mauchly construyeron el ENIAC ("Electronic Numerical Integrator and Calculator"), en 1945. Este ordenador con más de 30 toneladas de peso y con un índice de error de una válvula cada tres minutos, se instaló en los sótanos de la Universidad y fue el primero que se realizó con tecnología electrónica. Su manejo se conseguía cambiando el cableado del mismo (para lo que se habilitaban unos conectores) y la potencia disipada por sus válvulas era capaz de elevar la temperatura de la habitación que lo contenía. La implantación real, tras el desarrollo del ENIAC en 1945, no se produjo hasta 1955 (¡10 años después!). Esto explica el porqué de las variaciones de fechas en cuanto a la aparición de esta máquina por los diferentes autores a los que se consultó. Así, es bastante común que aparezca la fecha en la que se aborda el problema del cableado del ENIAC (1947) en lugar de su desarrollo (1945, insisto). De cualquiera de las maneras, este período de vigencia representa mucho más que cualquiera de nuestras máquinas actuales.

Figura 1–9 Diferentes vistas del ENIAC

En 1947 John Von Neumann (1903-1957), matemático de origen húngaro nacido en Budapest, trabajaba en el Laboratorio de "Los Alamos" y se interesó en el problema que suponía el recablear el *ENIAC* cada vez que era preciso cambiar de programa.

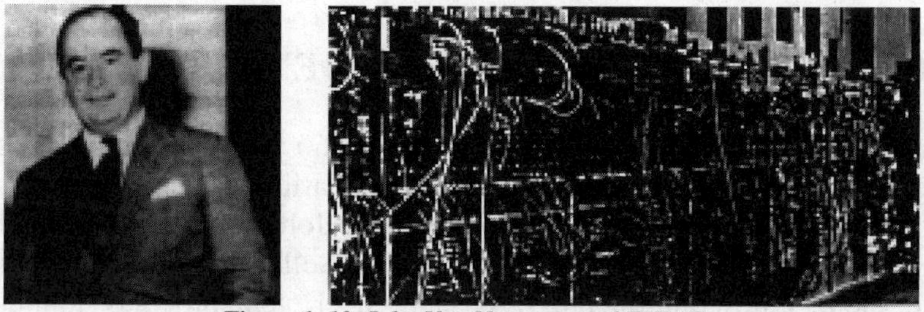

Figura 1–10 John Von Neumann y el ENIAC

Es en 1949 cuando aporta la solución: ya no será preciso recablear físicamente la máquina, sino que las operaciones a realizar también se introducirán en la máquina a través de tarjetas perforadas. Esta máquina teórica –que jamás se construyó– fue el "EDVAC". Esta teoría se hizo tangible de la mano de M. V. Wilkes en la Universidad de Cambridge, en el "EDSAC", prototipo de las posteriores máquinas –ya con carácter comercial– que aparecieron como el UNIVAC I[3] (UNIVersAl Computer) en 1951, de Sperry-Rand Corporation. El *"programa almacenado"* que podía ser albergado en memoria había hecho aparición y con él, toda una nueva arquitectura: la arquitectura de Von Neumann, tratada en este mismo capítulo.

Figura 1–11 Aspecto del UNIVAC I

La primera máquina UNIVAC I fue adquirida por la Oficina del Censo de los Estados Unidos para procesar el Censo del año anterior (1950). El precio medio de cualquiera de las máquinas expuestas era del orden de cientos de miles de dólares.

Con posterioridad aparecieron otras máquinas como la IBM 701 de la que llegaron a producirse hasta un total de 18 computadoras entre 1953 y 1957. La compañía Remington Rand, dentro del campo científico, sacó, en competencia a IBM, su producto al que denominó 1103, a lo que IBM replicó con la IBM 702. Esta última máquina no tuvo demasiado éxito ya que problemas de hardware en su memoria la hicieron desaconsejable.

[3] Disponía de unas mil palabras de memoria principal y era capaz de leer cintas magnéticas.

Sin duda, la máquina más representativa de esta época fue la IBM 650 (¡que llegó a fabricarse por cientos de unidades!) con una novedad: la utilización de memoria secundaria implementada a través de un tambor magnético (similar a los discos duros).

1.5. SEGUNDA GENERACIÓN DE ORDENADORES (1955-1964)

Esta etapa, situada en la década de los años 60 (aunque realmente se debería concretar entre 1955 y 1964), fue marcada por la aparición de un nuevo componente electrónico: el transistor. Desarrollado en 1947 por John Bardeen, Walter Brattain y Willian Shockley, ingenieros de los Laboratorios Bell, se conseguía sustituir a las válvulas de vacío. Este componente se basaba en el elemento más abundante en la naturaleza: el silicio. Dicho silicio llevado a un nivel de pureza extremo y mediante un proceso de dopaje, conseguía un estado de inestabilidad atómica en su última capa orbital que favorecía, según una determinada polarización, el flujo de corriente o no (traspaso de electrones entre átomos). Este componente, también fabricado en germanio, consiguió reducir costes, ya que la materia prima era realmente barata (tanto como un puñado de arena). Además, el sistema de producción era menos complejo. A estas características económicas se le unían características técnicas. Este nuevo elemento, que disipaba mucho menos calor al consumir menos (ya no se basaba en el efecto termoiónico), era más rápido, pequeño y fiable.

Uno de los padres del transistor –Bill Shockley– fue pionero en lo que posteriormente se denominaría "Silicon Valley" (Valle del Silicio), al abandonar los Laboratorios Bell y formar su propia empresa en Palo Alto: los Shockley Semiconductor Laboratories. Fue precisamente en esta empresa donde trabajó Robert Noyce, uno de los desarrolladores del primer microprocesador y fundadores de Intel.

El desarrollo del transistor les proporcionó a los tres ingenieros el reconocimiento que otorga el Premio Nobel de Física. La utilización de transistores en los ordenadores no fue efectiva hasta 1955, disminuyendo de forma espectacular en tamaño, consumo, precio y disipación de energía, a la vez que aumentaban en velocidad y fiabilidad.

Dada esta revolución, los ordenadores experimentan un avance espectacular marcado desde el inicio del transistor hasta, aproximadamente, el año 1964. En esta etapa ya se utilizaban los núcleos de ferrita como dispositivos de almacenamiento. Este sistema está sujeto al ciclo de histéresis que, en definitiva, es una memoria "natural" que tienen algunos materiales. El sistema se basaba en polarizar un determinado núcleo a través de dos flujos de corriente que le direccionaban y la ferrita entraba en un estado donde "recordaba" que había sido excitada. En cierta manera, el efecto de memoria en los materiales puede asimilarse al proceso que sufre un metal cuando se le aplica un imán durante un intervalo de tiempo y guarda posteriormente propiedades magnéticas.

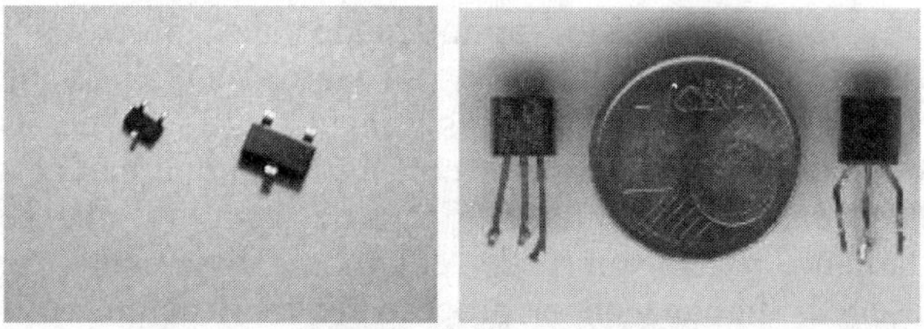

Figura 1–12 Transistores

La programación de las máquinas se realizaba ya mediante tarjetas perforadas aunque algunas seguían manteniendo el sistema de cableado. Por supuesto esto eran tareas de técnicos altamente cualificados. Poco a poco se fueron introduciendo los lenguajes de alto nivel que facilitaron el uso de estas máquinas.

Es también en esta generación cuando el software empieza a tomar un lugar relevante –al menos en cuanto a popularidad se refiere–. En un principio la programación se reducía a programas realizados a medida aunque poco a poco van tomando un cariz más comercial. De este modo aparece el primer procesador de texto: el eficaz aunque vetusto WordStar.

Sería difícil determinar la generación a la que pertenecen algunas máquinas ya que se entremezclan las tecnologías. Tal es el caso de las UNIVAC 80 y 90, las IBM 704 y 709, la Burroughs 220 o la UNIVAC 1105. Dependiendo del autor se clasificarán en una u otra etapa pero lo cierto es que aparecieron todas ellas a finales de la primera generación y principios de la segunda.

Las máquinas más representativas de esta etapa fueron la Control Data Corporation 1604 (y posteriores series 3000), las Burroughs B250 y B5000 (toda la serie 5000), Univac 1100 y M460, la Philco 212 (que desaparecería en 1964), ATLAS de la Universidad de Manchester, la NCR 315, la Standard Electric SE-Lorentz LR56 o las IBM 709 (mejorada), 7090 y 1620, aunque no fueron las únicas…

Aún muchas personas, sobre todo mayores, llaman a las radios convencionales "transistores". El motivo es que, hasta la aparición de este componente, las radios eran grandes cajas de maderas con válvulas y, por supuesto, pensar en una alimentación a pilas y la posibilidad de mover estos aparatos era inviable. A partir de la aparición del transistor, las radios bajaron de precio y se hicieron más populares, pasándose a denominar, en muchos casos, "transistores de radio".

1.6. TERCERA GENERACIÓN DE ORDENADORES (1964-1974)

Es en abril de 1964 cuando aparece el IBM 360, máquina que inaugura una nueva generación: la tercera. El protagonista de esta nueva etapa fue el circuito integrado. Este componente, en diversas escalas de integración, consigue concentrar en una superficie mínima cientos, miles e incluso en la actualidad, millones de transistores.

Este avance es conseguido optimizando los procesos de fabricación, consiguiendo así disminuir los consumos y, por tanto, las disipaciones de potencia en calor. Así, si se deseaba integrar una resistencia, en lugar de usar un núcleo o bobinados de hilo, se dopaba el conductor consiguiendo una mayor dificultad al paso de la corriente eléctrica. Obviamente, este tipo de tecnología ha permitido abaratar costes, reducir tamaño y consumo de energía. Obviamente, en este proceso, desaparece la presencia humana en el proceso de fabricación, realizándose todo el proceso a través de autómatas. Éstos deben estar situados en las denominadas "salas limpias", es decir, habitáculos esterilizados electrónicamente donde no tiene cabida ningún tipo de partícula (polvo, por ejemplo) que pueda interferir en el correcto proceso de fabricación.

Figura 1–13 Circuitos integrados

En esta generación el software en general y los lenguajes de programación en particular son manejados a través de los sistemas operativos. Así el IBM 360 se manejaba a través de su sistema operativo llamado OS que pronto se estandarizaría.

Fue ya a mediados de los años 70 cuando aparece un nuevo tipo de ordenador de proporciones más reducidas que las máquinas conocidas hasta el momento (llamadas mainframes o sistemas principales). Se trata de los miniordenadores, un paso intermedio entre los mainframes y los microordenadores domésticos actuales. Máquinas representativas de esta época son las populares PDP-8, PDP-11 y VAX (Virtual Address Extended) de Digital Equipment Corporation, NOVA y Eclipse de Data General o la serie 3000 y 9000 de Hewlett Packard entre otras[4].

Los representantes más significativos fueron, además de los ya comentados, las máquinas Univac 1108 y 1110, IBM en sus series 360 (con los modelos 20, 22, 30, 40, 50, 65, 67, 75, 85, 90 y 195 que usaban técnicas novedosas en el microprocesador, permitiendo además el manejo de varios discos magnéticos y lectura de unidades de cinta de hasta nueve canales) y la serie 370[5] (con los modelos 115, 125, 135, 145, 158, 168, 3031, 3033 y 4341), la serie 6000 completa de la CDC (especialmente la 6600 del año 1964) y, con posterioridad, también su serie 7000 con su modelo concreto 7600. Por su lado, Burroughs produce sus modelos 6500 y 6700 pertenecientes a su serie 6000 a la que más tarde sucedió la serie 7000. Por supuesto hubo muchas más...

---

4 No sólo en EE.UU. se produce este desarrollo. Otras empresas de otros países realizan máquinas como puede ser el caso de Siemens (Alemania), ICL (Inglaterra) o la popular US (Sistema Unificado, Ryad) de la antigua URSS.

5 Aparecida ya en la década de los años 70.

Figura 1–14 Operaria con un IBM 360

1.7. CUARTA GENERACIÓN DE ORDENADORES (1974-1983)

Se enmarca dentro de la década de los años setenta y ochenta y su componente asociado fue el microprocesador, el mismo elemento estrella de nuestros días. El primer microprocesador lo desarrolló Intel en 1971: el 4004 (del que se ofrece más información en el capítulo dedicado a los microprocesadores) que, aunque nunca tuvo una finalidad informática, sentó los precedentes para el desarrollo de futuros micros que sí se emplearon en la computación. Este nuevo dispositivo fue construido conforme a la arquitectura de Von Neumann y, en cierta manera a imagen de la máquina de Babbage ya que efectuaba las mismas operaciones básicas.

La gran ventaja que representa la aparición del microprocesador frente a los componentes anteriores es, además de un incremento importante en velocidad, ahorro de consumo e incremento de potencia de cálculo, la reducción espectacular de tamaño y coste. Tal ha sido el cambio aportado por el microprocesador que esta etapa se ha denominado la de *la revolución informática*. De hecho, las cifras de ventas que hacía sólo unos años se cuantificaban en decenas, se incrementaron, de manera que en 1981 se vendieron 800.000 ordenadores y un año más tarde se alcanzó la cifra de 1.400.000 ordenadores vendidos. Las cifras se siguen incrementando, de modo que entre 1984 y 1987 las ventas mundiales de ordenadores alcanzaron los 60 millones de máquinas.

Otro gran avance de esta etapa es la memoria a partir de semiconductores. Hasta este instante, ésta se había implementado a través de núcleos de ferrita donde se aprovechaba la memoria natural del material en su ciclo de histéresis. Nuevos componentes con sorprendentes escalas de integración aparecen también en esta etapa. Así ocurre con la tecnología SMT ("Surface Mount Technology") que ha sustituido los componentes discretos completamente, con un consumo mínimo y unas reducciones de tamaño a escala ínfima (¡chips de 100 patillas en menos de 2 cm^2!).

Por supuesto el software sigue evolucionando y es, en esta generación, cuando aparecen sistemas operativos como el CP/M[6] y compañías del calibre de Micro Soft, que posteriormente pasaría a llamarse Microsoft (sin espacio). Comienza así la historia de una de las mayores y más potentes compañías de todos los tiempos.

[6] El CP/M (Control Program Monitor o Control Program for Microcomputers, según fuentes) se basó en el lenguaje PL/M y fue desarrollado por Gary Kildall en 1973-74 para el 8080 (aunque hubo una versión para el 8086) a través de Digital Research. La versión multiusuario del CP/M fue el MP/M.

1.8. QUINTA GENERACIÓN DE ORDENADORES (1983-...)

Realmente la quinta generación no existe como tal aunque esto casi es un detalle banal. Lo importante es la evolución de las máquinas y no los nombres que se apliquen a los períodos temporales en los que aparecen. Desde 1983 se lleva hablando de esta generación. Más que el componente electrónico en sí se persigue la obtención de determinadas metas como son el procesamiento paralelo y el manejo del lenguaje natural con sistemas de Inteligencia Artificial (IA). Si bien el primer objetivo se ha logrado hace tiempo, el segundo no llega a alcanzarse con fiabilidad.

La multimedia, los reconocedores de lenguajes y otra serie de aplicaciones no llegan a conseguir un control tal como para asegurar una fiabilidad completa. De todos modos, los continuos avances y la "inmersión" plena de la sociedad en esta era tecnológica auguran cambios importantes. Quizás muchos de estos cambios se producen día a día y la falta de espacio temporal nos impida darnos cuenta de su verdadera dimensión pero, eventos como Internet, han supuesto un avance cuantitativo y cualitativo en esta tecnología.

Nuevos conceptos (y nueva terminología) anuncian los cambios que se producen. Éstos ya no se asocian sólo a la tecnología (que se da por supuesto), sino a las implicaciones de ésta en la vida cotidiana. Así el planteamiento de la evolución informática ya no sólo es técnico: una vertiente social lo enriquece, como queda expuesto de manera manifiesta en la creación de la Sociedad de la Información. Los sociólogos ayudan a entender cómo las personas asimilamos los continuos avances que cada vez se entremezclan más. De este modo se puede acceder a Internet desde un teléfono, realizar una videoconferencia por PC o jugar con alguien del otro lado del planeta. Todo esto, impensable hace pocos años, hoy por hoy es absolutamente normal y cotidiano. Probablemente ésta sea la nueva generación: la social.

Tanto es así, que desde los Ministerios se han puesto en marcha diferentes iniciativas bajo nombres tan sugerentes y significativos como "Alfabetización en Internet" o "Internet para todos", orientados a proporcionar los conocimientos básicos sobre la red y las nuevas tecnologías en un tiempo mínimo. De igual modo desde el Ministerio de Educación, Ciencia y Deporte español se han habilitado diferentes webs para potenciar la integración en la red de ciudadanos disminuidos en http://mecd.es[7]. En definitiva y como se aprecia, iniciativas de carácter social más que tecnológico.

Los mayores avances de esta etapa se centran en las conexiones entre ordenadores, tanto a nivel de pequeñas redes como a nivel de Internet. Sin duda, las nuevas tecnologías se aplicarán en este campo de interconexión potenciando soluciones existentes sobre líneas telefónicas, fibra óptica, xDSL y otras venideras.

---

[7] Lo cierto es que actualmente hay un interés manifiesto en potenciar la Sociedad de la Información, resultado social de la tecnología que, en definitiva, no deja de ser un conjunto de tubos a través de los cuales fluye la información (magnífica definición de mi buen amigo Santiago Lorente, profesor de Sociología de la Universidad Politécnica de Madrid). Un ejemplo claro es la iniciativa multiministerial Info XXI (www.infoxxi.es) o el *Programa de Ciudades Digitales* promovido desde el anterior Ministerio de Ciencia y Tecnología (competencias atribuidas al actual Ministerio de Industria, Turismo y Comercio) en colaboración con las diferentes Comunidades Autónomas.

1.9. LA GRAN CARRERA INDUSTRIAL

En este momento el mundo se encuentra en una condición proclive a favorecer las iniciativas relacionadas con el tratamiento automático de la información. Es la época de las grandes aventuras empresariales.

Lo cierto es que, con la objetividad que da el tiempo (y el escepticismo, todo hay que decirlo), se entra en el capítulo de las leyendas, los grandes diseños realizados en garajes, las increíbles fortunas conseguidas en poco tiempo, los diseños más futuristas...

Uno no sabe hasta qué punto dar crédito a las diferentes historias o pensar que, simplemente, se trata de un boceto publicitario para potenciar la autoestima. Como el lector comprobará, la carencia de medios y el uso de garajes como laboratorios son una tónica general en la Informática.

De cualquiera de las maneras y aunque todo esto sucediese, dos fueron las tendencias reales que predominaron y siguen existiendo aún, representadas cada una por una gran empresa: Apple e IBM.

Lo cierto es que, hasta hace poco, ambas compañías y sus sendos productos han ido evolucionando en paralelo pero sin llegar a "tocarse". De este modo IBM comenzó su andadura con Intel como fabricante de microprocesadores casi de forma exclusiva, mientras que Apple hizo lo propio con Motorola. Mientras que IBM se orientó a la gestión y el procesamiento numérico. Apple destacó por su facilidad para el diseño y el sonido. De igual modo ocurrió con el software: mientras IBM se lanzaba al mercado con el sistema operativo DOS[8], Apple apostaba por los sistemas operativos en entorno gráfico. Fue sólo hace unos años cuando el mundo PC se encaminó a la multimedia y adoptó el formato de sistema operativo tradicional de Apple: el entorno gráfico. Parece que desde entonces, la opción del PC cubre con más prestaciones las necesidades microinformáticas.

Por supuesto todo lo expuesto no quiere decir que no hubiese excepciones. Así IBM ha usado otros microprocesadores (como Cyrix, por ejemplo) y entornos gráficos como el vetusto GEM o el propio OS/2. Lo mismo ocurre con Apple, donde se pueden encontrar las mismas grandes *suites* que en el entorno PC. No obstante, ambas empresas tienen el mérito suficiente como para profundizar más en su historia, tal y como se detalla en los apartados posteriores.

---

[8] La primera opción de IBM no fue el DOS de Microsoft, sino el CP/M de Digital Research. El problema era que este sistema operativo no era compatible con la plataforma xx86 de Intel y, aunque se intentó llegar a un acuerdo para adaptarlo para el 8088, no llegó a implementarse. Esto fue aprovechado por Microsoft quien adquirió una versión limitada del CP/M, la mejoró y la ofertó a IBM como el PC DOS. Más tarde le serviría de base para su desarrollo estrella: el MS DOS.

1.9.1. La compañía de la manzana: Apple

En el caso de Apple, sus orígenes se remontan a 1975 cuando dos ingenieros de diferentes empresas (HP y Atari) deciden construir un ordenador en el garaje de uno de ellos. Steve Wozniak y Steve Jobs diseñaron el primer ordenador al que llamaron Apple y que en 1976 tenía su segunda versión: el Apple II. También llamado Macintosh II, según la fuente a la que se acuda, esta máquina tuvo en su haber el ser el primer ordenador fabricado con pantalla a color, además de incluir una serie de slots internos para su expansión. Con la comercialización del Apple II comenzó el origen real de la empresa. Este tipo de máquina fue pionera en el entorno gráfico y se distinguió en el procesamiento de imagen y sonido digital. Otra serie de máquinas siguieron la producción del Apple II, como el Macintosh SE (una versión ampliada del Macintosh 128 y Macintosh Plus) prácticamente contemporáneo al Apple II o el Macintosh IIx que apareció un año después, en septiembre de 1988.

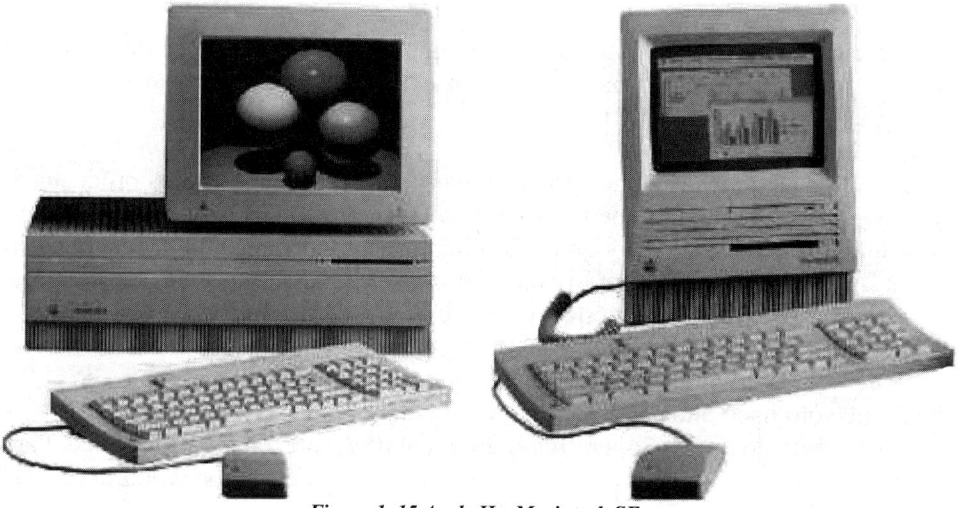

Figura 1–15 Apple II y Macintosh SE

El interés por la tecnología ha sido una constante en Apple. Tanto es así que se dice que en 1979 Apple puso a disposición de la compañía Xerox un millón de dólares en productos Apple, a cambio de poder introducir a algunos de sus ingenieros (entre los que estaba Steve Jobs) en sus instalaciones del PARC (*"Palo Alto Research Center"*) ubicadas en el Silicon Valley y consideradas como uno de los centros de desarrollo más importantes del mundo. Los técnicos quedaron impresionados por la tecnología que allí vieron y por la falta de aplicación práctica de la misma. A partir de esa experiencia, Apple diseñó su Macintosh en 1984.

El nuevo Macintosh o *Mac*, nombre con el que popularmente se le empezó a conocer, pronto destacó en el mercado microinformático. Sus características técnicas venían avaladas por un potente microprocesador de Motorola MC 68000 de 32 bits internos y 16 externos a la increíble velocidad de 8 MHz y 128 KB de memoria RAM.

El conjunto se complementaba con una disquetera de 400 KB en formato de 3 ½" y un monitor monocromo que, con un entorno gráfico de 512 x 342 píxeles de resolución, se mantenía en unas dimensiones ridículas a día de hoy: 9 pulgadas.

El nuevo producto de Apple se caracterizaba –y caracteriza– por algo bastante representativo: la incompatibilidad total con IBM. Esto, lejos de ser un inconveniente, reportó a la compañía pingües beneficios, compensándole por otros proyectos menos afortunados. Tal sería el caso del Apple III y más concretamente, el modelo Lisa de esta máquina que, al precio de 10.000$, hacía de éste un producto invendible.

Figura 1–16 Steve Jobs y Steve Wozniak

Otra peculiaridad de este tipo de máquina consistía en su simplicidad de manejo: Apple se había encargado de incorporar un sistema operativo "visual" que facilitaba al usuario todas las operaciones y limitaba la actuación de éste al "clickeo" del ratón sobre unos gráficos a los que denominó *iconos*.

Hoy por hoy Apple es una empresa de sobrada solvencia y reconocimiento. Su prestigio se acomoda en los entornos de diseño profesional así como en los musicales. No obstante, sigue ostentando un precio superior al PC y, sin duda ya no ofrece las diferencias cualitativas de las que gozaba hace unos años cuando el entorno PC no había hecho incursiones en la Multimedia.

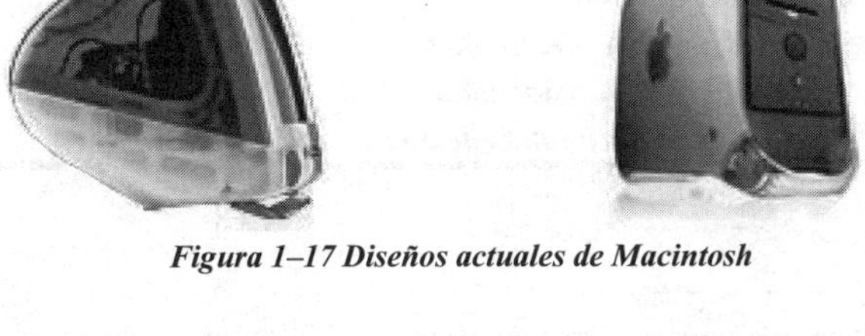

Figura 1–17 Diseños actuales de Macintosh

Resulta curioso estudiar la trayectoria profesional de algunos de los mitos de la Informática. Así, en la actualidad, Steve Wozniak se dedica a enseñar informática a niños mientras que Steve Jobs es Consejero delegado de la compañía Pixar, la empresa que llevó al cine populares películas con una realización informática entre las cuales, cabe destacar las películas infantiles "Toy Story", "Buscando a Nemo", "Monstruos, S.A." o "Los Increíbles". La imagen procede de http://aram.free.fr/divx/images/toy_story_front.jpg

1.9.2. El gigante azul: IBM

Por otro lado y ante el éxito obtenido por Macintosh, IBM se puso en marcha y encargó el desarrollo de una nueva máquina: el IBM 5150 o, como más popularmente se ha conocido, el computador personal o PC "Personal Computer" que vio la luz el 12 de agosto de 1981[9] y, sin duda, fue otro éxito: en tan sólo un mes se superaron las ventas calculadas para cinco años. El precio de venta de las máquinas fue de 3.280 dólares por unidad. Todo esto no quiere decir que IBM no tuviese máquinas previas al primer PC, tal y como se ha visto, pero lo destacable de este proyecto –y quizás una de las claves de su éxito, además de la pericia comercial y el reconocimiento internacional de la marca– fue hacer públicas el conjunto de especificaciones que lo definían. Esto permitía, por primera vez, que otros fabricantes diseñasen software o hardware para una máquina IBM, de arquitectura abierta y modular que pronto protagonizaría el concepto de *compatibilidad*.

Las características del primer PC XT o PC "Extended Technology", fruto de la evolución del primer PC de 1981, en su versión definitiva de 1983, eran las siguientes: microprocesador Intel 8088 / 4,77 MHz, bus de datos de 8 bits (aunque internamente trabajaba a 16), disco duro de 20 MB, 64 KB de RAM, monitor de 11,5" (por supuesto en blanco y negro y sin soporte gráfico), teclado de 83 teclas y, en algunos casos, disquetera de 5 ¼" de 160 KB de capacidad ¡Todo al módico precio de 3.285 $ de la época! A pesar de todo, se vendieron más de 35.000 unidades.

[9] Algunos textos sitúan la aparición del primer IBM PC XT en el 10 de agosto en lugar del día 12 (lunes y miércoles, respectivamente).

Esta máquina fue fruto del empeño e interés de una docena de ingenieros de la compañía donde destacaban David J. Bradley y Mark Dean y, cómo no, del respaldo de ésta. Así fue cómo se desplazaron a Florida, concretamente a Boca Ratón y diseñaron el IBM PC.

Figura 1–18 Diseños actuales de IBM

Aunque ha liderado durante mucho tiempo el mercado microinformático, hace ya varios años que IBM se ha visto desplazada de la lista por compañías como Compaq, HP (cuando eran empresas distintas) o Dell.

1.9.3. La gran tercera opción: los clónicos

Ahora bien, el potencial de negocio abierto por Apple e IBM no podía quedarse en manos de unos pocos. Y así fue cómo empezaron a surgir compañías que imitaban los pasos, sobre todo, de IBM. La actividad fundamental de estas empresas fue la de replicar el IBM PC de tal forma que producían réplicas exactas de la máquina original. Tal era su parecido que empezaron a conocerse como *clones* o, de forma más popular, *clónicos*.

Estos clónicos eran –y son– equipos perfectamente compatibles con el estándar original. El primer compatible con el PC XT de IBM fue producido por Columbia Data Products, prácticamente una empresa desconocida en estos días si no fuese por sus productos de almacenamiento. Poco después aparecería otra de las grandes compañías pisando estrechamente los talones a IBM: Compaq, cuyo nombre completo es Compaq Deskpro Corporation. Esta compañía se formó en febrero del año 1982 y, poco a poco, fue ganando terreno al gigante azul hasta llegar incluso a superarle en ventas en 1986.

En la actualidad IBM dista mucho de ser líder de ventas. De forma habitual se reparten los primeros puestos entre Compaq, Dell y Hewlett Packard, en ese orden. Los puestos inmediatos corresponden a IBM y Fujitsu Siemens Computer. A este respecto habría que matizar que de forma efectiva, Compaq fue absorbida por Hewlett Packard en el año 2002, lo que reduce a dos grandes compañías el monopolio del mercado microinformático. A partir de la absorción, la compañía pasó a llamarse comercialmente "la nueva HP".

Aunque en la actualidad se distingue entre ordenador clónico y "de marca", el concepto original hace referencia a cualquier ordenador compatible con IBM PC que no sea fabricado por IBM. Estos clónicos han pasado a ser aquellos equipos que se ensamblan con piezas de diferentes proveedores y se venden por compañías de menor envergadura. No obstante, el fenómeno clónico es lo suficientemente importante como para representar el 80% de las ventas de hardware a nivel mundial. Como se comprobará en capítulos posteriores, ensamblar un ordenador no es una tarea excesivamente compleja y, en muchos casos, pasa por ser un mero juego de construcción. Esto ha potenciado la aparición de pequeñas empresas que ensamblan sus propias máquinas.

Los equipos clónicos han tenido últimamente una connotación peyorativa. Ésta ha sido fruto de desaprensivos que han ensamblado componentes de baja calidad e, incluso, el montaje no ha sido correcto. De aquí se desprende que la calidad de un clónico está íntimamente ligada a la honestidad y profesionalidad del ensamblador de la máquina. Por supuesto es un producto recomendable y puede ofrecer más prestaciones que un equipo de marca a mejor precio pero, cuidado con la solvencia del ensamblador, ¡más vale prevenir!

En la actualidad, el mercado se reparte entre IBM, Compaq-HP, Dell y otras, incluyendo en estas últimas un amplio abanico menos conocido aunque no por ello de menor calidad –tal podría ser el caso de Soltec (http://tienda.soltecsl.com)–. Como se observa, el mercado está muy centrado en un puñado de compañías y parece que va a seguir así e, incluso, compactándose aún más: ésa es la sensación que se obtuvo cuando en 2001 (coincidiendo con el vigésimo aniversario de la aparición del primer PC) la compañía HP absorbió a Compaq.

La competencia de IBM apodaba como "el parche" al PC XT dada su versatilidad y facilidad para configurarse según las diferentes necesidades de los usuarios (servía para solucionar "de todo").

1.10. ¿ARQUITECTURA? ¡LA DE VON NEUMANN!

El concepto de arquitectura no deja de resultar curioso cuando se aplica a algo tan ¿frágil?, como puede ser un ordenador. Así, se entiende por arquitectura del PC al modo de distribuir los diferentes dispositivos hardware para que, lógicamente –en el sentido más electrónico de la palabra–, interactúen del mejor modo posible. Esto que hoy resulta obvio (un ordenador es un ordenador) tuvo su momento de diseño y muchas fueron las arquitecturas que rivalizaron pero, en el entorno PC, fue la de Von Neumann la que prevaleció.

Tal y como ya se adelantaba quizás este matemático no fue consciente de la trascendencia de su diseño. Fundamentalmente consiste en una máquina que dispone de una serie de órdenes o instrucciones de máquina. Éstas se encuentran, de alguna manera, residentes en la memoria del ordenador, desde donde son leídas o ejecutadas. Conceptualmente, su diseño es similar al de la figura siguiente:

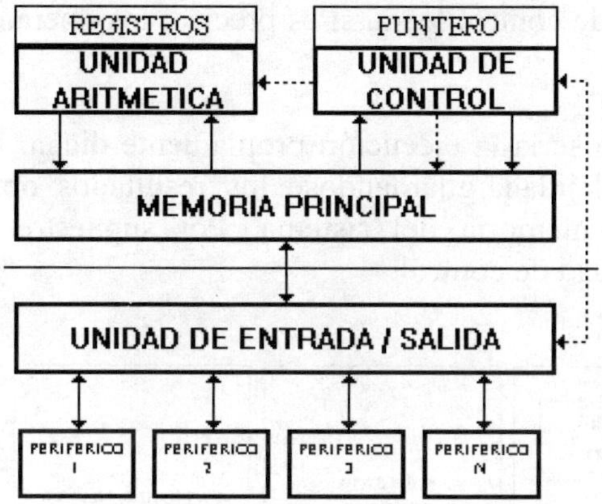

Figura 1–19 Arquitectura Von Neumann (I)

Memoria Principal Es el espacio de almacenamiento temporal, tanto de instrucciones de máquina como de datos. Se divide en celdas de igual tamaño y referenciables mediante una dirección. Von Neumann establece diferencias entre lo que denomina "memoria permanente" y "memoria de trabajo".

Unidad Aritmética Es la zona encargada de realizar operaciones básicas, tanto numéricas como lógicas. Todos los datos los recibirá de la memoria principal y en ella almacenará los resultados. Dispone de una serie de registros internos que harán a modo de memoria y permitirán el almacenamiento de datos.

Unidad de Control Es el componente encargado de controlar todas las señales para que el proceso funcione. Lee las instrucciones de la memoria principal y se encarga de su ejecución. Una parte importante de este módulo es el puntero que guardará la dirección de la próxima instrucción a leer.

Unidad de Entrada-Salida Se encarga de enviar y recibir datos con el mundo exterior. Para globalizar los distintos dispositivos externos que pueden existir, se adopta el nombre de periféricos, con los que se comunicará a través de los buses. Este apartado se distingue en sus dos componentes tratados de forma independiente: por un lado la entrada y por otro la salida.

Este tipo de instrucciones –básicas por otro lado– deben responder a un determinado esquema de ejecución. Así, una secuencia de órdenes constituirá lo que se llamará programa, que debe disponer de algún tipo de rutina que permita romper su propia ejecución. El modo de invocar estas órdenes y ejecutarlas es el definido a continuación.

A través del contador de programa o puntero incluido dentro de la unidad de control se dispondrá de la dirección de memoria de la instrucción o comando que se desea ejecutar. Es preciso que se activen todos los dispositivos y señales de control implicados para la lectura del comando de la memoria. Tras disponer de la instrucción y analizarla, la unidad de control leerá, si es preciso, los operandos de la memoria del sistema.

El siguiente paso sería la ejecución propiamente dicha. Este paso podrá ser de mayor o menor complejidad, guardándose los resultados obtenidos en registro o, incluso, en la propia memoria del sistema. Por supuesto, toda la operación es "autorizada" por la unidad de control.

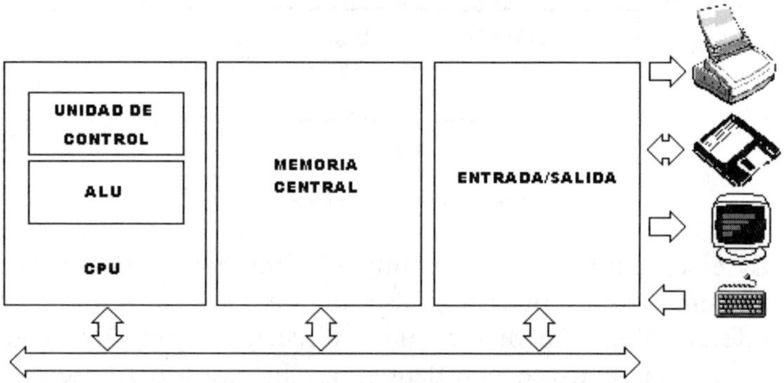

Figura 1–20 Arquitectura Von Neumann (II)

Para finalizar, es necesario generar la iteración: el contador de programa o puntero pasa a la siguiente dirección de memoria donde encontrará una nueva instrucción a ejecutar. De esta manera se vuelve a repetir todo el proceso.

Las nuevas necesidades de potencia en los ordenadores han obligado a la búsqueda de alternativas a la arquitectura de Von Neumann. Cabe reseñar dos soluciones interesantes: las máquinas *RISC* ("Reduced Instruction Set Code") o de un reducido número de instrucciones y el *paralelismo*. Dentro de esta última opción existen dos posibilidades: el paralelismo interno, que queda embebido en la arquitectura del ordenador (en el ámbito de construcción de la máquina), basándose en la segmentación ("pipeline") de funciones, y el paralelismo explícito, accesible al usuario ya que será él mismo quien se encargue de su explotación.

Sobre el paralelismo explícito, M. J. Flynn estableció una serie de diferencias y jerarquizaciones basándose en el flujo de instrucciones y datos en la máquina. Dicha jerarquía viene recogida en el siguiente cuadro:

SISD	Arquitectura de instrucción simple trabajando sobre dato simple (por ejemplo, Von Neumann).
SIMD	Muchos flujos de datos pero sólo uno de instrucciones.
MISD	Inversa a SIMD: Múltiples flujos de instrucciones y uno de datos.
MIMD	Se trata del multiproceso: Múltiples flujos de instrucciones y datos.

Tabla 1–1 Jerarquía M.J. Flynn

Dada la abstracción de estos conceptos, en el siguiente capítulo se estudiará la aplicación real de los mismos a un nivel más práctico.

Hay quien asegura que la instauración de la arquitectura de Von Neumann fue condicionada por los aspectos técnicos de la época. Y, por lo tanto, debería haberse abandonado en el momento en el que la técnica hubiese avanzado. Incluso hay autores que cuantifican el retraso de la Informática en 30 años con respecto a lo que debería haber sido como consecuencia del uso de esta arquitectura y la aplicación masiva de determinados sistemas operativos que prácticamente desbordan el mercado.

1.11. ARQUITECTURA MULTIUSUARIO

Se trata de una arquitectura aparecida a finales de la década de los años 60. Aprovechando la estructura de Von Neumann, se integra un nuevo elemento: el concepto de DMA. El DMA o "Direct Access Memory" (Acceso directo a memoria) permite el intercambio de información entre los diferentes dispositivos que integran el ordenador y la memoria principal del sistema, sin presencia ni intervención de la CPU. Este subsistema libera el microprocesador de carga, estando éste disponible para otras tareas, consiguiendo aumentar el rendimiento de la máquina de forma considerable.

De forma habitual se trabaja bajo esta arquitectura en sistemas monoproceso y multitarea, es decir, con un único microprocesador y asignando pequeñas fracciones de tiempo a cada usuario, teniendo éstos la sensación de que trabajan de forma exclusiva con la máquina, aunque con unos pequeños retrasos en respuesta (que si consideramos la velocidad de las máquinas actuales, es prácticamente insignificante). Este método abarata considerablemente el precio de la instalación en términos generales, aunque la inversión específica en la máquina es superior a lo que representaría un ordenador sin posibilidades de trabajo en modo multiusuario (se precisa una máquina más potente para obtener resultados aceptables en rendimiento y tiempo).

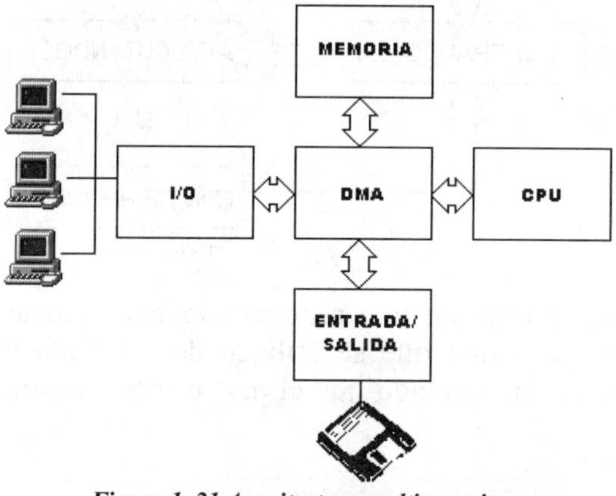

Figura 1–21 Arquitectura multiusuario

Aunque se encuentran referencias más detalladas a lo largo de este libro, el DMA es un método del que disponen la mayoría de los microprocesadores. Es muy útil para dispositivos de almacenamiento masivo ya que ponen en comunicación directa a la interfaz del dispositivo con la memoria. Así la interfaz solicitará permiso de DMA[10] al micro y, tras ser concedido, el microprocesador pondrá los buses y señales de control en un estado de alta impedancia (tri-state). A partir de ese instante, la interfaz colocará en el bus de direcciones la dirección de memoria con la que se desea trabajar y las señales de control oportunas (hace temporalmente las veces de CPU).

No debe confundirse en ningún momento el concepto de multiusuario con el de multiproceso (explicado a continuación). Mientras que el primero implica una única línea de proceso repartida en el tiempo entre diferentes usuarios, el segundo hace referencia a más de un microprocesador en la máquina (procesamiento dual). Este modo no es exclusivo de mainframes, sino que se puede encontrar en PCs domésticos.

1.12. ARQUITECTURA MULTIPROCESO

Aparece en los años setenta y se diferencia de arquitecturas anteriores en que no se asigna tiempo a los usuarios del sistema, sino a los procesos que éstos realizan. De esta forma, los procesos pueden adoptar los estados, según la evolución de proceso de la máquina, de *ejecución* (en uso), *espera* (para pasar al estado de ejecución), *cancelado* (detenido por la propia máquina o por el usuario durante el proceso de ejecución) o *finalizado* (terminado una vez ha sido ejecutado), tal y como se refleja en la figura adjunta. El aumento considerable de requerimientos de memoria que implica este nuevo sistema de trabajo y el elevado coste de la misma, hace que aparezca la necesidad de recurrir a nuevas soluciones como la *Memoria Virtual*.

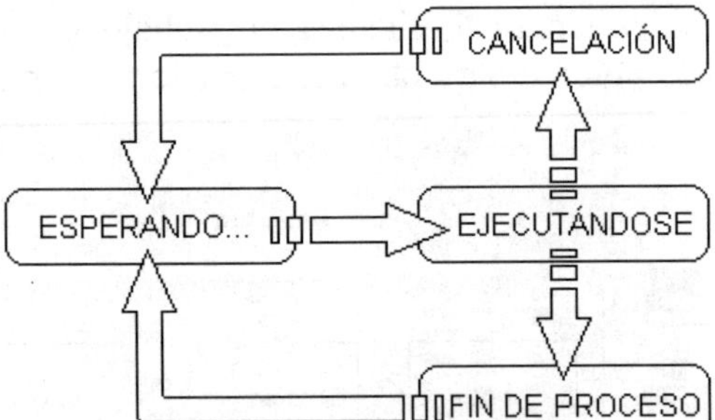

Figura 1–22 Arquitectura multiproceso

Obviamente no se trata de una arquitectura hardware como tal ya que no se utilizan nuevos elementos, sino que se utilizan de diferente modo. No obstante, se incluye en este apartado entendiendo que el *nuevo* modo de trabajo, bien merece una referencia explícita.

10 Muy común en discos duros.

1.13. ARQUITECTURA BASADA EN MEMORIA VIRTUAL

Se basa en utilizar un dispositivo de almacenamiento masivo de información como si de memoria se tratase. Así, se pueden usar varios megabytes de disco duro (sustancialmente más barato que la memoria) y hacer que el sistema lo asuma como memoria central. Es bastante común este modo de trabajo, sobre todo en sistemas operativos como puede ser Windows que calcula (basándose en el espacio libre del disco duro del usuario, la memoria y otros parámetros de rendimiento) cuál es el tamaño idóneo de disco duro para establecerlo como soporte de memoria virtual. Es de destacar que dicho tamaño es exclusivamente el requerido, por lo que, si se disminuye, también disminuirán las prestaciones del sistema, mientras que, si se aumenta, no se aprovechará el espacio sobredimensionado.

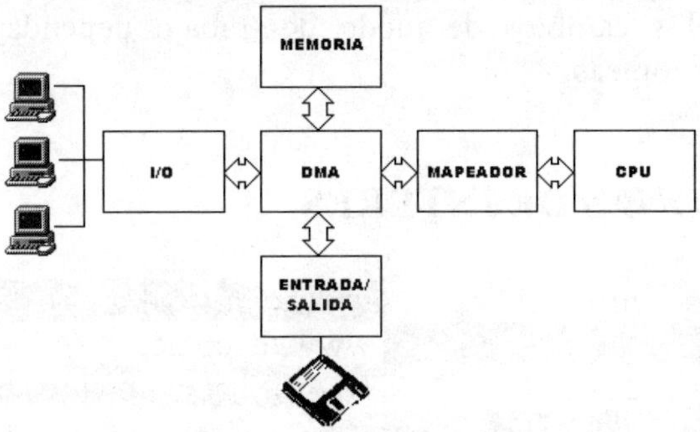

Figura 1–23 Arquitectura memoria virtual

Este sistema, al igual que en el apartado anterior, no representa una nueva arquitectura sino, más bien, un nuevo modo de trabajo ya que la *Memoria Virtual*, si bien no deja de ser un espacio de disco, sí que adquiere una aplicación conceptual nueva al emular a la memoria principal.

1.14. ARQUITECTURA LAN/HOST

Desde el inicio de los años ochenta hasta nuestros días es el sistema más utilizado. Se basa en la interconexión de máquinas entre sí en las que se puede incluir o no un ordenador principal (denominado servidor o "HOST"). Este tipo de arquitectura abarata la instalación, ya que permite la compartición de recursos por parte de todas las máquinas sin tener que recurrir a soluciones específicas por cada ordenador. Así, imagínese una pequeña red de cinco ordenadores donde cada uno de ellos precisa una impresora. Más económico que la adquisición de cinco impresoras resultará la instalación de una red donde se conecte una única impresora. Todos los ordenadores tendrán acceso a la misma. De la misma forma, este tipo de instalación facilita el aprovechamiento de los sistemas y permite un mayor control de los usuarios y de la información manejada a través de la red.

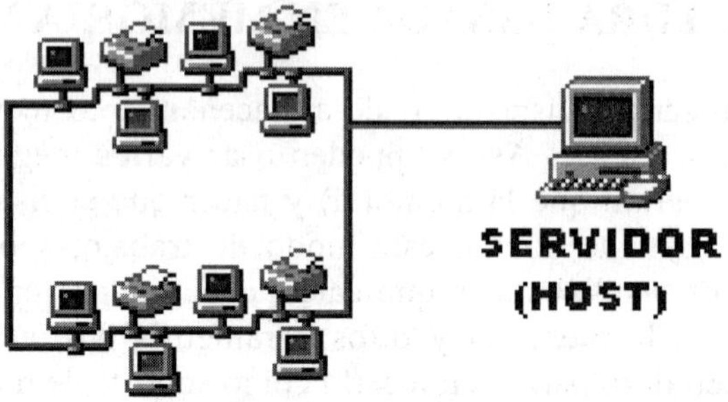

Figura 1–24 Arquitectura LAN/HOST

Al igual que en los últimos apartados, este sistema sigue basándose en los mismos principios establecidos por Von Neumann que, con una arquitectura flexible, ha permitido que los cambios de modo de trabajo dependan exclusivamente de conceptualizaciones lógicas.

1.15. DIRECCIONES DE INTERÉS

www.old-computers.com	www.comsto.org
www.weller.to	www.thocp.net
www.old-computer-mags.co.uk	www.theoldcomputer.com
www.histoire.info.online.fr	

Nota del autor:

Este capítulo está dedicado a la memoria de ilustre matemático británico Alan Mathison Turing (1912-1954). Sin duda es mi personaje preferido en el apasionante mundo de la Informática, además de un genio indiscutible en las disciplinas de Matemáticas, Químicas y muchas otras Ciencias. A poco que se lea su biografía, se descubrirá tristemente que su tendencia sexual tornó lo que debiera haber sido un futuro lleno de éxitos fruto de una mente brillante a un súbito *suicidio* a la temprana edad de 41 años, discretamente ocultado con un fortuito accidente con el arsénico.

Además de establecer dogmas importantes dentro de la Computación, fue él quien formalizó el concepto de algoritmo[11] o método de resolución de problemas aportando un nuevo enfoque, llegando a diseñar en 1936 el prototipo de lo que son los ordenadores actuales.

---

[11] El término de Algoritmo procede de un matemático árabe del siglo VIII: Mohammed Ibn Musa Abu Djefar Al-Khwarizmi (en latín "Algoritmi dixit") que escribió un tratado de Álgebra: Al-Jabr ("restitución").

Turing protagonizó diversos hitos en las Ciencias y su aportación fue decisiva en muchos eventos industriales e incluso algunos históricos: en colaboración con Tommy Flowers desarrolló en 1943 el *Colossus*, una máquina encargada de descifrar los mensajes nazis enviados en la Segunda Guerra Mundial por la máquina Enigma (su homóloga alemana), mientras trabajaba para el *Foreign Office* británico.

Autor de libros como *Maquinaria Inteligente* (1947) donde establece analogías entre una máquina carente de programación y el cerebro de un niño, llegó incluso a diseñar en 1945 una máquina que pretendía emular al cerebro humano pero que no llegó a conseguir al desconocer las bases de la neurofisiología. Otro título destacado fue *On Computable Numbers* (*Sobre números calculables*), con el que contribuyó a la lógica matemática al introducir el concepto teórico de un dispositivo de cálculo que hoy se conoce como la *Máquina de Turing* ¡Sólo quien ha estudiado Teoría de Autómatas y Lenguajes Formales llega a admirarse del ingenio necesario para diseñar una máquina universal –la de Turing– sin más herramienta que la mente!

En los aniversarios de sus libros y sus más importantes hitos, sólo un triste puñado de revistas hacen mención a este insigne personaje... ¡Ojalá la actualidad precise de menos manzanas para acallar voces disonantes que luego se han vuelto hitos referenciales!

CAPÍTULO 2

PLACAS BASE

Este capítulo versa sobre las placas base, también denominadas placas madre (del inglés Mother Board) o placa principal (Main Board). Este circuito, el de mayor tamaño, es también el que sirve de soporte a nivel físico y lógico al resto del PC.

Dado que sobre esta placa deberán insertarse el resto de tarjetas y componentes (VGA, memoria, micro, etc.), queda patente la importancia de la misma. Así, de poco servirán los avances técnicos en las tarjetas de la periferia si la propia *mother board* no es capaz de soportarlo.

Históricamente, esta placa ha ido aumentando y disminuyendo sus prestaciones por épocas. Esto explica que inicialmente los PCs se realizasen sobre una única placa y, poco a poco, fueran dividiéndose en diferentes tarjetas con cierta autonomía entre sí. No obstante, de un tiempo a esta parte, parece que la tendencia vuelve a invertirse.

Dada su naturaleza de placa común, el estudio de la placa base es, probablemente, uno de los más densos y variados de los diferentes temas que este libro plantea. Esto se basa en la necesidad de estudiar aspectos tan diferentes entre sí como los chipset, los bancos de memoria, osciladores o el altavoz. Aunque a primera vista puedan parecer distantes, la placa base es el nexo que los une y sobre el que se soportan todos los elementos adyacentes al PC que no tienen una entidad por sí mismos como para ser implementados en placas independientes.

Aunque este componente no suele ser publicitado por los fabricantes y vendedores de PCs (suelen usar más el micro, la frecuencia, la memoria,...) se excusa detallar que, de poco servirá un microprocesador potente si no dispone de una placa base con prestaciones adecuadas. El mismo concepto es extensivo a la memoria y resto de tarjetas, entendiendo que también de esta placa base dependerán no sólo las prestaciones actuales sino también las futuras ampliaciones.

2.1. PLACA BASE

Sin duda, es la piedra angular del ordenador. Físicamente es una tarjeta de circuito impreso (generalmente multicapa, esto es, varias capas de pistas superpuestas en horizontal) donde se insertan el resto de los componentes que posteriormente se soldarán mediante sistemas como la *ola*[12]. Lógicamente, por mucha calidad que tengan los componentes, no van a conseguir un rendimiento adecuado si no se insertan en una buena placa base. Actualmente cualquier placa incluye una serie de ventajas (que se describirá pormenorizadamente más adelante), entre las que se puede citar la controladora[13] integrada para un mayor rendimiento, disponer de zócalo apropiado para facilitar el manejo del microprocesador o potentes y versátiles BIOS donde se controle la gestión del PC.

Por todo esto, la placa base, como soporte básico de componentes y elemento fundamental en el funcionamiento del PC, es uno de los elementos que más se deben tener en cuenta. El rendimiento de la máquina, así como la posibilidad de futuras ampliaciones, estará en función directa al tipo de placa elegida.

Dado que sobre la placa base se encuentran muchos componentes de interés (BIOS, ranuras, soporte a memoria, chipset, zócalos…), se ha planteado el estudio de la misma como el soporte físico, dando exclusividad a cada elemento integrado en la misma mediante un tratamiento independiente.

Hay una tendencia poco profesional por parte de algunos comerciales de hardware que consiste en no entregar la documentación de la placa base. En esta documentación se recogen todos los procesos de montaje, configuración y ampliación, a la vez que las instrucciones detalladas de manejo de la BIOS. Este manual siempre debe acompañar a la placa, ya que, en caso contrario, el usuario dependerá de forma exclusiva del comercial. Algunas placas de calidad disponen de dicho manual en castellano aunque no todos los fabricantes se molestan en realizar traducciones. Quizás una actitud exigente por parte de los consumidores conseguiría que esto cambiase. (¡Qué menos que poder leer un manual aunque sea "Made in Taiwan"!). A este respecto llama la atención, por ejemplo, la placa base Asrock que con un manual en castellano, referencia a una web en inglés ¡algo es algo!

Son, por tanto, muchos los parámetros por los que se podría clasificar una placa base en cuanto a su estudio se refiere. Quizás lo más recomendable sea conocer, en primer lugar, cuáles son los elementos que la integran para, a partir de ese momento, acometer su catalogación.

---

[12] La soldadura *por ola* consiste en poner en contacto la parte de las pistas externas del circuito impreso con una ola líquida de estaño. La totalidad de las pistas se cubren por un barniz y sólo las isletas del circuito admitirán el estaño para asegurar el contacto eléctrico y la sujeción física de los componentes.

[13] Circuito encargado de controlar discos duros, disqueteras y puertos. Las controladoras se explican detalladamente en el capítulo dedicado a las *Comunicaciones con el exterior*.

2.2. CARACTERÍSTICAS PRINCIPALES

Dado que, como se ha visto, la potencia del PC dependerá en gran medida de la placa base elegida, habrá que prestar especial atención en su selección. Día a día aparecen nuevas mejoras que se van incorporando a estas placas. Primero lo hacen los grandes fabricantes y, con posterioridad, el resto. No obstante, existen unos elementos comunes que interesa evaluar a fin de realizar una buena elección. No se trata de elegir la placa con más prestaciones –que además será la más cara– sino la más apropiada a las necesidades del usuario.

Dentro de las características a tener en cuenta, se ha realizado una selección de los puntos de inexcusable observación. Qué duda cabe que todos ellos deberán ser baremados con el precio. Es posible que algunos de los aspectos enumerados le resulten nuevos al lector. No se preocupe: todos son tratados en este capítulo con posterioridad pero ¡por algún sitio hay que empezar! Se trata de los siguientes:

Chipset Sin duda el parámetro principal de la placa. Dentro de la diversidad de prestaciones que ofrece y su polivalencia, encierra la potencia de la electrónica integrada en su interior. En muchas ocasiones las denominaciones comerciales de las placas obedecen al chipset que tienen instalado y que habitualmente se divide en dos integrados: North bridge y South bridge, aunque esto puede variar (han existido chipset que se dividían en nueve circuitos integrados). Asegúrese de las prestaciones ofrecidas y compárelas con las placas del entorno económico más inmediato: éste deberá ser el punto que decida su elección a la hora de adquirir la placa base.

Dispositivos integrados Resulta relativamente común que algunas placas ofrezcan periféricos comunes integrados en placa en lugar de habilitar slots para su funcionamiento. Así las tarjetas de sonido, tarjetas de red, de vídeo y otras son las más frecuentes. Es de suponer que un periférico integrado ofrecerá mayores prestaciones que una tarjeta externa (al menos en las comunicaciones con el resto de la placa base) si bien presentan el problema de la falta de flexibilidad a la hora de elegir el producto (hay que aceptar el modelo de periférico integrado). Por otro lado, las posibilidades de ampliación desaparecen y, en el momento de escribir estas líneas, es más que complicado encontrar una placa base con una tarjeta de vídeo integrada que disponga de más de 64 MB RAM.

> ***Quede claro que la mejora de los periféricos integrados es siempre establecida entre los mismos modelos. Así, una tarjeta de sonido de un modelo determinado, será más efectiva integrada. Lógicamente la comparativa carece de sentido cuando se establece con diferentes tarjetas, ofreciendo el mercado una variedad mucho más amplia que la que se puede encontrar en las placas base con los periféricos embebidos.***

Ya no resulta tan optativa la elección de la controladora, tarjeta incluida desde hace unos años por sistema en todas las placas base y cuya misión es la de gestionar disqueteras, discos duros, CD's,... y puertos. Sus características tipos IDE, EIDE, SCSI,... determinarán las tasas de transferencias que se darán dentro del PC que, sin duda, serán uno de los puntos más importantes a la hora de definir el rendimiento.

Fabricante En este sector, a diferencia de otros, las marcas son valoradas en su justa medida. Esto implica que una marca de reconocido prestigio lo es por las prestaciones que ofrece y la calidad del producto. Resulta siempre recomendable adquirir una placa "de marca" en algunos de sus modelos más conocidos. Desconfíe de aquellas donde el precio sea inexplicablemente bajo: al final seguro que descubre el porqué.

Garantía Otro de los puntos importantes es la garantía ofrecida por el fabricante. Ésta oscila desde los dos años mínimos a los que obliga la Ley hasta cinco años, período que ofrece una idea de la solidez del producto. Sin duda un período importante de garantía tiene su precio pero, por lo general, suele merecer la pena invertir un poco más de dinero en un producto con mayores garantías. No confunda esta garantía con la ofertada por el minorista: en ocasiones éste delega toda la responsabilidad sobre el fabricante, lo que conlleva inconvenientes añadidos (intente contactar con un fabricante de fuera de Europa...).

Memoria Habrá que tener en cuenta la cantidad de memoria que es capaz de soportar la placa base (generalmente delimitada por el chipset aunque, de forma ortodoxa, viene limitada por el bus de direcciones del propio microprocesador) y el tipo. Así convendrá observar el número de bancos de memoria disponibles así como el tipo de memoria soportado. Téngase en cuenta que, tras los microprocesadores y las tarjetas de vídeo, los componentes que más rápido evolucionan son las memorias.

Micros Hace unos años, cuando aún los sockets eran comunes para todos los micros, las placas se dividían en dos: aquellas que soportaban microprocesadores de Intel y las que soportaban "otros". Ese segundo grupo cada vez se hizo más fuerte hasta el punto de que los fabricantes optaron por hacer placas polivalentes para los diferentes productores de microprocesadores (los más importantes, claro está). Esto permitía que, aunque en el momento de la compra se tuviera clara la elección del fabricante del micro a instalar, en el futuro el usuario podía variar sus apetencias evaluando la posibilidad de otra marca de microprocesador. Esta cuestión carece de sentido desde la aparición del exclusivo (y ya obsoleto) zócalo *one* o SEC por parte de Intel o zócalo *A* por AMD, momento en el que la compatibilidad de socket desaparece y el usuario está vinculado al micro soportado por su placa base.

De igual modo puede resultar interesante contemplar una placa base *dual*, esto es la capacidad de soportar más de un microprocesador. En caso de elegir este tipo de placa, asegúrese de que su sistema operativo es capaz de trabajar con más de un microprocesador porque, en caso contrario, la compra resultará inútil. Esta elección es común en servidores y máquinas con gran volumen de trabajo.

Proveedor

Si bien esto no es una característica de la placa, se recomienda tener muy en cuenta a qué proveedor se le adquiere el producto. El motivo estriba en la agilidad que el vendedor deberá tener a la hora de ofrecer soluciones en caso de problemas (averías o fallos en la placa). Mientras algunos proveedores reemplazan inmediatamente la placa defectuosa, otros hacen padecer al usuario los retrasos de los mayoristas que los abastecen.

Rango de Frecuencia

Uno de los parámetros que más encarecen el ordenador es la frecuencia del microprocesador instalado aunque, por experiencia, se sabe que, pasados unos meses, los precios caen como consecuencia de la aparición de microprocesadores aún más rápidos. Las placas base soportan micros que funcionan entre un rango de frecuencias determinado, ofertando un abanico de posibilidades limitado en unos valores máximos y mínimos. Cuanto más grande sea este abanico, más opciones habrá de poder actualizar el PC en el futuro con un microprocesador más potente. Este concepto recibe el nombre de FSB (*Frontal Side Bus*). De cualquiera de las maneras, un *triste puñado de megahertzios* (ya que no suele ser mucho más) no suele justificar el incremento económico.

Slots

Los slots son los conectores físicos donde se instalarán las tarjetas en el PC. Obviamente, a mayor número de slots, mayores posibilidades de instalación de periféricos. No obstante, deberá atenderse tanto al número como al tipo de éstos. Así, será habitual trabajar con placas con un slot AGP dedicado al vídeo, un número variable de PCI, otro menor (con tendencia a desaparecer) de ISA y un último tipo de PCI Express *in cressendo*. Resulta importante comprobar que estos slots sean compatibles entre sí ya que a veces los fabricantes ofrecen placas con dos slots que, si bien son operativos, no permiten que se instalen a un tiempo dos tarjetas debido a la falta de espacio físico.

Zócalo

El zócalo dedicado a albergar el microprocesador está en relación con los dos puntos anteriores. Una placa base deberá estar preparada para albergar diferentes micros con los formatos asociados que, desgraciadamente, cada vez varía con más frecuencia. Este punto es tratado con mayor profundidad en este mismo capítulo.

2.3. FORMATO FÍSICO DE LAS PLACAS BASE

Partiendo de la funcionalidad común de los diferentes tipos de placas base, la evolución y aparición de nuevos componentes ha hecho que el diseño de estas tarjetas haya variado. Así, el soporte para nuevas tecnologías como memoria DIMM, RIMM, DDR..., puertos USB, Firewire, AGP, etc. ha obligado a una mayor sofisticación de las placas base, pero también el mayor tamaño de los microprocesadores, la necesidad de disipadores y la aparición de nuevas ranuras (slot) han exigido un cambio de disposición de componentes y variaciones en el tamaño.

Evidentemente esta evolución no ha sido sólo consecuencia de las necesidades planteadas por el resto de los componentes que integran el ordenador. La propia placa base ha experimentado mejoras importantes que han contribuido a los diferentes cambios de formato. A continuación, se exponen los formatos más comunes con sus principales características, complementando este apartado una tabla resumen.

2.3.1. Formato AT

El formato AT es el más antiguo y, probablemente, el más popular, ya que ha llegado a soportar hasta el PENTIUM MMX. Su principal problema es su gran tamaño (33,28 cm de largo, es decir, 13") que le excluye de formatos pequeños de caja llegando incluso a sobreponerse sobre bahías[14] de disqueteras, discos… con la consecuente incomodidad de trabajo (cuando no imposibilita el montaje). La distribución aproximada se aprecia en las figuras siguientes:

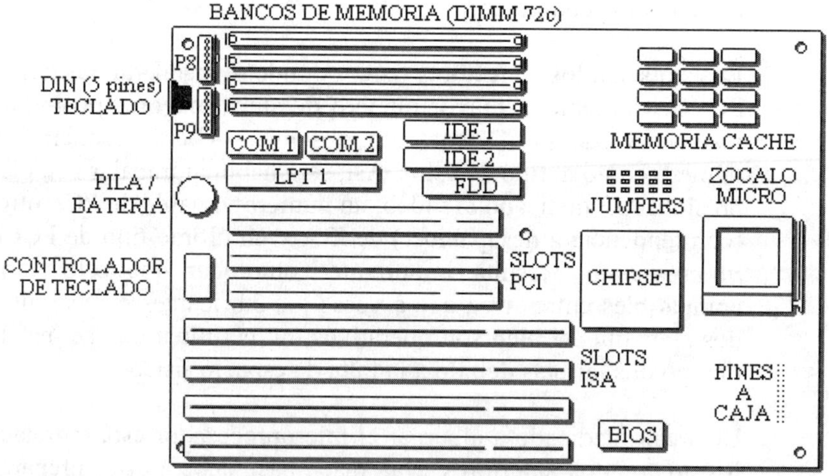

Figura 2–1 Vista de una placa base AT

[14] Una bahía es el espacio físico destinado a albergar una disquetera, unidad de CD... en la caja. Son fácilmente distinguibles ya que vienen troqueladas sobre la propia carcasa y se pueden desmontar para introducir el dispositivo que se desee en ellas. El formato normalizado corresponde a 3½" y 5¼", medidas éstas de los potenciales discos (tanto duros como flexibles) que tienen cabida.

Otro problema añadido del formato AT es la ubicación del microprocesador. Situado a continuación de las ranuras, si se inserta una tarjeta larga puede llegar a entorpecer la inserción de la misma. Para entender este "error" de diseño, debe tenerse en cuenta que este formato ha aguantado más de diez años y en su día no se pensaba en tarjetas "largas", ya que las ranuras primarias solían ser ISA de 8 bits. Por supuesto, tampoco se pensó en la necesidad de los disipadores de calor del micro (que entorpecen la colocación de otras tarjetas).

El formato AT sólo dispone del conector de teclado soldado a la propia placa base. Tanto el puerto serie como el paralelo (y si los hubiese también el PS/2 y el USB) precisan de un cable para su conexión hacia el exterior de la caja. Esto hace incómodo el montaje y más aún la ampliación o reparación.

Figura 2–2 Placa base AT

Para solucionar el problema de tamaño se diseñó el formato "Baby AT" que si bien es más pequeño, no es estándar en cuanto a la ubicación de taladros para su sujeción a la parrilla[15]. No obstante, se puede fijar aunque sin usar todos los tornillos.

En general, estas placas se reconocen fácilmente observando el conector de teclado que, habitualmente, será un DIN de 5 pines "grueso", aunque algunos fabricantes (IBM, Compaq y HP, entre otros) tuvieron placas Baby AT con conectores de teclado mini DIN. Otro elemento diferenciador es la gran cantidad de fajas de cables que hay en su interior y que dificultan su manipulación. Esto es provocado porque los puertos, en lugar de ir soldados a la placa base, llevan su propio cable. En definitiva hay un total de, al menos, 5 fajas de cables "sobrevolando" la placa (dos puertos serie, un puerto paralelo, una disquetera y un disco duro, como poco).

15 Se trata de la estructura mecánica de la caja, desmontable o no, sobre la que se sujeta la placa base.

2.3.2. Formato ATX

Ha sido el primer cambio notable en cuanto a la tecnología de las placas base. El formato ATX cubre una amplia gama de microprocesadores desde los PENTIUM convencionales pasando por los MMX, PENTIUM PRO, PENTIUM II, III y 4 e, incluso otros ajenos a Intel como es el caso de AMD.

Era de esperar ya en 1995 que se asentase como un estándar dado que se trató de un desarrollo de Intel y es de sobra conocido el peso específico que esta compañía tiene en el sector. Sus dimensiones son de 307,2 x 245,8 mm, aunque existe una versión conocida como "mini ATX" de 280 x 204 mm.

Figura 2–3 Placa base ATX

El formato de esta placa permite un montaje "más limpio" del ordenador, ya que, por ejemplo, no es preciso disponer de cables para conectar puertos serie, paralelo, PS/2… sino que directamente integrados en la placa base, vienen soldados sobre la misma en la disposición, convenientemente establecida para el posterior montaje en la caja. Una mejor organización consigue que el ensamblaje sea más rápido y sencillo a la vez que práctico. Incluso las ampliaciones son más sencillas al encontrarse los componentes mejor distribuidos. Por ejemplo, la ubicación del microprocesador ha cambiado desde el cuadrante inferior derecho hasta el superior izquierdo. Las ventajas del cambio son dos: por un lado, el microprocesador no molesta para el montaje de las diferentes tarjetas, ya que antes se encontraba a continuación de las ranuras. Por otro lado, su ubicación cercana a la fuente de alimentación consigue una mayor refrigeración del microprocesador.

En cuanto a la alimentación también se dan mejoras significativas. Entre otras, la placa ya recibe directamente 3 v de tensión continua, usado por la mayoría de los microprocesadores (que suelen ser de 3 v o ligeramente inferiores) y lejana a los 5 v usados hasta los 80486. Esto evita la integración de reguladores de tensión para alimentar al micro con una elevada potencia de transformación de 5 v a 3 v que se reflejaba como disipación de calor. Además, el conector de alimentación de la placa base es único y de 20 pines, evitando riesgos de montajes erróneos como podría ocurrir con las placas AT al disponer de dos conectores idénticos de alimentación.

Quizás lo más novedoso de estas placas de cara al usuario final es la gestión por software de la alimentación, permitiéndole apagar o encender su máquina desde el sistema operativo, el teclado, el ratón o, por supuesto, el botón de encendido que, en este caso es un pulsador y no un interruptor.

El hecho de usar una electrónica concreta para el encendido de la máquina evita riesgos al ensamblador, ya que los 220 v de tensión alterna no "salen" de la fuente de alimentación como ocurría en los AT, donde el interruptor soportaba esta tensión y podía dar "sorpresas" cuando menos, desagradables.

A este respecto (el de la alimentación) se le pueden encontrar inconvenientes –como es el caso del continuo consumo de corriente a pesar de que el PC no esté operativo– como ventajas –la posibilidad de rearrancar la máquina de forma remota–. Sea cual sea la valoración, lo cierto es que a día de hoy, se trata de un estándar insalvable por lo que, si desea que su máquina realmente se desconecte del fluido eléctrico, lo mejor será recurrir a una base de enchufes con un interruptor.

El soporte para las nuevas tecnologías como puertos USB, discos duros más rápidos, posibilidad de redistribución de la RAM para aplicaciones de vídeo, soporte para memoria síncrona y otras, hacen sin duda, el estándar de montaje actual.

2.3.3. Formato LPX

Se trata de un formato poco recomendable. Su pequeño tamaño de 9" x 11" (23,04 cm x 28,16 cm) le permite ser albergada en los formatos de caja "slim" o de perfil bajo. Ahora, no hay que confundir este tamaño con una mayor escala de integración tecnológica sino con la búsqueda de la reducción de precios y una disminución de tamaño. Así, el formato LPX suele utilizar muy poco espacio para la implementación de ranuras, aprovechando una única salida externa de la caja para dos ranuras, generalmente de tecnologías diferentes (PCI e ISA habitualmente). A efectos prácticos, sólo una ranura es aprovechable de forma que el resultado final es la disposición de tres ranuras como máximo.

De forma común el formato LPX implementa en placa base la tarjeta de vídeo. Esto resta flexibilidad al sistema, ya que el usuario está condicionado a usar esa tarjeta de vídeo y deshabilitarla para usar otra, generando una "electrónica muerta" dentro de su placa.

Dado que esta placa es muy usada para equipos de sobremesa, muchas ofrecen un único slot a partir del cual se instala una tarjeta denominada riser card que ofrece entre 3 y 4 slots en paralelo. El resultado final es que las tarjetas quedan en paralelo con la placa base en lugar de perpendicularmente como ocurre en otras placas. Esto ahorra espacio en los formatos de perfil bajo de caja.

Al igual que en modelos anteriores, existe un formato *mini LPX* de 8" x 10" (20,48 x 25,6 cm).

2.3.4. Formato NLX

Si se pudiese establecer una relación entre el formato AT y el ATX, algo similar ocurriría con el LPX y el NLX. El formato NLX es un desarrollo de Intel encaminado a adaptar el formato LPX a los requerimientos más exigentes de los PCs actuales.

Este formato, bajo un diseño similar al LPX, se usa sobre todo para usuarios finales, soportando memoria DIMM, zócalo de formato SEC para PENTIUM II y III y puerto AGP para tarjetas de vídeo. Al igual que el formato ATX, la disposición del microprocesador es mejor, favoreciendo su refrigeración e impidiendo que éste sea un estorbo para la ampliación de tarjetas. Por otro lado, también lleva integrado todo el sistema de puertos (serie, paralelo, PS/2) lo que le da más "claridad" de montaje al no precisar de cables de conexión.

2.3.5. Formato BTX

El formato BTX o Balanced Technology eXtended (Tecnología Balanceada Extendida) responde a una nueva redistribución de componentes a fin de optimizar la electrónica del PC bajo todos los prismas: no sólo se persigue una rentabilidad electrónica superior, sino que, además, la reorganización facilita el conexionado de componentes.

Resulta obvio pensar que este nuevo posicionamiento de componentes afecta de forma directa a la caja y, así es: se precisa ya no sólo de nuevas cajas donde albergar la electrónica del PC, sino que, además, las fuentes de alimentación deben cumplir la especificación BTX.

Este tipo de placas es fácilmente identificable ya que cambian la posición de la fuente con respecto a los conectores. Así, en un PC de sobremesa donde habitualmente la fuente de alimentación se encuentra a la derecha del PC y, hacia la izquierda, le siguen los slots, si se dispone de una placa BTX este orden se invertirá. Por otro lado existen variaciones sobre el BTX orientadas al cada más elevado auge del formato barebone: el MicroBTX y el PicoBTX

2.3.6. Comparativa de formatos

Como se ha visto, la elección de la placa base no es una tarea sencilla. A pesar de no haber profundizado aún en cada uno de los elementos funcionales que la componen, el tamaño es el primero de los parámetros significativos.

A continuación, se presenta una tabla resumen proporcionada por los laboratorios de Soltec (http://tienda.soltecsl.com) para cada uno de los diseños vistos. Aunque algunas tarjetas tienen más de una medida estándar, se ha reflejado el tamaño máximo considerando el caso más desfavorable a la hora de ensamblar la máquina.

FORMATO	Ancho		Largo	
	Centímetros	Pulgadas	Centímetros	Pulgadas
AT	30,72	12,00	33,28	13,00
Baby AT	21,76	8,50	33,28	13,00
ATX[16]	30,72	12,00	24,58	9,60
Mini ATX	28,67	11,20	20,99	8,20
LPX	23,04	9,00	33,28	13,00
Mini LPX	23,04	9,00	28,16	11,00
NLX	23,04	9,00	34,82	13,60
BTX	32,50	12,69	26,70	10,40
MicroBTX	26,40	10,15	26,70	10,40
PicoBTX	32,50	12,69	26,70	10,40

Tabla 2–1 Formatos y medidas de placas base

2.4. EL CHIPSET

La palabra *chipset* pertenece a una marca registrada de la compañía Chips & Technologies Inc. de San José (California), que introdujeron el concepto de muy alta integración de cinco chips para placas base clónicas en el año 1985. La traducción literal sería la de conjunto (set) de integrados (chips). En la actualidad, probablemente éste sea el elemento diferenciador entre unas placas y otras ya que es el encargado de controlar un gran número de parámetros del PC.

El chipset es, por tanto, una integración de diferentes circuitos periféricos de la placa base. Su función es, entre otras, la de gestionar el acceso a los datos, así como el proceso de cálculo, la gestión de memoria y la coherencia con la memoria caché de segundo nivel.

El chipset, como circuito encargado de mantener toda la lógica del PC que no está integrada en el microprocesador ni en el coprocesador asociado al mismo, se encarga de gestionar, en todos los casos, las siguientes funciones:

[16] Formato más utilizado actualmente.

- ⇨ Direccionamiento, decodificación y mapeado de memoria.
- ⇨ Canales de DMA.
- ⇨ Control de la interfaz de teclado (incluyendo el reseteo por software).
- ⇨ Control de interrupciones.
- ⇨ Control de los cristales de sincronización (reloj).
- ⇨ Circuito de alimentación de reloj en tiempo real.
- ⇨ Control de la memoria principal del sistema.

En algunos casos, puede encargarse también (dependiendo del modelo) de:

- ⇨ Control de la memoria caché externa.
- ⇨ Gestión de las funciones de "Turbo", a nivel lógico.
- ⇨ Lógica de los estados de esperas programables.
- ⇨ Velocidad del bus.

De forma excepcional, se controlan las ranuras PCMCIA, la lógica de alimentación de las funciones "Green PC", la circuitería para visualización en monitores CRT y/o LCD, las interfaces de red (exclusivamente para Ethernet), los puertos serie, paralelo, disqueteras... En definitiva, este componente determina en gran medida las características de la placa base.

Abundando en ejemplos de integración, en determinados ambientes se considera la BIOS como parte integrada del chipset. En algunos modelos de placas la controladora de bus EISA o VLB era implementada en el chipset. Normalmente este tipo de integrado es de muy alta escala de integración.

Otra denominación de los chipset es la de *ASICs* ("Application-Specific Integration Circuits" o Circuito integrado de aplicación específica). Intel, dependiendo de la aplicación, suele concretar más este término genérico, introduciendo los conceptos de PCIset y AGPset para referenciar la circuitería específica de los slots PCI y el puerto AGP, respectivamente.

2.4.1. Chipset comerciales

Hubo un momento en la evolución de la Informática donde el chipset empezó a ser conocido y tomó la relevancia que debe tener en las placas base. A partir de entonces, un aluvión de nuevos chipset, versiones y variaciones han inundado las características de los PCs con siglas que resultaban poco claras. En este punto se exponen los chipset más conocidos (quede por tanto claro que no se mencionan todos ya que en tal caso podría dedicarse un libro completo a tal tema) que son, por supuesto, los más comerciales y más vendidos.

Los chipset van asociados por generaciones a los microprocesadores que dan soporte (cuarta, quinta, sexta generación). De esta forma es fácil asociar prestaciones concretas a los chipset, relacionándolas con los micros. Todo esto es válido para Intel pero en caso de fabricantes de microprocesadores como AMD o Cyrix hay variaciones. Estos dos fabricantes (y otros muchos más) han ido realizando micros compatibles con Intel en cuanto al chipset se refiere hasta llegar a la última generación –la sexta– donde sus microprocesadores trabajan con los chipset diseñados para la quinta generación de Intel.

La cantidad de chipset fabricados, clasificados en cuanto a fabricantes y diferentes modelos se refiere, hace que el estudio de este componente deba ser limitado. Esta limitación se ha circunscrito al entorno de Intel, como uno de los fabricantes más representativos del sector y, aunque se han contemplado la gran mayoría de sus productos, no se ha realizado el estudio de todos. Seguro que el lector encontrará en estas líneas las preguntas referentes a los chipset más convencionales (más del 90% de los existentes en el momento de escribir estas líneas son contemplados) pero, en caso de no ser así, puede ampliar información directamente a través de la página web de Intel en http://developer.intel.com/design/chipsets/ en inglés, claro está (seguro que un buen día los directivos de Intel nos darán una alegría a los hispanoparlantes). No obstante, no debe olvidarse otras alternativas que sobradamente han demostrado su competitividad y calidad en el mercado, tal puede ser el caso de la compañía Via Technologies.

2.4.1.1. CHIPSET PARA 486

Dada la importancia del chipset, parece lógico abordar el tema en profundidad. No obstante, es preciso situar el punto de partida y ésta no es una tarea sencilla... Si bien los chipset actuales están claramente definidos, la realidad del parque microinformático existente es que aún hay ordenadores antiguos operativos en tareas ofimáticas y otras que no requieren de una gran potencia de proceso (por ejemplo, piénsese en un PC para realizar el registro horario en una compañía). Se ha establecido (de modo un poco arbitrario, para qué negarlo) un inicio en las máquinas 80486, siendo consecuentes con la baja incidencia actual de este tipo de microprocesador en el mercado. No obstante, se considera interesante una retrospectiva amplia de cara a aportar una visión panorámica de la evolución.

Se trata pues, tras este preámbulo, de la cuarta generación caracterizada por multitud de novedades y cambios. Con la aparición de los equipos 80486 se producen importantes cambios y avances en la tecnología de los PCs. Si bien por un lado esto fue una buena noticia, por otro impidió que hubiese tiempo real para estandarizar un chipset. Los cambios más significativos fueron los siguientes:

⇨ Sustitución de la memoria en formato SIMM de 30 contactos a 72 contactos. Hubo placas que soportaban ambos.

⇨ Aparición de un nuevo bus: el VESA LOCAL BUS que se implementa junto al popular ISA.

⇨ Aparición de un nuevo bus: el PCI que se implementa junto al popular ISA.

⇨ Soporte a todos los buses contemporáneos (VESA, ISA y PCI) que dio lugar a las placas "VIP".

⇨ Evolución espectacular de la velocidad del microprocesador desde 25 MHz hasta 133 MHz (sí, 133 MHz[17]).

⇨ Cambio en las tensiones de alimentación de los microprocesadores, pasando de los habituales 5 v a 3,3 v debido al aumento de frecuencia de trabajo y su consecuente calentamiento como resultado del aumento de la velocidad en la conmutación (gran inconveniente en los semiconductores).

⇨ Inclusión de microprocesadores no-Intel potentes que corrían bajo la arquitectura de placas 486. Tal fue el caso de AMD o Cyrix con su popular y ya vetusto 5x86.

Y, por si esto fuese poco, estos cambios se solapaban entre sí. Esto explica que ningún modelo de chipset se afianzase en el mercado, ya que era preciso desarrollar nuevos productos constantemente.

Se destacaron algunos fabricantes de chipset como UMC, SIS u OPTI que, si bien ya eran conocidos, se distinguieron por su asombrosa flexibilidad y adaptación a los nuevos cambios. En esta generación no existía ningún monopolio de producción de chipset, sino que cada fabricante disponía de sus productos y nunca sobresalía de forma significativa sobre los otros. Esta tendencia cambió en la siguiente generación en la que Intel hizo su estreno como fabricante de chipset. Éste es el motivo por el que en la quinta generación se contemplan los *chipset para PENTIUM* de Intel de forma única, dejando de lado a otros fabricantes que poco pudieron hacer durante esta generación.

2.4.1.2. CHIPSET PARA PENTIUM

Se trata de la quinta generación, lo que conlleva un aumento importante de prestaciones en respuesta a las nuevas necesidades por parte del usuario (cada vez más exigente y habituado a los entornos gráficos con el aumento significativo de proceso de información que esto implica). Dada la relevancia que el mercado de chipset había

---

[17] Existen manuales donde se hace referencia a un microprocesador 80486 a 150 MHz, si bien es cierto que, físicamente, su incidencia fue mínima (si es que realmente existió –he de confesar que no he visto un 80486 a más de 133 Mhz– y no fue fruto de una opción previsora por parte de un fabricante de placas base).

tomado, Intel decidió aventurarse y producir chipset para sus propios micros. Esto tenía ventajas e inconvenientes. Como ventaja destacable, nadie conoce mejor que Intel sus propios microprocesadores. Esto le permitió realizar diseños que aprovechasen al máximo las prestaciones de sus micros. El inconveniente fue la falta de experiencia que, en algunos casos, le llevó a diseñar chipset que se quedaban "cortos" ante determinadas configuraciones. Además, le permitió afianzar más su casi exclusividad en el entorno PC dejando de lado a productores de chipset como SIS o VIA TECHNOLOGIES dominando el mercado de forma absoluta desde 1993 hasta 1997.

Los chipset comercializados por Intel para esta generación fueron: 430LX, 430NX, 430FX, 430HX, 430VX y 430TX, a saber:

430 LX También conocido como *Mercury* fue el primer chipset de Intel para PENTIUM en frecuencias de trabajo de 60 y 66 MHz. Duró bastante poco, arrastrado por el fracaso espectacular del microprocesador que apareció con errores y tuvo que ser rápidamente sustituido por los PENTIUM a 90 y 100 MHz.

Como características principales, cabe citar que trabajaba a 5 v, soportando hasta 128 MB de RAM y daba soporte al *nuevo* bus aparecido en la generación anterior y ya estandarizado: el PCI. Excepto esto, poco hay que resaltar, ya que desapareció literalmente del espectro microinformático arrastrado por el espectacular fracaso del microprocesador.

430 NX Este chipset recibió el nombre de Neptune y aportó ventajas significativas con respecto a su predecesor. Cabe destacar el soporte para placas con microprocesadores duales y con hasta 512 KB de memoria caché asíncrona. Otras mejoras, aunque interesantes, no afectaron de forma tan directa como, por ejemplo, el manejo de 512 MB de memoria, ya que sólo en casos muy concretos se alcanzaban esos valores de capacidad (lo habitual se situaba entre 32 y 64 MB). En lo referente a velocidad, soportó micros desde 90 MHz hasta 133 MHz.

430 FX Probablemente haya sido el chipset más conocido, sobre todo, bajo el nombre de *Triton*. Aunque en algunos aspectos fue un retroceso (no soporta el funcionamiento dual y su soporte de memoria era de "sólo" 128 MB), en otros significó un claro avance, admitiendo memoria EDO, soportando tecnologías de memoria caché síncrona y "burst pipeline" (256 ó 512 KB) al igual que buses PCI de nivel 2.0.

El 430 FX admitía un único micro, con control de recursos Plug & Play y manejo de dos canales IDE con bus master integrado en modo PIO 4.

Con algunas carencias (como la falta de soporte a la memoria caché cuando se trabajaba por encima de 64 MB de RAM), la disponibilidad de la memoria EDO RAM (Extended Data Out RAM) frente a la obsoleta FPM (Fast Page Mode) supuso un aumento importante de rendimiento.

430 HX Denominado *Triton II* –quizás por el éxito de su predecesor–, el nuevo chipset de Intel aportó novedades a la altura de los últimos PCs de la época, además de incluir aquellas características que sí eran soportadas por los chipset NX y no por los FX.

Sus características son las mismas que el 430FX y, además aporta soporte para puertos USB, bus PCI 2.1 y EISA. En cuanto a memoria, admite hasta 512 MB con control de paridad y ECC, en cuatro bancos, procesamiento dual (2 microprocesadores) y control independiente de sincronismo para diferentes dispositivos IDE. Admite 512 KB de memoria caché L2 pudiendo cachear toda la memoria.

El éxito de este chipset se debió precisamente a su control de errores en transacciones de memoria mediante la paridad y el ECC. Aunque todas sus características satisfacían al más exigente de los usuarios, el citado control de errores se valoró positivamente distinguiéndolo de otros al ser Intel el único fabricante que lo implementó. Esto permitió crear casi un monopolio de exclusividad cuando se requerían máquinas "serias" que no dejasen de trabajar por un simple error de memoria (servidores, por ejemplo).

Con la aparición de este chipset, muchas placas base fueron vendidas como fabricadas por Intel cuando no era así, bajo el argumento de que uno de sus integrados (precisamente el chipset) era original de Intel. De la misma forma aparecieron unos chipset llamados HX Pro que si bien guardan cierta relación en el nombre, nada tenían que ver en sus características. Lo mismo ocurrió con los 430VX y los VX Pro, 430TX y 430 Pro, motivo por lo que es recomendable prestar atención a la hora de adquirir una placa base.

430 VX Aunque con la misma denominación de Intel que el 430HX, al VX se le llama *Triton III* para diferenciarle. Esta similitud de nombres viene provocada porque Intel considera ambos chipset, tanto el HX como el VX como la misma familia, orientados, eso sí, a diferentes segmentos del mercado microinformático. Mientras que el HX está recomendado para empresas, servidores y equipos con grandes exigencias, el VX tiene más cabida en el entorno de usuarios finales y PCs domésticos.

El 430 VX es inferior en muchos aspectos al HX, ya que no soporta control de paridad, ECC, procesamiento dual ni independencia de sincronismo en dispositivos IDE. Por otro lado, vuelve a establecer el límite de memoria en 128 MB y aumenta los tiempos de acceso cuando trabaja con EDO RAM.

Como ventajas aporta, en primer lugar, un precio más económico, soportando memoria FPM, EDO RAM o SDRAM, con ciclos "burst" de 7-1-1-1 (frente a los 5-2-2-2 del HX con módulos de memoria EDO RAM).

430 TX El 430TX fue bastante esperado como resultado de la apuesta de Intel por un chipset económico que incorporase las ventajas del HX además del soporte a las nuevas tecnologías que de forma periódica aparecen.

Popularmente recibió el nombre de *Triton IV*, como sucesión de los chipset anteriores y, con un bajo consumo, soportaba transferencias de DMA en modo 3 a la vez que sincronismos independientes en dispositivos IDE / ATA. Por otro lado, también permitía la implementación de más bancos de memoria (tanto DIMM como SIMM), volviendo a subir el nivel de memoria hasta 256 MB en tres bancos (con máximos de 128 MB de EDO RAM y 64 MB de SDRAM) y con tiempos iniciales de lectura de 5-1-1-1. Manejaba tecnología MMX (extensiones multimedia originales de Intel que tuvieron su réplica en AMD con 3DNow!) cumpliendo las especificaciones ACPI C'97. Inconveniente: sólo cachea los primeros 64 MB de memoria.

Durante bastante tiempo, el mercado se repartió entre el TX y el HX, ya que si uno ofrecía más ventajas, el otro tenía mejor precio. El final, como era obvio, concluyó con la implantación del TX al decidir Intel que era conveniente parar la producción de otros chipset anteriores y potenciar los nuevos productos.

2.4.1.3. CHIPSET PARA PENTIUM PRO / II

La denominada "sexta generación" se ha formado, en el caso de los chipset, por aquellos que han dado soporte para PENTIUM Pro y PENTIUM II. Intel ha seguido liderando el mercado y destacándose al incorporar características que se apartaron del estándar. Tal fue el caso del zócalo SEC (también llamado zócalo ONE), con el que Intel distingue sus productos y se separa del estándar empleado durante años del popular "Socket". Tanto AMD como Cyrix, siguieron usando el "Socket 7", hasta la aparición de la serie K.7 de AMD, con microprocesadores diseñados para el "Socket" SEC. A continuación se detallan los productos más característicos de esta generación:

450GX / 450KX Conocidos bajo el nombre de *Mars* y *Orion*, respectivamente, Intel presentó estos chipset orientados a dar soporte al PENTIUM Pro bajo la consideración de un único chipset en dos versiones: "server" y "workstation", intentando dar así una visión panorámica de la función para la que cada uno había sido diseñado. Lo cierto es que ambos pueden trabajar con máquinas que actúen como servidores sin ningún problema (aunque hay que indicar que las primeras versiones de ambos chipset aparecieron con errores que pronto fueron subsanados por Intel).

Ambos diseños tienen características comunes como el manejo del control de errores a través de sistemas de paridad o ECC y se distinguen en aspectos de "potencia". Así, el GX es capaz de manejar hasta 8 GB de memoria RAM con 4 accesos de "interleave" a memoria frente a 1 GB y 2 accesos del KX (véase el capítulo dedicado a memoria donde se explica en qué consiste el Interleave en memoria). El GX incluía una mejora importante única hasta el momento: el soporte a dos buses PCI, independientes entre sí, además de soportar hasta 4 microprocesadores.

Aunque estos chipset provienen de un diseño específico para PENTIUM PRO, también fueron capaces de trabajar con PENTIUM II.

440 FX Este chipset fue bautizado bajo el nombre de *Natoma* y usado en la mayor parte de las placas base para PENTIUM Pro e, incluso, en los primeros PENTIUM II. Es bastante similar en características al 430HX y realmente no aportó grandes ventajas, limitándose a ser un puente hacia el 440LX.

Quizás la falta de popularidad que sufrió se debió a la carencia de soporte para memoria SDRAM o Ultra DMA. De cualquier forma, su vida fue asociada al PENTIUM Pro y parte del PENTIUM II –como se indicaba–, con el que desapareció ante la aparición del 440LX.

Soportó memoria EDO RAM así como 2 microprocesadores (procesamiento dual). Manejaba hasta 1 GB de memoria repartida en 8 bancos al igual que la gestión de puertos USB.

440 LX Está diseñado de forma exclusiva para los PENTIUM II aprovechando todas sus ventajas: hasta la aparición de este chipset, se usaba el 440FX como soporte (optimizado en algunas funciones) y aún se puede encontrar en placas base antiguas.

El 440LX, por tanto, fue el primer chipset en soportar puertos AGP 2x para vídeo. En cuanto a slots, controlaba cuatro ranuras PCI 2.1. Incluyó características adicionales (algunas compartidas con chipset anteriores) como gestión de USB, soporte de Ultra DMA para discos duros, ACPI y capacidad de manejar SDRAM (hasta 512 MB) y EDO RAM (1 GB).

A todas luces era preciso el nacimiento de este chipset para dar cobertura a todas las nuevas prestaciones de los PENTIUM II de forma específica y todas las nuevas tecnologías adyacentes en cuanto memoria, soportes físicos de información y un largo etcétera.

440 BX Fue un chipset muy popular, ya que fue el primero en soportar buses a 100 MHz cuando la memoria PC100 no era aún muy conocida comercialmente. Aunque en su día se asegurase lo contrario por parte de algunos proveedores, este chipset no funcionaba correctamente juntando memoria EDO y SDRAM (al menos, manteniendo las prestaciones de la SDRAM por motivos obvios). Soportó, en ambas tecnologías de memoria, hasta 1 GB. Uno de sus inconvenientes fue no reconocer el UltraDMA 66, salvo que se utilizaran adaptadores SCSI.

440 EX De bajo coste, este chipset dio soporte al PENTIUM CELERON. Sus prestaciones eran escasas, manejando un único procesador y 256 MB de memoria RAM que, en principio, era una memoria más que suficiente para un usuario doméstico. Admite tanto memoria EDO (4 SIMM) como SDRAM (2 DIMM), en ambos casos, sin control de paridad y en cuanto a gráficos, proporcionó gestión para AGP 2x.

440 GX Es un chipset orientado a soportar el PENTIUM XEON, dedicado fundamentalmente a operaciones con servidores. Esto no debe confundir, ya que se trata del chipset en el formato más básico que soportaba este micro. Gestiona un bus a 100 MHz soportando hasta 2 GB de memoria SDRAM, además de puertos AGP 2x.

450 NX Al igual que el chipset anterior, también fue diseñado para el PENTIUM XEON, pero con bastantes más prestaciones. Así establece el límite de memoria en 8 GB que podía ser tanto en formato de memoria EDO RAM como SDRAM. Por supuesto, soportaba el procesamiento dual con varios microprocesadores. Como carencias (si se piensa en sistemas operativos de red con entornos gráficos como Windows NT), no manejaba puerto AGP ni tampoco ACPI.

De este chipset aparecieron dos versiones diferentes: 450NX *Basic* y 450NX *Full*. La versión *Basic*, inferior a la *Full* sólo soportaba 4 GB de memoria frente a los 8 GB de la *Full*. De igual modo los buses variaban de 2 PCI de 32 bits (o uno de 64 bits) de la versión *Basic* a 4 PCI de 32 bits (o dos de 64) en la *Full*. Se distinguen fácilmente ya que la versión *Basic* está formada por 5 chips mientras que la *Full* lo está por 9.

440 ZX Este chipset apareció en dos versiones diferentes según la velocidad del bus permitida. Así se podía encontrar tanto para 66 como para 100 MHz. Una limitación de este chipset fue que sólo daba soporte a dos módulos de memoria. Estaba compuesto por dos chips y era bastante limitado en cuanto al resto de sus características. Así, soporta dos puertos USB, un puerto AGP y un único bus PCI de 32 bits.

Como exigencia de los microprocesadores contemporáneos, se trató del único chipset de 100 MHz que fue capaz de soportar el formato socket 370 (además del Slot 1, por supuesto). El límite de memoria lo estableció en 512 MB.

810 Se trata del primer chipset de una nueva generación de Intel, aunque en gran medida se basa en la tecnología ya implementada en los chipset BX. Apareció en abril del año 1999 y soportaba 512 MB de SDRAM con un nuevo controlador de memoria. Llevaba implementados controladores para audio y rutinas específicas para manejo de módems. Probablemente una de las características que más llamó la atención de este chipset fuese la falta de soporte a los buses ISA, lo que hacía prever la desaparición inminente de este tipo de bus, hecho este que se confirmó tres años más tarde.

El chipset 810 está compuesto por tres integrados: 82810, 82801 y 82802 en formatos de 421, 241 y 32 pines respectivamente. El 82802 también puede parecer en formato TSOP de 40 pines (aunque lo habitual en 32 pines es que se implemente bajo formato PLCC). Los otros dos integrados siempre aparecen como BGA (Ball Grid Array). Su función, de forma separada, es la de hacer las veces de controladora de memoria para gráficos en el caso del 82810[18], controlador integrado el 82801 y firmware del sistema el 82802. Por supuesto soporta un puerto AGP e incluye software para el manejo de vídeo en formato DVD. Este chipset soporta buses de 100 MHz a pesar de haber sido diseñado para PENTIUM Celeron, que no supera los 66 MHz.

2.4.1.4. CHIPSET PARA PENTIUM III

La siguiente generación de ordenadores, marcada por la aparición del microprocesador PENTIUM III de Intel, vino acompañada de mejoras en los diseños y algunas novedades tecnológicas. Era preciso diseñar nuevos chipset que, basados en experiencias anteriores (positivas y negativas) diesen soporte a esta nueva etapa:

i820 El i820 de Intel, también denominado *Camino* y diseñado especialmente para el microprocesador PENTIUM III, dio pie a una nueva sucesión de chipset. Éste aparece en septiembre del año 1999 tras varios aplazamientos en su presentación por problemas, fundamentalmente debidos al manejo de la memoria Rambus, aunque también presentó errores con las placas con más de dos bancos para SDRAM. Se trata de uno de los peores diseños de la factoría Intel basado (todavía) en su antecesor BX.

Este chipset consta de dos chips independientes: el 82820 y el 82801. El primero es un controlador de memoria y aporta el manejo de las interfaces de memoria DRAM y las interfaces AGP. Según con el número de microprocesadores con los que trabaje, este chip se encuentra en versiones

[18] Hablando en modo coloquial, a los dos chips que generalmente forman un chipset se les llama chip del "Norte" y chip del "Sur" (North and South). El Norte o Northbridge es ligeramente más grande que el Sur o Southbridge, encargándose, entre otras cosas, del flujo de información entre el slot AGP, el procesador y la memoria. Esto implica que en muchas ocasiones esta parte del chipset lleve un disipador. El Southbridge coordina, fundamentalmente, el manejo de los puertos USB y los buses PCI e ISA además de la BIOS.

monoproceso como 82820 y 82820DP para multiproceso. El 82801 es un controlador de puertos y dispositivos de entrada salida en general y posibilita la conexión directa entre la memoria gráfica y el controlador AC97. También gestiona el soporte dual de puertos USB, controladora ATA66 y posibilita el manejo del bus PCI.

El i820 sólo funcionó de forma correcta con RDRAM aunque Intel tenía intenciones de que soportase también memoria SDRAM. Esto parece que fue debido a errores en lo que se denomina el MCH (Memory Conversion Hub) que presentaba incompatibilidades y errores con el SPD[19] (Serial Presence Detect) de los módulos.

Al instalar este chipset trabajando con memoria PC133, el resultado era que el equipo se reiniciaba constantemente sin conseguir arrancar.

i820E El i820E –o *Camino II*– es una variación sobre el i820 que apareció en junio de 2000. Esta nueva revisión del chip aporta nuevas características y ventajas que no son suficientes para cubrir los fallos y defectos de la primera versión. Cabe destacar el soporte a cuatro puertos USB (con un ancho de banda de 2,4 MB/s[20]) usando un controlador dual, controlador para redes, controladora específica para Ultra ATA/100 IDE y capacidades de sonido avanzadas como es el soporte a seis canales de audio y manejo de sonido Dolby.

A pesar de las novedades aportadas, mantiene puntos comunes con su antecesor 820 como, por ejemplo, el controlador de memoria RDRAM, lo que limita el número de módulos de memoria RIMM a dos unidades.

El futuro de este chipset se vislumbraba incierto desde el principio ya que era difícil que el mercado olvidase los problemas acarreados por el chipset 820. Esto obligó a Intel a preparar de forma prematura su sucesor: el *Camino III* así como una variación, con nombre clave *Tehama*, dirigido a sistemas con PENTIUM 4.

i815E El chipset 815 de Intel, también denominado *Solano*, es uno de los mejores que la factoría ha fabricado. Presentado en junio de 2000, lo cierto es que no podía ser de otro modo, en cuanto a calidad y prestaciones se refiere, tras el estrepitoso fracaso con el i820. En esta consideración entra también el 815/E. Como su nombre indica ambos son una sucesión directa del 810 y, aunque esto pueda parecer un paso hacia atrás, en realidad se trata de un afianzamiento importante con grandes novedades y mejoras. Entre otras, ¡por fin se volvió a soportar la memoria PC133!

---

19 Se recomienda al lector revisar el capítulo dedicado a la *Memoria*.

20 Siendo *ortodoxos*, la primera versión a la que dio soporte fue la USB 1.1 con una velocidad máxima de 12 Mbps y no 2,4 MBs (2,4 Mbps x 8 = 19,2 Mbps).

Por otro lado un nuevo adaptador gráfico proporcionó un gran número de aplicaciones nuevas. De hecho, su éxito se debió a que se seleccionó cuidadosamente parte del diseño del i810 y del i820, ofreciendo las mejores prestaciones de ambos.

830 Se trata de un chipset específico que da soporte a la familia de microprocesadores Mobile de Intel (Mobile Pentium III Processor-M y Mobile Celeron). Su destino de equipos portátiles le hace incluir un sistema específico de ahorro de energía orientado a obtener el máximo rendimiento con el mínimo consumo energético. El 830 se fabricó en tres versiones, especializándose cada una de ellas en un entorno concreto sobre todo de aplicación gráfica. Éstas fueron: 830MP con soporte de AGP 2X/4X , 830M con las mismas características que el anterior pero con manejo de la Tecnología de Gráficos de Intel (característica de la siguiente generación) y el 830MG, dirigido al segmento de los Notebooks.

Se trata de un chipset muy flexible indicado para soporte de bus de 133 MHz, donde, según Intel, consigue aumentar hasta en un 33% el ancho de banda en las comunicaciones entre el microprocesador y memoria o dispositivos varios de entrada o salida. Por supuesto maneja SDRAM y también aquí mejora el rendimiento con respecto a sus predecesores.

En cuanto a soporte de memoria no hay grandes novedades: el tamaño límite se establece en 1 GB de SDRAM, capacidad que sigue siendo más que suficiente para los equipos medios actuales. En lo referente a comunicaciones con el exterior, supera a chipset anteriores permitiendo la conexión de 6 puertos USB (recuérdese que en otros modelos el número máximo de puertos se establecía en 2 ó 4). No obstante, si bien este punto no suele resultar crucial a la hora de tomar una decisión, las tarjetas PCI multiplicadoras de puertos e, incluso, los hubs USB externos pueden aportar soluciones a este respecto.

Por otro lado, las cada vez más claras exigencias gráficas y multimedia, se ven respaldadas por tres puertos de salida de vídeo con soporte para salida de TV tradicional, pantalla plana digital o un monitor externo TRC.

2.4.1.5. CHIPSET PARA PENTIUM 4

Llegamos por fin al último microprocesador de Intel en el momento de la realización de este libro. Obviamente las prestaciones ofrecidas por estos chipset son las mayores y, en algunos casos, son estimaciones de lo que serán los productos una vez aparecidos en el mercado. Queda, por tanto, para el lector, la tarea de evaluar y sacar sus propias conclusiones de algunos de estos productos. Se trata de los siguientes:

845 Este chipset está diseñado para optimizar el ancho de banda tanto si se trabaja con memoria SDRAM como DDR. En el caso de la primera, el soporte es para 133 MHz, mientras que en la segunda se produce para 200/266 MHz. Sobre este chipset han aparecido diferentes versiones (concretamente cuatro: 845E, 845G, 845GL y 845MP), cada una indicada para un sector concreto, donde las principales diferencias se observan en cuanto a velocidad del bus y capacidades gráficas fundamentalmente. Un chipset, por tanto, para cada necesidad de usuario específico según las demandas del mercado.

850 Este chipset aparece en su versión básica (850) y la "ampliada" denominada 850E. La diferencia estriba en que el 850E añade capacidad para soportar un bus de 533 MHz.

En ambos casos se soporta memoria RDRAM (lo que ciertamente limita su expansión y quizás continuidad en el tiempo) llegando a alcanzar tasas de transferencia de hasta 3,2 GB/s. En cuanto a capacidades gráficas dispone de soporte para AGP 4X y no es realmente destacable en otras características técnicas frente a desarrollos anteriores (soporte para Ultra ATA/100, ahorro de energía, controlador AC'97 con control de 6 canales para la obtención del surround digital, dos puertos USB,...).

860 Sin duda es un chipset significativo y de altas prestaciones orientado a sistemas con grandes requerimientos, asociado a workstations con microprocesadores Pentium Xeon. Es, como Intel señala, un paso importante dentro de su *Hub Architecture*. Dentro de sus características más significativas se encuentran un controlador evolucionado de memoria (el 82860 MCH o Memory Controller Hub), que es la principal interfaz entre el bus del sistema, la memoria (soporta RDRAM a 400 MHz) y la tarjeta gráfica (téngase en cuenta el importante volumen de información que una pantalla gráfica representa a alta resolución) con transferencias de 1 GB/s.

E7500 El E7500 sienta precedentes dentro de una nueva familia de chipset de Intel. Está diseñado, al igual que su predecesor, para grandes sistemas y, en especial, servidores con grandes demandas. Qué duda cabe que, ante máquinas con este nivel de exigencia, este chipset debe dar soporte al procesamiento dual para microprocesadores Pentium Xeon.

Aunque se recomienda al lector acudir a la información detallada de este chipset en caso de ser el componente requerido, caben citar algunas características que dan una magnitud del tipo de chipset que se trata. De este modo, es capaz de manejar un bus de datos de 400 MHz con un nada despreciable ancho de banda de hasta 3,2 GB/s. Obviamente esto lo consigue con memoria DDR que puede ser una traba en su continuidad dado el elevado precio de ésta. También incorpora tres conexiones del tipo HUB destinadas a gestionar múltiples dispositivos con diferentes dispositivos y requerimientos, llegando a alcanzar la tasa anteriormente mencionada de hasta 3,2 GB/s.

E8870 Hizo su aparición en septiembre de 2002 encaminado a aportar soporte en servidores de altas prestaciones y gestionando los más potentes microprocesadores de Intel del momento, como el Itanium 2.

Incorpora gestión de detección y corrección de errores así como un diseño escalable. En cuanto a tasas de transferencia, maneja buses de hasta 400 MHz con buses de 128 bits, lo que teóricamente le permite alcanzar transmisiones de 400 MHz · 128 bits = $512 \cdot 10^8$ bits /s ≈5 ,9 GB/s (aunque Intel asegura que llega hasta 6,4 GB/s).

875P Se trata de un chipset para Pentium 4. El soporte a la tecnología *Hyper Threading* es una constante tanto para éste como para los chipset posteriores, como característica ya inherente al Pentium 4. El rango de frecuencias del bus está situado entre 533 y 800 Mhz. El formato de encapsulado es mPGA478. La memoria soportada es la DDR con frecuencias de 266, 333 y 400 Mhz. Admite memoria con detección de errores (ECC) así como sin detección de errores.

865G Este chipset, al igual que todos los posteriores a él, soporta microprocesadores Pentium 4, Celeron y Celeron D. Soporta buses de 400, 533 y 800 Mhz. Al igual que el chipset anterior, soporta formato DIMM de memoria en dos canales y con frecuencias de trabajo de 266, 333 y 400 Mhz. No admite memoria ECC.

Como dato curioso es de destacar que maneja hasta 96 MB de memoria de vídeo siempre y cuando la memoria del sistema sea igual o superior a 128 MB o 32 MB en caso contrario.

865GV Bajo un formato encapsulado mPGA478, soporta buses de 400, 533 y 800 Mhz que se corresponden con memorias de 266, 333 y 400 Mhz. No admite memoria ECC. Este chipset sigue la misma pauta de manejo de memoria de vídeo que el 865 G.

865P Maneja buses de 533 y 400 Mhz con los mismos tipos de memoria en cuanto a formato y frecuencias que el chipset anterior. No admite memoria ECC. AL igual que toda la serie 865x y 875P –tal y como se indicaba–, soporta discos duros SATA además de hasta 6 PCI masters y 8 puertos USB 2.0.

865PE Este chipset, bajo formato de encapsulado mPGA478, soporta buses de 400, 533 y 800 Mhz. Al igual que el 865P, soporta memoria DIMM de doble canal a 266, 333 y 400 Mhz. El máximo de memoria direccionable se sitúa en 4 GB en toda la serie 865X así como en el 875P. No admite memoria ECC.

2.4.1.6. EXPRESS CHIPSET

Existe un grupo de chipset que si bien generacionalmente pertenecen al Pentium 4, se han querido considerar de un modo aparte. El motivo estriba en sus características comunes y, a la vez, diferentes con el resto de los chipset tratados hasta a ahora. Este nuevo grupo de integrados aparece de forma contemporánea a una serie de hitos importantes (de los que cíclicamente se dan en la microinformática), aprovechando todos ellos. De este modo la aparición del PCI Express, la memoria DDR2, los discos duros ATA serie, la tecnología *Hyper Threading* de los últimos modelos de Pentium 4 (si bien esto ya era soportado por otros chipset anteriores como, por ejemplo, los 865XX tratados en el apartado anterior)… todo ello hace necesario que un nuevo grupo (una nueva familia) de chipset vea la luz: los *Express chipset*, a saber:

925X Se trata de un chipset que aparece bajo la influencia de la nueva tecnología PCI Express y que hace un uso de las nuevas capacidades hardware ofrecidas por los diferentes componentes. Así, maneja ya no sólo la comunicación PCI Express –tarjeta de vídeo (con anchos de banda inimaginables hace no demasiado)–, sino que, además, soporta memoria DDR2 de canal dual y la nueva tecnología SATA para conexión de discos duros.

En cuanto al microprocesador se refiere, está optimizado para los Pentium 4 HT *Extreme Edition*. En definitiva, parece que se trata del chipset apropiado para equipos actuales que quieran aprovechar todos los últimos avances tecnológicos. Muy recomendado para entornos en los que se precise imágenes reales (diseño y juegos) de un modo exigente.

915G Se trata de otro chipset diseñado para Pentium 4, capaz de aprovechar todas las prestaciones *Hyper Threading* bajo la nueva aura que el PCI Express parece haber creado. Además de manejar este nuevo tipo de bus, también soporta memoria DDR2 y tecnología SATA (además de los habituales Ultra ATA/100).

La "G" que identifica al chipset proviene de "Graphics" y no podía ser de otro modo si se tiene en cuenta que es más de un 50% más rápido que las prestaciones que ofrecían los sistemas anteriores de Intel. Además, cuenta con aceleración de DirectX 9 para 3D y, todo ello, con un menor consumo de corriente que se refleja en una mayor estabilidad térmica (y del sistema, por tanto).

915GV Se trata de una variación del 915G con diferencias que, reflejadas en una tabla, pudieran parecer sutiles pero que, en la práctica y según sea la finalidad del equipo, son más que importantes. Así, y casi en esencia, el 915GV no cuenta con un puerto de gráficos externos como el 915G que disponía de un PCI Express 16x, lo que no le permite manejar monitores de forma dual.

915P Es el último de los chipset que cierra la familia de los diseños de Intel para la tecnología PCI Express, compuesta por los modelos 925X, 915G/GV y 915P. En éste, como en los otros dos chipset citados, se mantiene el soporte de memoria DDR2, discos duros ATA serie (SATA) y, por supuesto, PCI Express y aprovechamiento de la tecnología HT de los Pentium 4.

Probablemente se trate del chipset más genético de los tres, orientado a ofrecer altas prestaciones en todos los entornos.

2.4.2. Cronología

Todos los chipset tratados se han presentado ordenados cronológicamente en algunos casos y por características en otros. Siguiendo el orden lógico de aparición en el mercado, se presenta la siguiente relación obtenida a partir de la información publicada por Intel en su web. En la tabla se puede apreciar (ordenados del más moderno al más antiguo), los diferentes integrados de Intel especificando el tipo (chipset / AGPset / PCIset), despreciando exclusivamente aquellos que ya tienen la consideración de clásicos y que se encuentran literalmente desaparecidos del mercado.

<table>
<tr><th>MODELO</th><th>TIPO</th><th>MODELO</th><th>TIPO</th><th>MODELO</th><th>TIPO</th></tr>
<tr><td>E8870</td><td rowspan="12">Chipset</td><td>815</td><td rowspan="12">Chipset</td><td>810</td><td>Chipset</td></tr>
<tr><td>E7500</td><td>815EM</td><td>450NX</td><td>PCIset</td></tr>
<tr><td>860</td><td>815EP</td><td>440BX</td><td rowspan="6">AGPset</td></tr>
<tr><td>850E</td><td>810E2</td><td>440EX</td></tr>
<tr><td>850</td><td>810E</td><td>440GX</td></tr>
<tr><td>845E</td><td>440MX</td><td>440LX</td></tr>
<tr><td>845G</td><td>840</td><td>440ZX</td></tr>
<tr><td>845</td><td>820E</td><td>440ZX-66</td></tr>
<tr><td>845GL</td><td>820</td><td>430HX</td><td rowspan="2">PCIset</td></tr>
<tr><td>845MP</td><td>815P</td><td>430TX</td></tr>
<tr><td>830MP</td><td>815EG</td><td></td><td></td></tr>
<tr><td>815E</td><td>815G</td><td></td><td></td></tr>
</table>

Tabla 2-2 Cronología de los chipset

2.4.2.1. FABRICANTES DESTACADOS

ACER	www.acer.com	SIS	www.sis.com.tw
Intel	www.intel.com	UMC	www.umcgroup.com
OPTI	www.opti.com	VIA TECHNOLOGIES	www.viatech.com

2.5. LA BIOS

La BIOS ("Basic Input Output System") es la interfaz que actúa entre el hardware y el sistema operativo implementado a bajo nivel. En este apartado se contempla dicho componente como elemento físico. El usuario podrá encontrar una descripción del funcionamiento lógico (del programa[21] SETUP implementado en BIOS) en el apartado destinado a *Configuración del PC*. Como dato histórico, la primera BIOS se implementó en 1960 por parte de IBM en su serie IBM 700. A esta BIOS se le denominó IOCS (Input Output Control System).

La BIOS probablemente sea el mejor ejemplo de firmware ya que se trata de un elemento hardware (una memoria en definitiva) que contiene un programa (el SETUP) implementado en él.

Está claro que el PC ejecuta los comandos que habitualmente se encuentran en memoria. Ahora bien, nada más arrancar la máquina, la memoria no contiene aún ningún tipo de software y es la BIOS quien asume las funciones de control en el PC. De esta forma, el microprocesador acudirá a una dirección estandarizada por los fabricantes de BIOS (en el rango comprendido entre F000h - FFFFh, los primeros 64 KB por encima del primer megabyte) para encontrar la dirección de inicio de la BIOS.

Normalmente se entiende que hay una única BIOS para controlar el sistema pero es habitual que determinados componentes también tengan sus propias BIOS.

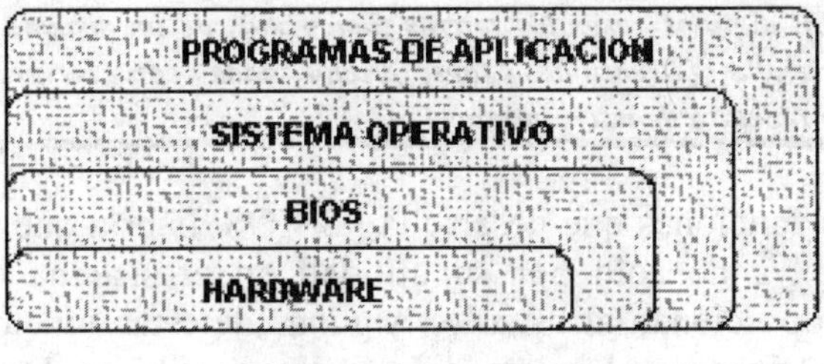

Figura 2–4 Jerarquía del PC

Tal y como se explica en el capítulo dedicado a sistemas operativos, las aplicaciones se ejecutan sobre un entorno de software (un *shell*) proporcionado por el propio sistema operativo. De la misma forma se puede establecer una analogía con la BIOS, quien facilita el soporte para que, a su vez, el propio sistema operativo se comunique con el hardware, tal y como se aprecia en la figura anterior.

---

21 Existen empresas dedicadas exclusivamente a las ampliaciones de BIOS mediante software (válidos para las "Flash BIOS" regrabables). Éste es el caso de Microids Research® que ofrece actualizaciones de manera gratuita a través de Internet (www.mrbios.com) y de calidad asegurada.

Esta jerarquización basada en modelos de abstracción consigue la independencia entre el software y el hardware que define el principio de compatibilidad, a la vez que establece vínculos de comunicación entre ellos.

2.5.1. Rutinas de la BIOS

La BIOS se encargará de suministrar servicios y rutinas a bajo nivel, es decir, próximas a la máquina, como pueden ser la escritura o lectura en discos o el proceso de gestión de la información recibida de otros dispositivos y periféricos. Para hacer uso de dichos servicios, es preciso recurrir a interrupciones software, similares a las interrupciones hardware, pero que, en este caso, se generan desde el propio microprocesador a petición de una aplicación concreta. Cada interrupción tiene asociada una dirección de memoria mediante una tabla de interrupciones que la BIOS ha confeccionado en el arranque. De esta forma será sencillo relacionar interrupciones a rutinas almacenadas en direcciones concretas. Resulta interesante disponer de forma impresa de una relación de los recursos asignados por el PC a los diferentes elementos que lo integran. Para conseguirlo se puede acudir a aplicaciones específicas o, de un modo más sencillo, a la pulsación de la tecla *Impr. Pant.* justo en el instante en el que la información aparece en pantalla (siempre que no se trate de una impresora conectada a un puerto USB).

En función del microprocesador usado, existen diferentes mecanismos de obtención de direcciones de memoria donde se albergan las rutinas de atención a la interrupción. En algunos casos los micros tienen más de un sistema y puede usarlos según conveniencia (direcciones fijas, vectorizadas con lectura de dirección, vectorizadas con lectura de microinstrucción,...).

Dentro de las funciones que desarrolla la BIOS, habría que destacar algunas de mayor importancia, ya no sólo por su utilidad en el sistema en sí, sino por las prestaciones que proporcionan al usuario. Algunas de estas funciones destacan sobre otro tipo de características, que han pasado más desapercibidas. Dos ejemplos son:

- Traslación geométrica de los discos duros IDE/ATA con más de 1.024 cilindros. Esto consigue que la incoherencia de normas que imponen un límite de 504 MB de espacio máximo direccionable en un disco aumente. Más información se encuentra en el capítulo de *Soportes físicos de información*.

- Cumplimiento de las especificaciones "Plug & Play". Como se comenta en el apartado específico dedicado a la autoconfiguración, uno de los requerimientos para que un sistema sea capaz de "autoconfigurarse" es que la BIOS sea "Plug & Play" (además del sistema operativo y el hardware en cuestión). Lo cierto es que mucho se podría hablar sobre este tema, ya que sistemas operativos "Plug & Play" como Windows pueden funcionar mejor si se deshabilita en la BIOS.

2.5.2. Secuencia de actuación de la BIOS

Es la BIOS quien controla la secuencia de arranque del ordenador. Cada vez que se enciende la máquina se realizan una serie de operaciones. Esto es lo que se llama un "*arranque en frío*". Si el reinicio se hace mediante la pulsación de *Ctrl* + *Alt* + *Supr*, se realiza un *arranque en caliente*, produciéndose el mismo proceso descrito a continuación pero comenzando por el tercer punto. Realmente la única diferencia estriba en que el boot en frío reinicia realmente la máquina, es decir, repite el proceso de arranque desde el principio de la alimentación, mientras que el boot en caliente coloca el PC o Program Counter apuntando a la dirección de inicio de secuencia, dejando algunos registros del microprocesador con los valores que tuviesen. Ésta es la secuencia del proceso:

1. Tras conectar el PC, se produce la estabilización de la tensión, finalizando el proceso cuando la señal de "Power good" aparece (ver el capítulo dedicado a la Fuente de alimentación). Durante este tiempo el microprocesador se encuentra en estado de espera gracias a una señal de reseteo generada por el chipset (igual a la producida por el botón del mismo nombre). Una vez habilitado el micro, accede a la dirección FFFFh donde se encuentra el inicio del programa de ejecución de la ROM BIOS.

2. Tomado el control por la BIOS, se ejecuta el POST o Test de autochequeo ("Power on self test"), evaluándose en primer lugar la tarjeta gráfica (habitualmente situada en la dirección C000h) y arrancando el sistema de vídeo. En caso de producirse algún error durante el POST, se detendrá el proceso y se generarán los mensajes acústicos y ópticos pertinentes. En caso de que el proceso continúe, se evaluarán el resto de los dispositivos (por ejemplo, la BIOS del disco duro se encontrará generalmente en la dirección C800h y se realizará un proceso análogo al descrito con el vídeo).

3. Pasadas estas comprobaciones se habilitará el monitor, mostrando el conteo de memoria del sistema y se realizará un "inventario" de los componentes del PC para habilitar un chequeo por cada uno de los dispositivos instalados. Es ahora también cuando se inicia el proceso de "Plug & Play" (descrito en el apartado de configuración del PC) mostrando en pantalla todos los elementos encontrados (operación conocida como arbitraje de recursos).

4. Llega el momento de buscar una unidad de arranque de sistema operativo, según la secuencia definida en la propia BIOS. Por defecto esta búsqueda comenzará en la unidad A:, pasará al disco duro y, posteriormente al resto de las unidades del sistema (por ejemplo, unidades de CD ROM). No obstante, esta secuencia es fácilmente modificable por el usuario pudiendo conseguir el acceso al sistema operativo desde una unidad de CD ROM, una red e, incluso, desde una memoria (por ejemplo, el boot ROM de una tarjeta de red).

5. Cuando encuentra una unidad se accede a una ubicación física concreta donde se encuentra el sector de arranque: cilindro 0, cabeza 0 y sector 1 (siempre es el primer sector de la unidad en cuestión). Si este sector está preparado con las rutinas del sistema operativo oportunas, el sistema arrancará, en caso contrario se continuará la búsqueda con el resto de las unidades.

6. En caso de evaluar todas las unidades y no encontrar el arranque del sistema operativo, aparecerá un error en pantalla indicativo del problema del tipo "No boot device available" (ningún dispositivo de arranque disponible) y se solicitará la inserción de un disco de arranque. Este mensaje variará según la BIOS.

Figura 2-5 Actuación de la BIOS

2.5.3. Acceso a la BIOS

Según el fabricante de la BIOS, los métodos de acceso al SETUP de la misma pueden variar. Aunque siempre existe el recurso de provocar un error intencionado (como desconectar el teclado) y esperar a que la BIOS lo notifique y dé "pistas" de cómo acceder, hay algunos métodos estándar:

FABRICANTE	ACCESO
AMI BIOS	*Supr* durante el arranque
AWARD BIOS	*Ctrl + Alt + Esc* o *Supr* durante el arranque
Compaq BIOS	F10 durante el arranque
DTK BIOS	*Esc* durante el arranque
IBM PS/2 BIOS	*Ctrl + Alt + Ins* después de *Ctrl + Alt + Supr*
PHOENIX BIOS	*Ctrl + Alt + Esc* o *Ctrl + Alt + S*

Tabla 2-3 Método de acceso al SETUP

Esta tabla debe entenderse como meramente orientativa, ya que en diferentes versiones de BIOS, aun siendo del mismo fabricante, los métodos de acceso al SETUP pueden variar. De cualquier forma, el manual de la placa base debe incluir una clara referencia a cómo acceder y una guía completa de manejo del SETUP, siendo el método más común la pulsación de la tecla *Supr*.

2.5.4. Cuando se pierde el SETUP de la BIOS

Desde que aparecieron las BIOS actualizables, los cambios han sido notables, aunque esto no significa que todo se refleje en ventajas para el usuario, ni mucho menos. Si bien una BIOS actualizable permite gozar de las últimas novedades gracias a la posibilidad de una actualización, esto implica un acceso libre a una zona vital.

Por poner un ejemplo desfavorable, así lo entendió un desaprensivo en su día cuando programó un conocido virus: el W95.CIH más popularmente conocido como *Chernobyl*. Este virus se replicaba a través de Internet vía correo electrónico y, entre otros efectos indeseables, provocaba el borrado de la BIOS (sí, una actualización a ¡nada! Rescribiendo la BIOS con secuencias de 0s). El proceso era similar a un *upgrade* o actualización del citado circuito pero, en este caso, el fin perseguido era la eliminación del contenido. El resultado es un PC inoperativo y con pocas posibilidades de ponerlo en marcha ya que, ante la carencia de información en la BIOS, no es posible ni tan siquiera arrancar el sistema operativo.

Estrategias de ataque similares las hay en otros virus como el *Michel Angelo*, pero todo esto se tratará con detenimiento en el capítulo dedicado a los virus... Por otro lado los mismos resultados se obtienen si durante el proceso de actualización de una BIOS se produce un error (un simple fallo de alimentación eléctrica sería suficiente).

El problema que se da en el caso de pérdida del contenido es que las BIOS evolucionan de forma vertiginosa y es difícil encontrar una de igual marca, versión y revisión a la original. Por otro lado es complicado también que los proveedores suministren BIOS para la venta de forma independiente. En estos casos puede ocurrir que sea preciso adquirir la placa base completa, en cuyo caso ya carece de sentido el preocuparse por la obtención de la BIOS apropiada. Otra opción, aunque hay que reconocer que más teórica que práctica es que, si se ha localizado una BIOS idéntica a la original, duplicarla a través de un grabador de EPROMs. Éste es un dispositivo que, conectado a un PC, tras leer la memoria original es capaz de reproducirla en una memoria "virgen".

De cara a evitar problemas de esta índole, algunas placas base actuales incluyen una doble BIOS. Una hace las veces de backup (seguridad) de la otra de modo que, ante una eventual pérdida de información, la segunda BIOS tomará el control con la última configuración válida conocida. Una vez en marcha el PC habrá que restituir la BIOS alterada repitiendo el proceso de actualización o tomando las medidas oportunas que el software de actualización oportuno pueda ofrecer.

En caso de no disponer de BIOS de backup ni posibilidad de adquirir otra, existe una solución siempre y cuando exista un PC de iguales características (en cuanto a BIOS se refiere). En principio esta opción no debiera ser excesivamente complicado ya que acudiendo al proveedor donde se adquirió la placa base se podría obtener información sobre usuarios que compraron la misma placa. La solución pasa por arrancar el PC que tiene la BIOS en buen estado de forma normal y, una vez en marcha y con todas las precauciones posibles, retirar la BIOS de la placa base (¡sí, con el PC conectado!). A continuación se deberá insertar la BIOS dañada y proceder al proceso de actualización como si se partiese de una situación inicial normal. Por supuesto que esta recomendación no es la más acertada en la medida que va en contra de todas las premisas de seguridad mantenidas en este libro de forma general y de forma particular con la referente a manipular un equipo cuando está conectado a la red eléctrica. Debe entenderse como una solución de emergencia cuando no existe otra posibilidad y de resultados no garantizados por lo que, desde estas líneas, el autor no se responsabiliza de la puesta en marcha de este método dado su elevado riesgo. Este tipo de soluciones sólo deben ser consideradas cuando no exista otra viable.

Un fallo en el proceso de actualización de la BIOS (un corte de suministro eléctrico, por ejemplo), puede desencadenar una avería irreparable en la máquina, sólo subsanable, en el mejor de los casos, mediante alguna de las soluciones propuestas en este apartado.

2.6. FABRICANTES DESTACADOS

AMI	www.ami.com	DTK	www.dkt.com
AWARD	www.award.com	IBM	www.ibm.com
Compaq	www.compaq.com	PHOENIX	www.ptltd.com

2.7. SLOTS

Los slots o *ranuras de expansión* son aquellas donde se insertarán las distintas tarjetas que conforman el PC. Son, por tanto, la opción que la placa base ofrece en cuanto a conectividad con los elementos principales del ordenador (memoria del sistema, microprocesador, alimentación,...). Hay diversos tipos y en este apartado se tratan los más comunes (desaparecidos ya o no). Así, lo primero será identificarlos y, aunque no existe una normativa, las ranuras ISA suelen ser blancas o negras (casi siempre negras), las VESA y AGP marrones y las PCI blancas. El número de ranuras depende del tipo de placa base y arquitectura que soporte. Lo habitual, en la actualidad, es disponer de buses PCI y un AGP para la tarjeta de vídeo, si bien en su día se dieron otras combinaciones como ISA-VESA o ISA-PCI. Existieron incluso determinadas placas que recibieron el nombre de VIP (VESA-ISA-PCI) y que proporcionaban los tres tipos de arquitectura para microprocesadores '486 de la época. En lo que a PENTIUM (en todos sus formatos y evoluciones) se refiere, la constitución de los buses se realizaba inicialmente en ISA y PCI, si bien es cierto que los slots ISA desaparecieron de forma casi total a partir de las placas con soporte para Pentium 4. Por otro lado, el AGP se convirtió en un estándar desde el Pentium III[22].

> ***Es muy común usar indistintamente los conceptos de slots o ranura, bus y puerto. No obstante, las diferencias son claras: los slots son los conectores físicos que corresponden a cada bus y, por tanto, serán identificativos del mismo. Por otro lado, un puerto será aquel que ponga en comunicación a dos dispositivos (por ejemplo, tarjeta de vídeo y microprocesador en el caso del AGP), mientras que el bus posibilitará la conexión de más dispositivos (a través de los diferentes slots).***

2.8. BUSES

Se entiende por *bus* el camino físico o canal por donde se enviarán y/o recibirán señales más de dos dispositivos internos del ordenador. Estas señales pueden corresponder a datos, instrucciones o direcciones y, de forma habitual, se usan los tres para completar una operación en la máquina.

Por otro lado, en función de en qué sentido fluya la información, estos buses podrán ser unidireccionales o bidireccionales. Por ejemplo, para escribir una información en memoria, a grandes rasgos, será preciso direccionar a qué celda se desea enviar la información (bus de direcciones), dar la orden oportuna de escritura (bus de control) y enviar los datos propiamente dichos (bus de datos).

La diferencia ortodoxa, por tanto, entre un bus y un puerto tal y como se indicaba en el cuadro anterior, es que el bus comunica varios dispositivos, mientras que un puerto únicamente puede comunicar dos. No obstante, no debe hacerse una aplicación estricta de esta definición ya que, en la actualidad, existen puertos capaces de gestionar más de un dispositivo (por ejemplo, el USB es capaz de manejar hasta 127). Es más, incluso cabe la posibilidad de que un puerto diseñado para comunicarse con un solo dispositivo sea capaz de establecer comunicación con varios estableciendo particiones de tiempo diferentes (algo similar a la multitarea explicada en el primer capítulo). Tal puede ser el caso de los escáneres de puerto paralelo que se conectan entre el PC y una impresora.

Los buses, por tanto, cubren la necesidad de comunicación entre los diferentes dispositivos del PC. Así, se pueden encontrar diferentes ejemplos de buses. El de más bajo nivel correspondería al del procesador que se usa para establecer la comunicación con el de la placa base. Subiendo de nivel, se encuentra, en máquinas PENTIUM PRO, II, III y posteriores un bus dedicado al sistema de memoria caché llamado

---

22 Dada su consideración de slot especial (realmente es un puerto dedicado exclusivamente al manejo de vídeo), no se ha incluido el estudio del AGP en este tema, sino que forma parte del capítulo dedicado al vídeo.

"Backside bus". En los procesadores inferiores, por ejemplo, la caché es referenciada mediante el bus convencional de memoria. El ya mencionado bus de memoria comunicará el subsistema de memoria con el chipset y el microprocesador. Los puertos locales de entrada/salida serán los encargados de comunicar el chipset, la memoria y el microprocesador con otros dispositivos tales como tarjetas de vídeo, módems... Este tipo de bus se puede soportar en tecnologías VESA (ya obsoleta) o PCI, tal y como se detalla más adelante. Para finalizar, los buses convencionales y estándar de entrada y salida dan el mismo soporte que los buses locales pero a dispositivos con menos requerimientos de datos como tarjetas de red, sonido...

De cara al usuario, el bus más interesante, sin duda, es el de datos, ya que de él dependerá en gran medida el rendimiento del sistema. El tráfico de información y la capacidad con que este bus gestiona los datos (velocidad, ancho de datos, etc.) definirán la potencia de la máquina. En cuanto al bus de direcciones[23] y control, son inherentes a la máquina y suficientes para las operaciones para las que han sido diseñados. El rendimiento de un bus es fruto del resultado de la velocidad y capacidad de datos, que definirá el factor de transferencia (mejor cuanto más alto) tal y como se define en la función siguiente:

$$Transferencia = Datos \cdot Frecuencia\ de\ trabajo = Datos \,/\, Unidad\ de\ tiempo$$

Así, supóngase un dispositivo cualquiera capaz de trabajar con 64 bits de datos a 66 Mhz, se dirá que su tasa de transferencia es de:

$$Transf. = 64\ bits\ .\ 66\ Mhz\ \cdot 10^6 = 4224 \cdot 10^6\ bits/s = 528 \cdot 10^6\ bytes/s \approx 503{,}54\ MB/s$$

A continuación se detallan los diferentes buses que han merecido especial interés por parte de los usuarios en diferentes momentos. Algunos de ellos ya se encuentran desaparecidos pero se considera conveniente su inclusión en el texto a fin de poder tener una visión más general de la evolución. Concretamente se estudiarán los buses XT, ISA, EISA, MCA, VESA y PCI. Si el lector echa de menos el AGP, sólo indicarle que éste es tratado ampliamente en el capítulo dedicado al vídeo.

Bus XT Totalmente obsoleto en nuestros días es muy similar al bus ISA (siguiente en la descripción) hasta tal punto que determinadas tarjetas XT pueden trabajar en buses ISA. Posee 8 bits de datos y 20 bits de direccionamiento y trabaja de modo síncrono.

Este bus apareció en 1980 con el primer PC de IBM, funcionando a la misma velocidad que los procesadores de Intel de la época (8088 a 4,77

[23] Si acaso, una especial consideración tendría el bus de direcciones en la medida que define la cantidad de memoria máxima direccionable por el sistema (2^n posiciones de igual capacidad al ancho del bus de datos, donde n es el número de bits del de direcciones). No obstante, en la actualidad estos límites sobrepasan sobradamente la memoria máxima que un usuario avanzado quiera plantear instalar en su PC.

MHz[24]). La aparición del microprocesador 8086 con un bus de datos de 16 bits dejó fuera de funcionamiento el bus XT. De hecho es aquí cuando se comienza a hablar de los populares "cuellos de botella" (mayor capacidad de transferencia por parte del microprocesador que lo que el bus es capaz de manejar) que se mantienen en la actualidad. Fruto de la evolución en función de las necesidades impuestas por los nuevos microprocesadores de Intel, aparece el bus AT o ISA cuya principal diferencia estriba en que es asíncrono, además de ofrecer una serie de ventajas importantes.

Bus ISA Sus siglas provienen de "Industry Standard Architecture" y apareció en 1980. Durante diez años sólo funcionó con 8 bits. Cuando apareció en el formato de 16 bits, se mantuvo intacto el formato anterior para asegurar la total compatibilidad. Los buses ISA provocan un "cuello de botella" mayor cuanto más rápida sea la CPU. Es barato e indicado para tarjetas con necesidades de rendimiento medio o bajo de ancho de banda. Su capacidad de transmisión máxima se sitúa en casi 20 MB/seg (16 bits funcionando a 10 MHz generan 2 bytes * 10^7 = 20.000.000 bytes/segundo = 19,07 MB/s).

Fue muy usado pero lo cierto, es que está llamado a desaparecer (la mayor parte de las placas actuales ya no lo incluyen). Como se indicaba, funcionó con buses de 8 y 16 bits de datos y 24 bits de direccionamiento lo cual supone una limitación para los PCs actuales (¡sólo 16 MB de memoria RAM direccionables!). El modo de calcular la memoria direccionable por un microprocesador cualquiera es sencillo: basta con averiguar el número de posiciones que es capaz de referenciar a través de su bus de datos (2^n donde *n* corresponde al número de bits). Estas posiciones serán de igual capacidad (siempre en microprocesadores convencionales) a la *anchura* del bus de datos. De este modo, la capacidad de memoria será siempre:

$$Capacidad = 2^n \cdot bus\ de\ datos$$

en el caso que nos ocupa, el cálculo responde a:

$$Cap. = 2^n \cdot bus\ de\ datos = 2^{24} \cdot 8\ bits = 16.777.216 \cdot 1\ byte = 16.384\ KB = 16\ MB$$

Su velocidad inicial era de 4,77 MHz y posteriormente se amplió a 6 MHz, 8 MHz y 10 MHz (casi siempre coincidiendo con las velocidades de las CPUs de la época). Soporta "bus master" y las versiones más modernas disponen de sistemas para configurar la velocidad. Así, un PC a 16 MHz usará un bus a 8 MHz añadiendo un estado de espera, mientras que una CPU a 33 MHz necesitará cuatro estados de espera.

[24] Un megahercio (MHz) es una unidad de medida de frecuencia que equivale en tiempo a una millonésima parte de un segundo. Su nombre se debe a Heinrich Hertz, científico alemán.

Figura 2–6 Tarjeta para slot ISA de 16 bits

El "bus mastering" es la capacidad que determinados buses de expansión tienen para trabajar directamente con la memoria principal del sistema. De este modo se libera a la CPU para realizar otros trabajos o tareas. Salvo que se especifique lo contrario, se puede presuponer que todos los slots tienen esta característica. No es válida la misma suposición para las tarjetas, ya que, si no se solicita de forma específica, es fácil que no lo soporten.

Probablemente el éxito de este bus sea su compatibilidad. En la actualidad es imposible encontrar una placa base moderna que lo incluya (desapareció prácticamente con el Pentium 4) pero, a pesar de esto, este bus ha sido uno de los más estables –si no el que más– dentro de la arquitectura del PC.

En las placas base actuales, si se dispone de un slot ISA, es preciso establecer un "puente" ISA-PCI mediante un driver, que se encargue de "traducir" la información que procesen estas tarjetas y redireccionarla al bus PCI. En cierta medida el proceso es similar al detallado en el puerto AGP, dentro del capítulo dedicado al vídeo.

Físicamente se identifica como un conector, generalmente de color negro, con una longitud de 14 cm en su formato de 16 bits y 8,5 para el formato anterior de 8 bits.

Bus EISA

El "Extended Industry Standard Architecture" es una respuesta al bus MCA (*Micro Channel Architecture*, tratado a continuación) de IBM. Trabaja con 32 bits de datos, otros 32 de direccionamiento y su velocidad llega hasta 8,33 MHz. Aunque no fue muy difundido en el entorno doméstico ni académico, probablemente por su elevado precio, se utilizó mucho en la industria ávida de buses rápidos y con gran ancho de banda.

Autoconfigurable, es una extensión del bus ISA (recuérdese su acrónimo de Extended ISA) y fue desarrollado por el "clan de los nueve" (Compaq, Hewlett Packard, NEC, Zenith, AST, Epson, Wyse, Olivetti y Tandy), preocupados ante las limitaciones del bus ISA y potencial monopolio del MCA.

Físicamente, presenta dos niveles de contactos separados por 20 mm, lo que obliga su inserción firme (similar a lo que ocurre en la actualidad con el bus AGP). Cinco separadores de plástico evitan la conexión de los contactos ISA con los EISA. La gran ventaja de este bus es la posibilidad de realizar intercambios de información entre periféricos sin intervención de la CPU ("bus mastering"). La velocidad del bus EISA, por compatibilidad con el ISA, es de 8 MHz (8,33 Mhz exactamente) aunque su transferencia llega a 33 MB (incluso ráfagas de 40 MB[25]) frente a los 20 MB del ISA. Desgraciadamente, el rendimiento final evaluado frente al precio de esta tarjeta no la hace una opción demasiado recomendable. Existió una variación llamada P-EISA ("Pragmatic EISA") que fue algo así como un Súper ISA, pero lo cierto es que no tuvo demasiada aceptación.

> ***No deja de resultar curioso que el bus EISA ya incorporaba un sistema de autoconfiguración de tarjetas similar, en cierta medida, al "Plug & Play" actual.***

Bus MCA También conocido por microcanal o "Micro Channel Architecture", fue desarrollado por IBM y presentó la ventaja de ser autoconfigurable, aunque incompatible con todas las demás arquitecturas, intentando crear un nuevo estándar.

El tipo de conector usado por el MCA es radicalmente distinto a los ISA y EISA. Al no tener que guardar compatibilidades y ser desarrollado desde cero, incorpora ventajas tales como una mejor organización de los terminales ofreciendo incluso una extensión de vídeo en el propio bus y permitiendo el acceso de otras tarjetas de expansión directamente a la circuitería de la VGA (de la que posteriormente se hablará). Incorpora también una extensión de audio. Existen versiones de este bus para 16 y 32 bits de datos y, en ambos casos, 32 bits de direccionamiento. Este bus incorpora un pin de masa cada cuatro terminales con objeto de reducir al mínimo las emisiones radiadas. Esto permite aumentar la velocidad mientras se cumplen las normativas de interferencia electromagnética (EMI) del FCC americano.

---

25 Esto supera sobradamente lo que cabe esperar de sus especificaciones ya que, como el lector puede calcular, la tasa de transferencia previsible se sitúa en $Transf. = 32\ bits\ .\ 8\ Mhz \cdot 10^6 = 256 \cdot 10^6\ bits/s = 32 \cdot 10^6\ bytes/s \approx 30{,}51\ MB/s$

No tuvo demasiado éxito fuera del entorno IBM (y quizás tampoco dentro del mismo), lo que limitó su desarrollo a 10 MHz. Soportaba el bus master y desde que apareció, se estableció una competencia directa con el bus EISA. Este último resultó "vencedor" (aunque el único que prevaleció unos años más fue el vetusto ISA) desplazando completamente del mercado al MCA.

El motivo de la dura competencia y desaparición del MCA estuvo provocado, en parte, por la incompatibilidad con otros sistemas. El otro aspecto que contribuyó a la desaparición fue la intención por parte de IBM de cobrar "royalties" a todo aquel que quisiese usar la tecnología MCA. En la actualidad, sólo algunos antiguos servidores de IBM como el RISC 6000 UNIX, siguen usando esta tecnología.

Bus Local La implantación en la década de los noventa de los sistemas operativos gráficos implicó grandes cambios para los PCs. Acostumbrados a manejar "pequeñas" pantallas de texto en cuanto a ocupación de memoria se refiere, la cantidad de datos que implican los entornos gráficos desbordan a las máquinas que, como bus de soporte estándar, siguen trabajando con ISA.

El bus local es la solución al cuello de botella que plantean los buses anteriores ante CPUs de alta velocidad. Para una CPU que funcione a 66 MHz (todo un logro para la época) el bus local puede alcanzar velocidades de hasta 130 MB (¡6 veces más que el bus ISA!). El concepto de "local" viene aplicado por la proximidad que se desea dar al bus (y, desde luego se consigue) con el microprocesador. Así se conectan directamente con el bus del micro sin pasar por el bus del sistema las diferentes tarjetas consiguiendo incrementar la velocidad de forma similar a la de microprocesador (aunque, quede claro, esto es válido en el momento de aparición, no con las veloces CPUs actuales). Hubo un momento en el que coexistieron dos tecnologías: VESA y PCI si bien en la actualidad sólo esta última persiste (hay que indicar que Intel se decantó por esta opción de un modo claro, algo que, sin duda, aportó fiabilidad a los fabricantes):

Bus VESA: El "VESA LOCAL BUS" o, simplemente, VLB fue en principio el más popular y se diseñó especialmente para el microprocesador 486, aunque existieron variaciones para el 386. Este bus fue diseñado por la "*Video Electronics Standards Association*", consorcio formado a finales de los ochenta con la idea de promover hardware relacionado con el vídeo. Puesto que el flujo de datos generados por el vídeo es uno de los problemas, la VESA decide dar una solución.

El conector es el que se estandarizó con IBM: el MCA de 62 terminales. No obstante y para asegurar la compatibilidad, el VLB está formado por un bus ISA de 16 bits seguido "en línea" del conector MCA. Todo este largo conjunto (¡de unos 22 cm!) conforma el VLB, aunque puede ser usada de forma independiente la parte de bus ISA. Este bus es ampliado a 64 bits para su uso con PENTIUM mediante un doble conector (aunque no tuvo demasiada aceptación ya que la aparición de bus PCI significó su desaparición).

Soporta 3 ranuras de 32 bits y sólo dos funcionando a la vez y en su formato convencional usa 32 bits para datos y 32 para direccionamiento, con un rango de frecuencias de trabajo de entre 25 y 40 MHz, lo que le lleva a transferencias de hasta 160 MB/s. Soporta bus master y puede coexistir con buses ISA y EISA. Habitualmente suele ser de color negro en su parte de slot ISA y marrón en la extensión propia del VLB.

Bus PCI: El "Peripheral Components Interconect" o PCI fue desarrollado por Intel desde su aparición en 1993, lo que le aseguró la supervivencia frente al VESA. Sus prestaciones son ligeramente inferiores en algunos aspectos al VESA, ya que debe multiplexar direcciones y datos para reducir el número de terminales a 47 señales. Existe una ampliación de este bus a 64 bits para PENTIUM tanto para datos como para direccionamiento, aunque en su formato original trabajaba con 32 bits en ambos casos. Dispone de una alimentación de 3,3 y 5 v para las tarjetas.

El bus PCI tiene su propio sistema de interrupciones. Para distinguirlas de las interrupciones convencionales del sistema se las denomina "A, B, C y D", aun que también se pueden encontrar referenciadas como , , y . Si el sistema dis pone de más de cuatro dispositivos PCI, estas interrupciones deben ser compartidas.

Este tipo de bus soporta hasta diez periféricos –aunque es raro que una placa base integre más de tres o cuatro ranuras– y puede funcionar de forma síncrona o asíncrona con el microprocesador dependiendo del chipset, augurando futuras versiones con velocidades de transferencia de 132 MB/seg. Por supuesto también soporta bus master, es autoconfigurable y puede coexistir con buses ISA/EISA/MCA. Una novedad con respecto a otros buses es el modo de trabajo "burst" que le permite tras direccionar una única vez, hacer sucesivos envíos de información omitiendo (y ahorrando por tanto) nuevos tiempos de direccionamiento. Este modo de trabajo es similar al usado por las memorias y se remite al lector a consultar dicho capítulo para ampliar información.

Todas las ranuras PCI se conectan de forma indirecta a la CPU mediante una circuitería encargada de tal fin y, en el caso del VESA la comunicación es directa con el microprocesador a través de un bus directo.

El acuerdo entre Intel como fabricante de la tecnología PCI y Microsoft dio pie a las primeras versiones fiables de "Plug & Play", incorporando el chipset PCI circuitería específica para la identificación de tarjetas. Es fácilmente identificable por su color blanco (aunque no siempre tienen por qué ser así) y mide unos 8,5 cm.

PCI-X Se trata del paso natural entre la tecnología PCI y la PCI Express. Así, con la función de aumentar el rendimiento, este tipo de bus ha aportado en su primera versión opciones de trabajo a 66, 100 y 133 MHz, pudiendo alcanzar velocidades de hasta 1 GBps en tarjetas con interfaz de 64 bits. En su versión 2.0, alcanzan velocidades de 266 y 533 MHz lo que permite transferencias de 4,2 GBps, el doble que el actual AGP 8x o, lo que es lo mismo, la tasa de transferencia con la que parte el PCI Express.

Existe un conector al que realmente no se le puede dar la categoría de ranura o slot que es el AMR o "Audio MODEM Riser". Éste es un estándar de Intel para expansiones de la placa base. Generalmente aplicado a módems cuya circuitería se reduce considerablemente supliéndose por software (win-modems).

2.8.1. Lo último: PCI Express

Y tenía que llegar la tercera generación de dispositivos de entrada/salida –la 3GIO (*3th Generation Input Output*) que llaman los angloparlantes–. Para aquellos que hemos vivido diferentes evoluciones dentro del entorno PC, hay aspectos que cada vez resultan más familiares. Así, la necesidad de mayor capacidad de envío de datos (de forma interna en el PC) como una mayor velocidad son características comunes a prácticamente todas las etapas. Es una sucesión de la evolución de los componentes que no siempre va pareja: de este modo, cuanto más rápido es el microprocesador, más se le exige a la memoria y resto de dispositivos y, por supuesto, a los buses que transportan los datos entre ellos.

Así, el problema que ahora se pretende atajar es el popular "cuello de botella". Este nombre, como ya se ha explicado en la transición de la tecnología ISA a la PCI convencional, consiste en el "agolpamiento de datos" que se produce como consecuencia de un rápido proceso por parte de los dispositivos y la imposibilidad física de transferirlos por parte del bus. De este modo, al igual que la tecnología ISA encontró su solución en los buses locales y, concretamente en la actualidad en los PCI; la tecnología PCI hace lo propio con respecto a la PCI Express. Quizás una extrapolación ligeramente libre del ejemplo pudiera plantearse entre la tecnología PCI y los puertos AGP, si bien la aplicación es exclusiva de vídeo.

Por cuantificar de un modo rápido lo que esta nueva tecnología supone, basta indicar que se llegan a alcanzar transferencias (que en definitiva es el dato que importa) de hasta 4 GB por segundo (en la versión 16x; también existe la 1x con 200 MBps), todo un lujo frente a los 503,54 MB por segundo que, en el mejor de los casos, ofrecía la tecnología PCI con 8 octetos y trabajando a 66 Mhz. Este gran volumen de datos aporta la posibilidad de plantear esta tecnología como una alternativa no sólo a la PCI sino, incluso, a los propios puertos AGP que, en sus versiones 8x rondan la mitad de la transferencia del PCI Express (2,1 GB/s).

Figura 2–7 PCI Express 16 x y 1x

No obstante, probablemente el término no sea el de sustitución con respecto a la tecnología PCI o AGP sino, más bien, el de coexistencia. Esto es algo que ha demostrado la experiencia con respecto a los buses ISA y PCI, que mantiene estos primeros a pesar de ser claramente inferiores. Los usuarios no pueden permitirse cambios tan veloces como la propia tecnología y es preciso rentabilizar las tarjetas PCI antes de plantearse un cambio rotundo a PCI Express (con el consecuente cambio de placa base, cuando menos). En otras ocasiones, las mejoras han soportado buses anteriores (tal podría ser el caso del ISA16 con respecto al ISA8 e, incluso, del vetusto VESA LOCAL BUS con respecto al ISA16). En este caso no es así y nada tiene que ver la tecnología PCI Express con la PCI convencional o la AGP.

Es de destacar que esta tecnología es bidireccional (cada *camino* emplea dos pares de hilos: transmisión y recepción), es decir; de los 4 GBps citados, si las comunicación fuese un un único sentido, se trasformaría en 8 GBps para un conector 16x, o 16 GBps para el actual máximo de 32x (las variaciones del bus actuales son 2x, 2x, 4x, 8x, 12x, 16x y 32x).

2.8.2. Comparativa

Con el objeto de observar las diferentes características de los buses expuestos, se adjunta una tabla comparativa facilitada por los laboratorios de Soltec (http://tienda.soltecsl.com/) con las principales propiedades de cada uno. No obstante, se indica el proceso de obtención de datos para facilitar al usuario su manejo. Basta con disponer de los valores máximos de velocidad y lo que se ha dado en denominar el "ancho" de datos, que corresponde al número de bits manejados por el bus de datos.

Supóngase que se desea calcular un bus ficticio con una velocidad máxima de 60 MHz y un bus de datos de 32 bits. Esto implica que cada $1/60.10^6$ sg, se envían 32 datos, luego, en un segundo será:

$$\left.\begin{array}{l} \dfrac{1}{60\cdot 10^6}\,\text{sg} \rightarrow 32\text{ bits} \\ 1\,\text{sg} \rightarrow \text{x bits} \end{array}\right\} \quad x = \frac{32\cdot 1}{\dfrac{1}{60\cdot 10^6}} = 32\cdot 60\cdot 10^6 = 1920\cdot 10^6\,\text{bit/seg}$$

que, llevado a unidades mayores de más cómodo manejo, hace un total de 228 Mb, es decir:

$$1920\cdot 10^6\,\text{bit/seg} = 240\cdot 10^6\, bytes\,/\,seg = 234375\,\text{KB/seg} = 228{,}88\,\text{MB/seg}$$

Tras esta explicación, resulta fácil confeccionar la siguiente tabla resumen y hacer el cálculo extrapolable a cualquier bus actual o futuro (tal y como aparece el ficticio "Bus Hipotético"):

	DATOS (BITS)	VELOCIDAD (MHz)	TRANSFERENCIA
ISA (8 bits)	8	8,0	7,62 MBps
ISA (16 bits)	16	10,0	19,07 MBps
EISA	32	8,3	31,66 MBps
MCA	32	10,0	38,14 MBps
VLB	32	33,0	125,88 MBps
PCI (32 bits)	32	33,0	125,88 MBps
PCI (64 bits)[26]	64	66,0	503,54 MBps
PCI Express 1x			200,00 MBps
PCI Express 16x			4,20 GBps
...	...	...	...
Bus Hipotético	256	1000	29,80 GBps

Tabla 2–4 Comparativa entre buses

Probablemente el lector recibirá una imagen más clara de lo que ha supuesto la evolución de los buses de un modo gráfico. De este modo, se puede apreciar claramente la revolución que la aparición del bus local supuso en las transmisiones, tal y como se observa en la figura siguiente:

[26] El PCI de 64 bits corresponde a la denominada versión 2.1 del bus.

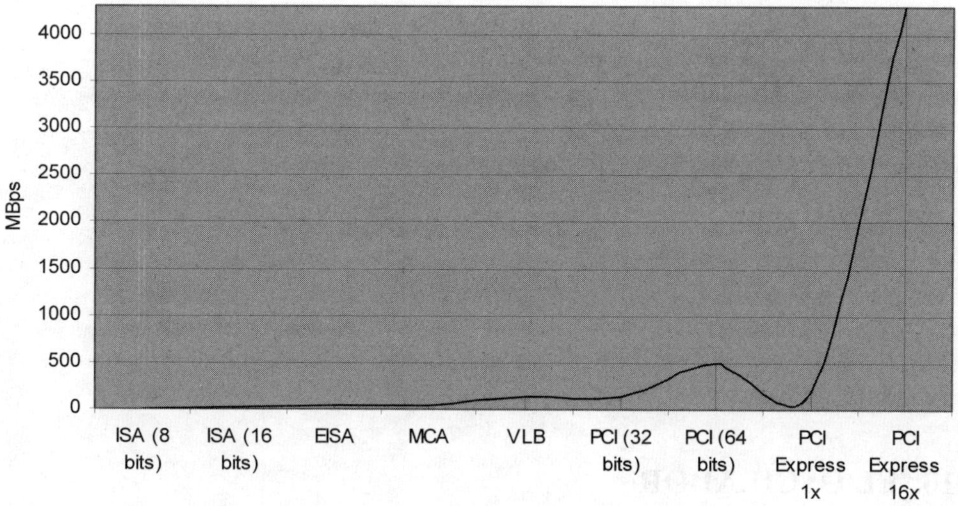

Figura 2–8 Comparativa de transferencia

2.9. EL ALTAVOZ

Realmente no puede observarse este componente como algo independiente. Normalmente el altavoz viene incorporado en la caja del PC o soldado a la propia placa base. De cualquier forma, es esta última la encargada de conseguir el sonido.

Figura 2–9 Altavoz de PC (speaker)

La generación de sonidos para el altavoz o "speaker" se realiza mediante la programación del circuito integrado 8254 en uno de sus tres contadores, en concreto, en el tercero. A través de este contador se selecciona la frecuencia (tono audible) que se desea generar. Dicha frecuencia está formada por 16 bits, llegando a generar frecuencias en el rango de 0 Hz a 65 KHz ($2^{16} - 1$ = 65.535 Hz exactamente) cuando el oído humano sólo percibe de 20 Hz a 20 KHz[27]. Esta salida se conecta directamente a una PPI para realizar funciones de amplificación. Nada tiene que ver lo aquí expuesto con el sonido multimedia, ampliamente tratado en el apartado de tarjetas de sonido.

[27] Como curiosidad, muchas personas del medio rural, alejadas del ruido de las ciudades y la denominada "contaminación acústica", superan este rango audible. Habitualmente la voz humana se sitúa en el rango comprendido entre los 4 y 5 KHz.

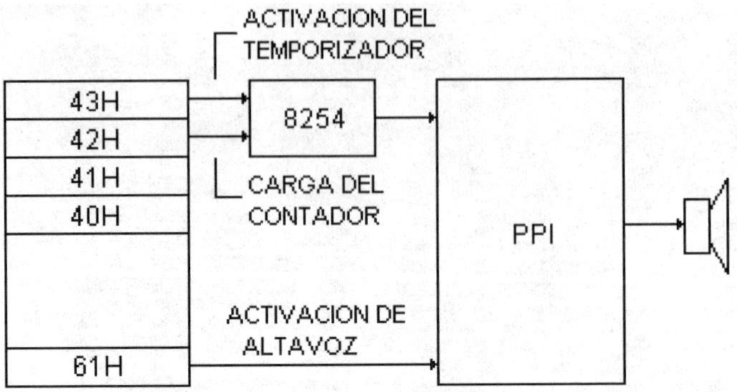

Figura 2–10 Funcionamiento del "Speaker"

2.10. EL OSCILADOR

El concepto de reloj (u oscilador en este caso), dentro de la electrónica, debe entenderse como un generador constante de pulsos eléctricos. De forma genérica, los osciladores se forman a partir de un amplificador con algún tipo de realimentación que une la salida del amplificador con la entrada. La señal de oscilación puede ser producida por un circuito sintonizado de inductancia-capacitancia o a través de un cristal. En el caso de los cristales –que ofrecen mayor precisión y estabilidad que los montajes inductancia-capacitancia–, se usa un material muy concreto donde la propiedad de generar pulsos es notable. Dicha característica recibe el nombre de *piezoelectricidad* y, el material en cuestión, es el cuarzo. La piezoelectricidad se presenta de forma habitual en la naturaleza y de forma más evidente en algunos componentes. Consiste en la vibración que experimenta el cuarzo cuando se aplica una tensión en sus extremos. Esta vibración es constante en el tiempo y variará según la orientación del cristal de cuarzo.

Cuando se precisa disponer de señales de sincronismo aún más precisas, se recurre a los llamados "relojes atómicos", basados en el rubidio, elemento que se encuentra líquido a temperatura ambiente al igual que el mercurio.

A partir de esta señal y con ayuda de la electrónica necesaria, se generan diferentes frecuencias de pulsos que se aplicarán como señales de sincronismo dentro del PC. Aunque dichas señales se consideran ideales (véase el capítulo destinado a la lógica secuencial) lo cierto es que suele haber alteraciones, ruidos y deformidades en la señal si se observa en un osciloscopio, tal y como se aprecia en la figura siguiente.

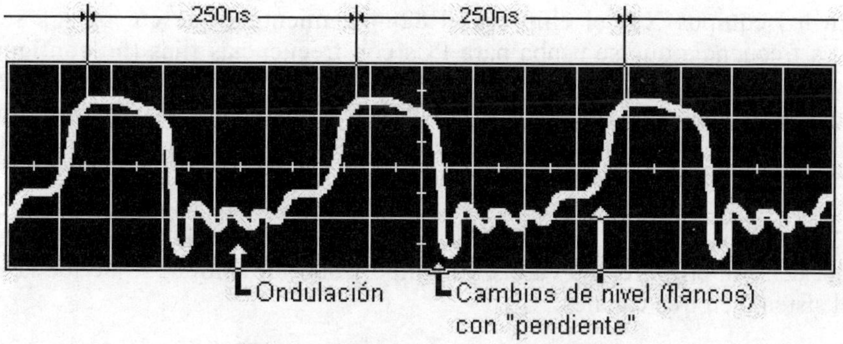

Figura 2–11 Pulso visto desde osciloscopio

Éste no debe ser un problema ya que no se busca la calidad de la señal (como podría ser el caso en la electrónica analógica) sino la variación en el tiempo de la misma. Dicha variación definirá la *frecuencia*, es decir, el número de veces por unidad de tiempo que una señal varía y, su unidad de medida, será el hertzio, correspondiente a un pulso por segundo.

Así, un reloj que tenga una frecuencia de 10 MHz implicará que, en un segundo, será capaz de oscilar 10.000.000 de veces. Dicho de otra forma, aparecerá un pulso cada 1/10.000.000 sg, es decir, cada 10 microsegundos. Este tiempo recibe el nombre de *período* y se representa por la letra *T*, pudiendo afirmar que

$$F=1/T \text{ y, por tanto} T=1/F$$

La señal de la figura muestra un período T de 250 ns, es decir, una frecuencia de

$$F = 1/T = 1/250\ ns = 0{,}004\ GHz = 4\ MHz$$

es decir, se producirán un total de cuatro millones de pulsos por segundo.

¡Atención! Recuérdese que

1 Milisegundo	***(ms)***	=	10^{-3} *sg*	→	***1 KHz (Kilohertzio)***
1 Microsegundo	***(μs)***	=	10^{-6} *sg*	→	***1 MHz (Megahertzio)***
1 Nanosegundo	***(ns)***	=	10^{-9} *sg*	→	***1 GHz (Gigahertzio)***

Las frecuencias que se exigirán a un PC actual variarán en función de qué subsistema se desee sincronizar pero siempre se hablará, en el caso más “lento” de MHz (buses, memoria, oscilarán desde 8 MHz hasta 133 MHz) pudiendo llegar al caso más rápido a GHz (3 GHz para microprocesadores muy rápidos).

Este pequeño cristal de cuarzo (generalmente de muy buena estabilidad) va asociado a un chip que incluye las puertas lógicas necesarias para completar el oscilador en sí. Esta oscilación se deriva interiormente en el chip para, tras diversas divisiones en cadena, generar las distintas señales del sistema. El chip incorpora también los registros que mantienen la fecha y hora del sistema.

En los equipos XT, el chip era el 8284A, mientras que en los AT se usa el 82284. La frecuencia que se usaba para PCs con frecuencias fijas (no configurables), en el caso de los XT's era de un tercio de la velocidad del reloj, mientras que en los AT, se usaba la mitad. Así, un XT a 4,77 MHz disponía de un reloj de 14,31818 MHz y, para un 386/40 MHz, el reloj usado era de 80 MHz. Los sistemas de frecuencia variable disponen de dos relojes.

Como todos los elementos del sistema no funcionan a la misma frecuencia, el generador de reloj proporciona varias. El temporizador de reloj 8253 divide la señal de reloj del sistema en tres canales:

Canal 0: *Temporizaciones del disco.*
Canal 1: *Refresco de la RAM vía DMA.*
Canal 2: *Producción de sonidos, generación de números aleatorios.*

Algunos fallos producidos por pérdida de hora pueden ser debidos a la batería del sistema, no al propio reloj de cuarzo. Incluso determinados programas pueden deshabilitar la interrupción base del "reloj DOS", provocando resultados similares. Si por el contrario, el fallo se localiza en que el reloj se desajusta, probablemente el error sea del cristal. Existen soluciones por software para introducir un valor de corrección en el cristal (uno para DOS sería el ADCLK100). Un cristal, de forma habitual, admite un rango de error de ±15 segundos por mes (3 minutos/año). Existen cristales específicos como los de Dallas Semiconductor que en sus módulos de reloj tienen desviaciones de hasta ±1 segundo por mes. En algunos modelos de placas base puede encontrarse un pequeño condensador variable que permita el ajuste "fino".

2.11. LA BATERÍA

Es la encargada de alimentar la CMOS donde se guarda el SETUP. Suele aparecer junto al conector de teclado en la placa base y consiste en un batería de níquel-cadmio recargable. Otras son pilas[28] planas (similares a la de reloj también llamadas "de botón") e incluso, algunos fabricantes de PCs (p.e. AMSTRAD) incorporaron pilas convencionales. Existen algunos modelos que guardan la pila dentro de un encapsulado similar a un chip pero de mayor altura. Como característica común, casi siempre la alimentación de la pila debe ser de 3,6 v, si bien es cierto que existe una tolerancia amplia en esta tensión. Normalmente, se espera de estas baterías una duración media de 10 años, por lo que lo habitual es que el usuario desestime la placa base antes de que la batería se agote. Las pilas actuales de litio de larga duración no precisan que se las recargue, lo que simplifica el diseño de la placa base. Es importante destacar que algunas CMOS incorporan sus propias baterías en el mismo chip, por lo que el lector no podrá apreciar ninguna batería externa.

[28] La diferencia fundamental entre una pila y una batería es que la primera tiene una carga que acaba extinguiéndose, mientras que la batería es susceptible de recargarse, aunque también experimenta un desgaste conocido como el "efecto memoria" que se basa en el ciclo de histéresis o la capacidad que algunos materiales tienen para "recordar" sus estados de carga y descarga.

Cuando una batería se agota, no queda más remedio que cambiarla. Si se trata de una batería soldada, será el mejor de los casos (aunque no se recomienda que se realice si no se tiene experiencia en soldadura sobre circuito impreso multicapa). Si por el contrario la batería va integrada en un chip (generalmente en el reloj), la solución consiste en cambiar completamente el integrado. En baterías intercambiables de tipo "botón", el problema desaparece. Una solución válida, aunque menos elegante, es sustituir las baterías por cuatro pilas alcalinas de formato "AA". Se trata de una solución temporal, ya que será preciso renovarlas con cierta frecuencia.

Figura 2–12 Batería de un ordenador portátil.

Es importante no confundir este tipo de baterías con las usadas por los ordenadores portátiles para nutrirse de alimentación, aunque, en esencia, el principio sea el mismo. La diferencia fundamental radica, lógicamente, en la capacidad ya que para alimentar un portátil se precisa una batería de mayor potencia y duración que la requerida por un simple consumo de una BIOS. En el caso de los portátiles, los materiales usados en baterías suelen ser, además de los ya citados, en el mejor de los casos el ión-litio, aunque lo habitual es que sean de Metal Hidruro de Níquel (NiMH).

2.12. OTROS CONECTORES

Día a día los fabricantes de placas base van incluyendo nuevas mejoras y opciones a sus productos para así distinguirse de los demás. Y no es de extrañar: probablemente sea éste el componente donde mayor diferencia de precio se pueda encontrar según el fabricante (el precio puede llegar a multiplicarse hasta por cuatro). No obstante, poco a poco las mejoras introducidas van sufriendo la rigurosa ley de la selección, donde desaparecen aquellas innovaciones que han resultado inútiles y perduran las que han aportado mejoras al sistema. Estas últimas acaban siendo copiadas o son fuente de inspiración para que otros fabricantes las diseñen con alguna variación y comience su distribución libre.

Sería harto complicado reflejar todas y cada una de las características de esta índole pero parece imprescindible citar, al menos, las más representativas, algunas de las cuales ya se han consolidado: WOL, WOM, AMR, CNR y ACR.

WOL El *Wake On Lan* es un conector que, muchas ocasiones pasa desapercibido y que se puede encontrar tanto en placas base como en tarjetas de red. Su utilidad consiste en la capacidad de poder arrancar un ordenador ATX desde un equipo remoto conectado a la misma red. Esta característica se perseguía desde hacía tiempo ya que se puede dar el caso de la necesidad de acceder a un equipo de red en un momento concreto pero, una vez usado, querer apagarlo. Esta tarea era imposible en las antiguas máquinas AT ya que el sistema de alimentación era gobernado por un interruptor físico que sólo podía ser accionado por el usuario. A partir de la aparición de las placas ATX (y sus fuentes de alimentación asociadas) se ha conseguido que el ordenador nunca llegue a apagarse completamente salvo el caso en el que se desconecte de la red eléctrica. Así, mientras no está en uso, se entenderá que está en *Stand by*, con una corriente mínima de mantenimiento. Realmente quien se encargará de encender o apagar todo el sistema será la placa base mediante un pulso de tensión que, normalmente, será proporcionado por el usuario mediante la activación del pulsador de arranque.

El sistema WOL en poco difiere de un arranque de usuario pero, en este caso, quien dará el pulso de arranque será la propia tarjeta de red. Para ello es preciso disponer de una placa base y una tarjeta de red que soporte la tecnología WOL además de un cable que las una formado por tres hilos y que, de forma habitual, se suministrará con la tarjeta de red. Por supuesto también será preciso disponer de un software que gestione el arranque y apagado así como la configuración apropiada para el control remoto. En este sentido hay muchas soluciones donde gran parte de ellas se suelen incluir en los drivers de la tarjeta de red y, en algunos casos, en los de la placa base.

> ***Algunos fabricantes dan a esta tecnología el nombre de LWP (Lan Wake Up) y su homónima en módems MWU (Modem Wake Up).***

AMR El AMR (*Audio Modem Riser*) aparece, de la mano de Intel en 1988 con la idea de crear un slot compatible multifunción que abarate el hardware mediante recursos software. En definitiva, se trata de simplificar la electrónica de algunas tarjetas (de sonido y módem principalmente) para suplirla con la máquina. Este sistema, por supuesto, va en detrimento de las prestaciones ofrecidas, si bien es una alternativa económica.

CNR Dos años más tarde e intentando potenciar el spot anterior (poco usado y abocado a la obsolescencia), aparece el CNR o *Communication Network Riser*, una versión mejorada del AMR que, en definitiva, aumentaba sus posibilidades de soporte a tarjetas de red Ethernet.

ACR Dado que el slot sigue sin implantarse en el mercado pero la idea de abaratar costes es atractiva para los fabricantes, a finales de 2002 aparece el *Advanced Communication* o ACR, slot que, además de soportar las prestaciones anteriores, es capaz de trabajar con DSL y redes wireless. Este producto, desarrollado por VIA y AMD, es compatible con AMR pero no con CNR, lo que ha hecho que algunas placas ofrezcan slots ACR y CNR.

2.13. EJERCICIOS PROPUESTOS

1. ¿Es posible arrancar de forma remota (por ejemplo, desde una red o mediante una llamada a un módem) un PC 80486? ¿Y un Pentium III?

2. Un micro Pentium 4 a 1,8 GHz frente a otro de 2,0 GHz, ¿precisan placas base diferentes?

3. Las password ofrecidas por las BIOS son fiables ya que aseguran la accesibilidad del equipo. ¿Es cierto?

4. Obtenga la capacidad de transferencia de un bus ficticio que tuviese un bus de datos de 256 bits y una frecuencia de 4 GHz.

5. ¿Qué capacidad de memoria se podría direccionar con un bus de datos de 2 bytes y otro de direcciones de 32 bits?

6. ¿Cuál es el período de un cristal de cuarzo que tiene una frecuencia de 533 Mhz?

7. Identifique sobre la placa base de su PC los elementos principales.

CAPÍTULO 3

MICROPROCESADORES

Dentro de los símiles que se encuentran tanto en el mundo de la Informática como en el de la Biología, hay algunos muy acertados. Así, conceptos como el de *memoria*, *virus* y otros están plenamente aceptados. Si hubiese que buscar un sinónimo técnico del cerebro, ése sería, sin duda, el microprocesador.

Al igual que los grandes descubrimientos y avances históricos, el microprocesador nace fruto de la casualidad. Persiguiendo otros fines, un grupo de tres ingenieros diseñan lo que más de veinte años después, es la base del proceso.

Abordar el extenso campo de los microprocesadores no es tarea fácil. Hoy es común encontrar *micros* (como popularmente se denominan) en lavadoras, pequeños juguetes, calculadoras y, cómo no, en ordenadores de diferente volumen de proceso. Por si esto fuera poco, el abanico de fabricantes es amplio. Es necesario, por tanto, trazar una línea de estudio acotando este tema que bien podría ser fruto de otro libro (¡y de una colección completa!).

Lejos de entrar en los detalles nimios de fabricación y funcionamiento, se ha optado por el fabricante más representativo en la actualidad en este sector: la multinacional americana Intel y, dentro de sus productos, los de aplicación exclusiva a la microinformática. No obstante, esta premisa no impedirá que, en algunos puntos, se establezcan comparativas con otros fabricantes. Poco a poco, cada compañía se va situando en el lugar que le corresponde (el mercado así lo impone) y hemos podido observar cómo, en estas dos últimas décadas, algunos fabricantes han desaparecido, otros han cambiado su actividad y un tercer grupo se ha fortalecido. Dentro de estos últimos, resulta inevitable hacer una mención a *Advanced Micro Devices*. AMD, como popularmente se conoce a la compañía, ha conseguido pasar de un segundo plano a ser un serio rival del gigante Intel. Sin duda no ha sido un camino fácil y, como se detalla en este capítulo, ha estado salpicado de polémica y –no es ningún secreto– de demandas por plagio. Pero, como se adelantaba, poco a poco y todo a su tiempo...

3.1. EL MICROPROCESADOR

Recibe el nombre de CPU ("Control Proccess Unit") o UCP (Unidad de Control de Proceso). Es el componente sobre el que reside gran parte del rendimiento que se podrá obtener de la máquina y que definirá las especificaciones en cuanto a frecuencia y tasas de transferencia del resto de los componentes periféricos. Internamente –y sin entrar aún en grandes detalles– se divide en dos apartados: la UC (Unidad de Control) y la ALU (Unidad Aritmético-Lógica). La UC gobierna todos los procesos, mientras que la ALU se encarga de todas las operaciones y cálculos. La CPU cuenta también con una serie de registros así como, a partir de un determinado nivel de micro, con memoria caché propia.

Figura 3–1 Micro con disipador/ventilador

Unidad de Control

Como se comentaba, su función es dirigir y coordinar todas las operaciones que tienen lugar entre las distintas unidades del sistema. Para llevarlo a cabo, realiza las siguientes operaciones:

- ⇨ Interpreta el contenido de las posiciones de memoria, ya sean memoria RAM o ROM, almacenando en disco para dar el posterior tratamiento. Esto lleva una serie de acciones asociadas como es el direccionamiento de memoria o puertos, lectura o escritura en los mismos destinos que antes podían ser origen y determinación de las instrucciones leídas.

- ⇨ Ordena a cada elemento del sistema la ejecución individual de las instrucciones surgidas de la interpretación anterior. De este modo conseguirá que varias acciones se ejecuten a un tiempo a pesar de que el micro, como tal, actuará en mono proceso (sólo un proceso en un instante de tiempo).

- ⇨ Atiende y decide sobre las interrupciones que le van a producir los elementos del sistema durante la ejecución de sus tareas. Esto implicará el atender las rutinas correspondientes de atención a interrupciones además de guardar el entorno (variables y registros actuales). Una vez atendida la rutina asociada a la interrupción que habrá podido ser provocada por software, un periférico e, incluso, el mismo microprocesador, se recuperará el entorno previamente guardado para continuar con la ejecución en el preciso punto en el que se abandonó.

Unidad Aritmético-Lógica

Se encarga dentro de la unidad central de realizar dos tipos de operaciones:

- ⇨ Operaciones aritméticas (sumas, restas...). Debe tenerse en cuenta que el microprocesador es capaz de realizar un número muy limitado de operaciones por lo que precisa "fabricarse" otras. Éste puede ser el caso de la multiplicación o división que, salvo que se opere con el valor dos (*shifts* aritméticos a derecha o izquierda), debe implementarlas como sumas o restas sucesivas.

- ⇨ Operaciones lógicas (comparación, complementos...). Estos operadores le permitirán establecer comparativas y condicionales (simples, alternativos o alternativos múltiples).

Figura 3–2 Micros y coprocesadores

De forma ordenada en el tiempo, han ido apareciendo nuevos diseños cada vez más potentes y con mayor escala de integración. A continuación se detalla la evolución "externa", ya que el interés de este libro es de "patas" hacia fuera.

> ***Gordon Moore, uno de los fundadores de Intel, estableció una ley con su nombre en 1965 que vaticinaba la duplicidad de potencia y velocidad de proceso de los microprocesadores cada 18 meses. Esta ley ha sido derogada recientemente con la aparición vertiginosa de nuevos microprocesadores.***

Se contemplarán, fundamentalmente, algunos micros de Intel dada la proliferación de fabricantes y modelos. No obstante, es necesario recordar que fabricantes tan conocidos como Zilog, AMD, Harris, Siemens, Hitachi, NEC, IBM, Cyrix, Texas Instruments, Chips & Technologies, Nexgen, IIT, Motorola, Apple, Hewlett Packard, DEC o Renaissance Microsystems también han desarrollado microprocesadores que, en algunos casos, han superado en prestaciones a los de Intel[29]. A pesar del elevado número de fabricantes, es indiscutible que Intel es una compañía histórica que acompaña al mundo microinformático desde sus orígenes, motivo que justifica su estudio frente a otras alternativas.

---

[29] Como se indicaba en la Introducción, AMD en la actualidad representa una alternativa real a Intel y la compañía Chips & Technologies se popularizó por la fabricación de chipset (elemento estudiado en el capítulo anterior), si bien es cierto que nuevamente Intel retomó el control y es un fabricante destacado ya no sólo en microprocesadoes sino también en chipset.

3.2. PREHISTORIA DE LA MICROINFORMÁTICA: INTEL

Hablar de la dilatada experiencia de la factoría Intel en el diseño y fabricación de microprocesadores llevaría cientos de páginas. Así, aunque no se persigue pormenorizar en todos los modelos sino sólo en aquéllos de mayor vigencia, resulta imprescindible una mención de los diferentes modelos a lo largo de su historia. Sobra decir que estos diseños son anteriores a la etapa "compatible" de la Informática y es, precisamente ésa, la que se refleja en este apartado.

4004 Aparece en 1971 como fruto del trabajo de tres ingenieros: Gordon Moore, Andrew Grove y Robert Noyce –que procedía de los Shockley Semiconductor Laboratories, empresa fundada por uno de los padres del transistor: William Shockley–. Se trata de circuito integrado encargado por la compañía japonesa Busicom para tratamiento de información en calculadoras. Intel, empresa especializada en el desarrollo de semiconductores y con doce empleados en plantilla en ese momento, diseña de la mano de su empleado Ted Hoff el encargo pero no de una forma específica sino de carácter general, es decir, con una estructura que hasta el momento era novedosa, incluyendo buses de datos, control, direccionamiento, unidades de control, aritmético-lógicas,... pasando su denominación de "integrado" a "microprocesador". Su bus de datos era de 4 bits, un bus de direcciones multiplexado de 12 bits que gestionaba hasta 4 KB de memoria (2^{12} = 4.096 posiciones de 1 byte, es decir: 4.096 / 1.024 = 2 KB) y un set de instrucciones de 45 comandos. Estaba formado por 2.300 transistores e integraba unas 1.000 puertas lógicas, implementado todo en 24 mm^2 con tecnología PMOS y su formato era DIP ("Dual Inline Package") cerámico de 16 pines. Por supuesto, no tuvo una aplicación directa sobre los ordenadores personales, aunque se trata del primer microprocesador. Su velocidad de proceso era de 60.000 operaciones por segundo a una frecuencia de trabajo de 108 KHz.

Figura 3–3 Noyce, Moore y Grove

La revolución provocada por este pequeño componente sólo es entendible si se sitúa dentro del contexto contemporáneo. Así, sirva como referencia el indicar que ofrecía la misma potencia que el ENIAC, desarrollado un cuarto de siglo antes y con más de 30 toneladas de peso. El precio de este microprocesador en 1971 fue de 200 dólares.

4040 Se trata de otro desarrollo de Intel con nuevas aportaciones: incluye más instrucciones que su predecesor (exactamente 14 más) y soporta el manejo de interrupciones de forma bastante similar a la actual. Aparece en 1972 bajo un formato DIP que, en este caso, es de 24 pines. Igualmente usa tecnología PMOS, 4 bits de bus de datos y 12 bits para manejar un bus de direcciones multiplexado.

Como dato curioso, las primeras señales mandadas al espacio con mensajes para otras posibles civilizaciones, se realizaron con las sondas Pioneer 10 y Pioneer 11 a través del 4040. Desde este momento comienza la competencia con Intel. Fuertes compañías como Texas Instruments diseñan sus propios microprocesadores mejorando, en algunos casos, las prestaciones de los productos de Intel. Tal es así que, por ejemplo, el TMS 1000 sirve como presentación de Texas Instruments en el mundo de los miroprocesadores de 4 bits pero con más memoria que la del 4040, además de otra serie de ventajas. Otras compañías como Advanced Micro Devices (AMD) sacan sus productos de 4 bits: el Am2901.

8008 Aparece en abril del año 1972 con una velocidad de proceso de 300 KHz. Disponía de un bus de datos de 8 bits y un bus de direccionamiento de memoria multiplexado capaz de manejar 16 KB, formado por 14 bits (2^{14} = 16.384 posiciones de 8 bits, es decir: 16.384/1.024 = 16 KB). Su formato era DIP cerámico de 18 pines con tecnología PMOS, integrando 3.300 transistores. Su set de instrucciones era de 66. Tampoco tuvo una aplicación directa en el mundo de los PCs. Los homónimos del 8008 de Intel fueron el 6800 de Motorola, el 6502 de MOS Technology y el difundido Z80 de Zilog.

Las ventajas que aporta este nuevo microprocesador son múltiples al disponer de un bus de 8 bits. Así, ya es posible representar letras ya que los micros de 4 bits carecían de esta posibilidad y sólo los teletipos (con 5 bits) eran capaces de representar letras mayúsculas. Su precio de 360 dólares lo hacía una inversión atractiva. Tuvo un uso intenso en sistemas de control de tráfico en carretera, sistema este que hasta el momento se realizaba con tarjetas perforadas.

Éste fue el microprocesador incorporado en el Mark-8, el primer microordenador doméstico (aunque de precio industrial).

8080 Este nuevo microprocesador aparece en el año 1974 formado por 6.000 transistores sobre una base tecnológica de 6 micras. Intel vuelve a sorprender sólo dos años después de la aparición del 8008 con un diseño que hace palidecer las mejores prestaciones de su antecesor: realizando una aproximación, el 8080 multiplicaba por 10 las características del 8008. La frecuencia de trabajo era de 2 MHz con una capacidad de ejecución de 640.000 instrucciones por segundo.

En estos años ya era posible adquirir kits de microordenadores en tiendas especializadas en Electrónica. La importancia del 8080 se refleja en el ámbito social como el primer micro empleado de una forma clara hacia una Informática doméstica. Esto es conseguido a través de pequeñas y medianas empresas que apuestan por la inclusión de este micro en sus máquinas. Tal es el caso del IMSAI 8080 que incluía una serie de "periféricos" hoy son imprescindibles: teclado, monitor y disquetera.

Otro ejemplo es el Altair[30] 8800, desarrollado por la empresa de Ed Roberts que encerraba en su interior un 8080 y se comercializaba con una rudimentaria versión de BASIC programado por Willian H. Gates, es decir, el popular Bill Gates y Paul Allen. En el ámbito de software, no será el BASIC el único entorno en aparecer: un sistema operativo legendario con el nombre de CP/M (Control Program Monitor) es desarrollado para el 8080 por Gary Kildall a través de la empresa Digital Research, basándose en un producto previo llamado PL/M. El Altair tuvo la peculiaridad de comercializarse en modo kit al precio de 395 $ con un rotundo éxito de ventas que obligó a servir máquinas por orden de pedido (ese éxito se limitaba a unas cuantas decenas de miles de máquinas, cifras casi ridículas actualmente).

3.3. DOS HISTORIAS Y UN DESTINO: INTEL Y AMD

A partir de este momento, una nueva etapa se inicia para el mundo microinformático. Probablemente ni siquiera la propia Intel era consciente de lo que realmente estaba ocurriendo pero un futuro de diseños y avances tecnológicos se iba a sustentar en su "discreto" 8086. Por otro lado, diferentes compañeros de viaje intentarán seguir el aura de la nueva línea de negocio. Así, muchos serán los fabricantes que diseñarán microprocesadores que, a veces, harán cuestionarse si son realmente nuevos diseños o réplicas de otros ya existentes.

Dentro de estos competidores, uno muy especial acompañará a Intel en su camino: AMD. Tanto será así que incluso compartirán nomenclatura para sus productos ya que, por ejemplo, si bien Intel llamó a su microprocesador i486 y AMD hizo lo propio con Am486, el usuario final sólo usaba los tres dígitos (486) para referenciar al microprocesador, algo que beneficiaba a AMD y dañaba a Intel.

[30] Nombre adoptado de la serie de televisión del momento: Star Trek.

No obstante, en esta etapa sigue siendo Intel la compañía que más destaca, motivo por el que se llega a un mayor nivel de detalle de sus micros que, en ocasiones, coincidirían técnicamente con un desarrollo de microprocesadores de la competencia. Será, por tanto, Intel el hilo conductor de esta andadura.

8086 Fue el primer microprocesador de 16 bits desarrollado por Intel en el año 1978. Se trata de un integrado de 20 pines con una estructura de direcciones de memoria de 20 bits, lo que le permitía direccionar hasta 1 MB. Alcanzaba una velocidad de 4,77 MHz (aunque si se complementaba con el micro NEC V20, podía aumentar el rendimiento en hasta un 10%) y llegó a un máximo de 10 MHz. Tuvo problemas de comercialización dado su elevado precio, así como el de toda la circuitería periférica precisa para trabajar a 16 bits.

8088 Aparece a instancias de IBM en el año 1981 como sucesor del 8086, integrado en ordenadores con capacidades de memoria de 16 KB. Internamente trabajaba con un bus de datos de 16 bits, aunque, externamente, lo hace a 8 bits (lo que abarataba considerablemente el resto de los componentes). Su bus de direcciones, al igual que el 8086 era de 20 bits, lo que conseguía un área direccionable de memoria de 2^{20} = 1.048.576 bytes = 1 MB. Con una velocidad de trabajo de 8 MHz, aumentaba en unión al microprocesador NEV V-30 un 10% su rendimiento. En versiones posteriores del micro, se llegaron a alcanzar los 12 MHz. Este micro trabajaba en lo que se denominaba *modo normal* o *modo real*, al igual que el 8086.

El desarrollo de una máquina incluyendo este micro, le valió a IBM el título de compañía de la década de los años 70, destacando su producto estrella: el IBM PC.

80286 En el año 1982 nace el 286 o primer microprocesador para ordenadores AT aunque no ve la luz hasta 1984 con distintos formatos de encapsulado PGA. Algunos estaban soldados a la placa base, mientras que otros se colocaban sobre un zócalo. Aparece un competidor serio de Intel: AMD. A partir de este momento, AMD fabricará la misma tipología de micros que Intel, superándole en determinados casos. El 80286 dispone de SET de instrucciones más amplio que los micros anteriores, disponiendo de un bus de datos de 16 bits (tanto a escala externa como interna) y un bus de direcciones de 24 bits. Esto conseguía que la memoria pudiese direccionar hasta 2^{24} = 16.777.216 bytes = 16 MB. La velocidad evolucionó desde los primeros AT-02 y AT-03 de 6 y 8 MHz respectivamente hasta los 12, 16 y 20 MHz (aunque algunos fabricantes comercializaron modelos con un overclocking de hasta 25 MHz).

Aun trabajando a la misma velocidad en determinados casos que sus predecesores, era sustancialmente más eficiente, gracias a la mejora implementada en sus comandos. Además, incorporaba un nuevo modo de trabajo: *el modo protegido*. Este sistema consistía en la posibilidad de poder trabajar en *multitarea* o, lo que es lo mismo, aplicar pequeñas particiones de tiempo a diferentes trabajos que se ejecutan de forma alternativa gestionando hasta 16 MB de RAM. Este modo da la sensación al usuario de que está realizando varias operaciones o tareas de forma simultánea. Por supuesto, también permitía el *modo real*, emulando varios 8086 con 1.024 KB de memoria. El 80286 se popularizó gracias a su implementación en las máquinas 5170 AT de IBM entre otras. Se estima que se comercializaron en el mundo un total de 15 millones de máquinas.

80386 Posteriormente, aparece el 386DX con arquitectura tanto interna como externa de 32 bits (¡el doble que el mejor de sus predecesores!), conseguido a través de 275.000 transistores. Fue el primero en incluir posibilidades de gráficos en color de alta resolución así como sonido. Este micro, dependiendo del fabricante, trabajó entre 16 y 40 MHz (aunque Intel no superó los 33 MHz en sus modelos), es decir, más de 100 veces superior al 4004 original. Su formato también variaba según el fabricante, por ejemplo, de un 386SX Intel de 100 pines a un 386DX AMD de 132. El 386DX, era capaz de direccionar hasta 2^{32} = 4.294.967.296 bytes = 4 Gb de memoria, pero tenía el serio inconveniente del precio. El 386SX aparece como respuesta al alto precio del 386 "puro" o DX. Se trata de una versión degradada del microprocesador original pero también sustancialmente más económica. Se diferencia por trabajar sólo con 16 bits de datos externo y un bus de direcciones de 24 bits (direccionará hasta 16 MB de memoria), además de tener un rango de frecuencia de trabajo de 16 hasta 25 MHz. De alguna forma era comparable a montar un 386DX sobre una placa base 286, lo que le repercutía de forma considerable en las aplicaciones multitarea al tener que conmutar constantemente formatos de datos de 16 bits externos a 32 bits internos. Existe un modelo de 386 con mayor escala de integración que es el 386SL utilizado en ordenadores portátiles. Este microprocesador permitía un nuevo modo de funcionamiento: *el modo virtual*. Esta característica le permitió trabajar en modo multitarea (ver el primer capítulo), lo que supuso un incremento de uso en un entorno gráfico no demasiado conocido hasta el momento: Windows[31].

i486 Algo más tarde (1989) aparecen los i486DX. El motivo del cambio de nomenclatura (Intel denominó históricamente a sus microprocesadores 286, 386 y, éste, debería ser el 486) se debe a la Oficina de Patentes de EE.UU. Dicha oficina no reconoce tres dígitos como marca registrada, lo que favorece a la competencia de empresas como Cyrix o AMD (quien lo denominó Am486) que pueden llamar a sus productos con el mismo nombre que Intel. Esta tendencia ha continuado de forma clara en microprocesadores posteriores donde el nombre es diferente.

---

[31] Aunque éste es un dato que los más experimentados aún recuerdan, Windows, en su día, no fue un sistema operativo sino, más bien, podría recibir la cosideración de "entorno operativo". De este modo trabajaba sobre DOS y sus requerimientos eran muy inferiores a lo que lo son en la actualidad.

Se trata de un microprocesador que incorpora la propia CPU, además de un coprocesador matemático, un controlador de memoria caché de 128 bits y dos memorias caché de 4 KB cada una, que trabajan como búfer intermedio entre la memoria principal y el micro, trabajando tanto de forma externa como interna con una estructura de 32 bits. Tiene una alta integración y rendimiento, por lo que no era cierto. Circulaba un comentario falso en aquella época que afirmaba que un 386DX con coprocesador ofrecía el mismo rendimiento que un 486DX.

Este micro supuso un compromiso entre la arquitectura CISC ("Complex Instruction Set Code"), indicada para obtener flexibilidad entre aplicaciones aun a costa de una pérdida de velocidad y la RISC ("Reduced Instruction Set Code") que, con menos comandos aumenta el rendimiento por su velocidad.

Los distintos modelos que se encontraban en el mercado fueron los SX, DX, SLC, DLC, DX2 y DX4 con velocidades comprendidas entre 25 y 133 MHz[32]. En el caso de los micros DX2 y DX4 lo que se hacía era multiplexar la frecuencia por lo que la velocidad interna del micro es distinta a la externa. Así, un 486DX2/66 trabajará a una frecuencia interna de 66 MHz y una externa de 33 MHz. El i486SX es similar al DX a diferencia de no incluir el coprocesador. Los homónimos del DX y SX en portátiles son el DLC y el SLC, de mayor escala de integración aunque menor rendimiento. Llegó a conseguir hasta 40,7 MIPS (*Millions of Instructions per Second*) a frecuencias de reloj de 50 MHz.

Existen –hasta poco más allá de los i486 y Am486– unos integrados que si bien no pueden confundirse con los microprocesadores, sí que guardan una relación evidente: son los coprocesadores matemáticos. Estos circuitos alivian al micro de las operaciones y cálculos complejos haciendo que el microprocesador pueda dedicarse a otra serie de operaciones. Es importante resaltar que no por instalar un coprocesador el ordenador trabajará más rápido. Sólo se apreciará en programas que requieran su uso, por ejemplo, CAD/CAM. Existen en el mercado emuladores de coprocesador matemático. Consisten en unos programas capaces de "engañar" al ordenador y hacerle creer que sí dispone de un coprocesador cuando no es así. Su nomenclatura va en relación con el microprocesador que complementan. Así, el coprocesador de un 286 será el 287, el de un 386 el 387 y así sucesivamente. Los coprocesadores pierden su protagonismo con la aparición del 486DX que ya lo incorpora de forma interna en el microprocesador.

32 Si bien he de confesar que jamás lo he visto físicamente ni tengo muchas otras referencias sobre él, en teoría existe (mejor dicho, existió) un 80486 a 150 MHz, según las posibilidades de configuración de velocidad de algunas placas base. Éstas sí se refieren de forma explícita hacia este poco conocido microprocesador de Intel.

3.4. LA ERA PENTIUM

Llega el momento de la ruptura. Intel, cansada de la siempre cuestionada competencia con AMD, decide embarcarse en un proyecto que no pueda ser "seguido" o no al menos de un modo tan claro como ha ocurrido con los microprocesadores anteriores. Este cambio viene, en primer lugar, por un cambio de nomenclatura que evite confusiones. Así aparece el Pentium. Sobra decir, por tanto, que hablar de Pentium es hablar de Intel, no como ocurría con, por ejemplo, el 486, donde nadie especificaba i486 o Am486, jugando esa ambigüedad de tres números a favor de AMD.

En este momento nos encontramos: la era Pentium, por ponerle un nombre, donde una sucesión de micros ha hecho olvidar todo lo expuesto en el apartado anterior. A partir de este momento, los caminos de AMD e Intel serán muy diferentes y, por tanto, se tratarán de tal forma.

Pentium El PENTIUM (o "586"), de unos 6,4 cm^2 aproximadamente y constituido por 3,3 millones de transistores, presentó graves problemas en sus inicios debido a un error de fabricación en sus modelos a 60 y 66 MHz. En el año 1994 se detectaron PENTIUM defectuosos. Este error era provocado, bajo determinadas circunstancias, al realizar una operación de coma flotante y se detectaba en el bit 13 de la mantisa. Estos errores aparecían con las funciones: FDIV, FDIVR, FPTAN, FPATAN, FPREM y FPREM1 tanto en simple, doble o precisión extendida. Si su PENTIUM era del año 1994 o anterior, quizás pudiera tener problemas ("bugs") independientemente de la frecuencia del mismo. Intel dispuso un "chequeo oficial" en Internet que consistía en una prueba que identificaba, a partir del número de identificación del microprocesador, si se trataba de un producto válido o no. En caso de determinar que el microprocesador es erróneo, el usuario podía ponerse en contacto con Intel para su sustitución gratuita.

Resulta curioso comprobar cómo estos primeros Pentium a 60 y 66 MHz disponían de un factor multiplicador de x1, es decir, trabajaban a la misma velocidad que el bus de memoria, algo totalmente impensable a día de hoy con las desorbitadas frecuencias que se miden en GHz. No fue hasta la aparición del modelo a 75 Mhz cuando se introduzca un "tímido" factor multiplicador de x1,5 que posibilitaba un bus de memoria a 50 MHz. Posteriormente aparecieron distintos modelos que duplicaban la velocidad del bus, trabajando a 75, 90, 100, 120, 133, 150, 166, 180 y 200 MHz que funcionaban perfectamente. Una de las novedades que incorpora es el trabajar a partir del P/66 a 3,3 v de alimentación en lugar de con 5 v. Esta novedad ya fue implementada por su competidor AMD en el modelo 486DX2 y DX4 (Intel también fabricó DX4 a 3,3v). La caché usada es de 16 KB. En AMD, el "PENTIUM" recibe el nombre de K.5 y en Cyrix, el de 6x86.

Una solución a los microprocesadores defectuosos pasó por la ampliación a los Overdrive de Intel de 120 y 133 MHz, que duplicaban la velocidad del bus (60x2 y 66x2) además de incluir un reductor de tensión de 5 v a 3,3 v.

La gran diferencia de este microprocesador con sus antecesores es que dispone de dos ALUs (Unidad Aritmético Lógica) lo que le permite manejar dos grupos de datos a la vez (no debe confundirse esta característica con el multiproceso). Por otro lado, permite manejar hasta 64 bits a la vez (frente a los 32 del 486) ya que dispone de dos ALUs de 32 bits cada una y de un área de almacenamiento interno de 16 KB (memoria caché interna del microprocesador). Esta memoria se divide en dos zonas: una de datos y otra de instrucciones codificadas de 8 KB cada una. El PENTIUM, por otro lado, no es puramente un micro CISC, ya que usa rutinas RISC, incrementando su potencia.

Los chips CISC ("Complex Instruction Set Code") manejan igual cualquier tarea individual encomendada que complejos bloques de código. Por el contrario, los chips de tecnología RISC ("Reduced Instruction Set Code") disponen de menos instrucciones y realizan tareas semejantes a los CISC. Esto, evidentemente, afecta al rendimiento de la máquina consiguiendo, normalmente, mejores resultados en máquinas RISC. Por otro lado, los microprocesadores de arquitectura RISC son más fáciles de implementar (fabricar) y más rápidos, aunque para ello precisen que los programas sean mucho más extensos. De forma casi tradicional, los microprocesadores de uso informático han tenido tecnología CISC, aunque el PENTIUM es una solución mixta, dividiendo instrucciones complejas en otras más sencillas, aumentando así el rendimiento y guardando la compatibilidad con máquinas antiguas.

El resumen de la gama se aprecia en la siguiente tabla:

<table>
<tr><th>Frecuencia del Micro (MHz)</th><th>Frecuencia del Bus (MHz)</th><th>Factor Multiplicador</th><th>Tecnología (μ)</th><th>Alimentación (V)</th></tr>
<tr><td>60</td><td>60</td><td rowspan="2">x1,0</td><td rowspan="2">0,80</td><td rowspan="2">5,00</td></tr>
<tr><td>66</td><td>66</td></tr>
<tr><td>75</td><td>50</td><td rowspan="3">x1,5</td><td rowspan="3">0,60</td><td rowspan="8">3,52</td></tr>
<tr><td>90</td><td>60</td></tr>
<tr><td>100</td><td>66</td></tr>
<tr><td>120</td><td>60</td><td rowspan="2">x2,0</td><td rowspan="5">0,35</td></tr>
<tr><td>133</td><td>66</td></tr>
<tr><td>150</td><td>60</td><td rowspan="2">x2,5</td></tr>
<tr><td>166</td><td rowspan="2">66</td></tr>
<tr><td>200</td><td>x3,0</td></tr>
</table>

Tabla 3–1 Gama de PENTIUM

Pentium PRO

El PENTIUM PRO (microprocesador incluido en lo que Intel ha llamado la familia P6) es otro de los microprocesadores que Intel ha orientado a aplicaciones y sistemas operativos de 32 bits (como es el caso de Windows NT) aunque careciendo la aplicación de la tecnología MMX que aparecerá con posterioridad. Implementado con 5,5 millones de transistores, es muy diferente de los PENTIUM convencionales y con *pipeline* más profundo y de varias etapas, usando la ejecución dinámica para mejorar el rendimiento. Al igual que el PENTIUM convencional, dispone de 8 KB de memoria caché interna para datos y otros 8 KB para instrucciones, pero en el caso de PENTIUM PRO la memoria caché es de nivel 2 (L2) en lugar del nivel 1 (L1) usado por el P54C, lo que le hace funcionar a la misma velocidad que el propio micro. Hay versiones con 256 KB y 512 KB de memoria L2 asociativo de cuatro vías.

Los microprocesadores llamado "superescalares" son aquellos que implementan más de una línea de ejecución de instrucciones ("pipeline"), es decir, de forma simultánea atienden varias instrucciones en lugar de ir ejecutando una a una de manera secuencial. Éste ha sido uno de los grandes avances entre el PENTIUM y sus predecesores que se mantiene en diseños posteriores de Intel.

Trabajando a 32 bits, el PENTIUM PRO ofrece prácticamente el doble de rendimiento para una misma frecuencia que un PENTIUM convencional. En caso de trabajar con un sistema operativo de 16 bits, las diferencias en prestaciones son mínimas, ya que determinadas instrucciones ralentizan el "pipeline" de la versión PRO. En la siguiente tabla se recogen las principales características de los diferentes modelos de PENTIUM PRO aparecidos:

Frecuencia del Micro (MHz)	Frecuencia del Bus (MHz)	Factor Multiplicador	Tecnología (µ)	Alimentación (V)
150	60	x2,5	0,60	3,1
166	66			
180	60	x3,0	0,35	3,3
200	66			

Tabla 3–2 Gama de PENTIUM PRO

Pentium MMX

El PENTIUM MMX o P55C es otro micro de Intel constituido por 4,5 millones de transistores y con la innovación de la tecnología MMX. Este microprocesador maneja 257 instrucciones (¡57 más que el PENTIUM convencional!). Estas nuevas instrucciones están orientadas a los multimedia y se define como el cambio más radical desde el 386 aparecido en 1985. De hecho, hace más de 11 años que Intel no variaba su número de instrucciones. Intel asegura que el nuevo PENTIUM MMX supera entre un 10 y un 20% el rendimiento en las aplicaciones convencionales y hasta en un 60% en programas diseñados para tecnología MMX. Otra novedad de este tipo de microprocesadores es referente al consumo de corriente. No todo el micro trabaja a la misma tensión de alimentación, sino que usa un voltaje dual. Aunque dicha tensión se determina de forma específica en cada micro, es habitual que los valores oscilen en torno a 2,8 v para el núcleo del microprocesador y 3,3 v para el sistema de entrada/salida.

Los modelos aparecidos en el mercado funcionaron a 166, 200 y 233 MHz, aunque existieron versiones a 133 MHz para ordenadores portátiles (la denominada versión SL). Se trata de un microprocesador de una muy alta escala de integración de diseño casi exclusivo para el manejo de imágenes, gráficos 3D, sonido estéreo y vídeo de calidad digital. El encapsulado fue, inicialmente, cerámico, aunque rápidamente cambió a plástico.

Una "pega" de los microprocesadores MMX es que mientras se está usando este SET de instrucciones multimedia, no puede trabajar el coprocesador matemático. No es que sea un gran inconveniente pero... ahí está. A cambio, dispone de la doble de caché: es decir, 16 KB para datos y 16 para instrucciones, por lo que la mejora está asegurada. En la siguiente tabla se recogen las principales características de los diferentes modelos de PENTIUM MMX aparecidos exceptuando el 133 MHz dada su escasa trascendencia en el mercado.

Frecuencia del Micro (MHz)	Frecuencia del Bus (MHz)	Factor Multiplicador	Tecnología (μ)	Alimentación (V)
166	66	x2,5	0,35	2,8 - 3,3
200		x3,0		
233		x3,5		

Tabla 3–3 Gama de PENTIUM MMX

Pentium II El PENTIUM II ("Klamath" como nombre clave) aparece en el año 1997 y consigue aunar la potencia del PENTIUM PRO con las ventajas multimedia del PENTIUM MMX. Diseñado para 233, 266 y 300 MHz dispone de una memoria caché interna de 512 KB. Otra novedad incluida es el tipo de zócalo que Intel lanza como nuevo estándar para su microprocesador: el SEC ("Single Edge Connect").

Figura 3–4 Logo Intel PENTIUM II

Cabe destacar que la memoria caché integrada ya no va integrada en el propio microprocesador (como era el caso del PENTIUM PRO). Este tipo de montaje facilitaba la velocidad de transferencia. En el caso del PENTIUM II, la memoria caché de segundo nivel va en el circuito impreso que sirve de soporte para el microprocesador. Esto baja la transferencia a pesar de que Intel asegura que se aumenta al doble.

El nuevo diseño externo del PENTIUM II (similar al cartucho de una consola de juegos) tiene dos funciones primordiales:

1. Aislamiento que permite apantallar el microprocesador de los demás componentes y viceversa: impedir que el resto de los componentes interfieran sobre el correcto funcionamiento del microprocesador. Es importante destacar la elevada frecuencia de trabajo que puede provocar interferencias. Si bien este argumento tiene peso por sí mismo y resultó una explicación válida en su día por parte de Intel, los argumentos de aislamiento se vinieron abajo pasado un tiempo. Esto se produjo cuando Intel lanzó al mercado variaciones sobre el PENTIUM II (que mantuvo en los venideros Pentium III, Pentium 4, Itanium,...) volviendo, en parte, al formato original (abandonado en ocasiones el SEC y, definitivamente, dejando de lado la carcasa plástica que protege al Pentium II).

2. Soporte del disipador ventilador que, dadas las condiciones de refrigeración necesarias en el microprocesador, debe ser voluminoso. Aunque esto realmente es cierto (existían unas guías sobre la propia placa base que hacían la función de soporte), los disipadores cambiaron su formato consiguiendo tamaños menores. Un formato habitual consistía en un disipador-ventilador de dimensiones similares a los clásicos de formato FPGA que se anclaban a través del propio micro, mediante cuatro agujeros que éste facilitaba para tal fin.

El tipo de integración de este micro es de 0,35 micras habituales, aunque no pueda ser apreciable de forma externa. Como estructura interna, el PENTIUM II aumenta el rendimiento al trabajar en modo de *ejecución dinámica,* lo que acelera considerablemente el cálculo de números enteros y usa la técnica DIB ("Dual Independent Bus") que especifica dos canales de comunicación diferenciados: entre la CPU y la memoria caché y entre la CPU y la memoria RAM del sistema. Estas dos características son heredadas de su predecesor el PENTIUM PRO. Otra novedad de este microprocesador es que soporta buses AGP –o puerto de gráficos avanzado–, que distribuye coherentemente las comunicaciones del modo gráfico, consiguiendo gran velocidad de comunicación entre el vídeo y el microprocesador.

Al igual que otros productos Intel (recuérdese el PENTIUM/60), este microprocesador viene precedido de errores de diseño: unos días más tarde del lanzamiento del PENTIUM II, se observó un error. Se trata de un error relacionado con la unidad de coma flotante. En concreto afecta a la conversión de números en coma flotante a enteros. Este error afectaba también a microprocesadores PENTIUM PRO. Intel dispuso, con objeto de informar al usuario del error, una página web en Internet mostrando toda la información al respecto.

De cara a evitar pasados enfrentamientos, Intel firmó con la empresa National Semiconductors (fabricante de los microprocesadores Cyrix) un convenio por el que le permite desarrollar sus propios micros basándose en la tecnología del PENTIUM II. Este proceso se basa en la denominada "ingeniería inversa", mediante la cual Intel se guarda sus secretos de desarrollo y únicamente proporciona a Cyrix una base a partir de la cual trabajar.

Un sistema de verificación de los PENTIUM II 300 MHz consiste en verificar la presencia del ECC, un sistema de corrección de errores implementado en estos micros pero no en sus predecesores. Así, basta con comprobar por software dicho sistema para saber, en este caso puntual, si el micro es correcto o no. Existe un programa de verificación para estos microprocesadores que el usuario puede encontrar fácilmente en la dirección www.heise.de/ct/p2info/#download.

Pentium Celeron

Aunque no sea la idea con la que Intel pretende vender este producto, el PENTIUM Celeron ("Covington" como nombre clave) se puede entender como el PENTIUM II "SX". Se trata de un microprocesador de "batalla", inferior al PENTIUM II (y en algunos casos inferior al MMX) pero con un mejor precio. Esto consiguió que perdurase más tiempo que el propio PENTIUM II, siendo la punta de lanza de la compañía Intel hasta la aparición del PENTIUM III.

Este micro apareció bajo dos encapsulados diferentes: el SEPP y el PPGA. El primero fue el más común, recordando al típico formato del PENTIUM II (formato SEC) pero con la carencia de uno o los dos laterales plásticos. Así se suministraba como un circuito impreso con una serie de pines que conectaban con la placa base y la circuitería visible. Por otro lado, el PPGA casi siempre se suministraba con ventilador disipador y, a pesar de ser más moderno, la incompatibilidad de su formato le hizo pasar desapercibido (aunque existieron adaptadores a formato SEC). Este micro recuerda al PENTIUM PRO pero con un zócalo especial: el llamado "Socket 370".

Aunque también estaba optimizado para trabajar con aplicaciones de 32 bits, la crítica a este microprocesador venía por la ausencia de memoria caché L2. Esto afectaba a toda la gama comprendida entre los 266 y 300 MHz; el resto (PENTIUM Celeron "A" o "Mendocino" como nombre clave) incluían una L2 de 128 KB síncrona con la velocidad del microprocesador. En cuanto a caché de primer nivel, todos los modelos disponen de 32 KB, repartidos en igual capacidad para datos e instrucciones.

Implementados con 7,5 millones de transistores hasta los modelos de 300 MHz y con 9,1 millones el resto, estos micros heredan las instrucciones MMX y siguen manteniendo una comunicación con el bus de 66 MHz.

En la siguiente tabla se recogen las principales características de los diferentes modelos de PENTIUM CELERON aparecidos en el mercado. No todos fueron conocidos ya que rápidamente algunos modelos se popularizaron antes que otros.

Frecuencia del Micro (MHz)	Frecuencia del Bus (MHz)	Factor Multiplicador	Tecnología (μ)	Alimentación (V)
266	66	4,0	0,25	3,3
300 (A)		4,5		
300		4,5		
333		5,0		
366		5,5		
400		6,0		
433		6,5		
466		7,0		

Tabla 3–4 Gama de PENTIUM CELERON

Todos los modelos disponen de 128 KB de memoria caché L2 exceptuando los dos primeros [266 MHz y 300 MHz (A)]. La alimentación hace referencia a la de entrada/salida (I/O), mientras que la denominada "*Core*" (dispone de alimentación dual) es de 2,0 v.

Pentium II Xeon

El PENTIUM XEON ha sido la respuesta de Intel a la carencia de microprocesadores especializados en redes. De cara a trabajar en máquinas que hagan la función de servidor, el PENTIUM XEON ha sido adoptado por los principales fabricantes de hardware, como es el caso de IBM, pero ha tenido una escasa repercusión en la informática doméstica. Sus altas prestaciones justifican su elevado precio. Así hay tres versiones: 512 KB, 1 MB y 2 MB (esta última sólo disponible en las versiones a 450 MHz) de memoria caché L2 síncrona con la CPU. En la L1 sigue manteniendo el estándar de 32 KB repartidos en dos módulos de 16 KB destinados a instrucciones y datos.

Implementado con 7,5 millones de transistores, este micro varía en formato con respecto a los anteriores. Así utiliza una interfaz con la placa base denominado SEC 2, incompatible con el SEC 1, además, físicamente es más alta. Soporta el trabajo dual con hasta 8 microprocesadores más pudiendo llegar a cachear hasta 4 GB de memoria RAM, trabajando con un bus de 100 MHz.

Existe otro modelo de PENTIUM XEON bajo la arquitectura de PENTIUM III. Este diseño responde a dos versiones diferentes: PENTIUM III XEON (SERVER) para servidores y PENTIUM III XEON para estaciones de trabajo (WORKSTATION), llegando a superar los 733 MHz.

Al igual que la cláusula *Celeron* se ha seguido usando por Intel para indicar micros de prestaciones medias, el sufijo de *XEON* define un producto de altas prestaciones para los entornos más exigentes.

En la siguiente tabla se recogen las principales características de los diferentes modelos de PENTIUM II XEON aparecidos en el mercado.

Frecuencia del Micro (MHz)	Frecuencia del Bus (MHz)	Factor Multiplicador	Tecnología (μ)	Alimentación (v)
400	100	4	0,25	2,0
450	100	4,5	0,25	2,0

Tabla 3–5 Gama de PENTIUM XEON

La tensión "Core" es de 2,5 v. Existen tres versiones con diferentes tamaños de caché L2: 512 KB, 1 MB y 2 MB.

Pentium III El PENTIUM III ("Coppermine" como nombre clave) aparece en 1999 y es la sucesión dentro de la factoría Intel del PENTIUM II (al que desplazó ayudado por el 20% de bajada de precio). Clasificado dentro de la familia P6 –y con las características típicas como el rendimiento en ejecución dinámica ("Dynamic Execution") o un bus de sistema multitransaccional–, funciona con un bus externo inicial de 100 MHz.

Por supuesto, "hereda" la tecnología MMX además de 70 nuevas instrucciones orientadas al manejo de gráficos 3-D, vídeo, audio. También se contemplan otras tecnologías multimedia como el reconocimiento de voz (una de las mejoras más significativas que se esperaban de Windows 2000 que pasó casi de manera desapercibida para los usuarios) o la tecnología denominada SIMD[33].

---

[33] Este tema es citado en el capítulo dedicado a "Arquitectura de los ordenadores", donde se establece la jerarquización en base al flujo de instrucciones y datos en una máquina, correspondientes a "Muchos flujos de datos pero sólo uno de instrucciones", según M. J. Flynn.

Figura 3–5 Logo Intel PENTIUM III

No es extraña la expectación que creó este micro: debe tenerse en cuenta que admitió frecuencias de trabajo vertiginosas en su tiempo de 450, 500 y 550 MHz (¡¡más de ½ GHz!!) funcionando con un chipset 440BX. Incluye, además, 512 KB de memoria caché de segundo nivel. Por si fuera poco, ya se comentó en su día que la aparición de un nueva versión a 600 MHz que marcaba hitos históricos en lo referente a velocidad.

Con posterioridad fueron apareciendo nuevos modelos que incrementaron la frecuencia de trabajo incluso en ordenadores portátiles, donde Intel diseñó un micro especializado: el Mobile Pentium III que se popularizó en la frecuencia de 900 MHz. En la gama Mobile se potenciaron tecnologías para mejorar la duración de la batería como la conocida IMVP que permite cambiar la frecuencia de trabajo y alimentación del micro en función de donde esté recibiendo la corriente. Otras tecnologías como la Intel SpeedStep o QuickStart también son incluidas en este micro. Incluye 8 nuevos registros de 128 bits, además de los 8 registros FP (*Floating Point*) ya existentes de 64 bits, donde cada registro soporta 4 valores de coma flotante de simple precisión IEEE.

Cargado de polémica, este nuevo microprocesador irrumpió en el mercado con importantes cambios. Por un lado, sus mejoras eran evidentes –sobre todo en lo referente a Internet– de tal modo que ya más de una aplicación limita su ejecución a la disponibilidad del nuevo PENTIUM III. Por otro lado Intel incluyó una novedad: cada microprocesador era numerado de forma única, con lo que desaparecía el "anonimato" del usuario. Si bien esta identificación es "camuflable", esta novedad no fue del agrado de muchos usuarios, especialmente los internautas.

Las importantes mejoras en gráficos 3D con más polígonos y efectos complementan la animación así como el tratamiento de imágenes. Este tratamiento dispone de algoritmos optimizados que permiten manejar imágenes más grandes y complejas en menos tiempo. En cuanto al vídeo, lo más destacable es, sin duda, la posibilidad de edición y codificación de ficheros en formato comprimido MPEG 2 en tiempo real junto al resto de características heredadas del tratamiento de imágenes.

Esto consigue una reproducción de vídeo más "real" sin cortes entre imágenes. El conjunto de prestaciones se complementó con el reconocimiento de voz que es una de las características más atractivas. Para dar soporte al manejo de voz promovido por Microsoft en su versión Windows 2000, Intel creó la plataforma idónea dando mayor precisión y efectividad a las aplicaciones de reconocimiento. El proyecto fue ambicioso, ya que contempló incluso conseguir la navegación por Internet a través de la voz. El encapsulado usado para modelos portátiles fue en formato BGA2 y microPGA2.

Algo polémico en su momento relativo a este microprocesador fue la implantación de un número de serie. Bajo el argumento de seguridad en las transacciones comerciales a través de la red, Intel ha numerado de forma codificada cada microprocesador PENTIUM III con un número codificado de 96 bits (aunque realmente identificativos son 64 bits). Aunque esta numeración no afecta al PENTIUM III XEON ni las variantes de micro para ordenadores portátiles, Intel ha anunciado su intención de incluirlo en toda la gama PENTIUM III, además de los CELERON.

El número de serie completo se compone de 96 bits donde los 32 bits primeros corresponden la información denominada CPUID (identificación de CPU) que define la familia del micro, si es un procesador "genuino" de Intel, la versión de fabricación… mientras que los 64 bits restantes son los específicos de cada elemento en cuestión. La inclusión de este número de serie incluye dos órdenes nuevas: lectura e inhibición. La lectura es una extensión de la orden ya existente de lectura del CPUID que, para el PENTIUM III devuelve 96 bits. La inhibición de lectura se controla mediante el valor de un registro: el MSR ("Model Specific Register"). Mediante un bit se gestiona si se permite o no la lectura. Así, cuando el MSR está a 0, se puede leer el número de 96 bits, mientras que cuando está a 1 únicamente se consiguen los 32 primeros bits identificativos del CPUID.

Intel ha desarrollado una aplicación bajo entorno Windows que permite "manejar" el número de serie. De esta forma es posible visualizar dicho número, ver si está habilitado o no y permitir al usuario establecer el estado deseado. De forma alternativa las BIOS modernas incluyen una utilidad con la misma finalidad.

Itanium

Hace ya varios años que Intel ha dejado entrever que un nuevo diseño cambiaría el mercado microinformático tal y como se conoce. Realmente, desde la aparición del PENTIUM convencional pasando por el PENTIUM II, III e incluso el XEON, no ha habido nada nuevo, sino que más bien se ha tratado de transformaciones sobre una misma base.

Figura 3–6 Logo del Intel ITANIUM

Mientras, se gestaba el proyecto "Merced", nombre bajo el cual Intel dosificaba información al exterior de la compañía. Por fin el "Merced" ve la luz y desde noviembre de 1999 se produce –eso sí, en pequeñas cantidades aún hasta mitad 2000, fecha en la que el proceso de producción explotará el producto– bajo el nombre comercial de "ITANIUM".

Puede pensarse que se trata de algo novedoso y exclusivo de Intel, pero no. Como siempre, AMD sigue la pista de cerca al gran gigante y, casi de forma paralela, ha anunciado su réplica al ITANIUM: el SLEDGEHAMMER. Ambos micros tienen una característica común que les diferencia de los demás: la capacidad de trabajo a 64 bits.

ITANIUM, por tanto, es el estandarte de la familia IA-64 de Intel y su objetivo más claro es el de dar respuesta tanto a instalaciones profesionales como servidores de red y potentes estaciones o a usuarios avanzados, con altas prestaciones en Internet. En concreto, este último campo es uno de los más codiciados por la compañía y de forma más específica en todo lo relativo al comercio electrónico. Jami Dover, vicepresidente de Grupo de Ventas y Marketing de Intel afirmaba en la presentación del producto que: "*El procesador Intel ITANIUM representa un nuevo nivel de capacidad de procesador que será el motor de la economía basada en Internet. La marca ITANIUM representa la fuerza y prestaciones de las características únicas de procesador que proporcionan a los clientes una base fiable y con capacidad de respuesta para el comercio electrónico del futuro*". En definitiva no deja de ser una incursión en un mercado que aún no dominaba Intel y que era exclusividad de Sun Micro Systems e IBM: el de los servidores de gama alta.

Según Intel, el cinco por ciento de la infraestructura actual de Internet está instalada para satisfacer las necesidades de servidor del entorno del comercio electrónico previstas para el año 2005, el resto del mercado deberá evolucionar hacia una infraestructura de servidor robusta. Ahí es donde el ITANIUM podrá aportar a la vez la seguridad, capacidad de respuesta, disponibilidad y fiabilidad.

En el nuevo diseño de Intel se ha contado hasta con los más pequeños detalles. Se ha llegado a estimar que un microprocesador alcanza el mercado plenamente dos años después de su aparición, ya que ése es el tiempo preciso para que los desarrolladores de software realicen aplicaciones que aprovechen las prestaciones. Con el objetivo de agilizar dicha implantación en el mercado, el nuevo ITANIUM será el primer micro que aparecerá de forma contemporánea a aplicaciones que sean capaces de obtener el rendimiento que ofrece la CPU. En cuanto a compatibilidad no parece que vaya a haber ningún problema: todas las aplicaciones diseñadas para 32 bits se ejecutarán sin problemas bajo la arquitectura de 64. Ahora bien: nadie garantiza que aumente su rendimiento, es más, parece que incluso pueden funcionar más lentas, según se desprende de diferentes publicaciones, entre otras, de Aberdeen Group.

El manejo de los 64 bits de datos es, sin duda, uno de los mayores atractivos del micro. Ya no sólo para manejo del bus resultan increíbles estas cifras de 8 bytes, sino que en la memoria, como es normal, aumentan los resultados de forma exponencial. Así, comparando un micro de 32 bits convencional con el nuevo ITANIUM, se encuentra que puede referenciar hasta 2^{32} direcciones de memoria frente a las 2^{64}, es decir, $4{,}294967296.10^{9}$ y $1{,}844674407371.10^{19}$ direcciones respectivamente (no está nada mal el aumento…).

Dentro del resto de las novedades aportadas por el ITANIUM, además de las ya obvias explicadas como la capacidad de trabajo a 64 bits, destacan los registros de monitorización de prestaciones. Se trata de unos registros que recogen el nivel de uso del micro a través, básicamente, del número de instrucciones ejecutadas. Esto permite que el usuario pueda realizar un seguimiento por software del nivel de ocupación de la CPU, sin que el uso de este recurso afecte de forma notoria al sistema, para poder optimizar el uso de la máquina. Por otro lado, se han incluido 128 registros de 82 bits.

Más novedades pueden encontrarse en las operaciones con coma flotante (FPU), que aumentan las prestaciones del micro, dedicando hasta un 10% de sus recursos a este tipo de operaciones y llegando a realizar hasta 6.10^{9} operaciones de coma flotante por segundo. Por otro lado se incluyen tres cachés –algo totalmente novedoso– donde las dos primeras de más bajo nivel (L1 y L2) se encuentran implementadas en el propio micro y la tercera (L3) en el encapsulado.

Pentium 4

El PENTIUM 4 (que no IV, probablemente por no complicar la vida al usuario con la lectura de números romanos) corresponde al diseño de Intel del año 2000 para dar respuesta a las nuevas necesidades que el avance de las nuevas tecnologías plantea en ese momento. Lo más llamativo de este micro es que se trata de un desarrollo completamente nuevo, es decir, no se ha apoyado en diseños anteriores como ocurría, por ejemplo, con el PENTIUM III (o PENTIUM II "avanzado").

Todo parecía indicar que Intel había apostado fuerte por este nuevo micro y no quería dejar expectativas insatisfechas en sus usuarios. Tanto es así que este microprocesador marcó el inicio de una nueva tecnología de desarrollo en cuanto a microarquitectura se refiere: la *NetBurst*[34]. En definitiva parece que éste es el avance más importante de Intel desde el año 1995.

Figura 3–7 Microprocesador PENTIUM 4

Con la nueva tecnología NetBurst Intel abandona la ya obsoleta IA-32 (¡que ha durado más de 15 años desde su aparición con el 80386!), en la que se han basado sus diseños anteriores donde las microinstrucciones se agrupaban en grupos de 32 bits. Este nuevo tipo de diseño nace con la idea clara de potenciar una serie de aspectos concretos: edición de vídeo, codificación MP3, gráficos 3D, reconocimiento de voz, Internet y la optimización de los procesos en multitarea.

Con lo anteriormente expuesto es fácil de deducir que el PENTIUM 4 precisa de una placa base diseñada de forma específica. El formato en el que se suministró originalmente fue para socket 423 (de 423 pines) aunque poco después se evolucionó hacia el formato de los 478 pines, siendo éste el más usado en la actualidad. Además, el sistema de refrigeración precisa de una caja y fuente de alimentación especiales (de las denominadas ATX 2.03 tratadas con mayor amplitud en el capítulo dedicado a las fuentes de alimentación).

Figura 3–8 Logo Intel PENTIUM 4

34 Se trata del primer chip de la séptima generación (recuérdese que la sexta generación –P6– comenzó con el PENTIUM Pro).

Los fabricantes de placa base tuvieron que prever el cambio de formato en el PENTIUM 4. En el caso de aquellos que no lo hicieron, asumieron el riesgo de que la futura actualización del ordenador conllevara, no sólo el cambio del micro, sino también de la propia placa base, pudiendo dejar sus productos fuera del mercado como al final sucedió.

Probablemente una de las mejoras que más llaman la atención en el nuevo PENTIUM 4 sea su tecnología hipercanalizada (la *Hyper Pipelined Technology*). La idea es sencilla: se sigue basando el aumento de rendimiento en una serie de predicciones que, en caso de cumplirse, aumentan significativamente la efectividad de la CPU. El problema viene cuando estas predicciones no son correctas. Así este nuevo chip de Intel dispone de una canalización distribuida en 20 fases (frente a las 10 del PENTIUM III o las 11 de su competidor en AMD: el Athlon). Esto significa que cuando se realiza una predicción un total de 20 microinstrucciones pueden quedar en espera de confirmar si la citada predicción ha sido correcta. En caso afirmativo el proceso continuará y se habrá incrementado la velocidad. En caso negativo, es decir, si la predicción no ha tenido éxito se provocará una *excepción* en el micro (de algún modo comparable a una interrupción "un tanto especial"). La misión de esta *excepción* será la de dar por inválidas las 20 microinstrucciones ejecutadas y volver a realizar el planteamiento desde el principio. Por supuesto esto supone un retraso importante, mayor al que se produciría con el PENTIUM III o el Athlon y proporcional al número de canales.

Otro de los avances –en este caso no es una novedad– es el incremento de velocidad de proceso. Toda la campaña de Intel asegura que se soporta un bus de sistema de 400 MHz. Si se pretende ser serio, realmente no es ésta la velocidad de bus a la que se puede trabajar, sino que se aplica un doble DDR para obtener mejores resultados. Realmente se mantienen los 100 MHz habituales con un factor multiplicador que empieza a resultar desorbitado. De este modo, el micro de 1,4 GHz y bajo la premisa expuesta de un funcionamiento a 100 MHz, es necesario configurar la placa base con un factor multiplicador de x14. Lo que sí es cierto es que el aprovechamiento en cuanto a la única tasa real de comparación que es la transferencia de datos, aumenta de forma significativa. De este modo se alcanzan los 3,2 GB/s frente a 1 GB/s obtenido por el PENTIUM II con un bus de 133 MHz o los 0,5 GB/s del Celeron con un bus de 66 MHz.

Algo que llama la atención en este micro aunque realmente Intel ha utilizado ya algo similar a esta técnica en ocasiones anteriores, es lo que denominan *Rapid Execution Engine*. Esto se corresponde con la capacidad por parte del micro de funciona internamente a velocidades superiores (generalmente el doble) a las marcadas por el propio reloj.

Así, un micro de 1,4 GHz podrá alcanzar internamente a 2,8 GHz (velocidades de vértigo). No es de extrañar que este micro lleve incorporado un disipador[35] (que le confiere ese curioso aspecto metálico). Este incremento de velocidad no se refleja linealmente con un incremento de rendimiento ya que implica el usar más recursos hardware del propio micro. No debe olvidarse que este incremento se consigue, por ejemplo, gracias a la implementación de dos ALUs.

Dentro de los inconvenientes que acompañan a este microprocesador, aparece uno que más bien tiene la calificación de tipo burocrático aunque se manifieste en el terreno técnico. En concreto se está hablando del acuerdo Intel-Rambus donde la primera compañía se comprometió al diseño de micros que utilizasen los módulos de memoria fabricados por la segunda: los RDRAM. Esto fue un claro inconveniente ya que esta memoria, de entrada, era muy cara (Rambus tiene el monopolio de su fabricación y exige el pago de royalties para terceros). Por supuesto esto condicionaba el tipo de chipset a utilizar que debía ser el i850 (tratado en el capítulo anterior).

Era de prever que el futuro deparase mejores expectativas en cuanto a elección libre de memoria se refiere. De momento y con el objeto de intentar paliar este grave error, Intel "regaló" (y se entrecomilla por la sabiduría popular y aquello de *quien regala bien vende...*) dos módulos de memoria RDRAM de 64 MB con la adquisición del micro.

Importante: la memoria RDRAM debe funcionar con el PENTIUM 4 y su nuevo chipset i850 de forma obligatoria en parejas y con módulos iguales.

Como era de esperar, pronto aparecieron alternativas y se estandarizó la memoria DDR (tratada en el capítulo dedicado a las memorias) como alternativa económica a la Rambus. Algunos fabricantes llegaron incluso a utilizar SDRAM típica de Pentium III para Pentium 4, es decir, un tipo de memoria condicionada a un funcionamiento de 133 MHz, devaluando así las prestaciones del micro.

En lo relativo al rendimiento, el usuario del nuevo PENTIUM 4 no observará grandes cambios en operaciones ofimáticas (probablemente ninguno). Sólo en aplicaciones con requerimientos más exigentes se

---

35 Por establecer una comparativa en cuanto al calor que es capaz de generar este micro, téngase en cuenta que el ya obsoleto PENTIUM III a 1 GHz generaba una potencia de 33 W que debían ser disipados en forma de calor. El nuevo PENTIUM 4 a 1,5 GHz produce 54,7 W, es decir, prácticamente el doble. Esto es consecuencia del aumento de circuitería (consumo en definitiva) y al incremento de velocidad (recuérdese que el incremento de frecuencia de funcionamiento lleva asociado un aumento de consumo y potencia).

podrá apreciar un incremento en la velocidad de proceso (juegos, multimedia...). No obstante, a poco que se haga una relación entre el tiempo de respuesta y la frecuencia de reloj usada, lo cierto es que el PENTIUM III es superior a este nuevo diseño. Esto es debido a las múltiples etapas de pipeline pero, lo que el usuario recibe no es una sensación cualitativa en relación con el rendimiento/MHz sino cuantitativa en cuanto a velocidad de respuesta absoluta.

Por otro lado existe una fuerte polémica en cuanto a su rendimiento en operaciones matemáticas. Hay quien asegura que su rendimiento es inferior, bajo circunstancias concretas, al Athlon e, incluso, al PENTIUM III. El manejo de la unidad FPU y la compresión de vídeo bajo algoritmo MPEG4 parece que no es el fuerte de este microprocesador según los tests.

Parece que en éste, como en todos los micros, habrá que esperar a que aparezcan programas y aplicaciones diseñados de forma específica para PENTIUM 4. Será ahí donde se podrá apreciar una mejora en el rendimiento. Esto viene íntimamente relacionado con las *SSE2*: las SSE2 (*Streamimg SIMD Extensións 2*), sucesoras de las *SSE* manejadas por el PENTIUM III son 144 microinstrucciones nuevas dedicadas a paliar el bajo rendimiento de la FPU en operaciones de coma flotante. Estas instrucciones trabajan con 128 bits en coma flotante y doble precisión.

El problema que aparece es que, si bien estas instrucciones pueden suplir una FPU (incluso inferior en rendimiento a la del PENTIUM III), sólo son operativas con software diseñado para PENTIUM 4 que, hoy por hoy, aún es escaso.

3.4.1. Novedades Intel: Prescott y el EPIC

El EPIC ("Explicitly Parallel Instruction Computing" o Cálculo de Instrucciones Estrictamente en Paralelo) es una técnica de procesamiento mejorado de la que adolecían las máquinas RISC. Hace referencia a la capacidad de procesar más de una instrucción en un ciclo de reloj, no debiendo confundir esta técnica con el multiproceso que ofrecen máquinas con más de un microprocesador. El EPIC implica dos técnicas nuevas, que en definitiva, no son más que nuevas aplicaciones de conceptos usados anteriormente: la predicción y la especulación, a saber:

Predicción Este proceso determina qué "ramas" de código serán las necesarias en lo referente a su ejecución. De este modo se eliminan los tiempos consumidos por la ejecución de código de ramas ya finalizadas.

Especulación El micro es capaz de disponer –cargar– datos e instrucciones en sus registros aunque esa información no sea necesaria aún en un momento determinado de reposo del micro. De alguna forma este modo de trabajo le hace funcionar como una memoria caché. Esto consigue reducir los tiempos de espera en memoria (tiempos de latencia) agilizando el sistema de forma general.

De este modo queda patente que la frecuencia de conmutación del microprocesador expresada en MHz ya no es una característica identificativa de forma unívoca asociada al rendimiento de la CPU (algo que ya se apuntaba en la tercera edición de este libro como más que probable). Así, la capacidad del ITANIUM para ofrecer más de una instrucción por ciclo de reloj hace variar este concepto y el IPC (Instrucciones por ciclo de reloj) parece que, en pura lógica, debiera ser el nuevo estándar de medida.

Y así ha ocurrido con el Prescott, nombre clave (*codename* que llaman algunos) aplicado al último producto de la compañía Intel en el momento de escribir estas líneas, si bien hay otras novedades en producción como puede ser el caso del Pentium 4 Extreme Edition con HT de 3.40 GHz o el Northwood Intel Pentium 4 con HT, también, de 3,40 GHz. Se trata de una variación de Pentium 4, orientado claramente a equipos de sobremesa, fabricado en tecnología de 90 y 130 nm, con 1 MB de memoria caché de segundo nivel (L2), 16 KB de L1 y 13 nuevas instrucciones denominadas SSE3. Las variaciones para equipos portátiles y servidores son los modelos "Dothan" y "Nocona" respectivamente.

Este micro, en encapsulado mPGA478 (Ping Grid Package), también contiene mejoras sobre la arquitectura NetBurst. Los modelos que actualmente se comercializan son los 2.80A, 2.80E, 3E, 3.20E y 3.40E. Como se puede observar, la nomenclatura ha cambiado y si bien el valor numérico intuitivamente indica al usuario que se trata de la velocidad del micro, una serie de caracteres matizan y determinan el modelo. Este cambio obedece, en cierta medida, a lo que ya se apuntaba con el EPIC: la potencia del microprocesador no puede medirse exclusivamente por su frecuencia, o no tan sólo por este parámetro.

Figura 3–9 Embalaje original del Pentium 4

Así, cuando la nomenclatura no tiene ninguna letra (tal podría ser el caso del Pentium 4 Extreme Edition con HT de 3,40 GHz), significa que el bus trabaja a 533 Mhz. Si por el contrario lleva una letra E a continuación del valor numérico indicativo de la velocidad, se entenderá que se trata de un microprocesador Prescott (el Extreme Edition, por ejemplo, no lo es a pesar de ser Pentium 4). Si en lugar de la E la letra que aparece es una C y el microprocesador es inferior a 3 Ghz, se sabrá que tiene Hyperth-Reading (todos los micros lo soportan excepto los inferiores a 3 Ghz salvo que se indique lo contrario).

Su nuevo juego de instrucciones, el SSE3, puede entenderse como un cambio similar a la implementación en su día de la tecnología MMX pero bastante más modesto. El rango de aplicación de estas nuevas instrucciones afecta a la conversión numérica de punto flotante a entero, funciones aritméticas complejas, codificación de vídeo, PF SIMD a través de formato AOS y sincronización de threads.

3.5. LA ERA *Kx*

Pero no sólo Intel ha tenido su papel en la microinformática: una nueva época se abre ante AMD. Y no es que necesariamente deba ser una etapa decidida por la compañía: los cambios realizados por Intel así lo han impuesto. De este modo, todos los diseños anteriores de AMD relacionados con el mundo de los microprocesadores microinformáticos, se ajustan a un patrón claro: estudio de la competencia y desarrollo de un producto mejorado y más barato. Ahora eso llega a su fin y no es posible acudir ni tan siquiera a una denominación común que aproveche el marketing desplegado por la competencia. Llega, por tanto, el momento de los microprocesadores *Kx* (K5, K6, K7…) que más tarde se irán personalizando y adoptando otras nomenclaturas.

Dicen las malas lenguas que la denominación de los micros Kx, proviene de la letra inicial de la Kriptonita, el único elemento capaz de hacer estremecerse y doblegar al fabuloso héroe americano, al más potente. ¿Guardará Intel alguna relación con Superman? Este comentario ingenioso tiene poco sustento ya que el primer micro lanzado por AMD en esta nueva etapa no fue realmente el K5 sino el X5 (o 586) a 133 Mhz sobre un bus de 33 Mhz, que pasó completamente desapercibido ya que se trató, más bien, de un Am486 mejorado que de un nuevo diseño.

K5 Este micro, con 4,3 millones de transistores y fabricado con tecnología de 0,35 micras, es la respuesta al Pentium de Intel que si bien apareció con cierto retraso en el mercado, sirvió para iniciar lo que sería más tarde una saga dentro de la compañía de la flecha. Totalmente alejado del diseño de Intel, incluso en el zócalo ya que requería un socket 7, este primer diseño estaba recomendado sobre todo al entorno ofimático, no siendo aconsejado en entornos demasiado exigentes (en estos casos era preferible acudir al Pentium). El motivo estribaba en un coprocesador interno (MFU) de inferiores prestaciones al ofertado por su competencia directa de Intel. Esto influye de forma directa en las operaciones en coma flotante y se traduce en un peor rendimiento en juegos, programas de diseño... No obstante, su bajo precio (siempre tomando como referencia el micro análogo de Intel), hacía del K5 una opción a tener en cuenta y totalmente válida para entornos domésticos.

Optimizado para instrucciones de 16 y 32 bits y con cachés para instrucciones y datos de 16 Kb y 8 Kb respectivamente, se fabricó en una amplia gama de frecuencias que oscilaron desde los 75 Mhz hasta alcanzar los 166 Mhz. Es de destacar que en la gama más rápida de estos micros, es decir, los modelos de 120, 133 y 166 Mhz se configuraban a una velocidad inferior (90, 100 y 116,66 Mhz respectivamente) obteniendo los mismos resultados. Al nombre del micro y anteponiéndose a la frecuencia de trabajo, aparecían las letras PR, haciendo referencia a "Performance Rating" precisamente para indicar que los resultados del micro eran los indicados a pesar de trabajar a una frecuencia inferior.

<table>
<tr><th>Frecuencia del Micro (MHz)</th><th>Frecuencia del Bus (MHz)</th><th>Factor Multiplicador</th><th>Tecnología (μ)</th><th>Alimentación (V)</th></tr>
<tr><td>75</td><td>50</td><td rowspan="5">x1,5</td><td rowspan="6">0,35</td><td rowspan="3">3,52</td></tr>
<tr><td>90</td><td>60</td></tr>
<tr><td>100</td><td>66</td></tr>
<tr><td>90 (120)</td><td>60</td><td rowspan="3">3,52 en modelos BQ y de 2,93 y 3,3 para HQ</td></tr>
<tr><td>100 (133)</td><td rowspan="2">66</td></tr>
<tr><td>116,66 (166)</td><td>x1,75</td></tr>
</table>

Tabla 3–6 Gama de K5

Obsérvese que, por ejemplo, el modelo PR166, según las indicaciones de la tabla, funcionaría a $1,75 \cdot 66$ Mhz = 115,5 Mhz ≈ 116,66 Mhz. Para obtener su "PR", el factor multiplicador que era necesario configurar en la placa era de 2,5, resultando así que: $2,5 \cdot 66$ Mhz = 165 Mhz ≈ 166 Mhz.

K6

En 1997, con 8,8 millones de transistores y optimizado para ejecutar instrucciones tanto de 16 como 32 bits, aparece el segundo microprocesador de la saga de AMD que si bien aumenta en prestaciones, sigue manteniendo los mismos puntos débiles que su antecesor K5: una unidad de coma flotante muy mejorable. Llama la atención la inclusión de las extensiones multimedia desarrolladas por Intel (MMX) con las que AMD completa este micro (eso sí, previo pago de los cánones oportunos).

Este micro, con formato para socket 7, incorporaba una caché interna de 64 KB (32 KB para instrucciones y 32 KB para datos), dejando la caché externa en manos de la placa base y los resultados eran sorprendentes. A pesar de que se identificaba con la respuesta directa al Pentium MMX de Intel, lo cierto es que no sólo lo superaba sobradamente, sino que se aproximaba al rendimiento de un Pentium II. Esta potencia de proceso, unida a un precio siempre inferior que el de su competencia, volvían a situar a la compañía en una buena situación de mercado con un producto recomendable. No obstante, las aplicaciones con cálculos en coma flotante, seguían siendo parcela de los Pentium.

El espectro de frecuencias con las que trabajó este microprocesador fue desde los 166 Mhz hasta los 300 Mhz con un bus siempre de 66 Mhz que soportaba fácilmente los 100 Mhz (algo muy apreciado por los *overclockers).*

Frecuencia del Micro (MHz)	Frecuencia del Bus (MHz)	Factor Multiplicador	Tecnología (µ)	Alimentación (V)
166		x2,5		2,9
200		x3,0		2,9 / 2,2
233	66	x3,5	0,35	2,2 / 3,2 / 3,3
266		x4,0		
300		x4,5		2,2
300	100	x3,0		

Tabla 3–7 Gama de K6

K6-2 Ya en el 2000 aparece este micro, con 8,8 millones de transistores y también denominado K6-3D, que incorpora como novedad el desarrollo exclusivo de AMD de la tecnología 3DNow!, una variación sobre la tecnología MMX orientada a las tres dimensiones y con 21 instrucciones nuevas. Esto le permite no sólo paliar las deficiencias de cálculo de los micros anteriores sino, además potenciar todo el cálculo en coma flotante y conseguir la total eliminación de los períodos de inactividad del microprocesador. Sobra decir que sólo las aplicaciones diseñadas para 3DNow! consiguen obtener el rendimiento deseado.

Soportando un bus de hasta 100 Mhz, según la frecuencia del micro (que fue desde los 266 Mhz a los 333 Mhz) usaba dos sockets distintos: de tipo 7 para los micros con buses a 66 Mhz y Super 7 para los de 100 Mhz. La memoria caché interna era de 64 KB.

Figura 3–10 AMD K6-2

Como el lector puede observar, se han omitido las columnas relativas a tensión y μ, observándose, además una gran cantidad de modelos. Esto es debido a que esta etapa es una transición hacia el K6-III y durante la misma, se producen diversas versiones del K6-2, a saber: K6-2 *Chomper*, K6-2 *CXT* y K6-2+, micro este último que apareció en 1999. Además, algunos de estos modelos dispusieron de su propia versión para ordenadores portátiles.

Frecuencia del Micro (MHz)	Frecuencia del Bus (MHz)	Factor Multiplicador
266	100	x2,5
266	66	x4,0
300	100	x3,0
300	66	x4,5
333	95	x3,5
350	100	x3,5
366	66	x5,5
380	95	x4,0
400	100	x4,0
450	100	x4,5
475	95	x5,0
500	100	x5,0
533	133	x4,0
550	100	x5,5

Tabla 3–8 Gama de K6-2

K6-III Con 21,3 millones de transistores y sobre un socket Super7, se trata de un micro muy similar a su predecesor, el K6-2 pero, como diferencia notable, se introduce un nuevo nivel de memoria caché (*TriLevel Cache*). Así, en otros diseños la memoria se limitaba a dos niveles: la del micro (L1) y la de la placa base (L2). En el K6-III se introduce, dentro del propio microprocesador, una nueva memoria caché que, dado que está integrada en el propio circuito, trabaja a su misma frecuencia. Esta caché es de 256 Kb que se vienen a sumar a los 64 KB ya existentes de L1 (32 para datos y 32 para instrucciones) en el núcleo del propio micro. Por supuesto, en cuanto a la dependencia del tipo de placa usada y concretamente de su chipset, este valor se podrá incrementar hasta en 2 MB más. También sobre este micro hubo variaciones como la *Sharptooh* y la *P* todas incluidas en la tabla de la página siguiente en cuanto a frecuencia del micro, FSB y multiplicador.

Obviamente, las aplicaciones que requieran de muchos accesos, sacarán mejor rendimiento de este micro gracias a la utilización de la caché, quedando el resto de características relegadas (como ya ocurría en micros anteriores) a su uso por software específico (tecnologías *3DNow*! y MMX). Obsérvese que la numeración, a partir de este microprocesador, comienza a ser romana (es K6-III y no K6-3), justo al contrario de lo que hará Intel con su Pentium 4 (que no IV).

Frecuencia del Micro (MHz)	Frecuencia del Bus (MHz)	Factor Multiplicador
350	100	x3,5
366	66	x5,5
380	95	x4,0
400	100	x4,0
450		x4,5
475	95	x5,0
500	100	x5,0
550		x5,5
600		x6,0

Tabla 3–9 Gama de K6-III

Athlon Con 22 millones de transistores, se trata del micro que marca la diferencia con todo lo anterior. Con un diseño completamente nuevo, el Athlon, también denominado K7, presenta multitud de mejoras. Es de destacar que se soporta sobre el Slot A que, a simple vista, pudiera parecer un Slot 1 de los usados por Intel pero que es totalmente incompatible (dado que Intel no licitó a AMD para su uso). Esto hace que desaparezcan las placas donde cualquier micro era admitido y los fabricantes tengan que hacer diseños específicos para cada micro (obviamente a un mayor precio). Lo mismo ha ocurrido en la versión de socket A con respecto al socket 370.

En cuanto a memoria caché, incorpora 128 KB de primer nivel, 256 ó 512 KB de segundo nivel (según modelos), además de la que la propia placa base pueda suministrar. La frecuencia de trabajo del bus es de 200 y 266 Mhz, si bien realmente se corresponde con la mitad (100 Mhz y 133 Mhz respectivamente) dado que se aprovechan dos flancos por pulso de reloj. Por supuesto se continúa con la tecnología *3DNow!*

Las variaciones que ha habido de este micro y en 32 bits han sido los populares Athlon XP y Athlon MP, que aparecieron con posterioridad al siguiente micro tratado (AMD Duron). Estos micros han usado diferentes núcleos que se han correspondido con diferentes modelos y diferentes rangos de frecuencia, a saber:

MICRO	RANGO DE FRECUENCIAS (Mhz)
Athlon Professional-C	500 - 700
Athlon Professional-A	500 - 1000
Athlon ThunderBird	650 - 1400
Athlon C	1000 - 1400
Athlon XP (núcleo Palomino)	1500 - 2100
Athlon XP (núcleo Thoroughbred)	1600 - 2800
Athlon XP (núcleo Barton)	2500 - 3200

Tabla 3–10 Resumen de la gama de K7 (Athlon)

Duron Está considerado por algunos como un Athlon con una caché de segundo nivel (L2) de 64 KB. De cualquier modo no hay duda de su procedencia tecnológica como evolución del Athlon. El núcleo fue, inicialmente, *ThunderBird* para después pasar a ser Palomino-Morgan.

Este producto de AMD surge con la idea clara de introducirse en la informática doméstica y cotidiana más que en las grandes máquinas para proceso de datos y servidores. Esto lo consigue relativamente ya que es un micro que pasa de forma discreta eclipsado, probablemente, por otros micros más llamativos de la propia compañía, a pesar de una innovadora arquitectura. Por otro lado, Microsoft, líder indiscutible de software, optimizó en Windows XP la interfaz DirectX 8.0 para micros AMD así como otra serie de aplicaciones encaminadas a aprovechar la potencia que el *3DNow!* confiere a estos micros.

Opteron Con el nombre clave de SledgeHammer y precedido de las versiones DT y DP que no llegaron a comercializarse, este micro apuesta de un modo claro por los 8 octetos, ofreciendo excelentes prestaciones también en 32 bits. Con un encapsulado de 940 pines, llama la atención en este micro su controlador de memoria DDR integrado que aumenta el ancho de banda de comunicación con los módulos hasta alcanzar los 5,3 Gbps en el caso de memoria PC2700.

Las comparativas directas de este micro con respecto a los más significativos de la competencia (Pentium 4, Xeon e Itanium), le sitúan como líder dentro de esta gama en las frecuencias de 1400, 1600, 1800, 2000, 2200 y 2400 Mhz, siempre con una memoria caché de segundo nivel L2 de 1 MB.

Athlon 64/FX Dentro de la evolución de la compañía y sus productos, el microprocesador Athlon también hace lo propio dando *el salto* a los 64 bits. Esto lo hace en los modelos Athlon 64, tanto para sobremesa como para portátiles (Mobile) y en el Athlon 64 FX. Los sockets usados son de 754/939, 754 y 940 pines para los modelos Athlon 64, Athlon 64 Mobile y Athlon 64 FX respectivamente.

Ambos modelos cuentan con una caché generosa de 128 KB en el caso de la de primer nivel (L1), repartidos equitativamente para datos e instrucciones y 1 MB de segundo nivel (L2). También mantiene en común una tecnología de fabricación de 0,13 micrones y unos 105,9 millones de transistores necesarios para su implementación.

3.5.1. Novedades AMD: Sempron

Se trata de la última a puesta de AMD en el momento de escribir estas líneas (consideración obligada si se tiene en cuenta el dinamismo del sector). Este micro, con 128 KB de memoria caché de primer nivel (L1) y 256 KB de segundo nivel (L2), se ha diseñado en un formato para equipos de sobremesa y otro para móviles, con un menor consumo. Observando las características aportadas por el fabricante, todo parece indicar que este sustituto del modelo Duron tiene la intención de rivalizar directamente con los Celeron de Intel.

El nacimiento de este micro viene pactado con "la nueva HP" (Hewlett Packard y Compaq), Lenovo Group que lo incluirán en sus modelos HP Pavilion, Compaq Presario y toda la gama de Lenovo. Otros fabricantes como Asus, Acer o Twiinhead también apuestan por este micro. Queda, además, un sector importante que se definirá según los resultados observados: el gran sector del equipo clónico.

Este nuevo microprocesador, con formato para socket A, socket 754 y un previsible socket 939 para el año 2005, abarca en su versión de sobremesa velocidades que oscilan desde los 2,2 Ghz hasta los 3,1 Ghz en los modelos denominados 2200+, 2300+, 2400+, 2500+, 2600+, 2800+ y 3100+. Sólo el 3100+ usa el socket 754, mientras que el resto tiene conexión para socket A. En cuanto a la versión móvil del micro, las frecuencias van desde los 2,6 Ghz hasta los 3 Ghz en los modelos 2600+, 2800+ y 3000+. Para máquinas móviles se usarán los modelos 2600+ y 2800+.

Aún hay cierta incertidumbre en cuanto a con cuántos bits trabajará. Así, se sabe ya que el núcleo es de 64 bits pero parece que la compañía no activará estas capacidades y mantendrá un proceso a 32 bits. De cualquier modo esta postura parece que no debiera durar demasiado dada la tendencia a los micros de los 8 bytes. Quizás sea la propia competencia quien tome este tipo de decisión.

3.6. OTRAS CUESTIONES DE CARÁCTER GENERAL

Vistos todos los aspectos más específicos de los microprocesadores y, de forma más concreta, de las compañías Intel y AMD, llega el momento de las generalidades. Así, si bien parece que el paso del tiempo cada vez separa más ambas líneas empresariales (que no de proceso), hubo un tiempo en el que había muchos aspectos en común, dándose el caso de usar la misma placa base para micros Intel o AMD con la simple especificación indicada por un jumper.

Aun así y a pesar de que las rivalidades entre compañías se traduzcan en inconvenientes para el usuario (que cada vez debe ser más específico a la hora de comprar ya que muchos componentes dependen de una simple elección "de marca"), hay aspectos comunes que no pueden obviarse. Entre éstos se podrían citar la temperatura, multiproceso, sistemas de overclocking y otros. Éstos aspectos van tomando un especial interés de unos años a esta parte, dado el auge que los moddings han experimentado. Estos sistemas son personalizaciones de las máquinas ("customizaciones") que diferencian ordenadores convencionales de otros de diseño específico y único. Sólo el conocimiento del comportamiento de los micros puede llevar a un aprovechamiento real de la máquina. Éstos son los aspectos tratados en los puntos siguientes y para los que siempre se recomienda actuar con cierta precaución.

3.6.1. Más de un micro en la misma placa

Es habitual para los servidores usar placas donde dos microprocesadores trabajan en paralelo. Se trata de casos especiales donde, en lugar de una CPU, se usan dos o más. Hay fundamentalmente dos tipos de arquitecturas para el multiproceso:

Tightly Coupled La *asociación estrecha*, según la traducción literal, define que los microprocesadores comparten tanto la memoria principal de la máquina como los periféricos. Pueden generar problemas de conflicto como resultado del uso compartido de la memoria (los micros competirán por el control de la memoria).

Loosely Coupled En la *asociación flexible*, son los procesadores sin relación, ya que cada micro dispone de su propia memoria y esto permite que el bus del sistema esté menos transitado (aunque la cantidad de memoria necesaria es considerablemente mayor).

Habitualmente –y para estructuras de un solo microprocesador– se usa la arquitectura "Pipeline". Esta técnica permite que, mientras se está decodificando una instrucción, otra, en paralelo, se está ejecutando. Esto consigue que en un solo ciclo de reloj se realicen dos instrucciones.

3.6.2. El "overclocking"

"Overclocking" es el término que se aplica al hecho de incrementar la velocidad del procesador por encima de la que ha sido diseñado, con el objeto de aumentar la velocidad del sistema sin añadir nuevos componentes. Este sistema se ha usado por distribuidores poco profesionales dando, en su día, lugar a un escándalo provocado por la falsificación de micros: se serigrafiaban con una velocidad superior y se vendían como microprocesadores de más frecuencia.

Inicialmente todos los micros se pueden "trucar", aunque algunos aguantan mejor que otros el "overclocking". Así, los 386 y 486 de Intel y AMD aguantaban grandes incrementos de frecuencia. Igualmente ocurría con los 486 de Cyrix. Los MOTOROLA 680x0 eran menos adecuados, ya que el "overclocking" requiere un subsistema de memoria fiable por parte del microprocesador y, por ejemplo, el MOTOROLA 68040 no dispone de memoria caché de segundo nivel, lo que los hace desaconsejables para esta técnica.

En el proceso de fabricación de microprocesadores, éstos se prueban, inicialmente, a la velocidad para la cual han sido diseñados. Si la respuesta no es correcta, se repite el proceso a velocidades inferiores. Puede darse el caso de que un microprocesador diseñado para trabajar, por ejemplo, a 100 MHz, no consiga funcionar correctamente a esa velocidad pero sí a 75 MHz. Esto no implica que el micro sea defectuoso, ya que se garantiza el correcto funcionamiento a una frecuencia determinada y, por supuesto, su precio de venta está conforme a dicha velocidad. Ahora bien, las condiciones de laboratorio no coinciden con las habituales de trabajo. Supóngase el caso de un microprocesador que, en pruebas de laboratorio, se le desestime como 100 MHz por aumentar su temperatura de forma ligera a la media. Si este microprocesador se comercializa como de frecuencia inferior y se le dota de un buen ventilador-disipador, será posible alcanzar un mayor rendimiento del mismo.

Figura 3–11 Disipadores-ventiladores

Existe la falsa creencia de que un disipador grande genera mucho ruido. Todo lo contrario: un disipador de "generosas" dimensiones consigue evacuar más cantidad de aire caliente en menos tiempo, lo que supone una disminución de las revoluciones por unidad de tiempo.

El "overclocking" se puede realizar de tres maneras diferentes según el PC: a través de la BIOS, cambiando el cristal de cuarzo o puenteando apropiadamente la placa.

En el caso del cambio de velocidad por BIOS, el SETUP de la placa base debe contemplar esta opción. Por lo general se puede establecer una frecuencia de base y un factor multiplicador donde, el producto de ambos datos dará como resultado la frecuencia del micro. En este caso cambiar de velocidad se reduce a variar estos datos en la BIOS del PC de un modo rápido y sencillo, lo que hace más difundida su práctica.

El segundo de los casos se da cuando la placa base no permite cambiar la frecuencia de trabajo del micro. En éstas, de forma habitual, el microprocesador se encuentra soldado. Se puede identificar rápidamente por su forma plateada y su serigrafía. En función de la frecuencia del micro, vendrá con un valor u otro (se recomienda ver el apartado "*El Oscilador*", donde se especifica qué frecuencias corresponden a qué micros). Esta operación requerirá, probablemente, el uso del soldador, aunque ésta es una tarea no recomendable salvo para los muy experimentados.

El tercero de los casos se da sobre todo en placas base donde se permite la instalación de varios tipos de microprocesadores. Aquí bastará con seguir las instrucciones detalladas en el manual de la placa base y configurar la velocidad de un microprocesador superior.

Existen algunas teorías que contemplan a escala atómica las consecuencias del incremento de frecuencia y aseguran que se produce una degradación progresiva del microprocesador. Aunque sin realizar ningún tipo de recomendación, lo cierto es que, bajo el prisma de la experiencia, no suele haber problemas (a título personal, jamás he encontrado ningún fallo irreversible). No obstante, los antiguos “overdrive” podrían dañarse –teóricamente– si se les fuerza.

Esta práctica, poco documentada de un modo científico, recibe el nombre de *electromigración*, y consiste en la erosión de las pistas debido al aumento de frecuencia. Si bien esto es cierto, y produce un deterioro, este problema se dilata tanto en el tiempo que probablemente el microprocesador deje de tener vigencia muchos años antes de que el problema se quiera manifestar, motivo este por el que esta consecuencia no es tomada en demasiada consideración.

No todos los micros responden igual, por lo que no se puede establecer una generalidad. Ahora bien, el resto de los componentes del ordenador sí que guardarán una dependencia con el incremento de velocidad. Si una vez modificados los parámetros de funcionamiento del micro el ordenador no arranca, se podrá probar, siempre y cuando la BIOS lo permita, a añadir estados de espera o bajar la velocidad.

Estos sistemas de obtener un mayor rendimiento no son ni mucho menos novedosos. Así y ya en su tiempo, las tarjetas aceleradoras también llamadas ICE (“In Circuit Emulator”) eran unas placas destinadas a aumentar la velocidad del PC mediante su inserción en una ranura. Obviamente, en la actualidad ya no se usan aunque son una referencia significativa y curiosa. Entre las más conocidas estaban las INBOARD de Intel. Así se podían encontrar tarjetas ICE 386 a 16 MHz. Lo único que incorporaban era un reloj más rápido para aumentar la velocidad del micro, pero no cambiaban los chips de DMA, lo que limitaba su potencia.

Por otro lado, la aparición de micros remarcados fraudulentamente ha sido una tónica de trabajo para muchos distribuidores poco serios. Intel ha intentado atajar el problema, normalmente con cambios de formatos, pero, en mayor o menor medida, todos son susceptibles de falsificación. Así, para los PENTIUM MMX (con los que este mal hábito tuvo su culmen) se usó un formato denominado PPG (“Plastic Pin Graid”), basado en un soporte de plástico, más difícil de serigrafiar sin perder el brillo característico y garantizando, al menos, una seguridad dentro del modelo, ya que no existen micros anteriores con este tipo de formato. En los microprocesadores cerámicos, dado que se rebaja el micro para poder borrar la serigrafía e inscribir la nueva (los caracteres aparecen “hundidos” por el marcado láser), se pueden apreciar diferencias de espesor. Así, un micro original P54C tiene un espesor de 2,8 mm y, si se remarca, no llegará a 2,6 mm. Hay quien usa barnices para recuperar el espesor, pero en estos casos se puede llegar a superar los 3 mm. En el caso de los PENTIUM II y III dado su formato físico, es más fácil "trucarlos" ya que en la mayor parte de los modelos, el sistema de identificación es una simple serigrafía. Micros posteriores (Pentium 4, Prescott) vuelven al clásico formato de identificación impresa.

3.6.3. La temperatura en los micros

El "overclocking" no produce generalmente ningún daño. La única consecuencia directa es el sobrecalentamiento que se soluciona mediante el uso de un ventilador/disipador. En la actualidad, todas las placas incluyen sistemas de alimentación a ventiladores auxiliares que aparecen serigrafiados como CPU FAN. En los casos en los que se fuerce a trabajar al micro a una mayor frecuencia (y realmente en el resto también) suele ser recomendable usar pasta térmica entre el microprocesador y el disipador ya que, además de favorecer la conductividad térmica, también se consigue eliminar zonas de no-contacto entre el disipador y el microprocesador, que se traducen en áreas de elevadas temperaturas y, por tanto, en inestabilidad en los semiconductores que se manifiesta en forma de "cuelgues".

En España no es raro alcanzar –según la posición geográfica– temperaturas ambiente de 40 ºC en los meses estivales. Simplemente estas condiciones ambientales, representan un duro reto para el PC.

Es bastante común que las BIOS de las placas actuales aporten información en tiempo real al usuario sobre la temperatura del microprocesador y las revoluciones del ventilador-disipador. El primer dato –la temperatura– es fácil de obtener: se usa un componente denominado NTC que no es nada más que una resistencia que varía ante los cambios de temperatura. Estos cambios de resistencia se traducen en cambios de corriente que la BIOS interpreta a grados (normalmente Fahrenheit[36] con traslación a Centígrados o Celsius). Esta NTC suele ir acoplada en la base del socket (en contacto con la "panza" del microprocesador) o aérea para insertar entre el microprocesador y el disipador. En cuanto a las revoluciones, se realiza mediante un detector que informa a la BIOS de la velocidad de giro de ventilador. Si se observa en detalle, los disipadores-ventiladores actuales disponen de tres cables: rojo, amarillo y negro. El rojo y el negro son los encargados de la alimentación, mientras que el amarillo lo es de informar de la velocidad de giro. La eliminación de este último cable, por tanto, no supondría ningún problema funcional para el correcto funcionamiento del ventilador.

---

[36] Recuérdese que la relación existente entre grados Fahrenheit y Celsius o Centígrados responde a: $T_{CELSIUS} = \frac{5}{9}(T_{FAHRENHEIT} - 32)$.

Figura 3–12 Detalle de un ventilador

Este control se obtiene a partir de una electrónica interna al disipador mediante tecnología SMD integrada dentro del mismo. En la figura se aprecia la placa de circuito impreso con la conexión de los tres cables y los componentes citados.

Hace años que se oye hablar sobre un cambio en los microprocesadores de cara optimizar su disipación de calor (motivo base para incrementar su frecuencia a través del overclocking). Esto permitiría, además de un aumento de rendimiento, un overcloking "controlado" en cierto modo. En esta línea de investigación se apuesta por la síntesis de materiales a alta presión desplazando a los semiconductores habituales. Concretamente se habla del diamante (¡sí!). Este material tiene unas propiedades increíbles en cuanto a conductividad térmica (literalmente, no se calienta). No obstante, y a pesar de lo novedoso e interesante de la idea, aún no está del todo claro (o al menos no ha transcendido) el cómo conseguir que el diamante actúe con las propiedades específicas de un semiconductor, ya que si se transforma, no será un diamante, sino un semiconductor con las características propias de los mismos.

Puede parecer a primera vista que un disipador de micro no es un elemento esencial. Nada más lejos de la realidad: un gran porcentaje de las averías que se manifiestan cuando el PC lleva un rato encendido son debidas a disipadores averiados que no refrigeran. Así, cuando los componentes se calientan, comienzan a fallar.

De un tiempo a esta parte se viene observando que algunos fabricantes ponen en práctica en los PCs de carácter "doméstico" algo que se lleva usando hace más de tres décadas en equipos de alto nivel: la refrigeración por agua o aceites. Aunque pueda resultar novedoso, realmente no se trata de nada nuevo: una pequeña cantidad de agua (u otro fluido dedicado a tal fin) está en movimiento mediante una pequeña bomba en un circuito cerrado. Esta agua pasa por el microprocesador donde se calienta mediante un intercambiador de calor y va a parar a un pequeño radiador (como el de los coches) donde es enfriada mediante la aplicación de aire por parte de una serie de ventiladores. Este sistema de refrigeración es superior en 10 veces a cualquier otro sistema de alivio térmico convencional (que hasta ahora han sido ventiladores-disipadores).

Si tiene que ensamblar un PC, es recomendable que asegure la conexión de los cables mediante bridas al chasis de la caja, generando el espacio requerido para la ventilación. En este sentido algunos fabricantes promocionan cables que, en lugar de suministrarse extendidos (hasta 80 hilos en paralelos), se agrupan en un conjunto circular (denominadas "fajas aerodinámicas") asegurando la mínima resistencia al aire.

Sólo un par de notas más al respecto de la temperatura: los disipadores y la evacuación de calor. Existe la creencia popular de que los disipadores sobre los que se instalan los ventiladores, deben ser de aluminio. Si bien es cierto que el aluminio ofrece unas excelentes cualidades termoconductivas, el cobre las supera[37]. Ahora bien, el precio también aumenta de forma notable. Habrá que buscar una solución de compromiso entre prestaciones-precio (como siempre) pero, siempre que se pueda, se recomienda este último material. Por otro lado, de nada sirve el disponer de potentes ventiladores y disipadores si no existe un sistema de evacuación del aire caliente. Esta solución viene con la instalación de ventiladores que evacuen el aire caliente del PC al exterior. En caso de no disponer de esta salida térmica, se produciría –salvando las distancias del símil– algo parecido al efecto invernadero.

3.7. FABRICANTES DESTACADOS

AMD	www.amd.com	Intel	www.intel.com
Apple	www.apple.com	Motorola	www.mot.com
Cyrix	www.cyrix.com	Texas Instruments	www.ti.com

[37] Y más aún la plata, pero este material suele resultar caro para aplicaciones microinformáticas.

CAPÍTULO 4

MEMORIZANDO DATOS

Quizás lo que al neófito en la materia debiera llamar en primer lugar la atención, sería el término de memoria. Algo tan biológico como la memoria, si es susceptible de ser asociado a un componente, debe ser por una razón de peso. Y realmente es así. La memoria del PC, al igual que la nuestra, comparten una finalidad: almacenar de modo temporal datos. Poco a poco las memorias electrónicas han ido separándose de ese primer diseño inicial para ir ofreciendo más prestaciones y funciones. De este modo, las primeras memorias eran realizadas en telares donde se hacía incidir por un anillo de grafito una serie de hilos cuya función era la de escribir o borrar datos aprovechando el ciclo de histéresis (objeto fuera de las pretensiones de este libro, pero sirva únicamente el comentario de que éste es el famoso *efecto memoria* que presentan las baterías de determinados instrumentos electrónicos, como es el caso de los teléfonos móviles).

Hoy día una configuración "generosa" en memoria es imprescindible con los sistemas operativos bajo entornos gráficos. Lejos quedan los tiempos donde se usaban KB para referenciar la memoria. Existe un párrafo, cuando menos curioso, de Peter Norton en su libro *Inside the IBM PC*, de 1983, donde habla de los PC XT de IBM de la siguiente forma: *"IBM ha equipado a sus ordenadores PC XT con lo mínimo que se considera necesario para un ordenador personal serio. Disponer de 10 MB de disco duro y 128 KB de memoria (¡un octavo de MB!) es lo propio para una máquina profesional"*. No muy lejano quedaba Bill Gates al vaticinar dos años antes que *"640 KB debería ser suficiente para cualquiera"*. Sí, lejos quedan estos tiempos. La realidad actual es que la mayor parte de los ordenadores disponen de una capacidad de memoria superior a la que tenían algunos discos duros de hace una década y hablar de 1 GB de memoria ya no es algo descabellado ni aun en entornos ofimáticos.

La aparición de los nuevos entornos gráficos ha potenciado la necesidad de la memoria tanto en capacidad como en velocidad. En este capítulo el lector encontrará todo aquello que es imprescindible conocer sobre este componente.

4.1. MEMORIA

Se trata de uno de los componentes principales del PC. Su función es la de almacenar datos e instrucciones de forma temporal, y de ahí la razón de su nombre con la analogía biológica. Piénsese que un PC puede tener almacenados muchos programas en su disco duro, pero sólo uno es el que se ejecuta en un momento determinado –salvando consideraciones como el multiproceso o la multitarea–. Ese programa en ejecución está en la memoria del sistema.

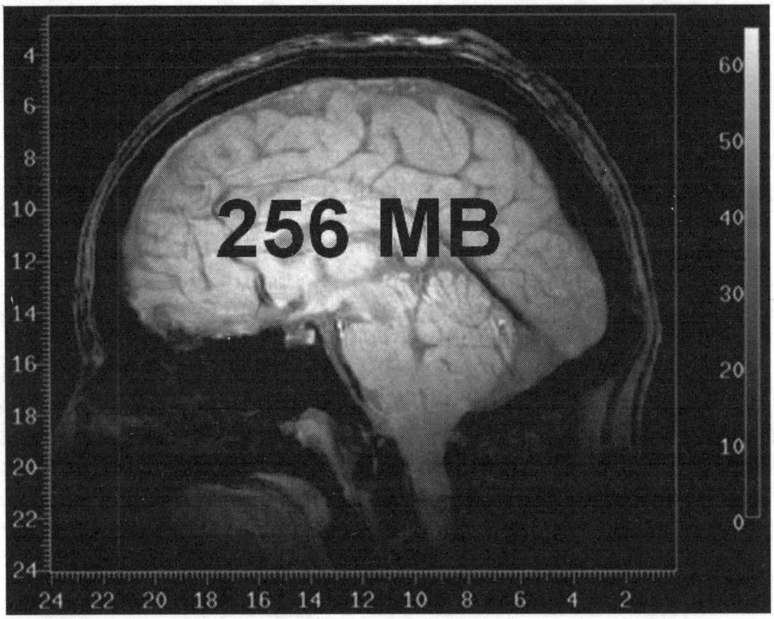

Figura 4–1 Memoria

El cálculo de la memoria precisa para un PC es complejo, ya que dependerá de la función que se desee dar al mismo. Así no existirán los mismos requerimientos para pequeñas aplicaciones en DOS que para complejos entornos gráficos de diseño. Lo cierto es que un exceso de memoria rara vez es perjudicial[38] y, en su defecto, aparecen de forma inevitable problemas (ralentización del sistema, errores de memoria...). Hay muchas aplicaciones que exigen un mínimo de memoria para su correcto funcionamiento y una mala elección del tipo de memoria o un módulo en mal estado puede provocar serios problemas en la máquina.

Por otro lado, es preciso desterrar el error de muchos usuarios al confundir la memoria RAM con el disco duro. Si bien ambos son dispositivos de almacenamiento y, lógicamente usan las mismas unidades para definir su capacidad, hay una

[38] En algunos chipset®, por encima de los 64 MB no se direcciona la memoria caché. Aun así, habría que realizar una estadística comparando este caso con otro PC que, direccionando caché, tenga menos memoria principal.

característica (además de otras miles de ellas) que los distingue funcionalmente: el disco duro mantiene los datos aun con el PC apagado gracias a un sistema de almacenamiento magnético, mientras que la memoria los pierde dada su "volatilidad". Por otro lado, dado que la memoria alberga los programas en ejecución, ésta deberá ser muy rápida. En comparación con el disco duro, el tiempo de acceso a la memoria se mide en nanosegundos (10^{-9} segundos o milmillonésimas de segundo), mientras que en los discos duros es en millonésimas de segundo (10^{-6}).

Son muchas las diferencias que en cuanto a la memoria se podrían hacer: formato, número de bits de acceso, velocidad... Esto ha obligado a referenciar conceptos que se explican en los siguientes apartados, lo que puede provocar que el lector tenga que volver a leer este capítulo para hacerse con una idea clara del concepto. Sirva este párrafo como disculpas del autor, ya que no es posible presentar cronologías paralelas de conceptos que evolucionan independientemente.

4.2. RAM Y ROM: DOS TIPOS DE PERMANENCIA DE DATOS

Un PC dispone principalmente de dos tipos de memoria: ROM y RAM. La diferencia evidente entre ellas es que la primera es de sólo lectura, es decir, no se puede borrar ni escribir (inicialmente) y la segunda permite su uso completo al usuario, con el matiz de la volatilidad o lo que es lo mismo, la pérdida de datos ante la falta de suministro eléctrico.

Como resulta evidente, la ROM no se puede modificar en sí misma, sino que es preciso sustituirla en caso necesario. La RAM, de forma genérica, será el tipo de memoria más usado, ya no sólo como memoria principal del sistema sino como complemento al vídeo, búferes de diferentes dispositivos, etc. En función de la tarea que realice, tendrá unas características concretas y un formato específico. Diferentes usos, tecnologías, clasificaciones y formatos de suministro se detallarán en este capítulo.

4.2.1. Memoria ROM

"Read Only Memory" o Memoria de sólo lectura. Las ROM pueden ser más lentas o muchísimo más rápidas que las RAM; en general, en microcontroladores no tienen problemas de velocidad (son circuitería de tipo pasivo). Se trata de una memoria de sólo lectura implementada por el fabricante para uso del PC. Va en base y no debe ser cambiada normalmente. Entre otras cosas, contiene rutinas del sistema BIOS ("BASIC Input Output System") que, en determinadas aplicaciones, reciben el nombre de FIRMWARE. Existen tres variaciones básicas sobre esta memoria: PROM, EPROM y EEPROM.

4.2.2. Memoria PROM

"Programmable ROM". Se trata de un chip ROM "en blanco", sin ningún contenido que permita su escritura o grabado. Sólo se puede escribir una única vez. Podría compararse con un disco de CD-R que admite una escritura y múltiples lecturas. Físicamente el proceso de escritura lleva asociado una tarea destructiva que impide la nueva escritura del integrado.

4.2.3. Memoria EPROM

"Erasable Programmable ROM". Es similar en funcionalidad a la PROM, pero puede ser reescrita. El proceso de borrado consiste en la aplicación de luz ultravioleta en una ventana que el chip habilita en su zona superior. Una vez aplicada dicha luz durante un determinado intervalo de tiempo, la EPROM está dispuesta para ser reescrita nuevamente.

El proceso de grabación se basa en almacenar una carga electroestática en transistores MOS-FET; la luz ultravioleta provoca una alteración en todo el sustrato haciéndolo "conductor" y provocando la descarga de la electricidad estática almacenada. Esto provoca una degradación en el chip, garantizado generalmente por el fabricante 10 ciclos de grabado.

Hoy día existen EPROM que admiten hasta 100 ciclos, siendo inversamente proporcional las veces de grabación con la frecuencia máxima de trabajo.

Existen ya en el mercado muchos microcontroladores y DSPs que incluyen memoria de programa, lo que sería la PROM en OTPs ("On Time Programable"), que incorporan memorias denominadas FLASH (Z-Flash, V-Flash, etc.). Este tipo de memorias se comportan como EPROM, sin necesidad de borrado previo, sino que se reescriben nuevamente "machacando" la escritura anterior. Aunque aún están limitadas en velocidad de trabajo, existen dispositivos que funcionan a más de 60 MHz (especialmente DSPs con set de instrucciones de tipo RISC). Sus ventajas principales son dos: son regrabables indefinidas veces y, muy importante, puede hacerse esto con el chip montado (soldado) en el circuito impreso (a través de puertos de acceso especiales, como el JTAG de TEXAS INSTRUMENTS). Los principales fabricantes de microcontroladores con Flash son: HITACHI, TEXAS INSTRUMENTS, MOTOROLA y NATIONAL. Los microcontroladores con Flash son más caros.

4.2.4. Memoria EEPROM

"Electrically Erasable Programmable ROM". Es la popularmente conocida como "Flash BIOS". De prestaciones idénticas a la EPROM, elimina el molesto proceso de borrado y lo sustituye por un control por software. Esto permite, en el caso de las BIOS, que el usuario pueda actualizar la misma con las mejoras que se implementen por software. La EEPROM se implementa también módulos DIMM (explicados en este capítulo) como dispositivo SPD ("Serial Presence Detect"), manteniendo información relativa al módulo como es el tamaño, velocidad, número de filas y columnas. Esta información es usada por la BIOS para optimizar el modo de acceso a la memoria y es grabada por el fabricante.

4.2.5. Memoria RAM

"Random Access Memory". Es la memoria de acceso aleatorio. Se trata de una memoria extremadamente rápida que está a disposición del usuario. Tiene la característica de ser de lectura y escritura además de volátil (cuando desaparece el fluido eléctrico del PC, esta memoria se descarga). En función de cómo son capaces de mantener los datos el usuario podrá encontrar memorias estáticas SRAM ("Static RAM") o dinámicas DRAM ("Dinamic RAM").

Las denominadas estáticas o SRAM (Static RAM) que mantienen sus datos sin ninguna otra aportación que la carga de datos inicial y el fluido eléctrico, naturalmente. Otro tipo, las memorias dinámicas o DRAM (Dinamic RAM) precisan que se les "recuerde" el valor que se desea almacenar. Según el tipo de memoria estos "recuerdos", llamados refrescos o "refreshing", se realizarán con menor o mayor frecuencia.

4.2.6. La RAM Estática

En RAM estática cada bit se representa mediante un circuito capaz de adoptar dos estados estables diferentes. Así, un estado corresponderá al 0 y otro al 1. Estos circuitos (biestables en definitiva) se implementan de forma real con cuatro transistores MOS-FET (para máxima densidad) o con seis (para obtener la máxima velocidad con el mínimo consumo). La memoria estática se encuentra bajo diferentes formatos. De forma habitual usan un pin para la línea de direcciones y el resto de los pines se quedan disponibles para el manejo de datos.

Aunque mucho más rápida que la RAM dinámica, la SRAM resulta también mucho más cara y se usa sobre todo para implementar memoria caché. Existen diferentes tipos de SRAM: síncrona, asíncrona, Pipeline Burst SRAM... todas ellas son tratadas ampliamente en el apartado "*Memoria en cuanto a la tecnología empleada*" de este capítulo.

4.2.7. La RAM Dinámica

En el caso de la memoria dinámica, cada bit se representa mediante la carga almacenada en un condensador que está acompañado de un transistor dedicado a la lectura de la celda. Cada celda en memoria DRAM ocupa superficialmente un cuarto de lo que ocupa la SRAM, siendo en definitiva la superficie el costo de la memoria (esta densidad de almacenamiento la hace idónea para sistemas cada vez más miniaturizados). Las celdas de la DRAM se organizan a través de filas y columnas formando matrices, donde es necesario especificar ambos parámetros para acceder a un punto determinado de la memoria. Por constitución física, los condensadores (capacidad parásita de los transistores MOS-FET que se utilizan) no mantienen su carga de forma permanente, sino que la van perdiendo con el paso del tiempo[39]. Por esta razón es necesario "recordar" a la memoria su propio contenido mediante refrescos periódicos, también llamados "refreshing", donde se lee la información y se vuelve a reescribir. Este proceso es automático siempre que se accede a una fila. Una vez seleccionada, el tiempo que se tarda en copiar los datos nuevamente a las celdas se conoce como "tiempo de precarga". Dado que el tiempo usado por las filas es diferente al de las columnas se pueden compartir los mismos pines, consiguiendo así la fabricación de módulos más pequeños y económicos, a costa de distribuir las señales, a veces, en tiempos críticos. La integridad de dichas señales de control será uno de los parámetros decisivos para evaluar la calidad de un tipo de memoria.

Las RAM dinámicas se basan en que los transistores MOS-FET tienen una capacidad parásita que les hace mantener su estado (corte o saturación) durante un breve espacio de tiempo antes de descargarse (intervalo comprendido entre µs y ns).

El refresco de la memoria consume recursos del microprocesador (aunque el DMA alivie esta tarea). Dependiendo del tipo de máquina por cada ciclo de refresco se realizaban varios de microprocesador llegando a consumir hasta un 10% del tiempo total de uso del micro. En su momento, los módulos DIMM en trabajo con los PENTIUM II y III reducieron este tiempo hasta un 1%.

4.2.8. El Controlador de Memoria

Todas las placas bases cuentan con el denominado controlador de memoria. Su misión es la de generar las señales de control precisas para leer y/o escribir desde/hacia la memoria, además de realizar las veces de interfaz entre la memoria y el resto del sistema. De forma habitual, el controlador de memoria se encuentra implementado en el chipset de la placa base, formando parte del conjunto de elementos que definen la potencia del PC.

[39] Para los no iniciados en la Electrónica, un condensador se puede asemejar en funcionamiento a la batería de un coche: es capaz de almacenar una carga eléctrica que va perdiendo con el tiempo. Obviamente, en el caso que nos ocupa, tanto la capacidad de carga como el tiempo disminuye de forma notable. Existen varios tipos de condensadores y se pueden observar fácilmente en la fuente de alimentación y en la placa base (aunque con propósito e implementación diferente al de la memoria).

Puesto que la memoria y la placa no "conocen" entre sí sus tiempos de respuesta y propagación, el controlador de memoria se encarga también de sincronizarlos a través de los estados de espera o *wait states* (W/S). Éstos son períodos de inactividad encargados de obtener una adecuación de frecuencia entre los diferentes componentes que integran la comunicación con la memoria.

4.3. FORMATO FÍSICO DE LOS MÓDULOS

La rigidez excesiva de los chips, junto a su poca capacidad y dificultad de manejo, ha hecho que se diseñen otros métodos de trabajar con memoria. Como se expone a continuación, ha habido varias tendencias, desde la inserción de pines (módulos SIP) hasta la inserción de chips (DIP). Al final se ha impuesto el formato en el que sobre una placa de fibra de vidrio o baquelita, se insertan los chips precisos y se comunican mediante un circuito impreso, totalmente transparente al usuario. Las diferentes posibilidades se atienen a los formatos enumerados a continuación.

4.3.1. Módulo DUAL INLINE PACKAGE (DIP)

Son integrados de distintos tamaños, generalmente encapsulados en plásticos y cerámica. Se trata del modelo más antiguo y se instalaba directamente sobre zócalos o soldados. Existen tarjetas formadas por agrupaciones de este tipo de memoria que se suministran como elementos de ampliación. Por supuesto, la ampliación de la memoria de un PC en ausencia de bancos implicaba el uso del soldador y, si el chip daba problemas había que volver marcha atrás. Estos DIPs son los que componen los módulos actuales, tal y como se detalla en este capítulo (SIP, SIMM y DIMM).

Cuando se usaban estos chips, se hizo popular el término de "chip creep". Dado que era preciso soldar gran cantidad de DIPs para conformar una memoria aceptable, éstos ocupaban una parte importante de la placa. Como consecuencia de la temperatura de uso, las múltiples contracciones y dilataciones acababan por dañar el chip y sus soldaduras, dando lugar a averías. Eso se conocía como "chip creep". Este problema se solucionó en gran medida adoptando zócalos donde insertar la memoria.

Los integrados se pueden catalogar basándose en la tecnología empleada, nivel de integración y más parámetros estudiados en el inicio del libro, dentro de los diferentes capítulos dedicados a la *Electrónica Digital*. En este punto se pretenden ver bajo el prisma de formato físico de integración, es decir, cómo son "por fuera". Según esta clasificación, se atiende a dos formatos principales, descritos a continuación:

SOJ El nombre de este formato (Small Out-Line J-Lead) proviene de la forma adoptada por sus pines, formando una "J". Esta disposición favorece la soldadura en placas de circuito impreso –ya sea fibra de vidrio o baquelita– mediante procesos industriales. Entre estos sistemas de soldadura destaca el denominado "soldadura por ola" que hace pasar la placa de circuito impreso y el componente por estaño fundido. Éste sólo permanecerá en aquellas superficies que previamente han sido preparadas para facilitar la adherencia del estaño y que muestran el cobre "limpio", es decir, sin protecciones de ningún tipo. La forma en "J" favorece que el estaño se deposite en la cantidad justa que resulta de superar su propia fuerza tensional, es decir, el exceso desaparece.

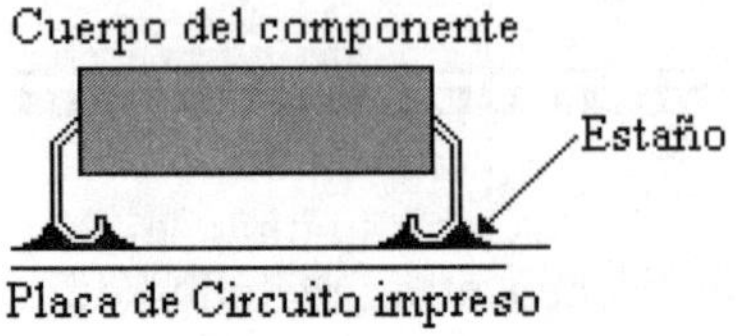

Figura 4–2 Detalle de soldadura

Este tipo de integrado es usado para la fabricación de diferentes módulos de memoria, detallados en este mismo capítulo. Aunque sin duda ha sido el encapsulado de más relevancia, ha pasado a un segundo plano al no ser usado por formatos síncronos de memoria.

TSOP Se trata de un formato de los denominados de "perfil bajo" usado para DRAM o SDRAM. Es mucho más compacto que su antecesor SOJ y es el encapsulado estándar para todas las tecnologías de memoria síncrona SDRAM.

Es importante dejar claro que este tipo de chip es el que conforma cualquiera de los módulos actuales, pero ya no se emplean como elementos aislados.

Figura 4–3 Módulos TSOP y SOJ

4.3.2. Módulo SIP

Son pequeñas placas rectangulares de fibra de vidrio o baquelita que llevan en uno de sus lados más largos unas terminaciones en forma de pines. Éstos son los que se insertarán sobre un zócalo especial situado en la placa base. Este formato, no excesivamente difundido, perduró sólo en módulos de 30 contactos manejando palabras de 8 bits y pronto se dejó de usar debido a la fragilidad y riesgo de rotura que corrían los pines en el momento de la inserción del módulo. A todos los efectos son exactamente iguales a los SIMM de 30 contactos, explicados en el siguiente apartado de este capítulo.

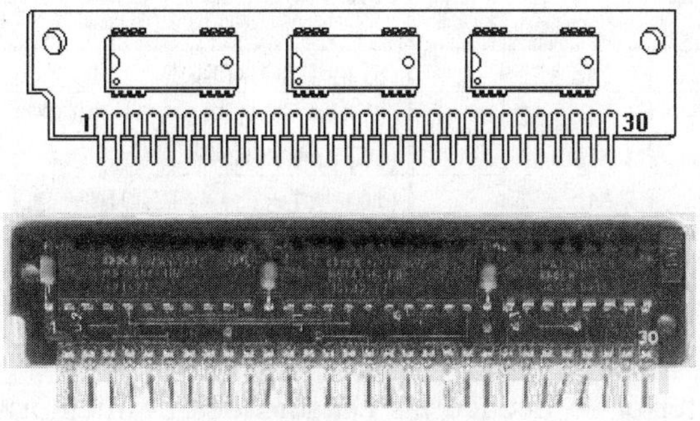

Figura 4–4 Memoria SIP

4.3.3. Módulo SIMM "Single In Line Memory Module"

Son iguales a las SIP. La diferencia entre ambos es el tipo de conexión con la placa base (recuérdese que los módulos SIP presentaban el problema de poder doblar fácilmente los pines). De cara a eliminar dicho problema, los módulos SIMM incorporan los contactos sobre la propia placa de circuito impreso como una extensión de la pista, reforzada en estaño o cobre. De esta forma el riesgo de rotura disminuye. En uno de los lados se ha efectuado un pequeño rebaje rectangular, junto a los contactos para mantener su posición correcta en el banco. Dentro de los SIMM existen dos formatos: para 30 y 72 contactos, de 8 y 32 bits respectivamente de longitud de palabra. Los SIMM de 30 contactos miden 8,96 cm (3,5") de ancho por 1,92 cm (0,75") de alto y los de 72 contactos 10,88 cm (4,25") por 2,56 cm (1").

Figura 4–5 Memoria SIMM de 30 y 72 pines

El reconocimiento de los módulos, en cuanto a su composición física, responde a la siguiente tabla. Si bien es cierto que pueden existir módulos de mayor capacidad, probablemente se trate de casos muy aislados y sin probabilidad de expansión actual.

CONFIGURACIÓN	TIPO	MB	CONFIGURACIÓN	TIPO	MB
(8) 1x4 SOJ	1 Mb x32		(8) 4x4 SOJ/TSOP	2 Mb x32	16
(2) 1x16 SOJ	1 Mb x32		(8) 4x4 + (4) 4x1 SOJ/TSOP	4 Mb x36	16
(8) 1x4 + (4) 1x1 SOJ	1 Mb x36		(16) 4x4 SOJ	8 Mb x32	32
(16) 1x4 SOJ	2 Mb x32		(16) 4x4 + (8) 4x1 SOJ	8 Mb x36	32
(4) 1x16 SOJ	2 Mb x32		(32) 16x1 SOJ	16 Mb x32	64
(16) 1x4 + (8) 1x1 SOJ	2 Mb x36		(36) 16x1 SOJ	16 Mb x36	64

Tabla 4–1 Descripción SIMM 72 p

De la tabla anterior se deduce las capacidades de memoria implementadas en este formato: en 30 contactos se dieron módulos de 1, 2, 4, 8 y hasta 16 MB (poco conocidos estos últimos), mientras que para 72 contactos hubo memoria de 4, 8, 16, 32, 64 y 128 MB. Puede sorprender que existiesen capacidades de memoria tan elevadas para estos formatos obsoletos: lo cierto es que los valores habituales fueron los de capacidad media-baja, dejando los extremos para casos muy específicos. No todos los valores han sido representados en la tabla, limitándose la misma a los valores más habituales.

Un detalle importante es que los contactos de este tipo de módulo (tanto en formato de 30 como de 72 contactos) iban pareados, es decir, el contacto físico que se encuentra a ambos lados de la placa de circuito impreso es el mismo punto eléctrico. Esto no se daba en los SIP (por motivos físicos) y tampoco se dará en formatos posteriores, donde se diferenciarán los contactos de una cara de los de la otra.

4.3.4. Módulo DIMM "Dual In Line Memory Module"

Los módulos de memoria DIMM tienen 168 contactos divididos en tres bloques de 20, 60 y 88 pines soportando el acceso a 32 y 64 bits. Van insertados sobre un zócalo similar a un SIMM "largo" de 13,76 cm (5,375 pulgadas) por 2,56 cm (1 pulgada de alto), con sujeciones en los extremos.

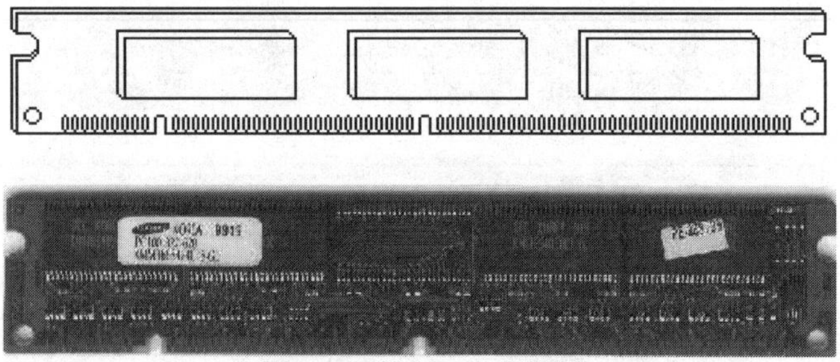

Figura 4–6 Memoria DIMM

La memoria DIMM se encuentra en varias velocidades diferentes, predominando las de 100, 133 y 150 MHz (aunque en su día existieron de 66 MHz también). Los módulos de 100 MHz vienen serigrafiados como PC100 a diferencia de los de 133 MHz que aparecen como PC133 y así sucesivamente. Aunque pueda parecer una buena elección el realizar siempre la compra de módulos con la máxima frecuencia de trabajo aunque el bus del PC trabaje a inferior velocidad (por ejemplo, adquirir PC 133 para un bus a 100 MHz o PC150 para un bus a 133MHz), lo cierto es que puede provocar problemas de sincronismo, por lo que se recomienda que la velocidad de la memoria se ajuste a la del bus. Por supuesto, el ejemplo es extrapolable a módulos de frecuencia superior.

Una variación de los DIMM son los módulos Small Outline DIMMs o "DIMM de contorno pequeño", cuyo acrónimo es SODIMM, pero comúnmente reciben el nombre de "Short DIMMs", de 72 y 144 pines. Este tipo de memoria se emplea para ordenadores portátiles disponiendo de los contactos en una de las caras del módulo y guarda diferencias técnicas importantes con respecto a los DIMM, a pesar de la similitud del nombre (la más evidente es el ancho de datos de 32 bits). Sus dimensiones, para 144 pines son de 6,72 cm (2,625") por 2,56 cm de alto (1"). En el caso del SODIMM de 72 contactos, la longitud disminuye a 6,08 cm (2,375"). También existe el formato MiniDIMM y MicroDIMM.

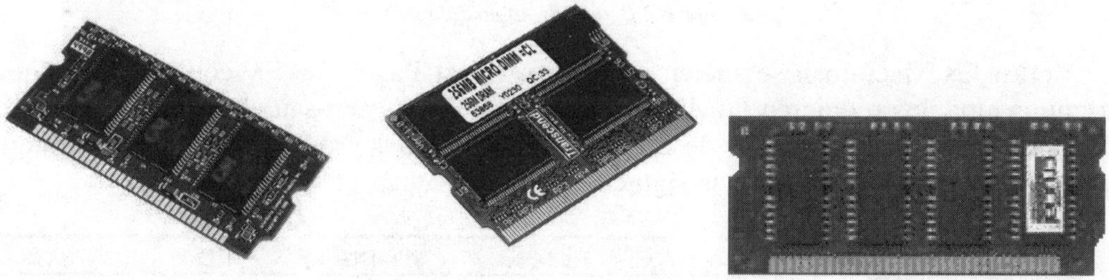

Figura 4–7 "SO", "Micro" y "Mini" DIMM

Este tipo de módulo aísla los contactos de una cara con los de la otra (haciendo referencia a la placa de circuito impreso). De este modo se aprovechan el doble de contactos en la misma superficie. Las capacidades que se implementaron en este tipo de formato fueron a partir de 32 MB llegando a alcanzar hasta los 256 MB.

Dentro de los módulos DIMM, se pueden encontrar dos tipos diferentes: el estándar DRAM y los DIMM síncronos que se detallan a continuación.

4.3.4.1. DIMM ESTÁNDAR

Los DIMM estándar basados en DRAM son una evolución de la EDO o "Fast Page Mode" DRAM (tipo de memoria que se explicará en apartados siguientes). Se pueden usar tanto en equipos MAC como PC.

De forma habitual se ha trabajado en Informática con 5 v para la lógica. La tendencia de miniaturización de componentes ha exigido también, en este caso, hacer reformas a la memoria. Dado que es preciso reducir la proporción capacidad de memoria/tamaño, ha sido necesario realizar celdas de memoria físicamente más pequeñas y de mayor sensibilidad. Esto se ha conseguido pero no ha sido posible mantener una tensión de 5 v, excesiva para estos circuitos. Éste ha sido el motivo del cambio a 3,3 v, igual de eficaz y con menor disipación de potencia.

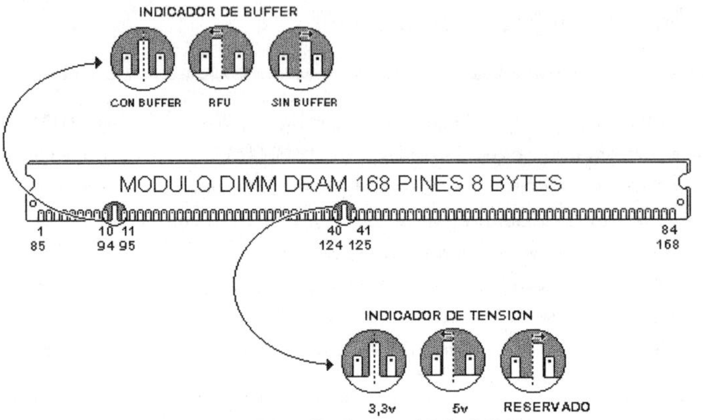

Figura 4–8 Detalle de un módulo DIMM

En los Macintosh se suelen usar chips "Fast Page" de 5 v con búfer, aunque algunos modelos requieren DIMMs EDO. Para los PCs se usan chips de 3,3 v con o sin búfer y con control ECC de forma obligatoria en los que llevan búfer. Lo aquí expuesto se podría resumir de la siguiente forma:

	3,3 V	5 V	CON BÚFER	SIN BÚFER	EDO	FAST PAGE
MAC		√	√		√	√
PC	√			√	√	
PC con control ECC	√		√	√	√	

Tabla 4–2 Memoria DIMM para PC o MAC

En cuanto a formato físico, ambos tipos se recogen en la tabla siguiente:

DIMM 168 PARA PC			
TIPO DE COMPONENTE	CHIPS EN PLACA	TIPO DE MÓDULO	CAPACIDAD
4x4 SOJ/TSOP DRAM	16 (1)	4 Mb x64	32 MB
4x4 SOJ/TSOP DRAM	18 (3)	4 Mb x72 ECC	32 MB
4x4 SOJ/TSOP DRAM	32 (1)	8 Mb x64	64 MB
4x4 SOJ/TSOP DRAM	36 (3)	8 Mb x72 ECC	64 MB
8x8 SOJ/TSOP DRAM	16 (2)	16 Mb x64	128 MB

Tabla 4–3 Descripción DIMM 168 p

(1) Más dos chips de búfer en el caso de los Macintosh. (2) Igual en PC que en Macintosh. (3) Exclusivo para PC.

4.3.4.2. DIMM SÍNCRONOS

Estos módulos están fabricados a partir de chips SDRAM, pudiendo alcanzar velocidades de hasta 100 MHz. Están diseñados para los PENTIUM II, PENTIUM III y los MAC G3. Incluyen el SPD o "Serial Presence Detect" comentado anteriormente, que facilita información a la BIOS sobre el módulo para agilizar así el acceso. Esta memoria puede llevar control ECC si la placa soporta el proceso de corrección de errores.

Este tipo de DIMM es un estándar, con o sin control ECC, para placas con chipset VX, TX y LX, además de la mayor parte de chipset para PENTIUM II.

DIMM 168 SÍNCRONO			
TIPO DE COMPONENTE	CHIPS EN PLACA	TIPO DE MÓDULO	CAPACIDAD
2x8 TSOP SDRAM	8	2 Mb x64	16 MB
2x8 TSOP SDRAM	16	4 Mb x64	32 MB
4x4 TSOP SDRAM	32	8 Mb x64	64 MB
8x8 TSOP SDRAM	8	8 Mb x64 (No compuesto)	64 MB
8x8 TSOP SDRAM	9	8 Mb x72 (No compuesto)	64 MB
8x8 TSOP SDRAM	16	16 Mb x64 (No compuesto)	128 MB
8x8 TSOP SDRAM	18	16 Mb x72 (No compuesto)	128 MB

Tabla 4–4 Descripción DIMM 168 p síncrona

4.3.5. Módulo RIMM "Rambus in Line memory Module"

El módulo, físicamente, está constituido por 184 pines (contactos) e incorpora su propio bus de direcciones, datos y control de gran velocidad ($500 \cdot 10^6$ transferencias/segundo). Probablemente lo primero que llame la atención en este formato sea la placa metálica que cubre los chips. El motivo de la misma estriba en actuar como disipador de calor por lo que es absolutamente precisa: su eliminación podría dañar el módulo de memoria.

Samsung Electronics fue el primero en implantar el RIMM o "Rambus In-line Memory Module" en formato básico de 64 MB y totalmente compatible. Estos módulos funcionan en un rango de velocidades teórico comprendido entre 900 MHz y 1 GHz, aunque de forma práctica se ha implementado hasta 800 Mhz en Pentium 4.

4.3.6. Memoria "Credit Card"

La "Credit Card Memory" es un formato de memoria que debe su nombre a su similitud física con una tarjeta de crédito. Está especialmente diseñada para ordenadores portátiles y "laptops" donde su pequeño tamaño es especialmente útil. Sobre la superficie de este tipo de memoria, se pueden adivinar chips similares a los usados en los módulos SIMM.

Es importante no confundir este tipo de memoria con la PCMCIA (que también existe). En el caso de la "Credit Card Memory" se usa una ranura específica para ella, no soportando ningún otro tipo de dispositivo como ocurre con las expansiones PCMCIA. Aunque útil, lo cierto es que este tipo de memoria es poco común.

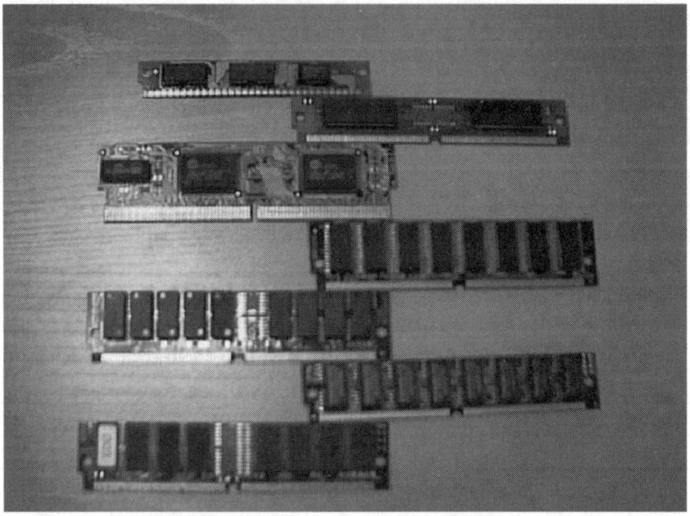

Figura 4–9 Evolución de la RAM

4.4. INSERCIÓN FÍSICA DE LA MEMORIA

La inserción de la memoria es siempre una operación delicada, sea cual sea el formato usado. Lejos queda ya el tiempo en el que había que usar el formato DIP insertado en zócalos (y no hablemos de cuando era preciso soldar el chip directamente a la placa base). Igualmente ocurre con los SIP, cuya única complejidad consistía en no doblar los pines en el momento de la inserción.

Centrándonos en tiempos más recientes, será preciso abordar los módulos SIMM, DIMM y RIMM.

SIMM Los SIMM deben afianzarse firmemente en la base del banco con una inclinación de 45º y empujar suavemente el módulo hacia delante hasta oír un "clic" característico que indicará la correcta colocación del módulo. Los bancos, en sus últimas versiones, disponían de anclajes de metal y era más difícil llegar a romperlos.

DIMM En el caso de los DIMM estos problemas desaparecen, ya que su anclaje se realiza por presión al insertarlos perpendicularmente sobre un zócalo. Se podrá comprobar su correcta inserción gracias a unas patillas laterales que afianzan aún más el módulo. Su forma asimétrica impide su colocación errónea.

RIMM El proceso de inserción física de un RIMM es prácticamente el mismo que el descrito con los módulos DIMM. Obviamente hay diferencias que estriban en el cambio de formato pero, en esencia, basta con asegurar que las muescas que el módulo tiene en su parte de contactos, coinciden con el banco. Una vez introducido, habrá que anclar físicamente el módulo con las pestañas destinadas a tal fin (tal y como ocurría con los módulos DIMM).

De cualquiera de las maneras la instalación descrita aquí corresponde exclusivamente al aspecto físico de la ampliación. Habrá que tener en consideración otra serie de premisas lógicas impuestas, generalmente por el chipset. Así en algunos casos habrá que completar un número concreto de bancos, en otros los módulos deberán ir pareados e, incluso, será preciso "taponar" aquellos bancos no usados. Todos y cada uno de estos detalles se encuentran reflejados y explicados en este mismo capítulo.

4.4.1. Elección del módulo

Si al adquirir módulos de memoria se pregunta por la composición metálica de los contactos, probablemente el proveedor piense que se le está gastando una broma, pero tiene su importancia.

Los contactos, ya no sólo en cuanto a módulos de memoria se refiere, sino en cualquier dispositivo electrónico, deben asegurar la máxima conductividad eléctrica. Para ello, se usan metales con alta conductividad. Así es muy frecuente encontrar circuitos electrónicos con los contactos de oro de 14 quilates o menos. Y ése fue el inicio de los módulos SIMM. Ahora bien, resulta obvio que hay metales más económicos, motivo por el que fueron desapareciendo los contactos de oro y fueron sustituidos por aleaciones de estaño-plata.

Inicialmente no hay más problema, hasta que se usan módulos con contactos de plomo con bancos cuyos contactos sean de oro o viceversa. La asociación de dos metales produce una reacción que se manifiesta como falta de conductividad y que, necesariamente, repercute negativamente en el funcionamiento del PC.

Poco importa si se usa oro o estaño, pero se debe intentar que tanto los contactos del banco como los del módulo sean homogéneos, es decir, del mismo metal. Como se indicaba en este apartado, el proveedor probablemente no sepa qué se le está pidiendo y deberá ser el usuario quien indique qué desea. Resulta fácil distinguir entre el color amarillo brillante del oro y el gris del estaño. Paradójicamente el oro está volviendo, pero puede resultar interesante observar que todos los contactos de los módulos SIMM de 30 contactos y casi todos los DIMM de 168 son de oro, mientras que los SIMM de 72 contactos, en su mayoría, son de estaño.

4.4.2. ¿Simple o Doble Cara?

Es habitual encontrar módulos que disponen de chips por sus dos caras. Dependiendo de si usan una o dos caras, los módulos se conocen como de simple o doble cara. Esto no se da en los SIMM de 30 contactos, pero sí es muy habitual en los de 72 y en los DIMM.

Aunque los proveedores no hacen distinciones a la hora de suministrar los módulos, lo cierto es que los de doble cara pueden ser conflictivos para algunas placas base y más si se mezclan con los de simple cara. Aunque, por ejemplo, todos los SIMM de 72 contactos trabajaban a 32 bits, los módulos de doble cara tienen cuatro líneas de RAS ("Row Address Strobe") en lugar de dos. Esto sería similar a algo así como cablear dos módulos de simple cara en paralelo. El problema estriba en que al existir un único bus de líneas de datos, sólo se puede acceder a una de las "caras" cada vez. Éste solía ser el origen de problemas, por lo que, en la medida de lo posible, era interesante tender a módulos de simple cara.

Esto no ocurría con los DIMM ya que disponen de más contactos de modo que se contempla el funcionamiento "paralelo" de los diferentes chips de cada una de las caras del módulo.

4.4.3. Las Ampliaciones

Las especificaciones en cuanto a montaje o ampliación de memoria las impondrá la placa base y, con ella, el número de bancos destinados a albergar la memoria. Así, si se desea un PC antiguo con 4 Mb de memoria RAM, la solución puede pasar por colocar 4 SIMM de 1 MB, 2 SIMM de 2 MB o 1 SIMM de 4 MB. El número de posibilidades desaparece en los PCs actuales en la medida que se dispone de menos bancos (algunos equipos antiguos llegaban a ofrecer hasta 8 bancos). No obstante, también se dan reglas a la hora de realizar una ampliación.

Normalmente, las placas base llevan entre 2 y 4 bancos de memoria y suelen obligar a llenar al menos un banco. De todas formas, esto no puede tomarse como una regla y lo mejor es consultar el manual de la placa. En el caso de los ordenadores PENTIUM (P54C y P55C) con módulos SIMM de 72 contactos, es necesario instalar la memoria de forma pareada y de igual valor (siempre, al menos, dos módulos iguales). El motivo estriba en el manejo de 64 bits de acceso a memoria, que debe ser realizado en 32 bits + 32 bits, una lectura de cada módulo. Este razonamiento válido para módulos SIMM, deja de serlo para los DIMM que pueden ser instalados sin atender a esta norma, es decir, un solo DIMM es suficiente para arrancar un PC siempre y cuando coincida con la longitud de datos del microprocesador instalado.

Existe una solución más en cuanto al tema de ampliación de memoria pero que, en la medida de lo posible, debe ser evitada. Son las placas de ampliación de memoria o "Above Board". Son placas que se insertan en una ranura de expansión. Suelen ser más lentas y caras.

Los módulos RIMM son más exigentes en este sentido: a diferencia de otros tipos de formato de memoria, los bancos destinados a albergar módulos RIMM no pueden quedar vacíos nunca. Para ello se usan los denominados "tapones" de forma coloquial, que no son ni más ni menos que módulos de continuidad. Este tipo de módulo es muy similar a un RIMM normal con la diferencia de carecer de disipador y, por supuesto, de chips de memoria. De forma habitual, son suministrados con la propia placa base.

Siempre que sea posible, deberá usarse el mismo tipo de memoria al ampliar un PC. Recuérdese que no se pueden mezclar diferentes tecnologías (por ejemplo, era muy común combinar en el pasado FPM con EDO) y se debe intentar que los tiempos de acceso sean iguales. Esto viene motivado porque, como se ha visto anteriormente, algunas lecturas pueden realizarse sobre diferentes módulos físicos que, al no tener igual velocidad de respuesta, pueden provocar problemas. Si no queda más remedio que mezclar, será bueno poner la memoria más lenta en el banco 0, ya que es ahí donde la BIOS comprueba, en algunos casos, la velocidad de acceso de la RAM. Eso sí: toda la memoria se tratará como el módulo más lento.

4.4.4. ¿Cuánta Memoria Instalar?

Evidentemente, cuanto más, mejor. Más si cabe con los nuevos sistemas operativos que consumen mucha memoria y realizan grandes transacciones de datos de entornos gráficos manejando, además, multitarea. El límite suele venir impuesto por medidas económicas, ya que, si bien es cierto que el precio de la microinformática ha bajado, todos los componentes "fuera de estándar" siguen siendo caros.

Actualmente disponer de 256, 512 MB o más ya no es utópico, y aunque existen límites en cuanto a qué cantidad de memoria instalar, siguen estando lejanos. Estos límites vienen impuestos por varios factores. El primero a tener en cuenta sería el ancho del bus de direcciones del microprocesador. No es posible direccionar más de 2 elevado al número de bits que maneje. Este parámetro establece el límite en 4 GB de memoria direccionable desde el 486 hasta nuestros días. Aún hoy resulta impensable tal cantidad de memoria.

Por otro lado, las placas base tienen también sus exigencias sobre cuánta memoria manejar. En concreto los controladores de memoria implementados en los chipset actuales establecen un límite comprendido entre 256 y 512 MB aunque existen algunas placas que llegan a admitir hasta 1 GB.

Sería necesario también que se produjesen cambios de formatos en las placas base para superar capacidades de 512 MB. Téngase en cuenta que la mayoría de ellas disponen de 4 bancos de memoria para alojar módulos DIMM o RIMM que, en el momento de redactar este libro, tienen capacidad máxima de 256 MB.

En definitiva, por evolución histórica de la microinformática, pronto veremos PCs con capacidades de memoria comparables a discos duros de no hace demasiado tiempo, pero será preciso realizar cambios en las arquitecturas actuales.

4.5. MEMORIA EN CUANTO A LA TECNOLOGÍA EMPLEADA

Lógicamente la memoria ha evolucionado, no sólo ya en su formato físico tal y como se ha visto en este capítulo, sino también en estructura, organización interna y velocidad de respuesta. Parte de esta última característica ha venido como consecuencia de la evolución de materiales y quizás el cambio más significativo "de patas hacia fuera" haya sido la aparición de la memoria síncrona.

Realmente todos los tipos de memoria existentes son síncronos, ya que mantienen una relación con el reloj del sistema que indica cuándo se debe realizar una operación, ahora bien, esta relación no siempre se produce de forma directa, es decir, no siempre hay una correspondencia ciclo de CPU-ciclo de memoria. Éste es el motivo por el que ha sido preciso que el controlador de memoria implementado en el chipset se encargue de "dejar pasar ciclos" para dar el tiempo a la memoria.

Por memoria síncrona, también llamada SDRAM, se entiende aquella que su relación con el reloj principal del sistema es 1:1, en otras palabras: no hay estados de espera. Así suponga un microprocesador con una frecuencia de trabajo de 500 MHz (que podría corresponderse a 5 x 100 MHz). En este hipotético PC la memoria trabajaría a 100 MHz, dando así una respuesta eficaz al resto del sistema.

Esta característica, más que notable a mi juicio, divide este apartado que da una visión general a diferentes tipos de memoria (algunas ya obsoletas antes de su aparición).

4.5.1. Memorias DRAM asíncronas

En un principio –y hasta no hace demasiado– las DRAM asíncronas han sido el soporte de almacenamiento temporal de todos los microordenadores contemporáneos. Tal y como su nombre indica, este tipo de memoria es asíncrono. Esto no implica que no deba trabajar con el reloj del PC, sino que no se da una correspondencia "1 es a 1" en ciclo de máquina/ciclo de memoria, es decir, que se emplean estados de espera y divisores de frecuencia. Los tipos más comunes de DRAM asíncrona son los expuestos en los siguientes puntos:

Conventional DRAM Se trata de un tipo de memoria obsoleta y fue la tecnología precursora de la FPM o "Fast Page Mode". Su direccionamiento es estándar y sencillo, ya que envían en primer lugar la dirección de la fila y posteriormente la de la columna para acceder a una celda concreta. Este tipo de memoria se comenta con fines didácticos más que prácticos.

Fast Page Mode DRAM Se la conoce también con el acrónimo de FPM y se trata de un estándar más rápido que la DRAM convencional. En este tipo se aprovecha la misma fila de activación para "abrir" varias direcciones de memoria coincidentes en dicha fila. Su nombre "page" viene dado por la capacidad de trabajar con páginas completas, ya que es así como se conoce a la información contenida en una fila de direcciones. Una vez habilitada una página, sólo será preciso direccionar las diferentes columnas a las que se desea acceder, con el consecuente ahorro de tiempo. Sobre este tipo existe una variación, que es la "Static Column DRAM" cuyo funcionamiento es análogo, a diferencia de que aquí lo que se activa es la columna en lugar de la fila. En la actualidad esta tecnología está obsoleta al no aguantar altas velocidades de bus por encima de los 66 MHz. Se usó tanto implementada en módulos SIMM de 30 como de 72 contactos hasta la llegada de la memoria EDO RAM. Antes de su inclusión en el formato SIMM, aparecía directamente soldada en la placa base.

EDO RAM La Extended Data Out RAM también recibe el nombre de "Hyper Page Mode". Frente a la DRAM clásica es la memoria asíncrona más barata además de ofrecer una mayor velocidad. Esto lo consigue permitiendo realizar nuevas lecturas de datos antes de que el último ciclo de lectura se haya completado. Este proceso aumenta un mínimo de un 3% y un máximo de un 15% de rendimiento con respecto a la memoria "Fast Page", ya que reduce en un 50% los estados de espera[40]. Este ratio crece en conjunción con memoria caché de tipo síncrono, es decir, ofrece rendimientos similares con cachés de menor tamaño. Este tipo de memoria sólo se encuentra en formato SIMM y con una limitación del bus a 66 MHz, lo que le ha hecho desaparecer rápidamente del sector microinformático. Es importante tener en cuenta que la memoria EDO precisa de soporte del chipset, por lo que en máquinas antiguas no funcionará. Existen en este sentido algunos chipset que "toleran" el modo EDO pero que no lo usan. Su formato físico fue en SIMM 72c.

40 Los estados de espera o W/S (Wait States) son unos períodos de inactividad que el procesador asume con el objeto de sincronizarse con la memoria principal del sistema en caso de que ésta no pueda alcanzar la velocidad del bus. Este concepto es ampliamente explicado en este mismo capítulo.

BEDO Burst Extended Data Out DRAM. Es una evolución de la DRAM asíncrona. Se podría interpretar esta memoria como una EDO convencional con 0 estados de espera. Incorpora un contador que permite "saber" las próximas direcciones a ejecutar, ahorrando así un tiempo importante, y, además, incorpora un estado "pipeline" que consigue dividir el ciclo de acceso a la página en dos componentes. Su diseño le permite recibir bloques de información y datos, asociando a cada bloque la dirección de memoria de la próxima página evitando así el ya comentado tiempo de direccionamiento en los envíos posteriores.

Por otro lado, se incrementa la velocidad hasta 10 nseg, dando así respuesta a las limitaciones de la EDO convencional y ofreciendo un 13% de rendimiento más que la FPM. Su temporización llega a ser de 5-1-1-1 si el chipset soporta este modo.

4.5.2. Memorias DRAM síncronas

En un momento determinado surgen necesidades que obligan a la memoria a dar un salto importante en cuanto a velocidad se refiere. Las altas frecuencias de trabajo de los microprocesadores se soportan en factores de multiplicación que deben contar con un bus rápido y fiable. Ahora bien, de poco sirve este incremento si se han de generar ciclos de espera en la memoria. Es más, se da una circunstancia que recuerda mucho a la aparición de los micros a partir de 33 MHz con el bus ISA: a mayor velocidad del micro, mayor "cuello de botella". Es preciso, por tanto, disponer de una memoria capaz de conmutar con el bus, respondiendo a la misma frecuencia.

Dentro de esta clase se desarrolló el estándar conocido como JEDEC SDRAM que permitía alcanzar una frecuencia vertiginosa para la época: ¡¡66 Mhz!! (ridícula a día de hoy). Con posterioridad aparecieron los modelos a 100 Mhz (PC100), 133 Mhz (PC133), 150 MHz (PC150)... Su formato físico fue exclusivamente el módulo DIMM de 168 contactos. Los tipos más comunes son los expuestos a continuación:

DDR SDRAM La *Double Data Rate SDRAM* también recibe el nombre de SDRAM II y es la versión más rápida de la SDRAM. De forma habitual, la memoria síncrona se rige por los pulsos del reloj del sistema. Ahora bien, cada pulso se puede descomponer en 4 "señales" diferentes: flanco de subida (el paso del estado 0 al 1), flanco de bajada (el paso del estado 1 al 0), nivel alto (1 lógico) y nivel bajo (0 lógico). La memoria habitualmente funciona por un único flanco. En este caso la DDR es capaz de duplicar el rendimiento (envía dos datos por ciclo cuando lo normal es enviar uno) siendo síncrona al flanco de subida y al de bajada de un mismo pulso. Este sistema, salvando las distancias, es el mismo que usan las tarjetas de vídeo AGP y fue introducido como soporte de memoria principal en su día gracias a AMD.

Dadas sus características, esta memoria se encuentra en situación de competir en cuanto a rendimiento se refiere con la Enhaced SSDRAM que incluye SRAM, siendo una alternativa de calidad contrastada.

DDR DRDRAM

La Direct Rambus DRAM se trató en su día de un sistema nuevo a todos los efectos desarrollado por acuerdo entre las compañías Rambus e Intel. Es importante destacar que, en modo, esta memoria ya existía de modo incompatible con la lógica convencional, ya que usa sus propios niveles de tensión para la representación de los estados lógicos (para más detalles, consultar el capítulo de *Electrónica Digital*). Esto obligó en su implantación con el microprocesador de Intel PENTIUM 4 a un desarrollo exclusivo. Esto ha supuesto una fuerte apuesta en el entorno microinformático dado que se apostaba por ella como un nuevo estándar de memoria, pero si bien por tecnología podría llegar a serlo, el inconveniente de pago de royalties que la empresa impone por su uso a otros fabricantes podía echarlo atrás (recuérdese qué ocurrió con IBM y su tecnología MCA). Esta memoria dispone de un bus interno propietario (el "*Direct Rambus Channel*") y un subsistema de memoria. Al igual que la DDR SDRAM aprovecha los flancos de subida y bajada del reloj principal. Guarda, por otro lado, similitud con la SDRAM al incorporar un chip SPD para informar al sistema de las características del módulo.

Como ya se adelantaba, en su día este tipo de memoria pasó desapercibida por el mercado microinformático dada su incompatibilidad. Fue en el año 2001 cuando sorprendió con su aparición gracias a un acuerdo llegado con Intel: el nuevo (en sus días) Pentium 4 sólo funcionaría con memoria de tipo Rambus. Esto fue válido durante un tiempo (y por imposición, todo hay que decirlo) hasta que, según parece, Intel comprobó el "lastre" que suponía un acuerdo tan restringido con un producto de elevado precio (sin entrar a cuestionar la validez del producto). Lo cierto es que, para no perder cotas de mercado, Intel comenzó a regalar a sus clientes dos módulos de 64 MB de memoria RAM (Rambus, por supuesto) con la adquisición del Pentium 4. Esto fue válido hasta finales del año 2001 que, junto a la expiración de la alianza Intel /Rambus, llegó el final de este tipo de memoria. La solución, aportada por la propia Intel, fue el desarrollo de chipset como el 810 ó 815 con soporte SDRAM PC133

De cualquiera de las maneras, hay que reconocer el avance tecnológico que esta memoria representa, multiplicando por 10 la velocidad de transferencia de una DRAM estándar. Como dato, Rambus denominó a su tecnología RSL (*Rambus Signaling Logic*).

> ***La memoria Rambus realmente no se abandonó, sino que se destinó a equipos potentes (servidores) conservando el chipset i850.***

DDR SLDRAM

La Synchronous Link DRAM parece ser la única tecnología comparable con la RDRAM. Diseñada por un consorcio de 12 fabricantes (el llamado "SLDRAM Consortium"), los módulos SLDRAM son una extensión de la SDRAM de la arquitectura de cuatro bancos hasta la de 16. Por otro lado incorpora, al igual que la RDRAM, su propia interfaz y lógica de control para potenciar sus prestaciones. El primer diseño de esta tecnología funciona con 64 bits a 200 MHz, pudiendo alcanzar en determinadas condiciones los 400 MHz. La pugna por el estándar entre la SLDRAM y la RDRAM tiene que decidirse en breve y los proveedores son conscientes de ello. De inicio la SLDRAM ha facilitado el camino para quien quiera sumarse: no es preciso pagar "royalties" por la adopción del diseño de esta tecnología. Éste es el tipo de memoria utilizado en la actualidad y de forma mayoritaria en los Pentium 4.

DDR2

La DDR2 es el siguiente paso en la evolución de la memoria. Obviamente y como su nombre indica, este tipo de memoria procede de la DDR convencional pero se ha optimizado para conseguir mejores resultados. Así, esta memoria aumenta su rendimiento gracias a un aumento de velocidad, con módulos de 400 y 533 Mhz y mayor ancho de banda. Si a todo esto se le añade una reducción de consumo y, por tanto, una menor disipación de calor, se consigue no sólo un componente de mayores prestaciones sino, además, más fiable. En este sentido téngase en cuenta que la tensión de trabajo de 1,8 v de la DDR2 reduce casi a la mitad el valor de los DDR, si bien es cierto que el aumento de frecuencia implica un aumento de temperatura.

La incompatibilidad de formato es algo que sigue siendo una tónica general en todos los módulos de memoria. Una ranura en la zona de conexionado del módulo impide que éste sea insertado en bancos de memoria incompatibles. Por supuesto, el propio banco se corresponde con el módulo impidiendo también que, por equivocación, se intente insertar un módulo DDR en un banco para DDR2. De cualquier modo esta memoria se implementa en los principales formatos físicos utilizados en la actualidad (DIMM, SO-DIMM, mini DIM y micro DIM).

Las capacidades soportadas por estos módulos bien recuerdan a las de discos duros de no hace demasiado tiempo. Así se pueden encontrar módulos desde 1 a 4 GB, tamaño más que suficiente para equipos de prestaciones medias y superiores.

¡Cuidado! Hay ensambladores que montan módulos DIMM de memoria con los Pentium 4 en lugar de Rambus o DDR. Esto implica una pérdida de efectividad.

4.5.3. Memorias menos conocidas

Además de las memorias mencionadas hasta el momento, han existido otras menos habituales, aunque todas tienen una clasificación en cuanto a sincronismo, se ha preferido tratarlas de forma exclusiva. El motivo es que sus novedades y prestaciones no están tanto en la línea del control del reloj, sino en otro tipo de características como la adición de cachés, sistemas optimizados de direccionamiento y otros. Las más comunes, dentro de la no demasiada incidencia en el mercado, son las expuestas a continuación.

EDRAM Tiene su gran ventaja en el acceso a 15 nseg (¡igual a la memoria caché!). Esto lo consigue agregando una caché por cada chip de memoria, de forma que el sistema accede continuamente a la caché incorporada en la RAM. Este sistema puede alcanzar un aumento del rendimiento del sistema de hasta un 30%.

CDRAM Se trata del acrónimo de *Cached DRAM* (algo así como *memoria cacheada*). En cierta forma es una réplica del modo de funcionamiento de una memoria caché convencional. Este tipo incluye de forma separada una RAM estática que precisa de un controlador externo, almacenando las últimas páginas de memoria a las que se accedió.

PSRAM La *Pseudo Static RAM* realmente se trata de una DRAM con multiplexor y a la que se le ha añadido un controlador de refresco. Esto favorece un ahorro de lógica en el sistema. Físicamente es igual a la SRAM.

Una solución que se está imponiendo cada vez más es la memoria removible no volátil. Así un producto denominado PenDrive, similar a un bolígrafo con conexión para puerto USB, llega a almacenar desde 32 MB hasta 256 MB. Una solución cómoda para almacenamientos rápidos y sencillos.

4.5.4. Memoria virtual

Lo cierto es que poco o nada habría que hablar de este tema en el capítulo dedicado a la memoria. No obstante, hay una cierta relación, aunque sólo sea nominal.

La memoria virtual es una técnica que se usa para emular memoria del sistema, es decir, se usa ante la carencia de RAM física. Los sistemas operativos actuales consumen mucha memoria (eso incluso sin trabajar con ninguna aplicación). Es preciso disponer de una gran capacidad de RAM para poder gestionar tanto el sistema como las diferentes aplicaciones que, además, pueden trabajar en multitarea. El problema viene impuesto por el precio de la memoria y la solución que se adopta es el habilitar con disco duro un espacio destinado a trabajar como si de memoria se tratase.

El fichero que "contiene" la memoria virtual recibe el nombre de "swap file" o fichero de intercambio, y se crea en función del espacio disponible en disco y la memoria del sistema. Cada acceso al fichero de intercambio es gestionado por un controlador o "driver" de memoria virtual, moviendo bloques de datos o "páginas".

4.5.5. Seguridad en las transacciones

Todo el proceso informático, en definitiva, se reduce a un básico sistema binario formado por 1 y 0. Más con detalle, los 1 y 0 no son otra cosa que niveles lógicos de tensión. En tecnología TTL un 1 se corresponde 5 v, mientras que un 0 es 0 v. Ahora bien, ¿qué ocurre con el abanico de tensiones comprendido entre estos dos niveles? Supóngase el caso de disponer de un nivel de 1,8 v (en los chips actuales un 0 está comprendido entre 0 v y 0,8 v y un 1 desde 2 v hasta 5 v) realmente no se trata de un 0 ni de un 1, pero el sistema debe adoptar un valor. Electrónicamente estos problemas se resuelven con los llamados "disparadores Trigger Schmith" que transforman niveles intermedios de tensión en estados lógicos definidos, pero por supuesto existe la posibilidad de error, ya que no hay una frontera claramente definida de separación de estados próximos.

Estos errores pueden ser provocados, cómo no, por componentes defectuosos o de forma aleatoria. No hay que olvidar que los PCs son máquinas susceptibles de cometer fallos como cualquier otra. Ruidos eléctricos, magnéticos, agentes externos... pueden provocar alteraciones de las señales y provocar fallos en una transmisión.

Un simple fallo en el cambio de un 0 por un 1, o viceversa, en una larga secuencia binaria puede alterar completamente el sistema hasta el punto de "colgarle". Todo lo expuesto implica que es preciso disponer de una memoria de calidad, ya que la fiabilidad del sistema estará en gran medida en las transacciones de datos realizadas.

Aunque la memoria actual es mucho más fiable que la de hace unos años aun siendo de mucha mayor capacidad y funcionando a elevadas velocidades, es preciso habilitar mecanismos de corrección de errores o, cuando menos, de detección de los mismos. Ésta es la función de la paridad, paridad lógica y del control ECC, a saber:

Paridad Es el sistema más "veterano" de comprobación de errores, implementado por IBM en 1981 y operativo en nuestros días. Consiste en la generación extra de un bit por cada byte de información según una norma preestablecida. Posteriormente se vuelve a realizar la misma operación y se comprueba que el bit extra resultante sea el mismo, asegurando así la corrección o no de los datos. Existe la denominada paridad par ("even") y la impar ("odd"), difiriendo únicamente en los atributos. Lo habitual es establecerla de forma vertical u horizontal.

En el caso de la paridad vertical, se añade un bit extra para conseguir que el número de unos sea par o impar (dependiendo del tipo). Así:

10010110 ⇒ 0 (Paridad par = 1+0+0+1+0+1+1+0+0)
10010110 ⇒ 1 (Paridad impar = 1+0+0+1+0+1+1+0+1)

El proceso en paridad horizontal difiere en poco al expuesto: en este caso se usan varias tramas de datos obteniendo una nueva trama definida por la paridad de las columnas de los datos anteriores. En el ejemplo se puede observar:

Dato 1	*0*	*1*	*1*	*0*	*1*	*1*	*0*	*0*
Dato 2	*0*	*0*	*1*	*1*	*0*	*1*	*0*	*1*
Dato 3	*1*	*1*	*0*	*1*	*1*	*0*	*1*	*1*
	⇩	⇩	⇩	⇩	⇩	⇩	⇩	⇩
Paridad par	*1*	*0*	*0*	*0*	*0*	*0*	*1*	*0*
Paridad impar	*0*	*1*	*1*	*1*	*1*	*1*	*0*	*1*

La gran limitación de la paridad es la imposibilidad de corregir fallos, limitándose únicamente a detectarlos. Podría darse el caso, aunque bastante improbable, de que el error de la información afectase a dos bits, cambiando un 0 por un 1 y viceversa. En este caso extremo la paridad sería incapaz de detectar el error. En definitiva todo el proceso va encaminado a validar el envío y, en caso contrario, el circuito comprobador de paridad generará una interrupción no enmascarable (NMI) para que el micro detenga el sistema.

Tanto la generación de paridad como su comprobación es un proceso que se efectúa de forma paralela a las operaciones convencionales de memoria, por lo que no ralentiza el sistema.

Paridad lógica

A poco que se investigue en el hardware, rápidamente se observa que es un caldo de cultivo ideal para personas sin escrúpulos. Microprocesadores remarcados, material RMA, diferentes modos de entender el sistema de medida… Y la memoria no iba a ser menos.

Sin duda, es bueno disponer de memoria con paridad con respecto a la que no la tiene. Dado que es preciso almacenar un bit más por cada byte de información, estos módulos con paridad resultan más caros que los convencionales, aunque también ofrecen un nivel de seguridad mayor.

Este incremento de precio provocó que la mayoría de las placas base pasaran a no contemplar la paridad, pero pasado un tiempo, la tendencia volvió a invertirse. ¿Qué hacer ahora con la producción de módulos sin paridad cuando el mercado exige que la lleven? La solución es la paridad lógica.

La paridad lógica, también denominada paridad falsa, consiste en un circuito electrónico que genera el bit extra de paridad una vez que el dato ha sido enviado. Por supuesto, nunca hay errores, ya que, en caso de haberlos, se genera la falsa paridad sobre el error, con lo que queda automáticamente validado. Resulta mucho más barato implementar este circuito que una paridad auténtica, pero como se puede entender, no sirve absolutamente para nada.

Este tipo de módulo se reconoce fácilmente, ya que lleva una construcción igual en número de chips a un módulo con paridad, pero el encargado de realizar la paridad lógica es de diferente tamaño (generalmente más pequeño). También suele llevar una serigrafía diferente al resto de los chips.

Estos módulos resultan útiles cuando se quiere ampliar memoria en una placa que sólo soporta memoria con paridad y no se dispone de ésta. En cualquier otro caso es un fraude, ya que suele ser más cara que la memoria sin paridad y no supone ninguna ventaja sino todo lo contrario: el enmascaramiento de errores.

ECC El ECC o "Error Correction Code" es el sistema basado en unos cálculos y algoritmos por el que un módulo evalúa la integridad de los datos. El ECC puede detectar errores simples y múltiples y, dependiendo del caso, corregirlos. Es preciso que la BIOS soporte el ECC y se habilite desde el SETUP.

El aumento de efectividad en la detección frente a la paridad tiene una penalización en el número de bits usados. Así, si la paridad usa 1 bit para asegurar la información de 1 byte, el ECC usará, por ejemplo, 7 bits para bloques de información de 4 bytes, 8 para informaciones de 8 bytes. Esto hace que los módulos de memoria con funciones de ECC incorporadas dispongan de una anchura de datos mayor, tal es el caso de los SIMM con 36 (32+4) bits o los DIMM con 72 (64+8). Por otro lado, también suele añadir un estado de espera en los procesos de lectura, rebajando ligeramente el rendimiento del sistema.

El ECC funciona de forma transparente al usuario, solucionando las anomalías que le son posibles en el momento en el que se producen. Como añadido, tiene la ventaja de lanzar un mensaje de error al sistema operativo para indicar si ha corregido algo o se ha producido algún problema. Es tarea del propio sistema operativo notificar al usuario tales percances. Estos mensajes sólo son soportados por Windows NT y LINUX.

Puede parecer que el no corregir, aunque sí detectar, más de un bit entre 64 no es un gran avance, pero lo cierto es que los errores múltiples de bits en memoria son poco frecuentes.

El usuario puede adquirir memoria sin paridad, con paridad o con ECC, aunque lo más habitual es que los módulos no dispongan de paridad. El precio de implementar estos sistemas de seguridad se refleja en el módulo, ya que es preciso implementar más bits que controlen la información. Por otro lado, la memoria sin paridad es la de mayor producción y esto, sin duda, es decisivo a la hora de abaratar costes, aunque el control de ECC se está implantando poco a poco.

Tanto la paridad como el ECC se habilitan desde la BIOS y, lógicamente, esta opción debe estar en consonancia con el tipo de memoria instalada. Es importante tener en cuenta que la memoria con paridad puede trabajar perfectamente en modo ECC, pero la ECC no admite control de paridad.

En cuanto a la identificación, los módulos ECC siguen las mismas directrices que los que tienen paridad, pero suelen ir serigrafiados como ECC de forma específica.

4.5.6. Velocidad de la memoria

La memoria debe ser, al menos, tan rápida como lo requiera el sistema. La memoria DRAM se caracteriza, entre otras cosas, porque consume el mismo tiempo en leer una palabra de datos que en escribirla. Este parámetro recibe el nombre de tiempo de acceso a filas o tRAC ("Time Row Access") y viene expresado en nseg (10^{-9} seg). Aunque existen otros parámetros de medida, el tRAC refleja claramente la velocidad de la memoria. Ésta debe estar en consonancia con el microprocesador para no crear "cuellos de botella". Así se recomienda memoria de 100 ns para los XT, 80 nseg para 286, 70 nseg para 386 y 60 nseg para la gama 486[41].

[41] Intel®, en su día, realizó una recomendación para microprocesadores PENTIUM® con velocidades de bus externas de 66 MHz: era necesario instalar memoria de 60 nseg. De igual modo y para velocidades de 60 MHz era precisa memoria de 70 nseg. Estos parámetros eran flexibles y han quedado relegados a un segundo plano con la aparición de buses a velocidades muy superiores con una correspondencia directa con la memoria.

Figura 4–10 Comparativa entre memorias

En la figura anterior se detalla la prioridad de la memoria basándose en el tiempo de acceso de forma genérica. Se ha dado consideración de memoria tanto a los registros internos del microprocesador como a los soportes físicos (discos duros, representados como memoria secundaria) y a las cintas y otros dispositivos (memoria auxiliar) para dar una mayor visión panorámica.

No todos los módulos serigrafiados como PCXX son iguales: existen diferentes tiempos de latencia que afectarán al rendimiento del sistema. Los chips más habituales y económicos que se pueden encontrar en este sentido son los denominados GL o G8, usando un CAS de latencia de 3. Por otro lado los denominados GH ofrecen el mismo ratio en 2. Esto implica que para trabajar a velocidades superiores (supóngase 133 MHz), un módulo implementado con chips GH lo soportaría y no ocurriría así con otro con chips GL o G8. Lo expuesto es válido para PC100, PC133 y PC150.

La máxima velocidad dentro de la memoria DRAM del sistema se consigue con los módulos RIMM que, teóricamente alcanzan velocidades de 900 MHz aunque, hasta el momento de la edición de este libro, no se han superado los 400 MHz.

4.6. MEMORIA-MICRO: LOS ESTADOS DE ESPERA

El acceso del microprocesador a la memoria se realiza en dos tiempos claramente definidos. En el primero se localiza la dirección donde se van a almacenar los datos o de donde se van a leer: es el tiempo empleado en la decodificación de la dirección de memoria. En el segundo se realiza la lectura o la escritura de forma efectiva. Este tiempo es empleado por los condensadores que internamente forman la memoria para cargarse (escritura en memoria) o descargarse (lectura). En condensadores convencionales, este tiempo depende de un factor específico del componente llamado τ[42]. Ésta es la razón de que el microprocesador precise dos ciclos para trabajar con la memoria. Así se podría expresar que:

[42] Siendo ortodoxos, el tiempo de carga y descarga corresponde a un valor que se establece en 5 τ.

$$CICLO_{MEMORIA} = Tiempo_{ACCESO} + Tiempo_{CARGA}$$

Un ciclo de máquina, también llamado ciclo del microprocesador, es el tiempo consumido por cada una de las operaciones que el bus del microprocesador puede realizar. Supóngase que se desea trabajar con un microprocesador a 350 MHz. La configuración del bus de la placa base se realizará a 100 MHz y dicha frecuencia se multiplicará por 3,5 para obtener los 350 MHz del microprocesador. El trabajar a 100 MHz significa que durante cada segundo se toman 100 millones de unidades, esto es 1 seg. / 10^8= 10 nseg. En este caso se entenderá que un microprocesador con un bus de 100 MHz tendrá un ciclo de 10 nseg. Es importante destacar que una microinstrucción puede consumir más de un ciclo de máquina.

Por otro lado, desde que el microprocesador pone la dirección de memoria en el bus de direcciones –que posteriormente deberá tratar el decodificador de memoria– hasta que activa el *strobe* de lectura o escritura, también pasa un tiempo que deberá ser igual o mayor al tiempo consumido en el proceso descrito en la memoria.

Conocido que el microprocesador necesita dos ciclos de máquina para poder trabajar con la memoria (correspondientes al tiempo de acceso y el de carga que forman el denominado ciclo de memoria), surge un concepto nuevo: los estados de espera o "wait states", definido a continuación.

Se trata de poder gestionar unos ciclos que relacionen el microprocesador con la memoria. Si ambos dispositivos trabajasen a la misma velocidad, cada ciclo del micro se correspondería con el mismo de memoria. Ahora bien, si la memoria es más lenta, quizás sea preciso "ralentizar" la información haciendo que, una vez generado el primer ciclo de microprocesador, el siguiente sea inhábil para así "dar tiempo" a que la memoria gestione lo recibido en el ciclo anterior. Este retraso sería un estado de espera, generado normalmente por el controlador de memoria implementado en el chipset y que en algunas placas se puede definir por BIOS (concretamente en el apartado de "Advanced Chipset Features").

Veamos un ejemplo:

Supongamos un PC cuyo bus trabaje a 33 MHz (como ya es sabido, el microprocesador deberá trabajar a la velocidad del bus incrementada por un factor multiplicador). En este caso, supondremos que el microprocesador también trabaja a 33 MHz (tal podría ser el caso de un 80386 o un 80486). El hecho de hablar de esta velocidad implica que, cada segundo, el PC realiza treinta y tres millones de ciclos, es decir, cada ciclo tiene una duración de:

$$\text{Ciclo} = \frac{1\,\text{sg}}{\text{Frecuencia}} = \frac{1\,\text{sg}}{33 \cdot 10^{6}\,\text{sg}} = 0{,}030 \cdot 10^{-6}\,\text{sg} = 30{,}30\,\text{nsg}$$

Este PC necesitaría, por tanto, una memoria de 30,30 + 30,30 = 60,60 nseg, dado que se precisan dos ciclos. En la tabla siguiente se ofrece una relación frecuencia/período que puede resultar útil a la hora de realizar estos sencillos cálculos de tiempo.

MHz	ns
25	40,00
33	30,30
50	20,00
60	16,67
60	16,67
66	15,15

MHz	ns
100	10,00
133	7,52
150	6,67
400	2,50
...	...
1000	1,00

Tabla 4–5 Velocidad del bus / tiempo del ciclo

Supongamos también en el mismo ejemplo que la memoria no es de 60,60 nseg sino que es algo más lenta, por ejemplo de 70 nseg (a efectos didácticos exclusivamente). El equipo estaría completamente desincronizado pudiendo incluso llegar el caso de que no arrancase. La solución consistiría en añadir un estado de espera al micro, es decir, en lugar de que el ciclo de memoria sea dos veces el ciclo del micro, al añadir un estado de espera el ciclo de memoria será tres veces el ciclo del micro, es decir, 90,90 nseg. De esta forma si antes la memoria era 70-60,60 = 9,4 nseg más lenta, ahora es 90,90-70 = 20,9 nseg más rápida. Bajo esta perspectiva y otras muchas ajenas al objeto de este libro, los estados de espera ("WS") son útiles.

Veamos ahora cuánto "cuesta" ese ajuste: si el ciclo de memoria es ahora de 90,90 nseg significa que, en el caso de estar sincronizada con su microprocesador, éste debería dar dos ciclos en ese intervalo de tiempo, es decir, 90,90/2 = 45,45 nseg. Por extensión se puede determinar que si el ciclo del micro consume 45,45 nseg es porque trabaja a 22 MHz (dado que la frecuencia es la inversa del período, es decir, 1/45,45 = 22 MHz, despreciando los decimales). Analizando estos datos se desprende que la inclusión de un estado de espera ha reducido el rendimiento del microprocesador en un 33%, bajando del rendimiento obtenido en 33 MHz a 22 MHz. Si el decremento de velocidad parece superfluo, sería interesante que el lector realizase los mismos cálculos para los microprocesadores actuales. Sin duda, los resultados le sorprenderán, ya verá...

Lo cierto es que actualmente estos casos extremos no se dan y la tecnología consigue velocidades que palidecen cualquier cálculo. Tal puede ser el caso de la RAMBUS SDRAM ya implementada por SAMSUNG con velocidades comprendidas entre los 900 MHz y 1 GHz, aunque de forma práctica, en el momento de la edición de este libro, no se han superado los 400 MHz en los Pentium 4, primeros microprocesadores que han incorporado esta memoria. Esto no impide que un técnico deba enfrentarse a ordenadores que no siempre son los más actuales y ser capaz de solucionar problemas como el expuesto.

Es importante destacar, aun a riesgo de ser reiterativo, que algunos módulos de memoria (por supuesto en formato DIMM), llevan serigrafiada la etiqueta "PC100". Esto significa que la memoria soporta hasta 100 MHz: este tipo de memoria no funcionará correctamente en placas cuyo bus no sea configurado a esa misma velocidad. Por supuesto esto es extensible a casi todos los modos de memoria (PC133, PC150,...), descartando así la falsa creencia (aunque intuitiva por otro lado) de que una memoria "más rápida" siempre tendrá la posibilidad de trabajar "más lenta":

De forma genérica, la mayor parte de los PENTIUM cuando trabajan con memoria FPM ("Fast Page Mode"), suelen precisar 3 ciclos, 2 si trabajan con EDO y, obviamente 1 si se trabaja con memoria SDRAM (memoria síncrona con la velocidad del microprocesador).

4.7. IDENTIFICACIÓN DE MÓDULOS: NOTACIÓN DxW-S

Un problema típico en referencia a la memoria es la identificación de la misma. El método infalible consistiría en anotar la identificación de cada uno de los integrados que componen el módulo y consultarlo en un "Data Book", libro muy conocido por los electrónicos donde se recogen las características, equivalencias... de la mayoría de componentes electrónicos.

La mayor parte de los fabricantes suelen responder a la denominada notación DxW-S que da una información total sobre la memoria. Se trata de tres parámetros independientes (D, W y S) que responden a los siguientes conceptos:

El parámetro D indica lo que se podría denominar la "profundidad" del módulo de memoria. Este factor viene expresado de forma habitual en Mb (Megabits) excepto en módulos muy pequeños –y ya desaparecidos del mercado– donde la notación es expresada en Kb (Kilobits). En el primero de los casos los valores típicos son 1, 2, 4 y 8, mientras que en el segundo son 256 ó 512 siempre, lo que hace fácil la distinción. En la expresión en Kb será preciso –de cara al cálculo de la capacidad del módulo– multiplicar el valor (256, 512,...) por 1.024, mientras que cuando el tamaño es en Mb, la multiplicación del número (1, 2, ...) será por 1.024^2 (1.024 x 1.024).

W, el segundo factor, indica el "ancho" de datos del chip (recuérdese que un módulo está formado por varios chips) que debe corresponder a una "palabra" o media "palabra", también expresada en bits, así como si tiene o no paridad o control ECC (ver el apartado destinado a *Transacción de datos*). Así, el ancho de datos en los formatos SIMM y DIMM corresponderá a la tabla siguiente:

	SIMM 30c	SIMM 72c	DIMM 168c
Sin paridad	8	32	64
Con paridad	9 (8+1)	36 (32+4)	72 (64+8)

Tabla 4–6 Ancho de datos en RAM

El caso de la paridad quizá sea el más sencillo, ya que cualquier variante al ancho de datos normal será un indicativo de paridad o ECC. Como el lector ya sabe a estas alturas, los SIMM de 30 contactos, los de 72 y los módulos DIMM tienen un ancho de datos respectivo de 8, 32 y 64 bits. Cualquier variación sobre estos valores, que serían 9, 36 y 72, es el indicativo de presencia de paridad (se añade 1 bit de paridad por cada 8 datos, tal y como se describe en el apartado de *Paridad*).

Deberá comprobarse si la máquina requiere paridad o no antes de elegir la memoria. No hay problemas en poner módulos con paridad en una máquina que no la precise, ahora bien, no se puede hacer a la inversa: poner módulos sin paridad en máquinas que sí la requieran. Determinadas máquinas admiten mediante configuración habilitar o deshabilitar los requerimientos de paridad.

Por último está el parámetro S, que determina la velocidad del módulo de memoria. Este dato siempre se expresa en nanosegundos (nseg). Se deberá buscar una concordancia entre lo que precisa la máquina y lo que se dispone. Normalmente el parámetro "S" aparece al final de la identificación separada con un guión. Así, un chip que aparezca como XXXX-70 indicará que trabaja a 70 nseg. El lector debe tener en cuenta que el concepto de velocidad a veces se interpreta como una respuesta en el tiempo (indicando los nanosegundos que precisa el módulo para "reaccionar"), mientras que en otros casos se hace como una relación de operaciones en el tiempo (Mhz). Cualquier forma es válida siempre y cuando se tenga presente el concepto y la relación entre ambas. Hay una fórmula que las relaciona que responde a:

$$T = \frac{1}{F}\text{; o, de otro modo, } F = \frac{1}{T}$$

Por T se entenderá el período (habitualmente nseg) y por F la frecuencia (MHz /GHz).

Es importante eliminar un viejo tópico referente a la exclusividad de la memoria con determinadas máquinas: la memoria es la misma en un PC que en MAC, PS/2, una impresora o sistemas medios. Las diferencias estriban en conceptos ya conocidos por el lector: velocidad, paridad y formato. La excepción de la regla se puede encontrar en los módulos DIMM que difieren en formato si son para PC o para MAC. En este caso el módulo "desplaza" sus divisiones para que el usuario no pueda confundirse (son incompatibles, entre otros aspectos, en tensión).

Así la interpretación de un módulo de memoria resulta sencilla. Supongamos el caso de un módulo 2x32-60. Se trata de un módulo SIMM de 72 contactos, ya que el número 72 así lo indica. No tiene paridad y su capacidad es de 2 x 1.024^2 x 32 bits, es decir, 8 MB. Por último, la velocidad es de 60 nseg.

Tamaño (MB)	SIMM 30c	SIMM 30c (PARIDAD)	SIMM 72c	SIMM 72c (PARIDAD)	DIMM 168c	DIMM 168c (PARIDAD)
1 MB	1x8	1x9				
2 MB	2x8	2x9				
4 MB	4x8	4x9				
8 MB			2x32	2x36		
16 MB			4x32	4x36	2x64	2x72
32 MB			8x32	8x36	4x64	4x72
64 MB			16x32	16x36	8x64	8x72
128 MB			32x32	32x36	16x64	16x72
256 MB					32x64	32x72

Tabla 4–7 Módulos de memoria[43]

Si bien es cierto que existen –o han existido– módulos de diferente capacidad en los formatos especificados en la tabla, éstos han sido casos muy excepcionales y no le resultará difícil al lector ampliar la tabla con el módulo que desee. El método de obtención de valores (capacidades) a partir de la misma, se realiza del siguiente modo:

Supóngase que se desea comprobar la capacidad del módulo SIMMM de 30 contactos sin paridad de 1 MB (el referenciado como 1x8). Según la notación expuesta DxW-S, el valor de D corresponde a 1 que deberá multiplicarse por 1.024 y 1.024 (Mb). Por otro lado, W será 8 bits, es decir, 1 byte. De aquí se deduce que:

1 x 1.024 x 1.024 x 8 = 8.388.608 bits / 8 = 1.048.576 bytes = 1 MB

Repitiendo el proceso con un DIMM de 128 MB referenciado como 16 x 64 se obtiene que:

16 x 1.024 x 1.024 x 64 = 1.073.741.824 bits / 8 = 134.217.728 bytes = 128 MB

En otras palabras, debe entenderse que el módulo descrito de 128 MB es capaz de referenciar 16 x 1.024 x 1.024 posiciones de 64 bits (8 bytes) cada una. La suma de las capacidades de todas las celdas conforman la memoria total de 128 MB.

Todo lo expuesto es análogo para los módulos con paridad pero previamente habrá que descontar los bits destinados a la seguridad de los datos, ya que éstos no representan capacidad útil. Así, deberá darse la consideración de memoria sin paridad al cálculo. Por ejemplo, supóngase el módulo 32 x 72. Su capacidad corresponderá a:

32 x 1.024 x 1.024 x (72-8) = 2.147.483.648 bits / 8 = 268.435.456 bytes = 256 MB

El byte restado a los 72 bits corresponde al usado como control de paridad.

43 Esta tabla representa valores por chip que sólo serían aplicables a módulos de memoria suponiendo que éstos estuviesen formados por un único chip. En caso de que el módulo dispusiese de más de un chip, habría que multiplicar la capacidad de los mismos por el número de chips integrados.

En referencia al fabricante, no siempre resulta clara su identificación. Son varios los motivos: por un lado, se suelen usar abreviaturas que raras veces tienen similitud con un acrónimo o son realmente identificativas. Por otro lado, habitualmente los módulos no son producidos por las casas que fabrican los chips, sino que es bastante común que empresas ensambladoras adquieran los integrados y realicen la operación de integración en un módulo. La calidad, por tanto, no será cuestión de la marca en la mayor parte de los casos, sino del ensamblador que imponga más o menos controles de calidad. Es común que estas empresas intermedias borren la serigrafía correspondiente al fabricante original y la remarquen.

Por último, dos datos más: la identificación del tipo de memoria vendrá en función del número de inicio serigrafiado en cada uno de los chips. Así si comienza por 4 se tratará de una DRAM, el 42 indicará VRAM y el 45 SDRAM. También será importante la terminación: habitualmente la memoria FPM suele terminar sus números en 0 (4400, 6400…), mientras que la EDO lo suele hacer en 4 ó 5 (7404, 7405…).

4.8. DIRECCIONAMIENTO FÍSICO DE LA MEMORIA

Aunque no existe un direccionamiento físico como tal en la memoria, se ha querido distinguir con este título el acceso de la máquina a cómo lo hace el sistema operativo. Sería complejo, y quizás en parte inútil, intentar describir el proceso de funcionamiento interno de todos los tipos de memoria. No obstante, se hace preciso entender cómo se pueden direccionar los datos para realizar operaciones con ellos.

El proceso en sí es bastante sencillo. Basta con indicar la celda a la que se desea acceder con una referencia de fila-columna, pero eso sí, en binario y de la forma más "económica" posible. Veamos cómo:

Supóngase un chip cualquiera de un módulo de memoria, por ejemplo, una serigrafía de 4Mx4 (éste podría aparecer también como 16Mbit). Esto indica que el chip en cuestión está dotado de 4M = 4 x 1.024 = 4.096k x 1.024 = 4.194.304 celdas diferentes de 4 bits de capacidad. Para poder direccionar las 4.194.304 celdas será preciso trabajar con 22 bits, ya que 2^{22} = 4.194.304. Dicho de otro modo, se deberá disponer de 11 "hilos" para filas y otros tantos para columnas.

Bien, conociendo ya la estructura interna, se podría intentar acceder a una posición (celda) concreta. Supongamos que la celda seleccionada es la posición 2.534.553 por ejemplo. En binario corresponde al número 1001101010110010011001 (se recomienda ver los capítulos de Electrónica Digital para realizar la conversión decimal-binario), obviamente de 22 bits. Como se sabe que es preciso direccionar mediante filas y columnas, se partirá el número en dos bloques de 11 bits resultando que:

10011010101	*10010011001*
Columna	*Fila*

	BINARIO	DECIMAL
COLUMNA	10011010101	1237
FILA	10010011001	1177

Tabla 4–8 Direccionamiento físico

El número decimal no servirá para nada, excepto para dar una idea al lector de la situación de la celda, considerada dentro de una matriz de 2.048 filas por 2.048 columnas (2^{11}x2^{11}).

Hasta aquí, el proceso es sencillo, pero iniciábamos este apartado hablando del sentido "económico" de la memoria y también es aquí donde se debe dejar notar. Obviamente es más barato, pequeño y compacto disponer de 11 hilos (pines) para direccionar memoria que de 22 (¡justo la mitad!) y eso es lo que hacen los fabricantes.

El controlador de memoria decodifica la dirección de la celda (dirección de memoria) sobre la que se desea operar y pone en el bus de direcciones la dirección de la fila a leer. Pasado un determinado intervalo de tiempo suficiente para que la señal enviada se estabilice, el controlador de memoria envía un 0 a la señal de "strobe" de direcciones de filas activa por nivel bajo, a la que se llama /RAS, es decir, inhabilita dicha entrada entendiendo que el dato enviado "sigue" allí.

A continuación, se envía el número binario correspondiente a las columnas, y, de forma análoga al proceso anterior, cuando la señal se estabiliza pasado un determinado intervalo de tiempo, el controlador de memoria pone a 0 el "strobe" de las columnas que, en este caso, recibe el nombre de /CAS. Los búferes de salida del chip seleccionado vuelcan su información al bus de datos, donde estarán disponibles para el periférico que inició la operación de lectura.

En este ejemplo se han obviado parámetros de sincronismo, medición de tiempo de estabilización, activación de señales R/W que determinan la operación de lectura o escritura, etc., pero se considera válido con fines didácticos.

4.9. DIRECCIONAMIENTO LÓGICO DE LA MEMORIA

Con las ideas expuestas en el punto anterior, resulta fácil entender cómo de una forma lógica se produce el acceso y qué modalidades hay, tal y como se expone:

El PC divide la memoria en bloques de 64 KB que recibirán el nombre de segmentos. Dentro de cada segmento volverá a realizar particiones. Así, para referenciar una posición concreta, lo hará indicando a qué segmento se desea acceder y dentro de él a qué posición. Esta determinación de un área de memoria se desarrolla bajo el formato de <segmento>:<offset>, siendo el offset el desplazamiento producido dentro del segmento. Por el mismo procedimiento de direccionamiento obtenido a partir del bus de direcciones, se puede obtener el número de bits preciso para poder gestionar el "offset": 16 bits, dado que 2^{16}= 65.536 posiciones (en modo real).

No obstante y a fin de profundizar más en el tema, se describen los modos real, protegido y vitual, a saber:

Real Se trata del formato original de direccionamiento y es el que emplean todos los PCs en el momento de arranque (¡sí, todos!). Así, en los XT con un máximo de 1 MB la problemática consiste en poder direccionar 1 MB (para lo que es preciso disponer de 20 bits ya que 2^{20} = 1.048.576 bits = 1 MB) con sólo 16 bits. La solución aportada es la siguiente: al disponer sólo de 1 MB, éste se divide en bloques de 64 KB. El resultado es de 16 segmentos (1.048.576 bits / 64 · 1.024 = 16), es decir, se precisarán 4 bits (2^4 = 16) para referenciar cada segmento y 16 bits más (2^{16} = 65.536 = 64 KB) para indicar el desplazamiento u "offset" (por eso también recibe el nombre de direccionamiento *segmentado*). Este desplazamiento siempre está contemplado dentro del mismo sector, motivo por el que se le llama dirección o desplazamiento relativo (al segmento, por supuesto). En definitiva 4+16=20 bits forman una dirección física o *segmentada* obtenida a partir de direccionamientos de 16 bits.

Ahora bien, dado que en los PC XT se da la circunstancia de que sólo se dispone de 16 bits para direccionar memoria, lo que se hace en este caso es multiplicar por 16 (10h) el valor indicado en el segmento y sumarle el "offset". Esta operación permite acceder hasta el último byte del MB que soporta el XT. Es decir: *61.440:65.535* que es la posición del último byte:

<61.440>: <65.535 > 61.440 x 16 = 983.040, que sumado al "offset": 983.040 + 65.535 = 1.048.575

La misma operación en formato hexadecimal respondería a:

<F000h> : <FFFFh> F000h x 10h = F0000h, que sumado al offset: F0000h + FFFFh = FFFFFh

Obsérvese que se parte de dos direccionamientos de 16 bits (segmento y offset formados por cuatro caracteres en hexadecimal que precisan de cuatro bits cada uno para su representación binaria, tal y como se explica en el capítulo *Codificación de la Información* dentro del apartado *Sistema Hexadecimal*) obteniendo un direccionamiento físico final de 20 bits (cinco caracteres en hexadecimal).

En modo real no se puede dar la multitarea, es decir, la posibilidad de realizar particiones de tiempo a diferentes tareas en ejecución, dando la sensación de una ejecución en paralelo (multiproceso). El motivo estriba en que este sistema no está diseñado para asignar memoria a aplicaciones, sino que se entiende que toda la memoria disponible está dispuesta para la aplicación en ejecución. Este modo de direccionamiento se mantiene con micros superiores guardando así la compatibilidad.

Es interesante destacar que este tipo de direccionamiento, teóricamente, es susceptible de generar errores dadas las posibilidades de *solapamiento*. Obsérvese que para acceder a una dirección concreta, por ejemplo, la A2122 expresada en hexadecimal, se podría hacer de la siguiente forma:

A2122h ⇒ Segmento: A212, Offset: 0002

Dirección: A212h x 10h = A2120, que sumado al "offset":
A2120 + 0002 = A2122h

o bien

A2122h ⇒ Segmento: A200, "offset": 0122

Dirección: A200h x 10h = A2000, que sumado al "offset":
A2000 + 0122 = A2122h

Esto implica la posibilidad de acceder a la misma posición de memoria desde diferentes direccionamientos, provocando errores al sobrescribir la misma zona de memoria. Dicho de otro modo cuantificado: cualquier dirección física se puede representar con 2^{12}, es decir, un total de 4.096 direcciones segmentadas.

Es también en esta área de memoria donde se habilita la zona de vectores de interrupción. Esta zona va desde la posición 0 hasta la 1.024, conformando el espacio para 256 interrupciones de 4 bytes (2 bytes para el segmento y otros 2 para el "offset" como ya es sabido) que contienen las direcciones donde accederá el micro cuando procese una interrupción (éste es un proceso automático del microprocesador). Parte de las rutinas de destino de dichas direcciones están gestionadas por la BIOS. De forma análoga al ocupamiento de memoria, existe otra zona siempre en permanente uso: la de vídeo, ubicada en la dirección A000h hasta la C000h.

Protegido Surge ante la necesidad de direccionar más memoria y aparece junto a los 80286. En este caso el formato de dirección cambia a <selector>:<offset>, siendo el *selector* la figura ya explicada como *segmento* pero ampliada hasta dos bytes, pudiendo llegar a direccionar hasta 2^{16} bloques de 64 KB, es decir, un total de 65.535 bloques.

Por supuesto los modos real y protegido son incompatibles entre sí. No obstante, se permite conmutar del modo real al protegido pero no a la inversa, siendo preciso reiniciar la máquina en ese caso. El motivo de dicho cambio (real a protegido) puede venir impuesto por el software que corra en la máquina. Así, nada más arrancar el PC en modo real se puede cambiar al protegido de, por ejemplo, Windows.

Virtual Dentro de la cronología de los microprocesadores este modo aparece con los 80386. Su objetivo es la multitarea, es decir, la asignación de particiones de tiempo a diferentes programas que se ejecutan consecutivamente. Esto da la sensación al usuario de un proceso en paralelo (multiproceso), aunque realmente no es así y se manifiesta con una ralentización de la máquina.

El método consiste en asignar 1 MB de memoria a cada aplicación con una pequeña parte residente del sistema operativo. Puesto que cada aplicación dispone de su memoria, ya no es preciso controlar el acceso de las tareas a direcciones ocupadas de memoria.

4.10. EL CONTENIDO DE LA MEMORIA

La memoria RAM sirve para almacenar datos de manera temporal y se debe pensar en ella como en un conjunto de celdas destinadas a almacenar datos de 1 byte (8 bits). En los ficheros ASCII, cada byte se interpreta como un número del código ASCII (255 caracteres que se relacionan con un número, una letra...). En los ficheros binarios, cada byte es una orden directa para el microprocesador.

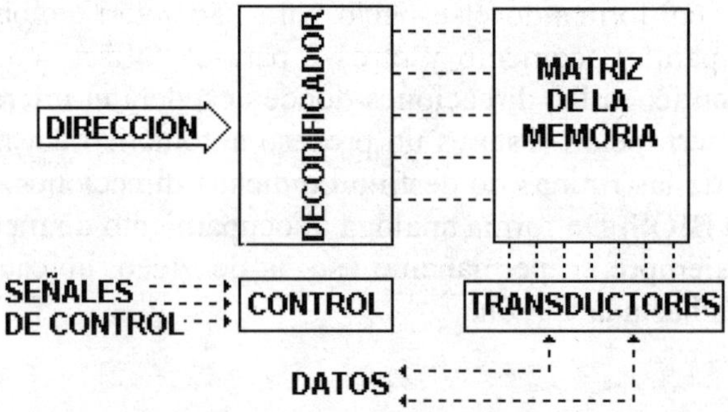

Figura 4–11 Funcionamiento de la memoria

Por ejemplo, los dos bytes usados para formar el número CD21h corresponden a la instrucción INT 21h que activa la interrupción 21h del microprocesador.

Cada celda de memoria se identifica mediante una dirección de memoria. La capacidad de direccionamiento de memoria o, lo que es lo mismo, del tamaño total de la memoria, dependerá del bus de direcciones del microprocesador. Supongamos un bus con dos líneas (hilos), podríamos direccionar hasta cuatro posiciones de memoria (2^2=4). Se trataría de las direcciones 00, 01, 10 y 11. De esta forma, los XT (20 líneas) pueden gestionar (direccionar) hasta 1 MB (2^{20} = 1.048.576 direcciones de 1 byte, que es igual a 1.024 KB). Los 80286, con un bus de direcciones de 24 bits direccionarán hasta 16 MB (2^{24}= 16.777.216 bits = 16 MB), los 386 y 486sx con 32 "líneas" de direcciones lo harán hasta 512 MB (2^{32} = 4.294.967.296 bits = 512 MB).

4.11. DIVISIONES DE LA MEMORIA

Existen una serie de matices al manejo de esta memoria: uno de ellos es que en las direcciones comprendidas entre los 640 KB y un 1 MB de memoria, se almacenarán rutinas de la ROM BIOS. Sólo quedan pues para el MS DOS desde 0 KB hasta los 640 KB. Tras este concepto, es fácil entender que un PC con 1 MB de RAM, disponga en realidad de 1.408 KB divididos de la siguiente forma:

- 0 KB-640 KB se toman de los chips de RAM.
- 640 KB-1.024 KB se toman de los chips de la BIOS (vídeo, p.e.).
- 1.024 KB -1.408 KB se toman de los 384 KB "sobrantes" de los chips de la memoria RAM. Este "sobrante" se usará como memoria extendida.

Existe memoria que no está situada en el rango de direcciones físicas (que no se colocaría en el rango de celdas apiladas). Para acceder a esta memoria, se realiza un proceso similar al de acceso a datos de discos: se lee la información y se coloca en el rango físico de memoria que puede leer el microprocesador. Dentro de este tipo de memoria, se podrían citar los 64 KB de la CMOS RAM donde se almacenan todos los datos de la BIOS, la memoria "shadow" RAM que en algunos PCs consume los típicos 384 KB sobrantes del primer MB de RAM, la caché del ordenador (entre 32 KB y 1 MB) e, incluso, la memoria expandida, que es memoria normal dentro del rango de direcciones físicas, que se saca fuera de ese rango y pasa a no tener una dirección accesible por el microprocesador.

Para más información sobre la memoria, se remite al lector al apartado de "*La memoria a escala lógica*".

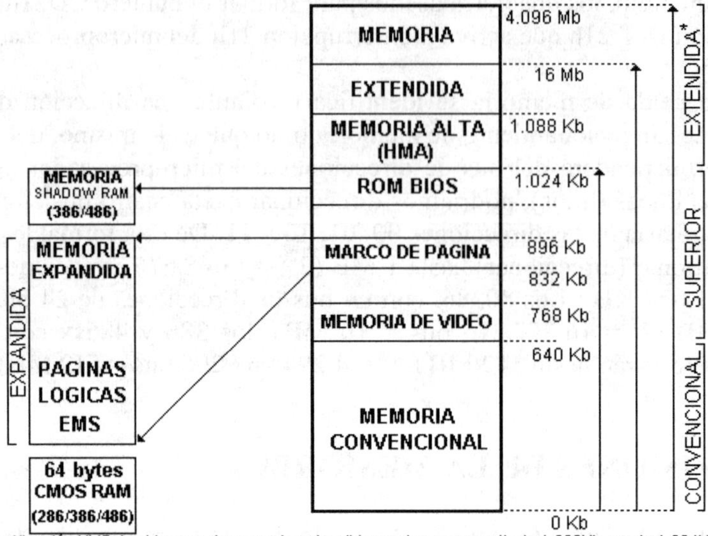

En la especificación XMS, los bloques de memoria extendida comienzan a partir de 1.088Kb, no de 1.024Kb.

Figura 4–12 Divisiones de la memoria

4.12. LA MEMORIA CACHÉ

Existe un tipo de memoria denominado caché de poca capacidad (entre 16 y 1.024 KB según el tipo de microprocesador) que se incorpora en la placa base para agilizar los procesos entre la memoria del sistema y el microprocesador. Habitualmente en los 486 se incorporaba este tipo de memoria en formato DIL (Dual In Line), aunque en las placas base PENTIUM se tiende a un zócalo donde se pueda insertar la memoria que el usuario desee. Habitualmente estas memorias han sido asíncronas y últimamente se tiende al tipo síncrono que llega a aumentar hasta en un 13% el rendimiento. Existen dos versiones: “syncburst” y “pipeline burst”.

Estos tipos de memoria aceleran considerablemente todo el proceso, ya que son capaces de enviar más instrucciones al microprocesador en menos tiempo (SRAM con tiempos de acceso inferiores a 2 nseg). La memoria “syncburst” tiene 2-1-1-1 estados de esperas y la “pipeline burst” 3-1-1-1. Por lo general, las placas llevan soldada la memoria caché, aunque algunas incorporan zócalos para ampliación denominados COAST (“Cache On A Stick”) en módulos similares de forma a los SIMM.

Esta memoria se sitúa entre el microprocesador y la DRAM del sistema, de forma que el controlador de la caché se irá anticipando a la CPU y suministrará información a la memoria caché desde la DRAM en previsión de lo que el microprocesador necesite. Sólo en el caso de que esta estimación de información no sea correcta se accederá a la DRAM con los consecuentes ciclos de espera. Estadísticamente la caché suministra la información necesaria al microprocesador entre un 80 y un 99% de las ocasiones.

La memoria caché de primer nivel o L1 (*Level 1*) es aquella que está implementada en el propio microprocesador. La de segundo nivel o L2 es la que se encuentra en la placa base (en el caso del PENTIUM II, esta caché se encuentra en la "placa" –circuito impreso del propio micro– del encapsulado). Existen también variaciones en sentido contrario: hay CPUs que no incorporan caché, por lo que la que se encuentra en la placa base tiene que hacer las veces de L1.

Cuando el microprocesador precisa de un dato, primero intenta acceder a él a través de la memoria L1, en caso de no conseguirlo accede a la L2 y, por último a la RAM del sistema. Obviamente la SRAM será más rápida que la DRAM, entre otras cosas por el ahorro de tiempo que supone el no depender de varios ciclos de máquina.

Los chipset de Intel HX, VX y TX para la familia PENTIUM no permiten el uso de la memoria caché cuando direccionan por encima de 64 MB, por lo que el usuario puede encontrar sorpresas de pérdida de velocidad de acceso al aumentar la memoria.

4.13. DIFERENTES TÉCNICAS DE AGILIZACIÓN DE DATOS

Dado que el fin perseguido es el aumento de rendimiento, capacidad de transferencia y velocidad en la memoria, se habilitan dos zonas de trabajo: por un lado la investigación en las diferentes técnicas que consigan circuitos más rápidos y fiables.

Por otro lado, el desarrollo de sistemas que aprovechen al máximo las posibilidades ofrecidas por el hardware. Ambas son de importancia vital y de ellas depende el resultado final. Dentro de las técnicas de mejor aprovechamiento de la memoria, es inexcusable mencionar dos: el "Burst Mode" y el "Interleaving", ambas expuestas a continuación:

Burst Mode A partir de los primeros PENTIUM, es posible mover bloques de datos entre la memoria y el micro de 256 bits (¡¡32 bytes!!) gracias a la memoria caché que es capaz de retener dichos datos. Esto agiliza el trabajo de la CPU, ya que no tienen que estar pendiente de la llegada de nuevos datos para una secuencia, sino que basta con que acceda a su caché para continuar trabajando. Dado que el bus de datos es de 64 bits en los micros actuales, esta transferencia se debe realizar en cuatro operaciones. A esta secuencia se le conoce como "Burst Mode".

El primer proceso de lectura o escritura, también llamado *"leadoff"*, consume más tiempo dado que es preciso direccionar las filas, columnas, esperar tiempos de latencia, etc. De ahí que dicho primer ciclo suela consumir entre 4 y 7 ciclos de reloj. Ahora bien, los datos son consecutivos, por lo que no es preciso tener que repetir todo el proceso ya realizado.

El tiempo usado por el acceso "burst mode" se suele representar en un formato que consta de cuatro números separados por guiones, de forma que el primero indica el número de ciclos de reloj para la escritura/lectura de los primeros 64 bits y los siguientes serán los ciclos empleados para el segundo, tercer y cuarto bloque de los datos.

Este modo de trabajo ahorra tiempo de forma importante. Supongamos que con DRAM estándar se desean transmitir 32 bytes. Aceptando un ancho de datos de 64 bits se precisaría 4 accesos donde cada uno consumiría 5 ciclos de reloj, es decir, 5+5+5+5=20 ciclos. Con una SDRAM trabajando en "burst mode" sería preciso realizar las mismas cuatro transferencias donde la primera consumiría el mismo tiempo que una DRAM hipotética, ahora bien, para el resto bastaría con un único ciclo de reloj, ya que la caché mantendría los datos. Expresados en la notación estándar resultaría que los ciclos consumidos sería de 5+1+1+1 = 8, lo que representa un claro ahorro de tiempo sobre el caso anterior.

La llamada "Speculative Leadoff" es una característica de algunos chipset que consiste en acelerar el primer acceso a memoria ("leadoff") mediante el solapamiento del inicio del requerimiento de lectura con la dirección a leer. No todas las placas soportan esta característica si bien el incremento de rendimiento tampoco es excesivamente notorio.

Interleaving El Interleaving es una técnica para acelerar aún más las transferencias micro-memoria aliviando a la CPU de la mayor carga de trabajo posible. Este proceso no tiene nada que ver con el del mismo nombre que se aplica para discos duros.

El Interleaving consiste en dividir lógicamente la memoria principal del sistema en múltiples bloques. Generalmente, se suelen usar 2 ó 4 bloques de memoria recibiendo el nombre de 2-way o 4-way (2 caminos o 4 caminos). La CPU trabajará con estas fragmentaciones de memoria de forma independiente, pudiendo realizar operaciones simultáneas e independientes en cada uno de ellos. Así, mientras escribe un bloque puede leer otro. Todo el control se realiza por líneas del bus independientes, aunque "visto desde fuera" es el mismo bus.

Resulta especialmente llamativo en el "Interleaving" la ausente necesidad de completar operaciones con todos los bloques para poder trabajar, es decir, si un bloque tiene datos de/desde la memoria o CPU, no tienen por qué esperar a completar operaciones con otros bancos, sino que puede trabajar de forma independiente solapándose únicamente con otros procesos cuando sea preciso.

Esta técnica no es soportada por la mayor parte de las placas base dada la elevación de precio que implica su implementación. Por este motivo queda relegada a servidores y máquinas de las que se espera un alto rendimiento.

Determinados proveedores usan el término de SDRAM 2, CLOCK y 4 CLOCK para referenciar lo aquí expuesto.

4.14. FABRICANTES DESTACADOS

FUJITSU	www.fujitsu.com	OKI	www.oki.com
HITACHI	www.hitachi.com	PANASONIC	www.panasonic.com
HYUNDAI	www.hei.co.kr	SAMSUNG	www.samsung.com
IBM	www.ibm.com	SIEMENS	www.siemens.com
Kingmax	www. kingmax.com	SPECTEK	www.spectek.com
LG	www.lgeus.com	TEXAS INSTRUMENTS	www.ti.com
MICRON	www.micron.com	TOSHIBA	www.toshiba.com/worldwide
MITSUBISHI	www.mitsubishi.com	USTEK	www.ustek.com
MOTOROLA	www.mot.com	VITELIC	www.moselvitelic.com
NEC	www.nec.com		

4.15. EJERCICIO PROPUESTO

1. Suponga un sistema en el que la memoria envía los caracteres en binario según su código ASCII. Averigüe qué caracteres se incluirían como paridad par e impar si los datos son las letras ABC y la paridad se toma en columnas sobre los tres datos

CAPÍTULO 5

TARJETAS GRÁFICAS O DE VÍDEO

Este capítulo trata de uno de los componentes más importantes de cara al usuario: la tarjeta de vídeo. Esta consideración se obtiene como consecuencia de entender que este circuito se encargará, en gran medida, de la calidad del sistema de vídeo. Por descontado, una buena resolución con una frecuencia de "refresco" alta (conceptos todos estos abordados en este libro), colaborará a disminuir la fatiga visual.

De unos años hasta ahora han tomado cada vez más protagonismo los sistemas operativos desarrollados en entornos gráficos y esto es una exigencia más para el sistema. Lógicamente no son precisos los mismos requerimientos para mostrar una pantalla en modo texto del DOS o un entorno gráfico de Windows.

Así es como se produce una evolución realmente vertiginosa siendo, tras el microprocesador, el componente que más cambios soporta. No en vano, las tarjetas gráficas actuales se basan en GPUs (¡sí, como CPU pero orientada a gráficos!) con disipadores propios y una electrónica cada vez más autónoma y eficiente. Por supuesto el elemento de la memoria también es representativo de esta evolución. Sin retroceder mucho en el tiempo (cuando las tarjetas contaban con unos pocos KB), cualquier lector veterano recordará las tarjetas de vídeo con 512 KB o 1 MB. En la actualidad cualquier tarjeta para uso doméstico supera los 32 MB sin que éste sea un tamaño espectacular (¡ni mucho menos!).

La cima de la evolución llegó con el diseño de un slot/puerto dedicado de forma exclusiva al vídeo: el AGP. A partir de ese momento las prestaciones aumentaron y los objetivos se dispersaron manejando señales de TV y ofreciendo más alternativas.

Este tema se enlaza de forma inevitable con el capítulo dedicado a los monitores, ya que serán estos dos elementos los responsables finales del sistema de vídeo. Se recomienda por tanto al lector que contraste sus conclusiones con las aportadas en el capítulo siguiente.

5.1. TARJETAS GRÁFICAS

Se trata de uno de los componentes principales del PC. Dado que el monitor es el medio por excelencia de comunicación máquina-usuario, se deben tomar medidas especiales a la hora de decidir qué tarjeta se desea conectar al sistema de vídeo. Estas tarjetas son las encargadas de realizar el ajuste y cálculo de señales entre el PC y el monitor. Por supuesto deben guardar una concordancia, ya que de nada serviría una gran tarjeta de vídeo con un pésimo monitor, y viceversa. Lo cierto es que actualmente cualquier tarjeta gráfica cumple sobradamente las necesidades medias de cualquier usuario. En la actualidad sólo programas de vídeo multimedia o juegos sacan el verdadero partido de las posibilidades gráficas de estos subsistemas. En cuanto a su conexión física, la tarjeta de vídeo va en una ranura[44] más como cualquier otra; aunque existen ranuras-puertos dedicados a tal fin como el AGP, tratado en este capítulo. De forma genérica, el usuario deberá buscar tres valores para satisfacer sus necesidades: número de colores que es capaz de mostrar a la vez, resolución y velocidad.

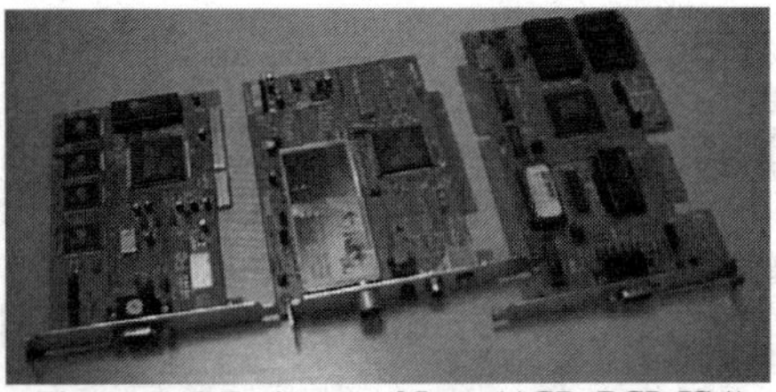

Figura 5–1 Tarjetas gráficas (AGP, PCI, ISA)

5.2. EVOLUCIÓN HISTÓRICA

Siguiendo su evolución histórica, los distintos modelos de tarjetas gráficas han ido evolucionando en cuanto a definición (resolución), cantidad de colores, velocidad de respuesta... Por supuesto este avance ha sido en conjunto con el resto de los circuitos periféricos que le han dotado de mayor autonomía a este tipo de tarjetas.

Los principales modelos son los expuestos en este capítulo aunque entendiendo siempre que no han sido los únicos.

MDA “Monochrome Display Adapter” o Adaptador monocromo. Fue lanzada por IBM con una memoria de 4 KB de forma exclusiva para monitores TTL (que representaban los clásicos caracteres en ámbar o verde). No disponía de gráficos y su única resolución era la presentada en modo texto (80 x 25) en caracteres de 14 x 9 puntos, sin ninguna posibilidad de configuración.

Básicamente esta tarjeta usa el controlador de vídeo para leer de la ROM la

[44] Por otro lado, es interesante que esté lo más lejos posible de la fuente de alimentación del equipo, ya que podría verse afectada la imagen por el campo eléctrico generado por el transformador.

matriz de puntos que se desea visualizar y se envía al monitor como información serie. No debe sorprender la falta de procesamiento gráfico, ya que, en estos primeros PCs no existían aplicaciones que realmente pudiesen aprovechar un buen sistema de vídeo. Prácticamente todo se limitaba a información en modo texto.

Tanto la MDA como la CGA y la HÉRCULES se basaban en el mismo procesador gráfico: el MC6845 de MOTOROLA.

Este tipo de tarjeta se identifica rápidamente ya que incluye (o incluía en su día) un puerto de comunicación para la impresora ¡una asociación más que extraña a día de hoy!

CGA "Color Graphics Array" o "Color Graphics Adapter" según el texto al que se recurra. Aparece en el año 1981 también de la mano de IBM y fue muy extendida. Permitía matrices de caracteres de 8 x 8 puntos en pantallas de 25 filas y 80 columnas, aunque sólo usaba 7 x 7 puntos para representar los caracteres. Este detalle le imposibilitaba el representar subrayados, por lo que los sustituía por diferentes intensidades en el carácter en cuestión. En modo gráfico admitía resoluciones de hasta 640 x 200. La memoria era de 16 KB y sólo era compatible con monitores RGB y Compuestos. A pesar de ser superior a la MDA, muchos usuarios preferían esta última dado que la distancia entre puntos de la rejilla de potencial en los monitores CGA era mayor. El tratamiento del color, por supuesto de modo digital, se realizaba con tres bits y uno más para intensidades. Así era posible lograr 8 colores (2^3) con dos intensidades cada uno (2^1), es decir, un total de 16 tonalidades diferentes pero no reproducibles en todas las resoluciones tal y como se muestra en el cuadro adjunto.

Este tipo de tarjeta podía trabajar en tres modos diferentes de vídeo configurables por software, a saber:

Modo 1: 160 x 100 puntos y 16 colores
Modo 2: 320 x 200 puntos y 4 colores
Modo 3: 640 x 200 puntos y 2 colores

Esta tarjeta tenía un fallo bastante habitual y era el conocido cono "snow". Este problema era de carácter aleatorio y consistía en la aparición de "nieve" en la pantalla (puntos brillantes e intermitentes que distorsionan la imagen). Tanto era así que algunas BIOS de la época incluían en su SETUP la opción de eliminación de la nieve ("No snow").

HGC “Hercules Graphics Card” o más popularmente conocidas como Hércules (nombre de la empresa productora), aparece en el año 1982, con gran éxito convirtiéndose en un estándar de vídeo a pesar de no disponer del soporte de las rutinas de la BIOS por parte de IBM. Su resolución era de 720 x 348 puntos en monocromo con 64 KB de memoria. Al no disponer de color, la única misión de la memoria es la de referenciar cada uno de los puntos de la pantalla usando 30,58 KB para el modo gráfico (1 bit x 720 x 348) y el resto para el modo texto y otras funciones. Las lecturas se realizaban a una frecuencia de 50 Hz, gestionadas por el controlador de vídeo 6845. Los caracteres se dibujaban en matrices de 14 x 9 puntos con 9 x 7 en 25 filas y 80 columnas (compatible con la MDA). A pesar de no disponer de color, estas tarjetas ofrecen más resolución en modo texto que las CGA. Este motivo junto a un precio razonable consigue su fuerte implantación en el mercado sustituyendo a la CGA. Obsérvese que esta última tarjeta dispone de matrices de caracteres de 8 x 8 puntos, es decir, un total de 64 puntos para definir teóricamente un carácter (obviando el tamaño real del mismo). En el caso de la HGC la matriz es de 14 x 9 puntos, en total 126 puntos (¡un 96% más de resolución!). Nada tienen que ver con estas tarjetas gráficas las actuales, también pertenecientes a la casa *Hercules* pero con prestaciones a años luz de las originales (por poner un ejemplo, la HERCULES STINGRAY 128/3D con chip VOODOO RUSH).

EGA “Enhaced Graphics Adapter”. Fue diseñada por IBM en 1984-1985 e implementada en sus primeros equipos AT. Compatible tanto con los modos de trabajo de la MDA y la CGA, mediante DIPs acepta una memoria de 256 KB (por cierto, éste era el límite al que se podía ampliar, lo cual era toda una novedad) con la que obtiene resoluciones de 320 x 200, 640 x 350 y 640 x 200. El color se formaba con cuatro bits dando lugar a 16 combinaciones diferentes de colores que se pueden representar a la vez, aunque potencialmente, podía llegar hasta 64. Esto se consigue gracias a la inclusión en los monitores de dos colores más: un segundo verde y un segundo azul además de los ya habituales rojo, verde y azul con los dos niveles de intensidad. En modo texto formaba pantallas de 43 x 80 ó 25 x 80 con matrices de 14 x 8 puntos. Esta tarjeta sustituía los colores en monitores monocromáticos por escalas de grises y era de configuración automática.

También se conoció a estas tarjetas con el nombre de MGA (Monochrome Graphics Adapter), dado que fueron las primeras en permitir entornos gráficos en monocromo. La selección del modo de trabajo (texto o gráficos) se solía realizar a través de un disco suministrado por el fabricante sin requerir ninguna intervención hardware. No obstante, a pesar del avance que supusieron, sólo eran capaces de representar 50 imágenes por segundo, por lo que la imagen vibraba.

De esta forma se convertía en la primera tarjeta válida para monitores monocromo y color.

Como novedad esta tarjeta incluye una BIOS propia independiente de la del sistema donde se incluyen todas las rutinas de vídeo precisas. Nada más arrancar la máquina, la BIOS de la tarjeta de vídeo redefine las direcciones e interrupciones del sistema de vídeo asumiéndolas y anunciando su acción mediante un mensaje en la pantalla. Esta tarjeta es incluso operativa con los actuales sistemas operativos de Microsoft aunque obviamente está completamente desfasada. Tanto es así que los drivers para esta tarjeta suministrados para Windows 3.1 siguen siendo válidos.

MCGA "Memory Controler Gate Array" o "Multicolor Graphics Array". Se comportan en modo texto con 25 filas y 80 columnas con una paleta de 16 colores, seleccionables de un total de 262.144. En modo gráfico admiten 640 x 480 / 1 color, o 320 x 200 / 2 colores. Fue la primera tarjeta que envió al monitor una señal analógica en lugar del formato digital, tal y como hacían sus predecesoras (lo que le hacía incompatible con los monitores anteriores a pesar de soportar todo el estándar CGA). Esto abre el abanico de posibilidades de representación de color, al no existir un límite como ocurría con el resto. Como dato curioso, fue integrada en la placa base de los primeros equipos PS/2 de IBM.

Téngase en cuenta que el abanico máximo de colores conseguido hasta ahora consistía en la aplicación del popular RGB ("Red, Green and Blue" o "Rojo Verde y Azul") además de un nivel de intensidad en cada caso. La ausencia o presencia de cada color con su intensidad da lugar a la paleta de colores máxima y finita de este tipo de tarjetas. Al usar señales de tipo analógico, se disparan las posibilidades de colores y brillos.

VGA "Video Graphics Array" o "Video Graphics Adapter". Aparece en 1987 con una resolución de 640 x 480 en modo gráfico representando 256 colores (el denominado VGA estándar) con una paleta de 262.144 y de 720 x 400 puntos en modo texto, formando matrices de 16 x 9 en 25 x 80 ó 50 x 80. Dispone de 256 KB de memoria mínima, aunque con esta memoria sólo alcanza resoluciones de 320 x 200 puntos por lo que generalmente se amplía a 512 KB, 1 MB, 2 MB. En modo texto forma caracteres de 16 x 9 puntos con una resolución de 720 x 400.

De forma previa a esta tarjeta existió otra de carácter profesional que pronto desapareció precisamente, por la aparición de la VGA. Era la *PGA* y lo primero que destacaba era su elevado precio que estaba sobre los 5.400 € (¡900.000 ptas. de las de entonces!). Esta tarjeta se basaba en el microprocesador 8088 y era capaz de realizar operaciones 3D con 60 frames por segundo, algo nada despreciable en la época.

Aunque el diseño de la VGA original fue por parte de IBM, implementándose bajo un bus "Microchannel" en sus PCs PS/2, no se estandarizó hasta que se empezó a fabricarse para buses ISA, al principio para 8 bits y más tarde para 16 (a partir de los 512 KB de memoria precisaba trabajar a 16 bits). Su refresco mínimo es de 60 Hz.

Este tipo de tarjeta detecta, en el momento de conexión del PC, qué tipo de monitor tiene (monocromo o color), adaptándose al mismo, es decir, transformando los colores en escalas de grises en el caso de monitores monocromáticos.

El éxito cosechado por esta tarjeta llevó a los principales fabricantes a desarrollar sus propios diseños potenciando la resolución, el número de colores y la velocidad de vídeo. Esto hizo que los estándares se confundiesen y no se definiera una normativa clara que distinguiese los modelos (por ejemplo, entre la 8514A y la XGA).

SVGA La "Súper VGA" es una evolución de la VGA con mayores prestaciones. Permite resoluciones superiores a 1.280 x 1.024 píxeles y hasta 16,7 millones de colores, aunque éstos se pueden superar según la memoria que se instale. Acepta memoria por encima de los 4 MB y, aunque sin definición clara en cuanto a características técnicas se refiere, comenzó a usarse la denominación de "Súper VGA" para aquellas tarjetas VGA que trabajaban a 16 bits y con un mínimo de 512 KB.

Las empresas Tseng, Paradise y Video Seven formaron la normativa VESA (Video Electronic Standard Association) de cara a homogeneizar cómo se debe direccionar el modo gráfico a través de los registros de paleta a través de la BIOS. Ahora bien, este fenómeno se ha repetido con diferentes organizaciones como la TIGA (Texas Instruments Graphics Arquitecture) o ATI (Array Technologies).

8514/A Diseñada por IBM aparece en el año 1987 con arquitectura "Microchannel" originalmente y es la primera tarjeta que incluye un procesador gráfico específico (8514/A), instalándose como tarjeta adicional a aquellos PCs que ya tenían VGA. Esto libera al microprocesador de muchas operaciones agilizando el sistema en general.

Además, ofrece la posibilidad de trabajar con dos monitores al tiempo. Su resolución es de 1.280 x 1.024 y se desarrolló posteriormente bajo arquitectura ISA y EISA. Se trata de una evolución de la VGA y sus prestaciones se aprecian sobre todo en entornos gráficos, llegando a ser hasta 60 veces superior a las VGAs "normales".

Algunos fabricantes, como es el caso de ATI, desarrollaron tarjetas con sus chips convencionales de VGA y, además con el controlador de vídeo 8514/A incorporado en una única tarjeta (la "Graphics Ultra").

XGA "Extended Graphics Array". Desarrollada por IBM en el año 1987. Admite una resolución de 1.024 x 768 en 256 colores (lo cierto es que no tan lejana de los 2.048 x 1.536 que aporta una tarjeta media actual).

La siguiente tabla, cortesía de Soltec, refleja las prestaciones y características principales de los diferentes tipos de adaptadores existentes hasta hoy:

ADAPTADOR	MONITOR[45]	TEXTO		GRÁFICOS
		Resol. Máx.	Matriz	Resolución máxima / Colores
MDA	MD	80x25	9x14	No soporta
HGC	MD	80x25	9x14	720x348/ B/N
CGA	CD	80x25	8x8	640x200 / 2 colores
EGA	ECD	80x43	9x14	640x350 / 16 colores
MCGA	PS/2 Mod 30	80x43	9x16	640x480 / 2 colores
VGA	VGA	80x50	9x19	640 x 480 / 256 colores
SVGA	SVGA	80x132	9x25	1024x768 / 256 colores

Tabla 5–1 Tarjetas de vídeo

5.3. TIPOS DE PROCESADORES GRÁFICOS

El alma de la tarjeta de vídeo, aparte de la inexcusabilidad de presencia de todos sus componentes, probablemente sea el procesador gráfico. Éste es el que, en definitiva, determina la potencia de una tarjeta de vídeo. Este tipo de tarjeta será más eficaz en la medida de que liberen lo máximo posible al microprocesador del tratamiento de vídeo. Esta condición se basa en la necesidad de diseñar procesadores gráficos más independientes, es decir, con mayor funcionalidad. Cuantas más operaciones de todo tipo sea capaz de realizar la tarjeta de vídeo, menos intervención del micro precisará.

Quizás reiterativo pero importante de aclarar: la misión de las tarjetas gráficas o de vídeo es la de mostrar la imagen del ordenador en el monitor: nada tienen que ver con las capturadoras de vídeo (introducidas a partir de la aparición de las tarjetas con aceleración 3D de ATI) que pueden manejar señales de TV (tanto en emisión como en recepción). Si el lector está interesado en este tipo de tarjetas, se recomienda que busque aquellas que permitan "capturas" en PAL y NTSC.

45 Los monitores de frecuencia variable (VF) aceptan cualquier tarjeta gráfica, excepto el adaptador 8514 de IBM®.

Sobre la base de este principio, son tres las posibilidades que el usuario puede encontrar y que se detallan a continuación.

Frame buffer Se trata de la tarjeta más sencilla. Su nombre lo recibe de su modo de trabajo ("dump frame buffer") aunque también se las puede encontrar por la denominación de *controladores de imágenes*. Su función es, únicamente, la de "recoger" de memoria la imagen que se desea visualizar en el monitor. En este caso es el microprocesador el encargado de realizar todos los cálculos oportunos (ajustar imágenes a diferentes resoluciones, calcular el número de píxeles...). Es la opción más básica de vídeo.

Aceleradores Los coprocesadores aceleradores o, simplemente, aceleradores, consisten en un chip incluido en las tarjetas de vídeo. Consiguen aliviar al microprocesador de trabajo gracias a la implementación de diferentes rutinas de vídeo en el propio chip. Dicho de otra forma: "saben" realizar determinadas funciones gráficas, por lo que no precisan de la presencia del micro ni consumir, por tanto, ningún ciclo de máquina. Las funciones que realizan son las de transferencias de bits, desplazamiento de determinadas áreas a través de la pantalla, coloreado de rectángulos y trazado de líneas. Usan los popularmente conocidos como "bitblt" (Bitmap block transfer) o transferencias por bloque de bits para realizar sus operaciones. El resto de las tareas gráficas son las que la CPU debe realizar. Aunque de alto rendimiento en Windows, pueden no funcionar correctamente en entornos que no contemplen sus posibilidades.

Coprocesadores Los coprocesadores gráficos son tarjetas adicionales a la de vídeo. Al igual que los coprocesadores aceleradores anteriormente tratados, los coprocesadores son capaces de realizar determinadas tareas, pero suelen ser específicas del chip que se instale. De forma habitual incluyen dos tipos de memoria: una VRAM (habitualmente implementada en chips 44256 de 100 nseg), cuya misión es la de contener y manejar las imágenes, y una EPROM, encargada de almacenar las instrucciones. Este tipo de coprocesador es programable, lo que le hace aún más flexible y potente pero, a la vez, mucho más caro.

Los coprocesadores gráficos se comunican con la tarjeta de vídeo del sistema, a la que en definitiva complementan, mediante un bus (cable de tipo cinta). Ésta es la función del conector de la tarjeta de vídeo que habitualmente se encuentra sin uso. Se podría considerar que la tarjeta 8514/a es un coprocesador gráfico, al igual que el "Miro Magic" o el WD514/A.

5.4. CAPTURADORAS DE VÍDEO

A partir de la evolución de las tarjetas de vídeo en cuanto a capacidad de proceso, apareció un nuevo concepto relacionado con el modo de manejar la imagen: la capturadora de vídeo. Una capturadora de vídeo es una tarjeta que, con funcionalidades gráficas (suele estar asociada a una tarjeta de vídeo convencional), permite el tratamiento de vídeo externo, generalmente en formato PAL.

Así, disponen en todos los casos de una entrada de vídeo (idéntica a la entrada de "antena" de cualquier televisor) y, en algunos casos, una salida con la finalidad de conectarse a un equipo de televisión. Esta opción posibilita que el usuario pueda tomar muestras de una señal de vídeo, procesarla a su antojo y volver a emitir una señal susceptible de ser recogida por un grabador de vídeo.

Este tipo de tarjeta incrementó su aparición en el mercado microinformático a partir de la aparición de las tarjetas de vídeo con aceleración 3D de ATI. Si bien la calidad de las capturas no suele ser elevada (al menos en las tarjetas capturadoras de tipo doméstico), sí suelen resultar válidas para realizar operaciones básicas (edición de vídeo, efectos,...).

De manera opcional y, aprovechando la circuitería encargada de manejar la señal de radiofrecuencia que con posterioridad generará la señal de vídeo, este tipo de tarjeta suele incluir la posibilidad de funcionar como sintonizador de televisión. Esto constituyó una verdadera revolución en su día, protagonizada por la ATI *All in Wonder*, capaz de permitir visualizar la televisión sin la necesidad de añadir más complejidad hardware al sistema. Sobra decir que este tipo de sintonizadores sólo es válido para emisoras (canales) de tipo analógico. En caso de necesitar el uso de canales digitales y/o codificados, se precisará –además de una antena parabólica– de una tarjeta especial o, en su defecto en algunos casos, de un software descodificador. Por supuesto este tipo de montaje deberá estar conforme a la legislación vigente en cada país y con cada cadena emisora, citándose en este texto exclusivamente como información técnica.

5.5. LA CONVERSIÓN DIGITAL ANALÓGICA

Debe tenerse también en cuenta la velocidad del dispositivo encargado de convertir los datos digitales de color que genera la tarjeta de vídeo a las señales analógicas que "entiende" el monitor en sus tres colores básicos. Este dispositivo recibe el nombre de RAMDAC ("Random Access Memory Digital To Analog Converter"). La calidad de este dispositivo irá en función de su ancho de banda según la fórmula:

*Ancho de banda (MHz) = píxeles (X) * píxeles (Y) * Frecuencia de Refresco * 1,5*

Como se puede observar, la fórmula simplemente es el cálculo de píxeles que es preciso representar por segundo y que viene expresado por el valor de la frecuencia de refresco y en función de la resolución, obtenida a partir del producto de los píxeles en coordenadas X e Y. El factor multiplicador de 1,5 es simplemente un margen de confianza que el fabricante establece y, que en ocasiones, depende de la calidad del producto. Un factor multiplicador habitual suele ser el de 1,32 aunque en esta fórmula se ha utilizado a fin de facilitar su cálculo uno mediante un redondeo superior.

Es frecuente que algunos procesadores gráficos integren directamente el RAMDAC aunque sigue existiendo un gran número de tarjetas gráficas donde este componente se sitúa de manera independiente.

Para resoluciones de 1.280 x 1.024 en monitores de 15", se recomienda una velocidad de RAMDAC de 135 MHz y para mayores resoluciones o tamaños de monitor, subir hasta los 220 MHz. Cualquier RAMDAC actual supera sobradamente esta frecuencia, siendo un valor aceptable el de 350 MHz.

Relacionado con la conversión digital analógica y el número de colores, aparece un componente más: el LUTDAC ("Look Up Table Digital Analogic Converter"), encargado de seleccionar el color de la tabla de colores y convertirlo a información analógica.

El DAC habilita tres entradas diferentes de datos, una para cada color, y dispone de un número de bits predeterminado para ello. Así supóngase un DAC básico de 6 u 8 bits. Esto implica que, para cada color, se pueden conseguir $2^6 = 64$ ó $2^8 = 256$ tonalidades diferentes que, a su vez, se pueden combinar con otras tantas para los dos colores restantes, es decir $2^{3*6} = 262.144$ para 6 bits y $2^{3*8} = 16.777.216$ para un byte.

Existen conversores específicos, tal es el caso de CEG ("Continous Edge Graphics") de la empresa Edsun Laboratories que mejoran las funciones de los DAC convencionales mezclando tonalidades analógicas y dando lugar a un mayor espacio para otros colores. Además, consigue efectos de color más naturales con mayores definiciones de imágenes. Como inconveniente, pierde algo de contraste y para poder instalar un CEG, se precisa que la tarjeta disponga de un zócalo de inserción que albergue al DAC, así como un DAC determinado, ya que el cambio no es permitido en todos los modelos.

5.6. CUANDO EL VÍDEO NO DEJA DE SER DIGITAL

Un nuevo tipo de conector irrumpió en lo que ya todo parecía una balsa de estandarización: el DVI. Este conector viene a revolucionar no sólo el aspecto físico sino cuestiones más profundas que hacía décadas no se cuestionaban: el eterno dilema de la calidad digital *versus* la analógica en asuntos de vídeo.

Este conector que en algunos equipos se identifica como "PC digital", es conocido en el sector como DVI y suele presentarse en tres formatos diferentes: 20 conectores en dos filas (DVI), 24 en tres filas (DVI-D) y 30 en 10 filas (DVI-I o DVI-A) aunque sólo se usan 29. Según el tipo de conector, se ofertan unas posibilidades u otras, correspondiendo los dos primeros a interfaces digitales, mientras que el tercero es ambivalente: admite tanto información digital como analógica. En cualquiera de los formatos no es recomendable usar cables superiores a 5 m.

En definitiva se trata de la eterna pugna: la fidelidad de la información digital frente a la riqueza de las señales analógicas. Si bien en los albores de la Microinformática los monitores eran digitales, pronto la tendencia cambió al formato analógico. Es ahora cuando nuevamente se vuelve a los orígenes pero, ¿cómo afrontar esta migración? El sistema es sencillo: los conectores DVI-I o DVI-A, tanto en tarjetas de vídeo como en monitores, aceptan ambos formatos. Si aun así fuese poco, existen adaptadores de un formato a otro, si bien no se trata de una opción aconsejable. Así, un usuario con una tarjeta gráfica convencional (analógica) y un nuevo monitor con DVI-I o DVI-A (digital), puede hacerse con un adaptador que, en definitiva, hará la operación inversa a la que hizo su tarjeta gráfica.

Figura 5–2 Salida analógica (1) y digital (2)

Sea cual sea la opción tomada por el usuario, el futuro es claro. Será cuestión de tiempo el comprobar cómo el vídeo digital se instaura en los hogares o, por el contrario, pasa a dormir el sueño de los justos.

5.6.1. La memoria de vídeo

Con independencia de que el tratamiento sea analógico o digital, tal y como se comentaba en los dos apartados anteriores, además de la cantidad de memoria usada, el rendimiento de la tarjeta de vídeo también dependerá del tipo de memoria. Normalmente, el banco de prueba de la RAM usada como memoria principal ha sido, precisamente éste: las tarjetas de vídeo. Una vez comprobada su efectividad en tarjetas gráficas, poco a poco evolucionan a formatos de mayor capacidad hasta estandarizarse como la memoria principal (tal puede ser el caso de la reciente memoria Rambus). Se podrían destacar cuatro tipos: DRAM, VRAM, WRAM y SGRAM, detalladas a continuación.

DRAM Es la misma memoria que se usaba en las placas base. Su función dentro de la tarjeta de vídeo era la de recibir o enviar datos sirviendo de puente entre la CPU y el RAMDAC. Esta memoria imponía un límite de refresco en pantalla de 60 Hz y está totalmente obsoleta. Su tasa de transmisión máxima se sitúa en 400 Mb/s con un tiempo de acceso de entre 50 y 70 ns. Dentro de esta catalogación se contemplaría la memoria FPM y EDO.

VRAM A diferencia de la DRAM, permitía leer y escribir al tiempo mediante dos canales independientes. Esto agilizaba la gestión de vídeo evitando parpadeos molestos. Como desventaja estaba el precio, bastante más elevado que la DRAM. Su tasa de transmisión máxima se sitúa en 400 Mb/s con un tiempo de acceso de entre 50 y 60 ns.

Algunas tarjetas de vídeo usaban a la vez DRAM y WRAM. La primera para cargar el software de la tarjeta y la segunda para contener mapas de imágenes.

WRAM Es un tipo de memoria desarrollado por SAMSUNG y orientado, fundamentalmente, a la gestión de Windows. Al igual que la VRAM permitía el uso de dos canales, dedicando uno a lectura y el otro a escritura de datos, pero era un 25% más rápida en el proceso. Aceleraba las operaciones de "BitBLT" y llega a alcanzar un ancho de banda de hasta 960 Mb/seg. No llegó a difundirse demasiado ya que se empleó en tarjetas gráficas de altas prestaciones y elevado precio. Su tasa de transmisión máxima es de 960 Mb/s con accesos de entre 50 y 60 ns.

SGRAM Es la denominada "Synchronous Graphics RAM", usada de forma exclusiva por tarjetas de vídeo de calidad. Esta memoria, aunque no deja de ser una SDRAM, proporciona un mayor ancho de banda que ésta y es la memoria apropiada para trabajar con aceleradores de vídeo. Todas las prestaciones son altas y es el tipo de memoria usado en la actualidad en el entorno gráfico. Su tasa de transmisión máxima se sitúa en 800 Mb/s con un tiempo de acceso de entre 10 y 15 ns.

No obstante, se dieron más posibilidades de memoria en los entornos gráficos aunque de modo menos duradero. Así la memoria EDO DRAM también se usó en tarjetas comunes y la MDRAM en la gama alta. Esta última ha sido poco común pero con grandes prestaciones.

5.7. COLORES

Íntimamente ligado a la memoria se encuentra la cantidad de colores que se pueden aplicar basándose en la resolución. Se debe usar un determinado número de bits para definir la *profundidad del color*. Este concepto define el número de bits usados para representar el color y complementa el de *paleta de colores*, que es el número máximo de colores que se pueden mostrar de forma simultánea. Así, para representar dos colores, sería necesario disponer de un bit (apagado/encendido). Con dos bits se representarían hasta cuatro colores y, así sucesivamente. Las tarjetas de vídeo actuales permiten usar diferentes resoluciones con determinada profundidad de color según el caso, llegando a un máximo de 16.777.216 colores (24 bits). En este punto se dice que se está trabajando en color real o "TrueColor", ya que éste es el número máximo de colores que detecta el ojo humano. Las tarjetas de más memoria (y por lo tanto más bits) surgen como necesidad de aumentar la resolución, no el número de colores.

Para realizar el cálculo de la memoria de vídeo precisa para una tarjeta es necesario saber el modo de trabajo del usuario. Así, supóngase que se quiere trabajar con color de alta densidad (término usado para indicar los 65.536 colores), a una resolución de 1.280 x 1.024. El proceso de cálculo pasa por averiguar cuántos puntos conforman la pantalla y cuántos bits se deben usar para cada punto, es decir:

Superficie = 1.280 x 1.024 = 1.310.720 puntos

Para conseguir 65.536 colores se deben usar 16 bits, ya que $65.536=2^{16}$, es decir, serán precisos 16 bits, o lo que es lo mismo, 2 bytes para cada punto de los 1.310.720 del monitor. Realizando la multiplicación obtenemos que:

Memoria = nº puntos x nº bits = 1.310.720 x 16 = 20.971.520 bits = 2.621.440 bytes = 2.560 KB = 2,5 MB

Precisaríamos un mínimo de 2,5 MB para trabajar a 1.280 x 1.024 con 65.536 colores. Lo más probable es que la mínima memoria que el usuario pueda encontrar para cubrir estas necesidades sea de 4 MB, sobredimensionando así la tarjeta.

Supóngase otro caso: se precisa trabajar con una resolución de 640 x 780, siete colores, y tres niveles de intensidad: claro, normal y negrita. La memoria precisa se calcularía de forma análoga al ejemplo anterior, pero en este caso habría que estimar de diferente forma cuántos bits se precisan por punto. Veamos:

Superficie = 640 x 780 = 499.200 puntos
Bits por punto =3 bits (7 colores ⇨ 2^3=8) + 2 bits (3 niveles ⇨ 2^2=4)=5 bits
Memoria = nº puntos x nº bits = 499.200 x 5 = 2.496.000 bits = 312.000 bytes = 304,6875 KB

Para este caso, la memoria precisa sería de 304,6875 KB, donde se aplicaría por redondeo superior 512 KB, estando sobredimensionado a todos los efectos. Lo cierto es que la cantidad de memoria usada en las tarjetas de vídeo actuales hace palidecer a cualquiera que pretenda argumentar sus necesidades basándose en los cálculos realizados. De esta forma es habitual encontrar tarjetas de vídeo con, al menos, 32 MB de memoria. Como se puede desprender de los ejemplos anteriores, la memoria interviene en la cantidad de colores y resolución, pero no en el refresco de pantalla (número de veces que se regenera la imagen), ahora bien, conviene usar una memoria cuya velocidad se adecue a la velocidad de refresco para que el sincronismo sea óptimo, ya que las lecturas se realizan con dicha frecuencia.

Aunque inicialmente se puede usar el número de bits que se desee para colores, lo habitual es que los sistemas operativos lo gestionen permitiendo sólo determinadas combinaciones. Las más típicas usan 1, 2, 4, 8, 12, 15, 16, 24, 32 ó 36 bits que corresponde, respectivamente, a 2, 4, 16, 256, 4.096, 32.768, 65.536, 16.777.216, 4.294.967.296 y 68.719.476.736 colores[46].

Sólo se puede ampliar memoria en tarjetas VGA o Súper VGA. El proceso suele consistir en la inserción de los nuevos módulos (habitualmente se usan chips 4464) en los zócalos destinados a tal fin y el reconocimiento es automático. Existen determinadas tarjetas más antiguas y prácticamente obsoletas donde las ampliaciones se deben configurar con microrruptores o con "jumpers", pero es el fabricante quien debe indicar cómo realizarlo.

Se presenta una tabla donde se han realizado los cálculos de memoria para diferentes resoluciones con distinto número de colores.

		RESOLUCIÓN			
BITS	Nº COLORES	640x480	800x600	1024x768	1280x1024
1	2	37,5 KB	58,5 KB	96,0 KB	160,0 KB
2	4	75,0 KB	117,1 KB	192,0 KB	320,0 KB
4	16	150,0 KB	234,3 KB	384,0 KB	640,0 KB
8	256	300,0 KB	468,7 KB	768,0 KB	1,2 MB
12	4.096	450,0 KB	703,1 KB	1,1 MB	1,8 MB
15	32.768	562,5 KB	878,9 KB	1,4 MB	2,3 MB
16	65.536	600,0 KB	937,5 KB	1,5 MB	2,5 MB

46 El cálculo, como ya es sabido, se realiza elevando 2 al número de bits indicado, consiguiendo así el número de colores.

		RESOLUCIÓN			
BITS	Nº COLORES	640x480	800x600	1024x768	1280x1024
24	16.777.216	900,0 KB	1,3 MB	2,2 MB	3,7 MB
32	4.294.967.296	1,1 MB	1,8 MB	3,0 MB	5,0 MB
36	68.719.476.736	1,3 MB	2,0 MB	3,3 MB	5,6 MB
...	...	...	...	...	...
n	2^n	37,5·n KB	58,5·n KB	96·n,0 KB	160,0·n KB

Tabla 5–2 La memoria en la tarjetas de vídeo

Nota: Esta tabla es sólo un ejemplo y no debe considerarse su validez práctica en todos los casos expuestos. Por otro lado, el mercado impone los valores mínimos de memoria y, si se desean 450 KB, por ejemplo, probablemente sea imposible conseguir módulos de menos de 512 KB (sólo a modo de ejemplo).

5.8. VELOCIDAD EN EL VÍDEO

Como cualquier otro componente que usa en mayor o menor medida tiempo de la CPU, la tarjeta de vídeo produce un retraso en el sistema. Sería difícil establecer una generalización, ya que este parámetro depende del tipo y cantidad de memoria de vídeo, del procesador de vídeo, ancho de banda del RAMDAC, velocidad de barrido del monitor y, finalmente, de la imagen a reproducir, pero puede estar situado en el rango del 10 y el 25% de tiempo de CPU.

El tiempo que transcurre mientras que la CPU introduce una imagen en la memoria de vídeo y ésta se representa en pantalla oscila entre los 0,2 y 0,016 segundos. Téngase en cuenta que según la imagen, este tiempo puede variar, de tal forma que no se tardará lo mismo en reproducir textos de apenas 4 KB o imágenes gráficas de 250 KB.

5.9. TARJETAS 3D

En marzo del año 1998 Intel lanzó su chip de aceleración 3D con el nombre Intel 740, pensado para ordenadores PENTIUM II con tecnología AGP. Además de haber optimizado la mayoría de los parámetros de vídeo, incluye lo que Intel ha denominado "Hyperpipelined 3D".

Este tipo de placas están diseñadas para aplicaciones concretas donde se precise vídeo multimedia, animaciones, etc. No sólo Intel se ha encargado de este desarrollo. Existen tarjetas de otras marcas que usan dos microprocesadores diferentes en la misma tarjeta a la vez de incluir memoria diferenciada para pantalla y para los procesos gráficos de ambos microprocesadores.

> ***El concepto 3D hace referencia no sólo al vídeo sino también al audio. En este segundo caso se asocia a tarjetas con capacidades de sonido envolvente o surround[47] (efecto de sonido procedente de varios sitios que se produce a partir de un subwoofer y varios altavoces satélite). En vídeo se asocia a la capacidad de representación de imágenes tridimensionales.***

Es habitual que las tarjetas aceleradoras 3D dispongan de una o más GPU, siglas que corresponden a Unidad de Procesamiento Gráfico o Graphic Proccess Unit. Así y a modo ilustrativo, un modelo del fabricante Quantum3D ofrece 8 GPU en la misma tarjeta. Este integrado se encarga de gestionar todas las operaciones comunes de iluminación, cálculos de diversa índole relacionados con el entorno gráfico, generación de fotogramas... y, obviamente, libera a la CPU de trabajo optimizando así el rendimiento general del sistema.

5.10. EL PUERTO AGP Y PCI EXPRESS

No es preciso justificar a estas alturas la necesidad y ventajas que aporta el disponer de una tarjeta de vídeo de altas prestaciones en el sistema. Ahora bien, como ya se ha visto, este tipo de tarjeta tiene requerimientos exigentes en cuanto al volumen de datos se refiere. Si a esto se le añade la "carga" que los sistemas operativos de interfaz gráfica representan (y que por el momento no parece que vayan a desaparecer), resulta que una parte importante del ordenador debe encaminarse a dar cobertura al sistema de vídeo.

Esto se consigue con una tarjeta capaz y con un RAMDAC apropiado (con el suficiente ancho de banda) pero, ahora bien, de nada serviría todo esto si no se dispusiese de un "camino", de un bus en definitiva capaz de sacar rendimiento a ese ancho de banda. Si se repasa el capítulo dedicado a los buses, se descubrirá que éste es el caso justo contrario al que se provocaba en los buses ISA con microprocesadores cada vez más rápidos: el micro gestionaba información de manera más rápida que el bus, lo que provocaba los famosos "cuellos de botella". En este caso las tarjetas tienen un potencial elevado de tratamiento de datos pero precisan de una comunicación con el micro fluida.

Han sido varios los buses que en diferentes épocas han dado soporte al vídeo, a saber:

ISA Como se recordará, es el slot más antiguo del PC (exceptuando el XT) y si bien en un principio fue válido al no existir demasiadas exigencias de vídeo, pronto se comprobó que resultaba insuficiente. Aun así ha sido usado hasta las primeras versiones de VGA.

[47] El efecto Dolby experimenta su máxima evolución en el Dolby Digital, sucesor del Dolby Pro-Logic que a su vez lo era del Dolby Surround.

VLB Fue válido mientras duró ya que, si bien no implicaba un desarrollo tecnológico importante, los resultados eran aceptables (recuérdese que prácticamente este tipo de bus era una extensión del bus del micro).

PCI Hasta que aparecieron buses específicos de vídeo, ha sido el medio estándar para todo tipo de tarjetas (no sólo las gráficas). Sus prestaciones, si bien no son dedicadas de modo exclusivo al sistema de vídeo, son aceptables.

De cualquiera de las maneras, todo parecía indicar la necesidad de un desarrollo exclusivo para manejar el volumen de datos que el vídeo representa. Y así fue cómo se produjo la aparición del *puerto/bus*[48] AGP de la mano de Intel.

El denominado AGP ("Accelerated Graphics Port"), un conector de unos 8 cm situado de manera interior en la placa con respecto al resto de los slots, consigue aumentar su velocidad de transferencia al no "mezclarse" con el bus PCI. Este canal accede directamente al chipset de la placa consiguiendo su aumento de rendimiento, ahora bien, esto implica el situar el sistema de vídeo en un primer plano, mientras que el caudal de datos del bus PCI pasa a un segundo término. Así se consigue obtener el máximo rendimiento aunque este sistema es únicamente válido para tarjetas de vídeo. Lo cierto es que, a la hora de su catalogación, es difícil situarlo dentro del grupo de slots de la placa base o como puerto ya que, si por definición obedece a todas las características de un puerto, funcionalmente es más semejante a un slot específico para vídeo. Al final se ha optado atendiendo a su funcionalidad: potenciar el vídeo.

Las primera versión de AGP –denominada AGP 1x– se enmarca dentro de los 66 MHz, frecuencia que desde un principio se vislumbró como insuficiente y que dio lugar a sucesivas versiones. Así, en la versión 2x se siguió el ejemplo usado por la memoria DDR: trabajando a igual frecuencia se usó un sincronismo doble, consistente en aprovechar tanto los flancos de subida como los de bajada aumentando así el rendimiento hasta la obtención de cotas de 528 MBps. A esta versión le sucedió el AGP 4x con 1 GB de transmisión y, posteriormente, la 8x (denominada versión 3.0) con 2,133 GBps.

Ahora bien, si esta tecnología ha resultado válida hasta el momento actual, los nuevos requerimientos multimedia suben aún más el listón de las necesidades de transferencia. Ése ha sido el detonante preciso para que la industria reaccionara ofreciendo a los usuarios una solución: el PCI Express. Este bus (del cual se puede encontrar más información en el capítulo dedicado a las placas base), está llamado a sustituir y reemplazar al actual AGP ya que ofrece la posibilidad de trabajar hasta con 4 GBps, valor este que duplica aún las mejores prestaciones del AGP 8x tal y como se aprecia en la tabla comparativa.

[48] Parece preciso recordar la diferencia entre bus y puerto: un puerto será aquel que ponga en comunicación a dos dispositivos (por ejemplo, tarjeta de vídeo y microprocesador en el caso que nos ocupa), mientras que el bus posibilitará la conexión de más de dos dispositivos.

BUS	TASA DE TRANSFERENCIA
PCI (32 bits)	125,880 MB/s
PCI (64 bits) [49]	503,540 MB/s
AGP 1x	264,000 MB/s
AGP 2x	533,000 MB/s
AGP 4x	1,066 GB/s
AGP 8x	2,133 GB/s
PCI Express	4,000 GBs

Tabla 5–3 Rendimiento vídeo/buses

Sin duda nos encontramos ante un nuevo estándar que poco a poco desplazará las placas y tarjetas gráficas AGP haciéndolas formar parte del recuerdo y, cómo no, obligando a todos los usuarios a renovar el hardware potenciando así la industria tecnológica. Prestaciones, sí… y marketing también.

5.11. MÁS DE UN MONITOR EN UN PC

Una necesidad relativamente habitual es la necesidad de disponer de más de un monitor para el mismo PC. Esto suele ser provocado cuando, por ejemplo, se desea realizar una presentación y se requiere que los asistentes vean las imágenes en un monitor a la vez que otra persona se encarga de manejar el sistema. La necesidad es tan real que la gran mayoría de ordenadores portátiles disponen de salidas para monitor VGA y permiten configurar dónde se desea que se presenten las imágenes: la pantalla del portátil, el monitor externo e, incluso, ambos.

Otra de las razones estriba en disponer de un *Escritorio* más grande. En este caso no se trata de reproducir varias veces en diferentes monitores la misma imagen. El objetivo es representar diferentes zonas del *Escritorio* en diferentes monitores (técnica a la que se denomina *span*). Siguiendo con las posibilidades que esta técnica, llamada multimonitoring, puede ofrecer, se podría considerar la utilidad de reproducción de vídeo procedente de un DVD en un monitor mientras otro se usa para trabajar, diferentes imágenes de un juego concreto, zoom de una zona representada en otro monitor... Y así, tantas opciones como el usuario pueda imaginar.

Durante un tiempo, los fabricantes de tarjetas de vídeo se dedicaron a conseguir mejoras en rendimientos 2D y 3D. Poco a poco fueron mejorados los sistemas de vídeo y la inclusión de nuevas tecnologías como la memoria DDR (Double Data Rate) implicó mejoras considerables. Ahora bien, la posibilidad de ofrecer más de una salida de vídeo quedó olvidada por todos. Realmente, por todos excepto por Matrox, que comenzó a investigar en esta línea produciendo su serie G4xx con lo que denominó *tecnología Dual Head*. Posteriormente otras empresas hicieron lo propio y así nVidia aportó su solución a la que denominó *TwinView* aplicada a la tarjeta GeForce2 MX DH o ATI con su *Hydravision* en tarjetas Radeon VE. Todos, como se observa,

[49] El PCI de 64 bits corresponde a la denominada versión 2.1 del bus.

nombres muy significativos... A partir de ese primer instante, todos los fabricantes incluyeron la posibilidad de más de una conexión de vídeo como opción en algún modelo de sus tarjetas, mejorando así el abanico de posibilidades hacia el usuario, aunque descuidando un poco –todo hay que decirlo– las prestaciones 3D.

El concepto de "multimonitoring" fue tomando fuerza con la aparición de Windows '98, sistema operativo que contemplaba "de serie" la posibilidad de conexión de hasta 9 monitores al PC. Otros avances hardware como el puerto de vídeo AGP contribuyeron de forma decisiva en este mismo sentido.

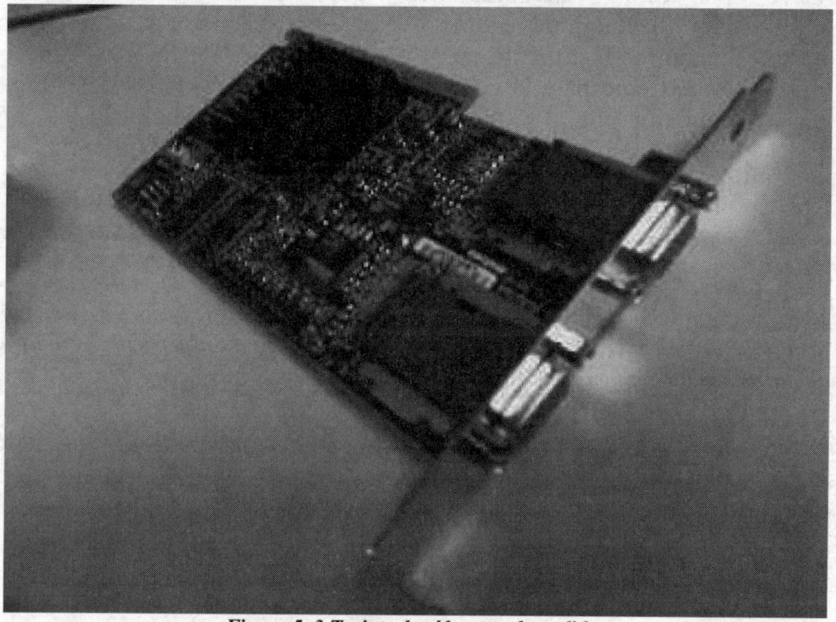

Figura 5–3 Tarjeta de vídeo con dos salidas

La capacidad de conectar más de un monitor a un mismo PC no sólo se sustenta en las tarjetas duales. Existen dispositivos diseñados y preparados concretamente para realizar esta función. Para los PCs convencionales existen otras soluciones válidas:

Instalación de dos tarjetas gráficas

Al instalar dos tarjetas gráficas es posible conectar dos monitores. En estos casos debe tenerse en cuenta que el sistema operativo debe soportar ambas tarjetas. Por otro lado será necesario determinar qué tipo de slot usan cada una de estas tarjetas. Es habitual que las placas actuales proporcionen un único slot AGP, lo que condiciona a que la segunda tarjeta sea PCI. En relación con esta solución existen sistemas operativos (Windows 98 y posteriores) que soportan lo que denominan el *multimonitoring*. Esta característica permite visualizar diferentes zonas del *Escritorio* en diferentes monitores (como si de un único monitor se tratara dividido en otras unidades) en lugar de realizar las visualizaciones "paralelo". De cualquier modo se recomienda al lector comprobar la compatibilidad entre tarjetas antes de realizar el montaje.

Tarjetas con dos salidas

Existen varios fabricantes en el mercado que suministran tarjetas de vídeo con más de una salida para monitor llamadas *tarjetas duales*. Normalmente, todas estas tarjetas gráficas pertenecen a la gama alta de fabricantes reconocidos. La ventaja que aporta esta solución es la ocupación de un único slot. Como inconveniente, además del precio, está que se depende de una única tarjeta para dos salidas de vídeo, lo que implica que, ante una avería en la tarjeta el equipo quede completamente inoperativo.

Conectores y cajas

Las última de las soluciones (y quizás la más "artesanal") consiste en la utilización de cables y cajas destinados a tal fin. Se pueden encontrar fácilmente en el mercado cables de tipo "Y" que ofrecen un extremo para la conexión a la tarjeta de vídeo y dos salidas para conexión con el monitor. De forma análoga funcionan las cajas que actúan como derivadores de señal, permitiendo una entrada (tarjeta gráfica) y varias salidas (monitores).

Es recomendable que los monitores que se conecten a un mismo PC sean iguales con la finalidad de encontrar diferencias en la calidad de imagen y resolución. Por otro lado, las aplicaciones en diferentes monitores dan un aspecto poco "natural" aunque no suponen ningún problema de carácter técnico.

Por supuesto, siempre hay soluciones intermedias a la multimonitorización. Así, si se desean instalar, por ejemplo, tres monitores a un mismo PC, una solución válida puede ser el uso de una tarjeta dual AGP en conjunción con una PCI o una PCI Express.

5.12. FABRICANTES DESTACADOS

ATI	www.atitech.ca	MATROX	www.matrox.com
CREATIVE	www.creativelabs.com	AOPEN	www.aopen.com
DIAMOND	www.diamondmm.com		
LEADTEK	www.leadtek.com		

CAPÍTULO 6

MONITORES

Como ya se adelantó en el capítulo anterior, el sistema de vídeo es especialmente importante para el usuario. De forma independiente al rendimiento que pueda obtener del monitor (velocidad, contrastes, respuesta...) está la seguridad en el trabajo. En este punto es importante reincidir para evitar futuros problemas oculares relacionados, sobre todo, con el enfoque.

En todos los instrumentos con los que se trabaje de forma habitual, es imprescindible conseguir, además de un óptimo comportamiento funcional, una interfaz agradable al usuario. De este modo, un PC con grandes prestaciones y rendimientos no sería útil si no fuese capaz de representar de un modo adecuado la información. Yendo más allá, la multimedia (objeto de un capítulo de este libro), no es ni más ni menos que una potenciación de las interfaces de la máquina para ser más asequible y cómoda al usuario.

De un tiempo a esta parte, los entornos gráficos nos rodean, incluso en aquellas aplicaciones cuya finalidad no lo precise. Gráficos estadísticos, animaciones 3D, reproducción de vídeo en tiempo real... todo precisa, además de un potente sistema de vídeo, un monitor capaz de reflejar en tiempo y forma ese volumen de información.

El primero de los retos en el campo de los monitores fue superar la barrera del color. Más tarde llegó la resolución, el tamaño y la emisión de radiación. En definitiva, toda una industria al servicio de un usuario cada vez más exigente en dos vertientes: calidad en el vídeo y seguridad.

En la actualidad todos los monitores guardan unas premisas de seguridad aceptables aun en el peor de los casos, pero no siempre fue así. Dado que se trabaja con parámetros intangibles (salvo que se disponga del instrumental adecuado, como podría ser un medidor de campo), es preciso conocer los pormenores para no vernos relegados a aceptar todo aquello que el fabricante quiera mostrar en el embalaje.

6.1. MONITORES TRC

El monitor es, sin duda y con independencia del tipo (TRC o TFT), el dispositivo de salida estándar por excelencia. Guarda, en cierta medida, una similitud importante con los televisores.

Figura 6–1 Monitor

Al igual que éstos, el principio de visualización de imágenes se consigue haciendo incidir en un punto determinado un haz de electrones que excitan una superficie recubierta de fósforo (por cierto, los puntos más difíciles de "acertar" con precisión son, precisamente, las esquinas). No debe olvidarse que el tubo del monitor no es ni más ni menos que una válvula de vacío (similar a las usadas hace años en las radios), por lo que a todos los efectos se comporta de forma análoga. Dicho haz parte del cátodo del tubo hasta incidir en el ánodo. Los puntos de incidencia son los que el usuario ve y la misión del fósforo es la de conseguir permanencia del efecto lumínico.

En los monitores de color, éste se consigue a partir de tres haces de electrones que inciden sobre un punto concreto con mayor o menor intensidad consiguiendo el color deseado. A esta consecución de color a partir de otros básicos se la conoce como mezcla aditiva.

Los monitores, también llamados CRT ("Cathode Ray Tube" o Tubo de rayos catódicos) y VDT ("Video Display Terminal" o Terminal de Visualización de Vídeo), responden a las señales enviadas por las tarjetas de vídeo. Estas señales pueden ser de dos tipos: digitales o analógicas. Lo más habitual es trabajar con estas últimas, ya que la gama de colores que se pueden representar es infinita, si bien las pantallas digitales comienzan a implantarse (fácilmente identificables por el conector DVI). Este parámetro determina que un monitor sea digital o analógico.

Partiendo de la estandarización casi general de los monitores analógicos, a veces se establece la diferenciación de analógico o digital obedeciendo al tipo de control que posea el monitor, es decir, partiendo de que la mayoría de los monitores que se encuentran en la actualidad son analógicos, según cómo se realice el control de brillo, contraste… mediante potenciómetros o circuitos integrados se le denominará analógico o digital respectivamente.

6.1.1. Componentes de un monitor TRC

Aunque el funcionamiento detallado de un monitor corresponde más a un técnico en electrónica que en hardware, se describirán a continuación aquellos componentes principales que, a escala funcional consiguen el efecto de visualización. En los siguientes apartados se analizarán la fuente de alimentación, placa de circuito de vídeo, transformador FBT, circuito de barrido horizontal... a saber:

Fuente de alimentación Se trata del mismo concepto asociado a cualquier otro dispositivo. La fuente de alimentación es el circuito encargado de acondicionar la corriente eléctrica de entrada (alterna de 125 ó 220 v) a la tensión requerida en continua, por supuesto, perfectamente filtrada y estabilizada.

Lejos de la difundida idea del elevado consumo del monitor, lo cierto es que éste oscila entre los 100 y 150 W de media. Si a esto añadimos los ahorros de energía que se han establecido con la “Energy Star” a través del DPMS (“Display Power Management System” o Sistema de gestión de consumo de pantalla) de que gozan los modernos equipos, el consumo es mínimo. Dicho sistema habilita estados de espera, reposo o, incluso, llegan a desconectar el monitor.

Placa del circuito de vídeo De forma genérica aquí se controla la señal procedente de la tarjeta de vídeo acondicionándola para poder ser visualizada. Fundamentalmente se preamplifica la señal con un chip preamplificador de vídeo (el más extendido es el LM1203N, de NATIONAL); este chip incluye controles de ganancia para cada color. Después se lleva cada señal de color un amplificador formado por una cadena de transistores que atacan directamente al pin del cañón de color del tubo. Existe un ajuste para presentar un nivel de color en el tubo, aun en ausencia de señal de color.

Posteriormente se amplifica la señal con tres transistores (uno para cada color). La sintomatología de una avería en el circuito de vídeo producida por el mal funcionamiento de un transistor se manifiesta por la ausencia del color asignado a dicho transistor, o por el predominio de un color concreto. Ante este tipo de problemas, se recomienda cambiar los tres transistores (aunque sólo uno se encuentre averiado) y que sean lo más similares posibles, de cara a que la homogeneización del color sea óptima. Asociados a los transistores se encuentran unos potenciómetros (resistencias pertenecientes al preamplificador de valor ajustable por el usuario) que permiten polarizar la base de cada transistor haciendo que éstos amplifiquen en mayor o menor medida.

Para calibrar el cambio de transistores es habitual que se disponga de un conmutador que concentre todos los colores en una sola línea horizontal. Si la ganancia de los transistores está equilibrada, debe aparecer una línea de color blanco. Si por el contrario dicha línea tiende a un color rojo, verde o azul, significa que es preciso reajustar la ganancia de los tres colores hasta conseguir un color blanco limpio.

> ***Para conocer con exactitud la gama de colores que ofrece un monitor, es preciso disponer del instrumental adecuado y medir una zona "en blanco" de la pantalla, ya que es ahí donde se reflejará la cantidad de luz aportada por cada uno de los colores primarios.***

Transformador FBT

Se trata del transformador encargado de elevar la tensión para conseguir propulsar los electrones a través del tubo. Este transformador, también llamado MAT ("Muy Alta Tensión"), "Transformador de línea" o más popularmente "Transformador de Alta"[50], eleva la tensión hasta 18.000 v en monocromo y entre 24.000 y 26.000 v en color. Es "delicado" en la medida de que es la causa de gran parte de las averías en los monitores. Lleva asociado un transistor de potencia y si el transformador o transistor fallan, se pierde completamente la señal de vídeo (no se visualiza nada). En estos casos, la mejor solución puede ser la adquisición de un monitor nuevo.

Figura 6–2 Transformador FBT

[50] En EE.UU. también se le denomina "Flyback" ("vuelo hacia atrás" ya que el pulso de alta tensión que carga el condensador es generado por la contracción del campo magnético en el núcleo del transformador, durante el período de retraso del haz de electrones en el TRC y "flies back" hasta la próxima línea). En otros lugares, el término es LOPT (Line OutPut Transformer) o, simplemente, LOP (Line OutPut).

Circuito de barrido horizontal

Consigue reproducir de forma horizontal la imagen "barriendo" el monitor. La calidad del monitor irá asociada a una alta frecuencia de barrido.

En televisores de color este circuito es de 15.625 Hz, pero en monitores es fácil encontrarlos superiores a los 20 KHz (según la tarjeta de vídeo). Estos 15.625 Hz proceden de 625 x 50 Hz / 2. Los 50 Hz son el barrido vertical y se "extraen" de la propia red eléctrica y se usan de forma entrelazada (25 Hz para cada zona).

Deflector

Se encarga, mediante la generación de un campo magnético, de desviar los haces de electrones hasta la posición específica deseada en la pantalla. Dicho campo modifica la trayectoria del haz haciéndole incidir de la forma más perpendicular posible sobre la pantalla.

Bobinas de desmagnetización

La magnetización del tubo, debida a diferentes factores externos, se presenta en la imagen como distorsiones. Las bobinas de desmagnetización que rodean el tubo tienen la misión de evitar este efecto indeseable.

Tubo de rayos catódicos

Se trata de la pantalla en sí. Realmente es una válvula de vacío donde se propagan los haces de electrones hasta incidir con la superficie lumínica que es el ánodo. Pueden ser de *máscara de sombra "invar"* (los más habituales), con los puntos sobre la máscara, "*trinitron*", o de *rejilla de apertura*, donde en lugar de puntos la máscara dispone de tres líneas por tríada o una mezcla de ambos.

> ***Si no se es un experto, no es recomendable desmontar la carcasa del monitor bajo ningún concepto, aun estando apagado, ya que dispone de condensadores que pueden estar cargados (capacidades del orden de hasta 1000 μF con tensiones que llegan a los 1.000 v que tardan minutos en descargarse).***

La propulsión de electrones se consigue gracias a una fuerte diferencia de potencial dentro del tubo. En el cátodo (parte estrecha del tubo), se produce el calentamiento del mismo –tal y como ocurre en las válvulas de vacío–. Esto provoca una liberación de electrones en esta área. Por otro lado, el ánodo o extremo exterior del tubo (el área visible de la pantalla), está sometido a una fuerte carga positiva que, dependiendo del tipo de monitor, puede alcanzar valores por encima de los 24.000 v.

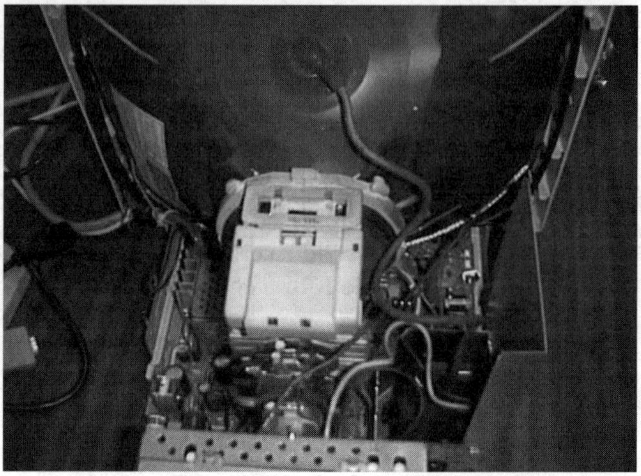

Figura 6–3 Interior de un monitor

La gran diferencia de potencial provoca la emisión y propulsión de haces de electrones en sentido cátodo-ánodo, que al incidir sobre la rejilla de potencial, forman la imagen que el usuario ve en pantalla.

6.1.2. Características de un monitor TRC

Existen una serie de parámetros que el usuario debe conocer para realizar su elección a la hora de adquirir un monitor. Tan lamentable puede ser el comprar un dispositivo de bajas prestaciones como sobredimensionar las necesidades reales. Éstas son algunas de las características a tener en cuenta:

Frecuencia vertical — De igual forma es bueno disponer de una frecuencia de barrido vertical alta. Esta frecuencia (también conocida como de refresco) es la que mide cuándo se debe renovar la imagen de pantalla. Puesto que el ojo humano retiene en su retina durante un instante las imágenes que percibe, si se le muestran a gran velocidad se conseguirá la sensación de movimiento y nitidez. Una baja frecuencia vertical ocasiona un mayor cansancio visual además de una clara falta de calidad. A mayor velocidad, por tanto, mejores resultados se obtendrán evitando los desagradables parpadeos. La VESA (Asociación de Estándares de Vídeo-Electrónica) recomienda como mínimo una frecuencia de 70 Hz (70 imágenes por segundo).

Téngase en cuenta que el "parpadeo" (también llamado flicker) producido por una baja frecuencia acabará siendo, de forma inevitable, molesto. El humano tiene la capacidad de acabar acostumbrándose a la frecuencia de refresco y si bien en un principio puede resultar inapreciable, pasado un tiempo se termina por apreciar.

Asociado a este concepto se encuentra otro: los monitores entrelazados y no entrelazados. Dado que es preciso "refrescar" la imagen, los monitores entrelazados realizan este proceso primero a las líneas impares y, posteriormente a las pares. Esto repercute en un abaratamiento de componentes al usar la misma circuitería para las líneas pares e impares. Llevada esta diferencia a efectos prácticos, implica que, a 70 Hz de frecuencia de refresco, en un monitor entrelazado se renovará la imagen 35 veces (debido a las dos "vueltas" que realiza para mostrar la imagen), mientras que en un NO entrelazado, la renovación será de 70 veces por segundo, es decir, un valor "real".

No acepte nunca monitores con refrescos inferiores a 60 Hz (bajo la experiencia, no deberían recomendarse por debajo de 75 Hz). IBM fabricó un sistema de vídeo, el 8514 con 43 Hz entrelazado con el fin de abaratar costes. El resultado fue un monitor que tenía una resolución alta (1.024 x 768) pero provocaba dolores de cabeza… Una mala publicidad para la marca, sin duda.

La razón de trabajo con monitores entrelazados viene dada por el abaratamiento de componentes. Aunque en las características del monitor se hable de, por ejemplo, frecuencias de refresco a 70 Hz (bastante aceptable), habría que comprobar bajo qué resoluciones se cumplen. Así, si se trabaja con una resolución de 400 líneas, se está asumiendo que el monitor debe regenerar 70 veces por segundo un total de 400 líneas, es decir, 70 Hz x 400 líneas = 28 KHz de frecuencia de refresco máxima. Si la resolución aumenta, será imposible conseguir mantener los 70 Hz, por lo que se adoptará el método entrelazado.

Frecuencia horizontal

La frecuencia horizontal indica el número de líneas de barrido horizontal que el monitor mostrará por segundo, respondiendo a la fórmula:

$$\textit{Frecuencia Horizontal} = \textit{Resolución vertical} \cdot \textit{Frecuencia vertical}$$

Así, para un modo de trabajo de 1.024 x 768 a 70 Hz, se precisará una frecuencia horizontal de:

$$F_H = 768 \times 70 = 53.760\ Hz = 53{,}76\ KHz$$

Para realizar de forma exacta este cálculo, habría que añadir tres líneas más de renovación no visibles (fuera del área de visión del usuario) pero que cuentan a todos los efectos de cálculo.

Paso de puntos (rejilla de potencial)

Otra medida de calidad en el monitor sería la distancia entre píxeles ("Dot pick"). La superficie del CTR (Tubo de rayos catódicos) está formada por "agrupaciones" de píxeles de los tres colores básicos (rojo, verde y azul) "insertados" dentro de una rejilla. Cuanto menor sea la distancia entre centros de cada punto, mayor calidad de imagen se obtendrá. Las medidas habituales oscilan entre 0,39 y 0,28 mm, siendo la mejor la de inferior distancia. Para monitores de gran tamaño, esta distancia se disminuye hasta 0,25. Ahora bien, esta distancia debe estar conforme a la resolución con la que se desea trabajar y el tamaño del monitor.

La rejilla de potencial hace las veces de "máscara" encargada de determinar el impacto físico de los haces de electrones proyectados sobre la pantalla. Téngase en cuenta que ésta no es una tarea sencilla y la electrónica de los monitores suele resultar insuficiente para concretar de forma certera el punto de "impacto".

Supóngase que se dispone de un monitor de 14". Puesto que esta medida define el diagonal de la pantalla, obtendríamos que el largo y alto del monitor serían los catetos de un triángulo rectángulo. Además hay una proporción que siempre se cumple en todos los monitores: la relación de 4/3 entre alto y ancho[51]. Las medidas, por tanto, de un monitor de 14" (recuérdese que 1" = 25,4 mm) serían de:

$$14" = \sqrt{alto^2 + \left(\frac{4}{3}\cdot alto\right)^2} = \sqrt{alto^2 + \left(\frac{16\cdot alto^2}{9}\right)} = \sqrt{\frac{9\cdot alto^2}{9} + \frac{16\cdot alto^2}{9}} = \sqrt{\frac{25\cdot alto^2}{9}} = \frac{5}{3}\cdot alto;$$

Sabiendo de esta manera las dimensiones de un monitor, será preciso concretar el otro dato fundamental: la resolución. Así, si se quisiera trabajar a 640 x 480 sobre el monitor anterior, resultaría que en 21,3 cm de alto habría que disponer de 480 puntos. Las dimensiones máximas para cada uno de esos puntos serían por tanto de 213,36 mm/480 ptos = 0,4445 mm; es decir, bastaría con un monitor de 0,34.

$$14" = \frac{5}{3}\cdot alto;\ alto = \frac{14"\cdot 3}{5} = 8,4" = 213,36mm \approx 21,3cm;\ ancho = \frac{4}{3}\cdot alto = \frac{4}{3}\cdot 21,3 = 28,4cm$$

Supóngase otro caso y otro modo de cálculo. En este caso el monitor a evaluar es de 14" que, tal y como se ha visto, corresponde a unas medidas de 21,3 x 28,4 cm. Se desea trabajar a una resolución de 1.024 x 768. Esto

[51] Esta proporción también es válida en aparatos de TV convencional. Tanto en unos como en otros (monitores y TV), existen modelos profesionales de gran calidad donde la proporción varía a 19/8. Esto se puede apreciar de forma habitual en muchas películas que, diseñadas para estas proporciones, se visualizan en aparatos de TV dejando franjas negras en la parte superior e inferior de la pantalla.

implica que sobre 28,4 cm se deben insertar 1.024 puntos, es decir, 28,4 / 1.024 = 0,277 mm sería la distancia exacta entre centros de dichos puntos (un mínimo de 0,27 mm). Esto no significa que los monitores de 14" no puedan trabajar a esas resoluciones (ya que se producen "adaptaciones de la imagen"), sino que la resolución no es apropiada para ese tipo de monitor (considerando que es raro encontrar monitores de 14" con menos de 0,28 mm).

Cada vez es más habitual dotar a los ordenadores con tarjetas capturadoras de vídeo que ofrecen la posibilidad de proyectar imágenes sobre el televisor. Si bien es cierto que los aparatos de TV actuales superan en dimensiones a los monitores, en cuanto a resolución se refiere pierden mucha calidad ya que el tamaño del punto suele estar muy próximo al milímetro (¡tres veces más que el peor de los monitores!).

Ya que los monitores existentes en el mercado ofrecen unas características determinadas, se suele realizar una comprobación rápida para saber si son válidos para la resolución deseada. Imagine un monitor igual al anterior donde se dispone de un punto de 0,28 mm. La longitud teórica del monitor para dicho caso en la resolución anterior 1.024 x 768 debería ser:

$$Longitud_{TEÓRICA} = 1.024x\ 0{,}28\ mm = 286{,}72\ mm = 28{,}672\ cm$$

$$Longitud_{REAL} = 28{,}4\ cm$$

Dado que Longitud $_{TEÓRICA}$ > Longitud $_{REAL}$, el monitor en cuestión no sería apropiado a esa resolución.

De manera habitual el fabricante da como dato la diagonal del monitor pero no necesariamente del área visible, que suele resultar una pulgada menor del dato suministrado. Esto también ocurre en aparatos de televisión. Se invita al usuario a realizar medidas sobre su TV: es muy posible que se sorprenda con los resultados.

Radiación Por último, existe otro parámetro importante que sería el que hace referencia a la radiación electromagnética que irradia el monitor. Sus consecuencias no están todavía determinadas con exactitud. De cualquier forma, actualmente sólo se pueden suministrar monitores de baja radiación en consonancia con las normativas internacionales.

Las normativas que regulan la emisión son la MPR II y las TCO y la diferencia básica entre ambas es el nivel de permisibilidad en las emisiones electromagnéticas.

6.1.3. Tipos de monitores TRC

Son varios los monitores existentes en el mercado basándose en la tecnología usada para la generación de imágenes. Se detallan los más comunes entendiendo que, al igual que el resto de los componentes que integran un PC, tienden rápidamente a la obsolescencia.

> ***De forma periódica los principales fabricantes nos sorprenden con nuevas técnicas aplicadas a los monitores. Una de las innovaciones más comentadas en su día fue la iniciativa de Philips llamada "Light Frame" (o Light Maps y Píxel Lighthing por otras tarjetas como las legendarias Voodoo 2 de 3Dfx), consistente en poder visualizar una zona de pantalla (o su totalidad) con más luminosidad que el resto. Esto se obtiene perdiendo nitidez y precisión pero se gana en color y es útil para juegos y la reproducción de DVDs, a los que proporciona más realismo.***

Se trata de los siguientes: monitores compuestos, TTL de control directo, RGB, analógicos y, dentro de estos últimos, los multisync.

Compuesto — También llamado "*Composite*", se trata del modelo de monitor más antiguo, fabricado tanto en color como en monocromo (de fósforo verde o naranja). Su entrada, a través de un conector redondo similar al de antena, no era modulada en radiofrecuencia como en los televisores y recibían una señal de vídeo compuesta de la que procede su nombre.

TTL de control directo — Reciben su nombre de la familia lógica de TTL ("Transistor Transistor Logic") con niveles de tensión de 5 v para estados lógicos altos. Normalmente monocromáticos en las dos modalidades (fósforo verde y ámbar), existieron algunos con señal de brillo específica. Su calidad es aceptable al igual que la resolución. El conector empleado es un DB9 (también llamado sub-D de 9 pines). Es importante destacar que este tipo recibe una señal digital y no analógica. Las tarjetas de vídeo con las que resulta compatible son MDA, CGA, HGA y EGA, aunque normalmente se usan con CGA y EGA para los RGB y el resto para los monocromáticos (de hecho, tanto las EGA y CGA deben ser configuradas cuando se desea que trabajen en monocromo).

> ***En este tipo de monitor, la tarjeta gráfica envía dos señales específicas para referenciar qué punto se desea iluminar o no y si la iluminación debe ser intensa. Obsérvese en este caso la falta de aprovechamiento de información, ya que se precisarían (omitiendo señales de ubicación y otras) dos bits para representar los cuatro casos expuestos, es decir, encendido intenso, encendido normal, apagado intenso y apagado normal). Esto implica 2^2 posibilidades de las cuales no tendrían sentido las dos últimas. Se verá más adelante el sentido de esta duplicidad.***

RGB Su nombre viene de *Red, Green and Blue* (rojo, verde y azul). Se trata, al igual que el modelo anterior, de un monitor digital, pero, en este caso, a color. La información enviada por la tarjeta de vídeo consta de 4 bits que se asumen a los estados de encendido-apagado de los tres colores además de un estado de color intenso. Esta combinación (2^4) ofrece 64 combinaciones diferentes de color. Este monitor fue muy usado con tarjetas CGA y EGA, usando las tres señales separadas en lugar de sólo una como los "*Composite*".

Analógico Se caracteriza como su nombre indica, por usar señales analógicas en lugar de digitales. Las elevadas frecuencias de vídeo aumentan la calidad de imagen y disminuyen el cansancio visual. Estos monitores (con señales de entrada comprendidas entre 0 y 0,7 v) transforman, en el caso de los monocromo, los colores en tonalidades de grises. Dada la naturaleza de las señales analógicas "ricas en matices" (frecuencia, fase, amplitud...), este tipo de monitores no imponen ninguna restricción, salvo las especificadas por el fabricante, a la hora de representar colores siendo posible alcanzar, de forma potencial, un número ilimitado. Éste es el tipo monitor más común.

Multisync Los monitores "multisync", VFM ("Variable Frecuency Monitors"), de frecuencia variable o multisincrónicos detectan y sincronizan de forma automática su funcionamiento con los requerimientos de la tarjeta de vídeo a la que estén conectados, entre un rango que va desde los 15 KHz a 38 KHz de frecuencia y de 50 a 87 Hz de frecuencia vertical o de refresco. Esto supone una importante novedad con respecto a sus predecesores que eran de frecuencia fija, es decir, sólo se podían conectar a un tipo determinado de tarjeta gráfica. De la mano de NEC este tipo de monitor aparece en el año 1986 y se propaga su uso rápidamente gracias a su versatilidad de conexión aceptando tarjetas desde CGA hasta las actuales Súper VGA. Aunque la denominación Multisync es exclusiva de NEC, habitualmente se usa de forma incorrecta por casi la totalidad de los fabricantes (que deberían usar la denominación de "*multiscan*") y, paradójicamente incluido NEC, denominando "multisync" a monitores que en realidad son analógicos multifrecuencia.

Los monitores analógicos multifrecuencia son aquellos que pueden adaptar diferentes frecuencias de forma fija y, por supuesto, reciben una señal analógica a su entrada. Existe una variación con respecto a este tipo que son los denominados de "doble frecuencia", capaces de aceptar tarjetas gráficas Hercules y CGA.

6.2. PANTALLAS DE CRISTAL LÍQUIDO

Lo cierto es que no existe ninguna relación entre este tipo de pantalla y los monitores anteriormente citados, excepto la función de visualizar los datos procedentes del PC. Al no disponer de la gran válvula de vacío que es el tubo de rayos catódicos, las pantallas de cristal líquido o LCD ("Liquid Crystal Display") han conseguido reducir su espesor de forma sorprendente (¡menos de 2 cm!) y un consumo mínimo basado en componentes de tecnología CMOS, lo que las hace ideales para sistemas autónomos. Aunque genéricamente a todas las pantallas de portátiles y "laptops" se las conoce como "cristal líquido", ya que están basadas en unas moléculas de cristal en estado híbrido sólido/líquido llamado isotrópico, habría que establecer diferencias entre las de plasma –las primeras en aparecer–, que nunca llegaron a conseguir el color, y las LCD. Estas últimas consiguen las mismas resoluciones que un monitor Súper VGA gracias a sus matrices formadas por tres transistores en cada píxel. Cada uno gestiona un color (rojo, verde y azul) haciendo las veces de etapa final de vídeo en un monitor convencional. Estos transistores gestionan la intensidad de cada uno de los píxeles en las denominadas pantallas activas.

Figura 6–4 Monitor LCD de portátil

Las pantallas de matriz pasiva se usaron durante un tiempo, pero se abandonaron pronto dada su incomodidad. Este tipo de pantalla sólo realizaba refrescos completos cuando se producía un cambio en la pantalla, lo que a veces provocaba la falta de "realce".

Su funcionamiento, de forma somera, se basa en provocar campos eléctricos que alteren el giro de las moléculas transparentes que forman la pantalla. A diferentes campos se consiguen diferentes ángulos en las moléculas, variando así la cantidad de luz que las atraviesa en cada punto. Estos puntos serán los píxeles de la pantalla y la cantidad de luz definirá los diferentes tonos.

6.2.1. Características de un monitor TFT

En el caso de los LCD TFT, el número de parámetros a evaluar disminuye ya que su constitución hace que gran parte de los puntos expuestos en los TRC desaparezcan. No obstante, conviene tener en cuenta los siguientes:

Radiación Las TFT, por su propia constitución, no emiten radiaciones de ningún tipo, lo que las hace recomendables frente a los TRC. Además, la ausencia de "refresco" supone una menor fatiga visual.

Volumen Los actuales monitores de 17" necesitan mucho espacio, mientras que una TFT puede, incluso, anclarse sobre una pared siendo su ancho en torno a los 2 cm.

Potencia Las LCD trabajan con tensiones mucho más bajas que los TRC que llegan a alcanzar hasta más de un par de decenas de miles de voltios a través de los transformadores MAT (Muy Alta Tensión). Este parámetro afecta tanto al consumo como a la disipación de calor.

Tiempo de respuesta Es el tiempo consumido por cada píxel en reaccionar a las instrucciones indicadas por el controlador. Este valor se usa para comparar diferentes pantallas, siendo deseable un valor mínimo.

Radio de Contraste Éste es un valor que se expresa en formato *<luminosidad máxima>*:*<luminosidad mínima>* de modo que un contraste 200:1 significa que cuando un píxel (bombillas de las que hablábamos) está encendido, ofrece 200 veces más luminosidad que cuando está apagado. En la actualidad se llega a superar la proporción de 400:1. También podría definirse como la diferencia de brillo existente entre un blanco puro y un negro puro, valor a optimizar que redundará en la nitidez y contraste de la imagen.

Figura 6–5 Monitor común LCD TFT

Visualización Lo cierto es que los TRC ofrecen aún prestaciones no igualadas por los TFT, tal puede ser el caso del ángulo de visión, luminosidad y el tamaño del punto que aumenta en los TFT creando el efecto indeseable denominado pixelación (tamaño de punto elevado). Aun así, los avances de los TFT son cada día mayores.

Geometría Las TFT gozan de una mayor geometría, evitando el efecto "tonel" que se produce en los TRC.

6.2.2. Tipos de monitores TFT

A pesar de la breve vida de las pantallas plana en comparación con los monitores TRC, ya existen diferentes modelos y tecnologías que lejos de rivalizar, más bien persiguen objetivos distintos. No debe olvidarse que este tipo de pantallas, dadas sus características específicas, son apropiadas para entornos tan variados como la visualización de datos en un PC, un reloj digital o una Palm (con las diferencias oportunas según el caso, claro está). Los principales tipos de LCD en la actualidad son los siguientes:

DSTN (Dual Scan Twisted Nematic) Son conocidas como pantallas de matriz pasiva. Están constituidas por diferentes láminas con misiones independientes. Así, la luz retroproyectada (desde la última capa) mediante tubos fluorescentes va generando las imágenes al pasar a través de diferentes capas donde las moléculas de cristal líquido asumen diferentes alineaciones (precisamente en la capa de alineamiento) como resultado de la tensión aplicada. El conjunto está encerrado al vacío mediante otras capas dispuestas a tal fin.

Es de destacar los inconvenientes de esta tecnología rápidamente identificable mediante la "sombra" producida por los píxeles encendidos sobre los apagados junto a un tiempo de respuesta que ronda los 300 ms. Por otro lado, sólo se refrescan las zonas donde se han producido cambios en la pantalla, algo que da una sensación características de este tipo de pantallas y que no resulta deseable.

TFT (Thin Film Transistor) Las también denominadas como matriz activa son la respuesta a la tecnología anterior que se mejora mediante la inclusión de soluciones no complejas: un transistor convencional es el encargado de amplificar (estado de corte) o reducir (estado de saturación) la señal por cada píxel y color, aumentando de forma clara el radio de contraste. La rápida conmutación de los semiconductores reduce el tiempo de respuesta a no más de 25 ms como fruto de la propia persistencia del efecto lumínico permitiendo, además, conjuntos mucho más delgados en comparación a las DSTN. Sobra decir que el precio es superior en las TFT que en las DSTN.

HPD (Hybrid Passive Display) Por último están las HPD como solución media a las tecnologías anteriores y basadas en el uso de un cristal líquido menos denso. Esto consigue que el tiempo de respuesta (que en definitiva no deja de ser un efecto físico) mejore bajando a niveles casi comparables a las TFT y mejorar los radios de contraste a un precio razonable.

LTPS (Low Temperature PolySilicon) La tecnología LTPS es de aplicación en pantallas donde se ha reemplazado la silicona amorfa por de polisilicona en el substrato de vidrio de los TFT. Esta tecnología es más propia de pequeñas pantallas (cámaras fotográficas digitales, videocámaras...) que de pantallas de PC.

PDP (Plasma Display Panels) Con un origen militar, las PDP consiguen el efecto obtenido por el cristal líquido mediante gas a baja presión que se transforma en plasma cuando se le aplica una tensión. Ionizado el gas libera luz ultravioleta que será el elemento lumínico excitante.

6.3. CONECTORES

Los conectores más habituales usados por los monitores para PC, ya sean TRC o TFT, son los sub-D de 15 pines en miniatura, divididos en tres filas de pines macho con una longitud aproximada de 17 mm. Para los Macintosh el conector es sub-D normal y los monitores de ambos equipos son intercambiables entre sí mediante un adaptador. Ya en otro tipo de máquinas, el usuario puede encontrar conectores "Plug & Play" de inserción en caliente (sin necesidad de desconectar el sistema) con puertos bidireccionales (tal es el caso del Apple Desktop Bus). Otro tipo de conexión se realiza mediante el conector 13W3 RGB que es apantallado para la señal RGB reduciendo el riesgo de inducción por radiaciones externas. Además, es posible encontrar monitores donde todas las señales vayan de forma independiente a través de conectores BNC.

Figura 6–6 Conector de monitor (desde el PC)

Sin duda la gran novedad del 2004 en cuanto a conectores se refiere ha sido el DVI, tal y como se apuntaba en el capítulo dedicado a las tarjetas de vídeo. Este conector se encuentra en tres variantes: 20 conectores en dos filas (DVI), 24 en tres filas (DVI-D) y 30 en 10 filas (DVI-I o DVI-A) y ofrece algo que desde los monitores TTL de Control Directo no había vuelto a utilizarse: el tratamiento digital de la información sin la conversión analógica que habitualmente realiza la tarjeta de vídeo.

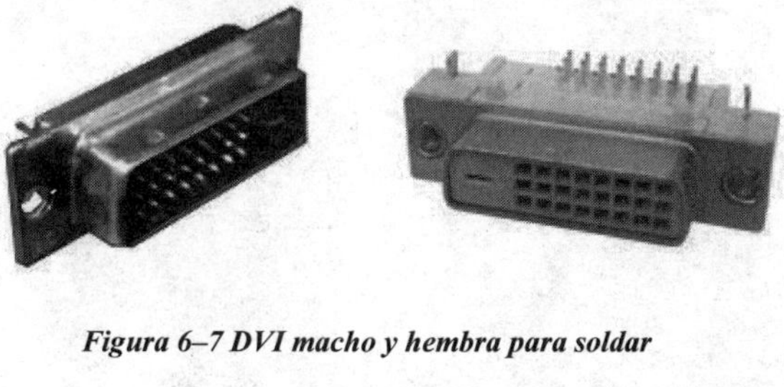

Figura 6–7 DVI macho y hembra para soldar

6.4. FABRICANTES DESTACADOS

Compaq	www.compaq.com	NOKIA	www.nokia.com
IBM	www.ibm.com	PHILIPS	www.philips.com
NEC	www.nec.com	SAMSUNG	www.samsung.com

CAPÍTULO 7

SOPORTES FÍSICOS DE INFORMACIÓN

Bien, hasta ahora correcto eso de procesar y manipular los datos pero... ¿qué hay de guardarlos? El tratamiento de la información es importante pero, necesariamente, requiere de la habilitación de un sistema de almacenaje. Ya se ha visto parte de ese concepto en el capítulo dedicado a la memoria pero, como en él se describe, éste no deja de ser un almacenamiento temporal. Es preciso acudir a sistemas capaces de albergar información durante un tiempo ilimitado.

Hoy, en la Sociedad de la Información donde la importancia de las copias de seguridad (backups), sistemas redundantes y un sinfín de artilugios de todo tipo tienen como finalidad el almacenar datos de forma segura y fiable, estos soportes de información toman especial relevancia.

La evolución en estos componentes ha ido dirigida por dos parámetros clave: capacidad de almacenamiento y velocidad. Aspectos como el tipo de grabación (secuencial o aleatorio) han pasado a un segundo plano entendiendo que sólo aquellos sistemas capaces de facilitar información en el menor tiempo posible tienen sentido en las exigencias actuales.

Este capítulo versa sobre dispositivos convencionales como pueden ser disqueteras, discos duros, sistemas de archivos... todos basados –excepto una ligera alusión a los floptical– en sistemas de almacenamiento magnéticos. Éstos han sido, y son, la base de la concepción de los datos almacenados. Ahora bien, es imposible eludir las nuevas tecnologías ópticas que ya son elementos habituales: los CD, CDR, CDRW... serán, dada la importancia del tema, razón del próximo capítulo.

Poco queda que añadir a esta introducción, excepto recomendar al lector lo mismo que en el resto de capítulos: observar la evolución desde aquellos primeros discos de 180 KB hasta los actuales discos duros de más de 40 GB. Sin duda, así podrá disfrutar más del ingenio de todos aquellos que han aportado algo a este apasionante campo de la tecnología: el *almacenamiento digital*.

7.1. DESDE EL PRINCIPIO...

Obviamente la necesidad de almacenamiento, ya sea en un formato regrabable o no, ha estado patente desde el momento en que la información es susceptible de ser codificada y guardada. En la actualidad, lo estándares están claramente definidos y las novedades intentan cubrir lagunas en referencia a capacidad, velocidad o comodidad.

No obstante, antes de la propia definición de estándares, las ideas de un soporte universal aparecieron por doquier. Resulta curioso (y casi romántico) hacer una retrospectiva para observar alguna de las ideas del momento.

Figura 7–1 Software Records

Así, en la figura[52] puede apreciarse la iniciativa de la compañía Software Records que apostó por el disco de vinilo en formato LP como sistema de suministro de datos (obviamente, de forma exclusiva para lectura). En las inserciones publicitarias de la época, la compañía anunció su producto indicando que si cada persona que leyese el anuncio realizase una compra del disco, agotarían las existencias. Poco después, tras la escasa aceptación del producto, volvió a replicar el anuncio indicando que, en caso de no vender todas sus existencias, procederían a darles fuego.

Ésta es una muestra de las iniciativas que quedaron en el camino y que, con independencia de ello, son dignas de admiración y respeto.

[52] Cortesía de *old-computers.com.*

7.2. DISQUETERAS

Son sin duda uno de los componentes integrantes del PC más usados. Estos dispositivos permiten leer y grabar unidades de disco flexible que el usuario podrá intercambiar con otras máquinas. Inicialmente, los ordenadores cargaban incluso el sistema operativo desde disquete (algo impensable en nuestros días) en ausencia de disco duro. Posteriormente el abaratamiento de otros soportes de información ha relegado a las disqueteras a una mera interfaz entre el disco duro y el usuario, pero, aun así, sería impensable disponer de un PC carente de unidades de disco.

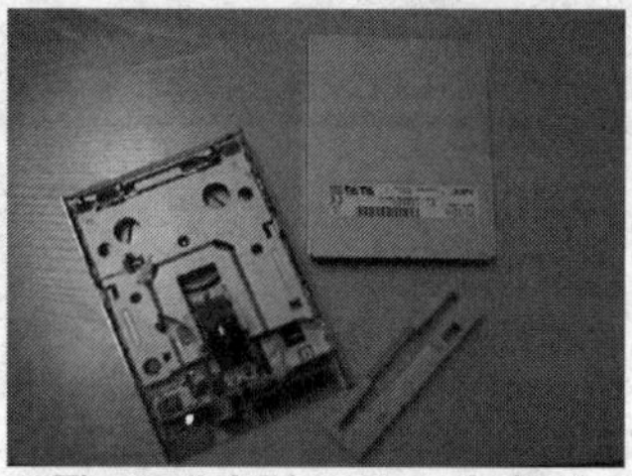

Figura 7–2 Disquetera de 3 ½”

7.2.1. Evolución de las disqueteras

Existen dos formatos fundamentales: disqueteras de 5¼” y de 3½”. Aunque inicialmente se comenzó con un formato mayor, el de 8” con 1 MB de capacidad en 1971, pasados cinco años (1976) aparece el formato de 5¼”, que sólo se leían por una cara, logrando capacidades de 160 KB.

> ***El primer ordenador en incorporar una disquetera de 3½” fue el HP-150. Esta máquina estaba provista de pantalla táctil y era una de las ofertas en los inicios de los compatibles. En cuanto a las disqueteras de 5¼”, fue el popular Victor 9000 el primero en ofertarla y con una capacidad de 1,2 MB.***

Posteriormente y gracias a dos cabezales de lectura, se trabajaba con ambas caras duplicando la capacidad. Con la llegada de la HD se consiguió los 1,2 MB.

Figura 7–3 Disquetera de 5 ¼”

En el caso de las disqueteras de 3½" se intentaron corregir todos los defectos que había tenido su predecesora. Nace en 1987 consiguiendo 720 KB en doble densidad y 1,44 MB en alta. Indiscutiblemente es la más usada. Cualquier unidad de HD es capaz de trabajar con DD, pero no a la inversa. Aun así, IBM afirmó en su día que cualquier disco DD formateado desde un AT con disquetera HD, sería reconocido por éste, ahora bien, no garantizaba el reconocimiento por un XT de DD. Existe un formato adicional poco estandarizado conocido como alta densidad mejorada capaz de trabajar con discos de 3½" en formato de 2,88 MB.

Algunas disqueteras disponen de un jumper en su zona de conexiones que sirve para indicar si se va a trabajar con un PC compatible o con un Macintosh.

7.2.2. Composición interna de los discos

Obviamente el concepto de disquetera va íntimamente ligado al de disquete. Los discos, como tal no difieren en mucho en cuanto a su descripción lógica de lo que podría ser un disco duro. Su estructura está compuesta por:

Caras Cada uno de los lados físicos del disco. Aunque obviamente todos los discos tendrán dos caras, no siempre se han aprovechado ambas.

Sectores Son las áreas obtenidas tras trazar un diámetro imaginario.

Pistas Cada uno de los anillos concéntricos al eje que se encuentran en cada una de las caras.

En la tabla siguiente se recogen las especificaciones de los formatos más utilizados (dejando aquellos que no soportan el formato de trabajo de la doble cara):

∅	PISTAS	SECTORES /PISTA	SECTORES /DISCO	ENTRADAS EN DIRECTORIO RAÍZ	CAPACIDAD
5¼" DD	40	9	720	112	2·40·9·512 = 360 KB
5¼" HD	80	15	2400	224	2·80·15·512 = 1.2 MB
3½" DD	80	9	1440	112	2·80·9· 512 = 720 KB
3½" HD	80	18	2880	224	2·80·18·512 = 1.44 MB
3½" XD	80	36	5760	448	2·80·363·512 = 2.88 MB

Tabla 7-1 Características de disquetes

Nota: Obsérvese que la columna de Sectores/Disco es el resultado de multiplicar los Sectores/Pista por el número de Pistas y por 2, que corresponde al número de caras, es decir:

$$Sectores/Disco = Sectores/Pista \cdot Pistas \cdot N^o\ de\ caras$$

De igual modo, la capacidad final dependerá del número total de sectores y la capacidad de los mismos que, en este caso, corresponde a 512 bytes:

Capacidad = Sectores/Pista · Pistas · Nº de caras · Capacidad del Sector

En cuanto a nivel físico de la composición del disco, habría que hacer algunas consideraciones: determinadas marcas utilizan en sus discos unas partículas magnéticas de cobalto con óxido de hierro, aumentando la fiabilidad de la información. En la siguiente tabla se recogen las características principales de almacenamiento de los discos más habituales:

Descripción	3½" 2DD	3½" 2HD	5¼" 2S/2D-48tpi	5¼" 2S/2D-96tpi	5¼" 2S/HD
Sin formato	1,0 MB	1,6 / 2,0 MB	0,5 MB	1,0 MB	1,6 MB
Formato DOS	720 KB	1,44 MB	360 KB	-	1,2 MB
Nº de pistas	80		40	80	
Densidad de pistas (tpi)	135		48	96/100	
Caras grabables	2				

Tabla 7–2 Almacenamiento en disquetes

7.2.3. Proceso de Lectura/Escritura

Al tratarse de un dispositivo magnético, su funcionamiento no difiere en exceso de otras unidades de almacenamiento. Cuando se introduce un disco en una disquetera, una serie de dispositivos mecánicos aseguran su correcta colocación dentro de la unidad. Hasta que ésta no se ha conseguido, las cabezas de lectura/escritura no abandonan su ubicación de reposo. Conseguido el anclaje y sujeción del disco, dos motores entran en funcionamiento: uno dedicado a hacer girar al disco y otro síncrono destinado al movimiento de las cabezas.

Estropear un disco por magnetismo, aunque no es imposible, no es tan sencillo como pueda parecer a primera vista. Es preciso que un campo magnético superior a 20 gauss afecte al disquete en cuestión, y un campo de estas características no suele estar en zonas comunes (sí junto a grandes transformadores o motores). Por otro lado, desmitificar los rayos X o los imanes de cierres de bolsos: no afectan, en absoluto, a los disquetes.

Cuando se desea escribir información en una unidad de disco, las cabezas actúan como pequeños electroimanes de gran precisión. Formadas por un entrehierro y una bobina, se hace pasar una corriente produciendo un campo magnético. Dicho campo se corresponderá a la polaridad aplicada a la bobina consiguiendo así que, al "entrar" o "salir" corriente, el campo sea positivo o negativo. Esta polaridad se corresponderá de forma inversa con los 1 y 0 que se deseen grabar.

Para la lectura el proceso es análogo pero al contrario: en este caso las variaciones de campo magnético generadas por el disco e inducidas en las bobinas de las cabezas, generarán una corriente que posteriormente será descodificada e interpretada como niveles lógicos.

De cara a conseguir una alta densidad de datos por un lado y una seguridad de los mismos, la información, antes de ser grabada se codifica. Los métodos más habituales son el FM, MFM, M2FM y GRC. Todos estos sistemas de codificación/decodificación son tratados en el apartado destinado a discos duros.

7.2.4. Características de una unidad de disco

Cualquier tipo de unidad tiene una serie de características que son de interés, a saber: sensibilidad, velocidad de rotación, centrado, tangencia e histéresis, a saber:

Sensibilidad Se trata del ancho de pista que es capaz de leer la cabeza de la disquetera. Como el lector ya sabe a estas alturas del libro, la información se lee sobre pistas concéntricas alrededor del eje. Un mayor número de pistas aumenta la densidad (y por tanto la capacidad) pero también hace que el ancho de las pistas sea menor. Aunque se guarda una "distancia de seguridad" entre pistas, cabe la posibilidad de error si la cabeza no está lo suficientemente ajustada para leer o escribir donde debe.

Velocidad de rotación Dentro de una disquetera se producen varios tipos de movimientos. Uno de ellos es el de rotación alrededor del eje. Esta velocidad, en todos los casos, es de 300 rpm (revoluciones por minuto), excepto en el caso de las unidades de 5¼" de alta densidad (1,2 MB) donde dicha velocidad aumenta hasta 360 rpm. Como se puede adivinar, un aumento o disminución de la velocidad puede repercutir en errores de lectura/escritura de la unidad. Ante este tipo de error (un ± 1% es considerado como error), las modernas disqueteras incorporan un sistema electrónico que mantiene siempre la velocidad de rotación correcta. En disqueteras más antiguas, la regulación se realiza mediante un pequeño tornillo.

Una disquetera, internamente y a escala mecánica, debe sincronizar el cabezal de lectura/escritura (formado por dos cabezas), el motor de giro y el motor paso a paso de movimiento del cabezal. El espesor del sustrato magnético de los disquetes está en torno a 0,002 mm. Para mantener la velocidad constante en los discos de 5 ¼" se usa un pequeño agujero que tiene el disco que, al girar, provoca "destellos" que un fotodiodo contiene.

Centrado Hace referencia a la posición física del disco introducido, con respecto al eje de giro de la disquetera. Ya que la lectura/escritura sobre disco se realiza de manera tangencial, es necesario una correcta alineación. Esto se consigue mediante anclajes mecánicos y no es un error habitual (si se produce, muchas veces se soluciona volviendo a introducir el disco).

Tangencia Se trata de la posición que la cabeza de lectura/escritura debe adoptar para trabajar con el disco. Ya que los datos están escritos "de forma circular", se debe acceder a ellos de forma tangencial. Una mala colocación de la cabeza repercutirá en problemas con los discos. La máxima desviación admitida es de 0,65 grados.

Histéresis Define la tolerancia de la cabeza en el momento de posicionarse sobre una pista, en función del desplazamiento. Este tipo de error se produce, no ya en distintas disqueteras, sino en una misma unidad, el posicionamiento sobre una determinada pista no es estrictamente el mismo si la cabeza viene desde una pista anterior o posterior. Esta tolerancia está en cierta forma relacionada con la sensibilidad.

A modo de resumen, se ofrece la siguiente tabla:

TAMAÑO (pulgadas)	5 ¼"		3 ½"	
DENSIDAD	DD	HD	DD	HD
VELOCIDAD DE ROTACIÓN (rpm)	300	360	300	
CAPACIDAD	360 KB	1,2 MB	720 KB	1,44 MB
HISTÉRESIS (milipulgadas)	1,5		1,0	
ANCHO DE PISTA MÁXIMO TEÓRICO	20,8	10,4	7,4	
PISTAS / PULGADAS	48	96	135	
SENSIBILIDAD	16	8	5	

Tabla 7–3 Características de formatos

7.2.5. Identificación lógica de una disquetera y patillaje

La conexión a la controladora se realiza mediante un cable plano de 34 líneas. Para indicar si se desea trabajar con una unidad de disco de forma que se denomine A: o B: se puede hacer de tres modos en cuanto a nivel hardware se refiere y, por supuesto, en cualquiera de los casos, es preciso indicar al PC el tipo de disquetera que se está usando en la BIOS, habitualmente desde el "Standard CMOS Setup". Las opciones son las siguientes:

Chip terminal Se trata de un sistema ya en desuso. Algunas disqueteras antiguas poseían un "chip" en su circuito impreso que era el encargado de actuar como resistencia terminal. Así, si se deseaba configurar la unidad A:, se dejaba puesto y para B: se extraía de la placa.

Jumper Se trata de un proceso análogo al anterior: algunas disqueteras podían inhibir su resistencia terminal mediante un "jumper" que conseguía tal fin. En esencia este proceso hace que el jumper actúe como un conmutador que habilita un circuito resistivo u otro conectado a masa según la indicación del usuario. Todavía algunas disqueteras antiguas usan este procedimiento aunque son las menos entre otros motivos, la tendencia hace que los ordenadores actuales dispongan de una única unidad al no precisar de dispositivos alternativos para acceder al sistema operativo.

Cruce en el bus Se trata del sistema más usado y vigente en la actualidad. Consiste en un pequeño cruce de hilos en el bus de las disqueteras. En dicho bus circulan, entre otras, dos señales independientes de activación de motor ("motor enable" en las líneas 10 y 16) y dos señales independientes de selección de unidad ("drive select" en las líneas 14 para A: y 12 para B:). El cruce se produce en el propio cable, tal y como se aprecia en la imagen, por lo que no es necesario la actuación del usuario excepto, obviamente, en la correcta configuración de la BIOS (tema tratado en el capítulo 21 de este mismo libro).

Figura 7–4 **Bus donde se aprecia el cruce**

La recepción de datos en las disqueteras se produce en el pin 16 para la activación de motor y en el pin 12 la selección de unidad. Dándose el cruce precisamente en estos hilos, se produce el efecto deseado. Si el cruce no se produjese, al activar una determinada unidad, se activarían las dos y, de igual forma, al activar el motor de una unidad, se activarían los dos.

Resulta, cuando menos curioso, descubrir que la instalación de una unidad de disco no depende únicamente de la BIOS, sino que el sistema operativo debe estar preparado para soportarlo. Así, si se deseaba trabajar con unidades de 5¼" HD, es preciso disponer de MS DOS 3.0 o superior, para 3½" DD se debe disponer de MS DOS 3.2 o superior y para 3½" HD de MS DOS 3.30 o superior. No obstante, aparte de la baja probabilidad de encontrar estas versiones actualmente, el MS DOS se acompañaba de un controlador, el DRIVER.SYS, indicado para configurar cualquier tipo de unidad física.

En lo referente al patillaje del conector de la disquetera, la distribución es:

PIN	FUNCIÓN	PIN	FUNCIÓN
1	Tierra	18	Dirección
2	Selección de densidad	19	Tierra
3	Tierra	20	Paso
4	Reservado	21	Tierra
5	Tierra	22	Escribir dato
6	Reservado	23	Tierra
7	Tierra	24	Escritura validada
8	Índice	25	Tierra
9	Tierra	26	Pista 0
10	Motor A: activo	27	Tierra
11	Tierra	28	Protección escritura
12	Selección de B:	29	Tierra
13	Tierra	30	Leer dato
14	Selección de A:	31	Tierra
15	Tierra	32	Selección de cabeza
16	Motor B: activo	33	Tierra
17	Tierra	34	Cambio de disco

Tabla 7–4 Pines en el bus de una disquetera

Un error típico se produce cuando, al cambiar de disco, la disquetera sigue "leyendo" el contenido del disco anterior. Esto es consecuencia de un acceso al búfer en lugar de volver a "refrescar" la información. La causa más común suele ser un fallo en el cable plano que va desde la controladora (incluida o no en placa base) y la disquetera (generalmente el hilo número 34, encargado de tal fin). Si el error persiste, es conveniente cambiar de controladora.

7.3. LOS "FLOPTICAL"

Los "floptical" son unos dispositivos de lectura/escritura totalmente compatibles con los discos de 3 ½" en cualquiera de sus densidades. Fabricados con una sustancia de ferrita de bario, en lugar de óxido de hierro como los disquetes normales, se consigue aumentar la densidad de almacenamiento hasta 1.245 pistas por pulgada en lugar de las 135 que puede usar un disquete. Esto aumenta la capacidad hasta 21 MB.

Se trata de un dispositivo magneto-óptico de apariencia casi igual a la de un disquete que usa un sistema de direccionamiento a partir de un diodo láser que "lee" una pista con una serie de orificios. Este sistema permite alcanzar velocidades de acceso de hasta 40 mseg. Al tratarse de un dispositivo SCSI, precisan de una controladora con dicha interfaz.

A pesar de ser un dispositivo normalizado por la FTA (Floptical Technology Association) y claramente útil, no ha tenido una excesiva difusión dado que no llega a ser una solución para sistemas de seguridad, y otros dispositivos como JAZ o los ZIP le han desplazado.

Figura 7–5 Unidad ZIP con su disco soporte

7.4. UNIDADES MAGNETO-ÓPTICAS

Se trata de otra solución de almacenamiento masivo de información que, si bien se está viendo desplazada por otros tipos de tecnologías, sigue siendo válida. El primer dato que llama la atención al usuario es la duración del soporte, ya que tiene una vida media estimada de treinta años y, por si fuese poco, sin ningún tipo de alteración si se ve sometido a campos electromagnéticos. Esto viene dado por su peculiar sistema de escritura: al introducir un disco, se calienta la superficie del mismo hasta alcanzar los 200 ºC (la también llamada temperatura de Curie). Es bajo esta temperatura cuando el disco se vuelve permisivo en cuanto a la magnetización de su superficie. Así, se graba la información indicada en formato de 0 y 1 quedando ¡"atrapada" bajo la superficie! La velocidad aproximada de grabación es de unos 150 Kb/seg. La lectura en este sistema se realiza mediante un láser de pequeña intensidad proyectado sobre la superficie del disco. Según se produzca el reflejo del haz de luz se determinará si se ha encontrado un 0 o un 1 lógico. La velocidad aproximada de lectura es de unos 600 Kb/seg. Este sistema recibe el nombre de "Kerr". Cabe destacar que, tanto el proceso de lectura como el de escritura, se producen sin un contacto físico con la superficie del disco, lo que, al evitar rozamientos, alarga la vida del disco. Una ventaja adicional con la que cuenta este tipo de unidades es que es directamente accesible, es decir, se puede trabajar como si se tratase de un disco duro (por ejemplo, en las unidades de "streamer" o "backup" no se puede ejecutar directamente, ya hay un proceso previo de descompresión además del inconveniente del acceso secuencial frente al aleatorio).

Las principales características de las unidades magneto-ópticas son:

Descripción	1S/ 594MB	2S/ 652MB	2S/ 1,2 GB	2S/ 1,3 GB	2S/ 2,3 GB	2S/ 2,6 GB	1S/ 128MB	1S/ 230MB	1S/ 540MB	1S/ 640MB
Formato	5¼”	5¼”	5¼”	5¼”	5¼”	5¼”	3½”	3½”	3½”	3½”
Capacidad	594MB	652MB	1,2 GB	1,3 GB	2,3 GB	2,6 GB	128MB	230MB	540MB	640MB
Superficies	1	2	2	2	2	2	1	1	1	1
Bytes / Sector	512	1024	512	1024	512	1024	512	512	512	2048

Tabla 7–5 Unidades magneto-ópticas

7.5. UNA ALTERNATIVA REAL: LOS PENDRIVES

Sobradamente justificadas han quedado las carencias de capacidad de los discos en función de las necesidades actuales (programas más grandes, con más gráficos...). Esto, cada vez más evidente hasta el punto de que muchos ordenadores ya no incluyen disquetera (siempre se les puede conectar una externa a través de USB), abre una opción de mercado para nuevos dispositivos que rivalizan por conseguir una estandarización. Tal ha podido ser el caso de los discos ZIP (de 100 MB), el Super Disk (2 MB) o las unidades JAZZ (1 GB).

No obstante, un nuevo dispositivo parece irrumpir de forma decidida en el mercado respaldado por una capacidad razonablemente aceptable a un buen precio: los pendrives. Esta denominación obedece a los dispositivos de memoria que a través de puerto USB se pueden conectar el PC y hacen las veces de una unidad de disco. También se les conoce como discos duros móviles aunque nada tienen que ver con éstos (y mucho menos con los discos duros removibles).

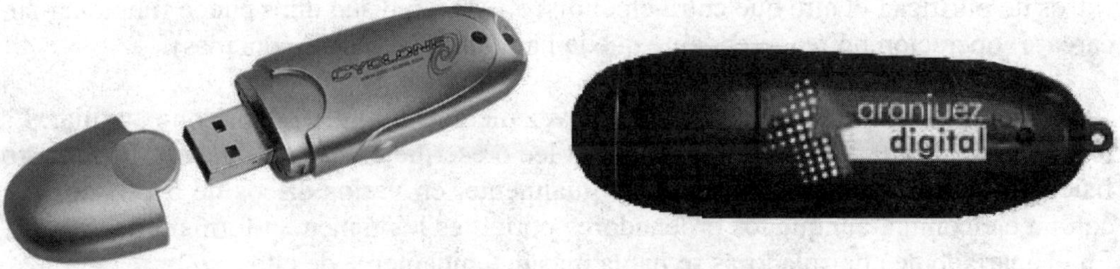

Figura 7–6 Pendrives de Soltec (www.soltecsl.com)

Los pendrives son módulos de memoria que oscilan entre los 64 MB y los 2 GB aunque todo parece indicar que poco a poco se irán superando estas capacidades. Su funcionamiento es sencillo: en los modelos más cómodos, basta con conectarlos a un puerto USB para que sean reconocidos automáticamente si se dispone de un sistema operativo actual (como Windows XP, por ejemplo) o, en caso contrario, previa instalación de drivers. A partir de este momento, su uso es el de una unidad más.

No obstante, estos pendrives no han quedado sólo como instrumentos de almacenamiento; además, incorporan funciones como la reproducción de archivos

MP3, sintonización de emisoras de radio y posibilidad de grabación digital. En definitiva, un dispositivo multifunción que aún está acomodándose en un mercado que, sin lugar a dudas, le resulta propicio.

7.6. DISCOS DUROS

Al igual que las disqueteras, son dispositivos mecánicos de lectura/escritura. El principio es el mismo: consiste en varios discos que giran juntos y unas cabezas que acceden a ellos. Es más, el sistema ha variado muy poco –en sus aspectos básicos– en cuarenta años: hay una mayor eficiencia, una mayor precisión y, por supuesto, mayor capacidad (¡del orden de 1.000 veces más!) pero el sistema sigue siendo el mismo.

En los discos duros, la velocidad de giro es aproximadamente entre 15 y 20 veces mayor que en las disqueteras (no pudiendo variar, en este caso, más de un 0,5% sin que se produzcan errores de acceso). Las cabezas de lectura, a diferencia de las disqueteras, no están en contacto con el disco, sino que "flotan" en el colchón de aire que se produce en el giro. La distancia entre las cabezas y la superficie del disco es tan pequeña que una simple partícula de humo entre ambas bastaría para dañar la cabeza.

Existe la falsa creencia de que los discos duros son herméticos e incluso que están encapsulados al vacío: nada más lejos de la realidad. La presión dentro y fuera del disco duro debe ser la misma y, por supuesto, el vacío impediría la existencia del "colchón de aire" citado. Lo que sí es cierto es la necesidad de disponer de un entorno limpio donde no existan partículas. Esto se consigue en el momento de la fabricación mediante el ensamblado en las denominadas "salas blancas", es decir, habitaciones con una esterilización eléctrica. Para que el disco continúe así, existen una serie de filtros de purifican el aire que entra en el disco. Así, un disco duro puede funcionar sin carcasa (operación no recomendable que le hará tener sus horas contadas).

Todos los cabezales se mueven a la vez mediante un motor síncrono auxiliar. Es una controladora la que decide qué cabeza lee o escribe en cada momento. El formato físico de los discos duros consiste, habitualmente, en varios discos de $5^{1/4}$" o de $3^{1/2}$", con un eje común, aunque los ordenadores portátiles los tienen en formato de 2 y $2^{1/2}$". En el apartado de controladoras se habla más detenidamente de ellos.

Es habitual que los discos duros estén formados internamente por más de un disco físico, a los que se denomina platos o "platters". Así, la parte superior del primer plato es la cara 0, la inferior, la 1, en el segundo plato, la parte superior será la 2, la inferior la 3 y así sucesivamente. La pista 0 es la más exterior al disco.

Aunque habitualmente existe una única cabeza de lectura-escritura por plato, en discos de alta velocidad, puede existir más de una.

Estos dispositivos son vitales en la medida que, si la función principal de un PC es la de gestionar información, en los discos duros es donde se almacena. Cada vez con más capacidad y más rápidos, los discos duros están evolucionando de forma vertiginosa dando soporte a los cada vez grandísimos sistemas operativos y aplicaciones. En este capítulo se detallan todas las características que es necesario conocer.

7.7. EL DISCO DURO A ESCALA FÍSICA

Un disco duro, físicamente, es un dispositivo en cuyo interior se encuentran los platos donde se guarda la información y unas cabezas para leer o escribir sobre ellos. Además, existen dos motores, uno encargado de hacer girar el disco y otro para el movimiento de las cabezas, aunque a veces este último se sustituye por una bobina móvil por inducción. El conjunto se complementa con una electrónica capaz de sincronizar los dos motores, acciones de las cabezas (lectura/escritura), procesos de lectura/escritura y codificación/decodificación de información y memoria.

Figura 7–7 Discos duros

El funcionamiento en el ámbito conceptual es sencillo: los diferentes platos que conforman el disco y de forma solidaria a un mismo eje giran a una velocidad determinada. Cuando la información llega al disco duro en formato paralelo es preciso codificarla para obtener buenos resultados información/unidad de superficie y se transforma en datos serie. Estos datos son los que, por inducción, excitarán una bobina que, en definitiva, no es más que la cabeza de escritura. Ésta, cuando esté situada en el sector donde se desea escribir, magnetizará la superficie del disco quedando así la información almacenada. La lectura es similar, pero es el propio disco el que por inducción sobre la cabeza consigue que el magnetismo se convierta en corriente que podrá ser interpretada digitalmente. Por supuesto el proceso de decodificación y conversión serie-paralelo se realizará antes de "entregar" la lectura al bus.

Figura 7–8 ST380013AS (www.seagate.com)

A continuación se detallan los componentes principales a escala física de un disco duro:

Platos

También denominados “platters”, suelen ser una aleación de aluminio sobre la que se ha depositado una sustancia magnética que puede ser óxido de hierro. La elección del aluminio es debida a su ligereza además de por sus óptimas propiedades en cuanto a la disipación térmica, aunque en la actualidad se está trabajando con platos de cerámica y vidrio. Estos materiales son más resistentes, duraderos y con mejores respuestas ante el calor y el desgaste. En algunos casos existe un recubrimiento adicional por encima de la superficie magnética, un derivado de carbono para proteger la superficie de posibles colisiones con las cabezas. Suele haber dos caras por plato y todos giran con el mismo eje.

El montaje habitual es de uno o dos platos, aunque en discos más antiguos se pueden encontrar hasta cuatro. En lo referente al tamaño, los más habituales son de 3½” (como los disquetes) aunque también los hubo de 5¼”, denominados popularmente como el modelo “big foot” por su fabricante y de 2½” para ordenadores portátiles.

Obsérvese que en ningún momento se aumenta el tamaño físico de los discos para obtener más capacidad: el motivo estriba en la necesidad de seguir manteniendo unas dimensiones que permitan la estabilidad de los distintos elementos que conforman la unidad.

Si se acude a las características técnicas de algún fabricante, es fácil deducir cómo los diferentes modelos varían exclusivamente en el número de platos que poseen, conservando el resto de prestaciones iguales. Así, un modelo puede tener 10 GB de capacidad y un solo plato, otro de la misma serie 20 GB en dos platos, otro 30 GB en tres platos y así sucesivamente.

Material del soporte magnético

Como se ha comentado, se debe aplicar una sustancia susceptible de ser magnetizada sobre la superficie del disco. Interesa, además, que dicha sustancia tenga un coeficiente de rozamiento muy bajo y esté pulida por posibles "aterrizajes" inesperados de las cabezas. Debe tener también una buena estabilidad a la temperatura, ya que las dilataciones y contracciones pueden alterar el fino posicionamiento de los datos dando lugar a errores de direccionamiento (este punto es tratado en más profundidad en el apartado de "*Reajuste Térmico*"). En algunos modelos modernos, la superficie de cada plato es tratada con un material antiadherente para proteger aún más la superficie. Se trata de un proceso similar a la protección de esmalte en "spray" que se aplica a los discos de CD ROM para preservarlos de arañazos y roces.

Aunque los primeros discos duros usaban óxido férrico como sustancia magnética, en la actualidad se dopan las diferentes aleaciones para conseguir mejores resultados. Un material de base muy usado es el cobalto por su mejora de respuesta frente al hierro.

Cabezales de los discos

Son los encargados de leer y escribir en los platos. Aunque los primeros cabezales usados fueron de ferrita y, básicamente, electroimanes, se han sustituido por los magnetorresistivos (MR), diseñados por IBM. Este tipo de cabezal incluye dos cabezas independientes: una para lectura y otra para escritura. Aunque el proceso de escritura no varía en demasía con respecto al de una disquetera, el de lectura emplea una resistencia que varía en función del campo magnético al que es sometida. Este sistema permite la miniaturización de los cabezales y un aumento de densidad de grabación muy importante (del orden de 10.000 veces superior a los cabezales convencionales).

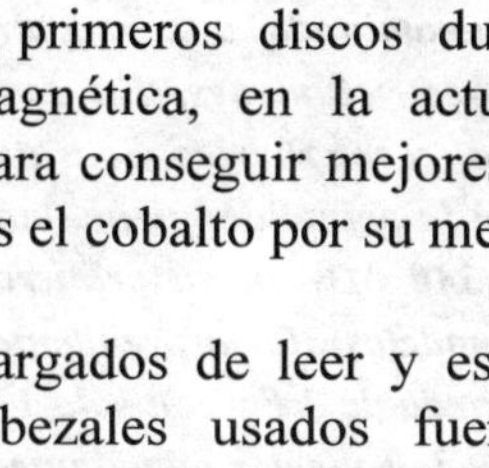

Figura 7–9 Cabezal de un disco duro

Una variación de los cabezales magnetorresistivos son los GRM o de gran magnetorresistividad, siendo menores en tamaño y con mayor sensibilidad de resistencia, lo que repercute directamente en la densidad de grabación. Estos cabezales emplean el efecto túnel de electrones, definido dentro de la Mecánica cuántica.

Dentro de otra consideración, entrarían los cabezales trimorfos o TRIPAD y los de contacto virtual, ambos muy próximos a la superficie del disco llegando incluso a rozarlo.

El hecho de usar cabezales cada vez más pequeños y acercarlos más a la superficie del disco, favorece el poder trabajar con dominios magnéticos menores en superficie, aumentando así la densidad de datos. Ahora bien, esto exige una mayor fiabilidad de componentes y se incrementa el riesgo de "aterrizajes" sobre la superficie del disco. De cara a evitar estos problemas, se protegen las superficies de los discos con materiales deslizantes y estables (habitualmente antiadherentes derivados del carbono) tal y como se detallaba en el apartado anterior.

La evolución parece encaminada a conseguir mayores capacidades en menores volúmenes. En este sentido IBM ya tiene su apuesta: el microdrive. Se trata de un disco duro que, si bien en la actualidad tiene una capacidad relativamente baja (340 MB en su primera versión y 1 GB en los últimos modelos), lo sorprendente es el tamaño. Similar a una moneda de 2 € y con sólo 17 g de peso, el "microdrive" se puede conectar a cualquier PC, portátil o PDA, aunque últimamente se está aplicando en receptores GPS, teléfonos inteligentes, proyectores LCD y otros dispositivos móviles. Probablemente el futuro nos depare sorpresas sobre este tipo de unidades.

MicroDrive de IBM

Motor de posicionamiento Es el encargado de desplazar las cabezas hasta la posición física del disco a la que se desea acceder. De él dependen todas las cabezas montadas como si de un peine se tratase, donde cada púa tiene un cabezal en su extremo. Aunque las cabezas se mueven de forma conjunta, sólo es una la que trabaja en un momento determinado. El montaje de las cabezas en conjunción con el motor debe ser tal que el movimiento siempre sea radial con respecto al disco. Para la implementación física del motor, se eligen los denominados *paso a paso* o *síncronos*. Éstos tienen la característica de disponer de un gran número de pasos por revolución, consiguiendo así una gran precisión. En la actualidad este motor se ha visto desplazado por otro sistema. Se suelen emplear núcleos que, fijados por un punto al disco resultan móviles y sobre ellos se colocan las cabezas. A través de una bobina sobre la que se hace pasar una corriente, se genera un campo magnético capaz del mover el núcleo y situar así las cabezas. Este sistema, aparte de ser más económico, es más preciso, silencioso y fiable.

Motor de rotación Es el encargado de hacer girar los platos sobre un mismo eje. Debe ser de gran precisión, ya que las variaciones máximas permitidas están –como ya se indicaba– en torno al 0,5% sobre velocidades que oscilan entre las 3.600 y 15.000 r.p.m. (aunque lo habitual se sitúa en dos valores: 5.400 ó 7.200 rpm). Asociado a dicho motor se encuentra un circuito capaz de estabilizar la velocidad de giro que recibe el nombre de "servo" y que se trata de un sistema de feedback o realimentación que comprueba en cada instante la velocidad de giro.

Otro dato menos conocido aunque no por ello menos importante, es el sistema físico de rotación en el eje. Dadas las velocidades de giro alcanzadas es preciso disponer de un anclaje mecánico capaz de ser lo suficientemente libre como para ofrecer la mínima resistencia al giro y lo suficientemente estable como para no variar la estabilidad de la unidad. Este sistema se basa habitualmente en rodamientos aunque algunos fabricantes recurren al aceite, lo que proporciona un menor nivel de ruido y consumo, aunque el rendimiento global del disco se vea afectado negativamente. En el caso de grandes sistemas, las velocidades son específicas del ordenador en concreto. Algunos sistemas incluyen disipadores/ventiladores para el disco duro, ya que, a elevadas velocidades de rotación, la temperatura aumenta.

Los dos motores implicados en la dinámica del disco funcionan a 12 v, mientras que los 5 v suministrados por la fuente se usan para la electrónica del disco.

7.8. EL DISCO DURO A ESCALA LÓGICA

Para poder referenciar el disco es preciso establecer unas delimitaciones lógicas que identifiquen cada posición del disco. La estructuración es la siguiente:

Clústeres Es la unidad mínima de información y se compone de varios sectores. La conjunción de varios clústeres, a su vez, conforman una pista. Un fichero ocupará, como mínimo, un clúster y, a su vez, un clúster no puede estar ocupado por más de un fichero.

Pistas Hace referencia a cada uno de los círculos concéntricos al eje en que se divide el disco y corresponde a la trayectoria que marcaría una cabeza inmóvil por el movimiento de rotación del disco. Se divide en clústeres y la pista más exterior corresponde al número 0, incrementándose hacia el centro del disco. En muchos casos, los fabricantes no aportan el número de pistas como dato característico, sino que dan la densidad del disco expresada en pistas por pulgada (TPI o "Track Per Inch").

Cilindros Es el conjunto de la misma pista en los diferentes platos. Su nombre viene del cilindro imaginario que se formaría si se uniesen todas las pistas iguales en los diferentes platos, formando la figura tridimensional de la que procede el nombre.

Sectores Son las diferentes porciones angulares en que se divide un plato, tomando como inicio el propio eje del disco y comenzando su numeración en 1 (no se toma el 0). Por supuesto, la longitud en un sector de la pista más interna y la más externa serán de diferente longitud aunque contengan la misma capacidad. A pesar de esto, todas las pistas tienen el mismo número de sectores (este punto se tratará con más detenimiento). El tamaño del sector dependerá de la densidad de datos y del proceso de codificación. Varios sectores conforman un clúster. La capacidad típica (y casi invariable) de un sector es de 512 bytes.

> ***Dos características adicionales a un disco duro que suelen aparecer definidas en la BIOS (aunque es posible su omisión) son el valor de compensado (PRECOMP) y la pista de aparcamiento de las cabezas (LAND ZONE).***

7.9. CARACTERÍSTICAS DE UN DISCO

El disco duro debe estar en consonancia con la controladora elegida. Los parámetros que medirán la calidad de éste son muchos y variados, tal y como se detalla a continuación.

7.9.1. Modo de transferencia

Hace referencia a cómo se transvasarán los datos entre el disco duro y el resto del ordenador. Hay cuatro posibilidades en cuanto a la forma en que se transfieren los datos a la RAM, detallados: PIO, DMA, Ultra DMA y Memory Mapped I/O.

PIO El modo PIO ("Programmed Input Output") indica la tasa de transferencia de datos del disco según la tabla adjunta. Depende de forma directa de la velocidad del bus del sistema desarrollándose la transferencia a través de los puertos de entrada/salida de la controladora que también sirven para la transmisión de comandos. Por otro lado debe tenerse en cuenta que cada byte, de uno en uno o dos en dos como máximo, debe pasar por la CPU, correspondiéndose con los comandos "IN" y "OUT", por lo que la velocidad de la CPU será también un factor determinante.

Aunque el modo PIO ha sido uno de los más usados, tiene serias limitaciones. Entre otras, los modos PIO 3 y 4 sólo son soportados por buses VESA (ya obsoletos) o PCI y, si se conectan dos dispositivos a un mismo canal con diferente PIO, habrá que ajustarse a la velocidad del más lento (aunque esto es evitable si el chipset de la máquina soporta la diferenciación). Por otro lado, es el microprocesador quien debe soportar la carga de gestión en este modo, lo que puede ralentizar considerablemente el sistema. La cota máxima de transferencia así como los estándares soportados son:

MODO PIO	Mb/seg (MÁX. TEÓRICO)	ESTÁNDAR SOPORTADO
0	3,3	Todos
1	5,2	
2	8,3	
3	11,1	ATA 2 y 3, Fast ATA 2 y 3, Ultra ATA, EIDE y ATAPI
4	16,6	ATA 2 y 3, Fast ATA 2, Ultra ATA y EIDE

Tabla 7–6 Transferencia según PIO

Aunque las tasas de transferencia son altas, debe entenderse como una potencialidad máxima teórica ya que rara vez se superan los 10 Mb/seg. La ventaja de este sistema es que da muy pocos problemas a pesar de que la detección que realiza la BIOS, en muchos casos, es incorrecta, incrementando un grado el Modo PIO.

DMA Aunque incluidos en el mismo epígrafe, el DMA y el "BusMaster" DMA tienen poco que ver entre sí (mejor dicho, nada). No obstante, por la similitud de nombre a veces se les relaciona y éste es el motivo de representar los dos conceptos juntos, donde se pueden comprobar mejor las diferencias entre ambos.

En lo referente al DMA, se trata del concepto ya conocido de transferencia de datos, sin intervención del microprocesador gracias a un controlador físico de DMA. En el caso de los discos duros, el DMA no tiene una utilidad excesiva, ya que, si bien es cierto que el microprocesador queda libre para realizar otras operaciones, éste no puede realizar nada hasta que la transferencia termine. Es por este motivo que se le considera excesivamente rígido.

> ***El concepto del DMA funcionalmente es muy válido, ya que basta con indicar al controlador de DMA cuántos bytes se desean transmitir, el origen y el destino de los mismos. El problema es que el controlador de DMA, además de ser rígido como ya se comentaba, es también lento: 4 MHz, motivo por el que sólo los discos antiguos lo usan.***

La solución a este problema viene dado por el "BusMaster" DMA y todos los modos UltraDMA que son variaciones de éste, implementado en las controladoras y, por supuesto, debe ser soportado por el chipset (que desde el Intel "Triton" es algo común). Su función es realizar un DMA pero permitiendo al microprocesador la realización de otras operaciones. Realmente la precontroladora del disco "desconecta" la controladora del bus y realiza la transferencia con un control propio del "BusMaster" DMA. La aplicación del "Bus Mastering" implica la carga de unos controladores adicionales suministrados con la placa base que, en la mayoría de los casos, suelen ser bastante conflictivos, sobre todo con las unidades de CD ROM para las que el único modo válido y fiable de trabajo es el Ultra DMA. Para esta modalidad no se emplea el controlador de DMA sino controlador un "Busmaster" DMA con control propio.

Existen básicamente dos modos de DMA, denominados "single word" y "multiword" con diferentes versiones de evolución. En la actualidad, prácticamente se usa en exclusividad en el modo DMA 2 o DMA "multiword" 2 aunque el modo DMA-33 y el nuevo DMA 66 a 66,6 Mb/seg se implantarán, con toda seguridad, rápidamente. La velocidad máxima de transferencia, así como los estándares soportados son:

DMA	Mb/s	Estándar soportado
Single word 0	2,1	Todos
Single word 1	4,2	
Single word 2	8,3	
Multiword 0	4,2	
Multiword 1	13,3	ATA 2 y 3, Fast ATA y Fast ATA 2, Ultra ATA y EIDE
Multiword 2 (DMA16 ó UDMA)	16,6	ATA 2 y 3, Fast ATA, Ultra ATA y EIDE
Multiword 3 (DMA33 ó UDMA2)	33,3	ATA 4
UDMA 66	66,6	ATA 5

Tabla 7–7 Estándares soportados en DMA

Memory mapped I/O Se basa en aumentar la velocidad de transferencia usando siempre el mismo área de memoria para recoger y enviar los datos. Así, la controladora sabrá dónde debe dejar los datos y el microprocesador los recogerá de forma automática. El ahorro de tiempo se produce a nivel del micro, ya que no es preciso localizar el área de memoria y usar accesos "*IN/OUT*", bastando con el trasvase directo a través de *MOV*, mucho más rápidos. Esta opción debe ser habilitada, normalmente, desde la BIOS.

El problema es que las controladoras no son capaces de gestionar otras cosas que no sea memoria real, es decir, se debe olvidar de la memoria virtual, el modo protegido…, limitando así el rendimiento en sistemas operativos actuales que utilizan este tipo de técnicas.

7.9.2. Tiempo de posicionamiento

Es el tiempo usado por las cabezas hasta acceder a una pista concreta. Dada la diversidad de ubicaciones físicas hasta donde puede llegar el brazo, se adopta como tiempo de acceso un tercio del tiempo necesario para desplazarse por las pistas del disco. Este tiempo debe estar comprendido entre los 9 y los 12 mseg.

7.9.3. Velocidad de rotación

Va íntimamente relacionado con el tiempo de latencia (concepto que se explicará seguidamente). Esta velocidad marca la velocidad de giro del disco. Lo habitual, como se indicaba, es una velocidad comprendida entre 3.600 rpm y 15.000 rpm, aunque los valores típicos se sitúan en 5.400 y 7.200 rpm.

Por tiempo de latencia se entiende el tiempo que, una vez accedido a la pista deseada, se debe esperar a que el sector "pase" por debajo de la cabeza. El cálculo del tiempo de latencia se puede realizar de forma sencilla conociendo las revoluciones a las que trabaja el disco duro. Basta con aplicar una sencilla "regla de tres", teniendo en cuenta que un disco duro da 3.600 vueltas en 60 segundos, cuánto tardará en dar una única vuelta, es decir,

$$\left.\begin{array}{l} 3.600\,rpm \rightarrow 60\,seg \\ 1\,rpm \rightarrow x\,seg \end{array}\right\} \qquad x = \frac{1\,rpm \cdot 60\,seg}{3.600\,rpm} = 16{,}6\,mseg$$

y dado que se cuenta la mitad de una revolución como tiempo medio de latencia, el resultado para un disco que gire a 3600 rpm será de 8,3 mseg. Extrapolando a otros valores de revoluciones comunes, se puede confeccionar la siguiente tabla:

ROTACIÓN (rpm)	TIEMPO/REVOLUCIÓN (mseg)	TIEMPO DE LATENCIA (mseg)
3.600	16,60	8,30
4.500	13,30	6,60
5.400	11,10	5,50
6.300	9,52	4,70
7.200	8,33	4,16
10.000	6,00	3,00

Tabla 7–8 Rotación en un disco duro

7.9.4. Caché del disco

Como norma general de todos los dispositivos que usan caché, a mayor memoria, mejores resultados. Esta memoria almacena las lecturas de forma que cuando la controladora solicite datos del disco, ya los tenga disponibles en su caché. En el caso del disco duro, la caché va implementada en la propia electrónica del disco, más concretamente, en la llamada "precontroladora", y su capacidad va en función del volumen del disco. Lo habitual es que sea capaz de almacenar el contenido de una pista completa. Hay quien hace diferenciaciones entre caché de disco y búfer de pista, entendiendo por esta última memoria la propia física de la unidad y por caché de disco la simulada por algunos programas a través de la memoria RAM del sistema (por ejemplo a través de SMARTDRV, que simula memoria caché de disco a través de la memoria del equipo, mermando así parte de la RAM). El tamaño de esta memoria oscila entre los 64 y 256 KB.

7.9.5. Valor MTBF

Se trata de un valor que mide la fiabilidad del disco duro. El MTBF ("Medium Time Between Failures") o tiempo medio entre fallos es un factor muy importante dado que la misión principal de un disco duro es, independientemente de su velocidad, capacidad u otros parámetros, la de conservar información. A mayor MTBF, menor calidad de disco. Este dato se expresa en horas (mínimo de 15.000).

7.9.6. Valor TPI

Da una relación entre el tamaño del disco y el número de pistas en el que se encuentra dividido. No debe confundirse este término con densidad de información expresada en bits por pulgada.

7.9.7. Número de cabezas y platos

A mayor número de cabezas, mayor velocidad. Así un disco será el doble de rápido que otro similar si, en lugar de una cabeza, dispone de dos y el resto de los parámetros son idénticos. Por otro lado, el número de platos determina la capacidad del disco. Como máximo se suelen usar tres, aunque pueden ser más.

7.9.8. Valor G

Aunque poco conocido, este parámetro indica la tolerancia a golpes del disco duro, indicando cuántas veces es capaz de soportar su propio peso.

7.9.9. Capacidad de los discos duros

La evolución actual de los discos duros en cuanto a capacidad se refiere, se asemeja a la de los microprocesadores, según la "ley" formulada por Moore que afirma que la potencia de éstos se duplica cada año y medio. Ahora bien, un problema de ambigüedad se genera al existir dos formas diferentes de "medir" los discos duros y, ambas, en megabytes. El hardware de un PC trabaja entendiendo un megabyte como 2^{20} o, lo que es lo mismo, 1.048.576 bytes. Por otro lado, los fabricantes de discos duros interpretan un megabyte con 1.000.000 bytes. Esta diferencia de 48.576 bytes por megabyte hace que existan discrepancias a la hora de comprobar el tamaño. No en vano, el error es de un 4,8%, suficientemente grande como para ser tenido en cuenta.

Lo cierto es que la medida usada por los proveedores de discos duros no está del todo desencaminada, ya que la primera pista de la unidad se usa para lo que es la tabla y el registro principal de arranque (MBR o "Master Boot Record"). La capacidad de estos datos oscila en función de los parámetros del disco duro, pero se puede establecer en torno a los 32 y 64 sectores. Sabiendo que un sector suele tener una capacidad de unos 512 bytes, estaríamos hablando de una pérdida de entre 16.384 y 32.768 bytes. Si a esto se le añade el espacio perdido por unidades de asignación mal aprovechadas, ficheros del sistema... estaríamos en el rango de igualar un megabyte a 1.000.000 bytes.

Otros fabricantes dan información de la capacidad del disco duro pero sin formatear, lo que tampoco da una imagen de seriedad, ya que no tiene sentido el dato: para trabajar con el disco duro es necesario que esté formateado.

En definitiva, la capacidad neta del disco será el parámetro que más importe al usuario y su cálculo real se deriva de la siguiente fórmula:

$$\textit{Capacidad} = \textit{N}^{o}\ \textit{Sectores} \cdot \textit{Capacidad de Sectores} \cdot \textit{N}^{o}\ \textit{Cilindros} \cdot \textit{N}^{o}\ \textit{de Cabezas}$$

Es más, el fabricante debe prever a la hora de producir un modelo de disco duro una serie de pistas "extras", a saber:

Pistas de reserva Usadas para complementar aquellas que resulten defectuosas (es casi imposible que la integridad de la superficie del disco duro sea perfecta). Si un sector falla, se usan estas pistas.

Pistas de arranque Indicadas para que la cabeza descanse sobre ellas en el momento de parar el disco. De esta forma se asegura que, ante un indeseado aterrizaje, la información no será dañada.

Pistas servo Usadas para los cambios de flujo en la compresión/descompresión de los discos RLL.

Como cálculo aproximado, para obtener la capacidad útil de un disco, se puede decrementar en el 7% el tamaño de la unidad si está expresado en gigabytes y en un 5% si se trata de megabytes.

7.9.10. Tecnología S.M.A.R.T.

Trata de ser una solución a las averías en discos duros. Dadas las características físicas de los discos (movimientos, fricción, calentamiento...), este tipo de dispositivos tienen una vida limitada y, por supuesto, imprevisible en su final. Llegado el caso, lo importante de la pérdida no suele ser el propio disco duro sino los datos que contiene. Intentando dar respuesta a esta problemática aparece la tecnología S.M.A.R.T. (*Self Monitoring Analysis and Reporting Technology*, algo así como *Tecnología de Autocomprobación, análisis e informes*), que intenta avisar al usuario de los errores previsibles que pueden suceder en su disco duro. Algunos no habrá forma de prevenirlos dada su naturaleza (rotura de cabezales, daños por golpes...) pero otros sí. Un ejemplo podría ser la disminución de velocidad constante y progresiva de un disco o acercamiento peligroso y paulatino de las cabezas a la superficie del disco. Si bien el S.M.A.R.T. no soluciona ninguna avería, por lo menos pone sobre aviso al usuario para que tome las precauciones oportunas (¡algo es algo!).

Para que este sistema sea viable, además de disponer de un disco con estas características, la BIOS del sistema debe soportar el modo de trabajo S.M.A.R.T.

Existen determinados fabricantes que habilitan el S.M.A.R.T. por software. Tal es el caso de Compaq que, mediante una aplicación para entornos Windows permite monitorizar en intervalos de tiempo definidos por el usuario el estado del disco duro.

7.9.11. Norma ATA (Evolución del Bus IDE)

Ya en los modos de transferencia se ha hecho referencia a esta norma y éste es el momento de entrar en detalle. La norma ATA o "AT Attachment" debe su nombre a su aparición con los PCs AT. En definitiva no es más que otra denominación que se le da al bus IDE, también tratado en el apartado dedicado a las controladoras. Este bus evolucionó con confusión en su nombre. Desde el original ATA que sólo soportaba dos dispositivos con una transferencia de 8,3 Mb/seg hasta el reciente ATA-5 con transferencias de hasta 66,6 Mb/seg. El primer paso fue el Fast ATA, con 13,3 Mb/seg y le sucedió el ATA-2, norma ANSI que algunos fabricantes han dado en denominar Fast ATA 2, con transferencias de 16,6 Mb/seg y soporte para LBA. La evolución de la norma se vio reflejada en el ATA 3 que, además de mantener la ATA 2, incluía las utilidades de monitorización S.M.A.R.T. definidas previamente.

El Ultra ATA, ATA 4, ATA 33, DMA 33 o UltraDMA son diferentes denominaciones para cada sucesiva versión del bus que, ya en este punto, admite transferencias de 33,3 Mb/s. Por último, el UltraDMA/66 o ATA 5 duplica la transferencia y es la última aparición. En este caso las características físicas varían, ya que el cable usado para conectar el dispositivo con la controladora es de 80 pines en lugar de los 40 habituales. El exceso de 40 hilos es usado para señales de masa, cuya misión es la de hacer más inmune al ruido el bus, evitando a la vez interferencias. Este blindaje es imprescindible cuando se trabaja a elevadas velocidades, pero no implica una incompatibilidad con las normas anteriores, de hecho es factible conectar un disco duro ATA 5 en una controladora más antigua, pero la velocidad de transferencia no superará los 8,3 Mb/seg.

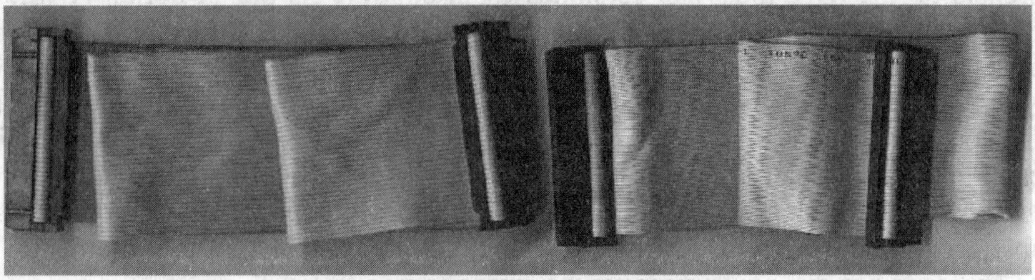

Figura 7–10 Bus EIDE de 40 y 80 hilos

De la misma forma, si se conectase con un cable de 40 hilos un disco UltraDMA/66, sería equivalente a trabajar en modo UltraDMA/33, ya que el sistema detecta la ausencia de inmunidad y reduce la tasa de transferencia para evitar posibles errores de datos. A continuación se presenta la evolución descrita en formato tabla y en relación con los modos PIO y DMA para su mejor comparativa:

DENOMINACIÓN	PIO	DMA	NOTAS
IDE (ATA)	0, 1, 2	Single word 0, 1, 2 y multiword 0	
ATA 2	0, 1, 2, 3, 4	Single word 0, 1, 2 y multiword 0, 1, 2	LBA
Fast ATA	0, 1, 2, 3	Single word 0, 1, 2 y multiword 0, 1	
Fast ATA 2	0, 1, 2, 3, 4	Single word 0, 1, 2 y multiword 0, 1, 2	
ATA 3	0, 1, 2, 3, 4	Single word 0, 1, 2 y multiword 0, 1, 2	S.M.A.R.T.
ATA 4	0, 1, 2, 3, 4	Single word 0, 1, 2 y multiword 0, 1, 2, 3	
ATA 5	0, 1, 2, 3, 4	Single word 0, 1, 2 y multiword 0, 1, 2, 3	
ATAPI	0, 1, 2, 3, 4	Single word 0, 1, 2 y multiword 0, 1, 2	Generalmente para CD
EIDE	0, 1, 2, 3, 4	Single word 0, 1, 2 y multiword 0, 1, 2	

Tabla 7–9 Evolución de las normas

La ATAPI ("ATA Packet Interface") es una variación del estándar ATA para dispositivos IDE diferentes a discos duros. Así, popularmente los CD ROM se denominan IDE, EIDE o ATA cuando la definición correcta sería la de ATAPI, ya que el resto sólo pueden ser los discos duros. Éste es el motivo de precisar controladores para la configuración de las unidades de CD ROM: las diferencias entre ATA y ATAPI.

7.9.12. Normativa SCSI

El "Small Computer Systems Interface" o simplemente SCSI, se trata de un bus más avanzado que el IDE. Muy superior en cuanto a manejo de dispositivos y velocidad de transferencia, es poco conocido en el entorno doméstico dado su elevado precio en comparación al IDE. Todos los dispositivos SCSI disponen de su propia electrónica "inteligente", lo que capacita a esta norma para poder controlar otros periféricos aparte de las unidades de CD ROM y discos duros. Tal puede ser el caso de escáneres o cámaras digitales.

Al igual que la norma anterior, existen diferentes variaciones sobre el SCSI y, a diferencia de los IDE, todas las versiones están controladas por la norma ANSI. El SCSI 1, primero de la saga, parte del año 1986, con un bus de 8 bits de datos y una tasa de transferencia de la nada despreciable cantidad de 5 Mb/seg. Cuatro años después, ya en el año 1990, apareció el SCSI 2, incluyendo dos posibilidades: el Fast SCSI, con 8 bits de datos y una transferencia de 10 Mb/s, y el Wide SCSI con 16 bits, lo que le permitía doblar la tasa de transmisión de datos. Este último admite un ancho de hasta 32 bits de datos pero nunca se ha llegado a implementar. Como novedad, también soporta hasta 16 dispositivos (¡el doble de lo existente hasta el momento!) y éstos no tienen por qué ser exclusivamente discos duros.

La evolución continúa y aparece el SCSI 3 que si bien no es una versión nueva, (es una revisión del SCSI 2), define el UltraSCSI con 20 Mb/seg trabajando sólo con 8 bits de datos y aumentando la tasa de transferencia en proporción a la anchura de datos usada. Es aquí también donde se definen los puertos "Fireware", también denominados IEEE-1394 (tratados de forma específica en el apartado de controladoras) con tasas de hasta 400 Mb/seg a frecuencias máximas de 1 GHz, aumentando el soporte hasta 63 dispositivos aunque con transmisión serie.

El SCAM o "SCSI Configured Automatically", también llamado "SCSI Configured AutoMagicall" es un sistema que permite el SCSI 3 por el que los dispositivos son capaces de asumir un identificador de forma automática. Esto evita al usuario las configuraciones, tal forma que sólo se precisa realizar la conexión física.

La Fast 40 SCSI o Ultra 2 SCSI, siguiente en la evolución de la norma, soporta hasta 40 Mb/seg, con velocidades de 40 MHz en buses estrechos de 8 bits y se llega a incrementar con mayor anchura de datos hasta 80 Mb/seg. Para finalizar, la FC-AL o SCSI FCP define el bus más rápido a través de canales de fibra óptica, con transferencias de hasta 4 Gb/seg. Una ventaja añadida al bus viene de la mano de la fibra óptica, ya que, a mayor invulnerabilidad a elementos ambientales y menor atenuación de señal, permite longitudes de hasta 10 km sin necesidad de repetidores ni amplificadores.

> ***Se está esperando desde hace tiempo la aparición de la Ultra SCSI 3, con transferencias de hasta 160 Mb/seg.***

Una tabla comparativa resumen de todo lo aquí expuesto podría ser la siguiente, incluyendo el Ultra 3 SCSI y Ultra 3 Wide SCSI aún sin aprobar:

	SCSI 1	SCSI 2			SCSI 3							SCSI FCP
		Fast	Wide	Fast Wide	Ultra	U-Wide	U-2	U-2 Wide	Fire wire	U-3	U-3 Wide	
Bits	8	8	16	16	8	16	8	16	1	8	16	4Gb/s
MHz	5	10	5	10	20	20	40	40	1GHz	80	80	-
Mb/s	5	10	10	20	20	40	40	80	400	80	160	10
Dispositivos	8	8	16	16	8	16	8	16	63	8	16	km

Tabla 7–10 Normativa SCSI

Es importante destacar que el ID característico de un dispositivo define la prioridad del mismo. En las SCSI de ocho dispositivos, el de máxima prioridad es el 7 y el de mínima el 0. Esto explica por qué por defecto las controladoras vienen configuradas con un ID 7, al ser ésta la interfaz con el PC y requerir la máxima prioridad en el bus. En las controladoras de 16 dispositivos, la prioridad se mantiene tal y como hemos comentado desde el 7 hasta el 0 y, a partir de ahí, comienza en 15 decrementándose hasta 8. Existen controladoras SCSI diseñadas para soportar un dispositivo específico (un escáner, por ejemplo). Esto abarata el precio de la controladora pero no la hace válida para soportar otros dispositivos.

7.9.13. Normativa Serial ATA (SATA)

Nadie en ningún momento tuvo necesidad de especificar que los dispositivos ATA eran dispositivos paralelos (aunque es algo que se desprende de su funcionamiento) ya que se trataba de una tecnología única. Ahora eso ha cambiado y una modalidad de la normativa viene a aportar nuevas ventajas pero, en este caso y por raro que pueda parecer, bajo una estructura de envío serie: el serial ATA o, como ha dado en llamarse, SATA. Así y se ha de ser ortodoxo, la popular ATA deberá pasar a llamarse PATA (Paralell ATA).

Este tipo de bus no sólo contempla mejoras en la transferencia de datos, sino que elimina problemas que la ya venerable tecnología ATA no había contemplado en sus inicios, allá por la década de los años 80. De este modo, los cables son sustancialmente más reducidos lejos de las "fajas" típicas permitiendo longitudes de hasta 1 m frente a los 46 cm máximos del ATA convencional. Este nuevo formato consigue un cableado aerodinámico que favorece la evacuación de calor y, por tanto, el rendimiento de la máquina. También es menor el número pines, reducidos hasta 7 que, en Fast ATA, alcazaba los 80 –si bien 40 de ellos eran señales intermedias de masa para evitar ruidos en las señales–.

Figura 7–11 Identificativo del SATA

En estas primeras versiones, el serial ATA ya consigue transferencias de 150 MB/s, si bien se espera que se lleguen a alcanzar los 600 MB/s. Por otro lado, solventa otro caballo de batalla: la alimentación. Si bien los discos duros de forma tradicional precisaban de 12 v para conseguir el giro del motor y 5 v para que la lógica actuase, se ha conseguido reducir este último valor hasta los 250 mv, es decir, 20 veces menos.

La arquitectura de conexionado se realiza punto-a-punto, es decir: cada dispositivo tiene su propio cable y esto le permite al usuario el uso concurrente de sus dispositivos, algo que no podía realizarse en una arquitectura de tipo bus como la ATA donde los cables podían ser compartidos.

No obstante, los fabricantes se han lanzado a buscar la compatibilidad y ya no es difícil encontrar interfaces entre ATA y SATA, tal y como el que se aprecia en la figura de la compañía Logicube (http://es.logicube.com).

Figura 7–12 Adaptador SATA-PATA

7.9.14. Conexionado físico de un disco duro

Es relativamente habitual encontrarse con ampliaciones de PCs. Una muy realizada es la de añadir un disco duro. El proceso a seguir en cada caso dependerá exclusivamente del tipo de disco. En este apartado se definen las generalidades de montaje, dejando abierta la posibilidad de los discos duros externos que, si bien siempre será preferible que sean internos, a veces las limitaciones de la máquina no dejan otra opción. Este punto será tratado al final del capítulo. La instalación de los diferentes discos duros llevará una parte lógica, definida por el tipo, y otra de alimentación. Esta última es general en todos los casos y corresponde a la tensión suministrada por la fuente de alimentación que será de 12 y 5v. Otro aspecto a tener en cuenta es la capacidad física de la caja para admitir un nuevo elemento y las dimensiones del mismo (recuérdese que existen discos duros de diferentes formatos tal y como se ha explicado anteriormente).

7.9.14.1. LO MÁS HABITUAL: DISCOS IDE

Se trata del caso más sencillo, ya que sólo existen dos opciones: maestro y esclavo, también denominadas *"master"* y *"slave"*. El modo de selección dependerá de las posibilidades de la máquina. Normalmente la controladora dispondrá de dos canales de conexión para dispositivos. Éstos podrán conectarse como se desee si son únicos en el canal. Ahora bien, si se desea que un canal tenga más de un dispositivo, uno deberá ser configurado como *"master"* y otro como *"slave"*. Para realizar esta operación, los fabricantes deben indicar qué "jumpers" se deben usar.

Existe la creencia de, en caso de disponer de dos dispositivos, se recomienda colocar cada uno en un canal para que no compitan por el tráfico en el mismo. Nada más lejos de la realidad. La utilización del canal secundario implica el uso de otra interrupción (la 15) –con lo que se hace trabajar más al microprocesador– y, por otro lado, no se consigue un aumento de rendimiento.

7.9.14.2. EL MODO "CABLE SELECT"

Algunos discos incluyen la posibilidad de "jumpeado" del denominado *"cable select"*. En esta posición, el disco detecta si hay otros dispositivos conectados al canal y así adoptará el modo *"master"* o *"slave"*, complementando al otro dispositivo.

> ***Para que el modo "Cable Select" funcione correctamente, es preciso disponer de un cable especial, diferente a los convencionales. El cambio se da en el pin 28, donde se corta el cable entre la unión de los dos dispositivos. De este modo la controladora puede determinar claramente a qué dispositivo está accediendo, evitando la típica configuración "master/slave".***

El modo de trabajo *cable select* es una configuración "un tanto especial" a la hora de conexionar dispositivos en un canal EIDE. Si bien puede facilitar la configuración en un mismo canal para los dispositivos *master* y *slave*, éstos deben estar correctamente conectados ya que, en caso contrario, puede ser una fuente de problemas. En primer lugar será preciso determinar con claridad si el sistema soporta este tipo de conexionado: además de que la propia placa debe incluir esta característica (algo habitual en todas las placas base actuales), también los dispositivos (discos duros, grabadoras, CD ROM...) deben incluir un modo de "jumpeado" marcado como tal (habitualmente figurará troquelado como *CS*). Hasta aquí todo resulta obvio o, cuando menos, visible al usuario. No ocurre lo mismo con el cable de conexión ya que, para soportar este modo deberá haberse suprimido el hilo número 28 de uno de los conectores. De forma habitual no se trata de una eliminación física, sino que internamente se deja sin conexión el citado hilo. Este hilo se referencia con respecto a un cable de 40 hilos (habitual hasta UltraDMA/33); en caso de funcionar con UltraDMA/66 será preciso multiplicar por dos (el hilo 56).

Como se sabe, el cable está formado por 80 hilos correspondientes a los 40 originales y 40 más de masa intercalados para así hacer la conexión más inmune al ruido.

Si la conexión se realiza de manera específica, es decir, jumpeando de forma concreta un dispositivo como master y otro como slave, será ésta la configuración que prevalecerá, de modo independiente a si el cable soporta el *cable select* o no. Ahora bien, en caso de conectar ambos dispositivos como *cable select*, se configurará como master aquel que tenga la presencia del hilo 28 y como *slave* el que carezca de dicho contacto. Es importante destacar que ambos dispositivos deben figurar en este modo de conexionado ya que, si por ejemplo, se configura como cable select un dispositivo en el conector que tiene la presencia del hilo 28 (se autoconfigurará como *master*) y el otro dispositivo se configura de forma específica como *master*, este último será ignorado. Este modo de conexionado sólo tendrá sentido, por tanto, en el caso de que ambos dispositivos estén en *cable select*. En cualquier otro caso, quizás sea más interesante pensar en una configuración específica.

En cierta forma se puede entender que, al igual que ocurre en las disqueteras, la determinación de la configuración master o slave dependerá, en el modo *cable select*, de la posición en la que se conecten físicamente los dispositivos. Es éste el motivo por el que algunos cables llevan serigrafiado la conexión de los dispositivos *master* y *slave* junto al conector correspondiente.

Es importante determinar qué conector es el que carece del hilo 28 ya que puede variar el modo de conexionado. Téngase en cuenta que si antes el cable era totalmente paralelo y se podía conectar indiferentemente, ahora ya no lo es y esto puede inducir a error.

Puede darse el caso de que algunos discos antiguos incorporen una posibilidad más: la de *"stand alone"*. Esta posición indica que el dispositivo es *master* y que, además, no hay ningún otro dispositivo conectado a ese canal. En los discos modernos, la situación de *"master"* es común a la de *"stand alone"*. El cable de conexionado de los dispositivos a la controladora debe ser de 40 pines, poniendo atención en que el hilo de color rojo que se encontrará en uno de los laterales del cable, vaya al pin número 1 (tanto de la disquetera como de la controladora). En caso de no disponer de una indicación específica del fabricante para situar el pin 1, a veces se puede encontrar serigrafiado sobre la propia base del disco o indicado con una flecha. Otros optan por indicarlo realizando una soldadura del pin sobre una isleta cuadrada en lugar de redonda como el resto de los contactos. Este detalle se puede apreciar fácilmente mirando la parte inferior del disco.

El canal primario de la controladora asume normalmente la IRQ 14 y el secundario la 15. En caso de no disponer de dispositivos secundarios, la IRQ 15 se puede "recuperar" para otras necesidades del sistema. Esto obligará a configurar en la BIOS la no habilitación del segundo canal. Si se está usando Windows, dentro del apartado de Sistema aparecerá una admiración que no tendrá ningún tipo de repercusión negativa. No obstante, si se desea eliminar, será posible entrar en el "driver" de la controladora y anular el segundo canal. Todo lo aquí expuesto es válido si la BIOS dispone de opción comentada al igual que el "driver" del controlador.

7.9.14.3. LO MÁS RÁPIDO: DISCOS SCSI

Este tipo de conexionado precisa de un cable que, al igual que en los discos duros IDE, deberá mantener una relación pin 1-cable rojo. Dependiendo del tipo de SCSI variará el número de hilos que componen el cable. En este caso la identificación del disco se realiza mediante una numeración, llamada identificador SCSI o SCSI ID y los dispositivos se conectan en cascada, es decir, uno tras otro.

En lo referente a la identificación de disco, se dispone de más "jumpers" dado que se soportan más dispositivos en el canal. Así es frecuente encontrar discos con 3 "jumpers" para direccionar 8 dispositivos ($2^3 = 8$), 4 para 16 dispositivos ($2^4 = 16$) y 5 para 32 ($2^5 = 32$). A pesar del número de "jumpers", no debe ser complicado el proceso, ya que suelen obedecer a una codificación binaria (se recomienda ver el capítulo dedicado a la Electrónica Digital). En la tabla siguiente se ha representado el ejemplo más complejo correspondiente a 32 dispositivos, tomando el símbolo □ como "jumper" abierto y ■ como "jumper" cerrado:

JUMP	BCD	ID	JUMP	BCD	ID	JUMP	BCD	ID	JUMP	BCD	ID
□□□□□	00000	0	□■□□□	01000	8	■□□□□	10000	16	■■□□□	11000	24
□□□□■	00001	1	□■□□■	01001	9	■□□□■	10001	17	■■□□■	11001	25
□□□■□	00010	2	□■□■□	01010	10	■□□■□	10010	18	■■□■□	11010	26
□□□■■	00011	3	□■□■■	01011	11	■□□■■	10011	19	■■□■■	11011	27
□□■□□	00100	4	□■■□□	01100	12	■□■□□	10100	20	■■■□□	11100	28
□□■□■	00101	5	□■■□■	01101	13	■□■□■	10101	21	■■■□■	11101	29
□□■■□	00110	6	□■■■□	01110	14	■□■■□	10110	22	■■■■□	11110	30
□□■■■	00111	7	□■■■■	01111	15	■□■■■	10111	23	■■■■■	11111	31

Tabla 7–11 Puenteado SCSI

Algunos equipos nuevos incluyen una ruleta donde es posible seleccionar un número concreto de ID SCSI, simplificando así la tarea de identificación. Deberá tenerse en cuenta que la cascada de dispositivos debe comenzar y acabar con un terminador o cerrador SCSI. Obviamente el inicio será la propia controladora y el otro terminal se usará para indicar el final de dispositivos. Habitualmente es el propio disco quien incluye un "jumper" para indicar si se habilita o no el cerrador SCSI.

PIN Nº	IDE (40 PINES)		SCSI (50 PINES)		WIDE SCSI (68 PINES)	
	SEÑAL	DESCRIPCIÓN	SEÑAL	DESCRIPCIÓN	SEÑAL	DESCRIPCIÓN
1	RESET	RESET	GND	MASA	GND	SIN CONEXI.
2	GND	MASA	DB0	BIT Nº 0	GND	SIN CONEXI.
3	DD7	BIT Nº 7	GND	MASA	GND	SIN CONEXI.
4	DD8	BIT Nº 8	DB1	BIT Nº 1	GND	SIN CONEXI.
5	DD6	BIT Nº 6	GND	MASA	GND	SIN CONEXI.
6	DD9	BIT Nº 9	DB2	BIT Nº 2	GND	MASA
7	DD5	BIT Nº 5	GND	MASA	GND	MASA
8	DD10	BIT Nº 10	DB3	BIT Nº 3	GND	MASA
9	DD4	BIT Nº 4	GND	MASA	GND	MASA
10	DD11	BIT Nº 11	DB4	BIT Nº 4	GND	MASA
11	DD3	BIT Nº 3	GND	MASA	GND	MASA
12	DD12	BIT Nº 12	DB5	BIT Nº 5	GND	MASA
13	DD2	BIT Nº 2	GND	MASA	GND	MASA
14	DD13	BIT Nº 13	DB6	BIT Nº 6	GND	MASA
15	DD1	BIT Nº 1	GND	MASA	GND	MASA
16	DD14	BIT Nº 14	DB7	BIT Nº 7	GND	MASA
17	DD0	BIT Nº 0	GND	MASA	TERMPWR	TERMPWR
18	DD15	BIT Nº 15	PARITY	PARIDAD	TERMPWR	TERMPWR
19	GND	MASA	GND	MASA	RESERVADO	SIN CONEXI.
20	KEY	MARCA DE POSICIÓN	GND	MASA	GND	MASA
21	DMARQ	REQUER. DE DMA	GND	MASA	GND	MASA
22	GND	MASA	GND	MASA	GND	MASA
23	DIOW	STROBE DE ESCRITURA	GND	MASA	GND	MASA
24	GND	MASA	GND	MASA	GND	MASA
25	DIOR	STROBE DE LECTURA	GND	MASA	GND	MASA
26	GND	MASA	TMPWR	TMPWR	GND	MASA
27	IORDY	I / O PREPARADO	GND	MASA	GND	MASA
28	SPSYNC:CSEL	SPINDLE SYNC/CAB.SELEC	GND	MASA	GND	MASA
29	DMACK	RECONOCIMIEN. DE DMA	GND	MASA	GND	MASA
30	GND	MASA	GND	MASA	GND	MASA
31	INTRQ	REQUERIMIENTO DE IRQ	GND	MASA	GND	SIN CONEXI.
32	IOCS16	IO CHIPSELECT 16	ATN	ATN	GND	SIN CONEXI.
33	DA1	DIRECCIÓN 1	GND	MASA	GND	SIN CONEXI.
34	PDIAG	PASSED DIAGNOSTICS	GND	MASA	GND	SIN CONEXI.
35	DA0	DIRECCIÓN 0	GND	MASA	DB(12)	BIT Nº 12
36	DA2	DIRECCIÓN 2	BSY	OCUPADO	DB(13)	BIT Nº 13
37	IDE_CS0	1F0-1F7	GND	MASA	DB(14)	BIT Nº 14
38	IDE_CS1	3F6-3F7	ACK	RECONOCIMIENTO	DB(15)	BIT Nº 15
39	ACTIVE	INDICADOR LUMINOSO	GND	MASA	DB(P1)	DB(P1)
40	GND	MASA	RST	RESET	DB(0)	BIT Nº 0
41	-	-	GND	MASA	DB(1)	BIT Nº 1
42	-	-	MSG	MENSAJE	DB(2)	BIT Nº 2
43	-	-	GND	MASA	DB(3)	BIT Nº 3

PIN Nº	IDE (40 PINES)		SCSI (50 PINES)		WIDE SCSI (68 PINES)	
	SEÑAL	DESCRIPCIÓN	SEÑAL	DESCRIPCIÓN	SEÑAL	DESCRIPCIÓN
44	-	-	SEL	SELECCIÓN	DB(4)	BIT Nº 4
45	-	-	GND	MASA	DB(5)	BIT Nº 5
46	-	-	CD	CONTROL DATA	DB(6)	BIT Nº 6
47	-	-	GND	MASA	DB(7)	BIT Nº 7
48	-	-	REQ	PETICIÓN	DB(P)	DB(P)
49	-	-	GND	MASA	GND	MASA
50	-	-	IO	IN/OUT	GND	MASA
51	-	-	-	-	TERMPWR	TERMPWR
52	-	-	-	-	TERMPWR	TERMPWR
53	-	-	-	-	RESERVADO	SIN CONEXI.
54	-	-	-	-	GND	MASA
55	-	-	-	-	ATN	ATN
56	-	-	-	-	GND	MASA
57	-	-	-	-	BSY	OCUPADO
58	-	-	-	-	ACK	RECONOCI.
59	-	-	-	-	RST	RESET
60	-	-	-	-	MSG	MENSAJE
61	-	-	-	-	SEL	SELECCION
62	-	-	-	-	C/D	CONT. DATA
63	-	-	-	-	REQ	PETICION
64	-	-	-	-	I/O	IN/OUT
65	-	-	-	-	DB(8)	BIT Nº 8
66	-	-	-	-	DB(9)	BIT Nº 9
67	-	-	-	-	DB(10)	BIT Nº 10
68	-	-	-	-	DB(11)	BIT Nº 11

Tabla 7–12 Descripción IDE / SCSI

7.9.14.4. OPCIONES DE CONEXIÓN: DISCOS DUROS EXTERNOS

No siempre los discos son internos. A veces interesa disponer de unidades externas que aporten portabilidad a los datos o, simplemente, la limitación de los dispositivos soportados por la controladora. Para realizar este tipo de montaje, el usuario puede optar por tres posibilidades: paralelo, USB o SCSI, opciones todas, que se describen a continuación:

Puerto paralelo Es el sistema más común. Se trata de una caja con una fuente de alimentación y un convertidor de datos IDE-paralelo que, en definitiva, no es más que una controladora SCSI limitada. La conexión, como su nombre indica, se realiza al puerto paralelo del PC y desde la propia unidad externa se habilita un puerto. De este modo se puede colocar una impresora, por ejemplo, en "cascada", sin perder un puerto del PC. Es un sistema bastante lento pero asequible. Normalmente este tipo de caja sirve tanto para discos como unidades de CD ROM, por lo que suelen incluir salidas de audio en conectores RCA generalmente.

Puerto USB Es, dada la relativa novedad del puerto, la última opción propuesta por los fabricantes. A un precio medio, se obtienen tasas de transferencias muy superiores a los convertidores paralelo. Incluyen, por supuesto, fuente de alimentación y, en algunos casos, estas mismas cajas son dispositivos HUB, es decir, permiten el conexionado de otros periféricos.

Conexión SCSI Sin duda, la mejor opción aunque también la más cara. La transferencia es la misma que en los dispositivos internos SCSI, a diferencia de los dos modos anteriores que siempre trabajan en tasas muy inferiores al IDE.

Aunque en otra línea, existe una variación de portabilidad y conexionado de discos duros. Tal es el caso de los montajes RAID de almacenamiento redundante. Este sistema consiste en varios discos que trabajan a un tiempo de tal modo que si falla alguno, automáticamente se trabaja con otro sin que el usuario corra el peligro de pérdida de datos. Estos discos se pueden conectar y desconectar "en caliente", es decir, sin apagar la máquina, y se suelen usar en servidores de ficheros.

7.10. CODIFICACIÓN DE LA INFORMACIÓN

Como ya es sabido, es preciso codificar la información antes de grabarla en un soporte magnético. Esto aumenta la densidad de grabación y, si bien es cierto que hay que añadir sistemas de seguridad, el balance final sigue siendo positivo. Los métodos más comunes son los expuestos a continuación (FM, MFM y RLL), y entiendo que la aparición de otros sistemas no debe interpretarse como un avance tecnológico, sino más bien como un mayor rendimiento del pseudocódigo de codificación usado. En cuanto a la técnica de grabación de datos, dos son las opciones que se puede encontrar el usuario, a saber: ZBR y GRC.

ZBR En la ZBR o "Zone Bit Recording", dado que las pistas son físicamente más largas en la zona exterior al disco con respecto a la más interna, hay determinados dispositivos que aprovechan esta circunstancia. Se colocan más sectores en las pistas más externas consiguiendo así una mayor densidad de datos, pero como contrapartida precisan de interfaces "inteligentes" capaces de gestionar este sistema (un tanto atípico, por cierto).

GCR La GCR o "Group Coding Recording", consiste en realizar "paquetes de datos" con una norma de codificación concreta. De este modo se pueden almacenar grupos que reducen la relación superficie/cantidad de datos. Un ejemplo detallado lo podrá encontrar el lector en la codificación RLL.

Vistas las principales técnicas de grabación, pasemos sin más preámbulos a los principales tipos de modulación: FM, MFM y RLL:

FM (Frecuency Modulation) La *Modulación en Frecuencia* es el método más sencillo y común al usado por otros dispositivos dentro del espectro de las comunicaciones analógicas (se recomienda en este sentido ver el capítulo dedicado a la modulación de los módems). Este sistema cambia el flujo de grabación para cada nivel lógico alto y permanece en el estado inicial para los niveles lógicos bajos. Dado que cada bit consume dos cambios, este sistema no aprovecha de forma óptima la capacidad del disco duro.

La codificación en concreto consiste en la aparición de dos pulsos para el 1 o nivel lógico alto y un pulso seguido de la carencia de éste para un 0 o nivel lógico bajo. Es decir: *10101100 ⇒ PP PN PP PN PP PP PN PN (12 pulsos para 8 bits).*

MFM (Modified Frecuency Modulation) La *Modulación de Frecuencia Modificada* es una variación del método anterior, consiguiendo mejores resultados. En este sistema existe una relación 1:1 entre los cambios de flujo almacenados en el disco y el número de bits, sin más comparaciones, es el doble de eficiente que el anterior método.

En este caso, la codificación es algo más compleja: en el caso de los 1, siempre se codifican como la ausencia de pulso seguida de un pulso, pero en el caso de 0, dependerá del estado anterior, siguiendo la norma:

- ⇨ Si el bit anterior es un 0, se codificará como un pulso seguido de la ausencia de pulso.
- ⇨ Si el bit anterior es un 1, se codificará como la ausencia de dos pulsos.

Siguiendo con el ejemplo del caso anterior, se obtendría:

10101100 ⇒ NP NN NP NN NP NP NN PN (5 pulsos para 8 bits).

RLL (Run Length Limited) La *Longitud de Recorrido limitado* se basa en un complejo algoritmo formado por gran cantidad de reglas basadas, fundamentalmente, en las distancias mínima y máxima de silencios entre dos bits. Usa GCR para almacenar grupos de bits, lo que le confiere un aprovechamiento superior que el MFM (¡hasta el doble según el caso!) tanto en densidad de datos como en tiempo de transferencia. La codificación usada responde a una regla fija:

00	PNNN
01	NPNN
100	NNPNNN
101	PNNPNN
1100	NNNNPNNN
1101	NNPNNPNN
111	NNNPNN

y siguiendo el ejemplo anterior, se obtendrá:

10101100 ⇒ PNNPNN NPNN NNPNNN (4 pulsos para 8 bits).

7.11. CHS, LBA Y LARGE

La forma de definir las características de un disco duro ha sido históricamente indicar el número de cilindros, cabezas y sectores (en inglés "Cylinder, Head and Sector" y, de ahí su nombre CHS). Esta fórmula fue válida hasta alcanzar los 1.024 cilindros, capacidad máxima de direccionamiento en un disco duro, estableciendo el límite de capacidad de los mismos en los ya conocidos 500 MB.

$$\textit{Capacidad} = \textit{Cilindros} \cdot \textit{Cabezas} \cdot \textit{Sectores} \cdot \textit{Capacidad Sector} = 1.024 \cdot 16 \cdot 63 \cdot 512 \textit{ bytes} = 504 \textit{ MB}$$

La primera solución para poder trabajar con discos duros de capacidad superior vino dada por el LBA ("Logical Block Addressing"), un método de direccionamiento lógico por bloques por el que, para acceder a una zona determinada del disco, no era preciso especificar la cabeza, el cilindro y el sector. En esta modalidad los sectores se numeran consecutivamente y basta con indicar el número de sector al que se desea acceder mediante un número de 28 bits manejable por el sistema operativo.

La última variación de acceso ha sido el método popularmente conocido como "Large", aunque su denominación real es la de ECHS ("Extended CHS"). Por este sistema se generan una serie de parámetros (cabezas, cilindros y sectores) ficticios que, si bien no se corresponden con la realidad física del disco, sirven para realizar una conversión geométrica y poder acceder a la totalidad del disco duro.

La totalidad de las BIOS actuales admiten definir el tipo de acceso a disco duro como Auto, opción recomendada si no están claramente especificados los parámetros por parte del fabricante.

7.12. LÍMITES EN CAPACIDAD

De forma habitual, el usuario ha ido viendo con incredulidad cómo, al añadir un disco duro de más capacidad a su PC, en ocasiones no ha sido soportado. Este problema se ha dado históricamente desde, más o menos, el año 1994, donde apareció la primera limitación en capacidad: el medio GB. Este límite de 504 MB no es, ni mucho menos, una falta de previsión de crecimiento, sino, más bien, un fallo de relación entre dos normativas implicadas: las restricciones IDE/ATA y la interrupción 13h de la BIOS que es la que se emplea para acceder al disco duro. Ambas definen unos valores límites en los parámetros del disco a manejar (cabezas, cilindros y sectores) y alcanzan los volúmenes de 128 GB y 7,88 GB, respectivamente. El problema se encuentra en que dichos parámetros se incrementan de forma independiente en cada norma. Así, el IDE/ATA limita los sectores, cabezas y cilindros a 256, 16 y 65.536 respectivamente, mientras que la interrupción 13h de la BIOS lo hace en 63, 256 y 1.024. A efectos reales, es preciso adoptar los valores mínimos de cada normativa, es decir, 63 sectores (13h), 16 cabezas (IDE/ATA) y 1.024 cilindros (13 h). El resultado es un disco con dichos parámetros y de 504 MB.

El soporte a través de la interrupción 13h fue definido por Microsoft bajo la especificación PC'97 a fin de comunicar el sistema operativo con los discos duros EIDE mediante direccionamiento LBA.

Para hallar la solución a estos límites tenemos tres caminos posibles. El más sencillo es una solución por software. Existen aplicaciones concretas, por ejemplo EZ-Drive para DOS o el Service Pack 4 para Windows NT, que mediante software consiguen superar los límites establecidos por esta disonancia de normas. Este sistema se usó mucho con los 80486 (como referencia cronológica). Otra posibilidad es actualizar la BIOS. La mayor parte de las BIOS actuales son actualizables por software y, con ayuda de Internet, no le será complicado al usuario encontrar diferentes controladores. La última posibilidad y, probablemente la más cara, es la sustitución de la BIOS. Dado que esta solución suele ser compleja ante la dificultad de encontrar diferentes BIOS en el mercado, se opta por cualquiera de las anteriores.

	Cilindros	Cabezas	Sectores	Capacidad (GB)
BIOS (13h)	*1.024*	256	*63*	7,88
IDE / ATA	65.536	*16*	256	128

Tabla 7–13 Descoordinación entre normas

Superada esta limitación, se volvió a encontrar un límite en los 8 GB (realmente en los 7,88 GB) y, posteriormente, en 40 GB. De cualquier modo empieza a ser habitual que los fabricantes de BIOS ofrezcan a través de Internet las actualizaciones oportunas para superar estas capacidades límite. No obstante, antes de comprar un nuevo disco duro, puede ser conveniente informarse a cerca de si la placa base lo soporta y las posibles soluciones disponibles.

7.13. IDENTIFICACIÓN FÍSICA DE UN DISCO DURO

Para identificar el tipo de disco duro, la forma más segura es, sin lugar a dudas, llamar al fabricante e indicarle el modelo sobre el que se desea obtener información. Si esto no es posible, se puede recurrir, por ejemplo, a contar el número de pines del bus de datos. Otra posibilidad es consultar la CMOS del ordenador (suponiendo que está disponible y el PC arranca). Según los pines, se pueden dar los siguientes casos:

TIPO	Nº DE "FAJAS"	Nº PINES	NOTAS
SCSI	1	50	No se declara en la BIOS
IDE	1	40/80	La definición de la BIOS no es infalible
RLL	2	34/20	Usa siempre 26 sectores
MFM	2	34/20	Usa siempre 17 sectores
ESDI	2	34/20	Se configura en el arranque

Tabla 7–14 Identificación de un HD

7.14. "INTERLEAVE" O INTERCALADO

Un concepto importante a la hora de hablar de discos duros es el "interleave". El "interleave" define la numeración lógica de los sectores de los discos duros. Supóngase que se desea acceder a un programa de un disco que se encuentra grabado en los sectores 3 y 4. La cabeza del disco duro accederá al sector 3, decodificando la información y almacenándola en su búfer interno. Posteriormente, cuando intente acceder al sector 4, se observará que dicho sector ya no se encuentra bajo la cabeza de lectura, ya que, mientras se realizaba la codificación y todos los procesos asociados a la lectura, el disco ha seguido girando. Esto define el factor de interleave. Este sistema es antiguo y no se utiliza (hay un interleave de 1:1) pero aún existen equipos que trabajan así. Dicho factor viene referenciado de la forma 1:6. Esto implica que los sectores son consecutivos cada 6: tras leer el sector 1, si se cuentan 6 sectores más, se accede al sector 2 y así sucesivamente. Suponga un disco de 17 sectores físicos:

DIRECCIÓN	SECTORES																
FÍSICAS	1	2	3	4	5	6	7	8	9	10	11	12	13	14	15	16	17
LÓGICAS	1	4	7	10	13	16	2	5	8	11	14	17	3	6	9	12	15

Tabla 7–15 Ordenación lógica

7.15. "CYLINDER SKEWING"

Se podría entender como un proceso similar al "interleaving", pero, en este caso, para pistas de un cilindro. Habitualmente, tras leer una pista, se accede al siguiente cilindro. Este proceso requiere un tiempo mínimo, ya que sólo es preciso conmutar el cabezal para acceder al siguiente cilindro. No obstante, mientras tanto, el disco sigue girando y, puede darse el caso de que, al intentar acceder al sector deseado, éste ya haya pasado por debajo de la cabeza, teniendo que esperar una revolución completa para poder acceder a la información.

Para solucionar este problema aparece el "cylinder skewing", cuya misión es la de desfasar los sectores entre un disco y otro de forma que, en función del tiempo consumido por el posicionamiento de cabezas, el sector deseado se encuentre bajo la cabeza encargada de la lectura. Un ejemplo de dicho desfase es el representado en la figura. La secuencia de números representa los sectores de un plato y su concordancia con el resto.

1	2	3	4	5	...
17	18	1	2	3	...
15	16	17	18	1	...

Tabla 7–16 "Cylinder skewing"

El "track skewing" consiste en un proceso similar, aplicando el mismo principio, pero lo que se tiene en cuenta es el tiempo empleado para mover el brazo completo hasta la siguiente pista.

7.16. PREPARACIÓN: ASIGNACIÓN Y FORMATO

Antes de comenzar a trabajar con un disco duro es preciso crear particiones sobre el mismo y dar formato a dichas particiones. Conviene que las particiones creadas estén en consonancia con el uso que se pretende dar al PC. Ya se sabe que el tamaño mínimo ocupado por un fichero será siempre el de una unidad de asignación, aunque éste sea mucho más pequeño. El espacio sobrante de la unidad de asignación recibe el nombre de "slack" y, en principio, es espacio perdido. Para realizar este proceso es preciso recurrir al comando FDISK primero y, después, a la orden FORMAT si no se dispone de Windows XP.

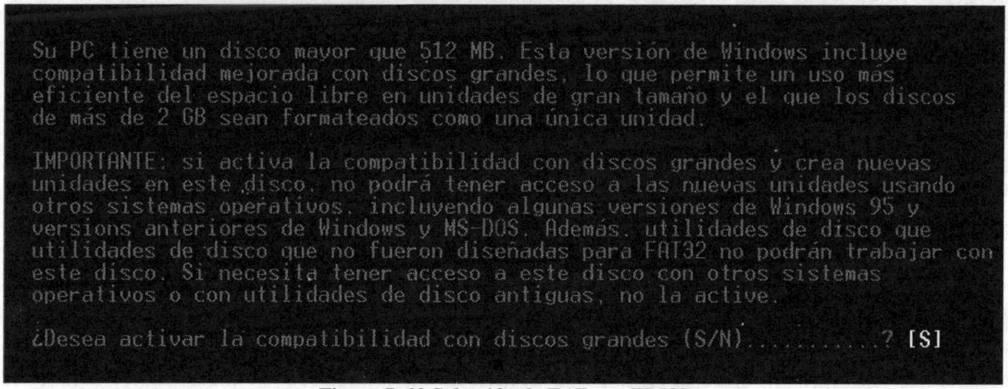

Figura 7–13 Selección de FAT con FDISK

Si aún no está el sistema operativo instalado no se preocupe, los discos de arranque suministran esta utilidad. A continuación se detallan ambos procesos (con y sin Windows XP).

Al teclear FDISK en su última versión y arrancando desde disquete si es que no hay otro disco duro operativo en el sistema, preguntará si se desea habilitar el modo de soporte para discos "grandes". Lo que está requiriendo por parte del usuario es saber si la FAT a crear debe ser de 16 ó 32 bits, concepto explicado ampliamente en el apartado dedicado a la FAT.

Una vez dentro del entorno de FDISK, todas las operaciones serán guiadas por menú. Básicamente permite crear una partición primaria y, si se desea, una partición extendida. Dentro de esta última se habilitarán las unidades lógicas que conformarán los "discos" de trabajo que el usuario "verá". Se incluye en este menú también la opción de borrar las estructuras creadas de forma inversa a la que se crearon y la de visualizar información del estado de las particiones. Dos opciones más aparecen: *Establecer partición activa* y *Cambiar de unidad*. La primera permite definir con qué unidad lógica se desea arrancar el sistema, mientras que la segunda permite el cambio a otro disco duro si es que existiese; en caso contrario esta opción no se visualizará. La asignación de unidades se realizará comenzando por C: y avanzando por el abecedario por las particiones y, posteriormente, por las unidades lógicas.

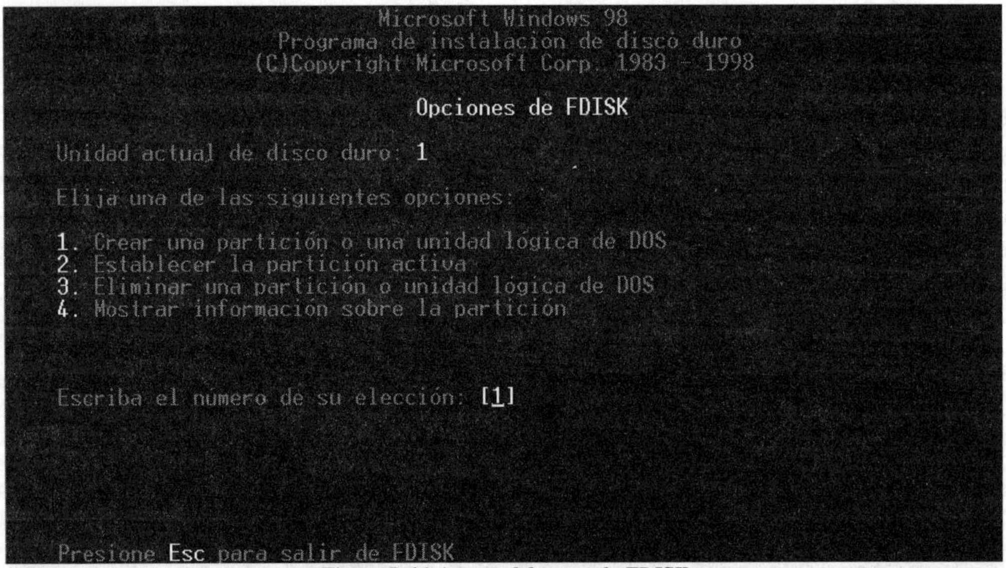

Figura 7–14 Aspecto del comando FDISK

De forma automática, si sólo hay una partición, FDISK la asigna como activa. Ahora bien, puede darse el caso de una única partición en un disco duro esclavo de otro que, obviamente, no está activa. Si este disco se deja como de arranque, el PC se reiniciará constantemente. Será preciso arrancar con un disco de sistema y establecer esta partición como activa.

Una excepción que se puede encontrar a la hora de crear particiones, es el límite de 8 discos duros que puede manejar FDISK. Esto no es problema como tal para discos IDE, donde como máximo habrá 4. Ahora bien, si la controladora es SCSI y hay más discos, será preciso desconectar y conectar de forma que se le pueda crear a todos la partición. De todas maneras, el software de la propia controladora SCSI suele incluir este tipo de rutinas.

> ***Cuanto más grande sea la partición, los clústeres admitirán más sectores. Sabiendo que la unidad mínima que puede ocupar un fichero es un clúster y que, a su vez, en un clúster no puede haber más de un fichero, interesa que tengan el menor número de sectores posibles.***

Una vez realizada la partición o particiones deseadas, será preciso reiniciar la máquina y, posteriormente, hacer un formato de la unidad con la orden FORMAT, repitiendo este proceso tantas veces como unidades lógicas se hayan creado.

> ***El tamaño máximo de una partición en DOS es de 2 GB. La razón es que el DOS usa una FAT de 16 bits y no puede direccionar más de 2^{16} (65.536) clústeres, admitiendo un máximo de 64 sectores por clúster. Al ser cada sector de 512 bytes, el resultado es el siguiente: $2^{16} \times 64 \times 512 = 2.147.483.648$ bytes. En el caso de las FAT de 32 bits, las particiones aumentan hasta 2 terabytes.***

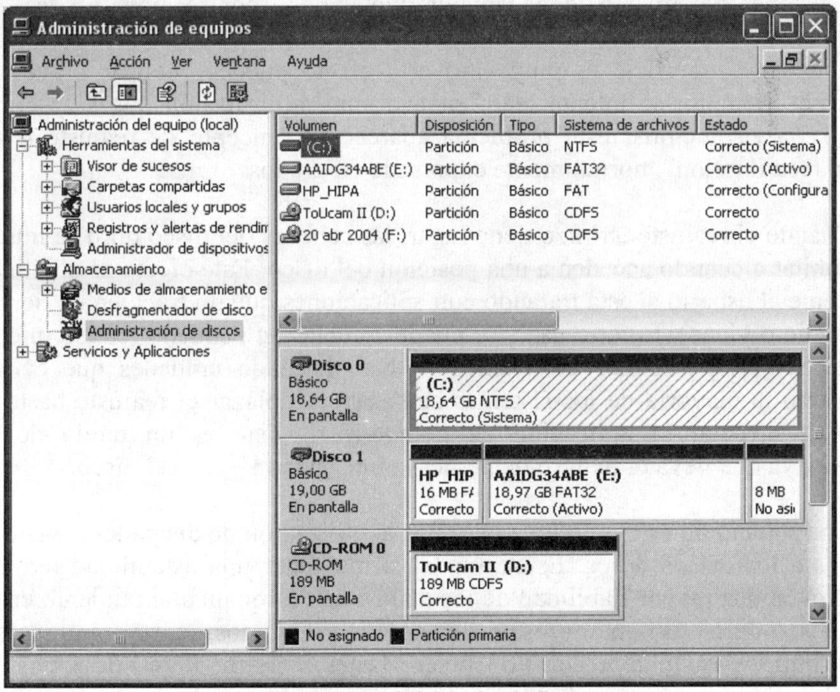

Figura 7–15 Administrador de discos

En caso de disponer de Windows XP, el proceso debe realizarse mediante una utilidad que, si bien ya se incluía en las versiones NT, resulta novedosa para aquellos usuarios que provienen de las versiones 9x. Se trata del *Administrador de Equipos* y, de forma concreta, del *Administrador de discos*. Así, hasta ahora bastaba con, una vez instalado y definido en la BIOS el disco duro, crear las particiones y darles formato para que fueran automáticamente reconocidas por el sistema. Ahora es preciso acudir a *Inicio / Programas / Herramientas Administrativas / Administración de equipos* y acceder al comando *Administrador de discos*, dependiente de la clase de *Almacenamiento*, tal y como se aprecia en la figura de la página anterior.

Será desde esta utilidad, desarrollada por *Veritas Software* para Microsoft, desde donde se puedan realizar las operaciones descritas con un disco. De hecho, si bien es posible aún realizar todo de forma externa (Windows XP no incluye, por ejemplo, el comando FDISK, preciso para la creación de particiones), el *Administrador de discos* proporciona nuevas y útiles herramientas para el tratamiento de los discos duros. Así, además de la información aportada sobre los dispositivos, el usuario podrá crear particiones y eliminarlas, formatearlas y, en definitiva, realizar todas las operaciones de un pseudo bajo nivel a golpe de ratón (concretamente, mediante el menú contextual accesible por la pulsación del botón derecho del ratón).

7.17. REAJUSTE TÉRMICO

Cuando la temperatura del disco duro varía, puede darse el caso de que también las dimensiones del mismo lo hagan por dilatación o contracción. En las actuales unidades de disco donde los datos están altamente comprimidos (la densidad datos/unidad de superficie es muy alta) este efecto puede provocar graves errores cuando, por ejemplo, se intenta leer "en frío" una información que se escribió "en caliente". Para solucionar este problema aparece el concepto de reajuste térmico o "thermal recalibration", normalmente expresado en grados.

Cuando el reajuste térmico tiene lugar, las cabezas del disco duro se mueven de forma similar a cuando acceden a una posición del disco. Este efecto es prácticamente transparente al usuario si está tratando con aplicaciones que no trabajen en tiempo real (como audio o vídeo). En otro caso, se puede apreciar un pequeño retraso mientras se realiza el reajuste. Algunos fabricantes ya han diseñado unidades que evitan este retraso, pero la mayoría de los sistemas se basan en aplazar el reajuste hasta que se termine de ejecutar la aplicación en tiempo real. Éste es un modo de trabajo arriesgado, ya que lleva el peligro de perder la integridad lógica del disco.

Una solución a este problema pasa por la utilización de disipadores ventiladores acoplados a los discos duros. Éstos ayudan a mantener una estabilidad térmica que repercutirá en una mayor fiabilidad de los datos a la vez de un alargamiento en la vida útil del disco duro. Aunque no están demasiado extendidos, existen empresas como Titan ® (http://www.titan-cd.com) o Cooler Master ® (http://www.coolermaster.com) que suministran este tipo de refrigeradores para casi todo tipo de componentes.

Figura 7–16 Disipadores para HDs

Se recomienda al lector consultar el capítulo dedicado a los microprocesadores a fin de poder abundar en los datos relativos a la incidencia de la temperatura sobre los componentes en general y los microprocesadores en particular. No debe olvidarse que los semiconductores son la base de todos los componentes electrónicos (micros incluidos) y, por supuesto, los incorporados en la precontroladora del disco duro (aunque sean de tecnología SMT).

7.18. EL SIMPLE BOOT FLAG

Una de las paradojas más curiosas en cuanto a la velocidad se da en el arranque del ordenador. Desde siempre se ha perseguido el aumento de velocidad en todos los dispositivos del sistema. Así –y siempre siguiendo la Ley de Moore– se ha incrementado de manera vertiginosa los "megahertzios" de los microprocesadores, tasas de transferencia en los discos y un sinfín de parámetros más. Todo siempre orientado a aumentar el rendimiento. Pero a medida que se han ido incorporando nuevos dispositivos al ordenador y éstos han aumentado sus prestaciones (por ejemplo, la capacidad de los discos duros), el arranque ha ido enlenteciéndose de forma directamente proporcional.

Esto, a todas luces lógico, llega a resultar un inconveniente molesto. Como el lector ya conoce, al arrancar el PC se pone en marcha un proceso implementado en firmware que recibe el nombre de POST (Power on Self Test). La misión de éste es la de comprobar todos los elementos integrantes del sistema. Ahora bien, si en lugar de comprobar 8 MB debe comprobar 128 MB de memoria RAM, el proceso necesitará más tiempo y lo mismo ocurre con el resto de los dispositivos.

El primer PC XT o PC "Extended Technology", en su versión definitiva de 1983, era obviamente inferior a las máquinas actuales en todo excepto en una cosa: el tiempo de arranque. Esta máquina, con microprocesador Intel 8088 / 4,77 MHz, bus de datos de 8 bits (aunque internamente trabajaba a 16), disco duro de 20 MB y 16 KB de RAM tardaba 16 segundos en arrancar. ¡Tampoco había mucho que comprobar!

El resultado final es que, desde que se conecta el PC hasta que el sistema operativo indica que se puede trabajar, pasa un intervalo de tiempo importante. Por si esto fuera poco, se da una redundancia: la mayor parte de los sistemas operativos actuales disponen de tecnología Plug & Play, es decir, son capaces de detectar, comprobar y configurar elementos hardware que, en cierta medida, ya habían sido detectados por el POST. Resumiendo, se realizan dos comprobaciones similares enlentenciendo aún más el arranque.

Orientado a solucionar este problema, aparece en 2001 la tecnología conocida como *Simple Boot Flag*. Este sistema consiste en el establecimiento de un "canal de comunicación" entre el sistema operativo y la BIOS (donde reside el citado POST) de modo que, en caso de disponer de un sistema operativo Plug & Play, se informe a la BIOS de este hecho y se evite el proceso de comprobación previo del POST. Esta comunicación se produce a través de los puertos 70h y 71h de la BIOS. En este registro de 8 bits se implementan flags de condiciones, es decir, se asigna una función concreta a cada bit. Así, el bit 0 indica si el sistema tiene instalado un sistema operativo Plug & Play. El bit 1 tiene asignada la misión de informar si el último arranque se produjo con éxito o, por el contrario, fue fallido. El bit 2 indicará si es preciso realizar o no un diagnóstico completo del hardware (por ejemplo, cuando el bit 1 esté activado ante un error previo). Los bits 3, 4, 5 y 6 están reservados por el sistema con valor 0. Por último, el bit 7 se usa como comprobador de paridad de la integridad de los datos de este registro.

7.19. ESTRUCTURA LÓGICA DE LAS UNIDADES

Ya es conocida la estructura física de las unidades de disco. Partiendo de un disco como unidad básica, es posible establecer, basándose en el sistema operativo usado, una estructura lógica. Si bien es cierto que de un sistema operativo a otro existen diferencias, las generalidades, por lo menos en el ámbito de concepto, siguen siendo las mismas. A continuación, se exponen las partes integrantes del DOS que definen la estructura lógica del disco: sector de arranque, FAT, directorio raíz y área de datos.

7.20. SECTOR DE ARRANQUE

Se trata de un pequeño programa ubicado en el sector 0 de los discos lógicos con formato DOS tras la tabla de particiones y, tras el arranque del PC, permite cargar el DOS en memoria. Contiene información relativa a la unidad de disco como es el número de caras, pistas, sectores por pista, tamaño del sector, etiqueta de volumen... Su tamaño es de 512 bytes. Esta zona recibe el nombre de BOOT dado que desde aquí se arranca el sistema mediante el BOOTSTRAP-LOADER.

7.21. EL SISTEMA DE ARCHIVOS

El sistema de archivos es otra zona importante del disco. También definida como lista de punteros enlazados a clústeres, su función es la de mantener la localización física de los ficheros almacenados en el disco. Aunque FAT ("File Allocation Table") sea la denominación de un sistema concreto de archivos, sin duda es el más estandarizado por su implementación histórica en el DOS. Éste es el motivo por el que, de forma genérica, se denomina FAT a los sistemas de archivos aunque usen otro método.

Las características, en cualquiera de los casos, son importantes y así, en caso de destrucción del sistema de archivos, el usuario encontraría la paradoja de tener todos los datos en el disco y no poder acceder a ellos. Es tal su importancia que se encuentra por duplicado. Cuando se encuentran cadenas perdidas en un disco (con CHKDSK o SCANDISK), realmente lo que se está encontrando son diferencias entre lo que existe grabado en disco duro y no está representado en el sistema de archivos.

Dado que suele haber más de una FAT, éstas se actualizan al tiempo, de modo que, ante un posible error, pueda sustituirse la FAT primaria por su copia de seguridad. El tamaño de la FAT determina la capacidad de disco direccionable. Las primeras eran de 12 bits, lo que permitía direccionar hasta 4.096 clústeres (2^{12} = 4.096). Con la aparición de discos superiores, ha sido preciso trabajar con FATs más potentes, así evolucionaron a 16 y 32 bits (2^{32} = 4.294.967.296 clústeres).

Cada vez que el sistema operativo precisa escribir en una zona del disco, no lo hace indicando el sector (unidad mínima de información para el disco), sino que identifica la posición por el número de clúster. Se da la circunstancia, por tanto, de que un clúster ocupe varios sectores y éstos siempre serán de una capacidad potencia de 2. Así es factible que un clúster ocupe uno o dos sectores contiguos del disco, pudiendo llegar hasta 8 sectores en función del tamaño de la unidad. La misión de la FAT será almacenar la información de cómo está formada la cadena de clústeres de un fichero concreto para el conjunto de los ficheros del disco. También da información sobre a qué fichero pertenece cada uno de los clústeres y en qué orden deben ejecutarse. Cada elemento de la FAT dispone de un "i-nodo" o valor que puede tener tres valores: marca de clúster libre, marca de fin de fichero, marca indicativa para el clúster siguiente donde continúa la información.

Existen diferentes formatos de sistemas de archivos basándose en el sistema operativo usado. Las más comunes a día de hoy son las siguientes: FAT (en sus diferentes versiones hasta 32 bits), VFAT, NTFS, HPFS y EXT2.

> ***Las unidades de CD ROM tienen su propio sistema de archivos, es decir, no usan la FAT convencional sino que disponen de la mal llamada CDFS ("Compaq Disk File System") o ISO 9660 y la ISO 13346 para las unidades DVD.***

FAT Bajo el epígrafe de "File Allocation Table" se conoce a la FAT convencional. Este sistema de organización es usado por DOS, OS/2, Windows NT y las primeras versiones de Windows. El tamaño de la partición máxima admitida es de 2 GB y los ficheros se identifican con 8 caracteres para el nombre y 3 para la extensión como valores máximos. Sin duda, es el sistema más usado actualmente gracias a su compatibilidad con el DOS, sistema desde el que han migrado la mayor parte de los usuarios de Windows '95 y soportado también por Windows '98. Existen tres variaciones: FAT12, FAT16 y FAT32, indicando el número de bits que usan. El caso de FAT12 es una particularidad aplicada a los disquetes y pequeños discos duros de hasta 16 MB. FAT16 es la más común dada su asociación al DOS y en discos duros de 17 a 2.048 MB.

Para calcular el tamaño del clúster en una partición concreta, es preciso averiguar cuántas direcciones puede gestionar la FAT como máximo y dividir el tamaño total de la partición entre el de cada unidad direccionable. El resultado será el tamaño del clúster expresado en KB. Supongamos un disco de 256 MB. Su tamaño en kilobytes será de 256 x 1.024 = 262.144 KB. Sabiendo que con 16 bits –en FAT16– se puede conseguir direccionar 2^{16}, es decir, 65.536 direcciones, obtendremos 262.144/65.536 = 4 KB de tamaño del clúster. Si el valor resultante no fuese una potencia de dos, se redondearía hacia arriba. De esta forma se podría realizar la siguiente tabla:

DISCO DURO	DISCO DURO (KB)	CLÚSTER FAT16 (KB)
20 GB	20.971.520	20.971.520 / 2^{16} =320
10 GB	10.485.760	10.485.760 / 2^{16} =160
2 GB	2.097.152	2.097.152 / 2^{16} = 32
1 GB	1.048.576	1.048.576 / 2^{16} = 16
512 MB	524.288	524.288 / 2^{16} = 8
256 MB	262.144	262.144 / 2^{16} = 4
128 MB	131.072	131.072 / 2^{16} = 4[53]

Tabla 7–17 Tamaños teóricos de clústeres

Como se puede observar, con 16 bits se puede conseguir direccionar 2^{16}, es decir, 65.536 direcciones, que a un máximo de 32 KB por clúster en el mayor de los casos hace un total de 2.097.152 KB, o lo que es lo mismo, los 2 GB de limitación ya conocidos. La limitación de los 32 KB de tamaño máximo por clúster viene dada por definición; es presumible que los valores superiores supondrían un elevado porcentaje de desaprovechamiento.

Quede claro que no es posible realizar algunas de las combinaciones presentadas en la tabla y que éstas sólo aparecen con fines didácticos. Así los valores sombreados son de imposible aplicación dadas las limitaciones impuestas ya detalladas en cuanto a límites de capacidad se refiere.

53 Valor mínimo (en la operación, el resultado es de aún menor capacidad).

Si se desea averiguar cuánto ocupa la FAT físicamente en el disco, el razonamiento es análogo: puesto que como máximo se pueden direccionar 65.536 clústeres y para ello se usan 16 bits, el tamaño de la FAT16 será, por tanto, de 16 x 65.536 = 1.048.576 bits = 128 KB. Dado que como se ha explicado se guarda una copia de la FAT, el sistema total de archivos ocupará 2 x FAT16 = 256 KB. Dentro de los mayores inconvenientes de este sistema de archivos, se encuentran su limitación de capacidad de 2 GB, que queda muy distante de los valores de los discos duros actuales, el uso de clústeres demasiado grandes que provoca la ineficacia del disco desperdiciando gran espacio en "slacks" y el uso a 8 caracteres en la denominación de los ficheros, limitación esta que con la aparición de sistemas de archivos más avanzados ha quedado relegada al olvido. La excesiva fragmentación, debida en gran parte al elevado tamaño de los clústeres, tiene como consecuencia indirecta la ralentización del disco.

l*os pa*rámetros de manejo de aplicaciones como Internet Explore '9x y

VFAT El "virtual FAT" se corresponde con versiones de Windows '9x y '200x, permitiendo el uso de los nombres largos aunque, en realidad, no se trata de un FAT como el resto de las aquí expuestas, sino más bien de un complemento al sistema de archivos y no el sistema de archivos en sí. Esto permite, entre otros puntos destacados a continuación, la coexistencia dentro de una misma partición de un sistema de archivos FAT con un VFAT. No obstante y en otra línea, un daño sobre la VFAT, en gran parte de los casos, implica la reinstalación del software.

El VFAT da respuesta a algunas de las limitaciones de la FAT aunque no a todas. Por ejemplo, la limitación de capacidad sigue impuesta a los 2 GB ya conocidos. Quizás la diferencia más clara a efectos de usuario sea la posibilidad de usar nombres largos en los ficheros. Si bien antes éstos se limitaban a un máximo de once caracteres donde necesariamente se podían utilizar hasta ocho en el nombre y tres en la extensión, la VFAT admite hasta 256 caracteres que se podrán repartir entre nombre y extensión según las conveniencias del usuario. Ya que como se adelantaba la FAT y VFAT pueden coexistir, estos nombres de ficheros largos en modo FAT (por ejemplo, ejecutándose en MS DOS), se transformarán a las limitaciones establecidas por la FAT en cuanto a longitud se refiere, apareciendo el nombre acortado y con el código ASCII típico número 126 (~).

FAT32 Implica un manejo de 32 bits, lo que le lleva a manejar particiones por encima de los 2.048 GB (si no hubiese otro tipo de limitaciones en cuanto a normativas se refiere). El primer sistema operativo en implementarlo fue Windows '95 a partir de su versión OSR2 (denominada también "4.00.950B"), y aunque se habló de la posibilidad de que también se implementase en Windows NT, parece ser que esto no va a ocurrir. La ventaja de esta FAT frente a la anterior es el manejo de clústeres menores, aumentando así el rendimiento del disco aprovechándolo mejor. Admite hasta 256 caracteres en el nombre de los ficheros sin necesidad de tener que recurrir a complementos externos como el VFAT.

A partir de la aparición de Windows 98, la conversión entre FAT y FAT32 es directa sin tener que eliminar particiones, volver a crearlas y darles formato. Hasta ese instante esto sólo era posible con aplicaciones como Partition Magic y otras. En la actualidad, dada la desaparición casi completa de la FAT, el problema se presenta en la conversión entre NTFS y FAT32 que, como podrá ver el lector en el apartado dedicado a este tema, ya no representa ningún problema.

En este caso, el tamaño del clúster máximo permitido es de 16 KB, con un total de 2^{32}= 4.294.967.295 clústeres direccionables. Esto establece una limitación física de la partición de 4.294.967.295 x 16 KB = 68.719.476.720KB = ¡¡63,9999999851 TB!! En referencia a los discos duros actuales, se puede tomar que para particiones inferiores a 8 GB el tamaño del clúster es de 4 KB frente a los 8 KB de particiones superiores o iguales a 8 GB.

DISCO DURO	DISCO DURO (KB)	CLÚSTER FAT32 (KB)
20 GB	20.971.520	20.971.520 / 2^{32} = 4 [54]
10 GB	10.485.760	10.485.760 / 2^{32} = 4 [50]
2 GB	2.097.152	2.097.152 / 2^{32} = 4 [50]
1 GB	1.048.576	1.048.576 / 2^{32} = 4 [50]
512 MB	524.288	524.288 / 2^{32} = 4 [50]
256 MB	262.144	262.144 / 2^{32} = 4 [50]
128 MB	131.072	131.072 / 2^{32} = 4 [50]

Tabla 7–18 Tamaños teóricos de clústeres

Para realizar el cálculo del tamaño de la FAT, habrá que hacer como en el caso de la FAT16: puesto que es posible direccionar hasta 4.294.967.295 clústeres con 32 bits, el tamaño será de 4.294.967.295 x 32 = 137.438.953.440 bits = ¡¡15,99999999627 GB por cada copia de la FAT!! No, no hay que preocuparse por este tamaño (además, da lo mismo preocuparse o no). Téngase en cuenta que este cálculo se ha realizado para las posibilidades máximas de este tipo de FAT, es decir, 2 TB. Si el cálculo se realiza para un disco duro conforme a las especificaciones actuales, por ejemplo, de 3,2 GB, el tamaño total ocupado por las dos copias sería de 6,4 MB (un 0,09% aproximadamente del tamaño total).

Dado que la FAT se carga en memoria para agilizar el acceso, la carga de una FAT32 frente a una FAT16 supone una pérdida importante de memoria además de una pérdida importante en tiempo de acceso al disco, ya que dada la diferencia de tamaño, se tardará más en recorrer una FAT32 que una FAT16 (aproximadamente un 7% más para un PENTIUM II a 400 MHz). Ahora, no todos son desventajas: con una FAT32 se puede llegar a aprovechar mejor el disco puesto que el tamaño de los "slacks" baja y este ahorro puede llegar hasta un 33%.

[54] Valor mínimo (en la operación, el resultado es de aún menor capacidad).

A pesar de su similitud en el nombre, los sistemas FAT y FAT32 son incompatibles y no es posible acceder desde una FAT16 a una 32, motivo por el que se recomienda que no coexistan ni en particiones diferentes.

NTFS El NT File System o "New Technology File System" es una estructuración similar a la HPFS, que se explicará a continuación, pero únicamente soportada por Windows NT y, sin duda, uno de los mejores sistemas de archivos de Microsoft. Implementa, entre otras, características como la creación de ficheros históricos de transacción de datos, para ayudar en la recuperación de los mismos ante fallos o control de acceso donde se pueden establecer diferentes permisos para el acceso a la información. Además, utiliza técnicas específicas para evitar la fragmentación, lo que repercute en un aumento de rendimiento del disco y lo hace idóneo para sistemas de gran actividad (servidores de archivos, por ejemplo). Probablemente, a largo plazo, este sistema llegará a ser un estándar, aunque por el momento no es posible acceder a ficheros NTFS desde otros sistemas de archivos.

Como inconveniente presenta una gran ocupación, por lo que es recomendable usarlo en discos duros superiores a 400 MB (que en la actualidad lo son todos). Quizás lo más llamativo de este sistema de archivos sea su flexibilidad a la hora de poder definir la capacidad de un clúster con independencia del tamaño de la partición, estableciendo una capacidad mínima de 512 bytes, igual al tamaño de un sector.

> ***Hasta la llegada de Windows XP, no era posible la conversión de discos duros en sistemas de archivos FAT32 a NTFS sin tener que eliminar particiones, volver a crearlas y darles formato. A través del comando ejecutable desde una sesión del DOS convert.exe <unidad>/FS:NTFS, donde <unidad> corresponde a la letra identificativa de aquella que se desea convertir, esto es posible de modo directo. No obstante, se recomienda realizar backups en procesos que pueden influir en la seguridad de los datos.***

HPFS El High Performance File System es el sistema de archivos soportado por el sistema operativo OS/2 y las primeras versiones de Windows NT. Es especialmente eficiente en su organización aunque lo cierto es que se trata de un sistema de archivos poco difundido. Se puede entender como una mezcla de características entre NTFS y FAT en la medida que admite particiones hasta 8 GB y nombres de ficheros de hasta 256 caracteres.

Este sistema se caracteriza por trabajar directamente con los sectores del disco y no con los clústeres, lo que le confiere una mayor efectividad, dado que suprime la fragmentación de archivos. Esto, de cara al usuario, se aprecia como un aumento de velocidad en los procesos ya que las escrituras y lecturas en y desde el disco se producen de un modo lineal, lo que acorta los tiempos de espera en concepto de latencia y localización de pistas.

EXT2 Se trata del sistema de ficheros usado por LINUX. Aunque se le presupone la misma eficiencia que el propio sistema operativo, lo cierto es que tanto el sistema de archivos como el sistema en sí tienen una dura tarea para demostrar sus bondades. Todo parece indicar que LINUX, en sus diferentes versiones, realmente es una alternativa a los sistemas operativos más extendidos pero, lo cierto, es que hay que demostrarlo llegando al usuario final y ese momento aún no ha llegado.

7.22. DIRECTORIO RAÍZ

Determina, en función de su capacidad, el número máximo de entradas. Dicho tamaño se establece en el sector de arranque como una estructura. Esto implica que su tamaño no variará, independientemente de que se disponga de más o menos entradas. Esto significa que existirá un número finito de entradas en el directorio raíz que no será posible rebasar. En sistemas operativos antiguos y con discos duros pequeños, era posible alcanzar estos límites. En los sistemas actuales es impensable salvo un problema físico del disco o una utilización incorrecta del mismo.

7.23. ÁREA DE DATOS DEL USUARIO

Es donde se almacenan los datos de los diferentes ficheros generados por el usuario. Igualmente aparecen aquí las relaciones entre zonas físicas del disco ya descritas (sectores), la FAT y las estructuras marcadas por el sistema operativo. Estas estructuras serán específicas y un estudio pormenorizado de esta área implicaría el conocimiento detallado del funcionamiento del sistema operativo.

TAMAÑO	360 KB	720 KB	1,2 MB	1,44 MB	2,88 MB
Sector de arranque	1	1	1	1	1
FAT (Sector.)	4	10	14	18	36
Directorio raíz (Sector.)	7	7	14	14	28
Área de usuario (Sector.)	709	1427	2372	2848	5696
Tamaño del clúster (Segmentos)	2	2	1	1	1
Total (Clúster)	354	713	2371	2847	5695
Entradas máximas en el raíz	112	112	224	224	448

Tabla 7–19 Área de datos en la FAT

7.24. FABRICANTES DESTACADOS

CONNER	www.conner.com	MAXTOR	www.maxtor.com
FUJITSU	www.fujitsu.com	SEAGATE	www.seagate.com
IBM	www.ibm.com	TOSHIBA	www.toshiba.com/worldwide
QUANTUM	www.quantum.com	WESTERN DIGITAL	www.wdc.com

CAPÍTULO 8

ALMACENAMIENTO ÓPTICO

Aún recuerdo la primera unidad de CD ROM que vi. Fue hace bastantes años y aparecía como un dispositivo ligado de forma inseparable a una tarjeta de sonido (por supuesto, Sound Blaster y de 8 bits). Desde luego era una unidad "llamativa" pero cabía cuestionarse si, además de su enfoque Multimedia, tendría alguna otra aplicación. No obstante y dado el desorbitado precio con el que aparecía en el mercado, la pregunta podía esperar: se trataba de un periférico inalcanzable por lo que cualquier discusión acerca de él resultaría bizantina.

Pero como siempre suele ocurrir con el hardware, los precios experimentan bajadas espectaculares en el momento en que un producto se consolida y fabricantes alternativos se introducen en la producción. Así pasó y, en pocos años, las unidades de CD ROM pasaron a ser un periférico opcional dentro de cualquier configuración de PC. Un poco más adelante, este tipo de unidad se ha consolidado como un elemento "de serie" dentro de cualquier equipo al igual que lo puede ser una disquetera. Es más: las primitivas unidades de CD van sufriendo un desplazamiento hacia tecnologías ópticas más avanzadas. Así no resulta extraño (en absoluto) encontrar máquinas con grabadoras y regrabadoras de unidades de CD, DVDs y, en un futuro inmediato, grabadoras de DVD que, si bien están el mercado, aún tienen un precio prohibitivo.

El éxito de este sistema de almacenamiento ha venido provocado por la necesidad de disponer de un soporte externo de información capaz de soportar tamaños de ficheros superiores al clásico 1,44 MB de los disquetes. Si bien es cierto que existen otras alternativas (como los ZIP, JAZ,...), al final un producto era el que debía perdurar –aún coexistiendo con el resto–. Éste ha sido el CD ROM.

Este capítulo explica el funcionamiento de base de los principales tipos de unidades haciendo referencia a sus aspectos más prácticos. Por supuesto se contempla la evolución –como ocurre con la mayor parte de los componentes tratados en este libro– por lo que también puede ser usado como texto de referencia.

8.1. LOS DISCOS DE CD

El tratamiento de la información en un soporte digital, como puede ser un CD ROM, varía en poco a los convencionales medios magnéticos. En definitiva, se trata de obtener secuencias de 0 y 1 para su tratamiento digital por una máquina. Como ya es conocido por el lector, en el caso de disquetes y discos duros, este proceso se realiza mediante la conversión de impulsos eléctricos en campos magnéticos y viceversa. Dado que el magnetismo es sensible al ambiente, la seguridad de la información, en cierta medida, está en función de la ubicación y contexto de equipos electromagnéticos que el soporte tenga cercanos.

Este cambio de tecnología aporta ventajas importantes, donde las más significativas hacen referencia a:

- ⇨ No hay contacto físico en la lectura, lo que alarga la vida del soporte óptico.
- ⇨ Acceso directo a los datos, desplazando así otros métodos de igual o mayor capacidad pero de acceso secuencial (recuérdense los streamers).
- ⇨ No hay procesos electromagnéticos, y, aunque los hubiese colaterales, no influiría en el proceso óptico de tratamiento de información.
- ⇨ Importante aprovechamiento del soporte o, lo que es lo mismo, alta densidad de grabación, ya que almacena la información en un ratio superior a 100 veces a un disco magnético.
- ⇨ Bajo precio, ya que actualmente se pueden adquirir discos de CD grabables a un precio similar al de un disquete magnético.
- ⇨ Mayor seguridad, en cuanto a permanencia de datos se refiere, que los dispositivos magnéticos ya que los datos se graban mediante erosiones físicas de los discos (aunque hay diferentes técnicas de grabación más o menos estables en función del tipo de prestaciones ofrecidas). Esta duración se estima en un mínimo de 15 años, aunque probablemente la vida del disco, una vez transcurrido este tiempo, se extinga por otra serie de motivos (arañazos, desgaste de manejo,...).

Únicamente será preciso asegurar la limpieza del dispositivo óptico con el fin de no generar errores en el proceso de lectura.

Al igual que todo lo relacionado con el mundo de la Microinformática, los CDs, a pesar de considerarse como elementos comunes de manera coloquial, han sufrido diversas transformaciones originando diferentes productos. Así el primer diseño se debió a Philips y Sony y, a partir de ese momento, aparecieron el resto de competidores.

El entendimiento de un CD pasa por su análisis físico y su estudio lógico. En cuanto a sus datos físicos, los discos compactos son substratos circulares de policarbonatos de 120 mm (4,75′) de diámetro, 1,2 mm (0,05′) de grosor, una abertura central de 15 mm (0,59′) de radio y unos 14 gramos de peso. Sobre esta regla hay excepciones en cuanto a la forma, existiendo discos de CD de aspecto cuadrado, triangular y con formas caprichosas como de tarjeta de visita o corazón. Normalmente estas formas responden a discos de carácter comercial y de visita y suelen ser desaconsejados en equipos de audio. Estas formas, si bien confieren un atractivo estético, suponen una pérdida de estabilidad del disco que tampoco trasciende más que en un posible error de lectura (nunca en daño para la unidad lectora).

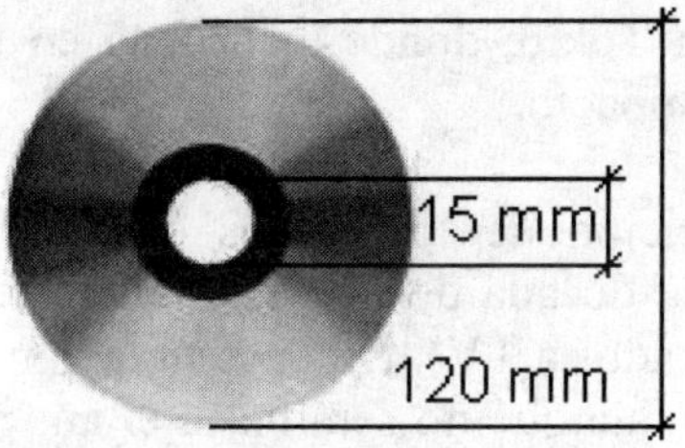

Figura 8–1 Dimensiones de un CD ROM

Aunque sea habitual referirse a las pistas de un CD (muy referenciadas en los CDs de audio como *tracks*), se trata, en realidad, de un término erróneo. A diferencia de un disco duro que está formado por "anillos" concéntricos, el CD dispone de una única pista en espiral que recorre de principio a fin el CD. Esta pista mide más de 5 km, y se inicia en la zona central del disco y finalizando en el borde exterior, tiene una separación en cada vuelta de unos 1,6 micrones. Haciendo números rápidos, se podría buscar una relación con las pistas de una unidad de disco de 16.000 pistas por pulgada. Además, en esta pista en espiral los datos están grabados con una densidad lineal constante, esto es, siempre el mismo número de bits por unidad de longitud. De este modo el aprovechamiento del disco es mayor (no como ocurre en los discos duros). Por supuesto esto afecta a la velocidad de rotación de la unidad, tema que se tratará en profundidad en este capítulo.

La capacidad de este tipo de disco ha variado como fruto de la evolución. Así, de modo específico para el CD ROM, las capacidades soportadas son 540 MB (63 minutos), 650 MB (74 minutos) y 700 MB (80 minutos), aunque los discos de DVD llegan a almacenar capacidades de hasta 17 GB sin ningún tipo de compresión. La relación capacidad-tiempo es ampliamente tratada en este capítulo.

Bajo un planteamiento lógico, las consideraciones sobre los CDs son más amplias y complejas. En primer lugar habría que atender al tipo de permanencia de datos que ofrece dos posibilidades: los CD ROM convencionales que sólo permiten lectura (no debe olvidarse el acrónimo correspondiente a Read Only Memory), los WORM, que permiten una escritura y múltiples lecturas (Write Once Read Many) y los WMRA que admiten múltiples escrituras (Write Many Read Allways).

Sirva esta pequeña introducción para entender cómo se realiza la conversión digital-óptica y poder asimilar algunos conceptos que se exponen a continuación. En este mismo capítulo se volverá a tratar el tema de los discos como soportes físicos matizando para qué procesos están definidos y cuáles son sus características específicas.

8.2. A MODO DE HISTORIA...

El nacimiento de los primeros CDs vino de la mano de Poligram (filial de la empresa Philips) y 34 fabricantes más de la industria discográfica, en la "Digital Audio Disc Convention" en Tokio, donde se acordó en 1968 la estandarización del proyecto del futuro disco compacto.

No obstante, la aparición de los discos de CD en Europa y Japón no se produciría hasta finales de la década de los 70 e inicio de los años 80 en un entorno profesional (sobre todo aplicados a TV). Esta presentación se produce por parte de una alianza entre Philips y Sony, aunque no será hasta el año 1989 cuando transciendan a un entorno doméstico de uso en los ordenadores personales. La novedad aportada por este dispositivo es la utilización de tecnología óptica de almacenamiento frente a la magnética convencional. Esto no significa la desaparición inmediata de los soportes magnéticos (nuestros discos duros actuales siguen basándose en magnetismo más de veinte años después) pero sí el inicio del declive.

Este inicio que se sustentó en un enfoque de almacenamiento de sonido, fue evolucionando poco a poco hasta convertirse en un estándar para datos en general que se particularizarán posteriormente en imágenes, ficheros o audio.

De cara a mantener el desarrollo estándar de los diferentes productos que se derivaron del CD ROM, se adoptó la curiosa nomenclatura de recoger las características en libros identificados por un color. Así resulta común referirse al "red book", "yellow book", "green book",... La leyenda dice que esto es así debido a que la primera definición se realizó sobre un cuaderno con cubiertas de color rojo. De cualquier modo es una forma más de distinguir las diferentes recomendaciones: rojo, amarillo, verde, naranja y blanco.

De este modo se incluyeron las características de los CDs de audio denominados CD-DA (Compact Disc-Digital Audio) desarrollados por Sony y Philips en el "red book" en el año 1980. Este libro especificaba bloques de 2.352 bytes para datos que, en definitiva, es el formato en el que se encuentra grabada la música digitalmente. Entre otros temas se tratan los concernientes a la calidad del sonido (que se establece por el número de "muestras" tomadas) que se determina en 44,1 KHz (22 KHz por canal si se trata de sonido estéreo) entre un rango de 65.536 valores (2^{16}). La duración de los CDs se estableció en 63 y 74 minutos aunque posteriormente han aparecido formatos de 80 minutos.

A finales de 1984 y principios de 1985 apareció el "yellow book" con la definición de los CD ROM (los primeros) convencionales en dos formatos. El primero (al que se denominó *Modo 1*) recoge todas las especificaciones referentes a grabaciones de datos exclusivamente. El *Modo 2* detalla todo lo necesario para usar el soporte como almacenamiento de datos comprimidos de imágenes, audio y vídeo. Este segundo formato jamás llegó a usarse en su formato "puro" aunque de él deriven el CD I y el CD XA (ver en párrafo siguiente). Es en esta recomendación donde se definen por primera vez los bloques[55] como unidades de transferencia, estableciéndose en 2.048 bytes y 2.336 bytes respectivamente para ambos formatos.

Siguiendo con la evolución apareció el "green book" con la normativa correspondiente a los CD I (CD ROM Interactivo) en el año 1988. Esta recomendación se basa en las definiciones previas establecidas por el libro amarillo y el libro rojo. También de esta especificación salieron dos formatos que se usaron para datos por un lado y sistemas de almacenamiento de audio y vídeo por otro. Los bloques de datos usados son de 2.048 bytes para el formato 1 y 2.324 bytes para el formato 2.

El "orange book" sería el siguiente recogiendo las especificaciones precisas para algo que ya el mercado empezaba a demandar en los inicios de la década de los 90: las grabadoras y regrabadoras. Desarrollado por Philips y Sony, se divide en dos partes: la primera dedicada a las unidades magneto-ópticas y la segunda a los discos grabables. Existe una tercera división aunque de forma no explícita que hace referencia a los discos regrabables que se desarrolla en 1996 por las mismas compañías. Es ahí donde se detalla el proceso de uso de la tecnologías denominada *de cambio de fase* y el Formato de Disco Universal (UDF) y sistemas de grabación en diferido como la multisesión (especialmente útil para los PhotoCD).

La secuencia continúa con el libro blanco en 1993. Éste recoge las especificaciones relativas a vídeo bajo los formatos de Photo CD y Vídeo CD. Este formato empieza a perder interés desde el momento en el que el DVD entra a formar parte del conjunto de soportes disponibles. El vídeo CD descrito en el "white book" no ha tenido demasiado éxito en Europa aunque sí en Asia. El máximo exponente de esta recomendación fue el CD I o CD Interactivo que se intentó comercializar dentro de la gama de electrodomésticos convencionales (muchas marcas lo ofertaban en conjunto con un aparato de TV y un ratón). Aun así, no perduró demasiado y rápidamente desapareció del mercado.

El eslabón final lo pone el CD-Extra o CD+ (CD Plus) descrito en el "blue book", donde se combinan diferentes prestaciones de audio y datos a un tiempo.

A modo de resumen podría establecer la siguiente tabla:

---

55 Esto da pie a la denominación que aún se mantiene en referencia a los bloques de transferencia: 1x, 2x,… 50x…

Año	Libro	Especificaciones
1980	Red (Rojo)	CDs de audio
1984	Yellow (Amarillo)	CDs de datos, imágenes, audio y vídeo
1988	Green (Verde)	CD Interactivo y Photo CD
1990	Orange (Naranja)	CDs grabables y regrabables
1993	White (Blanco)	CDs para vídeo (no DVDs)
	Blue (Azul)	CD-Extra con prestaciones diversas.

Tabla 8–1 Normativa y evolución de CDs

8.3. ¿DIGITAL? ¿ANALÓGICO...?

No es ningún secreto el éxito de los CD ROM en la actualidad, ya sea a nivel informático o musical. Pero, ¿cuál ha sido la clave de ese éxito que incluso ha desplazado a otros sistemas que se encontraban afianzados en el mercado desde hacía siglos (piénsese, a nivel musical, en el tocadiscos en su versión rudimentaria de gramófono, atribuido a Emil Berliner en 1887)?

Sin duda, sus especificaciones físicas ya descritas son importantes en la medida que le confieren una gran independencia del medio externo. No obstante, su bajo precio y, sobre todo, la calidad del soporte es fundamental a la hora de analizar este fenómeno. Pero, ahora bien, se plantea un interrogante: cuando un CD es usado como un soporte informático y, dado que el tratamiento de la información en ambos casos (informática y CD) es digital, no hay problema pero, ¿qué ocurre con la música?

Por naturaleza el sonido tiene una interpretación analógica lo que conlleva obligatoriamente un proceso de conversión para adaptarlo al medio digital que, en este caso, es el CD. Este proceso debe ser, además, reversible para poder reproducir el audio. En definitiva se precisa de un conversor analógico digital (ADC o Analogic to Digital Converter) para el proceso de grabación y un conversor digital analógico (DAC o Digital to Analogic Converter) para reproducción.

El proceso de transformación entre información digital y analógica guarda semejanza con el producido en las tarjetas de vídeo a la hora de actuar como interfaz entre el PC y el monitor. Se recomienda al lector revisar el capítulo dedicado a las tarjetas gráficas a fin de ampliar conceptos.

La calidad a la que se hacía referencia (obviamente a nivel analógico ya que a nivel digital no tiene sentido hablar de calidad de la señal) va en función de la fidelidad que debe existir entre la señal original y la almacenada. En el caso del CD de audio esta fidelidad se conseguirá en función del número de muestras que por unidad de tiempo se tomen del sonido de origen. Así supóngase la señal de la izquierda de la figura. Cuantas más muestras se tomen (representadas por las figuras centrales), mayor calidad de señal se obtendrá (figuras de la derecha).

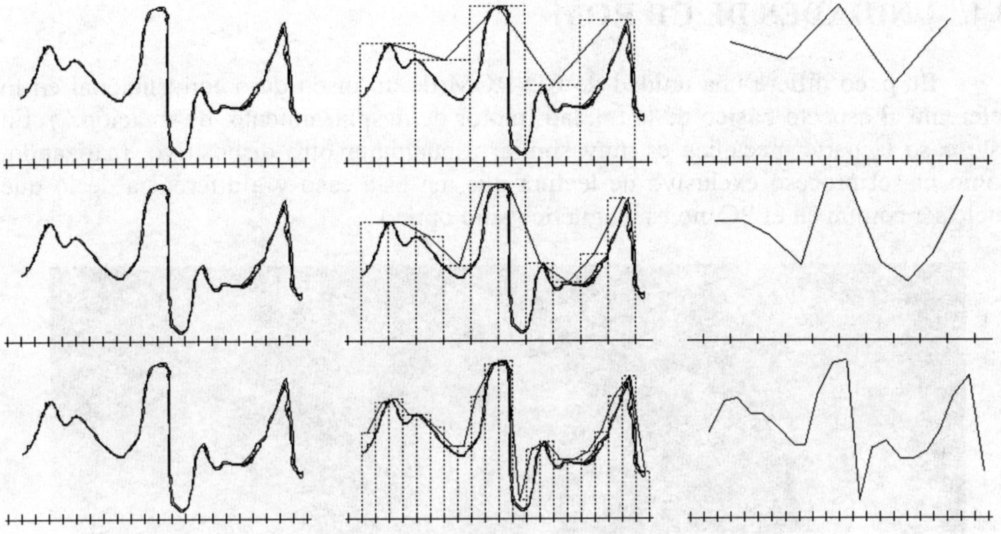

Figura 8–2 Gráfica cortesía de Soltec

Como se puede observar, la fidelidad dependerá de dos factores: por un lado el número de muestras tomadas por unidad de tiempo pero también de la exactitud de cada una de estas muestras. De este modo, si una señal alcanza una cota de un valor real (por evitar un ejemplo cuantificado) y sólo se pueden tomar muestras con valores enteros, se produciría una desviación de la señal (conocida como distorsión) de la diferencia existente entre ambos valores, tal y como se aprecia en la figura siguiente. Si por el contrario las muestras se pudiesen realizar con valores reales, a mayor número de decimales tratados, mayor precisión para digitalizar la señal.

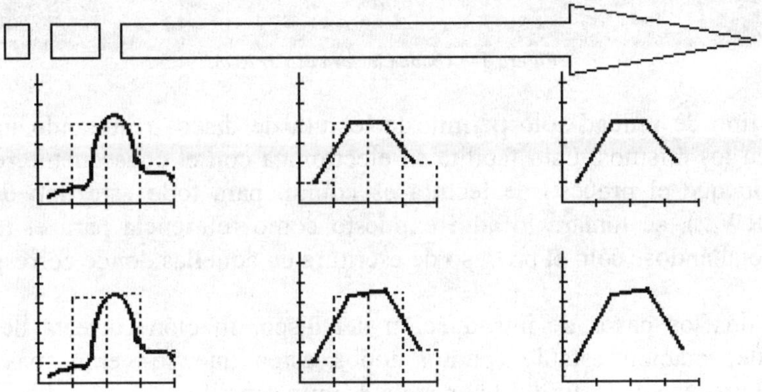

Figura 8–3 Digitalización/ Cuantificación

Obviamente, cuantas más muestras y más precisas sean éstas, mayor capacidad de datos requerida. Por cuantificar valores, un CD convencional de audio toma un total de 44.100 muestras por segundo (44,1 KHz) con un rango de valores por muestra comprendido entre 0 y 65.536, que es el resultado de usar 2 bytes por muestra (2^{16}=6.536).

8.4. UNIDADES DE CD ROM

En poco difiere una unidad de CD ROM de un disco duro convencional en lo referente al aspecto básico de la unidad (motor de desplazamiento, de rotación...). En este caso la parte mecánica es muy similar a cualquier otro dispositivo, matizando, cómo no, el proceso exclusivo de lectura que, en este caso y a diferencia de lo que suele ser común en el PC, no es magnético sino óptico.

Figura 8–4 Unidad lectora de CD ROM

Este tipo de unidad sólo permite la lectura de discos resultando imposible la grabación en los mismos. Esto facilita su electrónica con el consecuente reflejo en el precio. Dado que el proceso de lectura es común para todo este tipo de unidades (CDR, CDRW...), se tomará lo aquí expuesto como referencia para el resto de las unidades, detallándose sólo el proceso de escritura en aquellas donde corresponda.

Salvados los pasos de introducción del disco, fijación correcta del mismo y velocidad de rotación estable (puntos todos estos que se verán más adelante), comienza el proceso de lectura. El concepto es muy sencillo:

Un diodo láser de infrarrojos (generalmente de Arseniuro de galio) emite un rayo de luz de baja potencia –a fin de no dañar el soporte físico– contra un pequeño espejo móvil. Dicho espejo forma parte de la cabeza y es el encargado de moverse y direccionar toda la superficie del disco. De este modo se consigue la "estabilidad" del diodo. El rayo reflejado se hace incidir sobre la superficie de la unidad de CD ROM, accediendo a un punto concreto del mismo que, en función de la información grabada, devolverá (volverá a reflejar) un flujo de luz concreto. A través de diferentes lentes, espejos y colectores, se recogerá la luz y se hará llegar a un fotodetector, cuya misión será la de convertir los impulsos luminosos en impulsos eléctricos, en función de su intensidad de reflejo, para su posterior tratamiento como información de carácter digital. Se entiende que el reflejo ≥ 70% de la luz original se asignará a un estado, mientras que en cantidad ≤18% del reflejo será el contrario. Es importante señalar que, la mayor parte de los pasos obviados, son iguales a los realizados por un disco duro.

Este procedimiento crea dos tipos de áreas diferentes en la superficie de los discos: aquellas que han sido erosionadas por el láser y que, como se indicaba, reciben el nombre de "pits" y aquellas que no, es decir, que conforman su forma original y que reciben el nombre de "lands".

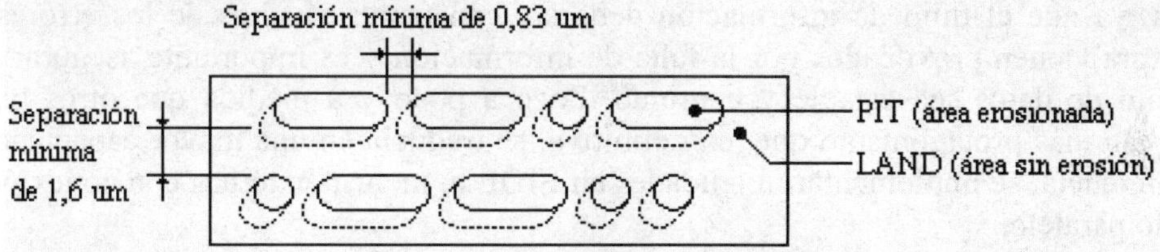

Figura 8–5 Vista ampliada de la escritura

Por supuesto, este proceso es genérico. Habrá que estudiar cada unidad concreta (CD-R, CD-RW y otros) para ver cómo realizan el manejo de la información.

8.5. UNIDADES CD-R

Las unidades CD-R, también llamadas CD WORM (CD "Write Once Read Many") de forma simplificada CD WO (CD "Write Once") o simplemente grabadoras de CD, están en pleno auge tras alcanzar un precio competitivo. Estas unidades, sustancialmente diferentes de las unidades lectoras de CD convencionales, aportan la ventaja de poder grabar datos, entendiendo por éstos tanto información como música.

Su diferencia principal con las unidades lectoras estriba en el láser y, por supuesto, requieren de un disco especial para poder realizar grabaciones. En el proceso de lectura, funcionan exactamente igual a cualquier unidad lectora. Los CD-R reemplazan los puntos físicos moldeados en la superficie del disco que usan los discos compactos convencionales por unas marcas, similares a una fina capa de tinte sensible, lo que les permite realizar grabaciones pero no "regrabaciones" sobre un mismo medio físico. Este proceso se basa en el calentamiento de una capa del disco pigmentada que es susceptible de ser decolorada por temperatura, cambiando su fase al ser irradiada por un láser de mayor potencia al utilizado en el proceso de lectura. De este modo el reflejo del láser experimentará el mismo efecto al incidir sobre una zona decolorada que cuando lo hacía sobre un *pit*. Las zonas no afectadas por el calentamiento del láser conservarán su pigmentación original y simularán las *lands*.

Dada la naturaleza de la grabación que se realiza por temperatura, este tipo de grabadoras recibe el nombre coloquial dentro de la jerga informática de "tostadoras". Esta denominación se ha extendido también a las regrabadoras.

El rendimiento de las grabadoras también se especifica con los parámetros *x* (cuyo significado se estudiará en este mismo texto) pero se concreta a qué velocidad son capaces de leer y a cuál de grabar. Así se pueden encontrar unidades, por ejemplo, serigrafiadas como *A*x*B*x. Esta unidad sería capaz de leer a *A*x y grabar a *B*x, siendo *A* y *B* valores numéricos característicos de la unidad.

En un principio, la mayor parte de estas unidades fueron SCSI. Esto era motivado por la independencia de este tipo de bus con la CPU y la estabilidad de datos, ya que el flujo de información debe ser constante. Muchos de los errores de escritura vienen provocados por la falta de información y es importante asegurar que el flujo de datos sea estable y continuo. Poco a poco y a medida que otros buses tomaban más protagonismo que, en definitiva, se traducía en una mayor capacidad de transferencia, se implementaron unidades en EIDE e, incluso externas con conexión al puerto paralelo.

No obstante, para asegurar el flujo de información constante, se usan dos técnicas por software: una consiste en habilitar un gran búfer formado por la memoria principal. La otra consiste en crear una imagen de la información a reproducir en disco que, aunque es la forma más fiable, implica disponer de, al menos, entre 640 MB y 700 MB libres destinados a los procesos de grabación. Este aspecto es independiente de la propia memoria caché que lleva implementada la unidad que suele estar en torno a unos pocos MB.

En términos generales, cualquier unidad de CD ROM debe ser capaz de leer un disco generado por CD-R, ahora bien: hay incompatibilidades en cuanto al formato físico de los discos, sobre todo, el de unidades antiguas. Así, determinados CD ROM no son capaces de leer discos de color oro o plata, haciendo referencia al sustrato usado como reflector de luz. De la misma forma, los discos compactos generados bajo multisesión (capacidad de escribir datos en una unidad de CD de forma diferida en el tiempo) suelen ser problemáticos con algunas unidades.

8.6. UNIDADES CD-RW

Se trata de un gran avance dentro de los sistemas de almacenamiento óptico aparecido en el año 1996. Estas unidades combinan las prestaciones de las predecesoras estudiadas con la posibilidad de grabar el mismo soporte físico más de una vez. Son conocidas también bajo el nombre de CD-E ("CD Erasable") por esta propiedad.

Los discos CD-RW reemplazan el tinte usado por los CD-R con una capa especial que admite el cambio de fase en el proceso de grabación, formada por compuestos químicos y que le confiere la propiedad de poder cambiar su estado cuando se le aplica energía. Por supuesto, el proceso es reversible para iniciar nuevas grabaciones.

El proceso, de forma concreta, se plasma en el uso del teluro como elemento de base al que se dopa con germanio o antimonio. Éste es el compuesto que varía su fase consiguiendo representar información digital mediante la aplicación de una temperatura adecuada. El láser que lee y escribe es el mismo pero con una potencia inferior en diez veces a la hora de leer con respecto a la de escribir.

> ***Cuidado: Los discos de CD-RW son muy sensibles al entorno, pudiendo llegar a modificar su estructura interna. Así, si se le aplica calor y posteriormente se enfría, puede llegar a cristalizarse, reflejando más luz en el proceso de lectura con la consecuente pérdida de datos.***

Los CD-RW tienen más inconvenientes: no son compatibles con todos los formatos. Así, no podrán ser leídos por unidades que no soporten multisesión ni tampoco por muchas unidades convencionales de reproducción de audio. Esto está motivado por su formato específico de grabación de datos. No ocurre así a la inversa, ya que estas unidades pueden leer y grabar casi todos los formatos. Por otro lado, y en desventaja comparativa con los CD-R, las unidades CD-RW sólo pueden grabar a una transferencia de 2x, limitación ésta establecida por el "orange book" que define cómo debe ser el estándar CD-RW. De todos modos esta baja tasa de transferencia (de 300 KB por segundo) ha sido ampliamente rebasada hace años con perfectas garantías de compatibilidad de lectura por otras unidades.

8.7. ESTRUCTURA INTERNA DE LAS UNIDADES

Sería presuntuoso intentar recoger en pocas líneas cómo están constituidas internamente y cómo funcionan las diferentes unidades de CD en sus distintos formatos. Cada fabricante y modelo, tiene particulares que le distinguen de los demás.

No obstante, suele haber líneas de trabajo comunes. Los elementos de base suelen ser los mismos en los CD, CD-R, CD-RW... Haciendo esta observación, dediquemos el texto a aquellos aspectos característicos de las unidades de CD de la forma más genérica posible.

8.7.1. La cabeza lectora y su movimiento

El concepto de cabeza en los discos compactos difiere con respecto a los discos duros y disqueteras aunque, en algunos aspectos mecánicos, se mantiene una cierta similitud. El movimiento de la lente se realiza a través de un carril que recorre el CD de manera radial, como si de una disquetera se tratase. Este movimiento es gobernado por un servomotor que, a su vez, se gestiona desde un microcontrolador. Ésta es la única forma de tener precisión en los movimientos de la cabeza.

8.7.2. El motor de rotación

Una de las diferencias más notables entre las unidades de CD y otras de almacenamiento magnético hace referencia al motor de rotación. La problemática planteada en otros dispositivos es la variación de velocidad en las diferentes zonas del disco. Puesto que en discos duros y unidades de disquete la velocidad angular es constante, es la velocidad lineal la que varía según el punto del disco al que se esté accediendo. A esto se le llama velocidad angular constante o CAV ("Constant Angular Velocity"). En los discos compactos esto cambia. Los motores están diseñados de tal forma que la velocidad se ajusta a la zona del disco a leer, consiguiendo mantener una velocidad lineal constante y, como consecuencia, una velocidad angular variable. Este modo de trabajo se conoce como velocidad lineal constante, CLV o ("Constant Linear Velocity").

El motor, por tanto, está gobernado por un microcontrolador que dependerá de la posición de la cabeza de lectura y se usará la información leída como dato de sincronismo para verificar la correcta velocidad de rotación.

La velocidad lineal constante es una herencia de los discos compactos de audio que gestionan así el compromiso de datos/unidad de longitud atendiendo a que, según la pista a la que se acceda, la longitud de la misma variará y precisará una velocidad angular diferente para obtener la misma velocidad lineal.

Éste es también el motivo por el que no se da como característica en una unidad de CD ROM la velocidad de rotación, sino la tasa de transferencia. Así, un lector básico de 1x (desaparecido hace tiempo pero válido didácticamente de cara al ejemplo), consigue velocidades de rotación comprendidas entre 210 y 539 rpm para mantener la tasa de transferencia de 150 KB/seg. Obviamente, a mayor transferencia, los intervalos de rotación también variarán.

Este sistema de trabajo ha sido una tónica general hasta, aproximadamente, las unidades de 12x. A partir de ese momento surgieron lectores de CD con el sistema CAV, más baratos pero con peores prestaciones. Esto viene motivado por los bruscos cambios de velocidad que se dan a mayores velocidades de rotación.

En sistemas de velocidad angular constante la tasa de transferencia dada por el fabricante ya no es del todo real, puesto que variará según la ubicación de las cabezas en el disco. Normalmente se da como dato la situación de la cabeza en la zona más externa, ya que ahí las pistas son más largas, pero se decrementa el rendimiento según se acerca la lectura al centro del CD.

El sistema de rotación es un dato que raramente proporcionan los fabricantes y que es difícil de averiguar. En la vertiginosa avalancha de nuevas unidades de CD, se encuentran, por lo general, motores de velocidad angular constante y mezclas de los dos sistemas. Cada vez es más raro que un CD trabaje en modo CLV.

Resumiendo:

CLV (Velocidad lineal constante) ⇨ Velocidad angular variable ⇨ Tasa de transferencia constante
CLA (Velocidad lineal variable) ⇨ Velocidad angular constante ⇨ Tasa de transferencia variable

Este curioso sistema de rotación implica una penalización en tiempo derivada, en el caso de los motores CLV del cambio de velocidad. Por otro lado hay otros consumos temporales fruto de la estructura de la unidad, al igual que ocurre con las unidades de disco duro. Dentro de estas últimas estarían el tiempo de búsqueda, de latencia,… Lo mejor será profundizar brevemente en estos conceptos, a saber:

Tiempo de acceso Se trata de un parámetro que da una idea global de efectividad de la unidad con la que se está trabajando. Conceptualmente es el tiempo transcurrido desde que se desea realizar una lectura (se inicia el proceso) hasta que se obtiene el dato (finaliza el proceso). Dicho en otras palabras: es la suma del tiempo de búsqueda, el de cambio de velocidad (sólo para unidades CLV) y el de latencia.

Ahora bien, debe tenerse en cuenta que parte de los tiempos especificados corresponden a acciones que se pueden desarrollar en paralelo (tal puede ser el caso de un cambio de velocidad mientras se desplaza la cabeza), por lo que el cálculo suele ser más complejo. Cada fabricante realiza pruebas de un modo diferente, por lo que no es fiable en su totalidad el dato del tiempo de acceso. Sí es un factor, cuando menos orientativo, el parámetro conocido como "X". Este parámetro incrementa la velocidad de rotación lo que, de forma directa, hace bajar el tiempo de latencia y, aunque no tiene una repercusión sobre el tiempo de búsqueda, lo cierto es que con los incrementos "X" de tecnología se optimizan otros parámetros colaterales.

De forma orientativa, las primeras unidades 1x usaban 300 mseg como tiempo medio de acceso. Las unidades actuales están por debajo de los 100 mseg.

Tiempo de cambio de velocidad

Gran parte de los discos compactos actuales usan el llamado CLV o velocidad lineal constante. Esto implica que la velocidad angular varía según la pista a la que se esté accediendo. Este modo de trabajo representa ventajas en un sentido pero inconvenientes en otro. Dentro de los inconvenientes habría que destacar el tiempo consumido por estos cambios de velocidad.

Dadas las elevadas velocidades de rotación actuales, las unidades se ven obligadas a realizar bruscos cambios que consumen un tiempo de aceleración/deceleración además del tiempo preciso para estabilizar la velocidad. Esto afecta a otros procesos: imagínese el caso de una cabeza que accede a una posición determinada del disco mientras se produce un cambio de velocidad. Aunque la cabeza tenga una magnífica respuesta y se sitúe en su posición en un tiempo récord, puede verse afectada por el cambio de velocidad teniendo que esperar a que ésta sea la correcta.

Las unidades más modernas tienden a una velocidad angular constante CAV que evita este tipo de problemas, pero que tiene otras desventajas. En estas unidades donde la velocidad angular es constante, la transferencia varía de forma importante, ya que los datos aportados suelen ser valores máximos obtenidos en el borde exterior del disco. Así, un CD 24x conseguirá estos valores en las pistas externas, llegando a reducirse hasta 12x a medida que las cabezas se acercan al centro del disco.

¿CD ROM 100x? Cuidado con las apariencias. Existen en el mercado unos discos compactos denominados así: 100x. Obviamente este dato no responde al ratio de transferencia real (que sería 100 x 150 KB/seg = 15.000 KB/seg = ¡14,6 MB/seg!). Estos dispositivos usan el espacio disponible en disco como búfer o memoria caché del CD, acelerando así el acceso. Ahora bien, esto lo consigue cualquier CD ROM con el programa adecuado así como con el correspondiente espacio libre en disco duro.

No es habitual que los fabricantes indiquen si las unidades de CD ROM son CLV o CAV, pero existe una prueba poco "ortodoxa" para averiguarlo: basta con hacer trabajar el CD ROM y observar si se escuchan cambios bruscos de velocidad. Si el sonido del motor es constante indicando una estabilidad de revoluciones, con bastante seguridad se tratará de una unidad con velocidad angular constante.

Tiempo de búsqueda

Es el mismo concepto que se aplicaba en los discos duros: se entiende por tiempo de búsqueda al intervalo transcurrido mientras se mueven las cabezas de una posición a otra del disco. Obviamente este parámetro variará según la posición de partida y la de final, motivo por el que se aplica una media, resultado de realizar varios movimientos aleatorios. En comparativa con los discos duros, el tiempo de búsqueda en los discos compactos es muy superior, debido fundamentalmente a una menor eficacia en el mecanismo de las cabezas.

Este tiempo de búsqueda se ve afectado por la velocidad de rotación ya que deben guardar coherencia ambos movimientos a fin de no descompensar la unidad.

Latencia El tiempo de latencia es el transcurrido, una vez que la cabeza se encuentra posicionada en la zona a leer, hasta que la información deseada "pasa por debajo". Como se puede comprobar, el concepto también es análogo al de los discos, pero con una salvedad: al no disponer de una velocidad angular constante, la medición de este tiempo varía según la zona del disco a leer. Esto hace que se llegue a un dato bastante poco fiable dado que se debe aplicar la media de la velocidad de giro para extrapolar un tiempo de latencia fiable y, además, se debe tener en cuenta un valor de rotación medio según la posición de las cabezas.

El tiempo de latencia estará íntimamente ligado a la velocidad de rotación, con independencia de que ésta sea constante lineal o angularmente. Esto es debido a que el tiempo consumido en esperar a que un dato "pase" mediante una vuelta completa será inversamente proporcional a la velocidad de rotación.

8.7.3. Mecanismo de carga de las unidades de CD

Por mecanismo de carga se entiende el conjunto de dispositivos mecánicos encargados de introducir el disco CD dentro de la unidad. A este respecto existen variaciones que consiguen los mismos resultados, a saber:

Caddy Es el sistema más antiguo. Consiste en la introducción del CD en una caja especial. Ésta dispone de una lengüeta mecánica que se desplaza al ser introducida dentro de la unidad de CD dejando al descubierto una ventana de lectura. El sistema recuerda vagamente al dispositivo usado por las disqueteras y, por sus características físicas, permite trabajar en vertical. Se podría entender que es, en cierta medida, es el sistema precursor de los cartuchos de CD bajo el prisma de almacenar en una caja la unidad de disco.

Bandeja Es, sin duda, el sistema más utilizado. Se trata de una pequeña bandeja de plástico que se gestiona mediante la pulsación de un botón serigrafiado como Expulsión ("Eject"). Al pulsar dicho botón, se consigue extraer la bandeja y, si se vuelve a pulsar, la bandeja retorna a su posición original dentro de la unidad. El mecanismo de introducción también se consigue presionando la propia bandeja hacia el interior, activando de esta forma un mecanismo realimentado. El problema de las bandejas es su fragilidad. Deben manejarse con cuidado y asegurarse antes de la introducción del disco de que éste se encuentra correctamente asentado en la bandeja; en caso contrario se puede dañar tanto el CD como la unidad. Algunas bandejas disponen de cuatro lengüetas móviles que permiten la fijación del disco a la unidad, habilitando de esta forma el trabajo en vertical.

Existió una variación a la bandeja convencional consistente en una bandeja flotante implementada por Creative. Este sistema, si bien asegura la estabilidad de la unidad, ha demostrado ser poco eficiente en sistemas de audio dada su fragilidad y hasta la propia Creative dejó pronto de implementarlo.

Otra modalidad es un tipo de bandeja que carece de un mecanismo motorizado de tracción de la bandeja y que incorpora la lente. Habitualmente empleado en portátiles también se deja ver en PCs domésticos. Como ventaja aporta la posibilidad de limpiar la lente del CD sin necesidad de desmontar la unidad, aunque resulta bastante más frágil que el sistema convencional.

Slot In Éste es el nombre que recibe otro sistema de inserción de disco. Habitualmente usado por la marca PIONEER, no habilita ningún dispositivo mecánico externo, sino que la introducción se realiza mediante la inserción del CD dentro de la ranura de la unidad. Al pulsar el botón de expulsión, la unidad de CD ROM devuelve el disquete al exterior, donde el usuario puede retirarlo. La ventaja que aporta este sistema es la aceptación de discos en vertical.

Cargadores Aunque poco frecuentes, existen “cargadores de discos compactos”. Se trata de periféricos que admiten más de un disco (lo habitual es entre 2 y 6) para realizar operaciones que requieren gran cantidad de datos o, simplemente, por comodidad hacia el usuario. Aunque esto es algo habitual en el entorno de aplicaciones musicales, en la informática no acaba de afianzarse en el mercado. Hay que matizar que estas unidades disponen de una única óptica y es un dispositivo mecánico el que permite el acceso a un disco u otro.

8.7.4. El frontal del CD

La parte externa de la unidad de CD deja al descubierto una serie de elementos más o menos estándar. Aunque suelen venir serigrafiados con símbolos bastante intuitivos, detallaremos cada uno de ellos:

Salida de Auriculares Se trata de una salida conocida como "jack" de 3,5 mm estéreo. Su función es la de dar señal a unos auriculares. Esta señal ha sido previamente tratada dentro de la unidad, realizando la conversión digital analógica y, posteriormente, amplificada. La calidad de la señal es buena aunque hay que entenderla como salida de un previo para ser posteriormente introducida en un amplificador o etapa de potencia. De cualquier manera es válida para la función para la que ha sido diseñada.

Control de Volumen Dicho control es un potenciómetro que gradúa la potencia de salida de los auriculares. Es importante destacar que este control sólo actúa sobre esta salida y no tiene control alguno sobre la salida de la tarjeta de sonido.

"LED" Ocupado Este LED[56] es un indicativo luminoso que indica cuándo está en funcionamiento el CD. Su misión es la misma que los indicativos de una disquetera o un disco duro. Es habitual que parpadee si las operaciones son frecuentes.

Botón de "Eject" Permite la expulsión del CD de la unidad, independientemente de cuál sea el formato del mismo ("slot in", "caddy" o bandeja). Este botón, en el caso de las bandejas, también permite la inserción del CD en la unidad, operación esta última que se puede realizar en cualquiera de los formatos presionando el disco hacia la abertura del CD.

Avance y Retroceso Estas dos teclas permiten acceder a la pista anterior o a la posterior, que, a efectos prácticos, implican el inicio de la canción actual y la canción posterior. No se implementa en todas las unidades.

"Play" El botón de *"Play"* o reproducción pone en marcha el CD en forma de reproducción de audio. Si se vuelve a pulsar, detiene el proceso.

Todas estas teclas suelen ser independientes del software aunque éste suele tener prioridad sobre la pulsación, llegando a ser operativas simplemente con la

56 *LED* son las siglas de "Light Emitting Diode" o, lo que es lo mismo, Diodo Emisor de Luz. Se trata de un semiconductor que se ilumina cuando es atravesado por una corriente eléctrica bajo una polarización concreta (de ahí lo de diodo). Su misión es la de actuar como indicativo luminoso y su ventaja, frente a las bombillas convencionales, es que nunca se funde al carecer de filamentos (realmente lo que ocurre es que se desprenden fotones al pasar los electrones de un orbital a otro).

alimentación de la unidad. Puede, por tanto, darse el caso de pulsar una tecla y que el dispositivo no responda debido a que un programa tiene el control sobre la unidad.

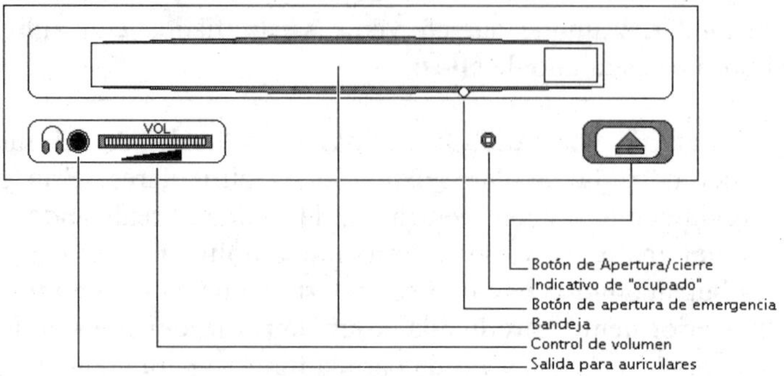

Figura 8–6 Frontal de un lector de CD ROM

La siguiente tabla muestra los indicativos habituales de una unidad:

Play	Avance	Retroceso	Auriculares	Volumen	Expulsión

Tabla 8–2 Botones comunes de un CD

La mayor parte de modelos de CD disponen de un orificio en su frontal. La misión es la de expulsar discos que se encuentren bloqueados mediante la inserción de un destornillador fino en dicho orificio. Basta con una pequeña presión para que la unidad se desbloquee mecánicamente y deje libre el disco.

8.8. EVOLUCIÓN DE LOS DISCOS

Desde los primeros CD de audio digital hasta el vídeo disco interactivo o los DVD, la tecnología de las unidades ha evolucionado de forma considerable. De la misma forma, los soportes físicos de datos –los discos– han debido adaptarse a los nuevos requerimientos. En algunos casos, los cambios han sido físicos, precisando cambiar estructuras internas y modos de trabajo. Tal podría ser el caso de los discos compactos convencionales frente a los CD-R o los CD-RW. En otros casos ha bastado con adoptar otras normativas que han guiado el modo en que se debía trabajar, dejando el formato físico intacto.

En los puntos siguientes se puede observar una panorámica general de los diferentes tipos y formatos de discos que responden a los distintos requerimientos.

8.8.1. CD ROM de audio digital

Aunque este libro contempla los discos de CD como un elemento microinformático más, no hay que olvidar que su primer uso fue para almacenar música aunque, eso sí, bajo un formato digital. Probablemente desde que Thomas Edison creó en 1877 su primer tocadiscos[57], los dos grandes hitos en cuanto a almacenamiento musical se refiere han estado muy relacionados con su posterior uso informático: el almacenamiento magnético (cintas de casete, cintas DAT,...) y el óptico (CD-DA). Las cintas han tenido mucha utilidad en el mundo informático desde su utilización como streamers hasta los modernos dispositivos de control de cinta de precisión. Es más: el almacenamiento magnético no se quedó ahí, sino que evolucionó hacia otros soportes y tanto es así que, como el lector conoce por el capítulo anterior, los discos duros de los PCs usan un sistema de almacenamiento magnético.

Aunque hoy se trata de un aparato doméstico más, la aparición de los discos compactos de audio fue toda una revolución. Su pequeño tamaño, duración, calidad... consiguieron que pronto se implantase como un estándar en las cadenas de sonido desplazando, en cierta medida, al ya anciano giradiscos. Por otro lado, éste fue el primer producto pionero en lo que posteriormente sería toda la tecnología óptica aplicada al mundo del PC.

Tanto los CD DA (Compact Disk Digital Audio) como los posteriores formatos de CD fueron definidos bajo unas normas que debían seguirse en su fabricación. Estas normas fueron dictadas por diversos fabricantes, aunque el mayor peso de la estandarización lo llevó Philips y, en segundo lugar, Sony.

Como ya se adelantaba en este mismo capítulo, los libros que recogen esta normativa se definen por su color: libro rojo, libro amarillo…; aunque resulta habitual designarles por su nombre en inglés ("red book", "yellow book"...). Este hábito se ha universalizado siendo el modo universal de denominar los diferentes estándares en este sector.

El caso del CD de audio digital viene recogido en el "red book" desarrollado exclusivamente por Philips y Sony en 1980.

Lo cierto es que el modo de trabajo no difiere en mucho del de un CD de datos con ciertas salvedades. Consiste en realizar una conversión analógico-digital para llevar el audio a formato digital y poder grabarlo en un CD y, posteriormente, realizar una conversión digital-analógica para convertir dicha información en señales audibles (proceso éste detallado ampliamente al inicio de este capítulo).

---

[57] Realmente se trató de un "fonógrafo" que almacenaba información analógica en un cilindro recubierto con estaño. Éste era arañado por una aguja sujeta por un diafragma que, mediante un proceso mecánico, recogía las vibraciones del sonido… ¡Nacimientos incontrolados del Hardware!

La calidad del dispositivo estará, por tanto, en relación directa con la calidad del conversor analógico-digital-analógico que, a su vez, dependerá del número de "muestras" que sea capaz de tomar por unidad de tiempo. Dicho de otro modo: cuantas más veces por segundo "observe" las variaciones de la señal analógica el sistema y las convierta en información digital, más datos tendrá del audio que, en definitiva, se manifiesta como mayor calidad. Este proceso es el que realizan los "samplers". El CD de audio usa una frecuencia de muestreo de 44,1 KHz aunque, realmente, usan 22 KHz para formar cada canal estéreo. No debe confundirse esta frecuencia (ni guarda relación alguna) con el rango de frecuencias apreciable por el oído humano que está entre los 20Hz y los 20 KHz aproximadamente.

> ***Hay quien afirma que en la copia de CDs se pierde calidad de audio. Nada más lejos de la realidad: la copia es una réplica exacta de datos digitales que posteriormente el reproductor transformará en señales analógicas. En definitiva, una copia es exactamente igual al original.***

Por otro lado, se usarán 2 bytes para recoger cada muestra por canal, generando así un rango de valores de $2^{16} = 65.536$ por muestra. Como se observa, a poco que se multipliquen los valores proporcionados, el volumen de información es importante, pero ésta es la ventaja del CD: su gran capacidad de almacenamiento. Este mismo sistema sería impensable en otro medio físico diferente ya que el CD proporciona características impensables para un medio de almacenamiento magnético (opción tradicional dentro de la microinformática).

> ***Dada la facilidad de réplica de los CDs de audio, la industria discográfica se ha visto seriamente amenazada. En esta línea, Sony dispone de un modelo de CD que distorsiona el audio y le impide ser reproducido en PCs mediante una aplicación de Macrovisión. Este sistema lo puso en marcha por primera vez en el año 2001 como el disco "Rock your World" de Michael Jackson. La solución propuesta por la SGAE española (Sociedad General de Autores) ha sido la de gravar con impuestos a los fabricantes de CDR. Alguien apuntaba en su día que, durante la "Ley seca" de EE.UU., a nadie se le ocurrió perseguir a los fabricantes de botellas que contenían el alcohol, sino aquellos que se dedicaban a su contrabando, ¿por qué entonces perseguir a los fabricantes del producto que contiene los datos en lugar de atacar al problema real (la piratería)? Sin duda, un símil para reflexionar...***

8.8.2. CD ROM digital

Existe una normalización específica de cómo se deben realizar los procesos de grabación de datos en una unidad de CD ROM. Esta norma, desarrollada por Philips y Sony, data de 1983 y está recogida en el conocido "yellow book", aunque su base proviene de las especificaciones del CD digital para audio recogidas en el "red book".

Lo cierto es que las especificaciones, en algunos aspectos, pueden resultar ambiguas y esto dio pie a que diferentes fabricantes diseñasen diferentes modelos incompatibles entre sí. Ante tal desorganización, era preciso crear un sistema unificado y así apareció el denominado formato "High Sierra" que posteriormente se estandarizó bajo las normas ISO 9660. Este formato recibe su curioso nombre por el nombre del hotel donde se reunieron los fabricantes que definieron las especificaciones: el "High Sierra Hotel and Casino", del lago Tahoe.

Este formato dispone de dos variaciones llamadas Modo 1 y Modo 2. El Modo 1 destina 304 bytes de los 2.352 que componen cada bloque de datos a sistemas de detección y corrección de errores, mientras que el Modo 2 aprovecha toda la capacidad para datos, omitiendo el sistema de corrección y funcionando, en parte, como los discos compactos de audio con un sistema de interpolación (visto en este capítulo). Por supuesto el Modo 2 ofrece menos fiabilidad, pero para algunas aplicaciones específicas se valora más la capacidad que la integridad de información. En cualquiera de los dos modos, se maneja una transferencia de 75 bloques por segundo en los discos compactos estándar de 74 minutos de duración que define dos aspectos importantes: la capacidad y la tasa de transferencia. Así[58]:

75 Bloques segundo x Capacidad de Bloque x 74 minutos x 60 segundos =
75 x 2.048 x 74 x 60 = 681.984.000 bytes = 650,390625 MB ≈ 650 MB

El ejemplo es análogo si el CD fuera de 80 minutos (formato que predomina en la actualidad):

75 Bloques segundo x Capacidad de Bloque x 80 minutos x 60 segundos =
75 x 2.048 x 80 x 60 = 737.280.000 bytes = 703,125 MB ≈ 700 MB

obteniendo de este modo las dos capacidades estándar de un CD actual. Para obtener la transferencia, el proceso es análogo sabiendo que se manejan 75 bloques por segundo:

Transferencia = Nº Bloques segundo x Capacidad de bloque =
75 x 2.048 = 153.600 bytes/s = 150KB/s

Velocidad	1x	2x	3x	4x	5x	6x	8x	10x	12x	16x	20x		*N*x
Transferencia (KB/seg)	150	300	450	600	750	900	1.200	1.500	1.800	2.400	3.000	...	*N*·150

Tabla 8–3 Transferencia en CDs

Como se puede observar, la velocidad de transferencia de un dispositivo será siempre el factor multiplicador característico del CD ROM por la velocidad base de

[58] Obsérvese que como *Capacidad de Bloque* se han tomado en ambos casos 2.048 bytes en lugar de los 2.352 que lo componen. El motivo es que se descuentan 304 bytes que son los que se usan para corrección de errores y que, propiamente dicho, no son datos útiles.

referencia (150 KB). Así, un CD ROM de 50x, tendrá una velocidad de transferencia de 50 x 150 KB/seg = 7.500 KB/seg aunque, como ya se ha comentado, esta tasa será real en la medida en que se disponga de un CD ROM con velocidad lineal constante, como ya se ha explicado.

8.8.3. CD ROM XA (eXtended Architecture)

El conocido como CD ROM XA es una extensión del CD de datos, recogido en las especificaciones del "yellow book" y desarrollado por Philips, Sony y, como invitado de excepción, Microsoft.

La novedad del CD ROM XA es la posibilidad de admitir todos los modos y formatos del CD estándar admitiendo todo tipo de datos. Así se podrá almacenar audio, vídeo, gráficos, formatos comprimidos (tanto de vídeo como de audio), en definitiva, una solución para todo tipo de almacenamiento.

La capacidad de poder mezclar diferentes tipos de información como hace el CD ROM XA es conocida con el nombre de "Interleaving", que nada tiene que ver con el "interleave" realizado en memoria o discos duros.

8.8.4. CD interactivo

El CD I fue un proyecto ambicioso diseñado por Philips y Sony en 1986 pero que, por diferentes motivos, no alcanzó la cota de mercado esperada. El CD Interactivo o CD-I fue un nuevo concepto de multimedia que requirió de hardware específico y que era capaz de soportar textos, gráficos (hasta 6.000), vídeo, sonido (72 minutos de audio digital estéreo o 19 horas de conversación mono), programas... todo a través de una pantalla de TV.

Se trata de una mezcolanza del formato estándar de CD (ISO 9660) y del CD-XA (CD Extended Architecture) además de unas innovaciones propias. Estas unidades disponen de su propio formato de disco conocido como "bridge" CD ROM, medio compartido con las unidades de Foto CD explicadas en este capítulo.

Si bien la idea resultaba original, lo cierto es que fue un solemne fracaso de ventas ya que este sistema se quedaba escaso para el tratamiento informático y sobrado para el manejo doméstico de vídeo. De cualquier modo su atractiva imagen (algunas marcas lo comercializaban con un aparato de TV y un ratón) vaticinaba esa fusión en la que poco a poco nos vemos inmersos entre la tecnología de un nuevo soporte multimedia y la cotidianidad de un tradicional televisor.

8.8.5. Vídeo CD

Se trata de un soporte especial para almacenamiento de vídeo a través del protocolo de compresión MPEG. Mediante este sistema, es posible almacenar 74 u 80 minutos de vídeo. Este sistema recibe el nombre de Vídeo CD o, simplemente, VCD.

Esta aplicación no ha sido demasiado bien aceptada en los mercados europeos y americanos y, probablemente, ya no lo sea ante la aparición de nuevos dispositivos como el DVD (explicado en esta sección). La reproducción de vídeo a través de VCD pierde calidad precisamente debido al algoritmo de compresión que le hace útil: el MPEG. De hecho, un vídeo doméstico ofrece, generalmente, mejor calidad visual a un menor coste, al menos, en cuanto a películas se refiere.

Existe una confusión entre los VCD y los CD-V, otro tipo de formato este último que, si bien sirve para almacenar vídeo, sólo soporta unos pocos minutos.

8.8.6. Foto CD

El Foto CD (o "Photo CD") es una aplicación más de la tecnología digital con un soporte óptico. La finalidad es la de almacenar fotografías en un CD con las ventajas que esto conlleva: las fotografías jamás pierden calidad, se pueden almacenar miles en un solo disco, la reproducción es sencilla y todo el proceso en sí es barato.

La idea consiste en realizar las fotografías de manera convencional pero, una vez reveladas, se escanean convirtiéndolas en ficheros, codificados al formato Foto CD. Por último, son grabados en una unidad de CD de manera similar a como cualquier CD-R hace. Por supuesto, la multisesión (modo de grabación diferido en el tiempo explicado en este mismo capítulo) es algo importante aquí, ya que permitirá añadir en el futuro más fotografías al "álbum" sin necesidad de utilizar nuevos discos. También pueden ser almacenadas en "bridge" CD para su posterior reproducción a través de un CD-I. Este sistema fue desarrollado por Philips y Kodak a principio de los años noventa.

Existen cámaras que ya realizan la captura de datos en formato digital, sin necesidad, por tanto, de realizar el proceso de revelado y escaneado, aumentando aún más la calidad del resultado final.

8.8.7. Resumiendo…

Todo lo expuesto con referencia a las diferentes normativas recogidas en los populares libros de estándares, así como los distintos formatos generados pueden resumirse en el esquema de la página siguiente.

Red Book → Yellow Book
- CDROM (Modo 1)
- CDROM (Modo 2)
  - CDROM XA
    - • Formato 1 (Usado para datos)
    - • Formato 2 (Usado para audio/vídeo)
  - Green Book
    - • Formato 1
      - • White Book (PhotoCD y VídeoCD)
    - • Formato 2

Figura 8–7 Resumen de Normas

De cualquier modo, esta tabla deberá ser tenida en cuenta como una información cambiante ya que, sin duda, el futuro deparará nuevos soportes que precisarán de sus correspondientes normalizaciones.

8.8.8. DVD

El DVD ("Digital Versatile/Video Disk") es probablemente el soporte del futuro (aunque hablar de futuro en Microinformática se limita a meses o pocos años como mucho). Diseñado por Philips, Sony y Toshiba, se trata de un medio, similar en su aspecto a un CD ROM convencional pero con muchas más prestaciones. Con hasta 17 GB de capacidad, elimina el problema de almacenamiento que, en muchas aplicaciones, se ha quedado pequeño en el CD ROM. Soporta, por supuesto, vídeo digital y cualquier tipo de información que tenga que ver con el entorno digital. No en balde, la industria cinematográfica ha elegido este formato para soportar sus películas desplazando a la popular cinta de vídeo en formato VHS ya que en el formato más básico de DVD, es capaz de almacenar un film de hasta 135 minutos con un incremento notorio en cuanto a calidad y prestaciones se refiere.

El concepto conocido como "Home Cinema" hace referencia a la posibilidad de instalar a nivel doméstico un reproductor de DVD con un sistema de audio adecuado. Este audio suele consistir en el Dolby Digital, sucesor del Dolby Pro-Logic que a su vez lo era del Dolby Surround.

El DVD consigue este aumento de capacidad en la misma unidad de superficie gracias a varias mejoras. Entre ellas caben destacar tres:

- Menor distancia entre pits, es decir, los datos se escriben "más seguidos" a fin de aumentar la densidad lineal de información.

- Menor distancia entre las pistas. Aunque el DVD sigue estando formado por una espiral, se ha conseguido que ésta sea más cerrada de modo que, en comparación con un CD, se incluyen dos vueltas más por pulgada radial.

- Uso de un láser con menor longitud de onda que el convencional. Este haz es más fino y preciso, siendo el apropiado para trabajar con mayor precisión.

> ***Un modo de reconocer rápidamente la unidad por el tipo de láser es en función del color del mismo: si el láser es de color rojo se trata de un CD ROM mientras que, si es de color azul, será un DVD. De cualquier manera, no debe olvidarse que no es recomendable mirar el láser ya que puede provocar serios problemas visuales. Esta orientación se aporta exclusivamente como dato de carácter didáctico.***

Como se observa, se trata de un mejor aprovechamiento del sustrato mediante un ajuste del mismo, lo que permite disponer de 4,7 GB de capacidad inicial, pero no acaban aquí las mejoras. Otras modificaciones van encaminadas a aumentar la capacidad mediante la aplicación de técnicas nuevas una vez que se han optimizado las conocidas. Esto se plasma con la doble capa y la doble cara.

La doble capa consiste en utilizar el mismo soporte físico con dos niveles de profundidad donde el primero es semitransparente. Dependiendo de la potencia que se aplique al láser, ésta se reflejará en esta primera capa o la superará incidiendo sobre el segundo nivel descrito y que, por supuesto, tiene su propia capa reflectora. Es habitual que este tipo de DVD ofrezca 4,7 GB en una capa y 3,8 GB en la otra, obteniendo un resultado total de 8,5 GB.

El concepto de la doble cara es más sencillo: se usa el mismo soporte físico útil por las dos caras. Esto permite duplicar la capacidad que, en el caso de tratarse de una doble capa iría hasta 8,5 GB x 2 capas = 17 GB. El cambio de cara debe realizarse manualmente por el usuario lo que recuerda épocas pasadas en las que los discos flexibles precisaban de la misma intervención (salvando las distancias, prestaciones ¡y los años!).

Todas las capacidades expuestas (en definitiva, las diferentes combinaciones posibles entre capas y caras) están regidas por sus formatos oportunos y estándares, que se recogen en la siguiente tabla resumen:

DVD	CAPAS	CARAS	TAMAÑO (GB)	
DVD 5	1	1	1ªcapa · 1 caras = 4,7 · 1	4,7
DVD 9	2	1	1ªcapa + 2ªcapa = 4,7 + 3,8	8,5
DVD 10	1	2	1ªcapa · 2 caras = 4,7 · 2	9,4
DVD 17	2	2	(1ªcapa + 2ªcapa)·2 caras = (4,7 + 3,8)· 2	17

Tabla 8–4 Formatos de DVD

Aunque hay una ausencia de normativa clara de estándares, poco a poco se va perfilando el futuro del DVD en los formatos más demandados por el mercado. En este sentido dos son las variantes de DVD actuales: los DVD ROM y los DVD RAM. La novedad que presentan estos últimos frente a los convencionales es que permiten la reescritura. Esto va en detrimento de su capacidad que se sitúa en 2,6 GB frente a los 4,7 GB de los DVD ROM convencionales.

La aplicación que se está dando actualmente al DVD es, principalmente, la de soporte de vídeo, y la aparición del DVD RAM, hace que se prevea la desaparición de los vídeos convencionales en poco tiempo. De hecho, la domótica en general se puede ver afectada, ya que este soporte será (y es) capaz de reproducir y grabar vídeo y audio, por lo que gran parte de la electrónica de ocio de la que disponemos en nuestras casas pasará, necesariamente, a un segundo plano.

En el caso de su aplicación como reproductor de vídeo, se incorpora una novedad de cara a proteger los intereses de los derechos de autor y de las casas cinematográficas: el código de zona. El código de zona es un identificativo que el reproductor de DVD lleva implementado en su propia electrónica y que lo identifica con la zona geográfica en la que ha sido vendido. Esto debe dejar clara una primera advertencia: no comprar reproductores de DVD fuera de la zona establecida por el propio DVD ya que, si bien se puede alterar la citada zona, los problemas "colaterales" que empiezan por el mismo idioma del software quizás no compensen el ahorro.

La finalidad de este código es delimitar los mercados entre países y, así, una película adquirida en Estados Unidos no podrá ser reproducida (en principio) en Europa. De este modo se ponen trabas a la facilidad que los sistemas de almacenamiento óptico tienen para su duplicidad. De cualquier modo, todos los lectores admiten el cambio de código por software un número concreto de veces (habitualmente 5) para corregir posibles errores que el usuario pudiera cometer. Los códigos habilitados y las zonas geográficas asociadas son las siguientes:

CÓDIGO	ZONA
1	Estados Unidos y Canadá
2	Europa Occidental, Sudáfrica y Japón
3	Sureste Asiático
4	Sudamérica y Australia
5	Europa Oriental, Rusia y África
6	China

Tabla 8–5 Códigos de Zona de DVD

Como se puede comprobar, España estaría en el código de zona 2. Existe un séptimo código que sería la no habilitación del mismo, es decir, el reconocimiento universal. Esta validez no está aceptada pero, potencialmente, es factible de ser fabricada. Esto desplaza el problema de un entorno técnico a otro legal en el que este libro poco tiene que aportar.

Todo parece indicar que el DVD está sufriendo el mismo proceso que ocurrió con el CD ROM. Será cuestión de esperar a que se estabilice en su fase de ajuste de precios en función de la demanda para ver todo de lo que es capaz de aportar este nuevo soporte. Las cifras dejaron en el pasado indicadores de su implatanción: sólo en el año 2000 se vendieron 5.000.000 de reproductores de DVD, esto es, el aparato con mayor éxito de ventas de la historia.

Algunas muestras de su afianzamiento en las configuraciones comunes de los PCs es su inclusión en ordenadores portátiles. Debe tenerse en cuenta que si bien su transferencia en lectura de DVD se encuentra bastante por debajo de cómo lo haría una unidad de CD, la lectura de discos CD ROM alcanza cotas por encima de 48x.

En la actualidad existen dispositivos que encierran las prestaciones de DVD, CD-RW y CD en una única unidad. Si bien se aglutinan funciones y se ahorra espacio, una avería ocasionará la pérdida de varias funciones… ¡cuestión de gustos!

8.9. LA MULTISESIÓN Y LA SESIÓN SIMPLE

La multisesión es la capacidad de algunas unidades para poder realizar grabaciones diferidas en el tiempo. Esto permite grabar una zona de una unidad y, posteriormente otras, sin necesidad de que el ciclo se complete de una sola vez. Si bien es cierto que cada sesión de grabación tiene una penalización de capacidad de en torno a unos 40 KB, la posibilidad de hacer grabaciones diferidas posibilita la aplicación de utilidades que antes no eran posibles así como el mejor aprovechamiento del disco.

El proceso seguido es la réplica sucesiva de elementos de grabación, es decir: de forma habitual un CD está formado lógicamente por una zona llamada *lead in* en la que se encuentra el TOC o "Table of Contents" (Tabla de contenidos) que hace las veces de sistema de archivos en una unidad de CD, a la que siguen los datos. Una vez finalizados éstos llega una zona *lead out* que indica el final de los mismos. En los CDR cada sesión está formada por el conjunto *lead in*-datos-*lead out*.

Este tipo de grabación es habitual en copias de seguridad progresivas y en Foto CD, donde permite la adición al mismo soporte de fotografías según se van realizando.

Aunque esta posibilidad no ha sido tenida muy en cuenta, a partir de la aparición de las unidades CD-RW ha vuelto a tenerse en consideración, ya que los discos generados con CD-RW sólo pueden ser leídos por unidades que soporten la multisesión, dado que es preciso "buscar" la FAT en registros que no son los habituales. En el caso de las unidades antiguas de CD ROM, sólo serán capaces de leer, en el mejor de los casos, la primera sesión.

8.10. CONEXIÓN FÍSICA DE LAS UNIDADES DE CD

Existe una gran similitud entre la conexión de unidades de CD y unidades de disco duro. Fundamentalmente hay tres variaciones de interfaces en función de la tecnología de la unidad: IDE, SCSI y buses propietarios.

Los dispositivos IDE son habituales en unidades lectoras de CD dado su bajo precio, mientras que los dispositivos SCSI se reservan casi en exclusividad para unidades CD-R y CD-RW de gran calidad con el fin de asegurar el flujo continuo de datos. No obstante, de un tiempo a esta parte también las grabadoras y regrabadoras se comercializan en gran medida con interfaz IDE.

Como se comentaba al inicio, en poco difieren las unidades de CD de los discos duros, ya que se pueden tratar de igual forma al menos, en cuanto a conexión se refiere. Para las unidades IDE, la única precaución será establecer si se trabajará en modo *"master"*, *"slave"* o *"cable select"*, mientras que con los dispositivos SCSI habrá que asignar un número único dentro de la red de dispositivos. Se recomienda al lector que revise el apartado dedicado a discos duros en este sentido.

El tercer modo es el que sí difiere de forma significativa: los buses propietarios. Realmente se trata de un cajón de sastre donde tienen cabida todas aquellas interfaces que no se corresponden con un estándar. Este sistema fue habitual con las primeras unidades 1x y 2x donde se facilitaba una controladora con la unidad para poder conectar con el PC. Dicha controladora solía ir insertada en una ranura ISA de 8 bits.

Aunque este modo ha desaparecido por completo, aún se usan buses propietarios suministrados por algunas tarjetas de sonido, por ejemplo, Sound Blaster de Creative Labs. Estas interfaces sólo son válidas para marcas y modelos concretos de unidades de CD. Dentro de las unidades de CD, las más habituales han correspondido a los fabricantes Creative-MKE-Panasonic, Sony y Mitsumi. El problema que presentan este tipo de unidades es que, para que sea reconocida la unidad de CD, previamente habrá de serlo la controladora (o tarjeta de sonido) que los soporta y esto, a veces, es problemático máxime si no se trabaja con un sistema operativo Plug & Play. No obstante, estos casos suelen ser los menos y resultan mucho más habituales los dos primeros casos de conexión descritos.

En la medida de lo posible, se recomienda evitar los dispositivos que usen buses propietarios, y no sólo en las unidades de CD, sino en cualquier otro dispositivo, ya que, en definitiva, sólo son una alternativa a la incompatibilidad de los formatos establecidos. Si se adquiere un PC con tecnología propia en este campo, habrá que asumir las ventajas y desventajas que esa exclusividad acarrea. No obstante, la mayor parte de los fabricantes intentan adaptarse a los estándares más reconocidos.

8.11. EL ECC Y LA INTERPOLACIÓN EN LOS CDs

Las unidades de CD, al igual que otros soportes físicos de información, no están exentas de errores. Fallos en el proceso de grabación o en el de lectura deben estar, en la medida de lo posible, previstos para intentar que su trascendencia sea mínima. Considerando la trascendencia de los posibles fallos, se diferencia claramente entre los sistemas diseñados para discos compactos de audio y los de datos.

Los discos compactos que van a contener datos llevan un estricto control de errores. No difieren en absoluto de los usados habitualmente para discos duros (a cuyo proceso se remite al lector). De hecho, un porcentaje importante de la capacidad total del CD –exactamente un 13,6%– se usa para dichos controles. Información redundante, protocolos de recuperación de datos y otras técnicas son usadas para asegurar la fiabilidad del disco. Debe tenerse en cuenta que el cambio de un simple bit entre millones de ellos, puede provocar que la máquina se "cuelgue" o, lo que es peor, que trabaje aparentemente bien cometiendo errores.

En los CDs destinados a música el proceso cambia de forma radical. Aquí, el cambio de un bit no tiene consecuencias tan nefastas como en el proceso de información. De hecho, la única trascendencia puede ser una alteración del audio que probablemente sea inapreciable. La técnica más usada consiste en la interpolación.

La interpolación, como su nombre indica, "busca" valores intermedios que se puedan ajustar a una secuencia determinada. El contenido de los discos compactos de audio es una cadena de datos numéricos que, por ejemplo, podría corresponder a: 600, 725, 875, 950…

Supóngase el caso de la pérdida, por error de lectura, del tercer valor. El método de interpolación buscará, según la secuencia, el valor medio que se adecue al valor anterior y posterior, es decir, 725 + ((950-725)/2) = 837. Aunque este resultado no sea el valor original, la distorsión originada por el mismo resultará inapreciable al usuario, ya que, en definitiva, sólo representa el cambio de unos pocos bits (los subrayados en la tabla), a saber:

Valor decimal	600	725	875-837	950
Secuencia original	1001011000	1011010101	1101101011	1110110110
Secuencia interpolada	1001011000	1011010101	1101<u>000</u>1<u>0</u>1	1110110110

Tabla 8–6 Método de interpolación

Una aproximación gráfica de lo expuesto correspondería a la figura siguiente:

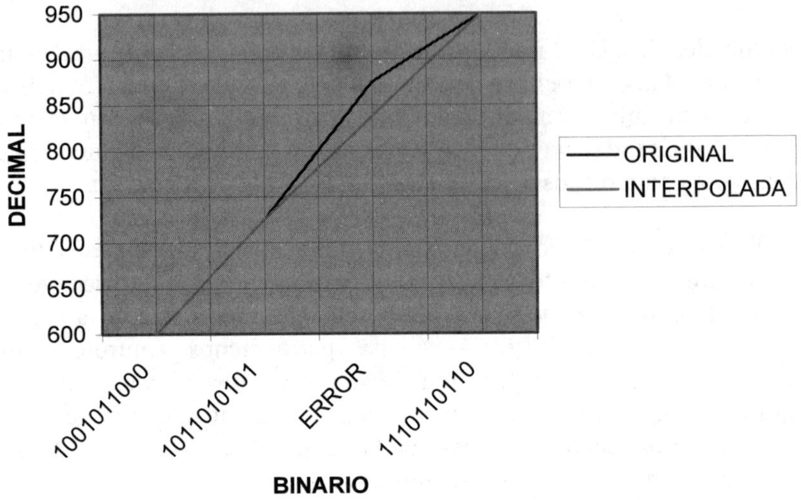

Figura 8–8 Gráfica de la interpolación

El área que se define entre las dos líneas (información original e interpolada) correspondería a la distorsión auditiva, mínima en el tiempo aun en el caso del CD más desfavorable. El gráfico de la figura, al ser una sucesión lineal, quizás no sea el más representativo a la hora de valorar el error pero cumple su misión con fines didácticos.

Téngase como dato curioso la existencia de un hongo del género* Geotrichum *que se alimenta de la parte "brillante" del CD (por supuesto, destruyendo la capa de datos). Aunque este tipo de hongos es típico del Trópico, se han dado algunos casos excepcionales en Alemania. Se polemizó mucho con este tema en su día asemejándolo a un virus informático (ya se sabe, cuando no hay noticias...).

8.12. PRODUCCIÓN DE LOS CDs

De un tiempo a esta parte, el CD se ha convertido en el estándar de almacenamiento para distribución de aplicaciones. Cada vez es más difícil encontrar programas que se distribuyan en disquetes (salvo peticiones específicas) y quedan lejos los tiempos en que la instalación de un sistema operativo implicaba el uso de 13 discos. Por otro lado, las revistas especializadas en el sector han acostumbrado a sus lectores a entregas periódicas de software de libre distribución en formato de CD.

La producción en serie de CDs resulta, por tanto, un punto interesante de análisis, resultando común el proceso a publicaciones musicales o de datos.

Como se indicaba anteriormente, cuando la producción de un CD debe realizarse de forma masiva, hay un proceso concreto a seguir, definido por la etapa del *premastering*, obtención del master, producción y manipulado. Todo ello debe desarrollarse en una *Sala Blanca*, es decir, un habitáculo limpio de partículas de polvo y esterilizado electrónicamente.

El *premastering* es el nombre que se da al proceso de edición y estructuración de la información que confirmará el futuro disco. Esta etapa implica la última comprobación de la información antes de darse por definitiva y debe ser aquí cuando se realicen las pruebas oportunas al audio o a los datos. Aunque puede ser un proceso compartido por varias personas, el premastering debe estar perfectamente coordinado por una persona que conozca el producto y que sea capaz de supervisar el resultado final. Esta maquetación de datos y ajustes de audio generará el soporte previo al *master*.

El master será el soporte que facilitará la creación masiva de unidades de CD. En cierto modo puede recordar este proceso al de las prensas donde, a partir de un relieve, se obtiene la imagen refleja sobre una chapa. Lo que se hace en este caso es incidir con un rayo láser de potencia media sobre una laca que cubre la superficie de un cristal. Este láser realizará perforaciones (realmente cortes denominados "pits") sobre la laca mediante un incremento de potencia en consonancia con la información digital previamente obtenida en la etapa de premastering. De algún modo se está obteniendo la imagen reflejada de los datos originales a través de mínimas incisiones sobre la laca. Dado que la laca no resulta un soporte estable, se recubre con dos baños de dos materiales diferentes: plata y níquel que conformarán el relieve de los pits.

Este master deberá ser cortado –sino lo ha sido antes– al formato en el que se desea obtener el producto (téngase en cuenta que, a demás de las medidas estándar, como ya se comentaba en este capítulo, los CDs pueden ser editados con forma de tarjeta, figuras infantiles,...). El master también es denominado estampador.

La etapa de producción es en la que se obtiene el volumen final de copias. Debe tener un control de calidad exhaustivo para asegurar que el producto resultante es conforme a las especificaciones requeridas. El proceso usado es la replicación, a partir del master original, mediante la fusión del policarbonato. Esto se consigue elevando este compuesto a 300 ºC y estampando los pits del master sobre el futuro disco en una etapa de semirrigidez. El uso de este tipo de compuesto permite una rápida solidificación sin alterar su forma y manteniendo, por tanto, la "impresión" de pits fruto del master.

Hasta este momento, el disco es totalmente transparente a pesar de contar ya con las incisiones oportunas que conformarán los datos. Para su posterior manejo será preciso aplicar una capa reflectante de aluminio que dará ese aspecto brillante multicolor característico de los CDs y, sobre este baño, se aplicará una sustancia acrílica que protegerá al aluminio de agresiones externas (arañazos, oxidación, degradación ambiental,...). En gran medida la duración de la vida útil del CD irá en función de esta capa protectora ya que alargará el período de vida del aluminio antes de que se oxide (tiempo estimado entre 15 y 20 años).

De forma convencional se puede encontrar en el mercado un spray cuya misión es la de proteger los discos compactos, ya sean de datos o audio. Este spray actúa como un baño protector que preserva al disco de agresiones físicas externas.

Ya se dispone del CD listo para ser usado pero, antes de llegar al destinatario final, queda una etapa de manipulación sobre el mismo. Aquí será donde el CD sea impreso según lo requerido por el cliente, embalado en su formato definitivo y ensobrado. En este sentido cada vez hay más tipos de presentación que van desde los clásicos CDs suministrados en cajas hasta el formato de "tarrinas" con un estándar de 25 CDs o el formato extrafino de las nuevos estuches.

8.13. FABRICANTES DESTACADOS

Sony	www.sony.es	Samsung	www.samsung.com
Philips	www.philips.com	Traxdata	www.traxdata.com
Imation	www.imation.com	Verbatim	www.verbatim.com
Creative	www.creative.com	Pioneer	www.pioneerelectronics.com
Hitachi	www.hitachi.com	Panasonic	www.panasonic.com
Philips	www.philips.es	Kenwood	www.kenwood.es
Sanyo	www.sanyo.es		

CAPÍTULO 9

COMUNICACIONES CON EL EXTERIOR

Sería absurdo intentar justificar las bondades del PC. Ahora bien, de poco serviría (o al menos recortaría sensiblemente sus prestaciones) si no se pudiese comunicar con el exterior. La interconexión con diferentes periféricos es lo que hace del PC una herramienta flexible y potente. Este capítulo analiza esas posibilidades de interconexión.

Existe un elemento que, con frecuencia, suele pasar desapercibido a pesar de tener una función importante. Este elemento es la controladora y quizás comenzó su pérdida de protagonismo al ser incluida (implementada) en la propia placa base. Como se detallará en este capítulo, la controladora tiene como misión la de gestionar las comunicaciones con discos duros, unidades de CD, grabadoras, disqueteras y soportes de información en general, además del acceso a puertos.

Esta condición de ser nexo de unión entre el propio ordenador y el mundo exterior hace de éste un elemento vital en el PC y fruto de no pocos problemas. Téngase en cuenta que la simple conexión/desconexión del cable de datos de una impresora al PC estando ambos elementos encendidos, puede provocar un daño irreparable en la controladora.

No obstante, este tipo de problemas es fácilmente detectable y aún más sencillo de solucionar si bien, en la mayor parte de los casos, pasa por la sustitución de la controladora. En las modernas placas base, de unos años a esta parte, la configuración y la gestión de la controladora se realizan desde la BIOS ya que se considera un elemento más de la placa base y no una tarjeta aislada como era en el pasado. Esto conlleva una dependencia de la mother board en cuanto a las prestaciones ofrecidas por la controladora aunque el usuario siempre tiene la opción de anular la tarjeta de origen e insertar en un slot la que mejor se acomode a sus necesidades.

La gestión y configuración de puertos, conexión de discos duros e, incluso, la interconexión de PCs entre sí serán algunos de los temas tratados en este capítulo.

9.1. CONTROLADORAS MULTI I/O

Ya sea como una tarjeta independiente o integrada en la propia placa base (opción más frecuente), la controladora es el módulo encargado de gestionar las comunicaciones entre el PC, dispositivos como discos duros o CD ROM, disqueteras y puertos. Los puertos –tratados en este capítulo– serán los encargados de comunicar el PC con los diferentes periféricos externos.

Aunque aún se puede encontrar este tipo de tarjeta en el mercado, lo habitual es que esté integrada en la placa base. No obstante, su funcionalidad es la misma quedando relegadas las controladoras externas a funciones de ampliación de las capacidades ofrecidas por la placa.

Es importante aclarar posibles confusiones en cuanto a cómo designar una controladora en función de la tecnología empleada. Téngase en cuenta que, por un lado, debe guardar una compatibilidad con el bus que use el PC. De este modo hubo un momento en el que era posible encontrar controladoras ISA, PCI, VLB… si bien en la actualidad sólo se fabrica para formato PCI y tampoco es demasiado usada. Por otro lado, también debe estar en consonancia con el tipo de dispositivo de almacenamiento (disco duro o CD ROM generalmente) al que dé soporte. En este sentido podrá ser IDE, EIDE, SCSI… Lo expuesto sólo tiene sentido en el caso de controladoras independientes, ya que, si están integradas en placa base, sólo se deberá atender al tipo de dispositivo a conectar.

Son muchas las posibilidades que estas tarjetas ofrecen. Así, destacan controladoras que disponían de un microprocesador propio para su gestión de una magnitud suficiente como para manejar un PC de hace unos años: un 80286. Además, incluían bancos para memoria del mismo modo y tipo que un PC de la época aceptaría ¡y hasta su BIOS de las mismas características que la de un PC! En la figura se aprecia una controladora de este tipo donde la memoria corresponde a módulos SIMM de 30 contactos (se pueden apreciar los bancos), un microprocesador 80286 a 20 Mhz de Harris y una BIOS de la compañía Tekram.

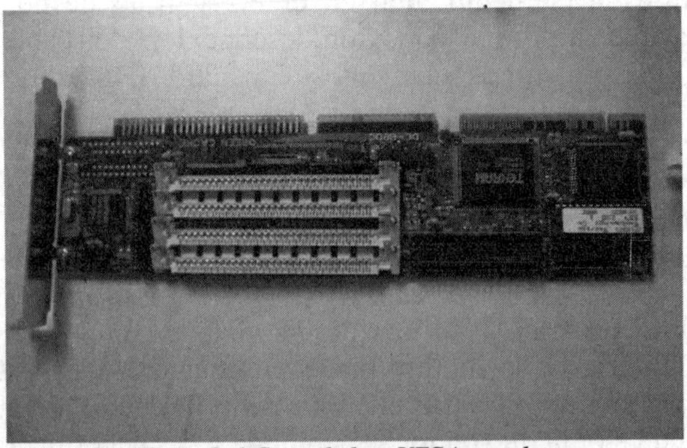

Figura 9–1 Controladora VESA completa

Para poder entender mejor esta tarjeta, vamos a diseccionarla funcionalmente, abordando cada una de las tareas que realiza.

9.2. CONTROL DE DISCOS DUROS Y UNIDADES CD ROM

Como ya se mencionaba, una de las principales características de las controladoras es la de gestionar la comunicación con los discos duros o CDs del PC. En esta línea, puede ser recomendable que el lector acuda al capítulo dedicado a discos duros con el fin de complementar la información. De "cara" a la gestión de estos dispositivos, las controladoras pueden ser MFM, RLL, ESDI, SCSI, IDE o EIDE.

MFM ("Modified Frequency Modulation"). Es la más antigua y muy fácil de reconocer debido a que usa dos conectores (aparte de la alimentación): uno de control con 34 hilos y otro de datos con 20. Esto condicionaba el tipo de disco duro que debía ser de la misma tecnología MFM (debía tener 17 sectores). Los discos más grandes existentes eran de 50 MB y eran bastante lentos. Todavía algún XT las usa.

RLL ("Run Lenght Limited"). Son prácticamente iguales a las MFM pero permitían manejar discos de hasta 26 sectores (posteriormente aparecieron los ARLL (Advanced "Run Lenght Limited") que manejaban hasta 34). Físicamente los discos usados por estas controladoras son algo más grandes que los MFM.

ESDI ("Enhaced Small Device Interface"). Probablemente junto con las SCSI sea el mejor tipo de controladora. Su baja difusión es debida a su elevado precio. Básicamente se diferencia de otras en que no codifica los datos, sino que los transporta directamente. Esto consigue un aumento de velocidad considerable llegando a aumentar el rendimiento hasta en un 300%.

SCSI ("Small Computer System Interface") y pronunciado "escasi". Consigue una transmisión paralela de 8 bits optimizando el funcionamiento del disco, consiguiendo velocidades similares a la ESDI (en su variante SCSI-2 "Fast & Wide" la tasa máxima es de 20 MB/seg de pico). Los discos admiten hasta 36 sectores. Admite un control de hasta 14 discos duros. Una de las características más llamativas es que no necesitan que se declare el disco en el SETUP del PC, ya que llevan un microcontrolador que se encarga de la gestión. Disponen de memoria caché en la que guardan información para evitar realizar muchas lecturas. Usan un único cable (aparte del de alimentación) de 50 hilos. El inconveniente es el precio.

La diferencia entre los estándares de SCSI y SCSI-2 es mínima (aparte de las diferencias físicas de tamaño). Ambas tecnologías trabajan a un máximo de 5 MB/seg (aunque la "Fast & Wide SCSI-2" puede llegar a superarla). Por supuesto, ambas versiones son compatibles entre sí.

IDE Sin duda, las controladoras IDE (“Integrated Drive Electronics o Integrated Device Equipment”), son las más difundidas (y económicas). Llevan un único cable de 40 hilos y funcionan con 16 bits como mínimo. Trabajan según la filosofía “AT Attachment” (ATA), derivando en montar ciertos dispositivos de control en el disco duro y eliminándolos de la controladora. De esta forma se abaratan costes de la controladora y se crean discos duros más “inteligentes”.

EIDE Las “Extended IDE” (denominación de WESTERN DIGITAL) o “Fast ATA” (denominación de SEAGATE), permiten manejar hasta cuatro dispositivos a la vez mediante dos canales. Cada canal soportará un dispositivo esclavo (slave) y uno maestro (master). Estos dispositivos podrán ser, además de discos duros, unidades de CD ROM. Se rigen por la normativa ATA-2 e incorporan el modo LBA de acceso a disco para solucionar los problemas existentes entre la BIOS y las controladoras IDE para discos duros con más de 1.024 cilindros. El motivo de la imposibilidad de mantener discos de más de 1.024 cilindros sin el LBA viene dada por el DOS, que utiliza sólo 10 bits para direccionar los cilindros del disco duro. Si el usuario calcula $2^{10} = 1.024$ o, lo que es lo mismo, un área direccionable desde 0 hasta 1.023 cilindros.

9.3. CONTROL DE DISQUETERAS

Como ya es sabido, las controladoras también se encargarán de la gestión de las disqueteras del PC. En este caso, el número de disqueteras se limita a dos como máximo y la identificación de las mismas (unidad A: o unidad B:) depende de la conexión física de la disquetera con respecto al cable. El tipo de disquetera ($5^{1/4}$”, $3^{1/2}$”, HD, DD, ED…) dependerá de la definición realizada en la BIOS del PC.

Se recomienda leer el apartado dedicado a las disqueteras como complemento a este punto.

El circuito controlador habitual de disqueteras fue originalmente el NEC PD765 aunque en los equipos actuales se incluye dentro del chipset esta funcionalidad.

9.4. CONTROL DE PUERTOS

Otra de las misiones de las controladoras es gestionar la comunicación de los puertos. En primer lugar habría que distinguir los diferentes tipos de puertos. De forma casi invariable, un PC dispondrá siempre de dos puertos serie y un puerto paralelo. Además, se podrá complementar con puertos más potentes como el caso de los USB y los FireWire.

Cada tipo de puerto justifica una aplicación y da respuesta a una serie de necesidades. Así los puertos serie son los más lentos, ya que manejan periféricos con pocas necesidades de transferencia de información, por ejemplo, los ratones. Los puertos paralelos, con más capacidad de transferencia, se usan fundamentalmente para impresoras y dispositivos, generalmente, que disponen de un búfer interno. Por último, los USB y los FireWire responden a requerimientos más concretos. En el caso de los USB, la ventaja viene dada por su estructuración, que permite la conexión de periféricos de forma similar a una red y los FireWire tienen su ventaja en la gran capacidad de transferencia para periféricos con grandes requerimientos.

Todo estos puertos siguen dependiendo de la controladora y la configuración de la misma se realizará sobre la propia tarjeta o desde la BIOS, si es que se encuentra integrada en placa base. En los siguientes puntos se analizará de forma más exhaustiva cada uno de los tipos tratados.

En algunas controladoras antiguas se pueden encontrar los denominados "puertos de juegos". Estos puertos tienen la función de dar soporte a joystick y en la actualidad se incorporan en las tarjetas de sonido, teniendo una funcionalidad doble: por un lado son la interfaz para el "joystick" y por otro sirven como conector MIDI ("Modem Interface Digital Instruments") para la conexión de teclados musicales.

9.4.1. Puertos serie

Vienen implementados en el PC como conectores "sub-D" de 9 pines macho y, ocasionalmente (sobre todo en PCs anteriores al Pentium), como 25 pines macho, aunque la funcionalidad es la misma. Sus medidas son de 17 y 38 mm de longitud respectivamente. Su nombre proviene de la forma en que envía la información, transmitiendo bit a bit los datos de forma asíncrona. Esto le limita en cuanto a potencia de transmisión relegándole a tareas con pocas necesidades de transferencia. De forma habitual, se suele usar casi de forma única para manejar el ratón, aunque también hay otros periféricos serie como impresoras o escáneres pudiendo incluso comunicar dos PCs.

El sistema operativo (en el caso de DOS y Windows '9x, '2000 y NT) lo identifica como COM <nº> donde <nº> responde al número de puerto serie al que corresponde. Si un PC dispone de dos puertos serie, la denominación, según lo expuesto, será COM1 y COM2.

La definición de pines del puerto serie, tanto en 9 como en 25 pines, responde a la tabla siguiente. En el caso de los puertos con 25 pines, los pines no indicados no se usan (motivo por el que se tiende a un formato único de 9 pines):

FUNCIÓN	DENOMINACIÓN	PIN (25 contactos)	PIN (9 contactos)
Masa	FG	1	-
Transmisión de Datos	TD	2	3
Recepción de Datos	RD	3	2
Petición de envío	RTS	4	7
Listo para enviar	CTS	5	8
Módem preparado	DSR	6	6
Señal de masa	SG	7	5
Detección de portadora	CD	8	1
PC preparado	DTR	20	4
Indicador de llamada	RI	22	9

Tabla 9–1 Puertos serie

9.4.1.1. CONTROL DE LA TRANSMISIÓN: LA UART

Quien controla estas comunicaciones es un integrado LSI llamado UART o "Universal Asynchonus Receiver/Trasmmiter" o Transmisor-Receptor Asíncrono Universal. Este integrado, dependiendo de la "edad" del PC, será de un tipo u otro. Las funciones principales de una UART son las siguientes:

- Manejo de las interrupciones de los dispositivos conectados al puerto (ratones y, en algunos casos, teclados).
- Conversión de datos paralelo a serie para poder transmitir información.
- Conversión de datos serie a paralelo para poder recibir información.
- Añadir los delimitadores de trama a la hora de enviar datos (indicadores de inicio y de final de trama).
- En caso de haber sido indicado, generar la paridad para la información saliente así como comprobar la misma de la información entrante, descartando los datos de paridad para obtener la información original.

Dispone de una estructura FIFO que hace las veces de un búfer capaz de mantener los datos mientras la CPU se prepara para borrarlos o, por ejemplo, mientras el puerto serie se prepara para transmitirlos. Es frecuente que los propios sistemas operativos gestionen de forma específica la UART para aumentar el rendimiento.

Es por tanto la UART quien define en gran medida las características del puerto serie hasta el punto de que dichos puertos, en ocasiones, se definen por el tipo de UART que usan.

La gran diferenciación de las UART se realiza, sobre todo, en la consideración de si disponen de búfer o no para carácter extra. La utilización del búfer no tenía sentido cuando las comunicaciones vía módem no superaban los 1.200 bps, dependiendo del control de microprocesador para eliminar cada carácter enviado por el módem antes de poder enviar el siguiente. Por otro lado, las UART con búfer dan soporte a módems más rápidos facilitando la comunicación CPU-módem al incorporar búferes mayores, además de contar con una mayor fiabilidad y velocidad. A continuación se detallan las UART más habituales: 8250, 16450, 16550 y 16750, así como las variaciones sobre las mismas.

9.4.1.2. UARTs COMUNES. LA RAZÓN DEL BÚFER

Se dice que las UARTs del tipo 8250 ó 16450 son UARTs sin búfer o con "SingleByte FIFO buffer", es decir, con un búfer mínimo e imprescindible para poder enviar y recibir los datos "de byte en byte", tras las conversiones oportunas. El "FIFO" hace referencia a "First Input First Output" (primero en llegar, primero en salir). El problema de estas UARTs es que, además de las funciones de transmisión, también deben hacer frente a otras tareas (como el manejo de interrupciones de disco, interrupciones de teclado...) que limitan su disponibilidad. Así podría darse el caso de perder un dato transmitido y no "recogido" al ser sobrescrito por el siguiente. Si estos errores se producen con frecuencia (y de los que suele informar el sistema operativo), es preciso cambiar a una UART con búfer.

> ***Los tiempos de espera que se manejan en las transmisiones están del orden de los µs. Basta calcular que en una comunicación a 2.400 bps, se produce la "entrega" de un bit cada 1 sg / 2.400 = 4,166 ms y, de esta forma, para 9.600 bps sería cada 1,04 ms o, para 56K, cada 174,386 µs.***

A medida que se incluyen búferes en las UARTS, se consigue relajar el trabajo del microprocesador ya que, con un simple búfer de 16 bytes se permitirá al micro atender a los datos una de cada 16 veces (cada vez que se completen los 16 bytes). Son recomendables los búferes siempre que se trabaje en entorno gráfico (que implicará más exigencias en las comunicaciones) así como cuando se trabajen con módems con velocidades iguales o superiores a 28,8 Kbps.

> ***Cuando se trabaja con módems internos, estos dispositivos disponen de su propia UART mientras que cuando los módems son externos dependen de la UART del sistema principal.***

Las UARTs más significativas han sido las siguientes:

8250 Se trata de una UART sin búfer. Es la más antigua y, por tanto, la menos potente. Se comenzó a implementar con los primeros ordenadores XT y, si bien cumplía su misión, tenía tendencia a generar errores, motivo por el que rápidamente desapareció del mercado. Es una UART bastante lenta hasta el punto de que en el hipotético caso de que se montase esta UART en un equipo AT, al chequear el puerto daría mensajes de error por exceso de tiempo consumido en la contestación del puerto.

A partir de esta UART se generaron dos versiones: 8250A y 8250B. La primera fue una versión mejorada con respecto a la 8250 convencional, más veloz sobre el bus y fiable. La segunda fue una variación disminuida, siendo más lenta que la 8250 original. En cualquiera de los casos, ninguna variación superó el límite marcado por los XT.

16450 Fue la evolución de las UARTs 8250 a las arquitecturas AT. Mucho más rápida corría sobre los mismos buses que su predecesora llegando a ser válida incluso para las velocidades de los ordenadores actuales. Esta UART daba los mismos registros y respuestas ante los programas de diagnóstico que las 8250A, lo que podría inducir a error; no obstante, la delimitación por el tipo de arquitectura XT o AT define claramente la UART. Este tipo de UART tampoco disponía de búfer.

16550 Lo único a resaltar de este modelo es la inclusión de un pequeño búfer interno de 16 bytes ya que en poco más difiere de su predecesora. Tuvo muy corta duración en el mercado dado que el búfer no funcionaba correctamente, exceptuando el entorno IBM que la adoptó como UART estándar para muchos de sus modelos de la gama PS/2.

A partir de esta UART se desarrolló la 16550A, una versión mejorada sin problemas de búfer que se ha considerado el modelo estándar de la década de los noventa. Sobre este chip hay diferentes modalidades y es la primera UART con consideración de búfer operativo.

Otra versión del mismo modelo fue la llamada "Startech" 16550, con un búfer FIFO de 32 bytes que si bien es un buen diseño, no es totalmente compatible con modelos anteriores de la 16550A. Esto ha provocado que, a pesar de disponer de control de flujo automático y otras mejoras, no se implemente como se esperaba.

En el mercado de las UARTs 16550 se pueden encontrar los modelos explicados bajo las nomenclaturas de 16550A (A → serie "A") , 16550AF (F → "Fast", rápida) y 16550AFN (N → "New ceramic chip", nuevo chip cerámico). Debe tenerse en cuenta que la UART libre de errores corresponde a la terminación AFN.

16750 Es un diseño totalmente compatible con el 16550A desarrollado por TEXAS INSTRUMENTS, que añade un búfer de 64 bytes además de la capacidad de control de flujo automático.

Es fácil comprobar qué UART se tiene instalada si se dispone de un módem y de Windows (a partir de la versión '95), pulsando *Mi PC/Panel de Control/Módems/Diagnósticos/Más información*, tal y como se muestra en la figura:

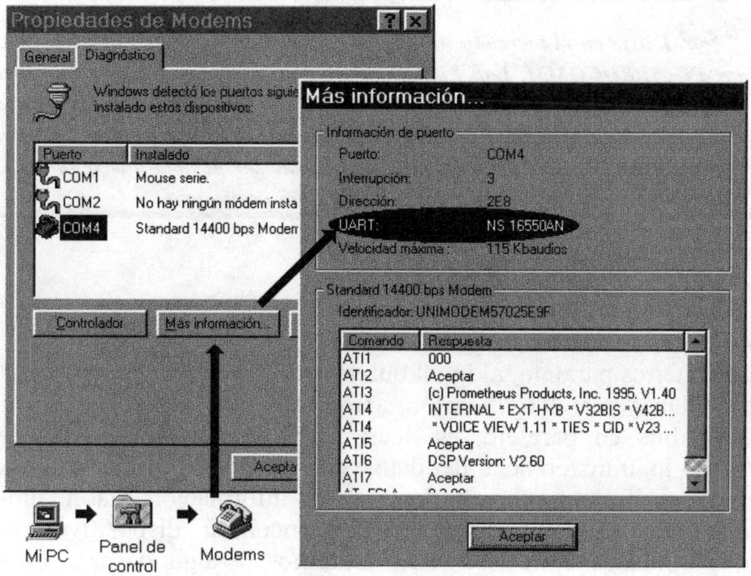

Figura 9–2 Comprobación de la UART

9.4.1.3. COMUNICACIÓN SERIE DE DOS ORDENADORES

Según lo visto, es posible comunicar 2 PCs entre sí a través del puerto serie. Este puerto viene regulado por la normativa RS 232 C de EIA o V.24 del CCITT, que define los 25 pines del puerto (aunque no se utilicen todos), así como sus posibles valores. En realidad la V.24 define hasta 108 circuitos, los cuales se obvian y se utilizan los imprescindibles para una comunicación serie.

Existen varias modalidades de conexión. Todas tienen algo en común: es preciso conectar la salida de datos de un puerto con la entrada del otro y viceversa. Además, es necesario "engañar" al puerto satisfaciendo todas las señales de comprobación de comunicación. En la tabla siguiente se muestra un esquema de conexionado tanto para 9 como 25 pines:

TRANSMISIÓN SERIE				
EQUIPO *A*			EQUIPO *B*	
DB 9	DB 25		DB 25	DB 9
5	7	—	7	5
3	2	—	3	2
7	4	—	5	8
6	6	—	20	4
2	3	—	2	3
8	5	—	4	7
4	20	—	6	6

Tabla 9–2 Comunicación Serie

> ***Existe en el mercado un amplio abanico de software para comunicación entre dos PCs (PROCOMM, Lap Link...) además de utilidades del sistema operativo como INTERLINK e INTERSERVER (de MS–DOS) o la "Conexión directa por cable" (de Windows). Algunas aplicaciones pueden ser más exigentes y "detectar el engaño" que se realiza en las conexiones, por lo que puede ser posible que algunos esquemas de conexionado no sean válidos para determinados programas.***

9.4.2. Puertos paralelo

Los puertos paralelo, al igual que los serie, reciben su nombre a partir del modo en que envían y reciben la información. En este caso, la información se envía mediante 8 bits en paralelo, es decir, un byte completo. Esto agiliza de forma significativa la transferencia de datos con respecto al puerto serie y permite la conexión de periféricos con más demanda de información. Habitualmente se usa para impresoras, aunque también se pueden encontrar dispositivos como escáneres, "plotters", unidades ZIP, CD ROM externos y alguno más. En el caso de las impresoras, el otro extremo del cable es un conector Amphenol de 36 contactos.

Si bien este puerto es un estándar muy usado por multitud de periféricos, parece que tiene los días contados ya que otras tecnologías de comunicación (sobre todo los puertos USB, tratados en este mismo capítulo), le han desbancado en prestaciones. Tanto es así que hoy por hoy es posible encontrar placas base sin puertos paralelo. No obstante, esto no le resta importancia mientras tenga vigencia y, aun después, pasarán años antes de que desaparezcan las generaciones de ordenadores que lo implementan. Esto justifica su estudio.

Su implementación física se realiza a través de un conector "sub-D" de 25 pines hembra con una longitud aproximada de 38 mm y el sistema operativo (DOS y Windows) lo reconoce como LPT<nº>, donde <nº> corresponde al número de puerto. Así, si un PC dispusiese de dos puertos paralelo, recibirían el nombre de LPT1 y LPT2.

El puerto paralelo tuvo un antes y un después a partir de la aparición de la norma IEEE 1284 o "Standard Signaling Method for a Bi-directional Parallel Peripheral Interface for Personal Computers" en 1994 que estandariza los modos de trabajo. Hasta entonces, únicamente se trabajaba con el estándar CENTRONICS que posteriormente aparecerá recogido bajo la misma norma. La IEEE 1284 habilita cinco protocolos diferentes que incrementan la velocidad en las transmisiones además de incluir la posibilidad de la comunicación bidireccional manteniendo la compatibilidad con todos los periféricos de conexión paralelo. Los modos son: PC⇒periférico (modo compatibilidad), periférico⇒PC (modo byte), SPP (bidireccional), EPP y ECP, a saber:

Modo Centronics Es el modo también llamado Compatible y es el más usado por su simplicidad. Consiste en situar el byte que se desea enviar a través del puerto en los pines de envío de datos (más concretamente en el registro de datos) y comprobar que la impresora está preparada para aceptarlos. Dicha aceptación se comprobará en la línea de BUSY. Bastará con generar un pulso en el STROBE para que los datos se envíen.

Este modo es soportado en los PCs actuales para guardar la compatibilidad con diseños previos, pero es insuficiente a todas luces para periféricos que requieran velocidad, ya que no se superan los 150 Kb/seg. Por este motivo hay controladoras que, fuera de la norma IEEE 1284 pero guardando la compatibilidad, incorporan un búfer FIFO para agilizar el proceso, llegando a superar los 500 Kb/seg. Estas controladoras reciben el nombre de "Fast Centronics" o "FIFO de puerto paralelo".

Modo Byte La novedad de este modo es habilitar el puerto como un lector de entradas, gracias a la inhabilitación de controladores para manejar el puerto, permitiendo así que un periférico pueda enviar 1 byte de información al puerto usando las 8 líneas de datos. Este modo de trabajo habilitando los canales inversos para transmisión de datos hacia el PC aprovecha también el modo de Compatibilidad.

Modo EPP Es una variación orientada a suplir las carencias de velocidad existentes en otros modos. El EPP aparece incluso antes que la norma IEEE1284 desarrollada por el denominado Comité EPP, formado por 80 fabricantes representativos del sector. Esto auguraba una rápida implantación en el mercado. Por otro lado Intel, XIRCOM, Zenith, también desarrollaron el mismo sistema pero dentro de la norma IEEE 1284, lo que dio pie a pequeñas diferencias de funcionamiento entre el modo EPP definido antes y después. Intel fue uno de los pioneros en la incorporación de puertos con soporte para EPP incluyéndolo en sus 386SL.

La implementación del modo EPP implica un protocolo con dos ciclos de transferencia que se subdividen en cuatro: datos (lectura y escritura) desde y hacia el PC, y direcciones (lectura y escritura) de canales comandos e información de control.

La transferencia de datos en el protocolo EPP se da en un ciclo ISA de entrada/salida, consiguiendo incrementar las tasas de envío de datos desde 500 Kb hasta 2 Mb por segundo. Estos ratios de transferencia empiezan a asemejarse a algunas transferencias internas en la propia placa base, pudiendo conseguir que los periféricos externos funcionen de forma similar a cómo lo harían estando integrados en placa.

Modo ECP El protocolo ECP o puerto de capacidad extendida fue promovido por Hewlett Packard y Microsoft, encaminado a aumentar los rendimientos de transmisión y crear un sistema avanzado de comunicación con periféricos externos. Diseñado sobre todo para dar soporte a impresoras, escáneres y otros periféricos con volumen relativo de datos, el ECP usa una compresión de datos RLE ("Run Length Encoding") que llega a conseguir reducciones de ¡¡64:1!! en tiempo real y un pequeño búfer FIFO ("First Input First Output") aplicado a los canales directo, inverso y para DMA.

El ECP consigue una comunicación bidireccional entre el dispositivo externo y la CPU, obteniendo ventajosos resultados frente a protocolos anteriores. Además, resulta clara la ventaja del uso del RLE en "reducción" de datos y más aún si se considera que tanto impresoras como escáneres usan patrones de información en muchos casos repetidos y de gran longitud.

Este modo usa dos ciclos: comandos y datos, por supuesto, en ambas direcciones (PC ⇔ periférico). El canal de direcciones dispone de una ventaja adicional, encaminada a ofrecer mejor soporte a diversos dispositivos conectados en cascada, usando un único sistema de direccionamiento físico que se subdivide en diferentes subsistemas de direccionamiento lógico. Esta multifunción permite la comunicación con diferentes periféricos a la vez.

9.4.3. Comunicación paralelo de dos ordenadores

De forma análoga a la comunicación serie-serie de dos ordenadores, existe la misma utilidad en los puertos paralelo. Este tipo de puertos aporta la gran ventaja del envío de bytes completos en lugar de bit a bit, lo que supone un ahorro muy importante de tiempo (téngase en cuenta que, a igual velocidad, un puerto paralelo sería 8 veces más rápido que un puerto serie).

Aunque no es comparable en ningún momento a una red, la conexión paralelo ofrece grandes posibilidades al usuario, más aún si éste usa ordenador portátil y desea descargar los datos en el PC doméstico. Tanto es así que en su día surgieron gran cantidad de programas encaminados a facilitar esta comunicación. Es a partir de la versión 5.0 de MS-DOS y prácticamente desde las primeras de Windows donde ya se incluyen aplicaciones con esta finalidad. Fue tal la cantidad de aplicaciones existentes que en algunos casos los desarrolladores de software facilitaban cables de comunicación que sólo funcionaban con su código específico. Resulta interesante, a raíz de esto, conocer cómo se realiza un cable de desconexión paralelo a la vez de advertir que quizás no funcione con todos los programas existentes en el mercado.

La realización del cable corresponde a la siguiente tabla de conexionado especificada para puertos SPP y ECP:

TRANSMISIÓN PARALELO

PUERTO SPP		
EQUIPO A		EQUIPO B
2		15
3		13
4	—	12
5	—	10
6	—	11
15	—	2
13	—	3
12	—	4
10	—	5
11	—	6
25	—	25

PUERTO ECP		
EQUIPO A		EQUIPO B
1		10
2	—	2
3	—	3
4	—	4
5	—	5
6	—	6
7	—	7
8	—	8
9	—	9
10	—	1
11	—	14
12	—	16
13	—	15
14	—	11
15	—	13,17
16	—	12
17	—	15
18	—	18
19	—	19
20	—	20
21	—	21
22	—	22
23	—	23
24	—	24
25	—	25

Tabla 9–3 Comunicación Paralelo

El cable encargado de realizar la comunicación entre dos ordenadores, independientemente de que sea en serie o paralelo, recibe el nombre de "no-módem", "null modem" o "módem nulo". Existe una variante para puertos USB (explicados en este mismo capítulo) que ofrece transferencias de hasta 12 Mbps. En este caso se trata de un dispositivo PnP (ya no es sólo un cable) que se alimenta del propio puerto.

9.4.4. Direccionamiento de puertos serie y paralelo

Al igual que otros componentes del PC, los puertos tienen dos requerimientos con respecto al microprocesador: interrupciones y direcciones de memoria. Cada puerto precisa de una interrupción para poder indicar al microprocesador los eventos que pudieran ocurrir. Se podría entender como la necesidad de "llamar la atención" del microprocesador para atender una tarea. Una vez obtenida esa "atención" el trasiego de información se debe realizar a través de la memoria, habilitándosc una dirección que hará las veces de almacén temporal de datos.

En el caso de los puertos serie, las direcciones e interrupciones normalizadas corresponden a los dos primeros puertos: COM1 y COM2. El resto de puertos, aunque no recogidos en ninguna norma, se usan por convenio bajo otros valores. Una excepción es el caso de las arquitecturas MCA de IBM. En este caso se definen hasta 8 puertos serie con sus correspondientes interrupciones y direcciones de memoria.

Se da el caso de compartir interrupciones a la hora de definir puertos. Para hacer esto debe preverse que los periféricos conectados a dichos puertos no puedan entrar en conflicto trabajando a la vez (por ejemplo, dos módems). En el caso de las direcciones de memoria, hay flexibilidad a la hora de definirlas atendiendo únicamente a que no entren en conflicto con otros dispositivos y estén comprendidas en el rango de 100 h y 3FF h.

Tanto las interrupciones (IRQ) como las direcciones de los 8 puertos serie aparecen definidas en la siguiente tabla:

PUERTO	DIRECCIÓN	IRQ	PUERTO	DIRECCIÓN	IRQ
COM1	3F8	4	COM5	4220	3
COM2	2F8	3	COM6	4228	3
COM3	3E8	4	COM7	5220	3
COM4	2E8	3	COM8	5228	3

Tabla 9–4 IRQs de puertos serie

En el caso del puerto paralelo, las combinaciones admitidas en interrupciones y direcciones de memoria son las siguientes:

DIRECCIÓN	DIRECCIÓN	IRQ	DIRECCIÓN	DIRECCIÓN	IRQ
380-387	780-785	7	278-27F	678-67D	7
378-37F	778-77D	7	3BC-3BE	7BC-7BE	7

Tabla 9–5 IRQs de puertos paralelos

9.4.5. Comprobación de puertos serie y paralelo

Es importante destacar, aunque éste es un tema que se tratará más adelante, que existen programas de comprobación del correcto funcionamiento del PC. Este tipo de programas no pueden comprobar el correcto funcionamiento de los puertos, ya que implica un proceso de entrada-salida. Para que las comprobaciones sean fiables, será preciso realizar un "loop back" o tapón, de tal modo que los datos enviados por un pin puedan ser recibidos por otro, a la vez que se satisfacen las señales precisas. El cableado del "tapón" para el puerto serie y paralelo responde a la siguiente tabla:

PUERTO SERIE DB 9	PUERTO SERIE DB 25	PUERTO PARALELO DB 25
2-3, 7-8, 1-4-6-9	2-3, 4-5, 6-8-20-22	2-15, 3-13, 4-12, 5-10, 6-11

Tabla 9–6 Cableado para comprobación

9.4.6. Puertos de juegos

Los puertos de juego se identifican por su conector DB15 hembra (también llamado Sub-D) de 15 pines, dividido en dos filas de 7 y 8 pines, con una longitud aproximada de 25 mm. Este puerto, habitual en los ordenadores con microprocesador 486, prácticamente desaparece en los PENTIUM. Desde ese momento, su implementación se realiza en la tarjeta de sonido del PC siendo ambivalente: además de dar soporte para el manejo de "palancas de juegos" o joystick, también sirve como conector MIDI (tema tratado en el apartado de tarjetas de sonido).

Los joystick son uno de los periféricos más estandarizados para juegos. Sus atractivos diseños junto a su bajo precio consiguen que sean pocos los PC's destinados a juegos sin estas "palancas". Este tipo de puerto se diferencia de los conocidos hasta el momento en algo fundamental: la información aquí tratada es de carácter analógico. Aunque existen joystick para puertos serie (que manejan información digital como los de las típicas Consolas de Juegos), son menos demandados dada su falta de "sensibilidad". Un puerto analógico posibilita una mayor "realidad" a la hora de obtener una respuesta del PC. Su funcionamiento es sencillo: debe disponerse de un mecanismo capaz de moverse en el plano (coordenadas X e Y) y de dos disparadores.

En el caso de las consolas, además de ser dispositivos digitales, no se dispone de potenciómetros sino que se sustituyen por pulsadores. No obstante, no hay riesgo de confusión dada la diferencia de formato (DB15 para PC y DB9 para Consolas).

El movimiento se consigue mediante potenciómetros que, en estado de reposo, suministran una tensión de 2,5 v. Un decremento de tensión (hasta 0 v) o un incremento (hasta 5 v) indica que se ha producido un movimiento (tanto en una coordenada como en otra). Los "disparadores" no son más complejos: se trata de pulsadores que en estado de reposo no suministran tensión y activados consiguen 5 v.

Es común precisar dos joystick para poder establecer competiciones mientras que los PC's sólo aportan un puerto para tal fin. Las posibilidades son dos: existen joystick que incorporan una salida desde ellos mismos hasta un segundo joystick. Esto permite conectar "en cascada" dos palancas de juegos. La otra solución pasa por un cable adaptador como si de un "ladrón" se tratara: si se observa el patillaje del conector, basta con repetir el conexionado para el segundo joystick. El patillaje es:

PIN	FUNCIÓN	PIN	FUNCIÓN
1	+5v	9	+5v
2	Joystick 1. Disparo 1	10	Joystick 2. Disparo 1
3	Joystick 1. Posición X	11	Joystick 2. Posición X
4	Tierra	12	Tierra
5	Tierra	13	Joystick 2. Posición Y
6	Joystick 1. Posición Y	14	Joystick 2. Disparo 2
7	Joystick 1. Disparo 2	15	Tierra
8	+5v		

Tabla 9–7 Patillaje del puerto de juegos

De forma meramente didáctica y prescindiendo de algunas resistencias, podría entender el funcionamiento interno del joystick tal y como se indica en la figura:

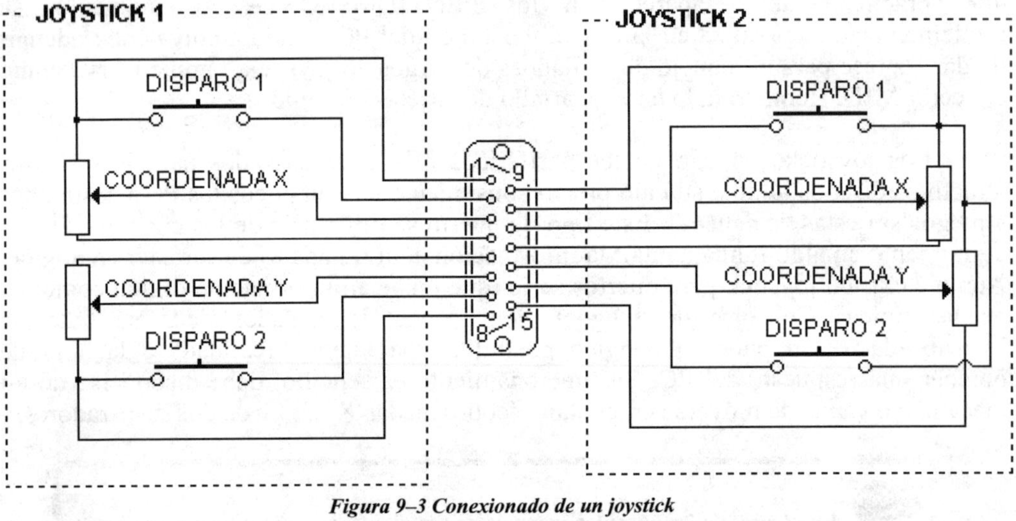

Figura 9–3 Conexionado de un joystick

> ***Dado que este libro pretende dar un enfoque práctico de todo lo relacionado con el hardware, resulta interesante referenciar otras fuentes con el mismo fin. Así podrá encontrar en http://www.arcadecontrols.com/arcade.html instrucciones concretas de cómo construir su propio joystick dentro de "Built your own Arcade Controls", incluso con referencias de dónde adquirir componentes.***

La gama alta de los joystick recoge modelos que están equipados con motores y vibradores de forma que se establece una comunicación bidireccional.

9.4.7. Puertos USB

El USB o "Universal Serial Bus" es un tipo de puerto digital diseñado para facilitar la conexión de dispositivos y puede considerarse, prácticamente, como un bus externo. De pequeño tamaño y forma rectangular el USB dispone de 4 pines: el primero suministra la alimentación de 5 V, los dos siguientes transportan y manejan los datos y el último es la masa. Admite topología organizada en estrella, permitiendo conectar más dispositivos enlazados entre sí. Su conexión se puede realizar en "caliente", sin necesidad de apagar el PC y, por supuesto, es "Plug & Play".

Figura 9–4 Logo del estándar USB

Diseñado por Compaq, Digital, Intel, NEC, IBM y Nothern Telecom en 1993, los USB no realizaron su aparición en escena hasta la llegada de los PENTIUM II en cuyas placas se incluye de forma habitual, aunque ya existían algunas placas para PENTIUM MMX que lo soportaban (algunas, únicamente en el ámbito de BIOS, ya que no incluían los conectores físicos para su implementación). Cronológicamente se puede situar en 1995 cuando el USB 1.1 (sí, 1.1) llega al mercado.

Esta tecnología ha resultado realmente eficaz en la medida en que los fabricantes de hardware han diseñado nuevos dispositivos de conexión USB. Según la respuesta del mercado, la implantación de esta interfaz ha resultado, ya que los aproximadamente medio millón de dispositivos existentes en el año 1997 se transformaron en 195 millones en el año 2001. Las grandes empresas del software internacional también lo entendieron así y, desde Windows '95 en su versión OSR2 hasta las últimas versiones, se incluyen controladores para USB (aunque algo limitados en algunos aspectos que se detallarán). Este soporte se ha ido aumentando progresivamente con Windows '98, '2000, XP... En el caso de Linux, sólo es soportado a partir de la versión del kernel 2.5.2 o con un parche desde la 2.4.

Los buses USB, en su primer formato, permiten la conexión de hasta 127 dispositivos en cada puerto (aunque no se recomienda más de 8) con una velocidad[59] de 12 Mbps para dispositivos de velocidad alta y 1,5 Mbps para dispositivos de baja velocidad bajo una estructuración en estrella donde se pueden establecer interconexiones a través de diferentes HUB's ya integrados en los propios periféricos (recomendando no superar más de cinco niveles). La conexión se realiza con cables de hasta 5 m de longitud equipados con conectores compactos y finos. Una limitación viene dada por el consumo de corriente de cada dispositivo que, salvo que disponga de una alimentación externa, debe ser soportada por el propio USB (500 mA).

[59] Esto implica un aumento de velocidad de casi 5 veces con respecto a los puertos serie convencionales (similar al modo de transferencia de los discos duros PIO 3).

Figura 9–5 Aspecto de puerto USB

> ***Las últimas versiones de Windows muestran un indicativo de admiración sobre un fondo de color amarillo en el estado del sistema si se ha conectado un dispositivo USB con un consumo de 100 mA (versiones anteriores a W'95 OSR2, lo excluían).***

Cualquier dispositivo de necesidades no elevadas de transferencia de datos tiene cabida como dispositivo USB. Así, teclados, ratones, impresoras, cámaras digitales o altavoces pueden ser periféricos USB. Incluso determinados monitores USB ofrecen la opción de actuar como dispositivos "HUB" donde conectar el resto (dadas las ventajas de la posición física que normalmente el monitor ocupa).

> ***La versión 2.0 del estándar USB consigue mayores prestaciones. Así los rangos de transmisión se elevan entre 360 y 480 Mbps (es decir, 60 Mbytes por segundo), lo que implica un aumento de velocidad de hasta 40 veces por encima del USB 1.1. Esto consigue que el USB supere al estándar FireWire (que alcanza hasta 400 Mbp o 50 Mbytes por segundo, tratado a continuación en este mismo capítulo, aunque éste es un tema de alternancias técnicas) siendo inferior, eso sí, en otros aspectos.***

9.4.8. Puerto FIREWIRE

El FireWire es uno de los estándares de comunicación con periféricos más rápidos. Bajo la norma IEEE 1394 se define como un único conector capaz de soportar hasta 63 dispositivos con transferencias de hasta 400 Mb/seg (megabits por segundo).

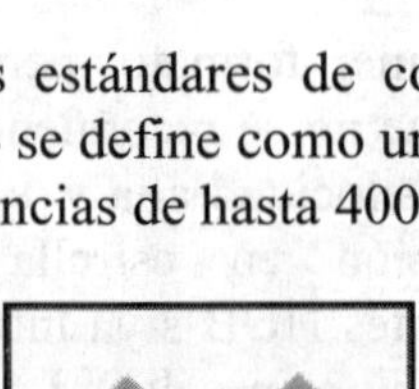

Figura 9–6 Logo del estándar FireWire

Aún no existen demasiados periféricos que trabajen con FireWire, pero es de esperar que en un futuro próximo los proveedores comiencen a desarrollar sus productos con soporte para este puerto. Por supuesto soporta "Plug & Play" y conexionado en caliente como si de un PCMCIA se tratase.

Dada su reciente aparición, motivada por Apple de cara a dar una solución real a las necesidades de vídeo digital, en el mercado microinformático, casi todo lo referente a los FireWire siguen siendo expectativas. Así se espera que en breve reemplace a los puertos serie y paralelo; aunque, dadas sus características de transmisión, en la actualidad todos los desarrollos van encaminados a la multimedia (cámaras digitales, DVD, sistemas MIDI avanzados, cintas de vídeo digital...). De cualquier modo y con independencia de cuál será el puerto a adoptar, lo cierto es que la mayor parte de las placas actuales han prescindido de los puertos serie y paralelo, sustituyéndolos por USB en muchos casos y FireWire en otros.

Como ya se adelantaba, éste es un tema de alternancias. Así, ya se oye hablar del FireWire IEEE 1394 b, capaz de ofrecer soporte a tasas de transmisión de hasta 800 Mbits/s con cables de cobre y de hasta 1,6 Gbits/s con soporte de fibra óptica. ¿Cuál será el próximo reto de la tecnología USB...?

El FireWire puede trabajar en modo síncrono o asíncrono, dependiendo de las necesidades. Es más, dentro de la flexibilidad que caracteriza a esta tecnología en cuanto a posibilidades de comunicación, se encuentra la de trabajo en modo *peer-to-peer*. Esta capacidad, aplicada al FireWire, implica la posibilidad de conexión entre diferentes dispositivos (periféricos) sin la necesidad de la presencia de un PC.

Al igual que el USB, el FireWire dispone los dispositivos en cascada, con una distancia máxima al conector de 4,5 m y soportando hasta 16 periféricos por canal (teóricamente es posible conectar hasta 72, pero el consumo de corriente hace que el número disminuya, al igual que ocurre con los dispositivos USB).

Aunque está por ver, lo cierto es que el FireWire parece llamado a desbancar al reciente USB y desplazar muchos periféricos que sólo se contemplaban bajo bus SCSI. No obstante, la tecnología USB está evolucionando para que esto no ocurra. Así, en la última versión aparecida y denominada USB 2.0, también se contempla la posibilidad de trabajo en *peer-to-peer*.

La tecnología FireWire es denominada de diferentes modos. Así es común referirse a ella por su normativa IEEE 1394 o IEEE 1394 b) o por su denominación comercial en función de la empresa que lo denomine. De este modo F"Firewire" es una denominación propia de Apple mientras que "iLink" lo es por parte de Sony.

9.4.9. USB versus FIREWIRE

Ambas tecnologías (USB y FireWire) aparecieron en un momento similar lo que les ha hecho rivales en lugar de alternativas compatibles. Intentar hablar de las bondades de una frente a la otra sería una tarea vana ya que esto es sólo una cuestión de tiempo: las diferentes versiones de una y otra se han encargado de superar a las anteriores y esto, aunque no bajo una perspectiva comercial, resulta ventajoso para el usuario.

De cualquiera de las maneras, resulta imposible hablar de ambas sin definir otros aspectos que, de forma casi colateral si se quiere, tiene mucho que ver: se trata de la plataforma hardware y software por excelencia. Este binomio, que se ha dado por algunos en denominar Wintel (por cierto, nomenclatura bastante ingeniosa), está formado por Microsoft y su producto estrella Windows e Intel, con sus microprocesadores, chipset... Un producto puede ser bueno pero si no es soportado por ambas compañías, tiene los días contados, no quepa la menor duda.

Esto es especialmente significativo y las apuestas quedan implícitamente de relieve al comprobar que, por ejemplo, la versión XP de Windows no incluía soporte para el USB 2.0 de serie (sí mediante una actualización aparte). Está claro: la apuesta se define, en el momento de escribir estas líneas, por el FireWire como un estándar. Sin embargo, por parte de Intel, la apuesta resulta clara por el USB 2.0.

A este respecto habría que buscar causas comerciales y económicas más que técnicas: Apple impuso un arancel por el uso de FireWire y la historia informática demuestra que este tipo de iniciativas se castigan (revise el lector los textos referentes a cobro de aranceles por parte de otras compañías, como podía ser el caso del bus PCMCIA por parte de IBM o la apuesta clara de Intel por el PCI).

De cualquier modo, las similitudes son evidentes (lo bueno es bueno con independencia de quién lo firme). Así ambas tecnologías ofrecen ventajas comunes como es la conexión en caliente o la conexión de varios periféricos a través de un único puerto (127 en el caso del USB y 63 en FireWire). También las limitaciones son comunes: 5 m de longitud máxima de cable (realmente en FireWire son 4,5 m pero la diferencia no es significativa a efectos prácticos).

A primera vista podría suponerse que el cable de ambas tecnologías también es común. Esto es cierto en parte ya que ambos incluyen la alimentación de corriente en sus conectores. No obstante, la tecnología USB dispone, como ya se adelantaba, de un hilo de entrada de de datos y otro de salida mientras que la FireWire usa un par para ambas tareas. Éste es un detalle que, a efectos físicos, resulta inapreciable bajo el aislamiento.

9.4.10. Bluetooth

Se trata de una nueva posibilidad que abre las vías de comunicación sin cable. Este tipo de comunicación, aunque existía de antes –concretamente de 1998 cuando se forma la Bluetooth Special Interest Group compuesta por IBM, Microsoft, Intel, Lucent, Ericsson, Nokia, Toshiba y Motorola–, no alcanza su instauración definitiva en los circuitos comerciales hasta el año 2001 aunque, para ser fieles a la realidad, aún no todos los fabricantes de placa base lo incorporan. De todos modos su uso está en constante crecimiento y las estadísticas auguran una utilización de un 90% en el año 2004.

Esta tecnología, conocida como "Bluetooth" ("diente azul") en referencia al rey danés que llevó ese apodo en el siglo X.

Esta nueva tecnología permite la comunicación en banda estrecha entre diferentes dispositivos. Éstos pueden ser portátiles, PDAs, impresoras,... y un sinfín de posibilidades condicionadas sólo por la implementación de los fabricantes. La tecnología Bluetooth está indicada para ámbitos geográficos reducidos donde no se superen en ningún caso los 100 m entre los dispositivos a conectar que se establecen como un máximo de 8.

En esencia se trata de una comunicación vía radio con un espectro de frecuencia embebido en los 2,4 GHz. Este tipo de comunicación, si bien ofrece la ventaja de no precisar la visualización física de los dispositivos (es posible imprimir en una impresora que esté a dos habitaciones de distancia), plantea problemas de confidencialidad y seguridad en los datos, ya que nada impide que un aparato que se encuentre dentro del radio de acción del emisor reciba la señal.

La tasa de transmisión es, sin duda, el parámetro a evaluar por excelencia. Lo cierto es que queda lejos de sus competidores por cable, estableciéndose limitaciones en los 450 Kb/s.

CAPÍTULO 10

LAS COMUNICACIONES

Hasta no hace demasiado, los módems han sido unos dispositivos "de orden menor" en el PC. La razón estribaba en que estos periféricos posibilitaban conexiones con el exterior pero era precisamente ese "exterior" el que o bien no ofrecía contenidos interesantes o no a un buen precio. De hecho las conexiones se reducían, en muchos casos a algunas BBS y pocos lugares más.

Aunque aparecieron en la década de los años 60, no fue hasta mediados de los años 90 cuando los módems comenzaron a adquirir un protagonismo especial propiciado por una novedad importante: Internet. Realmente Internet existía hacía años pero en este momento se afianzaba en España de mano de la red IRIS y comenzaba a ser accesible (no físicamente sino económicamente). Desde entonces hasta ahora, la evolución de este componente ha ido ligada a las exigencias que el mercado ha impuesto siempre con referencia a Internet. Se ha ido adaptando a los diferentes buses que han ido apareciendo y a las altas tasas de transferencias de datos que los nuevos entornos gráficos han exigido.

Este planteamiento explica por qué se ha considerado escribir un capítulo donde se relacionan dos elementos de forma diferente a como se hace en el resto del libro: módems y su configuración. Esta configuración, si bien abarca todos los aspectos hardware (interrupciones, direcciones,…), tiene una orientación clara hacia Internet. Y esto es así porque se ha considerado como indivisible el binomio módem-Internet.

Todo parece indicar que el fin del módem está cerca cediendo su protagonismo a los routers (aunque se les siga denominando módems). La "venerable" línea RTB volverá a sus orígenes siendo válida para lo que en su día fue concebida: la voz. En su lugar nuevos medios digitales como las líneas RDSI o ADSL toman el relevo a velocidades inimaginables para un módem convencional. De cualquier modo, son muchos los módems instalados y su desaparición no será súbita: esto explica la razón de su análisis y necesidad de su conocimiento.

10.1. UN PLANTEAMIENTO GENÉRICO

Uno de los problemas del sector del Hardware Microinformático es, sin duda, su frenético dinamismo. Las mejoras y novedades se suceden unas tras otras y bastan unos pocos meses de obsolescencia para verse desplazado. Pero sin duda todo esto lleva parejo su interés y atractivo. El binomio velocidad-prestaciones es directamente proporcional y son aquellos aspectos que más rápido evolucionan los que despiertan un mayor interés. Es posible que la relación causa-efecto sea inversa y que ese dinamismo sea fruto de, simplemente, el interés del mercado.

De cualquiera de las maneras, todo esto conlleva asociado que a veces las tecnologías coexistan: la mayor parte de los usuarios no podemos permitirnos "estar a la última". Así y de forma concreta hablando sobre las comunicaciones, aún es posible encontrar usuarios que usan un módem de 56K para conectarse a Internet frente a otros que usan Wi-Fi sobre ADSL de 2 MB. ¡Todo un abismo tecnológico y sólo unos pocos meses de diferencias entre ambas tecnologías!

Probablemente son las necesidades propias de cada usuario quienes definen el tipo de tecnología a usar. Así, se justifica la existencia de los módems (junto a otros aspectos como, por ejemplo, el envío y recepción de FAXes). Este capítulo versa sobre las comunicaciones en general. Aspectos de codificación de la información realizada por los módems son tratados al igual que los modos de conexión mediante banda ancha. La diversidad del mercado justifica abordar el tema bajo un prisma tan amplio. Y no, no se trata de una estadística local: mientras en las tiendas de Informática sigan existiendo módems, será un síntoma inequívoco de que el sector los requiere.

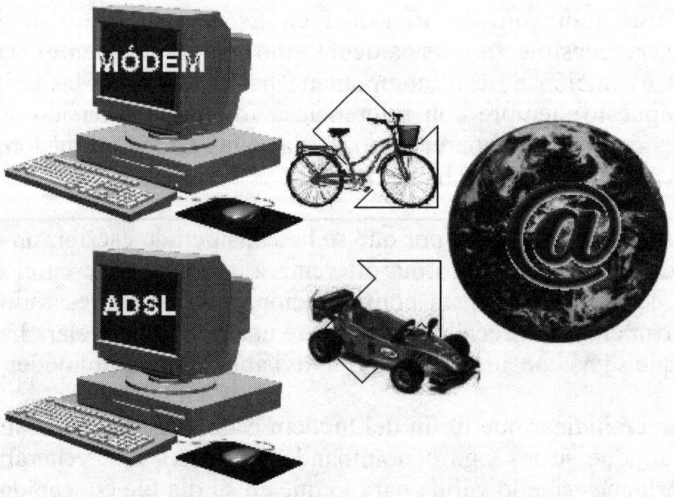

Figura 10–1 Comunicaciones

Sin más preámbulos se pasa al estudio de las dos tecnologías: comunicaciones por módem y otras comunicaciones, entendiendo por estas últimas el amplio abanico que se abre ante el usuario según sus necesidades concretas.

10.2. LOS MÓDEMS

La palabra módem es un acrónimo que procede de la contracción de otras dos palabras: MOdulación y DEModulación, dada la función que realiza. El módem tiene como misión la de poner en comunicación dos máquinas (generalmente dos ordenadores) a través de la línea telefónica. Para realizar esto tiene que realizar una serie de "ajustes" sobre los datos. El primero y más significativo hace referencia a la naturaleza de la señal. Como el lector ya conoce, las señales se han dividido en este libro para su estudio en dos grandes grupos: digitales y analógicas. Las primeras se caracterizan porque la información se aprecia gracias a los diferentes niveles de tensión que presentan sus pulsos, mientras que en el segundo caso la señal ofrece más riqueza de matices (amplitud, fase, frecuencia,...). Por poner un ejemplo de ambas, un micrófono, unos altavoces de un sistema multimedia o un monitor trabajan con información analógica, mientras que una red, la información de un bus o el propio microprocesador gestionan información digital. Bien, como se iniciaba este planteamiento, la primera operación a realizar es transformar la naturaleza de la señal. Así está claro que un PC maneja internamente información digital pero la comunicación a través de la línea telefónica (RTB) debe ser analógica. La conversión deberá responder a una señal de origen digital que se transforma en analógica al salir a la red y que, al llegar al PC destino vuelve a transformarse en digital.

De forma habitual los chips que realizan la conversión de señal suelen proceder del mismo fabricante por lo que, en muchos casos, la diferencia entre módems es sólo estética. Uno de los fabricantes más implicados en estos circuitos es Rockwell.

La transformación de señal digital en analógica implica un proceso de modulación y, cuando la operación es en sentido inverso una demodulación. Así también resulta importante destacar que cada módem debe estar capacitado para realizar ambas operaciones (modulación y demodulación) ya que la comunicación deberá ser bidireccional.

10.2.1. La modulación

Como ya se ha comentado en la introducción anterior, la principal operación que realiza un módem y de la que recibe su nombre es la de modular y demodular. Parece preciso, por tanto, dedicar unas líneas a esta cuestión que, si bien sólo presentan las bases y fundamentos del sistema, ayudarán a entender el funcionamiento.

Las razones para modular son varias. Dentro de éstas tienen cabida los argumentos económicos ya que permiten que un medio físico pueda ser compartido por varias señales trabajando en banda ancha. Por otro lado debe recordarse que la RTB o línea telefónica convencional fue diseñada para la transmisión analógica y no digital (aunque en la actualidad algunos tramos se usen para comunicación digital). Por otro lado, las comunicaciones analógicas, si bien son más lentas, ofrecen una menor atenuación, consiguiendo, por tanto, mayores distancias.

El primer tipo de modulación se realizó en frecuencia y su explicación es sencilla: basta con asignar diferentes frecuencias a los distintos niveles lógicos y, dado que la comunicación es bidireccional, estas frecuencias también serán distintas si la información es enviada o recibida. Cuantificando lo expuesto se plasma en 1.070 Hz para el nivel lógico 0 y 1.720 para el valor lógico 1. Estos valores en uno de los equipos se transforman en 2.025 Hz y 2.225 Hz para los valores 0 y 1, respectivamente en el otro equipo en comunicación. Esta variación de frecuencia permite la comunicación bidireccional antes mencionada.

Esta modulación en frecuencia o FSK (Frecuency Shift Keying) respondería a la siguiente figura:

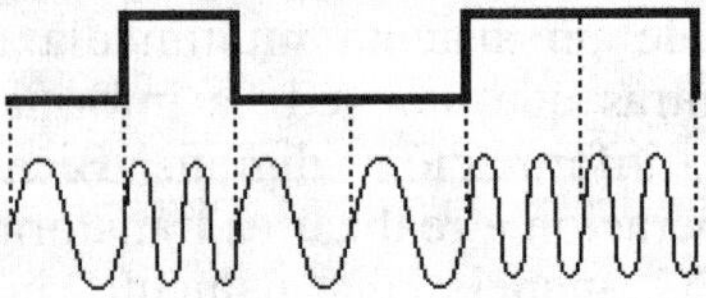

Figura 10–2 Modulación FSK para 010011

Esta técnica presentaba limitaciones en el tiempo y fue preciso encontrar nuevas soluciones. Éstas vinieron de la mano de la modulación en fase o PSK (Phase Shift Keying). En este caso se ofrece una fase constante para un valor lógico y un cambio de fase para otro. Normalmente un 0 implicará continuar con la fase anterior, mientras que un 1 provocará un cambio. Debe tenerse especial cuidado en entender este concepto ya que, a diferencia del anterior, no se asigna una fase concreta a un valor (en FSK una frecuencia), sino un cambio de fase o una continuidad en la existente. El concepto queda más claro con ayuda de la figura siguiente:

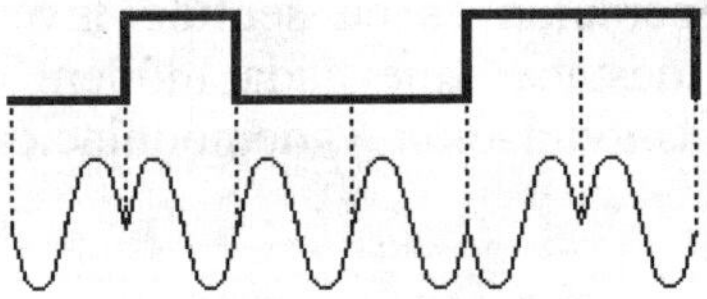

Figura 10–3 Modulación PSK para 010011

Como se puede observar, se ha tomado el acuerdo de cambiar la fase al recibir un 1 y mantenerla con un 0.

Posteriormente llegó la QAM o modulación en amplitud (Quadrature Amplitude Modulation). Este sistema es extremadamente sencillo: basta con asignar diferentes amplitudes de señal (diferentes tensiones) a los distintos valores lógicos, tal y como se aprecia en la figura:

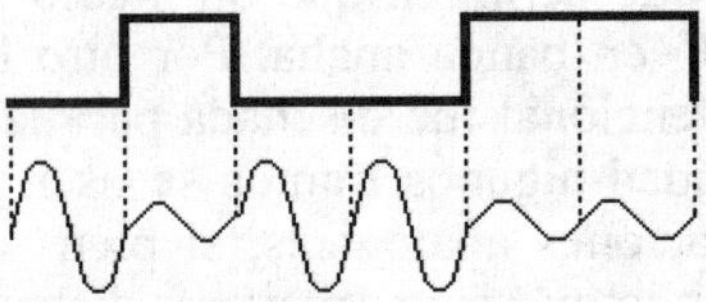

Figura 10–4 Modulación QAM para 010011

Sobra decir que estos procesos deben ser reversibles en el momento de la demodulación. Gracias a las últimas técnicas se alcanzó el uso de la banda de los 3 KHz, donde los módems de 56 K se encuentran rozando el límite de transmisión. Todo parece indicar que, a partir de ahora, la solución deberá venir de la comunicación digital sin necesidad de la transformación analógica. Esto es una realidad a través de las líneas RDSI o ADSL.

10.2.2. Características de un módem

Como en cualquier otro componente, los módems también se rigen por una serie de criterios que dejan de manifiesto sus prestaciones. Dentro de estas características se pueden evaluar varias, a saber:

Velocidad El parámetro de velocidad es uno de los más significativos en los módems ya que aluden directamente al rendimiento de la comunicación. A mayor rapidez, mayor fluidez en la comunicación. Esta velocidad se mide en bits por segundo (bps o baudios) o en kilobits por segundo (representados como Kbps o, simplemente como K). De cara a ilustrar este concepto, supóngase la necesidad de enviar un fichero de 1 MB. Con un módem de 56 K se tardaría: 1 x 1.024 x 8 /56 = 146,2 sg = 2 minutos y 26 segundos. Si el mismo fichero se transmitiese con un módem a 14.400 baudios, el resultado sería de: 1 x 1.024 x 8 /14,4 = 571,1 sg = 9 minutos y 31 segundos Al igual que el resto de los componentes, la velocidad ha evolucionado en función de las nuevas aportaciones tecnológicas impulsadas –cómo no– por las necesidades impuestas por el sector. Así, algún usuario veterano recordará aún los módems de 2.400 bps (aunque los hubo más lentos: ¡hasta 300 baudios en los años 60!). En la actualidad se trabaja de forma habitual a 56 K y no es recomendable adquirir un módem por debajo de los 33,6 K.

> ***En honor a la verdad, hay que matizar que estas velocidades no son reales. Tal es así que los módems etiquetados como 56 K sólo son capaces de mantener esa tasa de transferencia en el sentido Internet → PC. En el caso de transmisión PC → Internet, no se supera la cota de los 33,6 K. Por otro lado, cada vez que se establece una comunicación se "negocia" la velocidad y se condicionará al más lento de los equipos. En el caso de Internet, la saturación de la línea también es un parámetro que puede disminuir la velocidad.***

El incremento de la velocidad ha respondido a una estandarización de normas, como se detalla en el siguiente punto que ha evolucionado con la siguiente secuencia: 300, 1.200, 2.400, 9.600, 19.200, 28.800, 33.600 y 56.600. A partir de esta tasa de transferencia, aparecen otros medios de comunicación que cambian la RTB por RDSI o ADSL, donde las tasas de transferencia superan los 10 MB por segundo.

Estándares Hacen referencia al conjunto de normas que el módem debe cumplir. Estas normas están en relación directa con las posibilidades que el módem ofrece. De forma habitual un módem podrá comunicarse con otro de su misma norma o inferior, aunque esto no siempre se da. Las normas más representativas son:

NORMA	TRANSFERENCIA (bps)
V.22bis	2.400
V.29	14.400
V.32	9.600
V.32bis	14.400
V.34	28.800
V.34+	33.600
V.90	55.600

Tabla 10–1 Normas y transferencias

En la tabla anterior se aprecian las diferentes normas asociadas a las velocidades máximas soportadas. En el caso de la V22 bis, las comunicaciones debían ser módem-módem (realmente se hacía así a través de BBS). La V29 introdujo la posibilidad de las comunicaciones módem-FAX (bien entendido, un FAX es simplemente un escáner conjuntado con un módem).

Éstas no son las únicas normas y existen "sub normas" que no todas se encuentran estandarizadas o no son de aplicación. Tal es el caso de las V.42 y MNP2-4 con control de errores o las normas V.42bis y MNP5-10 con compresión de datos. Recientemente el retraso en la aparición de normativa para las velocidades de 56 K provocó dos tendencias diferentes e incompatibles entre sí: el K56flex y el X2. La normativa que ha prevalecido ha sido la V90 de la UIT por lo que módems con otro tipo de estándar han tenido que ser actualizados (sí lo han permitido a través de una memoria flash) o desechados.

Otro estándar conocido como V92 permite, por ejemplo, el compartir la línea telefónica para voz y datos. Esta ventaja no podrá ser aprovechada por el usuario si su módem no soporta el estándar correspondiente.

10.2.3. Conexionado del módem

La instalación de un módem no difiere, en esencia, de la de cualquier otro dispositivo. La única peculiaridad que aquí se hace más frecuente que en otros periféricos es la disponibilidad de trabajar con módems internos o externos. Cada modelo aporta una serie de ventajas e inconvenientes que es bueno tener en cuenta a la hora de adquirirlo. Lo mejor será detallar y evaluar cada posibilidad para aclarar las ideas.

El caso de los módems internos probablemente sea el más común. Se trata de tarjetas cuya conexión se realiza a través de un slot ISA o PCI (ya de forma casi única a través del PCI aunque el slot ISA tiene suficiente capacidad de manejo de datos, dadas las velocidades de transferencia con las que se trabaja). No lleva más implicaciones físicas de conexión (alimentación, buses,…) exceptuando, lógicamente, la conexión con la roseta telefónica a través de un cable suministrado por el fabricante para tal fin. Este cable dispone de dos conectores en sus extremos de tipo RJ11. En definitiva hay una mayor integración con el resto del equipo.

Algo que realmente distingue a este tipo de módem es la disponibilidad de su propia UART, un circuito especializado en la comunicación que se trata de forma exhaustiva en el capítulo dedicado a las controladoras. La integración de la UART en el propio módem posibilita una comunicación en función exclusivamente de éste, sin importar que se encuentre instalado en un equipo antiguo o con bajas prestaciones.

Este tipo de módem suele ser más complicado de configurar (aunque desde que apareció el Plug & Play ya no existen configuraciones complicadas) dado que, en algunos casos es preciso usar jumpers y microrruptores para seleccionar las interrupciones y direcciones de memoria usadas. Por otro lado está de manera añadida el inconveniente de tener que abrir el ordenador para su instalación. Para finalizar, su precio suele ser bastante bajo.

En caso de optar por un módem externo, las características varían. En primer lugar habría que hablar de la ventaja que implica el no necesitar un slot libre para su colocación pero, como contrapartida, la conexión con el PC se realizará a través de un puerto del sistema. En la actualidad esto no representa problema alguno ya que se dispone de manera habitual de todas las conexiones precisas en formato de puertos RS 232 C y USB fundamentalmente (aunque hay otras) y, junto a la aparición de los puertos PS/2 que han desplazado el sistema de conexión de los ratones (antes era a través de puerto serie) hace muy poco probable que el PC no disponga de puertos para la conexión del módem. De cualquier modo, la conexión que predomina es a través de puerto serie. Otro de los elementos adicionales es la necesidad de una fuente de alimentación externa de corriente continua y con una tensión comprendida entre 9 y 12 v generalmente. Esta fuente, además de ser un elemento más con la consecuente ocupación de espacio y uso de cables, encarece el producto. En esta línea de aumento de precio, habría que incluir también el coste de la caja externa que alberga el módem y el cable de conexión módem-PC.

> ***Hace tiempo que en Internet se ofrecen conexiones de pago mediante la desconexión del módem y la nueva conexión a un número con una tarifa mucho más cara. En algunos casos, algunas empresas desaprensivas realizan esta operación con mensajes poco claros donde el usuario a veces no es consciente del cambio. Esto se detecta al oír la nueva marcación del módem. En el caso de los externos, se suele incluir un botón de reset e incluso un interruptor que puede ser útil en estos casos para la desconexión inmediata.***

Los módems externos están equipados con una serie de diodos LEDs que indican al usuario en qué momento de la comunicación se encuentra. Los indicativos más frecuentes son:

INDICATIVO		SIGNIFICADO
AA	Auto Answer	Modo de respuesta automática esperando a recibir una llamada
CD	Carrier Detect	Es el proceso de detección de portadora (línea) antes de iniciar la comunicación
MR	Modem Ready	Módem preparado para trabajar
RD	Received Data	Recepción de datos
SD	Send Data	Envío de datos

Tabla 10–2 Indicativos frecuentes

Otro punto a tener en cuenta en el caso de la utilización de módems externos es que no disponen de UART, sino que aprovechan la del ordenador dado su tipo de conexión a través del puerto serie. Esto condiciona de manera importante el rendimiento del módem a la UART del sistema (que debe ser, al menos, una 16550 aunque esto dependerá de la velocidad del módem). Deberá considerarse este punto de forma detenida ya que, una de las razones que mueve al usuario a adquirir este tipo de módem a pesar de su incremento de precio con respecto al interno es su portabilidad y su capacidad de poderse intercambiar entre equipos.

A modo de resumen, se podrían resumir brevemente las características más representativas expuestas en ambos modelos en la siguiente tabla:

	Interno	*Externo*
Complejidad de instalación	↑	↓
Fuente de alimentación	-	√
Indicativos luminosos	-	√
Ocupación de puerto físico	-	√
Ocupación de slot	√	-
Precio	↓	↑

Tabla 10–3 Comparativa módems

En cualquiera de los casos, es decir, tanto en módems internos como externos, se suele disponer de un conector RJ11 hembra marcado como *Phone*. Este conector debe ser usado para conectar un teléfono. De este modo se evita la inutilización de una roseta por la conexión de un módem. De igual modo, la conexión del módem hacia la roseta suele venir serigrafiada como *Line*.

Cada vez es más común el uso de ordenadores portátiles y el módem usado por éstos, cuando no es interno, corresponde al formato PC Card. Este tipo de módem se inserta en una ranura PCMCIA y ofrece prestaciones similares a cualquier módem convencional.

10.2.4. Los "otros" módems

También en los módems existen productos que no reflejan de forma fiel todas las prestaciones que un dispositivo de esta clase debiera ofrecer. En este caso se intentan abaratar costes de producción mediante módems "incompletos".

La reducción siempre implica una carencia hardware que debe ser suplida por otro elemento. Así lo habitual es que el propio ordenador del usuario realice las funciones que el módem no es capaz. En esta línea hay dos tipos de módems:

HSP Son módems donde su carencia de hardware es suplida por el microprocesador del ordenador. Esto implica que cada vez que el módem sea usado, el rendimiento de la máquina bajará. Por supuesto este tipo de dispositivo es más barato aunque habría que evaluar junto con la disminución del conjunto de prestaciones si la adquisición de un módem HSP es realmente rentable. Obviamente este tipo de módem exige un microprocesador mínimo para trabajar (habitualmente un Pentium convencional suele ser suficiente).

Winmódem Este tipo requiere de un sistema operativo concreto que suele ser el más extendido (obviamente, un producto Microsoft). Y si antes era el hardware del PC del usuario quien cubría las deficiencias del módem, ahora será el sistema operativo quien lo haga. Normalmente realizará operaciones con la memoria deteniendo incluso el proceso de multitarea para atender el módem. También en este caso se manifestará como una bajada del rendimiento de las prestaciones del sistema.

El sistema es similar al que utilizan algunas impresoras láser (tratadas en el capítulo dedicado a la impresión) donde se reduce la memoria al máximo funcionando con la del sistema y siempre bajo un sistema operativo concreto.

Existen dos conceptos más que guardan relación con los módems sin llegar a serlo: los módems nulos (o null-modem) y los cablemodem. En el primer caso se trata de un cable de comunicación entre PCs a través de un puerto de comunicaciones (ampliamente detallado en el capítulo dedicado a las controladoras). En el segundo caso se hace referencia a un producto usado por los operadores de cable para suministrar Internet, telefonía,...

10.2.5. Instalación del software

Siguiendo paso a paso la descripción y partiendo únicamente de la suposición de que el módem está insertado, se llegará a la configuración total. El entorno donde se desarrolla la instalación es Windows dada su consolidación en el mercado como sistema operativo estándar.

El proceso es el siguiente:

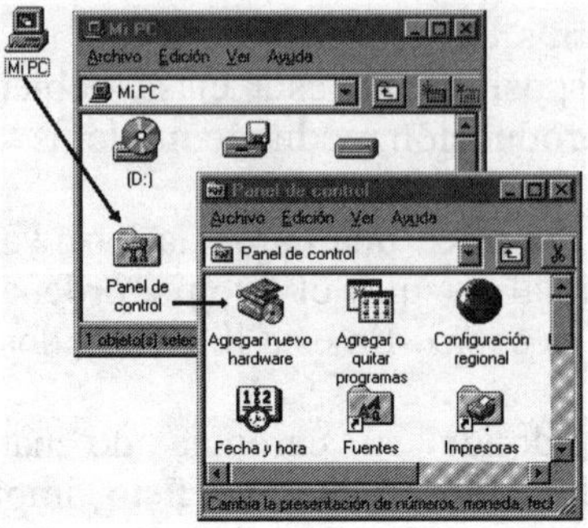

Figura 10–5 Instalación del módem (I)

Tras arrancar Windows se seleccionará el icono marcado como “Mi PC”. Este icono se encarga de todas las tareas relativas a la máquina de forma específica y, entre otras aplicaciones, nos permitirá definir qué nuevos componentes se han instalado al PC. Al pulsar dicho icono se abrirá la carpeta de “Panel de Control” tal y como se muestra en la figura. Una vez allí, entre otros, se encontrará el icono de “Agregar nuevo hardware”, que será el que marquemos. Su misión es la declarar de manera específica cada uno de los componentes de la máquina, de manera automática o no y, en este caso, será útil para “informar” al ordenador de la presencia de un nuevo módem previamente instalado.

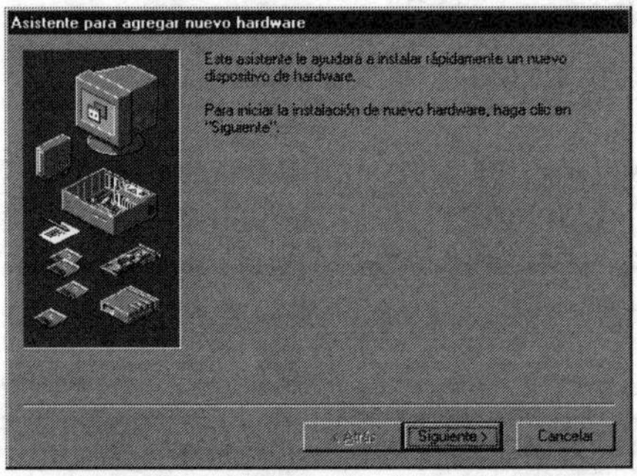

Figura 10–6 Instalación del módem (II)

Este icono dará paso al “Asistente para agregar nuevo hardware”. El objetivo de esta aplicación es el de ayudar al usuario a instalar fácilmente cualquier dispositivo. Tras abrirse la pantalla se pulsará el botón marcado como “Siguiente” en la esquina inferior derecha. La siguiente ventana que aparecerá ofrecerá al usuario la posibilidad de detectar automáticamente el nuevo hardware o que el usuario lo realice de forma manual. La ventaja que ofrece la detección automática es la configuración de todos los parámetros necesarios de forma transparente para el usuario. Esto es posible gracias al “Plug & Play“ descrito en el capítulo de “Configuración del PC”. En la práctica, para que este sistema funcione se deben dar unas condiciones óptimas en cuanto al tipo de máquina y hardware instalado.

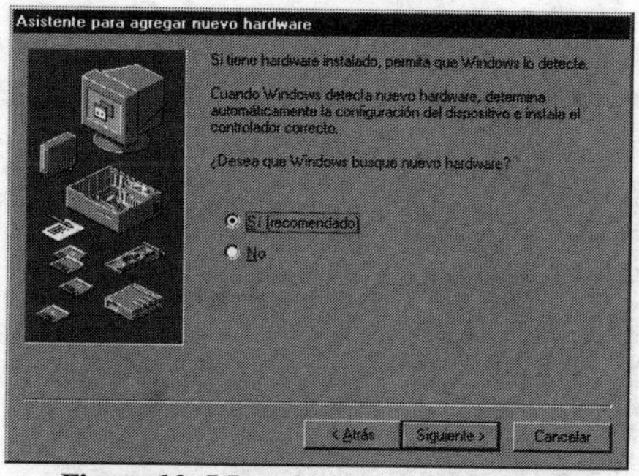

Figura 10–7 Instalación del módem (III)

En este caso se procederá a una instalación manual. Esto será tan sencillo como indicar a Windows que no se desea el proceso de detección automática marcando la casilla "No".

Tras pulsar el botón "Siguiente", Windows mostrará en pantalla una lista con distintas categorías de hardware. En esta lista aparecen especificados por tipos todos los dispositivos que se pueden acoplar al ordenador. Obviamente se trata de una relación más amplia de lo habitual, ya que no sólo contempla hardware actual, sino que además presenta la relación de futuras ampliaciones. Será necesario a través de la barra de desplazamiento vertical "bajar" hasta encontrar la categoría de "Módem" casi al final de la lista y, una vez visible, marcarla con el ratón. El aspecto que ofrecerá será similar al mostrado en la figura.

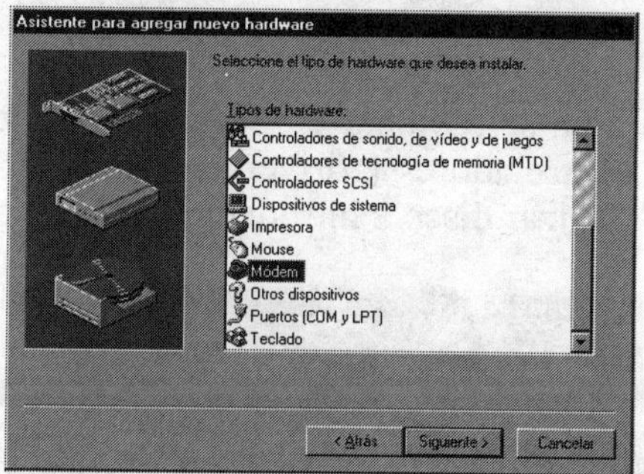

Figura 10–8 Instalación del módem (IV)

Para seguir avanzando en el proceso, se pulsará al botón "Siguiente". La próxima ventana ofrecerá al usuario la posibilidad de detección automática del tipo de módem instalado, además de unas recomendaciones como tener el módem encendido y sin ninguna aplicación en ejecución. En este caso, tal y como se definía al principio, se optará por la configuración manual, marcando la casilla de "No detectar el módem. Lo seleccionaré de una lista" y pulsando el botón "Siguiente".

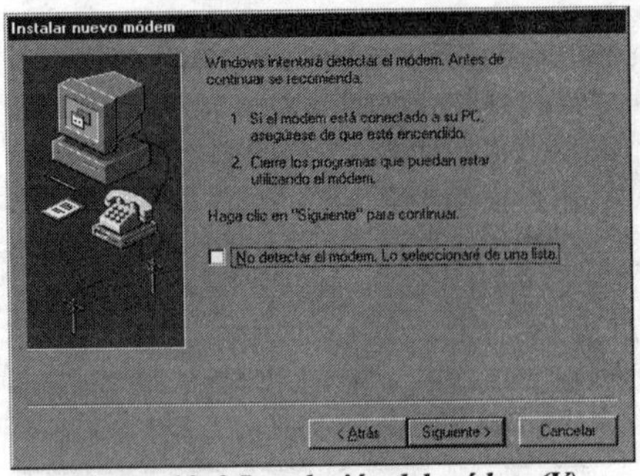

Figura 10–9 Instalación del módem (V)

A continuación aparecerá una lista con una serie de marcas de fabricantes de módems. Por cada marca se dispondrá de una relación de modelos actualizada.

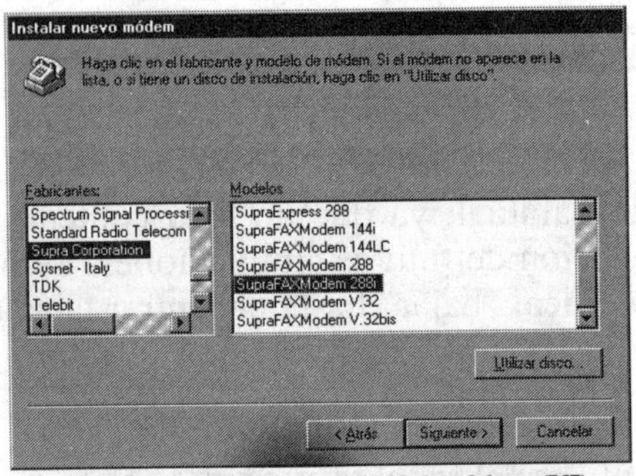

Figura 10–10 Instalación del módem (VI)

El proceso consistirá en seleccionar el fabricante y, a continuación, el modelo. En caso de disponer de controladores ("drivers") actualizados por el fabricante, se seleccionará el botón de "Utilizar disco", introduciendo el disco en la unidad.

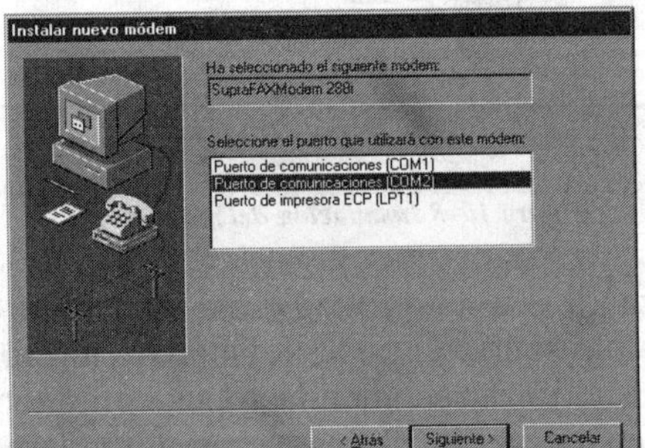

Figura 10–11 Instalación del módem (VII)

El siguiente paso será determinar qué puerto de comunicaciones se desea asociar al módem. Se debe tener especial cuidado con esta opción, ya que la elección de un puerto ya ocupado puede generar conflictos en la máquina. Normalmente el puerto COM2 es una buena alternativa.

Sólo queda pulsar el botón "Terminar". Si no se ha producido ningún error durante el proceso descrito, el módem ha sido instalado satisfactoriamente.

10.2.6. Configuración del módem

Una vez instalado el módem en el sistema, es necesario definirle para las futuras conexiones. Este proceso es sencillo pero no por ello menos importante que el anterior. Para iniciar este proceso, se parte de la carpeta "Panel de Control", a la que se llegó a partir del icono "Mi PC" tal y como se definió en la instalación del módem. En esta carpeta se elegirá el icono "Módems". Tal y como se muestra en la figura.

Figura 10–12 Configuración del módem (I)

Este icono, de forma general, permite especificar el modo de funcionamiento de los módems instalados en el sistema. Además, permite, aunque no se estudie en este capítulo, realizar una serie de diagnósticos para comprobar el correcto funcionamiento. Dentro de esta ventana existe la posibilidad de añadir nuevos módems al sistema mediante un proceso similar al ya descrito, eliminar módems instalados o el apartado de *Propiedades*.

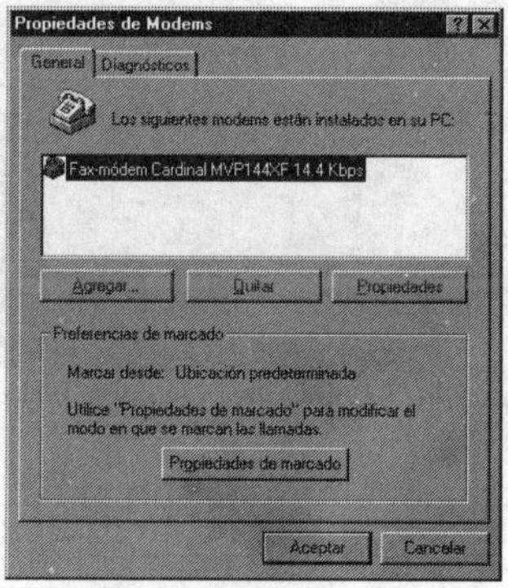

Figura 10–13 Configuración del módem (II)

Este último permite al usuario revisar la configuración así como realizar cambios sobre la misma. En la parte inferior aparecerá un recuadro especificando algunas características definidas. En el caso que nos ocupa, se seleccionará el botón marcado como *Propiedades* para continuar con el proceso de configuración.

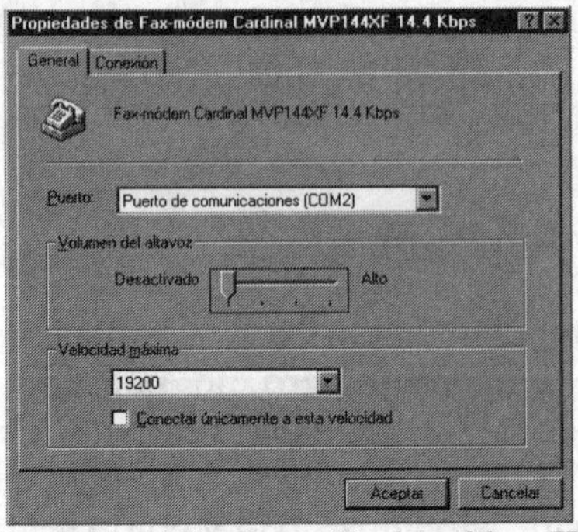

Figura 10–14 Configuración del módem (III)

Esta acción dará paso a la siguiente ventana indicando las propiedades del módem. En el apartado *General*, que aparece por defecto, se podrá comprobar cuál es el puerto de instalación así como la velocidad máxima de transmisión soportada por el módem. Mediante una casilla de verificación se permite al usuario el especificar esta velocidad máxima como la única válida. Esto implicaría que, si nuestro acceso al proveedor de Internet es más lento debido al tráfico de información, la conexión no se realizará. También se dispone de un control de volumen del altavoz interno del PC. Se recomienda que se encuentre al mínimo, ya que no tiene sentido "oír" una transmisión digital. Revisada esta ventana (que ofrece valores por defecto), se seleccionará el apunte de Conexión. Aquí será preciso definir las preferencias tanto de la conexión como de las llamadas tal y como se indica en la figura.

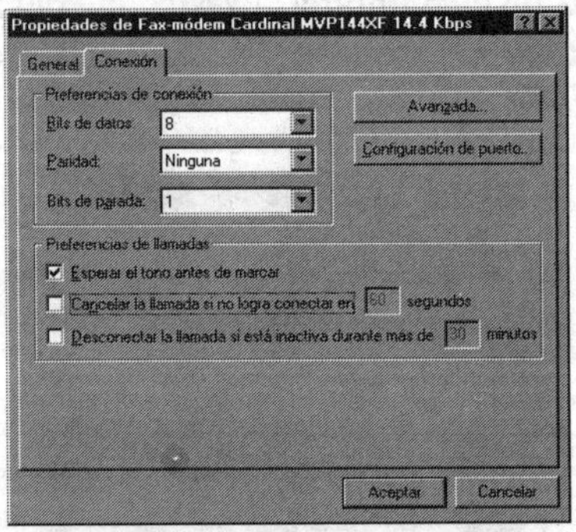

Figura 10–15 Configuración del módem (IV)

Existen dos botones adicionales que permiten acceder a la configuración avanzada de conexión y la configuración avanzada del puerto. Son los botones "Avanzada" y "Configuración del puerto..." respectivamente. En el primero de ellos se debe activar el control de errores y la compresión de datos, además de establecer el control de flujo a través de hardware (RTS/CTS). Esto asegura una comunicación fiable. En lo referente al tipo de modulación empleada se elegirá el modo estándar. Esta ventana no requiere más cambios. Una vez validada con el botón de *Aceptar*, se seleccionará "Configuración del puerto...". Desde aquí se permitirá al usuario el uso de los búferes FIFO ("First Input First Output").

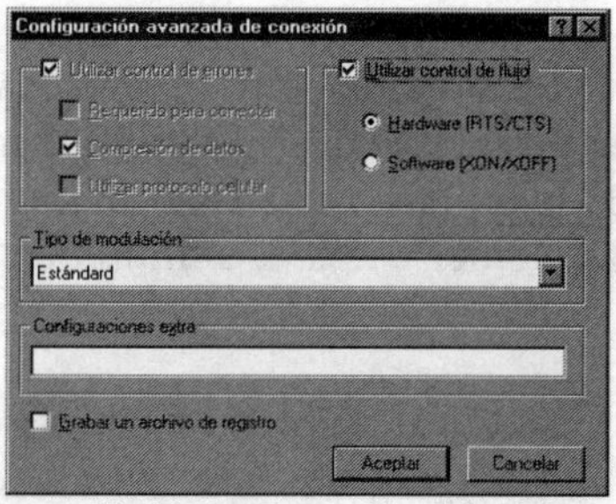

Figura 10–16 Configuración del módem (V)

Para habilitar esta opción se debe disponer de una controladora con una UART compatible con la 16559. En la actualidad, la mayoría de las controladoras integradas en placa base soportan dicha compatibilidad, por lo que no debe representar ningún problema (ver el capítulo dedicado a las controladoras para averiguar qué UART se tiene instalada). Se definirán también los búferes de transmisión y recepción. Estos valores pueden ser modificados por el usuario, sabiendo que, a un menor valor, la comunicación es más segura pero el rendimiento es menor. Seleccionando un valor elevado se invierten los términos: el rendimiento es el máximo pero la comunicación se vuelve menos fiable. Existen unos valores predeterminados que se pueden seleccionar pulsando el botón correspondiente. Una vez aceptada esta pantalla, sólo quedaría realizar el proceso de diagnóstico del módem accesible desde la ventana de propiedades tal y como se definió.

Un método fiable para saber si el módem está bien configurado consiste en acceder a Mi PC / Panel de Control / Módem. Una vez allí, en la lengüeta de Diagnóstico, se deberá seleccionar el módem y marcar el botón de más información (es el proceso descrito para averiguar qué UART se tiene instalada). Si el módem está funcionando, aparecerá información en la caja inferior de la ventana (comandos Hayes). En caso contrario se indicará mediante un mensaje de error que no ha sido posible abrir el puerto del módem.

10.3. MÁS VELOCIDAD: TRANSMISIONES DIGITALES

Incluso los no iniciados en Informática han oído hablar de Internet (o "la Internet", como la denominan algunos). La también conocida como *red de redes*[60] es un elemento básico sin el cual, cuesta concebir cómo eran las comunicaciones hace poco, muy poco tiempo. Hay quien habla de la popularidad de la red gracias a su carácter anárquico e independiente. Lo cierto es que la funcionalidad unida a un bajo precio (que siempre podría ser menor) ha despertado el interés por los colectivos más dispares que puedan conformar cualquier entorno social. Desde "clanes" organizados que juegan en competiciones internacionales hasta servicios de teleasistencia como la receta electrónica o la atención virtual a mayores han hecho que Internet se consolide en un tiempo récord. Es más, en España (ejemplo probablemente extrapolable a otros

[60] Tratada desde su origen en el capítulo dedicado a Internet.

países) existe un 25% de hogares con equipos informáticos mientras que la conexión a Internet se sitúa en un 36% de la población. Estos datos indican que, incluso no disponiendo de un ordenador personal en el domicilio, los usuarios optamos por no quedarnos atrás y utilizar toda la potencia que Internet pone a nuestro alcance a través de máquinas de acceso público, ciber cafés o, simplemente, ordenadores de amigos y familiares.

No obstante, las comunicaciones, si bien se han visto potenciadas últimamente, no son algo nuevo en la Informática. En este caso –y siguiendo con el objetivo formativo de este texto– lo que debe resultar interesante es el mecanismo que propicia esa comunicación. A estas alturas del texto el lector está familiarizado con conceptos con la banda base, banda ancha o los módems (tratados todos en el capítulo dedicado a las redes) pero una nueva serie de posibilidades se han abierto dentro del espectro de la banda ancha, permitiendo el establecimiento de canales de voz y datos en un mismo medio físico.

Este avance, ni mucho menos actual, ha sido debido al uso de técnicas de muestreo que consiguen obtener señales digitales a partir de las analógicas además de incluir técnicas de corrección de errores (ecualización de distorsiones provocadas por el propio cable) que posibilita un rendimiento del par de cobre impensable hace años. De este modo es posible, sin necesidad de cambiar el cableado, habilitar diferentes canales de datos indicados para comunicaciones electrónicas o de voz (digitalizada, por supuesto), a velocidades muy superiores de lo que una línea analógica sería capaz de soportar.

Aunque hay opciones muy específicas, en este texto se valorarán las más comunes que, sin lugar a dudas, son la RDSI, ADSL (y todas las técnicas xDSL) y las comunicaciones vía satélite. Sin duda el futuro deparará nuevas y vertiginosas sorpresas en cuanto a velocidad se refiere pero, eso, será analizado en futuras ediciones. Observemos, por tanto, la oferta actual que, pese a las críticas de muchos, son un avance importante en cuestión de poco tiempo.

10.3.1. RDSI

La Red Digital de Servicios Integrados o RDSI, en inglés ISDN, probablemente fue en su momento uno de los servicios con mayor repercusión social en el ámbito tecnológico en cuanto a comunicaciones se refiere. Esta red, como su nombre indica, aporta una serie de servicios que vienen de la mano de la versatilidad de uso que da el tratamiento digital de la información.

La RDSI aporta soluciones ya no sólo en cuanto a transferencia de datos se refiere sino, además, en comunicaciones de voz. Gracias al muestreo de señales analógicas y la conversión analógico-digital y viceversa (tal y como lo hace un módem), esta tecnología también aporta soluciones al espectro de la telefonía.

La RDSI, en función de las prestaciones y en cuanto a volumen de datos que se desea obtener, ofrece soluciones tanto en banda ancha o RDSI-BA (acceso Primario), como en banda estrecha o RDSI-BE (acceso básico). Estos accesos conforman los denominados Accesos de usuario que son el medio de interconexión desde el domicilio a la red. Estos accesos se organizan en canales del siguiente modo:

Canal B Tiene una capacidad de 64 Kps y es el canal de comunicaciones básico para el usuario, dada su escaso ancho de banda.

Canal D Con una capacidad de 16 Kps o 64 Kps según necesidades, el canal D es el encargado del control de la comunicación.

Canal H Dispone de tres variaciones en cuanto a capacidad se refiere: 348 Kps, 1.536 Kbps y 1.920 Kps que se denominan H0, H11 y H12 respectivamente. Es la solución de comunicación de mayor capacidad que el canal B anteriormente descrito.

Así, la opción de accesos, se conforma del siguiente modo:

Básico Usado por la RDSI-BE admite voz y/o datos y/o control a través de dos canales de tipo B. El acceso se complementa con un canal adicional D.

Primario Es usado por la RDSI-BA con una conformación de 30 canales de tipo B y uno de tipo D.

La RDSI-BE trabaja de forma conmutada con anchos de banda de 64 Kbps llegando a alcanzar los 2 Mbps. Si se precisan mayores prestaciones, es preciso acudir a la RDSI-BA con tasas superiores a los 2 Mbps. En esta última es posible determinar si desea disponer de un servicio síncrono (STM) o asíncrono (ATM). El STM asigna intervalos temporales fijos a cada canal, a pesar de que éste pueda no estar en uso, mientras que el ATM maneja bloques de longitud fija de información sin una preasignación temporal, eliminando la ausencia de actividad si un canal está desocupado.

Al igual que el resto de técnicas tratadas en este capítulo, la RDSI está condicionada a la cobertura por parte de la Compañía suministradora del servicio en la zona geográfica concreta. Esto es debido a la ampliación del ámbito de uso de la señal digital que, si en un principio era recibida y entregada de forma analógica a pesar de que su transmisión interna se hiciese de forma digital, en la actualidad implica una recepción y entrega digital. Esto conlleva que la Central de la que dependa el abonado soporte esta serie de servicios.

10.3.2. DSL

La Digital Subscriber Line o Línea Digital de Suscriptor (DSL) es el tipo de comunicación predecesora de popular ADSL actual. Así, se sientan las bases del funcionamiento futuro donde el único parámetro que evoluciona de forma significativa es la tasa de transferencia.

La DSL es un sistema ideado para combinar sobre una misma línea comunicaciones de voz y datos, siempre y cuando este servicio se encuentre disponible en la zona geográfica donde se desee utilizar (al igual que ocurre con la ADSL). La DSL alcanza cotas de transferencias inimaginables para un módem: 1.544 Mbps en carga y 128 Kbps en descarga. Esta diferencia de tasas según el sentido de la información hace de este sistema un medio "asimétrico", dando este término sentido a la desproporción de tasas de información (justificadas, por otro lado).

10.3.3. ADSL

La línea de abonado digital asimétrica o Bucle de Abonado Digital Asimétrico, más popularmente conocida como ADSL (Asymetric Digital Subscriber Line), es el sistema de conexión a Internet con mayor demanda en la actualidad. El motivo es obvio: a través del clásico cableado de telefónica, sin ningún cambio, es posible la navegación a velocidades impensables para un módem (cuando menos se multiplica por cinco) y, por si este atractivo fuese insuficiente: permite mantener conexiones de voz a la vez que se producen las transferencias de datos (algo esperado por la normativa V-92 en los módems que ninguna operadora ha llegado a implementar).

El motivo de la asimetría en las tasas de transferencia para subida y bajada, se fundamenta en el uso real de la red: es habitual que la descarga de datos sea muy superior a la transferencia. No debe pensarse en este concepto como la recepción/transmisión de datos convencional con un servidor a través de, por ejemplo, un FTP, sino más bien como una conexión normal de navegación. De este modo, cada vez que se accede a una página web, de forma inherente a la navegación se produce la descarga de la propia página (lo que, en un entorno gráfico, puede llegar a suponer un volumen de información relativamente importante). Porcentualmente, el envío de datos frente a la recepción, es significativamente más pequeño.

En esencia, lo que se consigue es establecer sobre la misma línea un canal de voz y dos de datos (uno para el envío de datos o *subida* y otro para la recepción o *bajada*) de manera independiente que son tratados a través de un filtro que recibe el nombre de splitter que, en definitiva, se trata de un discriminador. Será este dispositivo, por tanto, el encargado de conseguir que los dos canales se integren desde la conexión "hacia fuera", es decir, hacia la Central de conmutación.

Básicamente, lo que se hace es utilizar frecuencias más altas para el envío y recepción de datos que las usadas por voz. Esto permite la simultaneidad de servicios a la vez de posibilitar una línea de datos a alta velocidad.

Otra de las ventajas asociadas a la ADSL es su facturación en tarifa plana real: el usuario pagará una cantidad fija a la compañía con independencia del tiempo que esté conectado, el horario o la cantidad de datos extraídos. Este pago es independiente del pago inicial que se realiza por la instalación de la línea (realmente el splitter), si bien es cierto que un gran número de compañías regalan esta primera instalación o alta. Todo este cúmulo de prestaciones ha hecho que en poco tiempo la ADSL sea un producto de gran demanda y, como consecuencia, el tiempo de espera desde que es solicitada la línea hasta que se instala suele ser bastante largo. Tanto es así que algunas compañías han visto ahí un elemento diferenciador con su competencia, llegando a ofertar la instalación gratuita en caso de que la demora sobrepase un determinado intervalo de tiempo (habitualmente, quince días). Téngase en cuenta que, a diferencia de lo que ocurre con las conexiones de cable, en la ADSL la capacidad del canal no es compartida con otros usuarios, lo que implica una diferencia significativa.

Un inconveniente es la falta de cobertura geográfica de la ADSL. No todas las ciudades disponen de este servicio lo que claramente representa un agravio comparativo. Cabe esperar que esta situación se homogeneice en algún momento aunque, por otro lado, a veces se escuchan comentarios sobre la estanqueidad del plan de cobertura por parte de las grandes compañías operadoras. Tanto si estos comentarios son ciertos como si no, la demora está propiciando el mercado de otros sistemas (también tratados en este capítulo) como es el caso de la conexión vía satélite. Esperemos que futuras tecnologías (como puede ser la VDSL) tengan más en cuenta los pequeños núcleos urbanos de modo que el hecho de vivir en una pequeña localidad no sea penalizado tecnológicamente.

Es posible comprobar a través de Internet la disponibilidad de cobertura ADSL mediante la introducción del teléfono al que se desea asociar. Este servicio es ofrecido, de entre otros sites, en http://www.setsi.mcyt.es/

Otro de los problemas a destacar es que la ADSL mantiene incompatibilidades con algunos servicios comercializados por las propias compañías. Entre éstos cabe citar los siguientes: hilo musical, IBERCOM, Teletax, Red Delta, líneas de backup, circuitos alquilados (Frame Relay, IP básico) o teletarificación mediante impulsos a 12 kHz.

Ahora, las ventajas no terminan aquí y no son sólo para el usuario. La compañía suministradora del servicio también tiene ventajas al potenciar este tipo de conexión. En primer lugar (y como resulta obvio) se obtiene un rendimiento mayor del cableado ya que las líneas existentes son válidas –salvo que se encuentren en muy mal estado, en cuyo caso tendrían que ser sustituidas– para soportar este servicio. Por otro lado esta conexión no ocupa la Central, es decir, no existe riesgos de que la compañía pueda verse saturada (colapsada) a efectos reales. Ésta es una afirmación no compartida ni por las compañías ni por el propio Ministerio pero la evidencia de otros países donde existe tarifa plana así lo manifiesta.

Así, y como ya se ha comentado, el servicio a través de ADSL precisa de unos elementos hardware, una configuración software y unos servicios de activación por parte de la operadora. A pesar de que diferentes compañías comercializan el servicio de forma ligeramente distinta, en esencia todos deben disponer de los mismos elementos fundamentales. Éstos son los siguientes:

Splitter Como ya se ha comentado, es el elemento discriminador entre voz y datos. La ADSL se conecta y el splitter proporciona las conexiones independientes para el PC y el teléfono. Hay diferentes versiones y ha de ser la propia compañía suministradora del servicio quien proporcione esta interfaz. Algo similar al splitter existe en la Central donde se vuelven a separar los canales de voz y datos para su proceso independiente.

Módem /Router Se trata de la interfaz que se coloca entre el PC y el splitter. Caben dos posibilidades: usar un módem o un router. En el primero de los casos, la conexión, a diferencia de los módems convencionales, se suele realizar a puerto USB (lo que obliga a disponer de máquinas con este puerto, prácticamente estandarizado desde el Pentium P54C) ya que los puertos de comunicaciones asíncronos son insuficientes para el volumen de datos a tratar. En el caso del router, se precisa disponer de una tarjeta de red que establezca la conexión con la ADSL (a todos los efectos, como si de una red de área local se tratase). Ya existen placas base (aunque difíciles de encontrar en Europa) que incorporan un módem ADSL en su propia arquitectura.

Activación Además de disponer del hardware anteriormente citado, es preciso que el servicio esté disponible en la zona geográfica donde se encuentra el usuario y, además, el servicio sea activado. El reto más importante de las compañías en la actualidad no son las grandes ciudades, cubiertas en su totalidad, sino aquellos municipios con un mínimo de 2.000 habitantes. En muchos casos, por tanto, habrá que seguir esperando o recurrir a tecnologías alternativas como es el caso de la conexión vía satélite (en España generalmente el Astra o el Hispasat).

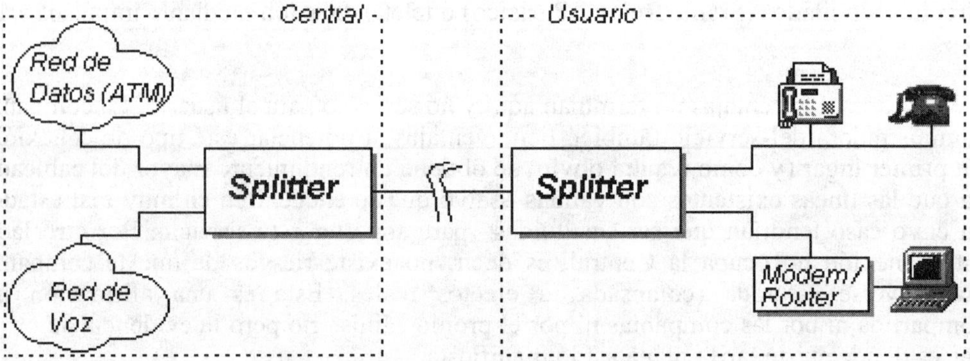

Figura 10–17 Comunicación ADSL

Potencialmente la ADSL es capaz de transferir hasta 1 Mb/s de subida de datos y hasta 8 Mb/s de bajada, aunque es habitual que se comercialice el producto por parte de las operadoras en formatos de menos prestaciones. Realmente estos valores son ciertos siempre y cuando la Central no se encuentre demasiado alejada del punto de conexión (como máximo a 3 kilómetros de la central ADSL más próxima). No obstante, la distancia es un parámetro más acusado en otras tecnologías de mayor velocidad, como es el caso de la VDSL (tratada en este mismo capítulo).

El rango de interconexión admitido abarca el rango comprendido entre los 256 Kbps a los 2 Mbps de bajada y 128 Kbps a 300 Kbps de subida.

Otra de las cuestiones importantes a tener en cuenta es el precio: la ADSL o *Asymetric Digital Subscriber Line* es una evolución de algunas tecnologías y compañera de otras en las que existe un denominador común: la transmisión digital (ya no se produce de forma analógica como sucedía con los módems). Esta tecnología, además, proporciona la posibilidad de compartir la línea permitiendo, a la vez que se establece la comunicación, una conversación telefónica, cada una de ellas por un canal lógico independiente dentro del mismo cable físico.

Lo habitual es que las compañías ofrezcan un HUB o un *router* (inalámbrico o no) para la conexión a Internet. Algunas compañías también permiten que sea el usuario quien aporte el equipo. Otras tienen tarifa de alta, otras no... En definitiva, toda una amalgama de opciones a estudiar antes de contratar el servicio.

Un pequeño resumen de la oferta de ADSL a día de hoy en España puede reflejarse en la siguiente tabla:

	Interfaz	**Alta (€)**	**Instalación (€)**	**Precio mes (€)**	**Contrato (meses)**
Arrakis ADSL Class 512 Kb	Router	77,17	Splitter, 99,50	74,95	-
Arrakis ADSL Kit 256 Kb	Módem USB, router inalámbrico	-	Kit auto instalable	39,00	-
Arrakis ADSL Kit 512 Kb	Router inalámbrico	30,00	Kit auto instalable	74,95	-
Arrakis ADSL Star 256 Kb	Router	77,17	Splitter, 99,50	39,00	-
Arrakis ADSL Wi-Fi 256 Kb	Router inalámbrico	77,17	Splitter, 99,50	39,00	-
Arrakis ADSL Wi-Fi 512 Kb	Router inalámbrico	77,17	Splitter, 99,50	74,95	-
Arsys ADSL 256 Kb	Módem USB o router	-	Kit auto instalable	29,90	12
Arsys ADSL 512 Kb	Router	-	Kit auto instalable	69,00	12
Jazztel ADSL 256 Kb Módem Equipo Cliente	Módem USB	-	Kit auto instalable	36,40	-
Jazztel ADSL 256 Kb Módem Equipo Jazztel	Módem USB	-	Kit auto instalable	39,00	12
Jazztel ADSL 256 Kb Router	Router	90,15	Kit auto instalable	39,00	12
Spansurf ADSL 512 Kb	Router	-	Splitter, 90,00	69,95	12
Spansurf ADSL Pack 256 Kb	Router	-	Splitter, 90,00	36,95	12
Telefónica ADSL 512 Kb	Módem USB, router inalámbrico	38,10	Kit auto instalable	74,98	12
Telefónica Kit ADSL 256 Kb	Módem USB, router convertible inalámbrico	38,10	Kit auto instalable	39,07	12
Terra ADSL Home 256 Kb	Módem USB, router inalámbrico	38,10	Kit auto instalable	29,90	24
Terra ADSL Plus 256 Kb	Módem USB, router inalámbrico	38,10	Kit auto instalable	42,04	24

	Interfaz	Alta (€)	Instalación (€)	Precio mes (€)	Contrato (meses)
Telefónica ADSL 256 Kb	Módem USB, router convertible inalámbrico	38,10	Kit auto instalable	39,07	12
Tiscali ADSL On 256 Kb	-	-	Kit auto instalable	29,50	12
Tiscali ADSL On Modem o Router 256 Kb	Módem USB, router	-	Kit auto instalable	31,50	12
Tiscali ADSL Top 512 Kb	Módem USB, router	-	Kit auto instalable	67,95	12
Tiscali ADSL Top Modem o Router 256 Kb	Módem USB, router	-	Kit auto instalable	38,95	12
Tiscali ADSL Top 256 Kb	-	-	Kit auto instalable	36,95	12
Wanadoo ADSL Go 256 Kb	Módem USB	-	Kit auto instalable	29,90	12
Wanadoo Ciudad 128 Kb	Módem USB	-	Kit auto instalable	39,00	12
Wanadoo Nacional 128 Kb	Módem USB	-	Kit auto instalable	66,90	12
Wanadoo Provincial 128 Kb	Módem USB	-	Kit auto instalable	43,90	12
Wanadoo Ciudad 256 Kb	Módem USB	-	Kit auto instalable	42,90	12
Wanadoo Nacional 256 Kb	Módem USB	-	Kit auto instalable	69,90	12
Wanadoo Provincial 256 Kb	Módem USB	-	Kit auto instalable	46,90	12
Wanadoo Speed, 256 Kb	Módem USB, router inalámbrico	-	Kit auto instalable	39,00	12
Wanadoo Star 128 Kb	Módem USB	-	Kit auto instalable	32,90	12
Ya 512 Kb	Router inalámbrico	-	Kit auto instalable	69,98	12
Ya + Vodafone Live! 256 Kb	Router inalámbrico	-	Kit auto instalable	39,07	12
Ya Home 24h 128 Kb	Router	-	Kit auto instalable	32,90	12
Ya Router Wi-Fi 256 Kb	Router inalámbrico	-	Kit auto instalable	39,07	12

Tabla 10–4 Proveedores de ADSL

Como se puede observar, en casi todos los casos el proveedor ofrece una interfaz (*router* o módem USB), si bien hay que aclarar que en la tabla no se han recogido todas las opciones donde se permite que sea el propio usuario quien aporte su equipo (esto es una tabla orientativa y no comercial, vaya). Por otro lado, sólo en casos muy concretos se cobra el alta que resulta gratuita en casi todos los proveedores. También es significativo que en todos los casos donde se aporta una interfaz de forma gratuita (no se han especificado aquellos casos en los que no es así), la compañía obliga al usuario a un intervalo mínimo de tiempo para amortizar la interfaz suministrada.

El autor quiere dejar claro que esta tabla es un mero ejemplo puntual donde no toda la información es completa. Así, por ejemplo, no se han recogido las promociones puntuales que pudieran darse y que podrían hacer cambiar el criterio de un potencial comprador. La única finalidad es la de ofrecer una perspectiva aproximada, remitiendo al lector a cada una de las compañías para obtener una oferta real y actualizada de cada uno de los productos expuestos.

10.3.4. VDSL

La Very high speed Digital Suscriber Line o Línea de abonado digital de muy alta velocidad es, como su propio nombre indica, un paso adelante por encima de la tecnología ADSL. Esto implica un aumento de prestaciones que, cómo no, están en consonancia con un aumento de precio. No obstante, la VDSL ofrece una versatilidad que la ADSL no: la opción de determinación si se desea un producto asimétrico. De este modo, el usuario, en función de sus necesidades específicas, determinará si quiere potenciar la recepción o se desea equiparar (sincronizar, en el sentido de volumen de datos) la recepción y la transmisión.

La VDSL alcanza cotas de hasta 52 Mb/s en bajada, lo que implica un aumento más que significativo con respecto a la ADSL. En este caso, la distancia es un parámetro desfavorable afectando de forma importante a la tasa de transferencia cuando el punto de interconexión se encuentra a más de 300 m de la Central.

10.3.5. HDSL

La Línea Digital de Abonados de alta tasa de bits (*High bit-rate Digital Subscriber Line,* HDSL) fue la tecnología sucesora de la DSL para dar cobertura de banda ancha a los usuarios que así lo requerían. Soportada en líneas de cobre (al igual que el resto de variantes) se hizo muy popular en los entornos meramente telefónicos (principalmente en las PBX) –aunque también se puede usar con otro tipo de medios–. La HDSL proporciona una comunicación simétrica bidireccional, es decir, se dispone del mismo flujo de datos potencial de recepción como de emisión.

La transferencia se sitúa en el orden de los 1.544 Mbps de forma síncrona en circuitos punto a punto con un sistema diseñado para compensar las distorsiones originadas por la utilización del cobre. Esta tecnología ha sido usada siempre que ha sido posible por las operadoras para dar soporte a servicios locales. Aunque la distancia le afecta de forma considerable (como al resto de las comunicaciones), su límite de 3.658,5 m sobre dos hilos y más en otros medios (exactamente, en su definición original, 12.000 pies sobre dos pares trenzados y 24.000 pies son para trenzado simple), le permite una fácil cobertura en núcleos urbanos, admitiendo estaciones repetidoras para aumentar el servicio de banda ancha.

Figura 10–18 Equipo HDSL

Muchas operadoras apuestan por esta tecnología frente a la fibra óptica como es el caso de la línea T1 (americana) o E1 (europea).

10.3.6. SDSL

La *Symmetric Digital Subscriber Line* o Línea de Abonados Digital Simétrica se encuentra aún en fase de desarrollo formal en cuanto a normas se refiere. En muchos de sus parámetros, es similar a la HDSL. Así, como su nombre indica, también es simétrica y bidireccional con un límite de distancia establecido en 3.048 m frente a los 3658,5 m de la HDSL, aunque hay versiones que alcanzan hasta los 5.500 m. Por otro lado, también se soporta sobre un par trenzado de cobre, lo que le hace apta para comunicaciones telefónicas de voz.

La SDSL aporta una gran simplicidad en cuanto a centralización de comunicaciones, lo que le hace ser una opción interesante para las empresas. Además, el hecho de soportarse en líneas convencionales (al igual que ocurre con otros productos xDSL) significa un ahorro importante para las compañías.

10.3.7. Comunicaciones vía satélite

La utilización de los satélites para la comunicación de Internet es una solución para aquellas zonas geográficas donde no se disponga de otro tipo de cobertura o, simplemente, se desee disponer de una conexión rápida, fiable y moderna. Cada vez más instaurados, los satélites forman parte de muchos aspectos cotidianos de nuestra vida a pesar de pasar desapercibidos. Telefonía, televisión, radio,… son sólo algunos ejemplos de comunicaciones que pueden depender de un satélite a varias decenas de miles de kilómetros por encima de nuestra cabezas.

Figura 10–19 Parabólica para PC

Las comunicaciones vía satélite se dividen, según interese para su estudio, en función de las prestaciones deseadas. En nuestro caso, tiene especial consideración el sentido de la información, por lo que la clasificación se realizará en función de si la comunicación es bidireccional (subida y bajada) o unidireccional (sólo en un sentido). La elección estriba, fundamentalmente, en el precio. Así es bastante común utilizar el satélite como elemento para "bajar" la información y "subir" los datos a través de ADSL, RDSI o cualquier otro método convencional. Este sistema recibe el nombre coloquial de comunicación híbrida (es evidente, vaya). La velocidad de recepción de datos (bajada) suele estar en torno a los 400 Kbps.

Esta alternativa cada vez es más usada por compañías que desean evitar las congestiones de las comunicaciones terrestres si bien es cierto que económicamente la ADSL resulta mucho más interesante.

10.4. FABRICANTES DESTACADOS

3COM	www.atitech.ca
Arrakis	www.arrakis.es
Arsys	www.arsys.es
Jazztel	www.jazztel.es
Motorola	www.broadband.motorola.com
Rockwell	www.rockwellautomation.com
Spansurf	www.spansurf.com
Soltec	tienda.soltecsl.com
Telefónica	www.telefonica.es
Terra	www.terra.es
Tiscali	www.tiscali.es
US Robotics	www.usr.com
Wanadoo	www.wanadoo.es
Ya	www.ya.com
Zoom	www.zoomtel.com

CAPÍTULO 11

CAJAS, RATONES, TECLADOS Y OEMS

Incluso aquellos componentes que tiene una difícil catalogación dentro de otros grupos, pueden agruparse para dar entidad a un capítulo. Así ha ocurrido con éste. Cajas, ratones, teclados y productos OEM son tratados de forma somera para completar el conjunto del hardware tratado.

Todos, sin excepción, a pesar de no resultar los elementos más relevantes del PC, son imprescindibles y, por supuesto, han sufrido una evolución conforme a las exigencias del resto de los componentes. Así, y en primer lugar, las fuentes de alimentación, encargadas de suministrar el fluido eléctrico para que el PC pueda funcionar, han pasado de ser grandes cajas a pequeños receptáculos con un mínimo ruido eléctrico. Tanto el formato AT (ya obsoleto pero no desaparecido) como el AT y todas sus generalidades son tratados aquí.

En el caso de los ratones, su evolución resulta más curiosa. Desde las primeras cajas apuntadores (realmente no podían denominarse de otro modo) de Douglas Engelbart hasta los actuales ratones inalámbricos, ergonómicos y ópticos hay un abismo. Acabados en madera, metacrilato, transparentes, ecológicos... ofrecen un abanico de opciones que sin duda satisfarán al usuario más exigente.

Algo similar a lo descrito en los ratones ha ocurrido con los teclados. Se trata de la interfaz de entrada por excelencia y si bien de forma aparente no se encuentran demasiadas diferencias entre los modelos primarios y los actuales, realmente en el ámbito técnico sí se han producido cambios. No obstante, habría que destacar que éste ha sido un periférico en el que los usuarios no hemos admitido demasiadas variaciones.

Por último, una alternativa a los productos convencionales: el formato OEM. Un modo de economizar bien pensado aunque algunos se empeñan en basarlo en una pérdida de calidad.

11.1. LA CAJA

Todos los componentes descritos hasta ahora tienen que tener un soporte físico donde se ubiquen: ésta es la misión de la caja. En el mercado actual se puede encontrar un amplio abanico de cajas. Algunas incluyen "displays" (visualizadores digitales) e incluso dispositivos multimedia como altavoces, vúmetros y etapas de potencia integradas. En el estricto sentido técnico, sólo un aspecto resulta relevante: la fuente de alimentación, que se verá más adelante. No obstante, intentando generalizar, existen una serie de elementos comunes:

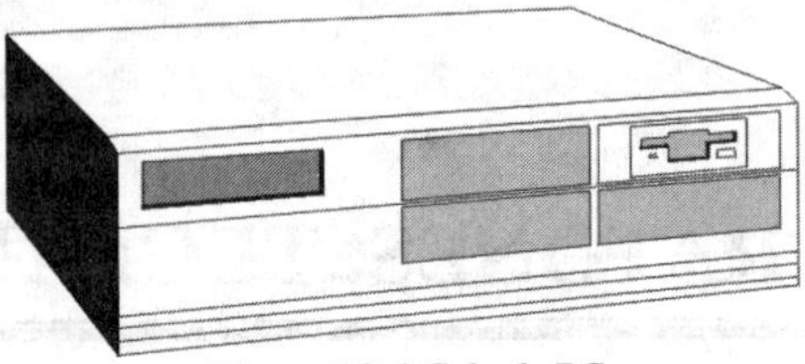

Figura 11–1 Caja de PC

Encendido También llamado *Power On*, es el encargado de la puesta en marcha del PC. Dependiendo del tipo de ordenador puede tratarse de un interruptor (en máquinas AT) o un pulsador (en máquinas ATX). En el primero de los casos, se incide a través de un interruptor en el suministro eléctrico, habilitando o no el paso de corriente. El segundo de los casos se encarga de enviar un pulso de tensión que pondrá en marcha un circuito realimentado capaz de arrancar la máquina pero ésta siempre está recibiendo energía eléctrica. Un buen ejemplo para ilustrar el funcionamiento de un pulsador de encendido en una máquina ATX, pudiera ser un televisor actual que, realmente, nunca está apagado: dependerá de la activación de una señal (a través del mando a distancia) para conseguir que el aparato entre en funcionamiento. Siguiendo el símil comparado con las máquinas AT, la equivalencia estaría en la desconexión del cable de alimentación del enchufe. El encendido del PC se tratará más detenidamente en el apartado de "Tipos de fuentes de alimentación".

Turbo Es el botón conocido como "Turbo Switch" y se encargará de hacer trabajar al ordenador en modo "Turbo" o "Normal". El primero de los modos indica la velocidad con la que ha sido diseñado el microprocesador, mientras que, el segundo, ralentiza la máquina. Es importante destacar que el modo de trabajo "Turbo" permite que el microprocesador funcione a su frecuencia mientras que en "Normal", disminuye el rendimiento o, lo que es lo mismo, no aporta absolutamente nada a la máquina excepto las connotaciones estéticas o, si se quiere, una disminución de rendimiento un tanto absurda. Internamente puede ser un conmutador o un interruptor que varíe la frecuencia de trabajo del microprocesador. En la actualidad este botón tiende a desaparecer, ya que no aporta ninguna ventaja en rasgos generales. De hecho, la mayor parte de las placas a partir de los microprocesadores PENTIUM no incluyen los pines para soportar esta función y, lo que el usuario ve es, únicamente, el cambio de un "display", ya que la placa no varía en nada su modo de funcionamiento. Generalmente, los hilos vienen duplicados y se usan para conectarlos en el "display" encargado de variar la numeración.

El "Turbo Switch", en aquellos equipos en los que realmente está conectado, puede "ralentizar" el sistema de tres formas diferentes:

- Actuando directamente sobre el reloj del sistema (cristal de cuarzo) consiguiendo trabajar a una velocidad diferente. Éste es el modo más común.
- Introduciendo estados de espera en los ciclos de memoria.
- Introduciendo ciclos de refresco "extra".

> ***A pesar de que la función de Turbo hace años que desapareció, algunas cajas actuales aún lo siguen incorporando pero con otra funcionalidad. La activación del Turbo pone en funcionamiento una serie de ventiladores adicionales que ayudan a refrigerar el equipo. Esta acción sí puede entenderse como un aumento de rendimiento ya que permite incrementar la operatividad de la placa. A colación de este tema hay que destacar en su día el concepto de "flujo de aire inteligente" que consiste en admitir el aire por el frontal inferior del PC y expulsarlo, una vez caliente, por la parte posterior superior. A este respecto, se recomienda revisar el tema dedicado al Overclocking.***

Turbo LED Es el diodo luminoso encargado de informar al usuario de si se está trabajando en modo Turbo o no. Si la placa soporta la función, se conectará a los pines destinados para tal fin de la propia placa base. En caso de no existir dichos pines, se suele conectar al "display" de forma que se encienda y conmute de forma sincronizada con el cambio –aparente– de frecuencia. Ocasionalmente en algunos tipos de placa base, este diodo hace las funciones de indicativo del "Green PC" o Modo de Ahorro de Energía, empezando a parpadear cuando se activa dicha función.

Reset Se trata de un pulsador cuya función es la de reiniciar el equipo. Es lo que se denomina un "Boot" en frío y va conectado directamente a la placa base del ordenador. Ésta es la misma señal que se activa siempre que se conecta el PC y su función es la de inicializar el contador de programa del microprocesador (registro PC o Program Counter), un determinado valor (generalmente la dirección 0) para que cargue el programa desde el inicio. Esta dirección puede ser fija o fruto de un direccionamiento indirecto. Algunos micros, además, inicializan una serie de registros.

Key Lock Se trata de una cerradura que hace las veces de interruptor habilitando o no el teclado. Realmente, como seguridad, no se trata de una gran idea dadas sus limitaciones ya que todas las llaves son iguales variando, exclusivamente, dos formatos diferentes de diámetro. Otra cuestión es la cerradura que incorporan algunas marcas como Compaq, IBM o Hewlett Packard, que realmente varían de unos equipos a otros e impiden la apertura de la caja. De este modo, una simple limitación de acceso por password de la BIOS, constituye una barrera realmente infranqueable ya que no es posible realizar un borrado de la misma al no tener acceso al interior de la máquina. Internamente esta cerradura es un interruptor que va asociado al POWER LED, normalmente en un conector de 5 pines donde sólo 4 disponen de contactos.

Power LED Se trata del “piloto” de encendido. Es un diodo LED que se enciende junto con el PC y se apaga con el mismo.

HDD LED Es el LED indicativo de operación del disco duro. Se enciende cuando se realiza una operación de lectura/escritura. En algunos casos, cuando el PC dispone de un disco duro y un CD conectado al mismo canal, puede darse el caso de que permanezca constantemente encendido.

A continuación se ofrece, de forma gráfica, un pequeño resumen de lo anteriormente expuesto. En la figura, el lector podrá apreciar todas las señales citadas con su conexión tanto a la placa base como a la caja de PC. Se indica, además, el tipo de mecanismo instalado (pulsador, interruptor,...) así como su polaridad en caso de que la tuviese.

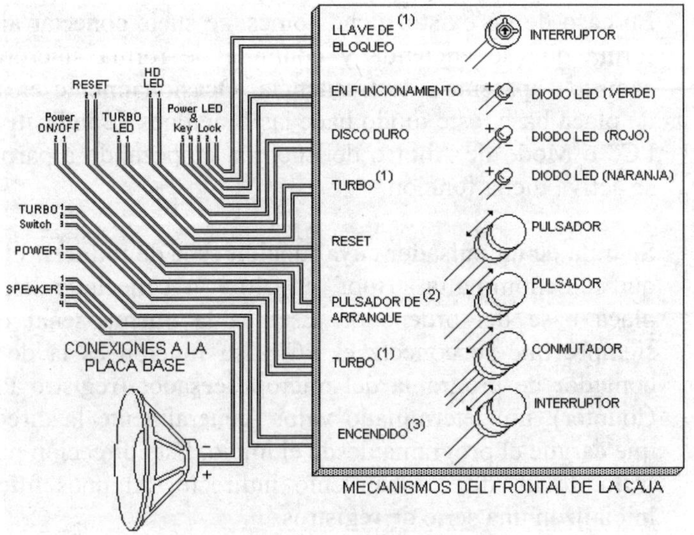

Figura 11–2 Conexión Placa base-Caja

Como se puede apreciar, se ha duplicado el sistema de arranque para ilustrar tanto las máquinas de tecnología AT como ATX, incluyendo un interruptor de encendido y un pulsador de arranque respectivamente. A pesar de haber cajas que ofrecen las dos posibilidades de forma conjunta, lo habitual es que sólo se disponga de un pulsador de encendido. De igual modo se llama la atención sobre el modo de conexionado del altavoz que, a pesar de venir siempre con un conector con formato de cuatro pines, sólo los dos extremos son utilizados.

11.1.1. Formato de las cajas

Aunque el capítulo comenzaba hablando de la diversidad de cajas existentes en el mercado, existen algunos modelos que se han normalizado y que se suelen identificar por el tipo de "bahía", que es el nombre que reciben cada uno de los alojamientos de dispositivos externos que puede tener un PC. Atendiendo a tal definición, se pueden encontrar bahías de 3½" o 5¼".

En la tabla siguiente se representan los modelos más comunes:

FORMATO	BAHÍAS 3 ½"	BAHÍAS 5 ¼"
Sobremesa	3	2
Minitorre	3	2
Semitorre	5	3
Torre	6	6

Tabla 11–1 Formatos de caja

El hecho de que aún aparezcan bahías en formato de 5¼", no implica en ningún momento que estén destinadas a albergar disqueteras de ese formato: los CDs, grabadoras y DVDs también son dispositivos de formato de 5¼". Por otro lado –y ya tanto para bahías de uno u otro formato–, la utilización de las mismas no tiene por qué ser necesariamente con dispositivos externos. Así, un disco duro de formato convencional (3½"), usará una bahía del mismo formato a pesar de no resultar visible de forma externa.

Existen algunos parámetros para medir la calidad de las cajas, como puede ser el grosor de la chapa que la conforma. Hay que tener especial cuidado en el acabado de las mismas, ya que el borde de una chapa mal pulida puede originar un filo peligroso para el técnico a la hora de manipular el interior del PC.

11.2. LA FUENTE DE ALIMENTACIÓN

Se entiende por fuente de alimentación el montaje eléctrico-electrónico capaz de conseguir adecuar la corriente eléctrica obtenida de la red en la que precisa el PC. Este concepto es común para la mayor parte de electrodomésticos (grupo en el que quizás el PC tuviera cabida). Las transformaciones de tensión, rectificaciones de corriente alterna en continua, estabilización... más bien son tareas de electrónicos que de técnicos en hardware; pero, no obstante, en este capítulo se tratarán, entre otros temas, los diferentes tipos de fuentes, conceptos de funcionamiento y pautas de reparación. Quede claro, de antemano, que en la mayor parte de los casos, suele ser más rentable, tanto al técnico como al cliente, la sustitución de la fuente que proceder a su presupuesto.

11.2.1. Etapas de la fuente de alimentación

Aunque existen varios tipos de fuente, de forma genérica todas realizan la misma función: suministrar la tensión que el PC precisa. Esto conlleva varias fases en cascada, es decir, tras realizar una, se procede a la siguiente. Se podrían establecer como transformación, rectificación, filtrado y estabilización. En los siguientes puntos se verá cada una de estas etapas a escala funcional, entendiendo que la implementación física de los componentes que realizan cada tarea dependerá del fabricante en cuestión.

En este capítulo se hace referencia al uso de osciloscopios, polímetros y otra serie de material electrónico. Se recomienda encarecidamente que si el lector no tiene conocimientos de electrónica, se abstenga de realizar "pruebas", ya que dentro de la fuente de alimentación hay suficiente tensión como para provocar accidentes.

Por su parte, la fuente de alimentación también toma sus propias "precauciones" siendo, en la mayor parte de los casos, fuentes cortocircuitables. Esto significa que puede soportar cortocircuitos en sus salidas de tensión siendo capaces de autodesconectarse. Para volver a ser operativa, será preciso realizar la operación de "rearmar" la fuente que, en la mayor parte de los casos, se realiza desconectándola de la alimentación un corto intervalo de tiempo.

Transformación Es el primero de los pasos. Este módulo consigue obtener una tensión reducida a partir de los 220 v (o 125 v en algunos países) que se encuentran en el enchufe. Puede darse el caso de que la fuente disponga de un pequeño conmutador para seleccionar la tensión de entrada, aunque lo habitual es que ya venga prefijada.

Dentro de la etapa de transformación, genéricamente existen dos variaciones: las electrónicas (también llamadas fuentes conmutadas) y las más convencionales basadas en transformador. Dado que el proceso de transformación se manejan niveles altos de tensión, se genera lo que se llama "ruido eléctrico". Este ruido corresponde al campo que se puede inducir en otros componentes del sistema provocando anomalías. Un ejemplo típico corresponde a las vibraciones que experimenta un monitor cuando se le pone cerca una fuente de alimentación de una impresora o unos altavoces. Para evitar el ruido se usan transformadores toroidales que, si bien no lo eliminan completamente, sí que lo reducen de forma considerable. Por otro lado, la fuente viene cerrada en una caja metálica conectada a masa que impide la salida del ruido al exterior.

Las fuentes de alimentación de los PCs son siempre fuentes conmutadas. Por supuesto podrían implementarse con transformadores pero implicaría el utilizar elementos de varias decenas de kilos de peso y considerables dimensiones. Una fuente de alimentación conmutada, en esencia, corresponde a todo el proceso que se describe a continuación, sustituyendo la función del transformador por otro sistema electrónico capaz de tomar "porciones" de la señal original, dejando pasar intervalos muy cortos de tensión una vez ésta ha sido rectificada en primer lugar (ésta es una de las variaciones). El valor eficaz de la tensión resultante dependerá de la relación entre el tiempo en que se deja pasar la tensión y el tiempo en que está cortada. Como ya se indicaba, los motivos para usar este tipo de transformación de tensión en el PC son, esencialmente, su precio y su tamaño, mucho menores cuando se pretende obtener tensiones muy bajas con muy alta potencia (gran consumo de corriente).

De cualquier forma, siempre es aconsejable colocar las tarjetas complementarias del PC lo más alejadas posible de la fuente de alimentación. Esto no siempre es posible, ya que las ranuras AGP de las tarjetas de vídeo ocupan una posición fija y ésta suele estar cercana a la fuente.

La salida de esta etapa generará la misma señal de entrada pero disminuida hasta 12 y 5 v aproximadamente y siguiendo las variaciones que el fluido eléctrico sufra (téngase en cuenta que las compañías suministradoras garantizan un ± 10% de la tensión nominal, es decir, los 220 v pueden oscilar entre 198 v y 242 v).

La comprobación de este componente se puede realizar con un sencillo voltímetro en la posición de alterna, comprobando qué tensión hay a la entrada y cuál a la salida. Téngase en cuenta que si tras el transformador existiese un cortocircuito, la tensión de salida sería de 0 v, a pesar de no encontrarse averiado el transformador.

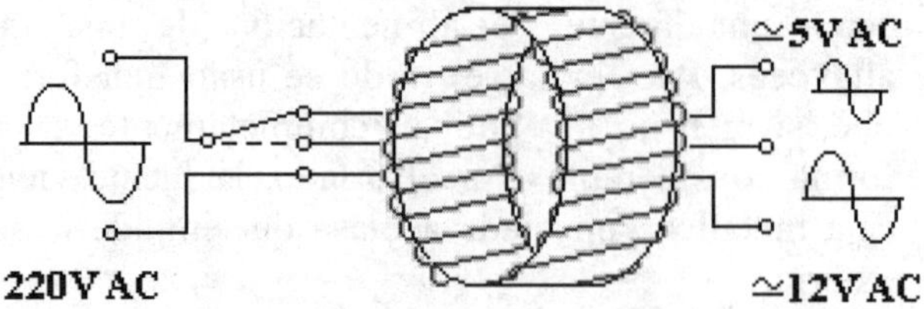

Figura 11–3 Esquema de un transformador

El gráfico orientativo del transformador no debe tomarse al pie de la letra, ya que, como se indicaba, no es tal sino un sistema electrónico de conmutación donde, además, existen una serie de salidas de alimentación simétricas (con una masa común) para conseguir tensiones negativas usadas para la alimentación de la placa base. Quede por tanto como mera orientación gráfica con meros fines didácticos a fin de ilustrar el proceso. A los lectores interesados en este apartado, se les remite a libros dedicados a la electrónica de baja frecuencia, sector en el que podríamos catalogar las fuentes de alimentación.

Rectificación

La corriente suministrada por la compañía es alterna. Esto significa que experimenta variaciones y cambios de valor por encima y debajo de los 0 v. De alguna manera se "alternan" los valores de tensión. Esta señal de forma senosoidal se transmite así porque resulta más fácil y rentable que generar directamente una señal continua, además tiene menos caída de tensión y es más fácil de transportar. La misión de esta etapa es la de transformar la señal alterna en señal continua, es decir, que no baja nunca del umbral de los 0 v. Cuanto más plana sea la señal, de mayor calidad será (pero eso corresponde a etapas posteriores).

La rectificación se realiza a partir de unos componentes electrónicos conocidos como diodos. Un diodo es un componente fabricado a partir de dos semiconductores (normalmente germanio o silicio) dopados de diferente forma (normalmente con boro o indio). Sin entrar en particulares de por qué se generan electrones o "huecos" libres, lo cierto es que un diodo permite que la corriente le atraviese como si de un hilo se tratase si está polarizado de una forma concreta e impide el paso de la corriente cuando se polariza de forma inversa.

Tal y como se explicaba, la corriente alterna pasa constantemente de valores positivos a negativos y viceversa. Si se le aplica esta señal a un diodo, sólo dejará pasar los valores que sean positivos y no los negativos. La corriente generada a la salida de un diodo se podría considerar como continua, ya que aparecerán los semiciclos positivos completos y no habrá tensión en el tiempo destinado a los semiciclos negativos. Esta señal recibe el nombre de continua pulsatoria por su forma, y el diodo sería un rectificador de media onda. Mediante el montaje de cuatro diodos en una disposición específica, se consigue un rectificador de doble onda que aprovecha tanto los semiciclos positivos como negativos generando una señal de mayor calidad. Estos diodos reciben el nombre de puente y se pueden adquirir encapsulados o formarlo a partir de los cuatro diodos conectados.

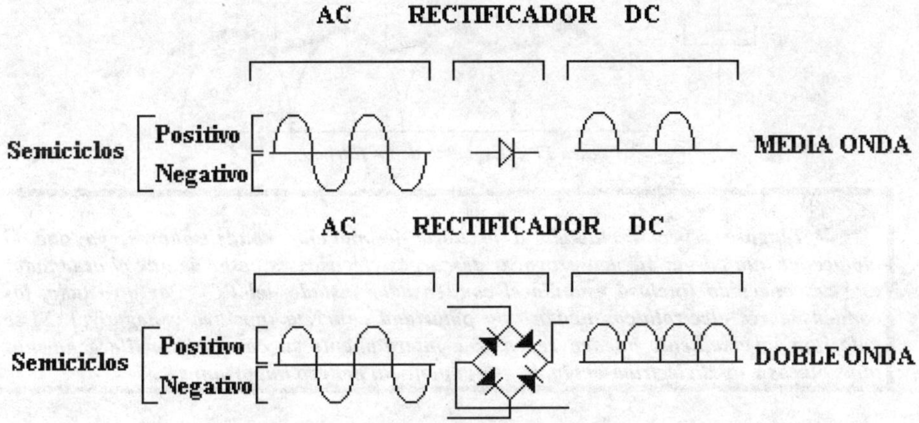

Figura 11–4 Esquema de una rectificación

La comprobación del puente se puede realizar si se dispone de un osciloscopio, visualizando la forma de la señal de salida, comprobando que realmente corresponde a una continua. En caso de no disponer de un osciloscopio, un simple polímetro, en su función de óhnmetro puede medir en continuidad cada diodo de forma directa e inversa. En un sentido, el diodo debe comportarse como un cable y en el otro debe estar “abierto” (con resistencia infinita). Conviene desconectar por una patilla el diodo a medir para que el resultado sea fiable.

Filtrado

A estas alturas ya se dispone de una corriente continua. Ahora bien, la calidad de la misma es mínima y todavía no es válida para alimentar ningún circuito. El objetivo es conseguir una señal lo más plana posible. Para conseguirlo hay diferentes modos. A efectos didácticos quizás el ejemplo más ilustrativo sea a partir de condensadores.

Un condensador es un componente electrónico que actúa como una batería: es capaz de almacenar un nivel de tensión. La aplicación en el caso de las fuentes consistirá en que el condensador se cargue de electricidad durante el semiciclo de subida de tensión (A) y se descargue en el semiciclo de bajada (B). Esto suavizará de forma considerable la tensión y será más efectivo cuanta más capacidad tenga el condensador. A tal efecto se usan los denominados condensadores electrolíticos que, además, realizan la función de filtrado de armónicos (señales indeseables que escapan del objeto de explicación de este libro).

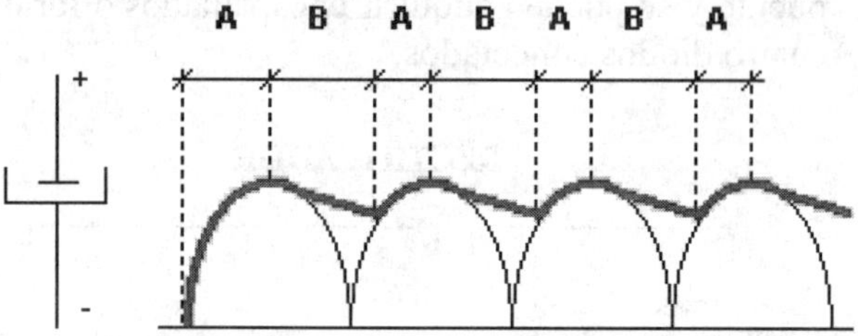

Figura 11–5 Esquema de un filtrado

Téngase especial cuidado a la hora de manejar condensadores, ya que al almacenar una carga, pueden provocar descargas eléctricas a pesar de que el ordenador esté desconectado (incluso estando el condensador aislado del PC). Por otro lado, los condensadores electrolíticos tienen una polaridad concreta (positivo y negativo). Si se polarizan inversamente pueden reventar e internamente su composición lleva además unas placas y un dieléctrico-ácido, lo que supone un peligro importante.

Se puede comprobar un condensador midiendo la tensión en sus patillas. Normalmente será la tensión suministrada por el rectificador (está en paralelo con la salida de la fuente) incrementada en raíz de 2, aunque este valor puede fluctuar ligeramente. Este incremento de tensión es provocado por el propio condensador por lo que, si se realiza la medida en ausencia del mismo, la tensión volverá a retornar a su valor nominal.

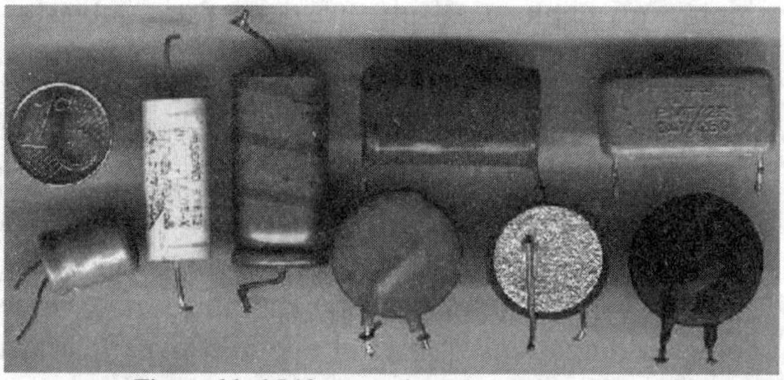

Figura 11–6 Diferentes tipos de condensadores

Estabilización

Puesto que ya se dispone de una señal continua bastante aceptable, ahora es preciso estabilizarla y dejarla perfectamente plana para que las variaciones de entrada no afecten al nivel de tensión de salida.

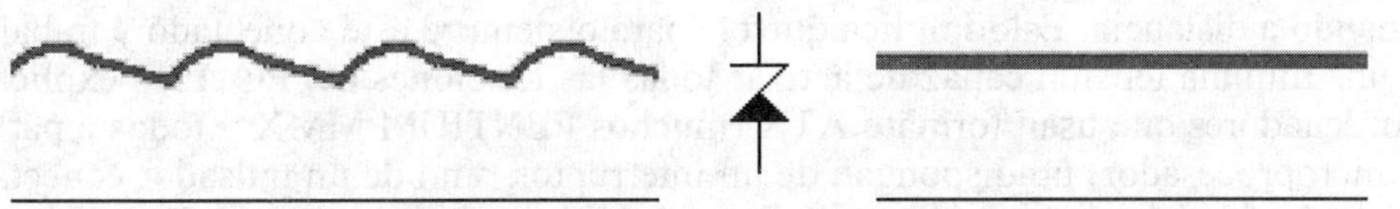

Figura 11–7 Esquema de estabilización

Hoy día el regulador es, en sí, un componente discreto más de tal modo que se puede adquirir fácilmente en cualquier tienda de componentes electrónicos. Su patillaje suele consistir en tres pines donde uno hace las veces de masa común y de los otros dos restantes uno se dedica a la entrada de tensión y otro a la salida estabilizada. Si bien es cierto que existe una amplia gama de productos encargados de la estabilización, es común usar integrados de la serie 78. Esta nomenclatura va seguida de dos dígitos más que indican la tensión de salida. Así, un 7805 estabilizará a 5 v y un 7802 lo hará a 2 v. Por supuesto será preciso garantizar una entrada de tensión dentro de unos márgenes especificados por el fabricante. De forma análoga existe la serie 79 para salidas negativas. De este modo un 7905 estabilizará a –5 v y así sucesivamente.

11.2.2. Tipos de fuente de alimentación

Existen diferentes tipos de fuente en función de cómo realizan su función. No obstante, la consideración "microinformática" es la de dos tipos de fuentes: AT y ATX. La diferencia entre ambas estriba, fundamentalmente, en que las ATX disponen de una electrónica interna adicional que hace las veces de "stand by" o período de espera, mientras que las AT se activan o desactivan con un interruptor.

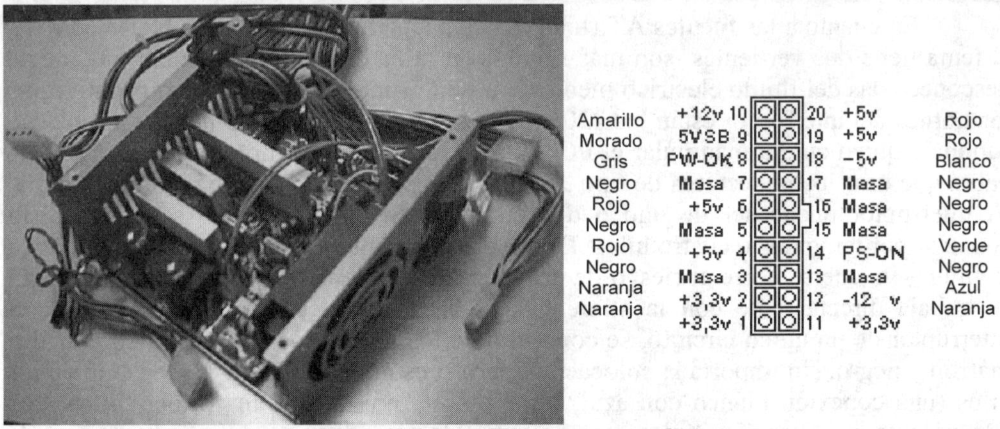

Figura 11–8 F.A. ATX con conector a placa

El caso de las ATX podría ser comparado con un televisor actual. Estos aparatos nunca se apagan, sino que están en espera a ser activados o desactivados con un mando a distancia. Esto implica que el aparato siempre esté conectado y trabajando con una mínima tensión capaz de activar todas las funciones del PC. Esto explica que los ordenadores que usan formato ATX (muchos PENTIUM MMX y todos a partir de ese microprocesador) no dispongan de un interruptor, sino de un pulsador conectado a la placa base y, ésta a su vez sea la encargada de activar la fuente. Esto le permite hacer conexiones y desconexiones por software con las ventajas que ello implica. Lógicamente el pulsador no tiene polaridad alguna. Hubo una variación de fuentes ATX, difíciles de encontrar en la actualidad que, además de ser activadas mediante la pulsación desde la caja, incluían en la propia fuente de alimentación un interruptor accesible desde la parte posterior del PC.

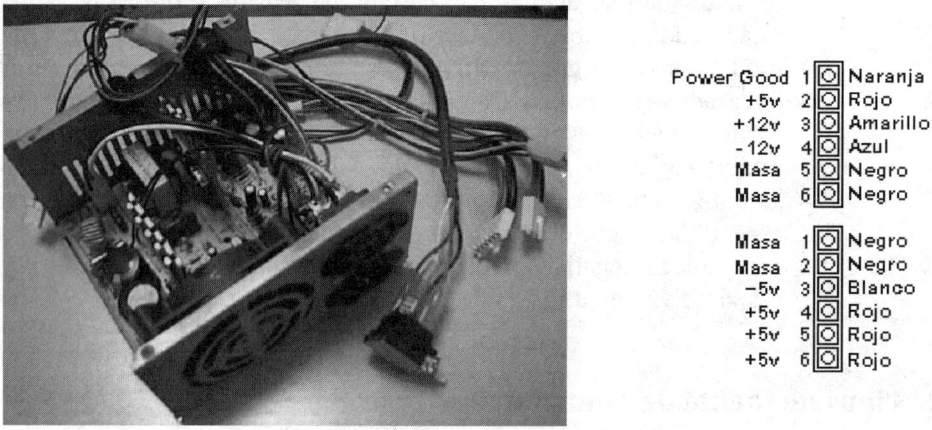

Figura 11–9 F.A. AT con conector a placa

> ***Dado que la activación de la fuente depende de la placa base, a veces puede ser difícil determinar una avería. El sistema es sencillo: basta con desconectar el conector de alimentación de la placa y puentear el cable verde con cualquiera de masa (de color negro). Si la fuente esta bien, deberá arrancar.***

En cuanto a las fuentes AT (todas hasta la aparición de los PENTIUM MMX), el tema tiene dos vertientes: son más seguras en la medida en que quedan totalmente desconectadas del fluido eléctrico mediante un interruptor. Como aspecto negativo, en los bornes del interruptor están los 220 v de la tensión de entrada con el riesgo que eso supone a quien quiera manipular el PC. Para conectar un interruptor a una fuente AT, habrá que usar los conectores de tipo “faston” que salen de la fuente de alimentación. El interruptor puede ser de uno o dos circuitos. Según el modelo será necesario conectar por tanto dos o cuatro hilos. Es importante mantener la disposición que indica la figura, ya que se corre el riesgo de provocar un cortocircuito. Recuérdese que aquí se trabaja directamente con la alimentación de la red eléctrica. En el caso de un interruptor de un único circuito, se conectarán a los bornes los cables blanco y azul o marrón y negro. No importa la colocación, pero sí es importante que no se cambien los hilos (una conexión blanco con azul, por ejemplo, provocaría un cortocircuito). Los dos hilos no conectados se unirán entre sí aislándolos convenientemente. En el caso de un interruptor con dos circuitos, se conectarán los hilos blanco y azul por un lado y marrón y negro por otro.

INTERRUPTOR DE DOS CIRCUITOS INTERRUPTOR DE UN CIRCUITO

Figura 11–10 Tipos de interruptores

11.2.3. Clasificación de las fuentes según su potencia

Las fuentes deben estar diseñadas para suministrar una potencia suficiente para el uso del PC. Si esto no fuese así, la fuente se calentaría de forma alarmante y el nivel de tensión de salida bajaría, haciendo crecer la corriente peligrosamente de forma que podría dañar ya no sólo la fuente sino el resto del PC. Normalmente las fuentes están correctamente diseñadas, pero la adición de muchos dispositivos internos (CDs, grabadoras, discos duros...) puede hacer que el consumo aumente. Si sus necesidades de ampliación implican grandes cambios, quizás fuese interesante también el pensar en ampliar la fuente de alimentación.

Basándose en las distintas generaciones de ordenadores y necesidades, se han estandarizado diferentes formatos de caja con fuentes de alimentación concretas. En la tabla anexa se ofrece un resumen de los valores más habituales:

FORMATO	POTENCIA DE F.A.
Sobremesa / Minitorre (ATX)	200 - 300 W
Sobremesa / Minitorre (AT)	150 - 200 W
Semitorre	200 - 230 W
Torre	230 - 250 W

Tabla 11–2 Relación cajas / potencia

11.2.4. Alimentación de la placa base

Puesto que la misión de la fuente es la de alimentar los diferentes componentes del PC, será preciso establecer una serie de conectores estándar así como niveles de tensión. En primer lugar habría que analizar la única diferencia que a este respecto se establece entre una fuente AT y una ATX. En el caso de las fuentes AT se identifican rápidamente dos conectores independientes y diferentes a los demás en formato *MOLEX 90331-0001* (que se corresponden con el conector *MOLEX 15-48-0106* ubicado en la placa base: P8 y P9). P8 es fácilmente identificable por sus tres cables de color azul y P9 por tres cables de color rojo. La forma correcta de colocación es dejando en el centro los cables negros que ambos conectores tienen.

Las tensiones de estos dos conectores idénticos entre sí son:

NÚMERO	SEÑAL	CONECTOR
1	Alimentación correcta	P8
2	+5	
3	+12	
4	-12	
5	Masa	
6	Masa	
7	Masa	P9
8	Masa	
9	-5	
10	+5	
11	+5	
12	+5	

Tabla 11–3 Alimentación AT

El problema de error de conexión desaparece completamente en las fuentes ATX. Para ellas se ha diseñado un único conector de dos filas que impide por procedimientos mecánicos la alimentación incorrecta de la placa base. Sus tensiones se representan en la tabla siguiente:

NÚMERO	SEÑAL	NÚMERO	SEÑAL
1	+3,3 v	11	+3.3 v
2	+3,3 v	12	-12 v
3	Masa	13	Masa
4	+5 v	14	Encendido
5	Masa	15	Masa
6	+5 v	16	Masa
7	Masa	17	Masa
8	Alimentación correcta	18	-5 v
9	+5 v "Stand by"	19	+5 v
10	+12 v	20	+5 v

Tabla 11–4 Alimentación ATX

11.2.5. Alimentación de dispositivos

Además de estos conectores de alimentación de la placa base, existen otros en número indeterminado (dependiendo del modelo y fabricante de la fuente) encargados de alimentar los diferentes dispositivos del ordenador. Estos conectores tienen dos formatos, aunque ambos mantienen cuatro hilos. Los conectores pequeños servirán para alimentar disqueteras y, en algunos casos, discos duros. El conector grande alimentará el resto de dispositivos (disqueteras de 5¼", la mayor parte de los discos duros, CD ROMs...).

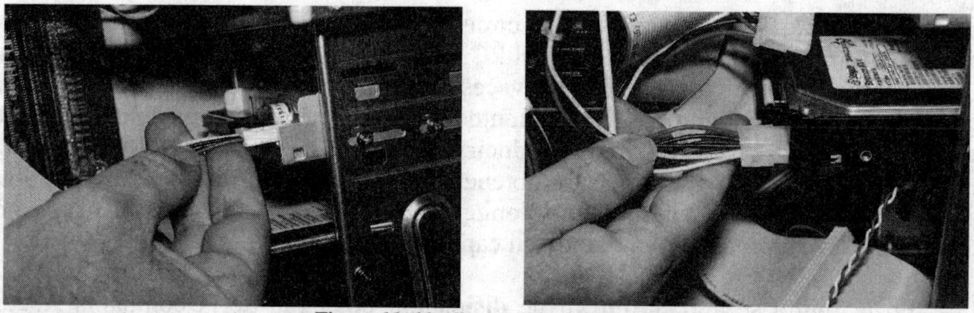

Figura 11–11 Alimentación de FD y HD

Se les suele dar el nombre de P10, P11..., aunque rara vez aparecen serigrafiados y sus tensiones son:

NÚMERO	COLOR	SEÑAL
1	Amarillo	+12
2	Negro	Tierra
3	Negro	Tierra
4	Rojo	+5

Tabla 11–5 Alimentación de dispositivos

Normalmente se usan los 5 v para la alimentación de circuitos y los 12 v para los motores de las disqueteras, discos duros y algunas ranuras. Obsérvese que el cable rojo dispone de 5 v y el amarillo de 12 v. Hay una excepción en los disipadores de los microprocesadores insertados en un zócalo "Socket" donde, a partir de un hilo de color rojo, se realiza la alimentación del ventilador con 12 v.

11.2.6. Refrigeración de la fuente

Dado que no ha de olvidarse que de componentes electrónicos se habla, la refrigeración es un factor muy importante a tener en cuenta de forma genera y, en el caso de la fuente de alimentación, de modo particular. Las nuevas tendencias del *modding* han conseguido que dispositivos poco usados (o sólo en situaciones muy específicas) lleguen al mercado convencional de PCs con el reclamo de un diseño innovador. En definitiva, se trata no sólo de personalizar estéticamente la máquina, sino, además, de conseguir que su rendimiento también sea optimo.

Así, dentro de la refrigeración, habría que hablar de sistemas activos y pasivos. Así, con independencia de los ventiladores y disipadores, las nuevas tendencias ofrecen sistemas de refrigeración activa basados en circuitos de agua que se encarga de actuar como fluido termo trasmisor. De este modo, la temperatura de los componentes es trasmitida al fluido de manera que posteriormente pueda ser enfriada mediante un disipador general de mayor eficacia, similar a lo que haría el sistema de refrigeración de, por ejemplo, un coche.

En esencia, se trata de eso: un circuito cerrado de agua (generalmente con aditivos) que recorre las zonas vitales del PC, conectándose a través de manguitos (¡sí, manguitos!) a superficies que hacen las veces de disipadores en contacto, obviamente, con el elemento a refrigerar. La evacuación de calor consigue, a través del movimiento del agua impulsada por una bomba, reducir en unos cuantos grados la temperatura, algo que puede ser aprovechado para obtener una mayor estabilidad en el equipo así como obtener un mayor rendimiento y longevidad de los componentes (piénsese, por ejemplo, en el *overclocking*, ya tratado en capítulos anteriores).

En la figura se aprecia un kit de disipación por agua de la compañía Asetek (www.asetek.com). Se trata de su producto WaterChill que, en este caso, se aplica sobre la CPU, el chipset y la VGA. Se compone de una serie de tubos con los terminadores apropiados para su interconexión, una bomba de impulsión y los disipadores necesarios.

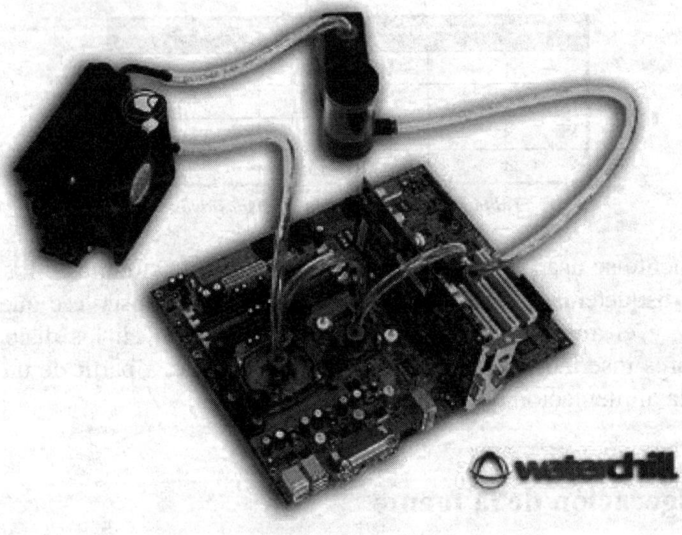

Figura 11–12 Kit de WaterChill de Asetek ©

Este montaje es exclusivo para aquellos componentes que mayor necesidad de evacuación de calor precisan, sin que ello vaya en deterioro de la refrigeración propia de la fuente ya que, en definitiva, se habla del rendimiento del PC en su conjunto.

No obstante, también se hablaba al principio de este apartado de los sistemas pasivos de refrigeración. Dentro de este grupo están todos aquellos que, sin necesidad de un aporte de corriente para realizar una acción, por sus características físicas contribuyen al mejor funcionamiento de la máquina. Así, los cables aerodinámicos ofrecen frente a los convencionales una forma circular en lugar de plana. Esto facilita la corriente de aire que se genera en el interior del PC dando un aspecto más despejado al volumen interior de la máquina. Aunque los ensambladores más profesionales usan bridas para sujetar las fajas de hilos (muchos los dejan a "su libre albedrío"), los resultados no son comparables.

No obstante, la refrigeración no sólo pasa por estos complejos sistemas de fluidos termoconductores: así la propia fuente de alimentación dispone de un ventilador encargado de extraer el aire caliente del interior del PC hacia el exterior.

Existe la creencia de que el eliminar una de las chapas protectoras que cubren el hueco de las posibles tarjetas insertadas en las ranuras, ayuda a refrigerar mejor el PC. Nada más lejos de la realidad: el diseño de la mayor parte de las cajas incluye en su frontal una rejilla (normalmente de plástico) destinada a la entrada de aire. Puesto que la fuente de alimentación se encuentra situada habitualmente en la parte posterior del PC, "arrastrará" el aire desde el frontal hacia atrás, sacando al exterior el aire caliente con el ventilador. El habilitar entradas de aire en la zona posterior sólo consigue reducir el recorrido.

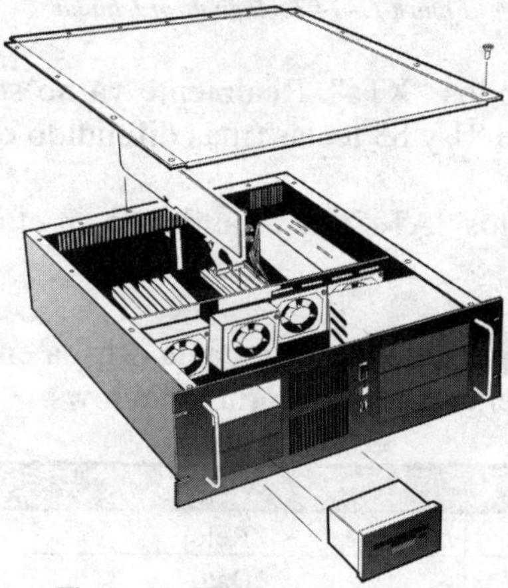

Figura 11–13 Interior de una caja

Aunque parezca que el resultado es el mismo, el sentido del aire es decisivo en la refrigeración: la fuente de alimentación debe extraer el aire caliente hacia el exterior. No es demasiado raro encontrar fuentes que introducen aire: el resultado es una elevación de la temperatura. La solución en este tipo de casos es invertir los cables de alimentación del ventilador: dado que se trabaja con corriente continua, la polaridad aplicada irá en función directa del sentido de giro de la aspas del ventilador.

Cada vez más BIOS son capaces de detectar la temperatura interior del PC, en concreto, del disipador del microprocesador, pudiendo controlar cuándo se desea activar el ventilador refrigerador del microprocesador. Aun así hay quien opina que ésta no es una buena idea y es preferible una refrigeración permanente y no tan selectiva (y más si se ha trabajado con técnicas de *overcloking*).

11.3. EL TECLADO

Es el periférico encargado de transmitir los datos a la CPU y hay tres modelos:

Figura 11–14 Teclado de ordenador

Normal Era usado por los "XTs". Realmente ya no se fabrica y está desfasado. Contenía entre 81 y 83 teclas (más difundido este último).

Expandido Es usado por los "ATs". Se estandarizó en el año 1986 y tiene entre 101 y 102 teclas.

Windows Es igual al expandido. La diferencia estriba en que aporta tres teclas más útiles únicamente para el entorno Windows.

PIN	SEÑAL
1	Reloj
2	Datos
3	RESET
4	Masa
5	Alimentación

Tabla 11–6 Conector de teclado

Casi todos los modelos AT se conectan a la placa base a través de un DIN redondo de 5 pines macho. Algunas marcas como IBM y la mayor parte de los equipos ATX suministran el conector en formato "miniDIN". La disposición de los pines es la mostrada en la tabla. Internamente están formados por una matriz de pulsadores que dan señales directas a la CPU identificando la tecla de manera física. Estas señales (llamadas código "*scan*" o *de rastreo*) llegan a la CPU donde el software determinará el contenido de la tecla. Hay dos tipos de teclados en cuanto a pulsación se refiere:

Contacto o membrana Se trata de simples pulsadores. Son los más baratos y, quizás por esto, los más usados. Se caracterizan por una ausencia total de ruido en la pulsación y un recorrido uniforme de la tecla (que, por cierto, es de 4 mm en todos los casos). Precisamente es su suavidad lo que incomoda a una parte de los usuarios ya que no existe una sensación táctil clara de haber pulsado, lo cual se traduce en errores de digitalización.

Capacitivos o mecánicos Hacen presión sobre un módulo capacitivo que produce la señal. Son más caros pero más fiables. Al contrario que los anteriores, son teclados "ruidosos" y se distinguen fácilmente al poder oír un "clic" característico en un instante del recorrido de la tecla en su pulsación. IBM fue la primera compañía que popularizó este tipo de teclado y se les presume una calidad mayor que a los de membrana.

> ***Aunque existen multitud de teclados más en cuanto a tipo y prestaciones (plegables, reciclables,...) probablemente la palma en cuanto a originalidad se refiere se la lleven los teclados virtuales de Siemens. Su nombre se ajusta a la realidad: mediante un dispositivo que genera un rayo de luz como si de un láser de discoteca se tratase, se "dibuja" un teclado sobre cualquier superficie. Será sobre esa proyección donde el usuario podrá digitalizar (que no pulsar porque no hay nada que presionar) y el mismo dispositivo emisor detectará el movimiento de los dedos. Esta novedad fue presentada en la feria de Hannover de 2002 y está por ver su futuro aunque la experiencia determina que aquellos ingenios que se apartan demasiado de la norma (y éste lo hace) encuentran su mercado en cotos excesivamente cerrados lo que les impide llegar a hacerse populares.***

Cuando se pulsa una tecla, se produce un contacto en un punto de la matriz (x,y). El controlador de teclado (8048) obtiene el código "scan", lo almacena en su búfer y tras 0,2 mseg lo envía a la placa base, previa activación de la señal de datos (pin 2). La placa base lo recogerá de forma síncrona (el reloj está en el pin 1) realizando una conversión serie-paralelo con un registro de desplazamiento (integrado en el chip 8255 en el caso de los ya vetustos XTs o el 8042 en el caso de los AT's que, además, comprobaría la paridad, traduciría el código "scan" a ASCII, lo pondría en el búfer de teclado y generaría la interrupción IRQ1). En este momento se genera una interrupción por la línea IRQ1 del PIC 8259. Cuando el micro acepte dicha interrupción, retornará el vector 9, llamando a la interrupción INT 9H, encargada de leer el código scan del registro del 8255, convertirlo a ASCII y almacenar los dos códigos en el búfer de teclado (en memoria baja). Si algún programa está esperando ese dato, generará una interrupción INT 16H que leerá los dos códigos, los colocará en dos registros del micro y retornará al software el código ASCII y a la pantalla el "eco" para que pueda ser visualizado. Algunas teclas especiales precisan de dos bytes más de status (SHIFT, CTRL, ALT...).

El teclado de tipo IBM se conecta al PC mediante una interfaz similar a un puerto serie. Al presionar una tecla, se envía un "scan-code" desde el teclado hacia la CPU. Al levantar la tecla, el teclado envía un código de "descanso" al ordenador. Así, si se presiona una tecla y mientras tanto se presiona y levanta otra, el PC recibirá el código "scan" de la tecla presionada y códigos de "scan" y "descanso" de la segunda de forma alterna. Mientras que no se reciba el código de "descanso" de la tecla que estaba permanentemente presionada, el PC sabrá que sigue pulsada, aunque otras teclas también sean presionadas durante este tiempo. Es así como se tratará, por ejemplo, a una serie de teclas especiales de uso habitual como son Shift, Alt, Ctrl...

La ROM BIOS del ordenador recoge los datos desde el teclado y se encarga de transformar los "códigos-scan" en caracteres del código ASCII y de manejar las operaciones relacionadas con las pulsaciones de Shift, bloqueos de teclado y el resto de teclas complementarias. El teclado, por sí mismo, también dispone de una pequeña memoria (mejor llamada búfer) controlada mediante una gestión hardware, de cara a evitar "overflows".

Los teclados XT usan una interfaz de 5 pines distribuidos en un conector DIN. Las señales de dichos pines son:

PIN	SEÑAL
1	CLK/CTS (colector abierto)
2	RxD
3	RESET
4	Masa
5	+5 v

Tabla 11–7 Conector DIN teclado XT

Cuando el teclado tiene un byte que enviar al ordenador, lanza una trama de 9 bits a través del pin 2 del teclado, sincronizada con nueve pulsos de reloj (tantos como bits) que se sitúan en el pin número 1. La trama está formada por un bit de "start" o arranque y los ocho bits de datos, y la velocidad del envío ronda los 2.000 bits/seg. Cada vez que un byte se transmite completamente, el PC mantiene a nivel bajo la línea de CTS ("Clear to Send") para prevenir que no lleguen más datos desde el teclado mientras no se hayan procesado los actuales. Generalmente, un simple registro de desplazamiento TTL de 9 bits se encarga de recibir los datos. El noveno bit del registro de desplazamiento se usa para gobernar una memoria en colector abierto conectada a la línea de CTS.

Cuando el bit de comienzo ("start") llega al registro de desplazamiento, se encarga de mantener la línea de CTS a nivel bajo. Cada vez que la CPU lee el registro de desplazamiento, sólo tiene que "limpiarlo" y habilitar la línea de CTS, esperando la llegada del nuevo byte.

Los bytes de datos, cuando son enviados desde un XT, son muy básicos, ya que los caracteres ASCII comprendidos entre el 0 y el 127 se interpretan directamente como "scan-codes" y los comprendidos entre el 128 y el 255 como códigos de "descanso" (son iguales a los "scan-codes" pero con un bit puesto a nivel alto). Los XT disponen únicamente de 84 teclas (puede variar según el fabricante), por tanto no se usan todos los "scan-codes".

Los teclados AT usan un DIN de 5 pines, al igual que los de tipo PS/2 (más pequeños estos últimos). En ambos casos las señales son las mismas:

PIN	SEÑAL
1	CLK/CTS (colector abierto)
2	RxD/TxD/RTS (colector abierto)
3	No conectado o masa
4	Masa
5	+5V

Tabla 11–8 Conector DIN teclado AT

En este caso, la comunicación es bidireccional. Cuando la CPU tiene necesidad de enviar un byte al teclado, habilita el RTS y deshabilita la línea de CTS. El teclado tarda en contestar a la CPU 10 pulsos de reloj (lo que establece en una velocidad de unos 10.000 baudios) de la línea de reloj. La CPU recoge la trama de datos a partir de la línea TxD de forma síncrona. Esta trama está formada por un bit de arranque, 8 bits de datos y un bit de paridad "odd".

El teclado soporta a través de la RTS un nivel bajo como si fuese el primer bit de arranque, y el primer bit de datos debe ser enviado a través de la línea TxD después de que se reciba el primer flanco del pulso de reloj.

En este caso se aprovecha al máximo el rendimiento de la interfaz de teclado, ya que es preciso transmitir y recibir datos a la vez que se debe generar la paridad de dichos datos y, por supuesto, verificarla. El motivo de usar paridad para este proceso tan básico viene dado por las posibles "colisiones" de diferentes señales que se pueden producir al sobrecargar la línea y la necesidad de detectar dichos errores.

En la documentación de los AT, se suele especificar que el pin 3 está "reservado", ya que el teclado lo usa para "autoresetearse". El protocolo de la interfaz de teclado es algo más complejo en este caso. Ésta es la relación de bytes:

COMANDO	SIGNIFICADO	COMENTARIOS
ED <byte>	Establece los LEDs de teclado en función del byte	bit 0 es Scroll lock / bit 1 es Num lock/ bit 2 es Caps lock
F0 <mode>	Selecciona el modo 1, 2 ó 3	
F2	Envía el identificador de teclado	
F3 <byte>	Establece el valor de repetición y el tiempo de espera	El formato de <byte> corresponde a *0ddbbaaa*, donde el tiempo de espera es (dd+1)*250 mseg y el valor de repetición (8+aaa)*2^bb*4 mseg.
F4	Borra el búfer	
F5	Restablece los valores por defecto y espera una habilitación	
F6	Restablece los valores por defecto	
FE	Error: solicitud de retransmisión	
FF	Reset de teclado	

Tabla 11–9 Protocolo de interfaz teclado AT

Los valores de retorno corresponden a la siguiente tabla:

CÓDIGO	SIGNIFICADO
00	Desbordamiento del búfer
AA	Autochequeo correcto
F0 <scan code>	Código de "Release"
FA	Último comando desconocido
FD	Autochequeo fallido
FC	Autochequeo fallido
FE	Error en el último comando: reenviar
Eo <código scan / release>	Teclas extendidas en Modo 2

Tabla 11–10 Valores de retorno teclado AT

El PC y el teclado deben reconocer cada comando y cada código de tecla con el código FA si no se ha producido ningún error o con FE si el último código o comando debe ser reenviado.

Existen tres modos de operación para el teclado, dependiendo de qué códigos de "scan" se deseen asignar (mediante un conmutador que se encuentra en la parte inferior del teclado): los modos 1, 2 y 3.

En modo 1, el teclado trabaja con códigos "scan" del tipo XT. Este modo de funcionamiento emula el teclado numérico (o "Equipad") pulsando o "relajando" la tecla Shift (en dependencia, por supuesto, de la tecla Bloq Num.).

El modo 2 es igual al modo 1 exceptuando que el teclado numérico, cuando es pulsado, envía un prefijo de E0 en su código "scan" y los códigos de descanso son los mismos códigos de "scan" precedidos del prefijo F0.

Cuando el tecleado se resetea por primera vez, envía una señal de AA si el autochequeo ha tenido éxito o FD o FC si ha resultado fallido. Antes de que ocurra esto, se envía una cadena continua de AAs con la paridad incorrecta. Cada vez que el ordenador devuelve un código FE para indicar el error, el teclado para su envío de AAs incorrectas y envía códigos correctos de AAs o FD o FC. Este proceso simula la pulsación de una tecla y sirve para establecer el tiempo de reseteo (el teclado siempre se resetea antes de que la computadora pueda perder los códigos AA/FD/FC).

11.4. EL RATÓN

Se trata de uno de los periféricos más comunes y resulta indispensable en muchos sistemas de software (por ejemplo, Windows). Hace de complemento de teclado sobre todo en ambientes gráficos. En cuanto al modo de conexión, se pueden establecer cuatro tipos si bien el mercado ofrece de modo común sólo los dos últimos, a saber:

BUS Llevan su propia tarjeta controladora. Son una minoría y eran muy usados por IBM. Hoy por hoy están completamente obsoletos y sólo se citan con fines didácticos.

Serie Fueron los más habituales durante bastante tiempo y comenzaron a perder protagonismo con la aparición de Pentium II y la estandarización del puerto PS/2. Se conectan al puerto serie de 9 pinas generalmente, aunque también existen modelos para 25 pines (COM2). Sobra decir que, en este caso, un simple adaptador basta para adaptar un formato a otro. De cualquier manera hoy están en desuso, al igual que los puertos serie de 25 pines.

PS/2 Siglas del "Personal System 2" o PS/2 de IBM, su mecanismo es igual que el ratón serie, sólo difiere en el conector y el puerto, que es más pequeño y circular. De un tiempo a esta parte éste es el conector estándar en la mayoría de los PCs. Se comparte el tipo de conexión con el teclado, que también suele ser PS/2.

USB Son ratones que se conectan a este tipo de puerto multifunción. Todo parece indicar que el futuro de este periférico se encamina a este tipo de conexión estándar si bien, no sería la primera vez que la microinformática se vuelve contra los criterios previsibles.

Un ratón puede ser inalámbrico con independencia del tipo de conector que use ya que suele ser el receptor el que se conecte al puerto del PC. El primer ratón inalámbrico vino de la mano de Logitech en junio del año 1991: el Mouseman Cordless, con 8 canales de transmisión. En la actualidad los ratones sólo ofrecen 4 canales.

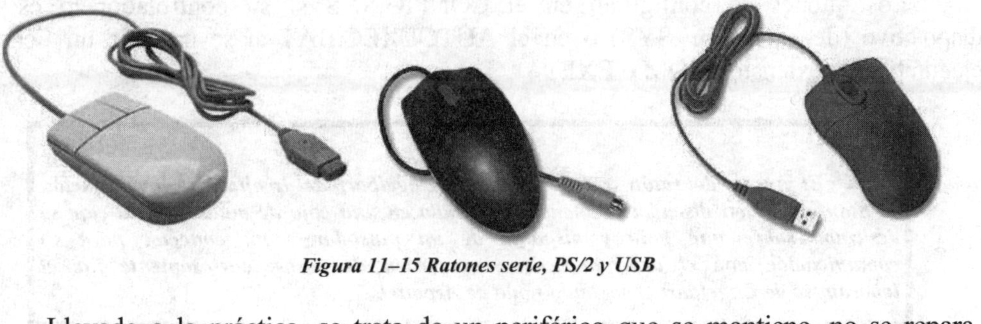

Figura 11–15 Ratones serie, PS/2 y USB

Llevado a la práctica, se trata de un periférico que se mantiene, no se repara. Debido a su bajo coste, no suele ser rentable proceder a una reparación. En cuanto a su mantenimiento, esencialmente sólo necesita mantener las normas comunes de uso de un PC (temperatura adecuada, evitar el polvo, los líquidos...) y limpiar periódicamente los rodillos donde se produce el movimiento de la bola inferior. Para ello, basta con voltear el ratón y encontrar el sistema de anclaje de la bola. Una vez retirado, se procederá a quitar la bola (generalmente recubierta de caucho o teflón) con especial cuidado (se puede romper si cae al suelo, ya que el núcleo es macizo con respecto a su recubrimiento). En este momento quedarán al descubierto unos rodillos que deberán ser cuidadosamente limpiados con un bastoncillo de los habitualmente utilizados en higiene personal impregnado en alcohol o, si es preciso, con unas pinzas. Existe un tipo de ratón denominado "óptico" que en lugar de usar sistema mecánico para detectar el movimiento lo hace a través de un sistema óptico. Se basa en unos diodos que detectan las fluctuaciones de luz que se producen al desplazar el ratón sobre una alfombrilla con un dibujo cuadriculado (alternando el color blanco y negro). En este tipo de ratón no hay problemas de limpieza, excepto los relacionados con la lente del mismo, pero obliga a disponer siempre de la alfombrilla, ya que no funciona en ninguna otra superficie.

El "Touch Pad" es una variación para controlar el puntero del ratón. Acoplado en gran cantidad de modelos portátiles, consiste en una superficie sensible sobre la que el usuario desliza la punta del dedo. Para realizar el "clickeo", se golpea ligeramente la citada superficie. Otra variación es una goma instalada en el centro del teclado y que transfiere el movimiento y la velocidad al puntero del ratón según la intensidad y sentido con el que se presiona la goma.

En la parte superior del ratón, se observarán uno, dos o tres botones que quedarán bajo el control del software que se esté usando. Generalmente el botón de la izquierda implicará la aceptación y el de la derecha el rechazo (Esc). El del centro no es estándar y depende concretamente del programa en uso. En el lateral izquierdo puede haber un cuarto botón pensado, sobre todo, para emular el puntero de una tableta digitalizadora en aplicaciones de CAD. Tradicionalmente –aunque no es una regla de oro–, los ratones de un botón pertenecen a Macintosh, los de dos botones a Microsoft y los de tres, a Logitech.

Los ratones se configuran en el CONFIG.SYS si su controlador lo es de dispositivo (de extensión .SYS) o en el AUTOEXEC.BAT si se trata de un fichero ejecutable (de extensión COM o EXE).

El invento del ratón se debe a Douglas Engelbart, del Instituto de Investigación de Stanford quien diseñó un "utensilio" basado en una caja de madera. Esta caja se deslizaba sobre una bola y disponía de un pulsador y un conector para su comunicación con el ordenador. En otro orden de cosas, curiosamente fue el laboratorio de Engelbart el segundo nodo de Arpanet.

Figura 11–16 Douglas Engelbart y su ratón

Este periférico ha evolucionado de forma vertiginosa. Hoy se pueden adquirir ratones con las más variadas formas, colores o materiales. No es extraño ver ratones de madera, transparentes, de colores vivos... Es indiscutible la utilidad del ratón. En este sentido llaman la atención las diferentes implementaciones que del mismo se han realizado. Ya no se trata sólo de los Track Ball o las Touch Pad. Un modelo llamado NaturalPoint TrackIR de Eye Control Technologies permite al usuario gobernar el ratón con la cabeza (¡sí!). Basta con un pequeño círculo adhesivo colocado en su frente o gafas y, mediante un sistema de detección de coordenadas y una comunicación por infrarrojos, el usuario moverá el ratón a la vez que su cabeza. Otro sistema similar existe para ordenadores portátiles mediante un anillo.

11.5. FABRICANTES DESTACADOS

Logitech	www.logitech.com	Eye Control Technologies	www.eyecontrol.com
Microsoft	www.microsoft.com		

11.6. BULK, RETAIL Y PRODUCTOS OEM

Los fabricantes suelen usar en el mismo producto bajo diferentes sistemas de venta: los productos "retail", totalmente cuidados en su embalaje y con documentación adecuada y los OEM o Bulk, no destinados a la venta al público del producto sino a distribuidores y ensambladores y, habitualmente sin manuales.

La razón original de esta versión OEM/Bulk fue la falta de sentido que suponía el comercializar productos que claramente tenían un mercado de ensambladores con un aspecto estético indicado para clientes finales. Así, imagínese una tarjeta de sonido con su bolsa antiestática, esponjas para evitar golpes, caja cuidadosamente diseñada, drivers, manuales,... A la hora de ser ensamblada por un profesional, todo el embalaje está de más e, incluso, le supone un problema. Si, por el contrario, esta tarjeta se comercializa con la bolsa antiestática exclusivamente, el montaje será más rápido además de evitar la incomodidad de tener que deshacerse del embalaje. Si además a todo esto se suma una disminución de precio, se llega al producto Bulk/OEM. Esto no implica que no exista un mercado de cliente final al que hay que cuidar: para eso siguen los productos retail aunque también con un aumento de precio.

En muchos casos, los productos OEM (que, por cierto, son la siglas de "Original Equipment Manufacturer") identifican productos fabricados por empresas diferentes a las propietarias del "Copyright" pero con autorización de las mismas.

Como ya se adelantaba, por lógica, los productos OEM debieran ser los mismos que los originales y más baratos, pero no siempre ocurre así. De hecho, las "subcontratas" deben intentar obtener el mayor beneficio posible de la producción y a veces se pueden incluir modificaciones no contempladas en el modelo original (supresión de posibilidades de ampliación, "ajuste" en prestaciones...). En otros casos, el usuario puede descubrir que no existe un servicio técnico para su producto OEM.

Todo esto no quiere decir que los OEM sean malos, ahora bien, el usuario se lleva lo que paga: no puede tener exactamente el mismo producto por un coste inferior. En algunos casos, los distribuidores finales son los que asumen la garantía del producto lo que, en definitiva, también se plasma como una disminución en el precio a sabiendas que el servicio técnico no tiene por qué ser el oficial de la marca.

CAPÍTULO 12

SISTEMAS OPERATIVOS

Lo sistemas operativos probablemente sean ese aspecto del software imprescindible para el hardware. Sí, puede llamar la atención la inclusión de este capítulo en este libro pero, la realidad, es que la mayor parte de las averías en el PC, tienen más que ver con software que con hardware. Sistemas operativos dañados, intrusión de virus, desconfiguraciones... son problemas que pueden dejar inoperativa una máquina. Es más, en ocasiones es más sencillo cambiar una tarjeta de vídeo o incluso una placa base, que restaurar un sistema dañado sin perder los datos.

Este capítulo, lejos de tratar en profundidad diferentes sistemas operativos, sí enumera los más importantes, tanto actuales como del pasado (en la medida que aún máquinas antiguas siguen ejecutando versiones obsoletas). Únicamente interesan aquellos aspectos destacables, recomendaciones, indicaciones... Deberán ser los manuales específicos de cada sistema quienes adiestren al lector en los pormenores del funcionamiento.

Si bien cada sistema operativo tiene sus peculiaridades, también es posible encontrar puntos comunes entre ellos. Así, cada vez resulta más fácil cambiar el sistema de una máquina ya que suelen ser procesos dirigidos mediante asistentes software con instalaciones muy concretas. De todos modos, y a pesar de esta facilidad, debe tenerse en cuenta que un cambio de sistema operativo siempre es una operación muy delicada. Un corte de luz ocasional, una fallo en la instalación (por parte del usuario o del propio sistema) puede acarrear una pérdida de datos. Así, sea cual sea el sistema al que se desee "migrar", se recomienda encarecidamente realizar una copia de seguridad previa. Desgraciadamente sólo se piensa en los "backups" cuando se ha producido una pérdida de información vital. Antes de cambiar de sistema operativo, asesórese, aprenda de las experiencias de aquellos que ya cambiaron y, sólo si se está seguro de obtener ventajas, realice una copia de seguridad y cambie el sistema. En caso de no encontrar ventajas, no merece la pena correr riesgos inútiles, por experiencia (más vale aquello de *malo conocido que bueno por conocer*...).

12.1. LOS SISTEMAS OPERATIVOS

Sin lugar a dudas, los sistemas operativos forman una parte muy importante –tanto como que son imprescindibles– dentro de cualquier entorno informático. Los sistemas operativos surgen al final de la década de los años cincuenta y han ido evolucionando junto con la potencia del hardware que manejan. La función de cualquier sistema operativo es la de actuar como medio conductor entre el usuario y la máquina para conseguir un entendimiento más eficaz. Existen dos características que debe poseer cualquier sistema operativo: manejar el hardware de una forma efectiva y facilitar el uso de la máquina al usuario.

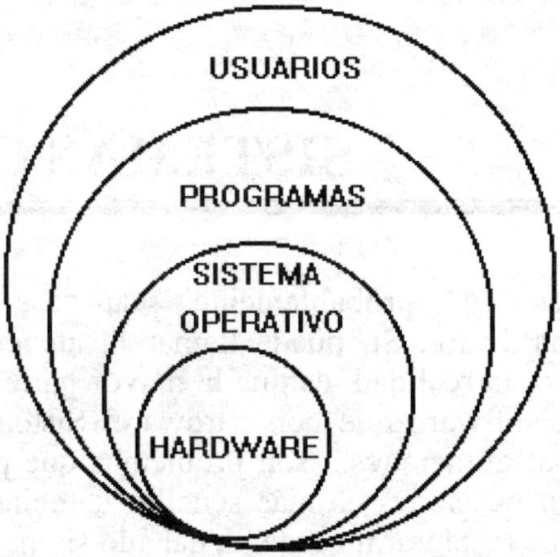

Figura 12–1 Jerarquía del PC

Se podría definir un sistema operativo como el *software necesario para que el hardware pueda trabajar*. Sería algo así como el "alma" del ordenador, de ahí su nombre de *software de base*. Al comprar un ordenador, no se tiene más que un conjunto de sistemas electrónicos conectados entre sí, pero totalmente inoperantes. De hecho, si se enciende un ordenador "vacío" sólo aparecerán una serie de mensajes casi incomprensibles y unos "pitidos" estridentes. Es necesario instalar el sistema operativo. Una vez hecho esto, se podrá cargar al PC con todos los programas que el usuario desee y obtener todas las prestaciones que la máquina sea capaz de dar. Obviamente, la elección de un sistema operativo apropiado es tan importante como la elección de la máquina.

Sobre estas premisas se han desarrollado cantidad de productos que responden a la definición de sistema operativo. Unos son más potentes, otros más cercanos al usuario... Hoy por hoy existe un gran abanico de posibilidades donde el usuario puede elegir en función de sus necesidades pero, sin duda al hablar de sistemas operativos, es preciso hablar de Microsoft. Fundada en 1975 por Bill Gates (a la izquierda de la fotografía) y Paul Allen (a la derecha) a partir del desarrollo del lenguaje BASIC para el Altair 8800, equipo de la empresa de Ed Roberts que encerraba en su interior un 8080, "Micro Soft" (que luego perdería el espacio para llamarse "Microsoft") es hoy por hoy la compañía líder con beneficios astronómicos y tiene, como cabeza visible, a su presidente Bill Gates. Siempre dentro de la polémica, Gates es un hombre polarizante: o bien es odiado o se le ama. Lo cierto es que, sin entrar a cuestionar nada más, los sistemas operativos más importantes, además de las principales aplicaciones ofimáticas, siempre han tenido su origen en la factoría Microsoft.

Figura 12–2 Microsoft en 1987

A continuación, se describirán los sistemas operativos más difundidos –algunos ya desaparecidos pero presentes dada su relevancia en un momento determinado– con sus características principales, aunque esto no implica que los que no aparezcan estén en desuso o sean de calidad inferior.

12.2. UN BREVE REPASO HISTÓRICO

Hay quien dice que "el tiempo da y quita y la razón". Otra versión del refranero popular sería aquella de que "el tiempo pone a cada uno en su lugar". Así, la evaluación de un sistema operativo –y casi de cualquier aspecto que se quisiera tratar– resulta imposible (o infundamentada) si no se conoce su pasado. Sólo una panorámica ayuda a situar cada software en el lugar que le corresponde de un modo argumentado.

A continuación se tratan de forma breve los principales sistemas operativos que se han dado en esta carrera que durante poco más de dos décadas ha traído de cabeza a más de una compañía. A saber:

DOS Sin duda el DOS ("Disk Operating System") fue hace unos años el sistema operativo más difundido, casi cabría decir *el sistema operativo por excelencia*. Se basaba, como su nombre indica, en una filosofía de trabajo de almacenamiento en disco, lo que le hace requerir un soporte físico de acceso aleatorio (existen ordenadores que no usan ningún tipo de disco). El DOS gestionaba todos los recursos del PC con un conjunto de órdenes propias (programas) y, por otro lado, es la base sobre la que pueden ejecutarse otros programas (desde software ofimático hasta lenguajes de programación).

La constitución tradicional de este sistema ha sido un sistema de arranque formado por dos archivos de sistema ocultos, un intérprete de comandos llamado COMMAND.COM y un conjunto de órdenes denominadas *externas*. Los ficheros de arranque junto con el COMMAND.COM son los que forman el verdadero núcleo del DOS. Al arrancar el sistema, el COMMAND.COM se encargará de situar en memoria los mandatos más comunes de este sistema operativo. Esto agiliza todo el proceso. En lo referente a las órdenes externas, se trata únicamente de una serie de programas de utilidad que quedan almacenados en un directorio llamado DOS.

Aunque se dieron muchas variaciones de DOS, la más representativa fue, sin duda, el MS DOS (Microsoft DOS). Como otras marcas situadas en un nivel inferior (en base a su distribución y no necesariamente en cuanto a su calidad) se podrían citar DR DOS (Digital Research), PC DOS (IBM) o NOVELL DOS (Novell). Dentro del MS DOS, la última versión aparecida al mercado fue la 6.22, aunque en Windows '9x, '2000, XP e incluso en NT se incluye un "emulador" DOS llamado *símbolo del sistema* o *MS-DOS* que correspondería a la esperada versión 7.0 que jamás llegó a desarrollarse (muy a pesar de los nostálgicos de este sistema operativo que, si bien árido, era fiable en cualquier situación).

OS/2 El OS/2 surge por parte de IBM en diciembre de 1987 intentando desbancar al DOS como sistema operativo estándar (cosa que no consiguió por la fuerte rivalidad que en su momento le supuso la aparición de Windows '95 y '98 por parte de Microsoft). Para ello aportó grandes innovaciones (que por otro lado ya existían en máquinas Apple), como la multitarea e, incluso, la posibilidad de trabajo multiusuario (usando el "Communications Manager"). Incorporó, además, una interfaz gráfica –hoy algo común pero muy novedoso en su momento para todos aquellos usuarios no familiarizados con Macintosh– integrado dentro del esquema de arquitectura IBM para todos sus productos (SAA), que le hizo más atractivo al usuario. Este sistema fue muy criticado y polémico y tachado de lento, si bien en su favor estaba la multitarea (descrita en el capítulo primero de este libro), algo realmente desconocido para los usuarios DOS. Así, OS/2 puede ocupar más tiempo que otro sistema operativo realizando el mismo proceso pero puede, por otro lado, estar haciendo otra operación, por lo que habría que evaluar el conjunto de prestaciones globales en lugar de procesos independientes. Sí es cierto que el rendimiento va, en este caso, en relación directa con la memoria y el OS/2 requiere gran cantidad (igual que Windows en cualquiera de sus versiones, por poner un ejemplo). En las últimas versiones y dada la competencia que Windows supone, IBM ha conseguido mejorar su producto reduciendo las especificaciones hardware precisas para trabajar con OS/2.

UNIX Este Sistema Operativo nació en la Universidad, lo que le facilitó una rápida expansión. Se trata de un sistema operativo multitarea y multiusuario escrito en lenguaje C (la leyenda dice que fue escrito en una noche) que ha sufrido muchas transformaciones e interpretaciones por parte de compañías del sector informático que han intentado explotarle. Precisa gran cantidad de memoria y espacio en disco, aunque las versiones XENIX llegan a correr en PCs de características medias (requisitos que suelen cumplir la mayoría de PENTIUM que están en el mercado). No ha tenido una gran difusión comercial y le precede la fama de sistema operativo complicado. Lo cierto es que ya existen interfaces gráficas para UNIX y su potencia sobrepasa en mucho las dificultades que pueda plantear.

De cualquier modo, su lógica no es compleja, hasta el punto que las actuales distribuciones de Linux (sistema operativo tratado en este mismo capítulo) se basan de un modo claro (e idéntico en alguna ocasión) sobre UNIX. Su fallo, sin lugar a dudas, fue carecer de una interfaz gráfica clara (aunque X-Windows lo fue) para llegar al gran grupo que forman los usuarios avanzados dejando atrás el reducido conjunto de usuarios de laboratorio. Una verdadera pena, sí señor, y más aún cuando de repente Linux reinventa lo ya inventado. Vivir para ver…

12.3. LA REVOLUCIÓN WINDOWS

Aun a pesar de que cualquier alusión única y explícita al imperio Gates podría interpretarse como un acto casi de sumisión, sería absurdo ignorar el fenómeno de Windows. Tanto es así que más de un usuario no concibe la Informática si Windows y un ratón ¡y pensar que no hace tanto el ratón era un elemento destinado al diseño!

Bajo este planteamiento y antes de entrar en el panorama que el mercado actual ofrece, parece de obligada mención una breve reseña a las versiones Windows más significativas y que, sin duda, han dejado huella (sino sentado bases) en multitud de usuarios). Éste es el resumen:

'95 Basándose en el éxito de Windows 3.x, Microsoft apostó por la creación de un sistema operativo real en lugar de un entorno operativo[61] que, en definitiva, era lo que tenía hasta el momento.

---

61 La calificación de entorno operativo se le asignó a WINDOWS® 3.x dadas sus múltiples posibilidades –a veces superiores a un sistema operativo– pero sin la posibilidad del autoarranque, por lo que no deja ser un entorno gráfico situado encima de un sistema operativo (algo así como el Shell del DOS pero mejorado en cuanto a potencia y prestaciones). WINDOWS® 3.x, por tanto, precisa de una base operativa para poder trabajar.

Al igual que el OS/2, este sistema operativo ha sido muy comentado. Tras la desmesurada campaña publicitaria que realizó Bill Gates, presidente de Microsoft, anunciando su producto, quedó una cierta sensación de desengaño al ver las posibilidades reales que ofrecía. Aunque es cierto que ofrece sustanciales ventajas frente a otros sistemas operativos, las primeras versiones presentaron problemas incomprensibles. Microsoft reconoció esos errores y ha sacado versiones nuevas (¡hasta cuatro!), suplementos y lo que popularmente se denominan "parches". Por otro lado también se ha criticado el exceso de similitudes con OS/2 y el nuevo desembolso económico que el usuario debía realizar para actualizarse. El usuario puede manejar su máquina con este sistema operativo a través de ventanas e iconos. El uso del ratón es casi imprescindible y, por supuesto, trabaja en red y permite la multitarea. La mayor parte de su código permite manejar programas en 32 bits reales, previo formato del disco duro, lo que le hace idóneo para aplicaciones multimedia.

'98 Las primeras versiones pre-beta ya dejaban adivinar un "Windows '95 mejorado". Este nuevo entorno operativo permite, bajo el mismo núcleo que Windows '95, una mayor integración con Internet, así como una gestión de red mejorada. Incluye novedades como la unificación de controladores para Windows '95 y Windows NT, o la mejora del ahorro de energía con soporte para ACPI ("Advanced Configuration and Power Interface"). Otra mejora importante de cara a los desarrolladores de páginas WEB es la posibilidad de múltiples visualizaciones simultáneas, con lo que el programador podrá desarrollar software a la vez que comprueba los resultados de su diseño. Igualmente incluye soporte para MMX y ActiveMovie así como mejoras en PCMCIA, y software de Web Explorer 4.0.

Algunas de las características de Windows '98 ya estuvieron incluidas en las últimas versiones de Windows '95 (OSR2). Estas mejoras se pudieron conseguir de forma gratuita a través de Internet y las más significativas fueron:

PPTP Se trata de una implementación de protocolo de redes PPTP. Este protocolo es el más indicado para redes denominadas "seguras".

Explorer 4.0 Suministrado con Windows '98 y muchas de las prestaciones del *nuevo* sistema operativo se basaron en este software.

Power Toys Se trata de un conjunto de utilidades de fácil uso aunque no por ello menos potentes. Sólo disponibles en inglés, no presenta ningún problema para su inclusión en la versión en castellano.

Service Pack 1 Se trata de un conjunto de mejoras y utilidades nuevas que Microsoft unificó bajo este nombre y al que le sucedieron paquetes similares. Entre las mejoras en su día cabe destacar la nueva versión del Backup, la versión 1.1 del controlador de RDSI o la actualización del módulo Kernel32. En lo referente a aplicaciones, quizás lo más sobresaliente fue el Personal Web Server, que permite emular un servidor de páginas Web

OSR2 "OEM Service Release 2". Fue la última versión de Windows '95 que incluyó, además de casi todas las características del "Service Pack 1", muchas de las mejoras de Windows '98, como pudo ser la FAT de 32 bits o el soporte para microprocesadores MMX.

'2000 Microsoft, desde hace tiempo, ha visto cómo el fenómeno Windows tomaba forma. Aunque no ha sido hasta hace unos años cuando se ha producido el "bombazo" de este sistema operativo, lo cierto es que ya existía, o mejor dicho, coexistía con MS-DOS desde hacía mucho tiempo. Ahora bien, Microsoft tenía dos frentes abiertos: Windows 3.x (y posteriormente 9x y 200x) y Windows NT. El primero ha sido el indicado para usuarios domésticos, sin grandes pretensiones ni exigencias en cuanto al entorno gráfico. El segundo, más dirigido a empresas, se ha ido consolidando poco a poco y se ha conseguido hacer un hueco en los sistemas multiusuario. El liderazgo de Novell Netware como sistema operativo fiable de red se vio seriamente disminuido por la flexibilidad que ofrece Microsoft. Sería absurdo intentar hablar a estas alturas de las ventajas intuitivas de Windows frente a la sobriedad de Netware. Otros productos como Lantastic o Lan Manager parecen quedarse relegados a terceros puestos frente a esta pugna de gigantes.

¡El cambio de milenio llegó y con él, la conjunción de Microsoft! El objetivo es claro: hay que unificar fuerzas y recursos para producir un único producto: Windows 2000, fruto de la unión del popular Windows '9x y Windows NT. Esta concentración de fuerzas conseguirá que los controladores sean únicos, la asistencia similar y, probablemente, una nueva fuente de ingresos para las siempre bien envidiadas arcas de Mr. Gates. ¿Qué más se puede pedir...? Windows 2000, tras un total de 2.195 compilaciones, nace como lo que sería, con la anterior nomenclatura, Windows NT, afectando de la siguiente forma:

Windows NT Workstation	⇨	*Windows 2000 Professional*
Windows NT Server 5.0	⇨	*Windows 2000 Server*
Windows NT Server Enterprise	⇨	*Windows 2000 Advanced Server*

además de la aparición de uno nuevo: Windows 2000 Datacenter Server.

Dado que el cambio de nombre parece más orientado a la sucesión de Windows '95, '98 y 2000, para los usuarios de NT se adjuntó en todas las versiones de Windows 2000 el sufijo de "Desarrollado con tecnología NT" ("Built on NT Technology"). De hecho, todo el desarrollo se ha realizado sobre el código del núcleo NT (el "kernel"), plataforma que se pretende instalar como estándar en los próximos lanzamientos de Microsoft.

Parece clara, por tanto, la elección del nombre que, de pasada, afectó también a otros productos de la compañía tal y como fue el caso de Microsoft OFFICE 2000, uno de los entornos ofimáticos más difundidos. Según Brad Chase, vicepresidente de Microsoft, este cambio de nombre ayudó a evitar confusiones entre los usuarios desapareciendo los conceptos de tecnología cliente o servidor en cuanto a Windows NT se refiere.

Realmente, tras cinco años, Windows NT se ha consolidado ya no sólo como una respuesta a las necesidades de las empresas sino como una solución también para los usuarios, aunque éstos han conocido de forma más tangible Windows '9x. Dado que este último mercado es muy apetecible, la forma de llevarlo al entorno NT fue mediante la aproximación de nombre. De esta manera los usuarios de NT siguieron disfrutando de su producto y los usuarios domésticos lo aceptaron como una nueva entrega de la factoría Gates.

12.4. UNA PANORÁMICA ACTUAL

La perspectiva actual del software resulta más compleja a medida que pasan los meses. Así, el dominio absoluto (porque es así) de Microsoft permanece inalterable mientras Linux quiere ser una alternativa que siempre está pero que nunca llega. De lejos se encuentran Apple con sus OS x que aun aportando calidad, no dejan de ser un producto para un público muy concreto. Visto así el panorama, ¿de qué se puede hablar? Pues, cómo no, de la compañía de siempre: Microsoft.

Y es que hay personas que no entiende un ordenador sin un ratón y Windows instalado. Éste es un mérito que sólo se puede atribuir a la compañía de Gates que, si bien es odiado por algunos, no son menos los que le veneran.

La actualidad, por tanto, se centra en diferentes sistemas operativos y, lo que es más curioso, de diferentes versiones del mismo sistema operativo ya que son muchos los usuarios que prefieren el *malo seguro* ante el *bueno por conocer*. Así no es de extrañar que se encuentren redes con servidores con Windows 2003 y clientes de Windows 98. En definitiva, unas perspectivas diversas y estructuradas por apetencias. Éste es quizás el criterio más claro y real que cualquier compañía de marketing pudiera desear: las apetencias reales de los usuarios. Bajo esta premisa se analizan los que, por aparición, resultan los sistemas operativos más comunes, a saber: Windows XP, Windows 2003 y Linux.

12.4.1. Windows XP

La más comprometida empresa de software a nivel mundial anunció de manera oficial su nuevo producto cuando aún Windows 2000 estaba caliente: Windows XP. Este proyecto, bautizado con el seudónimo de "Whistler" y tras un total de 2.544 compilaciones, vio la luz el 25 de octubre de 2001. La espectacularidad de la Web recordaba a tantos relojes que ante la proximidad del año 2000 marcaban los días, horas y minutos que restaban para el nuevo evento.

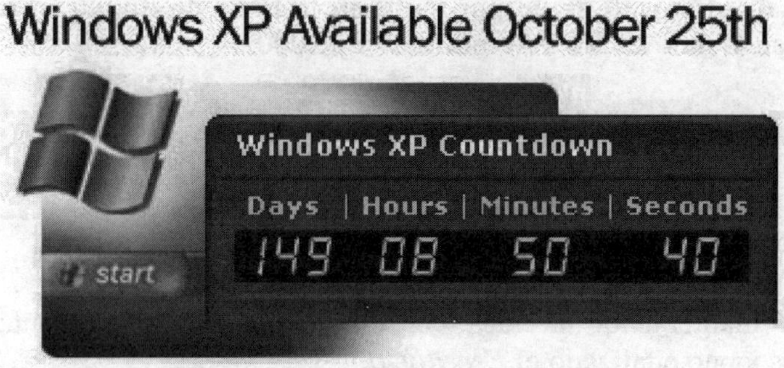

Figura 12–3 Anuncio previo de Windows XP

La idea de base de este sistema operativo es que sea una interfaz donde se fusione aún más la relación entre el usuario, el software e Internet. Para ello se cuenta con un nuevo aspecto mejorado que, si bien aprovecha gran parte de las características de Windows 2000, amplía el campo de posibilidades del usuario en cuanto a aplicaciones, servicios y manejo de dispositivos.

Uno de los cambios que más impresionan a primera vista es la evolución del *Escritorio*, sólo comparable al cambio que se produjo desde la versión 3.11 a la '95. Por supuesto implicará un período de adaptación, pero Microsoft está convencida de las excelencias de su nueva interfaz, asegurando que facilitará las tareas informáticas.

Dentro de los principales cambios, se encuentra un mayor desarrollo de las comunicaciones. La aparición de una multimedia fiable y afianzada en todos los sectores microinformáticos amplía el concepto tradicional de las comunicaciones (que a todos nos evocan cables y tarjetas) a potentes sistemas de vídeo y audio. Los nuevos algoritmos de compresión consiguen optimizar y obtener un mayor rendimiento en tiempo real tanto en las aplicaciones locales como en las compartidas por red. Además, se incluyen nuevas herramientas de manejo de fotografía y vídeo (¡qué lejos queda el arcaico y entrañable *Paint Brush*!).

Por otro lado, la factoría de Bill Gates parece cada vez más consecuente con los errores que han caracterizado a productos anteriores. Así, esta nueva versión que recibe su nombre de eXPeriencia, parece que aprende de resultados anteriores y potencia ampliamente el soporte al usuario así como la ayuda *On line* (eso sí, siempre a través de Internet donde es incluso posible reportar los errores encontrados).

Otra de las novedades es la orientación del producto para conseguir el "hogar virtual" o el "hogar conectado", algo así como una zona donde el usuario pueda encontrar siempre sus datos, de manera independiente al lugar donde se encuentre o máquina con la que trabaje. En esta línea de trabajo, Windows XP publicita su "movilidad reforzada", que define como la capacidad de acceso a la información en cualquier momento y desde cualquier lugar. A este proyecto se le denominó .NET.

Hay dos versiones de este producto: XP Professional y XP Home Edition. La primera indicada para empresas mientras que la segunda se centra más en el consumidor final. Microsoft sigue por tanto en la línea de dividir el mercado, tal y como ocurría con Windows NT y Windows 9x y 2000.

Figura 12–4 Logotipo de Windows XP

Se sigue manteniendo la idea del PC compartido con cuentas de usuario individualizadas y personalizado el *Escritorio*.

12.4.2. Windows 2003

Windows 2003 es la evolución natural de los productos de la factoría Gates y que empezaba a ser requerido por los usuarios. Con importantes mejoras en funcionalidades de gestión de red, Microsoft destaca la fiabilidad, escalabilidad y capacidad de administración. Y no es de extrañar: Windows 2003 cuenta con el bagaje y el inestimable banco de pruebas que Windows 2000 ha supuesto para la compañía. A partir de la experiencia aparece este producto con la idea textual de generar "… una infraestructura altamente productiva que posibilita que la red se convierta en un activo estratégico para las organizaciones".

Cabe destacar de esta versión su facilidad de administración y uso, con una interfaz elaborada e intuitiva y multitud de Agentes con el propósito de ayudar al usuario en cualquier operación que desee realizar. De forma clara se potencia el Directorio Activo (Active Directory) frente a los Grupos de Trabajo, si bien esto era algo previsible a partir del enfoque del predecesor de este paquete: Windows 2000. Tanto es así que incluso se ha incluido una herramienta orientada a la migración automática de entornos a esta nueva tecnología: la ADMT (Active Directory Migration Tool).

El entorno web sigue siendo otro de los elementos de base de este nuevo sistema operativo (y de todos los productos de Microsoft, a pesar de los vaticinios de Bill Gates con respecto a Internet). Así, el IIS 6.0, el servidor Web incluido en Windows Server 2003, proporciona una seguridad avanzada y una arquitectura fiable que ofrece aislamiento para las aplicaciones, facilitando la creación de sitios Web de Internet e intranet dinámicos.

Todo lo expuesto junto a su sencilla administración a través de la Consola de administración de directivas de grupo (GPMC), asegura la comodidad a los Administradores de red (tranquilidad siempre relativa) augurando así una rápida implementación en el mercado. De hecho, este sistema operativo está resultando la migración lógica de las instalaciones basadas en Windows NT más que las propias de Windows 2000, quizás por lo aún novedoso de este último. Será cuestión de esperar para comprobar los resultados definitivos.

12.4.3. Linux

La historia de Linux ha sido una de esas aventuras de David contra Goliat, significativa y curiosa. Así, Linux ve la luz en la década de los 90 en Helsinki, de la mano del entonces estudiante Linus Torvalds. Este nuevo sistema operativo se inspiró en MINIX, una variación de UNIX pero con menos exigencias de entorno y a través del grupo de noticias *comp.os.minix*, poco a poco el proyecto fue tomando forma. Es así como el 5 de octubre de 1991 aparece la primera versión oficial (si así se puede llamar): Linux 0.02. Esta "oficialidad" obedece a que dos meses antes, en agosto de ese mismo año, la versión 0.01 vio la luz casi inacabada (precisaba de MINIX para la compilación, no era ejecutable…).

Es así como, poco a poco, este sistema operativo va ganando aceptación entre los usuarios manteniendo siempre dos características básicas: la gratuidad del producto y el código abierto. Esto ha potenciado su espectacular difusión además de su constante evolución y mejora hasta el punto en el que Microsoft ha reconocido oficialmente su temor ante este sistema operativo.

Lo cierto es que la potencia de Linux en sus diferentes distribuciones, se obtiene desde la línea de comandos y éste es un entorno poco atractivo para los usuarios donde sólo los más veteranos recuerdan el DOS como algo similar. Así, poco a poco las interfaces gráficas han ido implementándose y perfeccionándose hasta conseguir aspectos similares a cualquier otro sistema operativo gráfico.

Figura 12–5 Simpático identificativo de Linux

Linux es un sistema operativo multitarea, multiusuario, multiplataforma y multiprocesador, características éstas exigibles a cualquier producto de altas prestaciones. Además, su gestión de memoria como un recurso optimizado le capacita para un mejor rendimiento. Por supuesto, al igual que Windows, trabaja con memoria virtual mediante paginación. Sería extenso el describir todas las características pero, a día de hoy, Linux tiene todo demostrado y se ha consolidado como una opción real ante otros productos. Tanto es así que hay quien habla de una futura migración por parte de la administración hacia este entorno. Tal puede ser el caso de la Junta de Extremadura que en la actualidad trabaja con un producto adaptado a partir de Linux: el Linex. Sobre el CD ROM de este producto, aparece serigrafiado un curioso eslogan: "Sé legal, ¡cópialo!".

12.5. EL WINDOWS QUE VIENE

Existen algunos aspectos que, tras cuatro ediciones de este libro, comienzan a resultar repetitivas. Y no se trata de que una cuestión concreta se reitere sino, simplemente, de los conceptos que vuelven a darse. Algo así ocurría con la transición del bus ISA al PCI para evitar los cuellos de botella. Ésa es la misma idea de la transición o, mejor dicho, de la evolución del PCI al AGP y, posteriormente, del AGP al PCI Express. Lo mismo ocurre en cuestiones de software.

Siempre más rápido, más eficiente más... Siempre una versión de Windows pendiente. El Windows que viene resulta un apartado constante en estas cuatro ediciones pero la *factoría Gates* es inagotable. En este caso, en esta edición, el *Windows que viene* corresponde al *LongHorn*, sistema operativo del que existen referencias desde octubre de 2003. Ya entonces el presidente de Microsoft lo calificó como lo más novedoso acaecido en el mundo del software microinformático desde la aparición de Windows 95.

LongHorn es el nombre de la raza de vacas que de vez en cuando se ven en las películas del Far West, con contundentes y espléndidas cornamentas entre plano y plano de John Wayne. A partir de ahora, además (y sobre todo), será el nuevo sistema operativo de Microsoft.

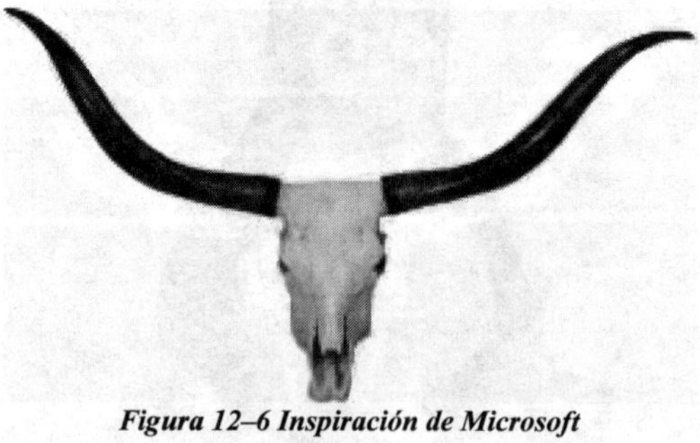

Figura 12–6 Inspiración de Microsoft

Se prevé su aparición para junio de 2006 (las exigencias del mercado decidirán, sin duda), lo que hace probable una futura edición de este libro con más información al respecto. De este software no se sabe demasiado pero sí que incluirá una nueva interfaz para el navegador denominado *Aero* y que se espera como una auténtica novedad. Además, tendrá un motor gráfico denominado *Avalon* que sostendrá toda la estructura del nuevo sistema operativo. Más novedades: el *Win Future Store* o, simplemente, *WinFS* es una novedad encaminada a facilitar la sincronización con otras máquinas compatibles en software.

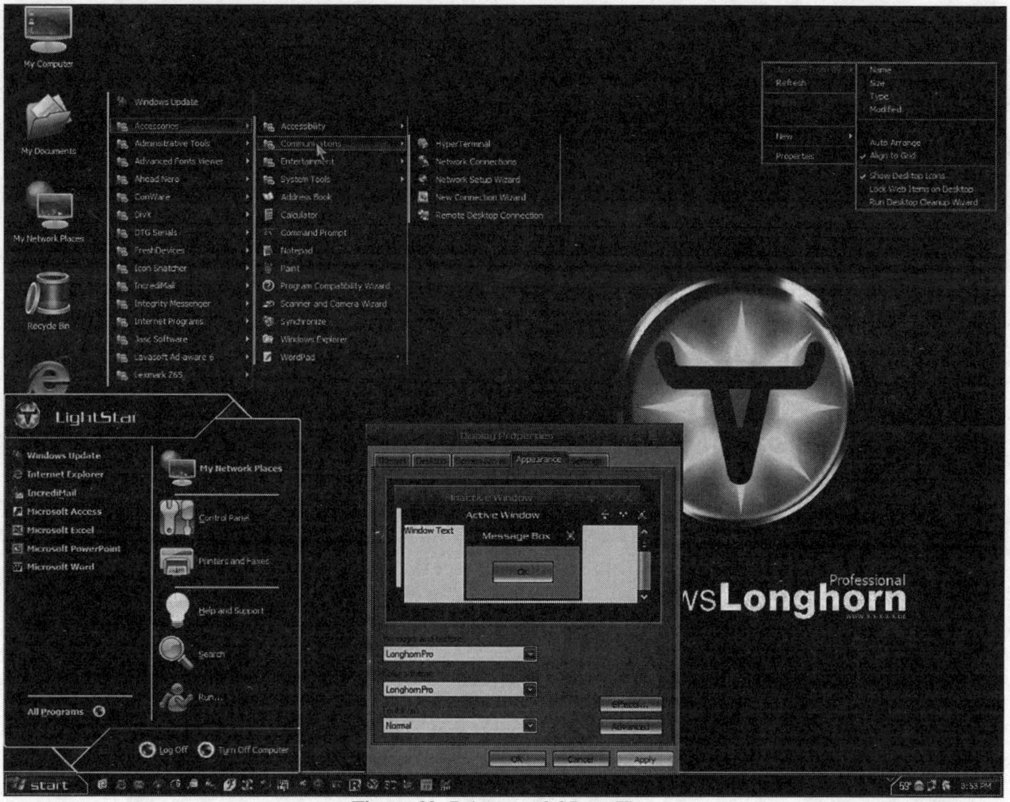

Figura 12–7 Aspecto del LongHorn

Y no es que el resto de los sistemas operativos duerman. Así, para 2005 se espera *Tiger*, la quinta versión del sistema operativo de Apple Mac OS X con, al menos, 150 nuevas especificaciones. Por otro lado Linux, dado su carácter de software libre y gratuito, desarrollado por múltiples fuentes, hace difícil establecer una previsión de futuro pero, sin duda, replicará al todopoderoso gigante de las ventanas azules.

CAPÍTULO 13

IMPRESORAS

No cabe duda de que el ordenador personal es una gran herramienta de desarrollo. Permite dar forma a las ideas, ingenios y creatividad o efectividad del usuario. Ahora, de poco valdría disponer de una máquina tan potente como ésta si no fuese capaz de redirigir todas estas posibilidades hacia el exterior. No sólo en un formato frío como puede ser cualquier soporte físico de información, sino gráficos, textos... algo que no requiera de otra máquina para su comprensión (y, lógicamente, de un usuario con conocimientos sobre dicha máquina). Esta finalidad ha sido la que ha guiado la creación de muchos de los periféricos actuales y, como no podía ser de otra manera, una de las primeras necesidades fue la representación en papel de la información procesada por el ordenador. Éste fue el nacimiento de las impresoras.

A partir de ese instante, el ingenio de los fabricantes se pone en marcha. En un principio la idea era conseguir escribir a través de la máquina pero pronto las exigencias de los usuarios se encargaron de conseguir hacer evolucionar los primeros diseños a potentes y versátiles máquinas. De este modo ya no sólo se persigue la escritura sino, además, la obtención de gráficos, el color, la velocidad e, incluso se exige de este tipo de máquinas que sean silenciosas.

Poco a poco este sector se consolida y toma forma, empezando a resultar interesante a los clásicos fabricantes de PCs. De este modo, gran cantidad de los fabricantes actuales de los ordenadores lo son también de impresoras.

En la actualidad la impresora, al igual que ha ocurrido con multitud de periféricos, casi no puede considerarse como un elemento adicional, sino que ha pasado a formar parte de las configuraciones básicas de las ofertas de ordenadores. Esto explica que sea preciso conocer, al menos, las generalidades relacionadas con estas máquinas aunque cada fabricante sigue sus propios guiones de diseño.

13.1. LA EVOLUCIÓN

Probablemente la evolución de las impresoras haya sido el resultado de un salto cualitativo de las máquinas de escribir. Por rara que esta afirmación pueda parecer, llega un momento en que las diferencias entre ambas –impresoras y máquinas de escribir– se difuminan. Así, las primeras impresoras de margarita y "de bola" se basaban en los principios mecánicos establecidos por sus "abuelas", las máquinas de escribir. Del mismo modo, las máquinas electrónicas avanzaron de forma espectacular ofreciendo displays de corrección previa y multitud de funciones más propias de una impresora que de una máquina de escribir. Bajo esta premisa, el inicio de esta tecnología habría que situarla en 1867, cuando Danish Maling Hansen presenta su "Writing Ball" (algo así como la *bola escritora*, mostrada en la figura). Por ridículo que en nuestros días pueda parecer, este invento supuso un avance en la Administración, haciendo desaparecer los impresos y textos en general escritos a mano.

Figura 13–1 La abuela de las impresoras

Muchos, desde entonces, han sido los modelos y técnicas usadas en la impresión, aunque no todas han llegado a ser una alternativa real, por su precio o prestaciones. Básicamente tres son las técnicas de impresión que tienen una representatividad en el mercado: matricial o impacto, inyección de tinta y láser. Como curiosidad y por citar alguna impresora no representada dentro de estas tecnologías, existe un modelo de IBM que trabaja sobre papel de aluminio (similar al usado en los hogares). El método de impresión es mediante desgaste del papel. Una serie de "agujas" van arañando el aluminio del papel en mayor o menor medida hasta conseguir el tono de negro, blanco o gris deseado. Aunque espectacular, no es buen sistema para las necesidades medias de un usuario.

En este capítulo se hablará de las tecnologías más difundidas, aunque lógicamente cada fabricante da su "toque personal", incluyendo características que particularizan cada modelo.

13.1.1. Impresoras matriciales

Aunque no fueron las primeras en aparecer, sí fueron las más conocidas. Su bajo coste, así como la posibilidad de representar gráficos y textos, hacía de estas máquinas un complemento imprescindible para el ordenador. Aunque a primera vista pueda parecer que es un tipo de impresora destinado a desaparecer, nada más lejos de la realidad. Las impresoras de agujas (como popularmente se las conoce) dan respuesta a una necesidad que ningún otro tipo resuelve hasta ahora: la posibilidad de usar papel autocopiativo. Por poner un ejemplo habitual, las facturas que se emiten por cualquier establecimiento requieren una copia para el cliente y otra para la empresa. Ni las impresoras láser ni ningún otro tipo pueden dar respuesta a este problema si no es imprimiendo tantas copias como sea necesario, mientras que la impresora matricial puede llegar a generar hasta cinco copias en la misma impresión.

Figura 13–2 Impresoras matriciales

El proceso en sí es sencillo: basta con golpear con una "aguja" una cinta entintada que, a su vez, golpea la hoja de papel. El resultado es un punto de tinta sobre la hoja. Este proceso coordinado y con varias agujas, puede llegar a formar cualquier carácter, tipo de letra o gráfico. Obsérvese que hasta la época de aparición de este tipo de impresoras, las más conocidas eran las de margarita con un método de trabajo similar al descrito pero golpeando con la matriz entera de una letra en lugar de con una aguja. Este sistema consigue una velocidad elevada así como una muy alta calidad. Como inconveniente, en primer lugar, se encuentra la imposibilidad de representar gráficos.

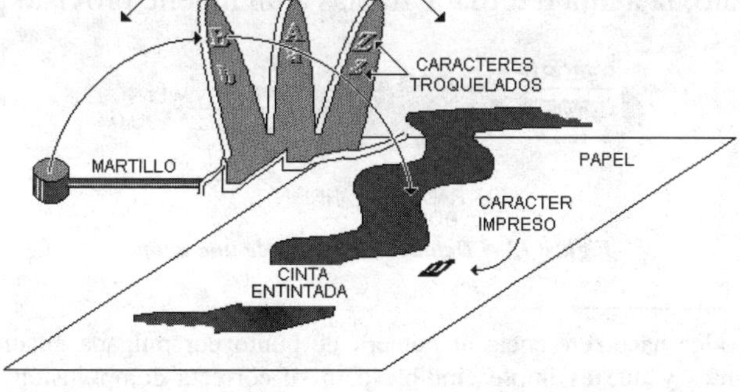

Figura 13–3 Impresión de margarita

Esta "revolución gráfica" medía su nitidez y resolución en función del número de agujas con el que era capaz de golpear la citada cinta. Habitualmente este parámetro de resolución se encuentra situado entre los 150 y 300 ppp o "puntos por pulgada"[62]. Por supuesto, el ruido generado por los miles de microimpactos es difícilmente evitable a pesar de las distintas campanas y carcasas que los fabricantes han ideado para apaciguar el desagradable sonido característico de la impresión. El modo de funcionamiento es el descrito a continuación:

Todo comienza cuando el ordenador envía los datos[63] a imprimir. Éstos, normalmente, serán códigos ASCII en notación hexadecimal que quedarán almacenados en la memoria de la impresora, denominada "búfer de impresora". En definitiva se trata de una memoria RAM de tamaño variable que estará en torno a los 10 KB en los mejores casos. La razón de esta memoria es la de almacenar los datos que se van a imprimir, ya que el proceso mecánico es mucho más lento que la velocidad que tiene el PC para enviar los datos. Una vez lleno el búfer de impresora, ésta le comunicará al PC que no envíe más datos hasta que no sean impresos los que ya tiene almacenados. Esta indicación la hará a través de una señal o código de control denominada XOFF. Una vez paralizada la recepción de datos, los almacenados en el búfer pasarán al microprocesador de la impresora liberando el espacio que ocupaban y dando una señal XON al PC para que vuelva a enviar y repetir todo cíclicamente.

Una vez que el microprocesador de la impresora tiene los datos, toma información de la tabla de mapas de bits (donde residen las distintas fuentes o tipos de letra que es capaz de realizar la impresora) para calcular una línea de impresión y determinar cuál debe ser el sentido óptimo de la impresión (derecha a izquierda, al revés o, incluso, ambos sentidos). Toda esta información es enviada al cabezal de impresión (donde se encuentran todas las agujas) y es sincronizado con los motores de movimiento del mismo así como los de tracción de papel sobre el tambor. Cuando el cabezal recibe las señales amplificadas que procedían del microprocesador, se encarga de hacerlas pasar en forma de corriente eléctrica (ya que los datos, al fin, sólo son eso: impulsos de corriente) por unas bobinas. En definitiva, lo que se está creando es un electroimán que en función del sentido de la corriente, repelerá o no la aguja imantada, desplazando la misma hacia el exterior, donde se encontrará la cinta entintada. Una vez impreso el punto, la aguja retornará gracias a un muelle provisto para tal fin.

Figura 13–4 Detalle de impacto de una aguja

---

62 Importante: este valor hace referencia al número de punto por pulgada cuadrada, dato que suelen omitir los fabricantes y que es imprescindible para su correcta comprensión. Recuérdese que una pulgada equivale a 2,54 cm.

63 Cuando se habla de datos se entiende no sólo caracteres en sí, sino también códigos de control que indiquen a la impresora qué tipo de fuente de mapas de bits debe usar.

El mantenimiento de este tipo de impresoras es bastante económico, ya que sólo es necesario reponer la cinta entintada cuando no se aprecie con nitidez un documento impreso. Por lo demás, habrá que prestar atención a que el eje por donde se desplaza el cabezal de impresión esté suficientemente lubricado con parafina o aceite muy fino. Con el tiempo puede llegar a ser necesario reemplazar alguna de las poleas de desplazamiento o algún engranaje. Por este motivo es recomendable confiar en una marca de reconocido prestigio que pueda disponer de repuestos en el futuro.

Este tipo de máquina es recomendable siempre que se busque una solución con calidad media-baja a un precio reducido. Son ideales para largos listados (es habitual que siempre ofrezcan de serie o como accesorio complementario un alimentador de papel continuo) y, por supuesto, para copias múltiples.

13.1.2. Impresoras de chorro de tinta

Lo primero que es preciso aclarar en este tipo de impresoras es que su nombre no es lo más identificativo de las mismas. Por supuesto las impresoras matriciales anteriormente descritas también son impresoras de tinta. En este caso se les da este nombre entendiendo que la tinta que se precisa en la máquina es “más o menos” líquida y no una cinta entintada como ocurría en el caso anterior (o en polvo como ocurre con las impresoras y láser y el tóner). Son la gran elección para aquellas personas que precisen calidad (hasta 2.400 x 1.200 puntos por pulgada sobre papel fotográfico) a un precio razonable sin gran volumen de trabajo. Muy similares en cuanto a resolución a las impresoras láser, ofrecen un precio poco más elevado que una impresora matricial de prestaciones medias y, por supuesto, absolutamente silenciosas (menos de 49 dB). En oposición tienen el precio de la tinta que realmente es cara, y más si se le compara con el de una cinta entintada o la relación número de páginas/tóner. Tanto es así que, en caso de tener que cambiar dos cartuchos de una impresora, ¡a veces resulta más económico adquirir una impresora completa en oferta que regale los citados cartuchos! Su constitución mecánica es muy parecida a cualquier matricial, ya que disponen de todo el sistema de tracción de papel y movimiento del cabezal. La gran diferencia estriba en el modo de impresión.

El funcionamiento sorprende por lo sencillo y eficaz: una vez que el cabezal dispone de las señales enviadas por el microprocesador de la impresora, se encarga de calentar una pequeña resistencia que existe bajo las cámaras de tinta (también llamadas *toberas*) que conforman un carácter impreso en el papel. La tinta, al alcanzar una temperatura de aproximadamente 500º C (en el caso de HP y su tecnología *TIJ*, la temperatura es de 340º C) durante unas millonésimas de segundo, comienza a hervir. Esto produce –por la expansión de los gases– que una burbuja de vapor se vaya expandiendo por la cámara, expulsando la tinta más próxima al inyector del cartucho hacia el exterior. Una vez que la gota de tinta empujada supera la tensión superficial, ésta se desprende del cartucho, saliendo impulsada hacia el papel. Mientras la gota de tinta se seca en el papel, la cámara del depósito de tinta se enfría provocando un efecto de succión que recoge la tinta que pudiese haber quedado en el inyector y prepara todo para la próxima expulsión de tinta. Este proceso, que no alcanza el milisegundo de tiempo[64], se aprecia claramente en la figura siguiente:

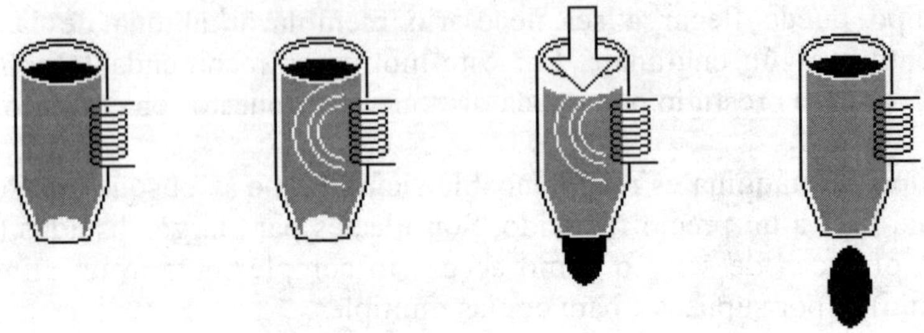

Figura 13–5 Impresión de un punto

Un cabezal de impresión común tiene entre 25 y 128 cámaras o toberas (inyectores en definitiva) y, a mayor cantidad de ellas, mayor calidad se obtendrá.

Algunos modelos varían el proceso de expulsión de la tinta con sistemas de carga electrostáticos. Éstos sustituyen el elemento calentador por un cristal piezoeléctrico que altera su forma cuando se le aplica una señal eléctrica. De este modo, cuando se desea imprimir por un inyector concreto, se envía un impulso eléctrico sobre el cristal que actúa como una bomba de presión para la tinta. Una vez expulsada la gota, el cristal vuelve a su posición inicial (cuando deja de recibir el impulso eléctrico) y de este modo se crea el efecto de succión de nueva tinta. Otros sistemas son exclusivos de algunas marcas, como la *inyección por burbuja* de Canon.

Puede resultar curioso conocer que cada gota expulsada corresponde a, aproximadamente, la millonésima parte de una gota formada por un cuentagotas convencional. Este dato no es fruto del azar sino del minucioso estudio de las marcas. Así, las gotas de cualquiera de los fabricantes de vanguardia se miden en picolitros (10^{-12} l) con diámetros de micrómetros (10^{-6} l).

El mantenimiento de estas impresoras es moderadamente económico en cuanto a hardware se refiere dada la ausencia de piezas de desgaste aunque la tinta cada vez es más cara y comparativamente con otros sistemas, es el menos barato. A pesar de que es difícil determinar la vida de un cartucho de tinta, lo cierto es que la calidad del mismo se mantiene hasta el final (no ocurre lo mismo con las cintas de impresoras matriciales) y su precio es asequible en función de su rendimiento.

---

64 El proceso de calentamiento se estima en un tiempo inferior a 3 ns, la expansión lleva entre 3 y 10 ns, la formación de la gota estará entre los 10 y los 20 ns y, el proceso final de carga de la nueva tinta consumirá hasta 80 ns, es decir, 3 + 10 + 20 + 80 = 113 ns (< 1 ms) en el peor de los casos, aun considerando un margen amplio de error.

Figura 13–6 Impresoras de inyección

Estas máquinas se recomiendan para necesidades que requieran color (opción que incorporan todos los modelos actuales) y resoluciones de hasta 2.400 ppp aunque hay que destacar que estos datos rara vez son reales sino se realizan con papel especial y bajo determinadas condiciones muy específicas. Por otro lado, su sistema de tracción de papel, en casi todos los modelos y fabricantes, les permite admitir papel de gran gramaje, lo que implica una ventaja añadida.

En el aspecto de configuración de color, muchos de los monitores actuales incorporan utilidades a través de drivers que permiten ajustar de forma precisa qué se ve en la pantalla y cómo se va a imprimir. Gracias a estos drivers denominados *ICM* o "Image Color Matching" (algo así como "Coincidencia del color de la imagen") se consiguen ajustar las tonalidades ofrecidas por el monitor con las obtenidas en la impresora en cuestión.

Aunque probablemente este tipo de impresoras tiene su máximo representante en la compañía Hewlett Packard, realmente el primer diseño se debe a IBM en 1976. Hewlett Packard ha sido otra de esas compañías, como Apple, acompañadas de cierto "romanticismo" al crearse desde un garaje (o al menos eso dicen…) por sólo dos personas (W. Hewlett y D. Packard) y conseguir un imperio. También hay que indicar que esto ocurrió en 1938 y que, para bien o para mal, eran otros tiempos…

Por último, resulta interesante destacar que algunos fabricantes quieren desligarse de la asociación de sus productos con los suministradores de tinta. De este modo se intenta potenciar la recarga de cartuchos que resulta una operación más económica y que hace de este tipo de impresora una opción válida. En esta línea la compañía Lexmark desarrolló un software que, suministrado gratuitamente por Internet, determinaba cuál es el porcentaje de tinta del cartucho. De este modo el usuario puede recargarlo antes de finalizar todo el contenido, momento en el que se corre el riesgo de que se obturen los inyectores. Este software se puede conseguir (mientras la compañía lo mantenga en su Web) en http://www.lexmark.com/products.

13.1.3. Impresoras láser

Se trata de las impresoras más rápidas y con mayor calidad de impresión (sobre los 600 ppp "reales"), lo que las hace candidatas para ser el tipo de máquina elegido por empresas y particulares donde se quiera dar una buena imagen en un tiempo mínimo. Por supuesto, y comparativamente con las matriciales, son absolutamente silenciosas. Su funcionamiento, tal y como se detalla a continuación, tiene que ver bastante con una fotocopiadora convencional.

Cuando los datos son enviados a la impresora, ésta los recoge en un búfer que puede variar desde unos pocos kilobytes hasta varios megabytes. Si la memoria resulta insuficiente, podrán provocarse errores de *overflow* o *desbordamiento* de memoria. La solución pasa por instalar más memoria a la máquina (de forma similar a un PC) o utilizar técnicas como la GDI, descrita en este mismo capítulo. Estos datos se envían al microprocesador de la impresora quien se encargará de activar y desactivar un diodo emisor láser. Este rayo láser es enviado contra un espejo móvil que se encargará de reflejarlo donde sea conveniente. Por otro lado, existe un componente cilíndrico llamado OPC o cartucho fotoconductor orgánico. Los rayos láser serán recibidos en el OPC que, en función de la activación y desactivación del propio cartucho, dará como resultado una línea de puntos luminosos a lo largo del cilindro. El tambor girará (entre 1/300 y 1/600 pulgadas) para repetir el proceso con otra línea del cilindro del tambor.

De manera paralela, un proceso mecánico hace que el papel avance desde su ubicación original, haciéndolo pasar por un cable cargado que ioniza el papel, dándole una carga eléctrica positiva. Este hilo, en algunas impresoras antiguas y en fotocopiadoras, es de oro. Cuando el papel ionizado pasa por el OPC, las zonas marcadas por el mismo con el láser al contacto con el papel hacen que la superficie del tambor cambie su carga y los puntos adquieran la misma carga eléctrica que el papel, mientras que en las zonas que no fueron impresionadas, conservan su carga original. A continuación, el tambor entra en contacto con el tóner o tinta en polvo que también tiene una carga contraria a la del OPC. Esto produce que el polvo se adhiera al OPC en aquellos puntos que conservan una carga eléctrica. Finalizando el proceso, el OPC entra en contacto con el papel que, al tener una carga mayor, atrae hacia sí todas las partículas de tóner del OPC quedando la impresión hecha. En algunas máquinas, a continuación se calienta el papel a una temperatura de 200 ºC durante 0,1 seg para que la adherencia del tóner al papel sea definitiva.

El proceso de fijación del tóner a través de calor hace que algunos modelos de impresora no sean adecuados para imprimir sobre papel previamente impreso ya que "funden" la primera impresión. Éste es un dato importante a tener en cuenta a la hora de adquirir una impresora láser y más aún si se utiliza papel con logotipos, carátulas...

Figura 13–7 Unidad de OPC

El tipo de impresión descrito corresponde a las impresoras de impresión en negro. Existen otros modelos que usan la impresión en blanco. El proceso es similar: en este caso, el diodo láser carga el OPC con la misma polaridad que el tóner, por lo que dicho polvo sólo es adherido en aquellas zonas no afectadas por el haz de luz.

El mantenimiento de este tipo de impresoras, aunque a primera vista pueda parecer caro, resulta realmente económico, dada la gran capacidad de impresión de los cartuchos de tóner. Además, resulta habitual el reciclaje de tóner vacíos por lo que es fácil encontrar empresas que recompren estos tóner y vuelvan a venderlos, una vez recargados, a precios más económicos. Falta de nitidez, fallos de impresión y líneas impresas continuas pueden ser el resultado de un tóner deteriorado. El OPC también debe ser cambiado con el tiempo para asegurar la calidad de la máquina. Es importante que el tóner no se "apelmace", ya que debe permanecer suelto para su mejor adherencia. Esto se consigue agitando con cuidado el cartucho de tóner. Con esta acción se consigue alargar la vida del tóner a pesar de que la impresora haya indicado la falta del mismo.

Figura 13–8 Impresoras láser

Existen impresoras láser de color pero, debido a su elevado precio, no se han extendido demasiado. El proceso es totalmente diferente, pero no parece que este tipo de impresoras tenga un futuro muy popular dadas las altas prestaciones y bajo precio de las impresoras de chorro de tinta o sublimación de tinta. Todo parece indicar que quedarán relegadas a sectores muy especializados quedando vetadas para los usuarios medios.

Es relativamente habitual que estas impresoras, en gamas altas, incorporen un slot para instalación de una tarjeta de red. Esto les permite comunicarse dentro de una LAN y actuar como un recurso compartido por varios usuarios. De este modo aumenta la rentabilidad de la máquina al poder ser amortizada por más de un usuario.

13.1.4. Las "Win-impresoras"

Sí, las "Win-impresoras" reciben ese nombre porque requieren del sistema operativo Windows para funcionar, pero lo mejor será ir por parte. Este tipo de impresoras habitualmente reciben el nombre de GDI (Graphical Device Interface). Son impresoras láser pero con un precio increíblemente más bajo que las impresoras láser convencionales. Por supuesto nada regala nada y todo tiene una explicación. Este tipo de impresoras "ahorra" en circuitería "tomándola" del PC. Así, por ejemplo, es posible encontrar este tipo de máquina sin ningún tipo de búfer de memoria (o mínimo). La memoria que precisen la tomarán del PC, ralentizando, por supuesto, el sistema. Este proceso, en muchos casos, elimina la multitarea de Windows dando la máxima prioridad al sistema de impresión y deteniendo el resto de tareas.

Dado que el mayor porcentaje de uso de sistemas operativos corresponde a Windows, los fabricantes de estas impresoras han desarrollado drivers para este sistema, olvidando, en la mayor parte de los casos, a los demás. Este inconveniente es digno de tener en cuenta ya que, si inicialmente esta impresora puede resultar interesante por su precio, puede dejar de serlo al saber que no funciona bajo DOS e, incluso, bajo OS/2 o LINUX.

La opción está ahí y, en función de las necesidades del usuario será recomendable o no. Ahora, eso sí, que nadie se llame a engaño con el precio y el tipo de máquina que compra.

Figura 13–9 Impresora GDI

13.2. EL FUTURO DE LA IMPRESIÓN

Resulta complejo vaticinar hacia dónde se dirige el mundo de la impresión ya que, lo que en un principio consistía en reflejar en un soporte físico lo que se visualizaba en una pantalla, ha cambiado de forma notable. Las exigencias actuales dan por supuesto algunos aspectos que en su día fueron verdaderos logros como, por ejemplo, la impresión en color. Por supuesto, la calidad fotográfica es algo de lo que no se puede prescindir tampoco y… un sinfín de prestaciones que cada vez se lo ponen más difícil a los fabricantes de impresoras.

Hubo un tiempo en el que todo parecía apuntar hacia los dispositivos multifunción donde se combinaban prestaciones de impresión, escaneo y fotocopiadora entre otras. Estos dispositivos, si bien son económicos al compartir gran parte de la electrónica, no han acabado de convencer al gran público. Por otro lado, la compartición de electrónica tiene sus inconvenientes: una avería en el dispositivo multifunción afecta a todos los elementos en él comprendidos: una dependencia demasiado grande como para arriesgarse en según qué sectores.

Figura 13–10 Epson Stylus Photo RX600

No obstante, parece que las tecnologías láser e inyección de tinta van a coexistir aún durante muchos años. Más velocidad, menor precio, menor tamaño… son logros previsibles en un corto intervalo de tiempo. En el parámetro específico del tamaño, ya comienzan a verse diseños innovadores como, por ejemplo, es el caso de Samsung y su impresora circular que, en lugar de imprimir linealmente, lo hace de modo rotacional, algo que le permite reducir el espacio de ocupación en el escritorio, tal y como se muestra en la figura perteneciente a los premios IDEA (Industrial Design Excellence Awards) en sensoryimpact.com/2004/7/idea-awards.

Figura 13–11 Impresora circular de Samsung

13.3. LA IMPORTANCIA DEL PAPEL

En la mayor parte de los casos, el papel es un elemento básico en el que no se repara demasiado. Se supone que todo el papel es similar cuando, en realidad, existen grandes variaciones de calidad. De forma habitual, el papel se cataloga por el denominado *gramaje*, es decir, el peso del papel por m^2. Por disparatada que esta idea pueda parecer, es un modo claro de medir la densidad de celulosa usada por hoja.

Así, el papel tradicional suele estar sobre los 80 gramos y el de alta calidad alcanza los 100. Productos de gramaje inferior no son recomendables en impresoras y si es por encima de los 100 gramos (habitualmente se alcanzan los 150 gr) no suele ser interesante económicamente, salvo aplicaciones especiales de impresión de gran calidad. De igual manera, el papel reciclado no es siempre admitido por todas las máquinas y si bien puede ser válido inicialmente, en algunos casos puede provocar el desgaste prematuro de la máquina dado su alto índice de erosión.

En definitiva, en éste como en otros aspectos, lo más recomendable es acudir a las recomendaciones específicas del fabricante y no apartarse de sus indicaciones que, por lo general, serán contempladas por varias marcas de proveedores.

En cuanto a su uso, es recomendable que el papel, antes de ser usado, permanezca en el mismo entorno que la impresora (la bandeja es su lugar ideal). El motivo estriba en que una buena impresión se basa en que la temperatura y grado de humedad del papel sea lo más parecido posible al de la máquina. Obviamente esta recomendación puede carecer de sentido en impresiones esporádicas pero cobra especial interés cuando se trata de impresiones masivas. Así, un papel excesivamente húmedo se secará de forma inmediata al pasar por una impresión láser, lo que provocará que las hojas se arruguen una vez impresas (ésta es una imagen muy típica en grandes centros de impresión). Dentro de lo posible, conserve el papel en la misma habitación que la impresora: ahorrará atascos innecesarios y aumentará la calidad del trabajo final.

La recomendación dada para el papel con respecto a la impresora de condiciones medioambientales (humedad y temperatura), es igualmente aplicable a los sistemas de almacenamiento magnéticos con respecto al PC. Tal puede ser el caso de una cinta de streamer con respecto a su unidad correspondiente.

13.4. FABRICANTES DESTACADOS

Apple	www.apple.com	IBM	www.ibm.com
Canon	www.canon.com	Lexmark	www.lexmark.com
Epson	www.epson.com	OKI	www.oki.com
Hewlett Packard	www.hp.com	Samsung	www.samsung.es

CAPÍTULO 14

ENSAMBLAJE DE UN PC

A pesar de su habitual presencia en todos los entornos profesionales y domésticos, el ordenador sigue siendo una máquina objeto de culto para unos y de odio para otros. Pero, tanto los primeros como los segundos suelen mantener una actitud de respeto hacia los "lúgubres" mecanismos que operan en el interior del ordenador. No es de extrañar, por tanto, que las personas encargadas del mantenimiento, reparación o ensamblaje de PCs tengan un cierto aura místico.

Por supuesto, el párrafo anterior se ha llevado al extremo y, si bien tiene una connotación de parodia, lo cierto es que la situación descrita no queda muy lejos de la realidad de muchos usuarios: el interior del PC está lleno de misterios insondables...

No se puede frivolizar la complejidad de un PC pero su entendimiento tampoco tiene por qué ser más difícil que el de cualquier otro electrodoméstico. Al final, cada profesional domina su sector y debe mantener una cierta prudencia a la hora de acercarse a otro. No obstante, la finalidad de estas líneas es entender el funcionamiento interno del PC por lo que todo lo referente a su montaje es de obligada mención.

En este capítulo el lector descubrirá que el ensamblaje de un PC no debe ser más difícil que el de cualquier mecano ya que se trata de una operación mecánica. El conocimiento adquirido a lo largo de estos capítulos anteriores le ayudarán a entender el porqué de cada operación y la actitud a tomar en caso de un problema o avería. Dada la variedad de componentes, fabricantes y modelos, se ha intentado generalizar una línea de actuación común a todos pero no debe olvidarse que las particularidades de cada fabricante deben prevalecer sobre este texto. Descubra el atractivo de diseñar, ampliar y ensamblar su propio ordenador "saltando" las configuraciones estándar ofrecidas. ¡Buen viaje a las profundidades de su PC!

14.1. INTRODUCCIÓN

El montaje de un PC puede ser uno de los aspectos más agradables dentro del mundo microinformático (por lo menos, al principio, cuando no se trata de una rutina cotidiana). La tarea de, a partir de unos elementos electrónicos distantes entre sí, conformar una unidad que luego es operativa bajo una carcasa común, es lo que proporciona esa sensación de "creación" manual. Pero no, no hay que asustarse ante el aspecto práctico de la Microinformática, todo lo contrario: para ensamblar un PC no se precisa de ningún conocimiento previo de Electrónica ni tan siquiera de Informática. La prueba se puede encontrar en la multitud de empresas ensambladoras de PCs que no cuentan con personal cualificado y, aún así, producen PCs. Esa falta de cualificación no debe tomarse en un aspecto peyorativo: realmente no es precisa. Así, para hacer cemento no se precisa ser arquitecto y, sin embargo, sin personas que realicen el cemento no es posible construir edificios. Esto no exime a un arquitecto para conocer el modo de realizar y aplicar cemento.

¿Cuál es entonces el sentido de este libro? Si no se precisan conocimientos previos, ¿para qué abordar todos estos temas? La respuesta está en el nivel que se quiera alcanzar profesionalmente (decidir, en definitiva, si se desea ser albañil o arquitecto, siguiendo con el símil anterior). Ser "cambia-piezas" (con todo el respeto ya que todas las figuras laborales son precisas) sólo requiere de una destreza manual pero su nivel de actuación termina ante el más mínimo problema: precisa una supervisión.. En definitiva, "todo va bien mientras va bien": un simple error en un componente o un comportamiento distinto al habitual de una tarjeta puede paralizar la tarea de una persona habituada al ensamblaje pero con defectos de formación.

En el caso de este libro, el montaje se contempla como un complemento más al conjunto de conocimientos microinformáticos que se aprenderán. Esto no es quitar importancia al montaje, simplemente aplicarle la que tiene. Incluso se trata de uno de los capítulos más asequibles y lúdicos dada su practicidad y ausencia de teoría. Este aspecto lleva asociada una cierta destreza que difícilmente se puede transmitir a través de un libro pero que, sin duda, con la práctica se adquirirá. Aun así siempre habrá personas con más o menos facilidad para el ensamblaje como ocurre en cualquier otro aspecto práctico cotidiano (en el dibujo, en los deportes, en el trabajo...).

Por otro lado, el montaje de un ordenador suele ser indicativo del grado de profesionalidad del montador. La sujeción con bridas de los cables, el uso de toda la tornillería y, en definitiva, el buen hacer repercutirá en la calidad de la máquina de forma tan directa como lo hacen el resto de componentes.

A continuación se detallan todos los aspectos a tener en cuenta en este otro aspecto de la Microinformática: el montaje de equipos. Desde las herramientas precisas hasta los componentes, la diversidad de piezas, modo de ensamblaje, recomendaciones de trabajo... todo se detallará en las próximas líneas.

14.2. LISTA DE COMPONENTES HARDWARE

Obviamente la lista de materiales a utilizar en el ensamblaje del PC debe estar en consonancia con las características y prestaciones requeridas a la máquina. En este apartado se va a detallar todo el material preciso para una configuración estándar y habitual en un PC, lo que no implica que no se puedan incorporar otros componentes. De cualquier modo –y como se comprobará– la inclusión de nuevos elementos en la máquina no suele representar tanto problema de instalación en el ámbito físico (hardware) como lógico (software), y suele ser la tarea de configuración la más compleja.

En definitiva, las tarjetas, con independencia del tipo que sean, son componentes que irán insertadas generalmente en un slot y que manualmente no representarán mayor problema. Por otro lado, los fabricantes son los encargados de hacer atractivos sus productos al usuario ofertando, entre otras características, instrucciones sencillas y detalladas del montaje. La producción de componentes que sólo son accesibles a técnicos implica una limitación en el sector de mercado potencial al que se puede acceder.

En definitiva, los componentes, de fácil adquisición en el mercado, para el ensamblaje de este PC genérico serían los detallados a continuación:

Caja La caja será el soporte físico que albergará toda la circuitería necesaria del PC. Debe incluir necesariamente una fuente de alimentación que es el elemento que acondicionará la corriente eléctrica procedente del enchufe al fluido eléctrico requerido por el PC. También deberá incluir una bolsa con toda la tornillería precisa para el ensamblaje y, por supuesto, el cable de alimentación. Las consideraciones sobre la caja serán, en la mayor parte de los casos, a nivel estético ya que la mayoría suple las necesidades de un usuario convencional.

Monitor Será el dispositivo estándar de salida de datos y al que debe darse una importancia especial ya que, en función de su calidad se medirá la incidencia que pueda tener sobre los ojos del usuario. Un mal monitor puede ser el origen de pérdida de visión y dolores de cabeza. Aunque existen muchos modelos en el mercado, la principal consideración será en función del tamaño que se da en pulgadas sobre la diagonal de la pantalla. Lo habitual es que sea de 17”. También deberá considerar la frecuencia de refresco soportada (número de imágenes por unidad de tiempo) que no se recomienda que descienda de los 80 Hz. Por otro lado, un fabricante de reconocido prestigio será la mejor garantía de la calidad del monitor.

Debido a la bajada de precios constante que experimenta este sector, cabe la posibilidad de plantearse la adquisición de un monitor TFT (de pantalla plana y sin emisión de radiación) en lugar del tradicional TRC.

Microprocesador Sin duda, es el elemento más popular del PC. Será el que defina en gran medida la potencia de la máquina y uno de los componentes más caros. Las consideraciones deberán pasar fundamentalmente por tres aspectos: fabricante, modelo y velocidad. Actualmente dos fabricantes acaparan la casi totalidad del mercado: Intel y AMD. Ambos son válidos y recomendables (esto no excluye a otros fabricantes). En cuanto al modelo se referenciará qué tipo de microprocesador se desea (Pentium III, 4,... en el caso de Intel o Athlon, Duron,... en el caso de AMD o el C3 si se trata de un microprocesador de Vía). Por último, la frecuencia de trabajo, expresada en MHZ o GHz, indica a qué velocidad funcionará el microprocesador. Obviamente, a mayor frecuencia, mayor velocidad de respuesta y mayor precio. Lo cierto es que en la actualidad cualquier microprocesador es rápido. Este componente deberá ser soportado por la placa base y es, sin lugar a dudas, el de mayor evolución y el que mayor obsolescencia soporta en el menor tiempo, por lo que conviene meditar la decisión de compra.

Disipador-Ventilador Será el encargado de refrigerar el microprocesador proporcionando así estabilidad al PC. Un ventilador con fallos desemboca en un aumento de temperatura del sistema que suele reflejarse –en el mejor de los casos– en “cuelgues” inesperados del equipo. En el peor de los casos, si se trabaja mucho tiempo sin refrigeración, se puede dañar irreversiblemente el microprocesador. En definitiva, merece la pena invertir algo más de dinero en un componente que, de por sí, es barato (no suele llegar a representar el 2% del precio total del ordenador y, sin embargo, una avería, puede acarrear el coste del 80% de la máquina) y especialmente si se desea realizar *overclocking*.

Memoria Por supuesto hace referencia a la memoria RAM y determinará la cantidad de información con la que el PC es capaz de trabajar a un tiempo. En este componente habrá que evaluar también la compatibilidad con la placa base ya que existen diferentes formatos físicos de memoria (aunque, salvo en etapas de cambios, el formato suele ser estable). La velocidad de la memoria, capacidad de los módulos y la cantidad de éstos deberán ir en consonancia con las características especificadas por el fabricante de la placa base. La única recomendación a la hora de comprar este componente es la adquisición de la mayor capacidad posible ya que repercutirá de forma directa en el rendimiento de la máquina.

Placa Base Es la placa de mayor tamaño y donde se conectan el resto de componentes. Debe estar en consonancia con el microprocesador elegido y la memoria. En gran medida el rendimiento general del sistema dependerá de esta placa por lo que es interesante acudir a un fabricante de prestigio. Deberá valorarse las posibilidades de ampliación ofrecidas por la placa así como una buena documentación de la misma. La placa base debe incluir también las "cintas" (cables usados para conectar la disquetera y los dispositivos de almacenamiento masivo como discos duros, CD ROM, grabadoras, regrabadoras, DVDs,...).

Tarjeta de vídeo Será el componente que comunicará el PC con el monitor. En función de las prestaciones del sistema se recurrirá a un modelo u otro. Actualmente cualquier tarjeta de vídeo cumple con los requerimientos más exigentes de un usuario medio. Sólo en caso de manejo profesional de imágenes, edición de vídeo, diseño... convendrá asesorarse sobre una tarjeta específica. Aunque la tarjeta puede corresponderse con diferentes formatos de bus, lo habitual es que sea AGP, por lo que se recomienda comprobar que la placa también soporte este bus (prácticamente el 100% de las placas de mercado lo hacen).

Disquetera 3½" Es el soporte de almacenamiento flexible por excelencia. Está incluida en los PCs de forma habitual desde el año y pocas consideraciones hay que hacer sobre la misma. Lo normal es que sea de formato de alta densidad con una capacidad de almacenamiento de datos de 1,44 MB, también denominado HD, aunque existe un formato mejorado que acepta el doble de capacidad (2,88 MB). Existen dispositivos alternativos como los "Super Disk" que son compatibles con discos normales pero, además, aceptan un formato especial con una capacidad de 120 MB.

Disco Duro Es el método de almacenamiento más convencional que lleva usándose desde hace cuarenta años con ligeras variaciones en cuanto a la esencia de funcionamiento se refiere. El único dato a tener en cuenta suele ser la capacidad ya que, si bien hay otros parámetros como la velocidad de acceso, ruido, MTBF y otros, la mayor parte de los fabricantes reconocidos ofrecen valores aceptables y similares. Merece una mención especial el tipo de interfaz usada (EIDE o SCSI) dada la diferencia existente en la tasa de transferencia de datos. Se recomienda encarecidamente acudir a una marca reconocida ya que no debe olvidarse que aquí será donde se depositen los datos del usuario.

CD ROM, Grabadora, Regrabadora, DVD... La unidad de CD ROM se ha convertido en un elemento habitual en las configuraciones básicas de PCs. De forma más novedosa (aunque cada vez más habituales) se encuentran las grabadoras, regrabadoras, DVDs y, sin duda en un futuro inmediato, las grabadoras de DVD. El parámetro fundamental en todos los casos son las tasas de transferencia que alcanzan, ya sea en lectura o escritura y reescritura según los casos. De cualquier forma, la conexión física no difiere de unos dispositivos a otros. Esta unidad debe incluir, además de los drivers y tornillos, el cable de audio para su conexión con la tarjeta de sonido.

Tarjeta de sonido Es la tarjeta encargada de gestionar el sonido tanto analógico como digital. Salvo el caso de precisar prestaciones profesionales, cualquier tarjeta sirve para los requerimientos medios de un usuario. Debe incluir los drivers y suele ser un elemento barato que no requiere de más consideraciones.

Teclado Se trata del elemento estándar de entrada de datos en el PC. Deberá atenderse fundamentalmente a dos parámetros: tipo de conexión y mecánica de las teclas. En el primer caso se hace referencia a la interfaz usada para adaptarse al PC que, en la mayor parte de los casos, será PS/2, por lo que no implicará ningún problema. En cuanto al tipo de activación de las teclas puede ser por membrana o mecánico. La diferencia se experimenta en el tacto, distinguiéndose fundamentalmente porque los mecánicos hacen un "clic" característico en su pulsación. En la mayor parte de los casos es cuestión de gustos y, aunque existen teclados ergonómicos, con calculadora, naturales, inalámbricos, con trackball incluidos y cuantas modalidades se puedan imaginar, lo cierto es que predomina el teclado clásico.

Ratón Lo cierto es que hace uso años éste no era componente habitual y, sin embargo, en la actualidad resulta imprescindible. A nivel técnico interesa el tipo de conexión del ratón (se recomienda que sea PS/2 aunque otros formatos como el de serie serían válidos). El resto depende del usuario. Existen ratones ergonómicos, con acabados en madera, tela, inalámbricos... con formatos dispares y con diferentes métodos de identificación de movimiento donde no es preciso disponer de la popular "bola" del ratón.

Otros Dentro de esta amplia consideración tienen cabida todos los elementos que, si bien no son indispensables para el manejo del PC, suelen ser habituales. Aquí se incluirían los altavoces, micrófono y auriculares, por ejemplo.

Para más información sobre cada uno de los componentes aquí detallados, se remite al lector a la lectura de los capítulos específicos dedicados a cada uno de ellos.

14.3. LISTA DE COMPONENTES SOFTWARE

No sólo los elementos hardware son necesarios, también es preciso disponer de elementos software que pongan en marcha el PC. Esto no debe confundirse con el software de aplicación que puede ser instalado o no según los requerimientos del usuario. El software del ensamblador se reduce a unos cuantos ficheros encargados de poner el disco duro en condiciones de ser usado y los programas destinados a efectuar pruebas y diagnósticos sobre la máquina.

Lo habitual es disponer de un disco de arranque capaz de poner en funcionamiento el ordenador, utilidades para crear particiones y darlas formato y el software de pruebas. Por supuesto la disponibilidad de drivers (sobre todo de CD ROMs, tarjetas de sonido,...) es recomendable. Las utilidades y discos de arranque dependerán del sistema operativo usado. Así no serán los mismos ficheros los requeridos por Linux que los requeridos por el entorno Microsoft por ejemplo. En cuanto al software de diagnóstico el mercado ofrece un amplio abanico de posibilidades (QAPlus, QAFe, Checkit, Sara Sisoft,...). Puede ser recomendable localizar software por Internet que en muchos casos se ofrece de forma gratuita, y en otros ofrece versiones de evaluación.

14.4. LISTA DE HERRAMIENTAS

Qué duda cabe que un profesional de cualquiera que sea su sector debe disponer del instrumental adecuado. En función de la adecuación de las herramientas a la labor requerida, se obtendrá una mayor comodidad a la hora de realizar el trabajo a la vez que una mayor calidad. Queda claro, por tanto, que resulta imprescindible disponer de un utillaje adecuado.

A continuación se presenta una tabla con el material imprescindible, lo que no implica que no pueda ampliarse o modificarse, siempre con un criterio lógico. Cierto es que las nuevas tecnologías hacen de éste un sector cada vez más complejo y con nuevas necesidades al que se van añadiendo nuevos componentes y elementos a veces alejados aparentemente del mundo Microinformático. Por ejemplo, podrían citarse las máquinas que para su refrigeración utilizan circuitos de gas similares a los instalados en un frigorífico. Todas las especificaciones que se han realizado son para montajes comunes. Ésta es la relación:

Pinzas Curvas Se trata de una de las herramientas más útiles a la hora de acceder a sitios recónditos del PC. Serán especialmente indicadas para la sujeción de tornillos de difícil acceso así como para su recuperación en caso de caída dentro de la caja del PC.

Destornillador de estrella Todos los tornillos incluidos en el PC son de cabeza de estrella, por lo que resulta imprescindible la disponibilidad de un destornillador apropiado. Existen dos medidas según la función de sujeción que tengan y será preciso disponer de los destornilladores apropiados a ambas medidas (por ejemplo, los tornillos de una unidad de CD ROM y de la caja).

Llave fija Aunque no es imprescindible, es útil disponer de una herramienta que sea capaz de apretar y aflojar los tornillos hexagonales usados, por ejemplo, en la caja (a pesar de que siguen manteniendo su cabeza de estrella). En ocasiones pueden estar "desbocados" o dañados y su extracción requiere de una llave fija, una pequeña llave inglesa o, incluso, un pequeño alicate de punta plana.

Aislamiento electrostático Todos los componentes electrónicos que conforman el PC son muy sensibles al entorno y, especialmente, a la electricidad estática. La electrostática puede dañar de forma irreversible los circuitos integrados de cualquier tarjeta sin que externamente se aprecie nada. Para evitar esto se usan las mantas y pulseras electrostáticas, que consisten en unas gomas rectangulares sobre las que se trabaja y que están conectadas al borne de tierra de cualquier enchufe. De esta manta sale un cable que se pone en contacto con la piel del usuario (generalmente mediante una muñequera). En caso de no disponer de esta manta (si se está, por ejemplo, en casa del usuario) es recomendable tocar un grifo, un radiador o, en definitiva, cualquier medio del que se tenga la certeza de que está conectado a tierra.

14.5. PREPARACIÓN DE LA PLACA BASE

La preparación de la placa base suele limitarse a la configuración de la misma. Esta operación consiste en prepararla, fundamentalmente, para albergar el microprocesador concreto que se desea instalar. Esta operación suele ser sencilla hasta el punto en que en ocasiones es automática. No obstante, en el peor de los casos en el que recaiga toda la tarea en el usuario, los elementos configurables son tres: tensión de alimentación del microprocesador, factor multiplicador y frecuencia de trabajo. Todos estos conceptos son explicados en los capítulos específicos dedicados a cada tema.

> ***Debe recordarse, a pesar de haberse citado ya dentro de este libro, la función de factor multiplicador. No es habitual que la placa base funcione a la misma velocidad que el microprocesador. Se establecen entonces dos velocidades que se relacionan mediante un factor multiplicador. La velocidad de la placa base, coincidente con el bus de memoria, recibe el nombre de FSB ("Front Side Bus"). Así, un microprocesador a 1 Ghz de velocidad y con un FSB de 133 Mhz, precisará de un factor multiplicador de 1000 Mhz / 133 Mhz ≈ 7,518 = 7,5.***

La configuración presenta diferentes métodos para llevarse a cabo. Puede ser a través del Setup del PC (que es sin duda la opción más cómoda) o a través de jumpers, microrruptores o cualquier otro sistema similar. Debido al gran número de placas existentes en el mercado, se recomienda seguir fielmente las instrucciones indicadas por el fabricante de la placa base en su manual.

En algunos casos puede resultar cómodo instalar en la placa base algunos componentes antes de su introducción en la caja. Dentro de esta consideración estaría la memoria y el microprocesador con su disipador. Incluso las fajas de cables que servirán posteriormente para conectar el disco duro, CD ROM, disquetera... pueden ser más fáciles de insertar en la controladora de la placa base en este momento y afianzar todo el conjunto con posterioridad en la caja.

14.6. PREPARACIÓN DE LA CAJA

La caja es el elemento que aglutinará en su interior toda la electrónica precisa para el funcionamiento del PC. Existen multitud de modelos y formatos, si bien se suelen ajustar a un estándar. La caja debe incluir en su interior toda la tornillería precisa para su montaje así como la fuente de alimentación y el cable de suministro eléctrico.

La única consideración a tener en cuenta es el sistema de apertura que, en la mayor parte de los casos, corresponde a dos opciones: desplazamiento de una de las tapas laterales o extracción de la carcasa completa. Sea cual sea el sistema suele ir afianzado con tornillos que son visibles. En el caso de la carcasa completa hay algunos modelos donde la tornillería queda oculta por el frontal de la caja que se extrae a presión. De cualquiera de las maneras, el sistema suele ser bastante evidente y no suele implicar problemas. Por otro lado los fabricantes como Compaq, HP, IBM y otros incluyen diseños exclusivos donde desaparecen los tornillos y todo el montaje se realiza con presillas y sin necesidad de herramienta alguna.

> ***Debe tenerse cuidado con el embalaje original de la caja del PC (plásticos, corchos protectores y caja de cartón) ya que, una vez montado el PC, volverá a ser útil para hacer llegar el ordenador al usuario.***

Será preciso identificar el sistema de sujeción de la placa base a la caja. Es difícil generalizar pero, en cualquiera de los casos, la placa base ha de ser fijada a una rejilla del interior de la caja. Las dos opciones planteables son que la rejilla se pueda extraer para realizar su manipulación de forma externa e introducirla una vez fijada la placa base o, por el contrario, que la rejilla sea fija y precise que se introduzca la placa dentro de la caja directamente.

La sujeción es sencilla pero delicada ya que no debe olvidarse que se usan tornillos para sujetar una placa de circuito impreso multipista que por un exceso de presión puede ser dañado. Se suelen usar separadores de plástico cuya única misión es mantener una distancia entre la placa y la parrilla, impidiendo así que se produzcan cortocircuitos. Los tornillos van sobre unas torretas que previamente se sujetan a la parrilla. Es conveniente usar las arandelas de cartón proporcionadas para esta sujeción y cuya función es la de evitar que se produzcan daños sobre la placa. No se preocupe por los contactos eléctricos de los tornillos en la placa: todos los orificios llevan un margen de seguridad alrededor de contactos eléctricos de masa.

Algunos ensambladores fijan la placa sin quitar la protección de plástico que ésta lleva en su embalaje original, pensando que esto ayuda en el aislamiento. Nada más lejos de la realidad: no debe incluirse ningún tipo de embalaje al montaje ya que, la única misión que tiene es la de proteger a la caja que contiene la placa de las puntas que provocan los pines de los diferentes componentes soldados.

Algunos modelos de cajas –los menos– incluyen displays que indican la velocidad de proceso del ordenador.

14.6.1. Configuración del “DISPLAY”

Aunque con la misma sencillez de no servir absolutamente para nada, el “display” puede llegar a ser uno de los elementos más complejos del montaje del PC para los técnicos todavía no demasiado experimentados. El “display” forma parte de la caja y su única misión es estética, ya que no mide absolutamente nada. Mediante un sencillo sistema de “jumpers”, el técnico podrá configurar la “velocidad” que más le interese, de manera independiente al microprocesador que tenga conectado. Son muchos los tipos de “display” que existen en el mercado, por lo que resultaría imposible definir todos. No obstante, casi todos responden a la misma lógica.

DECENAS	UNIDADES	MODO
2	7	Normal
4	9	Turbo

→ (7,9) Agrupación de unidades

→ (2,4) Agrupación de decenas

Tabla 14–1 Selección en el display

Supongamos que se desea configurar un "display" para que aparezca, en modo normal, 27 y en modo turbo 49 (se han elegido estos dos casos como ejemplos "complicados" evitando la simplificación que pueden dar configuraciones como 33 y 66). La configuración, pues, agrupando unidades y decenas, sería la siguiente:

Tomando los valores obtenidos como referencia, se consulta la tabla de forma que el primer dígito corresponda a las columnas y el segundo a las filas:

	X	1	2	3	4	5	6	7	8	9	0	L
X	X	1B 1C	1A 1B 1D 1E 1G	1A 1B 1C 1D1A 1B 1C 1D 1G	1A 1C 1D 1F 1G	1D 1C 1D 1F 1G	1A 1C 1D 1E 1F 1G	1A 1B 1C	1A 1B 1C 1D 1E 1F 1G	1A 1B 1C 1D 1F 1G	1A 1B 1C 1D 1E 1F	
1	2B 2C	3B 3C	1A 3B 2C 1D 1E 1G	1A 3B 3C 1D 1G	3B 3C 1F 1G	1A 2B 3C 1D 1F 1G	1A 2B 3C 1D 1E 1F 1G	1A 3B 3C	1A 3B 3C 1D 1E 1F 1G	1A 3B 3C 1D 1F 1G	1A 3B 3C 1D 1E 1F	
2	2A 2B 2D 2E 2G	2A 3B 1C 2 D 2E 2G	3A 3B 3D 3E 3	3A 3B 1C 3D 2E 3G	2A 3B 1C 2D 2E 1F 3G	3A 2B 1C 3D 2E 1F 3G	3A 2B 1C 3D 3E 1F 3G	3A 3B 1C 2D 2E 2G	3A 3B 1C 3D 3E 1F 3G	3A 3B 1C 3D 2E 1F 3G	3A 3B 1C 3D 3E 1F	
3	2A 2B 2C 2D 2G	2A 3B 3C 2D 2G	3A 3B 2C 3D 1E 3G	3A 3B 3C 3D 3G	2A 3B 3C 2D 1F 3G	3A 2B 3C 3D 1F 3G	3A 2B 1C 3D 3E 1F 3G	3A 3B 3C 2D 2G	3A 3B 3C 3D 1E 1F 3G	3A 3B 3C 3D 1F 3G	3A 3B 3C 3D 1E 1F 2G	
4	2B 2C 2F 2G	3B 3C 2F 2G	1A 3B 2C 1D 1E 2F 3G	1A 3B 3C 1D 2F 3G	3B 3C 3F 3G	1A 2B 3C 1D 3F 3G	1A 2B 3C 1D 1E 3F 3G	1A 3B 3C 2F 2G	1A 3B 3C 1D 1E 3F 3G	1A 3B 3C 1D 3F 3G	1A 3B 3C 1D 1E 3F 2G	
5	2A 2C 2D 2F 2G	2A 1B 3C 2D 2F 2G	3A 1B 2C 3D 1E 2F 3G	3A 1B 3C 3D 2F 3G	2A 1B 3C 2D 3F 3G	3A 3C 3D 3F 3G	3A 3C 3D 1E 3F 3G	3A 1B 3C 2D 2F 2G	3A 1B 3C 3D 1E 3F 3G	3A 1B 3C 3D 3F 3G	3A 1B 3C 3D 1E 3F 2G	
6	2A 2C 2D 2F 2G	2A 1B 3C 2D 2E 2F 2G	3A 1B 2C 3D 3E 2F 3G	3A 1B 3C 3D 2E 2F 3G	2A 1B 3C 2D 2E 3F 3G	3A 3C 3D 2E 3F 3G	3A 3C 3D 3E 3F 3G	3A 1B 3C 2D 2E 2F 2G	3A 1B 3C 3D 3E 3F 3G	3A 1B 3C 3D 2E 3F 3G	3A 1B 3C 3D 3E 3F 2G	
7	2A 2B 2C	2A 3B 3C	3A 3B 2C 1D 1E 1F 1G	3A 3B 3C 1D 1G	2A 3B 3C 1F 1G	3A 2B 3C 1D 1F 1G	3A 2B 3C 1D 1E 1F 1G	3A 3B 3C	3A 3B 3C 1D 1E 1F 1G	3A 3B 3C 1D 1E 1F 1G	3A 3B 3C 3D 3E 3F 2G	
8	2A 2B 2C 2D 2E 2F 2G	2A 3B 3C 2D 2E 2F 2G	3A 3B 2C 3D 3E 2F 3G	3A 3B 3C 3D 2E 2F 3G	2A 3B 3C 2D 2E 3F 3G	3A 2B 3C 3D 2E 3F 3G	3A 2B 3C 3D 3E 3F 3G	3A 3B 3C 3D 3E 3F 3G	3A 3B 3C 3D 3E 3F 3G	3A 3B 3C 3D 3E 3F 3G	3A 3B 3C 3D 3E 3F 2G	
9	2A 2B 2C 2D 2F 2G	2A 3B 3C 2D 2F 2G	3A 3B 2C 3D 1E 2F 3G	3A 3B 3C 3D 2E 2F 3G	2A 3B 3C 2D 3F 3G	3A 2B 3C 3D 3F 3G	3A 2B 3C 3D 1E 3F 3G	3A 2B 3C 3D 1E 3F 3G	3A 3B 3C 3D 1E 3F 3G	3A 3B 3C 3D 1E 3F 3G	3A 3B 3C 1D 1E 1F	
0	2A 2B 2C 2D 2E 2F	2A 3B 3C 2D 2E 2F	3A 3B 2C 3D 3E 2F 1G	3A 3B 3C 3D 2E 2F 1G	2A 3B 3C 2D 2E 3F 1G	3A 2B 3C 3D 2E 3F 1G	3A 2B 3C 3D 3E 3F 1G	3A 2B 3C 3D 3E 3F	3A 3B 3C 3D 3E 3F 1G	3A 3B 3C 3D 2E 3F 1G	3A 3B 3C 3D 3E 3F 2G	
H												2B 2C 1D 3E 3F 2G

Tabla 14–2 Configuración del display

La siguiente operación es completar con los "jumpers" la configuración resultante. La tendencia es eliminar los "displays" de las cajas, ya que no cumplen ninguna misión real, excepto la estética y la de desorientar si el valor configurado no corresponde a la velocidad real.

14.6.2. ¿Qué hacer si el display no está documentado?

Puede ser un problema si no se dispone de la documentación de configuración del display, aunque todos los montajes responden a una lógica. Puede resultar una tarea entretenida incluso el intentar descifrar a qué norma obedece un display. Uno de los casos más típicos es el expuesto a continuación.

Sobre la placa de circuito impreso que forma el "display", se pueden apreciar una serie de pines en la parte posterior. Éstos se usan para determinar qué dígitos deben aparecer en el 7 segmentos y cuándo deben actuar, tal y como ya se había explicado. El formato, de alguna manera, debe responder al siguiente gráfico:

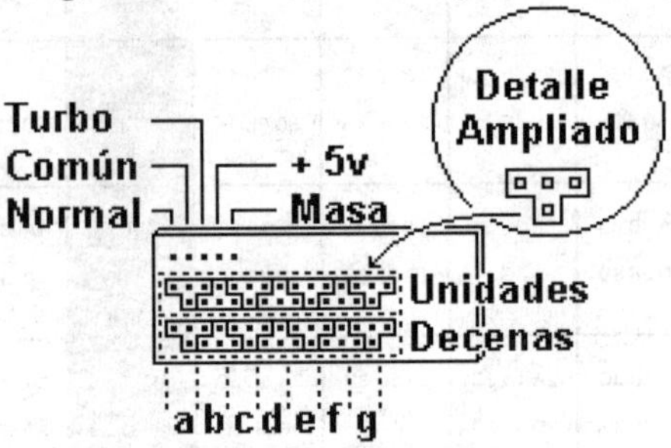

Figura 14–1 Configuración del display

Como se puede observar, se debe disponer siempre de los pines de alimentación del display correspondientes a 5 v, así como de los tres encargados de la conmutación de dígitos (entre Turbo y Normal). El resto de los pines responde a la configuración de cada uno de los dígitos, divididos en unidades y decenas (las centenas suelen aparece con un pin específico aparte). En la mayor parte de los casos, cada uno de los segmentos se compone de 4 pines que aseguran la posición de *"sólo encendido en Normal"*, *"sólo encendido en Turbo"*, *"siempre encendido"* o *"nunca encendido"*, tal y como se muestra a continuación:

JUMPER	MODO	JUMPER	MODO
	Encendido en "Normal"		Siempre encendido
	Encendido en "Turbo"		Siempre apagado

Tabla 14–3 Puenteado del "display"

En la tabla se ha representado cómo se haría el puenteado tanto para decenas como unidades, representando los casos como parejas de grupos de pines (el mismo caso pero desfasado 180º).

> ***En algunos casos se puede encontrar que el display ofrece además una conexión para Turbo LED. Aunque se puede usar, lo correcto sería aprovechar esta señal desde la placa base, asegurando así realmente el modo de funcionamiento. En cualquier otro caso, la iluminación del LED sólo indica lo que se podría denominar un "punto de luz simple".***

14.7. FIJACIÓN DE HD, FD, CD ROM Y PLACA BASE

A continuación, deberá procederse a la fijación del disco duro o HD (*Hard Disk*), la disquetera o FD (*Floppy Disk*), el CD ROM y la Placa base. Se detalla a continuación el proceso matizando la falta de importancia del orden en el mismo:

Disquetera — Se extraerá el protector de la bahía de la caja (pequeña pieza de plástico rectangular que se encuentra en el frontal de la caja) mediante una ligera presión desde dentro hacia afuera. A continuación, se introducirá la disquetera (desde fuera de la caja hacia dentro) dejando el frontal de la misma al mismo nivel que la caja. Se procederá a su sujeción con ayuda de cuatro tornillos.

Disco Duro — Se introducirá por dentro de la caja depositándolo sobre la base de la estructura metálica creada para tal fin. El disco debe presentar los conectores hacia dentro de la caja, es decir, deben ser visibles por el ensamblador, y los componentes electrónicos hacia abajo. Se procederá a su sujeción con ayuda de cuatro tornillos. Algunos discos duros antiguos obligaban a montar el disco duro en una determinada posición. Esto ya no ocurre y se puede dar la orientación que más interese al disco duro en función de las posibilidades de espacio.

CD ROM — El proceso es exactamente el mismo descrito para la disquetera, usándose, en este caso, una de las bahías de mayor tamaño (generalmente, en la parte superior de la caja). El CD ROM, para este montaje, deberá configurarse como esclavo ("slave") del disco duro, tal y como se ha descrito en capítulos anteriores. De cualquier forma, el proceso consistirá en asegurar que el "jumper" indicado por el fabricante se encuentra en la posición de "*slave*" en la parte posterior del CD ROM. Normalmente, los CD ROMs ofrecen tres posiciones para dicho "jumper" y suele ser la central la que le señalará como esclavo. Todo lo expuesto en este apartado, es extensible a unidades grabadoras y regrabadoras de CDROM.

Placa Base Se hará coincidir la placa base con la parrilla de la caja de manera que el conector de teclado coincida con el lateral trasero de la parrilla que contiene una serie de ranuras en línea. Los componentes de la placa base estarán de cara contraria a la parrilla. A continuación, se procederá a colocar los tornillos roscados en su parte superior, sobre la parrilla, en aquellos orificios en los que existía una coincidencia. En los orificios de la placa base que no guardaban una referencia con orificios de la parrilla pero sí con alguna ranura de la misma, se procederá a insertar un separador (pequeña pieza de plástico generalmente blanco suministrado con la tornillería de la caja), entrando su parte cónica por detrás de la placa base (cara contraria a los componentes). A continuación, se colocará la placa base sobre la parrilla y se anclará en la misma mediante los separadores. Para este proceso, se deslizará lateralmente la placa sobre la parrilla hasta conseguir la sujeción. Este proceso es delicado, ya que se debe conseguir mover la placa base evitando los tornillos roscados de la parrilla. Una vez hecho esto, se procederá a atornillar la placa sobre los tornillos roscados en la parrilla, intercalando una arandela de cartón (suministrada con la tornillería de la caja). Colocada la placa base sobre la parrilla, se procederá a la sujeción del conjunto.

Algunas cajas precisan que el usuario retire unas formas troqueladas en la chapa metálica trasera por donde posteriormente aparecerán los conectores para puertos y teclado (tal es el caso de la mayor parte de las ATX). Otras están diseñadas de forma que la parrilla no es desmontable y obliga al ensamblador a colocar directamente la placa base en la caja. De cualquier forma esta operación no debe resultar complicada.

14.8. INSTALACIÓN DE LA MEMORIA Y EL MICRO

Esta operación es delicada en cuanto que hablamos de los componentes más caros del PC y, quizás, los más frágiles. Se deberá poner especial atención por tanto a este proceso. Esta especial atención debe extenderse más allá de los puros aspectos físicos de inserción: como ya se ha tratado en este capítulo, la electricidad estática puede ser dañina y estos componentes son especialmente sensibles. La experiencia demuestra que es poco habitual que se produzcan averías en este sentido pero lo cierto es que, a veces, componentes nuevos presentan errores y nadie sabe cuál es el motivo. En estos casos se suele aludir a “un error de fábrica” a pesar de que nadie podría excluir un daño provocado por la electricidad estática.

Dependiendo del tipo de placa y caja, la operación de inserción del microprocesador y la memoria se realizará sobre la placa de forma previa o posterior a su instalación dentro de la caja. En la mayor parte de los casos es posible –y recomendable– realizar estos ajustes sobre la placa de forma externa y, una vez asegurado, proceder a la inserción en la caja.

Los pasos detallados de ambas operaciones corresponden a la siguiente descripción:

Micro El microprocesador lleva asociado un disipador ventilador que puede ponerse ahora o una vez insertado. De cualquiera de las maneras, el procedimiento es, en el caso de los micros con socket (la mayoría), mediante presión de las patillas de plástico del disipador sobre el micro. Algunos disponen de un anclaje por el que se sujetan directamente a la placa base, lo que les hace más estables. Para la colocación del micro sobre el zócalo, deberá abrirse el mismo levantando la palanca del zócalo ZIF hasta formar 90º con la placa. La colocación del microprocesador será tan sencilla como “dejarle caer” en el zócalo y, una vez introducido, volver a bajar la palanca hasta su posición inicial. MUY IMPORTANTE: previa a la introducción del micro deberá comprobarse su posición. Si esta operación no es correcta, se corre el riesgo de dañar la placa base, el micro o, incluso, ambos componentes. Para este tipo de formato de micro, es recomendable –aunque poco habitual– usar pasta térmica entre el disipador y el microprocesador. Esta pasta evitará que se queden zonas sin contacto físico entre ambas superficies y puedan dañarse por un exceso de calor.

Si el microprocesador a montar es de zócalo SEC (identificable fácilmente por su similitud con un slot), se afianzará como si de una tarjeta se tratase sobre la ranura, asegurando que la inserción ha sido completa. Algunas placas base incluyen soportes laterales para anclar mejor el micro. Deberá comprobarse que la posición con respecto a la placa es uniforme. El disipador-ventilador en este caso puede llevar distintos modos de anclaje pero, en todos los casos, siempre se sujetará sobre el micro. Es habitual que esto se haga mediante unos tornillos que atraviesan el micro por unos orificios destinados a tal fin.

Sea cual fuere el formato del microprocesador, será preciso alimentar el ventilador del disipador en caso de existir. Según el modelo de ventilador se usará un conector de la fuente de alimentación o uno de la placa base que esté diseñado para tal fin. De un tiempo a esta parte este segundo caso es el más habitual.

Memoria Para colocar la memoria en los bancos de la placa, en el caso de formato SIMM (cada vez más obsoleta pero aún presente para ampliaciones y reparaciones de equipos antiguos), será necesario “depositarla” con los contactos dirigidos hacia la placa base, formando un ángulo de 45º entre el módulo y la placa. Aquí se asegurará de que dichos contactos descansan perfectamente sobre el banco, ya que, en caso contrario, será necesario darle la vuelta, siempre con los contactos hacia la placa base (recuérdese que este tipo de módulo no es simétrico). Estable ya en su base, se empujará suavemente pero con firmeza hacia arriba de manera que el módulo quede vertical (formando 90º con la placa base) hasta oír el “clic” característico de anclaje del módulo. Se podrá observar que dos pestañas sujetan al módulo en sus extremos anclándole, de modo que aseguran su sujeción física y, por tanto, el contacto eléctrico.

Si la memoria usada es en formato DIMM o RIMM –lo que es bastante más probable que el caso anterior–, bastará con presionar con la misma sobre el banco, al que quedará firmemente sujeta mediante unos anclajes laterales. Obsérvese que los módulos DIMM y RIMM tampoco son simétricos, lo que asegura su correcta inserción. De cualquiera de las maneras, verifique que la inserción ha sido correcta y que el módulo se encuentra anclado de manera uniforme sobre el banco: un mal contacto en la memoria puede impedir que el PC arranque. Por otro lado, dada la proximidad de pines en los bancos, está la posibilidad de que una mala inserción provoque un cortocircuito que inutilice la placa base completa.

Algunos módulos de memoria, dada la elevada velocidad a la que trabajan, generan una cantidad importante de calor, como es el caso de los módulos RIMM. En estos casos es imprescindible que la memoria venga equipada con un disipador que asegure la evacuación de calor. Bajo ninguna circunstancia debe retirarse el citado disipador ya que se correría el riesgo de que la memoria se dañase por la temperatura. Este disipador se puede identificar como una placa metálica fijada a la memoria.

Al igual que ocurre con el resto de descripciones de montaje de este capítulo, se recomienda al lector la revisión de los textos específicos dedicados a cada componente en concreto, donde encontrará mayor abundancia de datos.

14.9. ALIMENTANDO LOS DISPOSITIVOS

A continuación realizaremos la alimentación de todos los dispositivos conectados. Se observará que desde la fuente de alimentación de la caja sale un mazo de cables. Entre ellos se pueden distinguir tres tipos de conectores diferentes: dos iguales serigrafiados como P8 y P9 (en el caso de los formatos AT) o uno grande de dos filas (en el caso de los formatos ATX) y, el resto, se repartirá entre conectores de dos tamaños distintos.

El proceso consistirá en insertar dichos conectores en cada componente. Así, el disco duro y el CD ROM precisarán un conector grande, mientras que la disquetera precisará uno pequeño. En el caso de la placa base se deberán usar los conectores P8 y P9 (para formatos AT). En todas las conexiones realizadas en este punto, la polaridad está asegurada, ya que los conectores tienen una forma concreta que impide conectarlos mal.

No ocurre lo mismo con P8 y P9. Se observará que cada uno de los conectores tiene un grupo de cables negros en uno de sus extremos. A la hora de conectarlos a la placa base, los extremos donde aparecen dichos cables negros deberán ir juntos, consiguiendo un efecto global de cables negros en el centro de los dos conectores. Si esta operación no se realiza correctamente, se puede dañar irremediablemente la placa base. Si el formato usado es ATX, el proceso será más sencillo, ya que el único conector de alimentación de la placa base tiene un diseño que impide su conexión errónea. En caso de no haber sujetado aún la parrilla al conjunto, ahora es el momento.

Los disipadores-ventiladores se contemplan como cualquier otro dispositivo a la hora de ser alimentados, suministrando un conector destinado a tal fin. No obstante, hay excepciones (sobre todo en los disipadores diseñados para trabajar con micros en placas ATX) donde la alimentación les llega a través de la propia placa base. Esto permite, en algunos casos, que la propia placa disponga de NTC o resistencias de valor variable ante la temperatura que determinen cuándo el ventilador debe entrar en funcionamiento. Es habitual que este control se realice a través de la BIOS del sistema.

14.10. TARJETA DE VÍDEO

La instalación de la tarjeta de vídeo no guarda ningún misterio: basta con insertarla en la ranura correspondiente. La única consideración será determinar cuál es la ranura ideal. Esto vendrá marcado, por supuesto, por el tipo de arquitectura de la tarjeta (ISA, PCI, AGP...), intentando colocarla lo más lejos posible de la fuente de alimentación. Aunque las fuentes actuales vienen correctamente aisladas, se corre el riesgo de fallos en el vídeo debidos a campos eléctricos de la fuente.

Si la ranura usada es AGP, asegúrese de que la tarjeta ha quedado perfectamente insertada, ya que esta interfaz dispone de dos filas de contactos y es fácil que una mala inserción impida que el PC arranque.

14.11. CONEXIÓN DE PUERTOS Y CABLES DE DATOS

Llega el momento de realizar la conexión de los “caminos” de datos. En el caso de las placas base ATX, los puertos vienen soldados sobre la propia placa, por lo que no habrá que realizar ninguna operación. Si el formato es AT, lo primero será conectar los puertos serie y paralelo insertando los extremos de los cables en los conectores indicados. Se pondrá atención en que los hilos de color (generalmente rojo o azul) que aparecen en uno de los extremos de los buses vayan siempre al pin número 1 de los conectores. Como ya se sabe por capítulos anteriores, se asignará el puerto COM1 al conector DB9 macho de 9 pines, COM2 al conector DB9 macho de 9 pines o DB25 macho de 25 pines (según el PC) y LPT1 al DB25 hembra de 25 pines. En caso de disponer de un puerto de juegos, se asociará a un conector DB15 hembra de 15 pines.

Desde el conector de la controladora marcado como IDE1 (y siempre siguiendo la regla de color al número 1) se insertará en el disco duro uno de los extremos y el otro en el CD. No tiene ninguna importancia cuál se conecte primero, ya que se trata de un cable paralelo.

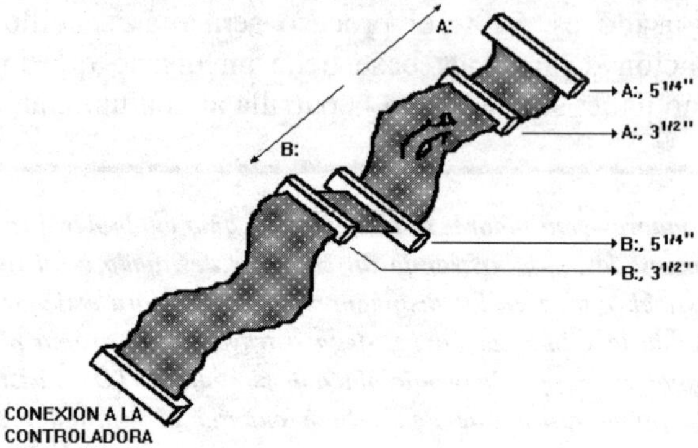

Figura 14–2 Bus de datos

Para la conexión de las disqueteras se observará que existe un cruce sobre el bus que deja dos conectores a cada lado (aparte del preciso para la controladora). Deberá conectarse el conector más lejano de la controladora a la unidad a la que se quiera asignar el nombre de A:, y el conector que se encuentra antes del cruce a la unidad B: (si existe).

14.12. PRUEBAS

Sólo queda conectar el teclado y el monitor para que el equipo funcione. Si es así, debe encenderse y aparecerán en pantalla errores de configuración del SETUP (normal, ya que el equipo no ha sido configurado). Ya sabemos que el PC aparentemente funciona. Tras configurar la BIOS, realizar las particiones y formateos, se usará un chequeador para asegurar el correcto funcionamiento.

Como último paso, se conectarán todos los cables de la caja que corresponden a los LEDs de alimentación, turbo, disco duro, pulsador de reseteo... y se agruparán en mazos de cables con bridas. Se comprobará el correcto funcionamiento de los indicativos luminosos, pulsadores y conmutadores, dando por finalizado el montaje.

14.13. EL POST

A la hora de clasificar averías, se podrían establecer dos grandes grupos: averías software y hardware. Las primeras se deben a la mala configuración (u omisión) de las características del PC. Pueden haber sido provocadas por el propio usuario o por causas ajenas a éste, como puede ser un corte de fluido eléctrico. De cualquier forma, será necesario conocer el sistema operativo en profundidad para dar soluciones concretas sin adoptar posturas drásticas (una solución siempre será crear nuevas particiones y comenzar de nuevo). Los errores (o "averías") de software más comunes pasan por la pérdida del sector de arranque (SYS), aparición de cadenas perdidas (CHKDSK o SCANDISK), virus y un amplio abanico de pequeños fallos de configuración. La mejor solución es disponer de copias de seguridad de una frecuencia proporcional a la importancia de los datos con los que se está trabajando.

El segundo tipo de avería, la de tipo hardware, precisa de un técnico para su reparación y no es conveniente que el usuario se aventure por el interior de su PC, ya que podría ocasionar más problemas. En primer lugar, será necesario detectar el origen de la avería. En algunos casos, simplemente por los síntomas de la máquina se podrá establecer un punto de partida. Así, si una disquetera presenta errores de lectura/escritura, los pasos lógicos serían comprobar la definición del SETUP, la alimentación y el bus de datos, repetir la prueba con varios discos, chequear la disquetera, comprobar la controladora y, por último, revisar la placa base. Para realizar estos diagnósticos, existe software específico como puede ser QAPLUS, CHECKIT...

El sistema también aporta sus propias herramientas: el POST ("Power On Self Test") o también llamado POD ("Power On Diagnostics") en la BIOS. Como su nombre indica el autochequeo de encendido indica los posibles errores que se puedan producir. De esta forma asegura una rápida localización de la avería. Esto lo realiza a través de mensajes por pantalla codificados según la tabla adjunta. Si por cualquier motivo no fuese inicializable el sistema de vídeo, el POST también puede indicar el problema a través de una serie de tonos o pitidos que, en función de su duración y frecuencia, indicarán cuál es el problema.

Los códigos aportados por el POST variarán según la versión de BIOS que se tenga instalada; pero, en su mayoría, guardan una "compatibilidad" con las BIOS anteriores según la tabla anexa facilitada por Soltec.

MENSAJES ACÚSTICOS			
MENSAJE	ERROR	MENSAJE	ERROR
NADA	PC SIN ALIMENTACIÓN	TONO INTER.	FALLO EN LA FUENTE DE ALIMENTACIÓN
TONOS C.	FALLO EN LA FUENTE DE ALIMENTACIÓN	1 TONO L.	ERROR EN REFRESCO DE MEMORIA
1 C. + 1 L.	PROBLEMA EN LA PLACA BASE	1 L. + 2 ó 3 C.	ERROR EN LA TARJETA GRÁFICA
1 TONO C.	FALLO DE CONTROLADORA	2 TONOS C.	ERROR EN MEMORIA
3 TONOS C.	FALLO DE RAM	TONOS C.	ERROR DEL TIMER
5 TONOS C.	ERROR DE MICRO O MEMORIA DE VÍDEO	6 TONOS C.	ERROR DEL TECLADO
8 TONOS C.	PROBLEMA CON LA MEMORIA DE VÍDEO	9 TONOS	ERROR DE BIOS
01X	ERROR SIN DETERMINAR	1530	INDICADOR DE PRUEBAS NO CONECTADO
02X	ERROR EN LA FUENTE DE ALIMENTACIÓN	1531	ERROR EN LA SEÑAL DSR (DATA SET READY)
1XX	ERROR EN LA PLACA BASE	1532	ERROR EN "CARRIER DETECT"
101	ERROR DE INTERRUPCIONES	1533	ERROR EN "CLEAR TO SEND"
102	FALLO DEL CIRCUITO DE RELOJ	1534	ERROR EN DATA SET READY

MENSAJES ACÚSTICOS			
MENSAJE	ERROR	MENSAJE	ERROR
103	ERROR EN INTERRUPCIÓN DE RELOJ	1536	ERROR EN CLEAR TO SEND
104	ERROR EN MODO PROTEGIDO	1537	FALLO DE INTERRUPCIÓN NIVEL 3
105	MANDATO 804 NO FUE ACEPTADO	1538	ERROR EN LA INTERRUPCIÓN DE RECEPCIÓN
106	CONVERSIÓN EN RANURA DEFECTUOSA	1540	ERROR EN EL CANAL 1 DE DMA
107	FALLO EN LAS INTERRUPCIONES NMI	1541	FALLO EN EL INTEGRADO 8273
108	ERROR DEL BUS DEL CIRCUITO DE RELOJ	16XX	ERROR EN LA EMULACIÓN DE TERMINAL

Tabla 14–4 Mensajes Acústicos

CÓDIGOS DE ERROR			
MENSAJE	ERROR	MENSAJE	ERROR
109	ERROR EN DMA	17XX	CÓDIGOS DE ERROR EN HD O CONTROLADORA
110	ERROR DE PARIDAD	1701	ERROR EN EL HD O EN LA CONTROLADORA
111	ERROR EN LA AMPLIACIÓN DE MEMORIA	1702	FALLO EN LA CONTROLADORA
11X	ERROR EN LA PLACA BASE DEL IBM PS/2	1703	ERROR DE DISCO DURO
2XX	ERROR DE LA RAM	1704	ERROR EN HD O CONTROLADORA
201	DIRECCIÓN DEFECTUOSA DE RAM	1780	FALLO EN LA UNIDAD 0 DE DISCO DURO
202, 203	ERROR DIRECCIONAMIENTO MEMORIA	1781	FALLO EN LA UNIDAD 1 DE DISCO DURO
215, 216	FALLO EN MEMORIA RAM DEL IBM PS/2	1782	ERROR EN LA CONTROLADORA
3XX	ERROR EN EL TECLADO	1790	ERROR EN LA UNIDAD 0 DE DISCO DURO
301	ERROR DE TECLADO	1791	ERROR EN LA UNIDAD 1 DE DISCO DURO
302	BLOQUEO DE TECLADO	18XX	ERROR EN LAS RANURAS DE EXPANSIÓN
303	ERROR DE TECLADO O CONTROLADOR	19XX	FALLO CONTROLADOR COMUNICACIONES 3270
4XX	ERROR EN MONITOR MONOCROMATICO	20XX	CÓDIGOS DE ERROR EN EL CONTROLADOR
401	ERROR EN MEMORIA DE VÍDEO	2010	ERROR EN EL PUERTO 2 DEL 8255
408	FALLO EN PETICIONES DE VÍDEO	2011	ERROR EN EL PUERTO 1 DEL 8255
416	ERROR EN JUEGO DE CARACTERES	2012	ERROR EN EL PUERTO 3 DEL 8255
424	FALLO EN MODO TEXTO	2013	TIMER 1 (8253) NO LLEGÓ C. DEL TERMINAL
432	FALLO DE LPT1	2014	FALLO EN EL TIMER 1 SWL 8253
5XX	ERROR EN TARJETA GRÁFICA CGA	2015	TIMER 0 (8253) NO ALCANZÓ C. TERMINAL
501	ERROR EN VÍDEO	2016	FALLO DEL TIMER 0 DEL 8053
508	FALLO EN ATRIBUTOS DE VÍDEO	2017	TIMER 2 (8253) NO ALCANZÓ C. DEL TERMINAL
516	ERROR EN JUEGO DE CARACTERES	2018	FALLO DEL TIMER 2 DEL 8253
524	FALLO EN MODO DE VÍDEO 80x24	2019	ERROR DEL PUERTO 2 DEL 8253
532	FALLO EN MODO DE VÍDEO 40x25	2020	ERROR DEL PUERTO 1 DEL 8253
540	ERROR EN EL MODO DE VÍDEO 300x200	2021	ERROR DE LECTURA DEL 8273
548	ERROR EN EL MODO DE VÍDEO 640x200	2022	ERROR DE LA INTERRUPCIÓN NIVEL 4
6XX	ERROR DE MULTI I / O O FD	2023	FALLO EN EL INDICADOR DE LA LLAMADA
601	ERROR DE DISQUETERA	2024	FALLO DEL RELOJ DE RECEPCIÓN
602	ERROR EN DISCO (SECTOR DE ARRANQUE)	2025	FALLO EN EL RELOJ DE TRANSMISIÓN
606	ERROR EN DETECTOR CAMBIO DE DISCO	2026	FALLO DEL INDICADOR DE PRUEBAS
607	FD PROTEGIDO CONTRA ESCRITURA	2027	FALLO EN EL INDICADOR DE LA LLAMADA

CÓDIGOS DE ERROR			
MENSAJE	ERROR	MENSAJE	ERROR
610	ERROR EN DISCO (AL FORMATEAR)	2028	RELOJ DE RECEPCIÓN NO DETECTADO
611	UNIDAD DE DISQUETES DEFECTUOSA	2029	RELOJ DE TRANSMISIÓN NO CONECTADO
612	FALLO DE LA CONTROLADORA	2030	INDICADOR DE PRUEBAS NO CONECTADO
613	FALLO DMA (ACC. DIRECTO A MEMORIA)	2031	ERROR EN DATA SET READY
616	FALLO DE VELOCIDAD DE GIRO DE LA FD	2032	ERROR EN CARRIER DETECT
621	ERROR EN CAMBIO DE PISTA	2033	ERROR EN CLEAR TO SEND
622	FALLO EN CRC	2034	ERROR EN DATA SET READY
624	MARCA DE DIRECC. DEFECTUOSA	2036	ERROR EN CLEAR TO SEND
625	FALLO EN CAMBIO DE PISTA (MULTI I/O)	2037	FALLO DE INTERRUPCIÓN NIVEL 3
7XX	FALLO DE COPROCESADOR MATEMÁTICO	2038	ERROR EN LA INTERRUPCIÓN DE RECEPCIÓN
9XX	ERROR EN LPT1	2040	ERROR EN EL CANAL 1 DE DMA
10XX	ERROR EN LPT2	2041	ERROR EN EL 8273
11XX	ERROR EN COM1	21XX	ERROR EN 2º C. DE COMUNICACIONES BSC
12XX	ERROR EN COM2	2110-41	Id. 2010-41 PARA EL 2º C. DE COMUNICACIONES
13XX	ERROR EN EL PUERTO DE JUEGOS (GAME)	22XX	ERROR EN EL ADAPTADOR DE RED
1301	ERROR EN EL CONTROLADOR DE JUEGOS	24XX	FALLO EN LA TARJETA EGA
1302	ERROR EN EL JOYSTICK	28XX	CÓDIGOS DE ERROR DEL EMULADOR 3278/79
14XX	ERROR DE IMPRESORA	29XX	ERROR DE IMPRESORA MATRICIAL COLOR
1401	ERROR EN EL TEST DE IMPRESORA	30XX, 31XX	CÓD. DE ERROR DEL 1º ADAPTADOR DE LA F.A.
1402	ERROR EN IMPRESORA (MATRICIAL)	33XX	CÓDIGOS DE ERROR DE LA IMPRESORA
15XX	ERROR EN CONEXIÓN SDLC	36XX	CÓD. ERROR GENERAL PURPOSE INTERFA. BUS
1510	ERROR DEL 8255 (PUERTO B)	38XX	CÓD. ERROR EN DATA ADQUISITION ADAPTER
1511	ERROR DEL 8255 (PUERTO A)	39XX	CÓD. ERROR DEL PROFESSIONAL GRA. ADAPTER
1512	ERROR DEL 8255 (PUERTO C)	71XX	CÓD. ERROR DEL VOICE COMMUNIC. ADAPTER
1513	ERROR EN 8253 (TIMER NO LLEGÓ A C. T.)	73XX	CÓD. ERROR EN LA FD EXTERNA DE 3½"
1514	FALLO DEL TIMER 1 DEL 8253	7306	ERROR EN EL SENSOR DE CAMBIO DE DISCO
1515	TIMER 0 (8253) NO LLEGÓ C. TERMINAL	7311	UNIDAD DE DISCO NO CONTESTA
1516	FALLO DEL 8253 (TIMER 0)	7312	CONTROLADORA DEFECTUOSA
1517	TIMER 2 (8253) NO ALCANZÓ C. TERMINAL	7316	VELOCIDAD DE GIRO MAL AJUSTADA
1518	FALLO DEL 8253 (TIMER 2)	7325	ERROR EN MULTI I/O (CAMBIO DE PISTA)
1519	FALLO DEL 8273 (PUERTO B)	74XX	CÓD. ERROR DE LA TARJETA GRÁFICA VGA
1520	FALLO DEL 8253 (PUERTO A)	85XX	CÓD. ERROR DEL XMA (MEMORIA EXPANDIDA)
1521	FALLO DE LECTURA EN EL 8273	89XX	CÓD. ERROR DE LA TARJETA "MUSIC TEATURE"
1522	FALLO DE LA INTERRUPCIÓN A NIVEL 4	100XX	CÓD. ERROR DEL ADAPTADOR DE PROTOCOLOS
1523	FALLO DEL INDICADOR DE LLAMADA	104XX	CÓD. ERROR DE FD0s Y HDs ESDI
1524	ERROR DEL RELOJ DE RECEPCIÓN	10401	FALLO EN EL DISCO DURO
1525	ERROR EN EL RELOJ DE TRANSMISIÓN	10402	ERROR EN LA CONTROLADORA ESDI
1526	ERROR EN EL INDICADOR DE PRUEBAS	10403	FALLO EN EL DISCO DURO
1527	ERROR EN EL INDICADOR DE LLAMADA	10404	ERROR SIN DETERMINAR
1528	RELOJ DE RECEPCIÓN NO CONECTADO	10480	FALLO EN EL DISCO DURO 0
1529	RELOJ DE TRANSMISIÓN NO CONECTADO	10481	FALLO EN EL DISCO 1

Tabla 14–5 Mensajes de error

CAPÍTULO 15

CONFIGURACIÓN DEL PC

Probablemente uno de los aspectos más misteriosos de la microinformática sea el que se refiere a la configuración de las máquinas. Esta tarea, casi exclusiva de gurús hasta no hace mucho, ha pasado a ser una función sencilla.

Si hubiese que buscar los motivos de la desconfianza de los usuarios hacia este punto, probablemente se encontraría en la dificultad que los antiguos ordenadores presentaban ante los cambios. Tanto era así que, por ejemplo, la instalación de una nueva disquetera, pasaba por la habilitación específica de jumpers en la placa base además de la carga de los drivers apropiados (sí, drivers).

En la actualidad, la versatilidad de las máquinas ha obligado a que éstas sean robustas y fácilmente adaptables a los cambios. Los jumpers han quedado relegados a labores concretas de selección de microprocesadores y, a veces, ni tan siquiera eso. Las BIOS actuales ofrecen avanzados programas de Setup que, en gran medida, son autoconfigurables. Si a esto se le suma el Plug & Play, la configuración de una máquina comienza a ser una labor rutinaria de autodetección.

No obstante, es imprescindible tener sólidos conocimientos en este campo ya que, como el lector a estas alturas conoce, todo lo que puede ser correctamente detectado por un Plug & Play es siempre susceptible de error.

Este capítulo ofrece generalidades sobre conceptos tan importantes como las interrupciones, direcciones de memorias, setups y otros. A pesar de que lo deseable sería el estudio pormenorizado de todas y cada una de las opciones que pueden afectar al funcionamiento del PC, la diversidad de fabricantes y modelos en la actualidad hace de ésta una labor harta complicada. No obstante, como ya viene siendo una tónica en este libro, normalmente los cambios suelen ser fruto de una evolución y no revolución, por lo que futuras mejoras serán fácilmente entendibles.

15.1. EL SETUP EN PCs AT y ATX

Desde el momento en que un PC está montado (ensamblado) hasta que está listo para ser entregado al usuario, existe un tiempo en el que es necesario configurar la máquina para que se ajuste al modo de funcionamiento deseado. Esto se realiza a través del programa conocido como SETUP. Dicho programa se encuentra en la CMOS y se mantiene gracias a una pila. El modo de acceso a él está protegido para que un usuario medio –por su propia seguridad– no pueda acceder. La mayoría de los SETUPs actuales son accesibles mediante la pulsación de la tecla <Supr> en el momento de arranque del PC. Según los modelos puede variar el acceso: otros usan la combinación CTRL+ALT+ESC, <F1>, o incluso precisan de un disco para acceder. Por lo general, el propio ordenador da una información rápida del modo de acceso en el momento del encendido. En caso de no disponer de ningún tipo de información, existe un pequeño truco: consiste en provocar una "avería" al PC como puede ser el soltar el conector de teclado o incluso simplemente el dejar pulsada una tecla mientras el PC arranca. Éste detectará un error –bien por ausencia, bien por funcionamiento anómalo– y dará el oportuno mensaje de error que, generalmente, irá acompañado de una frase tal como "Revise su SETUP..." invitando al usuario a que pulse una tecla para entrar en él. Normalmente esta tecla será F1 o cualquier otra indicada.

Un problema común es el que, una vez se encuentre en el SETUP, observe que está protegido a través de una contraseña ("password"). Sólo existen dos soluciones: contactar con el suministrador del equipo y preguntarle qué contraseña introdujo o desconfigurar el SETUP para borrar la clave. La desconfiguración consiste en abrir el PC y localizar un pequeño puente metálico (llamado "jumper") que es el que controla la alimentación de la CMOS. Normalmente, se encuentra dicho "jumper" cerca del conector de teclado y dispone de tres posiciones que se pueden tomar de dos formas: funcionamiento normal o desconfiguración. La desconfiguración consiste en puentear momentáneamente la posición contraria a la que se encuentra el "jumper" y dejarlo en su estado inicial. El problema que presenta esta acción es que será necesario volver a declarar toda la información al SETUP del PC.

Existen fabricantes que protegen ellos mismos (en el caso de que usted sea montador) sus placas con una contraseña. Un ejemplo pueden ser las de BIOS AMI (cuya contraseña, lógicamente es AMI) o algunos modelos de AWARD. En estas últimas, la clave es AWARD_SF, pero recuerde que para escribir el _, no dispone del teclado en español y será necesario realizar la pulsación como si de un teclado americano se tratase, es decir, donde es necesario escribir AWARD_SF, deberá teclear AWARD?SF.

La tecnología empleada para almacenar la información del sistema es mediante memorias PROM y derivados. En las nuevas placas se utilizan otras tecnologías más modernas que son programables por software para ofrecer mejores y menos costosas actualizaciones de la BIOS empleando memorias flash (programables y borrables eléctricamente).

Las BIOS actuales (CMOS) pueden llegar a ser extremadamente complejas y es imprescindible el uso del manual para su correcta configuración. Algunas incluso se manejan a través del ratón, y nuevos conceptos y avances hacen que las BIOS sean cada día más potentes y complicadas.

15.2. EL SETUP EN PCs XT

En el caso de los PC XT debe tenerse en cuenta que no tienen SETUP como tal, sino que se configuran a través de unos pequeños interruptores (o microrruptores) llamados DIP, tal y como se muestra en la figura, lo que obliga a abrir el PC si se desea reconfigurar. La configuración se realiza tal y como muestra la siguiente tabla:

COPROCESADOR			MEMORIA		
MODO	**I-1**	**I-2**	**CAPACIDAD**	**I-3**	**I-4**
Modo Normal	OFF	OFF	128 KB	OFF	ON
Instalado	ON	OFF	192 KB	ON	OFF
No instalado	OFF	ON	256 KB	OFF	OFF

Tabla 15–1 Configuración de DIPs en XT

MONITOR			UNIDADES DE DISCO		
MODELO	**I-5**	**I-6**	**UNIDADES**	**I-7**	**I-8**
Sin monitor	ON	ON	1 Unidad	ON	ON
CGA (40x25)	OFF	ON	2 Unidades	OFF	ON
CGA (80x25)	ON	OFF	3 Unidades	ON	OFF
Monocromo	OFF	OFF	4 Unidades	OFF	OFF

Tabla 15–2 Configuración de DIPs en XT (continuación)

Los primeros XT que aparecieron tenían 8 microrruptores (interruptores de tamaño mínimo), mientras que los últimos sólo llevaban 4. El motivo es que en los primeros era necesario configurar la cantidad de memoria instalada. Posteriormente, se suprimieron estos microrruptores, ya que el PC era capaz de leer la memoria a través del chequeo que se realiza en el POST. ATENCIÓN: nunca se deben modificar los microrruptores cuando el PC está encendido ni, obviamente, manipular nada en su interior.

15.3. "JUMPERS", DIP Y MICRORRUPTORES

Los cambios de configuración implican en algunos casos el manejo de elementos físicos del PC. Así, ya se conocen mecanismos como los microrruptores (también llamados DIP "switches") que funcionan de forma similar a un interruptor de la luz de una habitación: en una posición se entiende que están en ON, mientras que en la contraria se asimila al estado OFF.

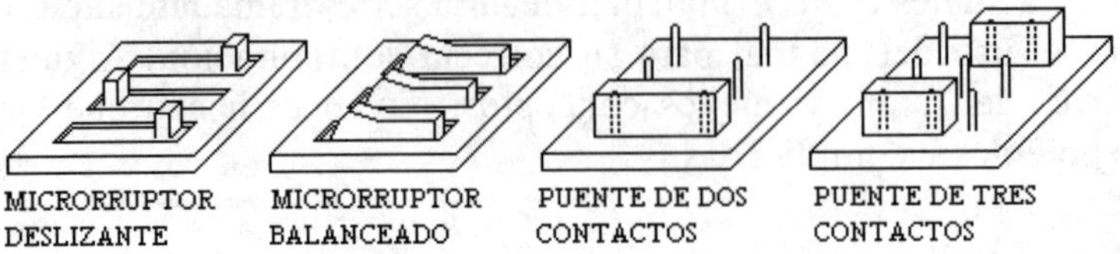

Figura 15–1 Tipos de microrruptores

Otro mecanismo de configuración son los "jumpers", que son pequeños mecanismos de configuración que realizan las funciones de conmutadores o interruptores, según el número de pines que posean (tres para conmutador y dos para interruptor). Estos dispositivos –igual funcionalmente a los microrruptores– consiguen simplificar el proceso de configuración de hardware. Se pueden encontrar en la placa base para configurar el micro, la alimentación... hasta en el disco duro para indicar la función "master-slave" pasando por la disquetera o el display de la caja. Eléctricamente consisten en unos bornes metálicos dispuestos de tal forma que se pueden cortocircuitar (establecer contactos) entre puntos adyacentes, consiguiendo así cerrar un circuito. Para establecer la conexión existen unas cápsulas, normalmente recubiertas por una funda de plástico que, en su interior, llevan una pequeña pieza metálica encargada de realizar la conexión eléctrica y la sujeción mecánica. Basta con colocar esta pieza (el "jumper" en sí) sobre los pines deseados para realizar la configuración. Cuando existen más de dos pines, éstos van numerados para facilitar su identificación. En algunos casos, se cambia la numeración por una pequeña señal serigrafiada sobre el circuito impreso que identifica siempre el número 1 de los pines.

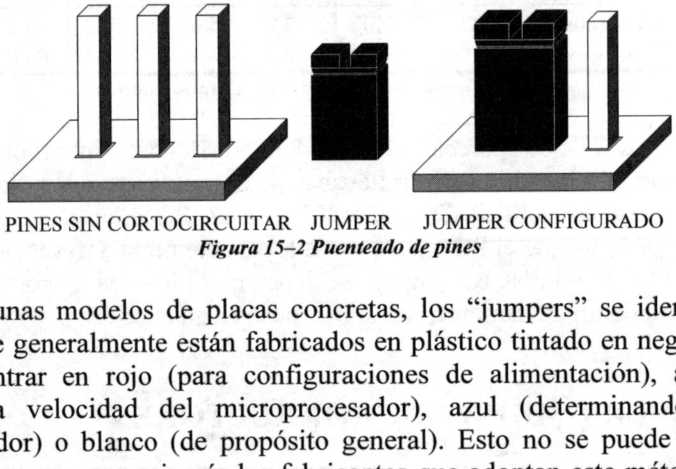

Figura 15–2 Puenteado de pines

En algunas modelos de placas concretas, los "jumpers" se identifican por el color. Aunque generalmente están fabricados en plástico tintado en negro, también se pueden encontrar en rojo (para configuraciones de alimentación), amarillo (para determinar la velocidad del microprocesador), azul (determinando el tipo de microprocesador) o blanco (de propósito general). Esto no se puede considerar un estándar, ya que son una minoría los fabricantes que adoptan este método y, además, el tradicional sistema de jumpers parece llamado a desaparecer.

Habitualmente, los fabricantes no suministran los "jumpers" por separado sino que incluyen todos los necesarios introducidos sobre los pines. En aquellos casos donde no es necesario realizar un cortocircuito, vienen sujetos por la introducción de un solo pin.

15.4. CONFIGURACIÓN DEL PC

El PC es un instrumento, a la vez que potente y fiable, flexible en cuanto a su adaptación a las necesidades del usuario, por lo que permite que tanto su composición interna como su funcionamiento sean modificados. Estas modificaciones pueden ser debidas a dos causas: modificación de la composición de la máquina (instalación, por ejemplo, de una tarjeta de sonido) y cambio del funcionamiento cotidiano (necesidad de configuración del "Power Management").

Es habitual que todos estos cambios en la configuración de la máquina sean guiados mediante un software destinado para tal fin que permita realizar los cambios necesarios simplificando la labor del usuario.

En lo referente a los cambios provocados por la variación de trabajo, mediante el SETUP del PC se pueden controlar todas las nuevas necesidades del usuario. Este tema se estudia en un apartado específico (BIOS), pero puede comprender cambios del tipo de modificación de la secuencia de arranque de la máquina, variación en la función de ahorro de energía, utilización de la memoria "shadow", velocidad del reloj, estados de espera en memorias, contraseña...

En cuanto a las modificaciones producidas por cambios en la estructura interna del ordenador es necesario contemplar dos campos bien definidos: la configuración software, si es necesaria, y la configuración hardware. Estas dos posibilidades a veces se funden resultando complejo el diferenciarlas. Por poner quizás el ejemplo más común, cuando se instala una tarjeta de sonido es necesario realizar una configuración hardware de la misma (generalmente, mediante "jumpers") que "acomode" la tarjeta dentro del PC. Esto implica la asignación de una interrupción, de una dirección de memoria... Además, dicha tarjeta deberá ser configurada mediante el software que la manejará (los "drivers" de la tarjeta). Estos "drivers" son programas encargados de establecer correctamente la comunicación entre la nueva tarjeta y el resto del PC. Lo cierto es que esta última configuración suele venir muy guiada por el fabricante de la tarjeta mediante un software de instalación donde el usuario interviene poco o nada. Siguiendo con el ejemplo de la tarjeta de sonido, la mayoría de los programas de instalación permiten al usuario la opción de que sea la propia tarjeta quien encuentre su dirección de memoria, DMA... mediante una opción de "Autoscan". El usuario se limitará, al finalizar el proceso, a indicar si los altavoces suenan o no. Quizás el mayor problema venga cuando es necesario modificar los "jumpers" de la tarjeta para indicar cómo debe trabajar. Pero también en este terreno el usuario tiene ayudas: el reciente "Plug & Play" (también denominado "PnP"). El "PnP" es una característica por la que la propia máquina es capaz de detectar qué tiene conectado y configurarlo automáticamente (siempre y cuando el nuevo componente sea "PnP").

15.5. EL "PLUG & PLAY"

Cuando se instala un nuevo componente en el ordenador, éste puede establecer comunicación con la CPU mediante el uso de tres recursos: líneas de interrupción (IRQ), puertos de Entrada/Salida y direcciones de memoria. Existe una forma más: el Acceso Directo a Memoria ("Direct Access Memory" o DMA). Esta modalidad la utilizan los dispositivos que gestionan datos y les permite establecer una comunicación directa con la memoria sin intervención del microprocesador. De esta manera, se "aligera" a la CPU de trabajo aumentando el rendimiento de la máquina. Cada uno de estos "parámetros" ofrece múltiples posibilidades de configuración, ubicación de recursos... y en ocasiones deben ser simultaneados por varios dispositivos (por ejemplo, una misma IRQ puede ser usada por un puerto y un módem). Esta situación se complica a medida que la configuración hardware del PC va aumentando y es mayor la posibilidad de conflictos entre distintas tarjetas.

El "Plug & Play" permite controlar estos posibles conflictos de manera automática. Es suficiente con insertar la tarjeta en la ranura correspondiente (de bus ISA o PCI) y encender el ordenador para que el sistema asigne todos los recursos que sean precisos y la reconozca automáticamente. El PC, la BIOS, los periféricos y el sistema operativo deben soportar el "PnP" para que el proceso sea válido.

El funcionamiento es el siguiente: cuando se conecta el PC, la BIOS, como elemento intermedio entre el hardware y el software, toma el control para asegurar el perfecto estado del equipo en cuanto a sus componentes básicos (memoria, vídeo, teclado...) tal y como se define en el proceso del POST (Power On Self Test). Una vez superado con éxito, cede el control al sistema operativo. A partir de aquí, el sistema operativo ejecuta unos programas que actúan como interfaces entre el propio sistema operativo y los distintos dispositivos que tiene conectado el sistema. Estos programas (o controladores especiales) reciben el nombre de *enumeradores*. Existen enumeradores de puerto, de buses, de SCSI... El sistema operativo solicitará a dichos enumeradores que identifiquen qué van a controlar y qué recursos precisarán, almacenando posteriormente esa información en una base de datos implementada en RAM que recibe el nombre de *árbol de hardware*. En este punto, el sistema operativo analizará qué recursos asigna a cada uno de los componentes recogidos en el árbol de hardware (interrupciones, canales de DMA...). Este proceso de asignación recibe el nombre de *arbitraje de recursos*.

Una vez que la asignación está hecha, el sistema operativo comunica a cada enumerador los recursos asignados a cada dispositivo y éstos guardan la información en los registros programables de los periféricos. A continuación, el sistema operativo busca qué controlador[65] es el ideal para cada dispositivo. En caso de no disponer de los

---

[65] Un controlador de dispositivo es un módulo que facilita información adicional al sistema operativo sobre el hardware con el que precisa comunicarse de dicho sistema operativo. Habitualmente reciben el nombre de "drivers" y pueden ser suministrados por el fabricante del hardware o por el propio sistema operativo.

controladores adecuados ubicados en el propio sistema operativo, solicitará al usuario que lo instale por software (a través de los discos suministrados por el fabricante). Por último el sistema carga todo el conjunto de controladores y les informa de qué recursos está utilizando su dispositivo, finalizando de esta forma todo el proceso.

Lo cierto es que desde que se introdujo esta capacidad con Windows'95 como soporte de sistema operativo, a pesar de las críticas, ha simplificado mucho el trabajo. De hecho resulta tedioso cuando acostumbrado al PnP se intenta trabajar con un sistema que no lo tenga (no hay que ir tan lejos: Windows NT, por ejemplo). Windows'98 amplió de forma sustancial los drivers soportados y ha sido la versión Millenium de Windows 2000 quien parece haber consolidado el Plug & Play. Ahora falta que los fabricantes de hardware no tarden en suministrar drivers para los nuevos sistemas operativos aparecidos.

15.6. INTERRUPCIONES, DIRECCIONES Y DMAs

La identificación de los dispositivos se basa en su comunicación con el micro, para la que usan los conceptos expuestos en el título de este punto. A continuación se detallan cada uno de los conceptos que ya deben resultar familiares al lector.

Interrupciones Aunque el "Plug & Play" ha facilitado mucho la labor de configuración de la máquina, es necesario tener conocimientos, al menos conceptuales, de los parámetros que controla, ya que el "PnP" no siempre funciona como es de desear.

Las interrupciones (tratadas ampliamente en un capítulo específico) son líneas por las que los dispositivos establecen comunicación con la CPU para solicitar alguna operación. En total son 16 y en la tabla siguiente se indica cuál suele ser su asignación habitual:

INT.	FUNCIÓN	INT.	FUNCIÓN
IRQ0	"Timer Output 0"	IRQ10	Disponible
IRQ1	Teclado	IRQ11	Pantalla
IRQ2	Reservado	IRQ12	Ratón (compatibilidad PS/2)
IRQ3	Puerto serie (COM2)	IRQ13	Procesador matemático integrado
IRQ4	Puerto serie (COM1)	IRQ14	Interfaz primaria para discos duros
IRQ5	Disponible	IRQ15	Interfaz secundaria para discos duros o bien unidad CD ROM, CD-R,... Será recomendable usar las dos posibilidades de un IDE antes de ocupar el siguiente.
IRQ6	Controlador unidad de discos		
IRQ7	Puerto paralelo (LPT1)		
IRQ8	Reloj-calendario		
IRQ9	Disponible		

Tabla 15–2 Interrupciones

Direcciones de memoria Cada dirección de memoria es un espacio de direcciones de memoria utilizada para dispositivos E/S (Entrada/Salida) que identifica de manera específica un dispositivo.

En dicho espacio, cada dispositivo suele usar hasta un máximo de 8 bytes en un espacio total de 64 Kb. Así pues se puede definir la siguiente tabla donde aparecen las direcciones junto al dispositivo controlado. Se ha añadido, además de la dirección de inicio, la de final con el objeto de poder comprobar la ocupación en bytes:

Dirección E/S		DISPOSITIVO	Dirección E/S		DISPOSITIVO
Inicio	Final		Inicio	Final	
000	1FF	Reservado a los controladores de IRQ, DMA, Teclado y "System Board"	380	3AF	Disponible
200	2F7	Disponible	3B0	3EF	Controlador pantalla
2F8	2FF	COM2	3F0	3F7	Controlador unidad de discos
300	31F	Disponible	3F8	3FF	COM1
320	327	Controlador IDE (discos duros)	400	BFF	Disponible
328	36F	Disponible	C00	CF7	Disponible
370	377	Controlador unidad de discos	CF8	CFF	PCI
378	37F	LPT1	D00	FFF	Disponible

Tabla 15–3 Direcciones de memoria

Canales de DMA Como ya hemos comentado, existe un proceso conocido como DMA que posibilita la comunicación entre un dispositivo y la memoria del PC sin intervención de la CPU de una manera totalmente autónoma a través de un canal. El total de canales es de 8 y la configuración habitual suele ser la siguiente:

Canal DMA	FUNCIÓN	Canal DMA	FUNCIÓN
0	Reservado	4	Reservado
1	Disponible	5	Disponible
2	Transferencias de las unidades de discos	6	Disponible
3	Disponible	7	Disponible

Tabla 15–4 Configuración de canales DMA

15.7. LA BIOS AWARD

Se trata de una de las BIOS más extendidas. A pesar de las muchas versiones ya existentes en el mercado, se ha tratado de recopilar todas las opciones posibles de este fabricante. A continuación se detallará cada uno de los menús que comprende esta BIOS.

15.7.1. Menú STANDARD CMOS SETUP

Esta pantalla permite configurar aquellos aspectos más "visibles" al usuario. Es el menú más sencillo de manejar pero imprescindible para el correcto funcionamiento del PC. Los apartados de que consta son los siguientes:

Date Permite modificar la fecha del sistema. Al igual que el resto de las opciones, esta modificación se consigue posicionando el cursor mediante las flechas sobre el parámetro a variar y, una vez allí, modificar el valor mediante las teclas RePág, AvPág o + y -. La fecha aquí mostrada será la que adopten todos los programas que, una vez arrancado el equipo, precisen de este dato.

Time Permite modificar la hora del sistema. El manejo e implicaciones de esta opción son similares a la opción anteriormente vista.

Hard Disk Esta opción permitirá la definición de los discos duros conectados al sistema. Lo habitual es que las BIOS controlen entre dos y cuatro dispositivos (en este último caso dos como maestro y dos como esclavos). Para la definición de un disco duro es necesario asignarle un tipo. Este tipo puede ser predefinido (a un determinado valor le corresponden una serie de parámetros) o libre. En este último caso (generalmente el tipo 47) el usuario puede definir un disco duro que no responda a especificaciones previas de la BIOS. Las características de los discos duros definidos por el usuario (no recogidos en la BIOS) suelen venir en el manual adjunto del disco duro o, en su defecto, en una pegatina sobre la parte superior del mismo. Estos parámetros son los siguientes:

CYSL Indica el número de cilindros del disco duro. Este número es específico de cada disco y va directamente relacionado con el número de pistas. Conceptualmente hace referencia al cilindro imaginario que se formaría uniendo las pistas iguales del primer y último disco.

HEAD Indica el número de cabezas de que dispone el disco duro.

LANDZ Ésta es la zona sobre la que "aterrizarán" las cabezas una vez apagado el ordenador. En ordenadores antiguos se corría el riesgo de rotura de cabezas del disco duro debido a "aterrizajes" o "agujazos" no deseados al mover físicamente el ordenador, por lo que era necesario realizar un "aparcamiento de cabezas" por software. En la actualidad casi todos los discos duros disponen de un sistema de "autoaparque" que se activa al apagar el sistema, por lo que no es necesario introducir ningún valor a este parámetro.

SECTOR Hace referencia a las porciones circulares en las que se dividirá el disco de manera lógica. Igualmente, este parámetro es específico de cada disco duro.

MODE Indica el modo de trabajo del disco duro (véase el capítulo dedicado a los soportes físicos de información, concretamente en *Discos duros*).

Drive Indicará al ordenador qué tipo de disqueteras tiene instaladas. Este tipo viene definido por la capacidad máxima de los discos que pueden albergar. Comúnmente se instalarán disqueteras de 3½" o 5¼" de alta densidad correspondientes a los valores de 1,44 MB y 1,2 MB respectivamente. En caso de que las disqueteras sean de doble densidad (en la actualidad no se comercializan), los valores serían de 720 KB y 360 KB. Existe un tercer modelo poco difundido que sería la alta densidad mejorada que responde a 2,88 MB.

HALT ON Indica "Parada en...". Servirá para indicar cuándo deseamos que el PC interrumpa el arranque ante una situación imprevista. Lo habitual es seleccionar "All Errors" (todos los errores), ya que así aseguramos que cualquier situación anómala no pase inadvertida. Las otras opciones disponibles son: "No errors" (no parar ante errores); "All, but disquete" (parar en todos excepto en los errores de disquetera) y "All, but Disk/Key" (parar en todos los errores excepto en discos y teclado).

Se observa que en esta pantalla existen más datos no modificables por el usuario. El motivo es que son detectados por la propia máquina. Éstos pueden ser, por ejemplo, la memoria (que se detecta gracias al "autobanking") o el sistema de vídeo. Este concepto es asimilable al ya expuesto en capítulos anteriores de la evolución de los microrruptores de DIP, pasando de 8 a 4 elementos gracias a la autodetección. El abandonar este menú es tan sencillo como pulsar la tecla *Esc*. Esto nos llevará al menú principal donde seleccionaremos la siguiente opción.

15.7.2. Menú BIOS FEATURES SETUP

En este apartado, se definirán características variopintas de la BIOS. Es importante que este apartado se ajuste a las prestaciones del PC ya que, si bien el apartado anterior habilita o no los dispositivos básicos, aquí se ajustan de modo que trabajen según se desea. Un fallo por omisión (por ejemplo, que no se haya declarado una unidad) se percibirá más rápidamente que un error en la configuración del mismo. Así, apartados tan importantes como la declaración de la memoria caché del sistema o la declaración de la secuencia de arranque, podrán acarrear serias alteraciones de funcionamiento. Las opciones más comunes son las definidas a continuación:

Virus Warning

Ésta es una opción que permite "estar alerta sobre los virus". Realmente lo que hace es indicar al usuario mediante una ventana y un mensaje acústico cuándo algún programa intenta escribir en el sector de arranque (recuérdese que uno de los virus comunes son los de sector de arranque que posteriormente contaminan la memoria). Esta opción puede estar en "Enabled" (habilitada) o "Disabled" (deshabilitada). En caso de estar activa, puede provocar errores con determinados programas, además de la molestia de parar el sistema cuando se intenta sobrescribir el sector de arranque de manera voluntaria (con un simple formateo). Existen BIOS avanzadas en las que el problema de los virus de sector de arranque lo eliminan desplazando dicho sector a otra zona del disco.

Si se desea instalar Windows, es imprescindible que esta opción esté deshabilitada. En caso contrario, el PC se bloqueará. Para otros sistemas operativos, esta opción indicará mensajes de posibles virus cada vez que se realicen particiones o se sobrescriba el sector de arranque.

CPU internal Cache

Esta opción habilita o deshabilita la memoria caché interna. No debe confundirse con la memoria de la placa base. Aquí lo que se configura es la "memoria" del propio microprocesador. Salvo avería (cosa bastante poco probable) es recomendable tenerla activa para agilizar la máquina, ya que influye directamente sobre el rendimiento general del sistema. La cantidad de memoria de que dispone el microprocesador será detectada (no es necesario especificarla).

External Cache

Se trata de la habilitación o no de la memoria caché de la placa base. Está habitualmente comprendida entre los 128 KB y 1 MB y tiene igualmente un papel importante en el rendimiento de la máquina. Lo normal es tenerla activa ("Enabled"). Puede llegar a ser posible que la memoria caché externa esté averiada (o falsificada en muchos fabricantes desaprensivos). Si es éste el caso, será necesario deshabilitarla, ya que puede llegar a bloquear el sistema e, incluso, impedir el arranque.

Quick Power On Self Test

Permite activar o no el autochequeo rápido de arranque. El POST ("Power On Self Test"), tal y como se vio en capítulos anteriores, es un programa escrito en Firmware que identifica una serie de errores tipo mediante la emisión de mensajes acústicos u ópticos (correspondientes a una serie numerada). Es recomendable su uso.

Boot Sequence	Indica al PC la secuencia de arranque. Cuando se conecta un ordenador, una vez pasados los chequeos oportunos, se busca el sistema operativo. Éste se puede encontrar en cualquiera de las unidades que posea el sistema y se arrancará desde la primera que lo contenga. La secuencia habitual es que primero se busque en la unidad A: y, en caso de no encontrarse, se lea desde la unidad C:. El motivo es que, en caso de fallo de arranque del disco duro o la posible existencia de un virus, se pueda arrancar la máquina desde la disquetera y trabajar sobre el disco duro. Algunas BIOS permiten incluir en la secuencia de arranque una unidad de CD ROM, pero lo habitual es que sólo dispongan de A: y C: o, C: y A:, recomendable, por los motivos expuestos, la primera opción.
Swap Floppy Drive	Permite intercambiar las unidades de discos. Por defecto, suele estar deshabilitada esta opción.
Boot Up Floppy Seek	Indica si debe realizarse la búsqueda de disqueteras en el momento del arranque (esta opción, normalmente habilitada, genera el ruido característico de movimiento de las cabezas en el momento de encendido de la máquina).
Boot Up Num Lock Status	Permite indicar si al arrancar el PC se desea que el teclado numérico ("KeyPad") esté activo o no. Aquí no hay una opción recomendable, sino que dependerá del uso que se le desee dar al equipo. Por ejemplo, es bastante habitual que dentro de sectores comerciales y contables utilice este teclado. La opción en este caso, sería "Enabled". Supóngase, por el contrario, que el ordenador es un TPV (Terminal de Punto de Venta) con un lector digital de códigos de barras. Estos escáneres requieren, generalmente, que el teclado numérico esté desactivado. En este caso la opción sería "Disabled".
Boot Up System Speed	Permite definir a qué velocidad se encontrará la máquina en el momento del arranque. Es común que los ordenadores tengan un modo de arranque Turbo ("High") y otro Normal ("Low"). Este modo puede ser variado por el usuario mediante un conmutador o, incluso mediante la pulsación de una secuencia de teclas. Esta opción no tiene más trascendencia, aunque lo habitual es que se encuentre en modo "High".
Gate A20 Option	Permite usar la puerta A20 desde el chipset o desde el controlador de teclado. Se recomienda ver los modos de direccionamiento de memoria.
Typematic Rate Setting	Permite establecer si se desea o no la repetición automática de teclas.

Typematic Rate (Chars/Sec) Permite seleccionar la velocidad de repetición de caracteres cuando una tecla es pulsada de manera continua. El valor habitual es de 6 caracteres por segundo, pero puede ser modificado por el usuario dentro de un rango de valores.

Typematic Delay (Msec) Este parámetro indicará el período de tiempo (expresado en milisegundos) que debe pasar antes de comenzar a repetir un carácter cuando una tecla es pulsada de manera continua. El valor habitual es de 250 mseg.

Security Option Hace referencia a las opciones de seguridad para proteger el acceso al sistema. Esta opción suele permitir la protección del propio SETUP o del sistema (acceso al funcionamiento del PC en cuanto a datos se refiere) mediante una clave.

Vídeo BIOS Shadow Hace mención a la memoria "sombra". Esta opción permite copiar rutinas de la BIOS en memoria RAM que es más rápida de ejecutar. Lógicamente esto provoca una disminución de RAM para el usuario que es compensada con un aumento de la efectividad del sistema.

15.7.3. Menú CHIPSET FEATURES SETUP

Este menú permite adaptar o configurar las características de nuestro ordenador con el chipset que controlan la mayoría de los registros del sistema. Las opciones en cuestión son:

Onboard PCI IDE Controller Permite habilitar o deshabilitar la controladora de discos integrada en la placa base. Esta opción, inicialmente, sólo será útil ante una avería de la controladora integrada, siendo necesario deshabilitarla ("Disabled") y conectar a través de una ranura una controladora nueva. En placas antiguas no se disponía de esta opción y fueron muy criticadas, ya que una ligera avería de la controladora (que es posiblemente el componente más barato de un ordenador) daba al traste con toda la placa base.

Onboard FDD Controller Es análoga a la opción anterior pero con la particularidad de que controla exclusivamente el acceso a disqueteras.

Parallel Port Permite configurar la dirección de memoria con la que trabajará el puerto paralelo. Habitualmente se hará en la dirección hexadecimal 378H, pero podrá ser variada por el usuario si éste necesita más puertos paralelos procedentes de una o más controladoras adicionales (por ejemplo, para un servidor de impresoras).

Parallel Port Mode Especifica el modo de funcionamiento del puerto paralelo. Los modos habituales son: Bi_Dir, EPP, ECP, EPP&ECP. En caso de trabajar con impresoras "Centronics", el modo obligado será Bi_Dir. En cualquier otro caso, será necesario consultar la documentación del fabricante del dispositivo a conectar.

Serial Port Permiten especificar cómo se designará a los puertos serie del sistema. Habitualmente se dispone de dos puertos serie en placa: COM1 y COM2. Por necesidad del usuario estos puertos pueden ser variados en cuanto a su definición por COM3 y COM4 respectivamente cambiando la dirección de memoria en la que trabajarán (algo muy común, por ejemplo, en los módems). Esta opción también permite deshabilitarlos del sistema.

15.7.4. Menú POWER MANAGEMENT SETUP

Este menú permite controlar los modos de ahorro de energía en aquellos equipos "Green PC" o ecológicos. Este ahorro, de manera general, controla que cuando no se use un dispositivo, éste pueda entrar en un estado de "Stand by" o espera, desconectándose. El estado de inactividad se detecta cuando, transcurrido un tiempo, no se ha realizado ninguna operación sobre ese componente. La salida de este estado de letargo se consigue cuando es solicitado para que aporte sus funciones al resto del sistema. En este menú podrá configurar cada una de las opciones especificadas para su desconexión automática. Por supuesto, también puede ignorar el proceso (el PC jamás entrará en el estado de Stand by) o dejar la configuración de la BIOS por defecto.

15.7.5. Menú LOAD POWER ON DEFAULTS VALUES

Permite establecer los valores establecidos por el fabricante como estándar dentro de la BIOS. Esta opción es interesante si existe una desconfiguración. Esta opción es similar a la anterior cargando, en este caso, los valores predeterminados de la máquina (valores estándar de fábrica).

15.7.6. Menú LOAD SETUP VALUES

Esta opción permite cargar la mayor parte del SETUP con opciones por defecto. Esta entrada será recomendable cuando, tras efectuar cambios sobre el SETUP, no se esté completamente seguro de que son los óptimos. Los valores restablecidos serán los existentes antes de iniciar la configuración.

15.7.7. Menú PASSWORD SETTING

Permite definir una contraseña o clave de acceso a la BIOS o al sistema. El PC solicitará que se introduzca la clave sin hacerla visible en pantalla y, una vez pulsada la tecla ENTER, será necesario volver a teclearla. De esta manera se asegura que la clave es la deseada realmente. Si no coincidiese con la original, no se aceptará como contraseña válida. Es necesario ser cuidadoso con esta opción, ya que, en caso de olvido, no se podrá desbloquear el sistema si no es borrando completamente el SETUP, proceso para el que es necesario abrir el ordenador.

15.7.8. Menú IDE AUTODETECTION

Para definir un disco duro es necesario especificar los parámetros que ya se explicaron en el STANDARD CMOS SETUP. Estos datos deben acompañar al disco duro, ya sea con documentación o serigrafiados. En caso de no disponer de ellos, se puede recurrir a esta opción. El SETUP intentará determinar las características específicas de todos los discos duros que tenga conectados. El proceso es sencillo: basta con entrar en esta opción y el PC comenzará a "averiguar" de qué tipo de disco se trata, ordenados por el tipo de conexión ("Primary Master, Primary Slave, Secundary Master y Secundary Slave"). Los datos que ofrecerá son los ya explicados con una salvedad: el tipo. El tipo de disco duro va en relación directa con la capacidad de los discos. Así, los tres tipos de que disponen las BIOS actuales son:

Normal Usado para discos con menos de 1.024 cilindros (528 MB aproximadamente).

LBA Se trata de un direccionamiento lógico por bloques ("Logical Block Addressing") para discos duros de más de 1.024 cilindros. Contempla capacidades entre 528 MB hasta 8,4 GB.

Extendido Se usa para discos con más de 1.024 cilindros que no soportan el LBA. Sólo podrá usarse para el sistema operativo DOS.

Auto Gracias a esta opción se consigue que sea el propio PC en el momento de arranque quien determine qué tipo de disco duro tiene conectado.

15.7.9. Menú SAVE & EXIT SETUP

Ésta es la opción por defecto para abandonar el entorno del SETUP guardando los cambios efectuados en el mismo. El ordenador pedirá la confirmación del usuario antes de proceder. "Exit without Saving" es una opción análoga a la opción anterior; ésta abandona el SETUP pero sin almacenar los cambios efectuados. Igualmente solicitará la confirmación del usuario.

15.7.10. Teclas de utilidad en las BIOS AWARD

Durante las distintas pantallas que presenta la BIOS existen unas teclas de función que ayudarán al usuario. Éstas son las siguientes:

F1 Se trata de una ayuda. Lo cierto es que resulta bastante pobre y difícilmente ayudará al usuario a comprender el sentido de cada opción. En la mayor parte de los casos, lo único que ofrece es la enumeración de las posibles respuestas a cada una de las opciones.

F2 Permite el cambio de color de las pantallas del SETUP. Se trata de unas combinaciones predeterminadas que cambiarán de manera cíclica según se pulse F2.

F5 Carga los valores que existían en el SETUP antes de realizar las modificaciones.

F6 Es similar a F5 pero realiza una carga de valores por omisión (los que tenía por defecto de fábrica).

15.8. LA BIOS AMI

AMI fue una de las primeras marcas que apareció en el mercado de las BIOS. Dada esa estandarización, se analizará una de las últimas versiones con el objeto de que sirva de referencia al usuario.

Algunos puntos son exactamente iguales a los ya estudiados con las BIOS AWARD, motivo por el cual no se profundizará, aunque sí que se tratarán todos los aspectos característicos.

15.8.1. Menú STANDARD CMOS SETUP

Es el menú más habitual para realizar cambios básicos del sistema. Se compone de las siguientes opciones:

Date Indica la fecha del sistema.

Time Indica la hora del sistema.

Daylight Savings Permite especificar si se desea realizar de manera automática el cambio de hora de Verano/Invierno. Esto lo conseguirá a partir de la fecha y hora declaradas previamente.

Hard Disk Permite la definición de los discos duros declarados en el sistema. Todos los apartados aquí expuestos son exactos a los definidos en las BIOS AWARD.

FDD Indica la definición del tipo de disquetera a partir de la capacidad máxima del disco que pueden admitir. Permite la instalación de dos unidades (A: y B:).

Primary Display Ofrece dos posibilidades de configuración: Monochrome y VGA/PGA/EGA. La primera está diseñada para el caso de que su PC tenga instalada una tarjeta gráfica HERCULES (cosa bastante poco probable). Para CGA y superiores, la segunda opción es la indicada.

Keyboard Permite determinar si se desea realizar la comprobación de teclado en el momento de arranque. En caso de estar desactivado ("Disabled"), el PC arrancará perfectamente sin teclado.

15.8.2. Menú ADVANCED CMOS SETUP

Typematic Rate Programming Indica el intervalo de tiempo que debe pasar desde que se pulsa de forma continua una tecla hasta que ésta se repite automáticamente en pantalla. El tiempo de retraso viene indicado en mseg.

Rate (Chars/Sec) Esta opción va asociada con la anterior y determina la velocidad de repetición automática del carácter.

Above 1 MB Memory Test Admite dos opciones: "Enabled" y "Disabled". En la primera de ellas, chequea toda la memoria instalada en la máquina en el momento del arranque. En la segunda, sólo chequeará la memoria comprendida hasta el primer Megabyte.

Memory Test Tick Sound Habilita o no el sonido característico de chequeo de la memoria en el momento de arranque de la máquina.

Memory Parity Error Check Permite la comprobación o no de los bits de paridad de la memoria. La opción por defecto es deshabilitado ("Disabled").

Hit <Del> Message Display Indica si se desea que durante el arranque del ordenador aparezca el mensaje de entrada a la BIOS mediante la pulsación de la tecla *Del*.

Hard Disk Type 47	Indica dónde se debe ubicar la dirección de inicio de la memoria para almacenar los datos correspondientes a los discos duros del tipo 47.
Wait for <F1> if any Error	Cuando el sistema detecta un error durante el POST, la máquina visualiza un mensaje indicando que se presione la tecla F1 para continuar. Si se desea ignorar este mensaje y que el proceso de arranque continúe, se deberá deshabilitar esta opción.
System Boot Up Num Lock	Determina si el teclado numérico o "Key Pad" debe estar activo en el momento de arranque.
Numeric Processor	En caso de tener instalado un coprocesador matemático, con esta opción activa se realiza una comprobación del mismo.
Weitek Processor	Esta opción es similar a la anterior, pero para coprocesadores de alto rendimiento Weitek o EK.
Floppy Seek At Boot	Indica si se deben buscar las unidades de disco flexible en el momento de arranque.
System Boot Up Secuence	Determina cuál será la secuencia de búsqueda del sistema operativo una vez arrancada la máquina. La opción típica suele ser A:, C:.
External cache Memory	Indica si la placa base del equipo tiene instalada memoria caché. En caso de habilitar esta opción sin que exista dicha memoria, el PC puede llegar a no arrancar.
Internal cache Memory	Es similar a la opción anterior, pero en este caso se hace referencia a la memoria interna del microprocesador.
Password Option	Permite proteger el ordenador mediante claves de seguridad. Estas claves pueden afectar a la BIOS ("Setup") o al sistema entero ("Always").
Turbo Video Mode	Esta opción permite un incremento de velocidad en la realización de pantallas DOS.

... ROM Shadow Permite habilitar las funciones de Vídeo ("Video"), Sistema ("System") y Adaptadores ("Adapter") de forma que se realice una copia de las rutinas de la BIOS en memoria RAM. Esto agiliza el proceso de ejecución pero disminuye ligeramente la memoria RAM disponible. En el caso de dispositivos ("Adapter"), sólo tendrá sentido habilitar esta función si disponen de una BIOS propia.

Boot Sector Virus Protection Establece una pequeña protección antivirus consistente en proteger contra escritura el sector de arranque. Existe un tipo de virus que ataca a dicho sector debido a su lugar "estratégico" dentro de la carga del sistema operativo en memoria. Si se habilita esta opción, cada vez que se intente realizar un cambio sobre el sector de arranque, el PC solicitará confirmación al usuario. Este caso se puede dar al cambiar la versión de sistema operativo o al formatear el disco duro del PC.

15.8.3. Menú ADVANCED CHIPSET SETUP

Hidden Refresh Indica que el sistema está preparado para realizar "refrescos" a la memoria sin necesidad de que la CPU esté pendiente de dicho proceso. Esta opción mejora ligeramente la velocidad del sistema pero, en caso de no poder soportar esta característica, el sistema se volverá inestable.

Slow Refresh Permite disminuir la velocidad de refresco omitiendo ciertos ciclos. En caso de estar habilitada, la memoria se refrescará una de cada cuatro veces. Lógicamente este proceso es más rápido, pero como contrapartida, el sistema será menos fiable.

Keyboard Reset Control Indica si se permite el reseteo "en caliente" del ordenador mediante la pulsación de teclas ALT+CTRL+DEL.

AT-Bus Clock Selection Indica la velocidad de trabajo del bus. Aunque la CPU trabaje, por ejemplo, a 66 MHz con un 80486DX2/66, la configuración de la placa base se ha establecido a una velocidad de 33 MHz. Esta opción permitirá, por tanto, especificar la velocidad de proceso de la placa.

AT Cycle Wait State Define los estados de espera del Bus AT. Esta opción está muy ligada con la cantidad y tipo de memoria caché instalada en el sistema. Puede ser necesario añadir nuevos ciclos de espera en caso de trabajar con tarjetas antiguas.

DRAM Read/Write Wait State	Determina los ciclos de espera (comprendidos entre 0 y 3) en los procesos de lectura y escritura. Esta opción está íntimamente ligada con la memoria RAM y su velocidad. En caso de que la memoria presente errores o el sistema se vuelva inestable, puede ser recomendable aumentar este valor al máximo.
Cache Write W/S	Asigna los ciclos de espera a la memoria cache (W/S). Este valor estará marcado por la velocidad de dicha memoria llegando sólo a 1 ciclo de W/S en el caso de memoria de 40 nseg (se trataría de una memoria muy lenta).
Video Bios Area Cashable	Indica si las rutinas relacionadas con el vídeo que se encuentran en la BIOS deben copiarse o no a la memoria RAM, consiguiendo un aumento de la velocidad. Siempre que el sistema lo permita, deberá tenerse activo ("Enabled").

15.8.4. Menú AUTO CONFIGURATION WITH BIOS DEFAULTS

Autoriza a la BIOS a cargar los valores iniciales en el Advanced SETUP antes de que se iniciase el proceso de configuración. Esta opción es interesante para restablecer los valores originales del sistema una vez realizados cambios de los que no se está seguro.

15.8.5. Menú AUTO CONFIGURATION WITH POWER ON DEFAULTS

Esta opción es similar a la anterior cargando, en este caso, los valores predeterminados de la máquina (valores estándar de fábrica).

15.8.6. Menú CHANGE PASSWORD

Permite, una vez habilitado dónde se desea establecer la clave de acceso, establecer la contraseña. Para ello se solicitará una clave que no se visualizará en pantalla en el momento de su escritura. Para comprobar que la contraseña es correcta, la BIOS solicitará que se reescriba y, en caso de coincidencia con la original, la adoptará como contraseña del sistema. Si la contraseña escrita no coincide con la clave original, se volverá al menú inicial tras indicar el error.

15.8.7. Menú AUTODETECT HARD DISK

Permite la detección automática de los parámetros del disco duro. Esta opción es bastante fiable excepto para discos muy antiguos. El proceso es muy sencillo: la BIOS detecta qué disco duro está instalado y ofrece una serie de posibilidades (generalmente 3, donde la primera suele ser la correcta). En caso de estar de acuerdo con la configuración aportada, los parámetros seleccionados se almacenarán como configuración actual dentro del apartado de discos duros del *Standard CMOS SETUP*. Una explicación más detallada del proceso de selección se encuentra descrita en las BIOS AWARD. Se recomienda también la lectura del capítulo dedicado a los soportes físicos de información, en su apartado dedicado a los discos duros.

15.8.8. Menú HARD DISK UTILITY

Permite la operación de realizar formateos a bajo nivel de discos duros. Aunque es perfectamente posible, no se recomienda formatear a bajo nivel discos duros IDE, únicamente los MFM y RLL son adecuados para esta operación. Por supuesto, el uso del formateo a bajo nivel borra todos los datos que el disco pudiese contener e, incluso, las particiones del mismo. Sólo se recomienda usar este punto como última opción antes de dar por inservible un disco. En esos casos puede llegar a tener sentido el formato a bajo nivel e, incluso, conseguir resultados positivos.

15.8.9. Menú (DO NOT) WRITE TO CMOS AND EXIT

Esta opción permite salir del SETUP grabando o abandonando los cambios realizados a la configuración del sistema. En cualquiera de los casos, se pedirá confirmación al usuario antes de proceder.

15.8.10. Teclas de utilidad

Existen una serie de teclas que generan una función específica dentro del SETUP. Se trata de las siguientes:

Esc	Implica la nulidad del proceso actual. Abandona la opción en curso y/o retorna al menú superior.
↑, ↓, →, ←	Permite la “navegación” a través del SETUP, cambiando de elemento dentro de cada menú.
RePág/AvPág	Modifica los valores de la opción en curso, mostrando los valores aceptados para cada punto.

F1 Muestra la ayuda disponible para cada una de las opciones. Lo cierto es que la ayuda no es demasiado clara ni aporta muchas soluciones.

F2/F3 Permite cambiar la configuración de colores del SETUP. Esta opción puede resultar útil para monitores monocromos.

F5 Carga los valores de inicio del SETUP.

F6 Carga los valores por defecto (de fábrica) de la BIOS en el Advanced CMOS SETUP y en el Advanced Chipset Setup.

F7 Carga los valores por defecto de arranque de la BIOS en el Advanced CMOS SETUP y en el Advanced Chipset Setup.

F10 Solicita confirmación al usuario para abandonar el SETUP guardando o no los cambios efectuados.

15.9. IDENTIFICACIÓN DE LA BIOS

Si se precisa actualizar la BIOS (de forma física), es preciso conocer, en primer lugar, qué BIOS tiene instalada el sistema. Esto se consigue a través de la numeración que aparece en la esquina inferior izquierda de la pantalla cada vez que se arranca el PC. Dado que las BIOS más populares son de las marcas Award y AMI, se detalla a continuación el proceso de identificación:

AMI <Clase de BIOS>-Aaaa-<Fecha de desarrollo>-<Versión de teclado>-<Procesador><B>-<Versión>-<Referencia>-<Estado de la configuración>-<Fecha de desarrollo>-<Nombre de la BIOS>-<Versión de teclado>. El indicativo *Aaaa* corresponde al fabricante de la placa según los valores:

A = 1, 2, 8 Placa fabricada en Taiwan; A = 3, 4, 5 Placa AMI
A = 50, 6 Placa Americana (USA)

El indicativo B referencia el tamaño de la BIOS de modo que:
A = 0 → 64KB; B = 1 → 128KB

AWARD <Fecha de desarrollo>-<Chipset>-AAA/AAA/AA-<Modelo del Chipset><Fabricante de la placa base>XX-XX. Los indicativos marcados como *X* corresponden a un control interno. El número de *X* es indicativo del número de caracteres que deben aparecer en la identificación.

Es posible también encontrar información sobre la BIOS. En concreto, dentro del Registro del Sistema, en la rama HKEY_LOCAL_MACHINE\Enum\Root|*PP0C01\0000. De igual modo bajo MS-DOS con comando DEBUG bajo la directiva –d f000:e000.

CAPÍTULO 16

REDES

Los ordenadores, sin lugar a dudas, han facilitado la vida de muchas personas en muchos sentidos. La capacidad de manejo de la información las convierte en máquinas imprescindibles. Pero es precisamente debido al manejo de esa gran cantidad de información por lo que surge la necesidad de compartirla. El disponer de datos valiosos que no puedan "llegar al exterior" limita un sistema informático.

Así surgen las redes de ordenadores. Éstas, como se puede desprender del nombre, son agrupaciones de máquinas que tienen "algo" en común. Este nexo de unión entre PCs, en el caso de las redes, se desglosa en dos elementos: datos y recursos. En cuanto a la compartición de datos, la necesidad y ventajas son obvias. Así imagínese una gran superficie comercial donde el almacén debe estar continuamente actualizado según las ventas que se registren en cada una de las cajas: no queda más remedio que compartir la información. Por otro lado, al disponer de los datos centralizados, será más sencillo establecer políticas de seguridad (backups, protección antivirus...).

Pero las ventajas no terminan ahí. Existe la falsa creencia de que un montaje en red es caro: nada más lejos de la realidad. Las redes de ordenadores ayudan a rentabilizar las instalaciones a la vez que favorecen un uso más normalizado. Piénsese en una oficina con diez empleados donde cada uno dispone de un PC. Si se desea dar solución al problema de impresión de estos diez empleados sólo hay dos caminos: adquirir tantas impresoras como puestos se deseen habilitar o, en su defecto, instalar una red y adquirir una única impresora. Esta impresora será común a todos los puestos y, sin duda, será más económica –a pesar de que requiera mayores prestaciones– que la adquisición de diez máquinas de inferiores características. A esto se le añaden las ventajas de mantenimiento (sólo habrá que pensar en una máquina) y estructuración de la instalación. Sin duda, la instalación de una red ahorra tiempo, esfuerzo y resulta económico.

16.1. LAS REDES DE ORDENADORES

Una de las opciones de compartición de información (y, por supuesto, recursos) son las redes. Las redes de ordenadores facilitan el sistema de comunicación a la vez que permiten abaratar costes, ya que los recursos toman un carácter general.

En este capítulo se describirán algunos aspectos básicos de las redes, desde su instalación física hasta la configuración software. Realmente habría mucho más que hablar del tema (por ejemplo, de la administración), pero esto es algo que escapa de las pretensiones de este libro. No obstante, el lector obtendrá una idea clara de qué son las redes y cómo funcionan.

En primer lugar y fiel a los planteamientos de este texto, se abordará el carácter práctico de la instalación sin olvidar, por supuesto, el soporte teórico y normativo del tema. Así, para instalar una red habrá que tener en cuenta unos aspectos lógicos relativos al software y otros físicos relativos al hardware.

Dentro de los requerimientos software habrá que elegir qué sistema operativo usar, ya que deberá soportar trabajar en red y el protocolo, que determinará el modo en el que los equipos se entenderán (y que en ocasiones deberá guardar una relación con el sistema operativo). Además, habrá que distinguir la funcionalidad de cada equipo: es posible encontrar dos figuras nuevas en las redes: clientes y servidores. Los servidores serán los encargados de dar soporte a la red y trabajar para el resto de los equipos mientras que, los clientes, serán equipos que se conecten al servidor y que incluso podrán trabajar de modo independiente. Como se detalla en este capítulo podrán existir servidores dedicados o no dedicados, dependiendo del ámbito de ejecución permitido (pueden dedicarse sólo a ser servidores de red o, por el contrario, además pueden ejecutar aplicaciones como cualquier otro PC), arquitecturas *centralizadas*, donde siempre el servidor es el mismo equipo o *peer to peer*, donde el servidor puede ser cualquiera. Además, en el caso de los clientes, habrá que definir el software preciso de conexión a la red (habitualmente llamado *cliente de red*), los servicios que permite el cliente y el modo de inicio de sesión (si se desea arrancar en entorno de red o no), en caso de que esta opción se contemple. Resumiendo, lo expuesto se puede estructurar del siguiente modo:

Figura 16–1 Aspectos software de una red

El otro tema que se apuntaba en las redes hacía referencia al aspecto hardware de las mismas. Así se deberá tener en cuenta la necesidad de una tarjeta de red, también llamada NIC que será la interfaz encargada de comunicar al ordenador con el resto de la red. Esta tarjeta deberá estar en consonancia con el medio físico de transmisión elegido, es decir, cable, aire, fibra óptica... Dos aspectos más serán precisos: topología de la red y ámbito de la misma. La topología hace referencia a cómo se conectan los PCs y, en función de la misma se precisarán terminadores de red, HUBs, MAUs u otros elementos (todos ellos descritos en este mismo capítulo). En cuanto al ámbito habrá que tener en cuenta *switch, bridges, routers*... en función de las necesidades concretas que se tengan.

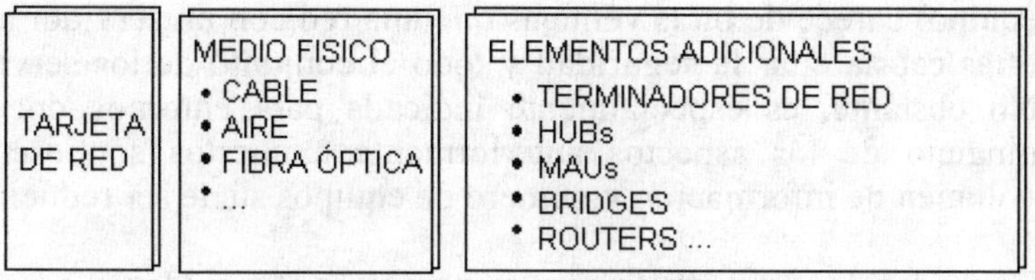

Figura 16–2 Aspectos hardware de una red

Pero lo mejor será empezar sin más preámbulos analizando cada uno de los conceptos expuestos. En primer lugar y antes de acometer el montaje de la red, se ilustrarán los aspectos normalizados del tema.

16.2. REDES EN FUNCIÓN DEL SERVIDOR

Como se verá en este capítulo, la clasificación de las redes es compleja. Así, conceptos aún no explicados como topología, arquitectura o estándar pueden ser buenos criterios de clasificación. Optando por aportar el mayor número de puntos de vista posibles, hay una clasificación clásica que, si bien tiende a desaparecer, aún sigue teniendo vigencia. Se trata de las redes clasificadas en función del servidor.

El servidor, primero de los conceptos a aclarar, es el ordenador u ordenadores de carácter principal que tienen algunas redes con la finalidad de actuar en beneficio del resto de los equipos. Así es típico que este ordenador esté sobredimensionado de cara a almacenar todos los datos de la red y que desde él puedan ser compartidos. No son sólo servidores aquéllos dedicados a suministrar datos. Así será posible contar con servidores de comunicación, de impresión, de correo, de FAX…

En base a la existencia o no de esta máquina, la calificación se establece en redes *peer to peer* o basadas en servidor, a saber:

Peer to peer — Se trata de las redes donde no hay un servidor definido. Así, se contempla el trabajo de varios usuarios conectados entre sí donde se pueden compartir de modo temporal o permanente recursos y datos pero que no necesariamente se encuentran en una máquina predefinida. La nomenclatura *peer to peer* responde a "trabajo entre pares" textualmente o, de manera más libre, a "trabajo entre iguales" y realmente es así: no hay ningún equipo que actúe como servidor o, bien entendido el concepto, cualquiera de los equipos puede actuar como servidor puntual de un servicio concreto.

Este tipo de redes suele recibir el nombre de trabajo en grupo, dadas su peculiares características de red con cierta autonomía de los clientes. Es usada habitualmente en instalaciones de pequeñas dimensiones. Dado que este modo debe ser soportado por el sistema operativo, su vigencia está asociada a la existencia de tales modalidades, opción que viene incluida desde Windows 3.11 hasta las últimas versiones del producto.

Este tipo de red, si bien es fácil de implementar y económica (ahorra un equipo) carece de otras ventajas que una red con un servidor aporta. Entre otras cabría citar la seguridad y todo el conjunto de los servicios de red. No obstante, es especialmente indicada para entornos docentes donde ninguno de los aspectos anteriormente expuestos son esenciales y el volumen de información y número de equipos suele ser reducido.

Basadas en servidor Son redes donde existe una máquina que es el servidor y, además, siempre es el mismo. Este tipo de redes son más caras ya que es preciso diseñarlas con la inclusión de un equipo más al número de clientes (precisamente, el servidor). Este aumento de precio es sobradamente asumido por el incremento de prestaciones que se dan en la instalación. De este modo las redes basadas en servidor son más seguras, fiables y con mayores prestaciones que las *peer to peer*.

Por supuesto, deben ser soportadas por un sistema operativo que contemple esta estructura. Esto no suele resultar ningún problema ya que las redes de dimensiones medio-altas se basan todas en servidores. Incluso algunos sistemas operativos son ambivalentes buscando aportar soluciones a estos dos tipos.

La existencia de un servidor suele requerir la presencia de una nueva figura: el Administrador. Éste será el encargado del mantenimiento y soporte de la red, una tarea que variará en complejidad en función del software elegido.

Dentro de las redes basadas en servidor, se pueden establecer dos subniveles: servidores dedicados o no dedicados. Los primeros son máquinas cuya única misión es la de trabajar para la red y resultan completamente inoperativos para el trabajo como clientes. Tanto es así que incluso la carga de software precisan realizarla a través de otros equipos. En el caso de los servidores no dedicados, pueden alternar su trabajo como servidores con el de clientes. Si bien esta opción aprovecha un ordenador como cliente, ofrece menos prestaciones que un servidor dedicado. En la actualidad, la casi totalidad de sistemas operativos basados en servidor suelen ser, de manera obligatoria, dedicados. Las redes donde no se establece esta exigencia, suelen ser de ámbito reducido y utilizadas más a la compartición de recursos básicos (impresión, por ejemplo) que a la administración de datos.

Existe la creencia de que los servidores deben ser los ordenadores más potentes de la red. Esto es así pero con restricciones: en redes basadas en servidores dedicados, dada su imposibilidad de trabajo como clientes, no tiene sentido invertir en sistemas de vídeo ya que no habrá nadie trabajando en esa máquina. Tanto es así que incluso a algunos servidores, tras haber sido instalados, se les retira el monitor o se les deja alguno obsoleto en blanco y negro.

16.3. NORMALIZACIÓN DE LAS REDES

Al igual que en otras parcelas de la ciencia, ha sido necesario establecer una normalización dentro del campo de las redes. De otra forma, el resultado sería la proliferación de soluciones particulares que no conducirían a nada positivo, elevando el coste del producto a la vez que se crearía una diversidad imposible de potenciar en todas sus versiones. Con tal fin, existen organizaciones de carácter internacional que son las encargadas de definir los estándares a seguir. Entre otras, se podrían citar las siguientes: ANSI ("American National Standards Institute"), IEEE ("Institute of Electricals and Electronics Enginners"), CCITT ("Consultative Committé for International Telephony and Telegraphy"), ISO ("International Standard Organization"), EIA ("Electronics Industries Association"), ECMA ("European Computer Manufacturer Association"), CEN/CENELEC ("Comité Européen des Normalisations/Comité Européen des Normalisations Electrotechnique").

Ante tal abanico de posibilidades, se impusieron dos modelos que se desarrollaron prácticamente en paralelo y de manera compartida, lo que les hace compatibles en la práctica totalidad de aspectos. Usan denominaciones diferentes pero ésta es una de las pocas diferencias que un usuario puede encontrar. Los modelos en cuestión son el OSI ("Open System Interconnection") de la ISO y el 802 del IEEE.

El OSI es un modelo conceptual teórico que aglutina y especifica las funciones de la red, explicando su misión y estableciendo el estándar genérico a seguir. Será cuestión de entender éste y los diferentes estándares aportan soluciones concretas y tangibles que se puedan implementar. Sobre el OSI se detallan todas las características: desde las más físicas como puede ser el cableado, hasta las más abstractas, que determinan modos de software. Tanta es la importancia de este modelo para entender conceptualmente el funcionamiento de una red, que se detalla en profundidad en el siguiente apartado.

De forma paralela, el IEEE desarrolla su norma 802, a la que denomina así en virtud de la fecha de su presentación: Febrero de 1980. Compatible con la OSI, se divide en un total de 12 niveles donde cada uno de ellos presta atención a un punto concreto de la red (medios físicos, acceso al medio, topologías…), a saber:

IEEE	FUNCIÓN DE ESTUDIO
802.1	Internetworking
802.2	Logical Link Control (LLC)
802.3	CSMA/CD
802.4	Red Token Bus
802.5	Red Token Ring
802.6	MAN
802.7	Técnica de transmisión en banda ancha
802.8	Técnica de transmisión sobre fibra óptica
802.9	Integración de redes de voz y datos
802.10	Seguridad en redes
802.11	Redes inalámbricas
802.12	Redes con acceso DPAM (Prioridad por demanda) 100BaseVGAAnyLAN.

Tabla 16–1 Estándar 802 del IEEE

16.3.1. OSI de la ISO

La definición del OSI ("Open System Interconnection") ha permitido la interconectividad entre distintas máquinas desde el año 1979. Este modelo establece una serie de niveles (siete en concreto) que deben cumplirse tanto por la máquina emisora de información como la receptora. Estos niveles, independientes entre sí aunque interrelacionados, solucionan un problema específico y suministran información al siguiente nivel. Una vez completados todos los pasos, la máquina receptora deberá realizar la operación inversa. Los niveles son los siguientes:

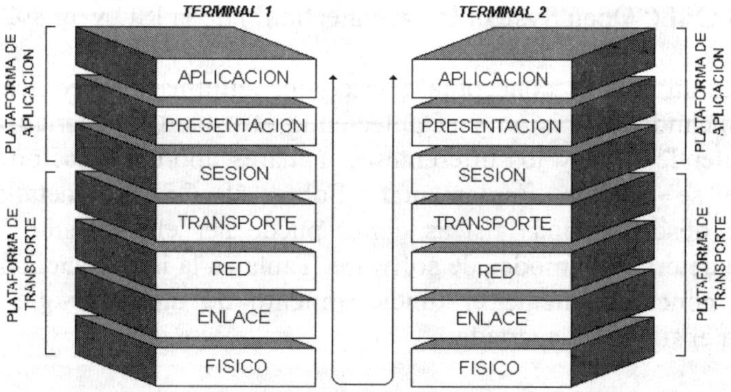

Figura 16–3 Niveles de la OSI

Estos niveles agregan los datos precisos para completar su función y poder ser enviados al medio de transmisión. Una vez que la estación receptora reciba el paquete de información, deberá proceder a realizar la operación inversa hasta obtener la información limpia.

Los siete niveles citados responden a las siguientes funciones:

Nivel de Aplicación Se trata del nivel más cercano al usuario y el último (o el primero, según como se tome) dentro de la "columna" OSI. Sus funciones principales son:

- Determinar la disponibilidad del sistema.
- Determinar los procesos para la recuperación de datos ante errores.
- Asegurar la integridad de los datos.
- Establecimientos de permisos para realizar la comunicación.

A su vez, se divide en dos subniveles claramente definidos:

SASE ("Specific Applications Service Elements"). Aquí están contenidos los servicios de directorios (DNS), los métodos de acceso para la transferencia de ficheros (FTAM, o el sistema controlador de correo electrónico (MHS).

CASE ("Common Application Service Elements"). Da servicio a las aplicaciones de nivel superior soportando protocolos como el VT ("Virtual Terminal"), CCRSE ("Commitment Concurrency and Recovery Service Element") o el ROSE ("Remote Operation Service").

Será aquí donde el usuario pueda ejecutar sus aplicaciones.

Nivel de Presentación Éste es el nivel donde se realizan fundamentalmente tres operaciones: petición de inicio de sesión, petición de fin de sesión y adaptación de datos. En esta última operación se realizan los cambios oportunos para que los datos puedan ser entendidos por cada "workstation", realizando, si procede, adaptaciones de código del tipo ASCII a EBCDIC, sintaxis genérica de datos...

Generalizando se puede afirmar que determina la sintaxis de los datos para ser entendidos por los interlocutores de la red.

Nivel de Sesión La finalidad de este nivel es asegurar el "diálogo" entre los terminales. Así, se tratarán los problemas de sincronización e interactividad entre las máquinas. También serán funciones de este nivel el asegurar el establecimiento y fin de cada una de las sesiones indicadas.

Como siempre y tónica común de todas las capas, aquí también existen funciones de seguridad relativas al reenvío de datos y sincronización de qué equipo debe "hablar" ante un posible fallo en la comunicación.

Nivel de Transporte Como su nombre indica, es el encargado de asegurar el transporte de los datos. Este transporte implica la verificación de la información, así como del transporte de la misma entre distintas redes. Se entiende que son tareas asignadas a este nivel:

- "Troceado" de la información en unidades de menor tamaño. Esto favorece el reenvío en caso de error.
- Integración de la información previamente partida para conformar el conjunto de datos original.
- Verificación del envío de paquetes de datos: seguridad, orden y coherencia, relativa a asegurar que no hay pérdidas, retrasos, duplicidades…

Nivel de Red Asegura que el camino emprendido por la información es el más idóneo en cada situación. Maneja de forma genérica el flujo de la información de un nodo a otro e, incluso, de una red a otra, identificando cada uno de los "interlocutores". Esta operación, conocida como *enrutamiento*, evalúa las distintas alternativas en función de parámetros diversos, como puede ser el tráfico de la red en ese momento concreto de la transmisión. Es en esta capa donde es posible establecer funciones para determinar la información relativa al cobro por el uso de la red.

Nivel de Enlace Se encarga del empaquetamiento de los datos, así como su definición de principio y fin de cada mensaje (incluyendo el direccionamiento de los mismos). De la misma forma, realiza las gestiones oportunas de ocupación del medio físico de transporte. Al igual que otros niveles, también se verifica la integridad de los datos a nivel de trama (mensajes) mediante CRCs (Códigos de redundancia cíclica) y otros sistemas, como el método de corrección por retransmisión. Su función se establece a nivel de bloques de bits, gestionando el establecimiento, mantenimiento y liberación en los enlaces de datos.

Nivel Físico Es el más próximo al medio de transmisión de datos. El modelo, a este nivel, define las características eléctricas y mecánicas que debe cumplir el medio físico para una correcta transmisión de datos. Así, en esta categoría cabría incluir funciones de:

- Establecer los niveles de tensión para su interpretación lógica.
- Determinar la velocidad a la que se trabajará en la red, con relación al medio físico disponible.
- Definición de aspectos de conectividad, estableciendo formato de conectores, funciones de los pines…
- Determinación del modo de comunicación (síncrona, asíncrona, simplex, half-duplex, full duplex…).

16.4. MÉTODOS DE ACCESO A LA RED

Uno de los aspectos a tener en cuenta en la red, si bien es cierto que suele resultar transparente para el usuario, es el método de acceso a la misma. Éste define el modo en el que las estaciones utilizarán el medio de comunicación para enviar y recibir los datos. En definitiva, no deja de ser un conjunto de reglas que establecen el correcto flujo de información para evitar colisiones de información y otros problemas que, flujo del tránsito por un mismo medio, se pueden derivar. Estos métodos se asociarán a los diferentes tipos de redes.

Aunque no los únicos, los métodos más comunes son:

CSMA/CD Se trata del *Acceso Múltiple con Detección de Portadora y Detección de Colisión*. Este método es muy usado en topología de bus y el funcionamiento es realmente sencillo. Consiste en que cada uno de los ordenadores integrantes de la red “escucha” el medio, es decir, comprueba si algún equipo está usando el medio físico para transmitir los datos. Mientras el medio esté ocupado, la estación que desea enviar información estará a la espera. Una vez desocupado el canal de comunicación se iniciará el tráfico de datos.

Este sistema puede provocar problemas de colisiones de información. Éstos se producen como consecuencia de la necesidad de transmitir de dos estaciones y que lo realizan a un tiempo. Dado que una vez enviada la información a la estación de destino es preciso recibir una confirmación desde la misma, la ausencia de ésta indicará que se ha producido una colisión o cualquier otra anomalía. La solución pasa por establecer un temporizador aleatorio en cada una de las estaciones. De este modo volverán a incorporarse al flujo normal de la red y, por tanto, intentar enviar su información, transcurrido un lapso de tiempo distinto en cada una.

Una variación de este método es el CSMA/CA o Acceso Múltiple con Detección de Portadora Evitando Colisiones. El funcionamiento es análogo al descrito con la particularidad de evitar las colisiones.

Token Pasing Este sistema crea un token o testigo consistente en una trama concreta de información. El funcionamiento consiste en asignar la prioridad de transmisión a aquella estación que posea el citado token. De este modo la información “viajará” en sentido unidireccional (aunque existen versiones bidireccionales habilitando sendos canales) lo que consigue evitar el problema de las colisiones.

Una vez liberado el token, estará disponible para el envío de otros paquetes de información.

Otros métodos de acceso al medio como el DPAM o Método de Acceso Prioritario por Demanda pasan más desapercibidos dada su escasa influencia (comparativamente con los expuestos) en el mercado.

16.5. PROTOCOLOS DE RED

El concepto de protocolo de red responde fielmente al concepto intuitivo que todos tenemos de protocolo: define el modo de comportamiento que un equipo debe tener en un entorno para poder ser entendido por los demás, entrando plenamente en la comunicación.

En función de las características de la red a instalar, habrá protocolos más adecuados que otros. Esta elección puede ser por volumen de la red, es decir, por el número de equipos que la integrarán, por el ámbito de la misma, determinando si se necesitan funciones de enrutamiento exterior o, simplemente, por compatibilidad con el sistema operativo.

Algunas de las funciones de los protocolos son el determinar cómo se identificará cada ordenador dentro de la red, cómo se formarán las tramas de información a enviar por la red y cómo se manejará una vez en su destino.

Lo cierto es que si bien existen varias opciones, al final son sólo unos pocos los protocolos que realmente se usan. Aquí se ha pretendido enumerar y definir brevemente las características de los más comunes, con las especificaciones necesarias para poder tomar una opinión. No obstante, existen muchos más que en algunos casos deberán tenerse en consideración, a saber: los protocolos VINES de Banyan, el DLC de IBM, el DECnet para equipos de DEC de Digital Equipment Corp, AppleTalk para redes Macintosh y otros muchos que van en consonancia con el medio de comunicación físico utilizado.

IPX/SPX El "Internetwork packet exchange/sequenced packet exchange" o *Intercambio de Paquetes entre Redes/Intercambio de Paquetes Secuencial* es un protocolo desarrollado en exclusiva para redes Netware por la compañía Novell Netware. Interesado Microsoft en potenciar la compatibilidad de protocolos, diseñó un producto basado en IPX/SPX al que denominó originalmente *NWLink* o, como reza en el entorno Windows *Compatible con IPX/SPX*. Es inferior en velocidad al NetBEUI pero, aun así, es extremadamente rápido y admite funciones de enrutamiento.

El direccionamiento es bastante pobre en comparación con otros protocolos pero ésta es, precisamente, una de las características que potencia la agilidad de la comunicación y lo hace especialmente usado en sistemas poco complejos (comunicaciones en juegos, automatismos, controles remotos...).

NetBios Es un protocolo ideado para redes LAN y MAN por IBM y Microsoft. Establece un estándar a seguir para los fabricantes de sistemas operativos de red y actúa como interfaz entre el hardware de la red y la aplicación de red. Es importante destacar que este protocolo es independiente de hardware de la red, lo que asegura su portabilidad. Su versión evolucionada recibió el nombre de NetBEUI. Este protocolo también recibe el nombre de *NetBIOS en modo real*.

NetBEUI Es un protocolo diseñado por Microsoft y, aunque también contó con la colaboración de IBM, está limitado en su aplicación a los sistemas operativos de la compañía de Bill Gates. Se trata de una versión evolucionada del NetBios y su acrónimo viene de *Network BIOS Extended User Interface*, aunque también recibe el nombre de *NetBIOS en modo protegido*. Su aplicación es recomendada en pequeñas redes de tres o cuatro máquinas con Windows (3.11, 9x, 2000...), lo cual es una verdadera lástima ya que se trata de un protocolo realmente rápido. Esto lo consigue gracias a un peculiar sistema de direccionamiento que, como desventaja, le limita al no disponer de funciones de enrutamiento.

A pesar de ser un protocolo muy usado en pequeñas redes, dejó de ser soportado por Windows a partir de su versión XP. La misma suerte corrieron otros protocolos como el DLC.

TCP/IP Sus siglas corresponden a *Transmission Control Protocol/Internet Protocol* o *Protocolo de Control de Transmisión/Protocolo Internet*. Sin duda es el protocolo de uso más extendido dada su aplicación directa en Internet. Fue desarrollado, al igual que la propia red de redes por el Departamento de Defensa de los EE.UU. dirigido a lo que era el embrión de Internet: la red ARPA. Aunque es utilizable en redes de pequeño ámbito, también es válido, gracias a sus características de enrutamiento e independencia del sistema operativo usado, para redes de área amplia (realmente es utilizable en todos los ámbitos de extensión de red).

Este sistema distingue cada PC mediante un número único que lo distingue de los demás equipos de la red. Esta identificación o dirección IP como habitualmente se denomina, debe ser única en la red, provocando conflictos en caso contrario. Para facilitar esta exclusividad en redes de gran ámbito, es habitual que se incluyan utilidad es de asignación de dirección IP automática, buscando así una dirección libre en ese momento concreto de la conexión.

DHCP Sus siglas corresponden a *Dynamic Host Configuration Protocol* o *Protocolo de Configuración dinámica de equipos*. La gran ventaja de este protocolo es su comodidad de uso ya que el servidor se encarga de toda la gestión. Así, durante un período de tiempo que el Administrador de la red puede establecer, el servidor asigna direcciones a los equipos conectados a la red de forma automática. Pasado el período de tiempo especificado (que habitualmente suele ser de una semana), el servidor vuelve a comprobar qué equipos siguen conectados a la red, renovando las direcciones o dando por caducadas aquéllas asignadas a equipos que ya no están presentes.

16.6. TÉCNICAS DE TRANSMISIÓN

Es preciso determinar de qué forma se van a transmitir las señales en el medio físico elegido. Esto resulta especialmente importante en cuanto a las características reales de transmisión de la red. De este modo se encuentran asociados los diferentes métodos de transmisión a determinados elementos, medios físicos e, incluso, a determinadas topologías. Esto, si bien facilita la instalación ya que no es preciso reparar en el método de transmisión, sino asumir el implementado en la topología usada, hace perder cierta flexibilidad. Existen varios métodos de transmisión de la señal pero fundamentalmente dos son los usados para las redes microinformáticas: banda base y banda ancha, cuyas características se detallan a continuación:

Banda Base También llamada *BaseBand*, se utiliza para transmisión de señales digitales y es el método más difundido en las redes de microordenadores. Éstas ocupan todo el ancho de banda del medio, lo que implica la no compartición del medio para comunicaciones simultáneas (excepto en el caso de multiplexación por división en el tiempo o TDM).

El envío de señales digitales tiene –cómo no– ventajas e inconvenientes. Así será posible alcanzar altas velocidades de transmisión y, por tanto, de transferencia sin que sea preciso el uso de módems, lo que le hace un método económico. Por otro lado y como inconveniente, la banda base implica que no hay modulación en la señal, por lo que no es apropiada para comunicaciones a larga distancia. Además, le influyen de forma notoria el "ruido" eléctrico provocado por interferencias, inducciones... y, en definitiva, todas las características ambientales.

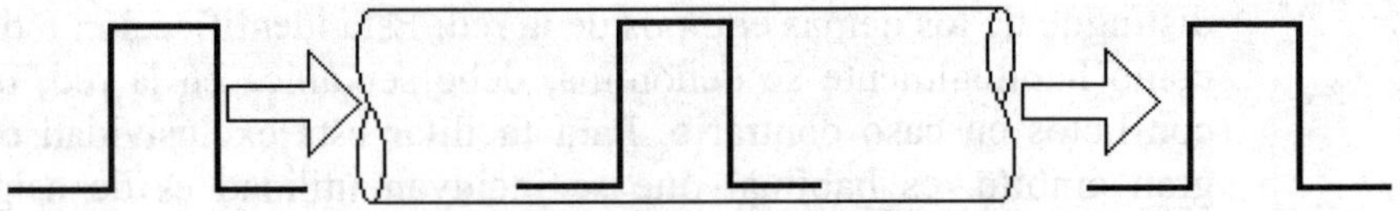

Figura 16–4 Transmisión en Banda Base

El cable usado en banda base debe ser capaz de conmutar de un estado a otro con velocidad y el resto de los dispositivos intervinientes en la red (tarjetas de red fundamentalmente) habrán de estar en consonancia con esos parámetros.

Este método es recomendable para pequeñas instalaciones, económicas y de pequeñas distancias, pero desaconsejable en el resto de los casos. Resulta importante destacar que el método de transmisión de banda base no está necesariamente ligado a la transmisión digital, como afirman algunos textos. La banda base se asocia a la ocupación del todo el ancho de banda por la señal, ya sea analógica o digital. Si bien es cierto que en las redes microinformáticas todas las señales serán de carácter digital, piénsese en la conexión entre un micrófono (por ejemplo) y un amplificador. En este caso todo el medio estará ocupado por la señal de audio obtenida a partir de la cápsula microfónica y, por tanto, será una comunicación en banda base.

Todas las redes de ámbito local, exceptuando aquellas que precisen de módems para comunicaciones de mayor longitud, trabajan en banda base. La banda ancha sólo es usada en casos concretos y en comunicaciones vía módem a Internet, BBS y otros entornos a larga distancia.

Banda Ancha La también llamada *BroadBand* permite el mantenimiento de varias señales a la vez. Esto se consigue mediante transmisiones analógicas en un espectro de frecuencia determinado (normalmente en portadoras de alta frecuencia) aprovechando así todo el ancho de banda del medio. Se realiza una multiplexación por división de frecuencia (FDM). De este modo, pueden realizarse varias transmisiones simultáneas utilizando varios canales, que pueden soportar incluso distintos tipos de tráfico, todo, dentro del mismo cable físico.

Hay que tener en cuenta que, a mayor ancho de banda, mayor número de canales de comunicación se pueden establecer y, por tanto mayor aprovechamiento del medio. Por otro lado, el ancho de banda es inversamente proporcional a la frecuencia (velocidad en las transmisiones), por lo que será preciso encontrar un equilibrio entre velocidad y número de canales habilitados en el medio. Un ejemplo claro de este tipo de transmisión es el usado por la televisión por cable. En ésta se envían diferentes señales (correspondientes a diferentes canales) por el mismo medio físico. Cada usuario podrá sintonizar en su televisor el canal que desea ver mediante un proceso de selección de rango de frecuencias.

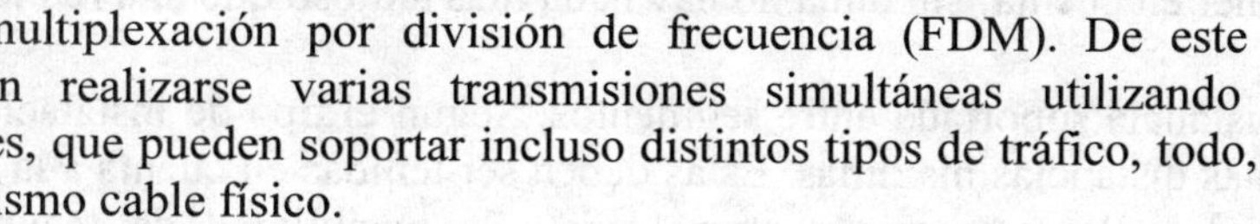

Figura 16–5 Transmisión en Banda Ancha

Siempre que se empleen comunicaciones en banda ancha, habrá que recurrir a dispositivos capaces de modular y demodular la señal (módems).

16.7. MEDIOS FÍSICOS DE TRANSMISIÓN

Es obvio que es preciso conectar los equipos entre sí con algún medio que permita el flujo de información. Éstos serán los que asegurarán la comunicación en el nivel más básico de la red. Es habitual pensar en cables como soporte básico en la comunicación, aunque esto no siempre es así.

Dada la cantidad de alternativas y posibilidades, el estudio de los medios físicos de transmisión en este libro se abordará bajo la consideración de medios inalámbricos y basados en cable[66], entendiendo que estos últimos no necesariamente deben estar formados por conductores eléctricos (un cable de fibra óptica estará dentro de este grupo pero no responderá a la conducción eléctrica). Dentro de los medios inalámbricos se verán las comunicaciones a través de rayos infrarrojos, señales de radio y microondas, mientras que en los medios cableados se estudiarán el par trenzado, cable coaxial y la fibra óptica.

Las características que se deben buscar en el medio físico deben ser:

- Velocidad de transmisión o, lo que es lo mismo, tasa de transferencia que es capaz de suministrar el medio físico. Ésta debe ser la principal característica a tener en cuenta: sin duda no hay nada más tedioso que una red lenta.

- Distancia soportada entre segmentos. Según el tipo de instalación se requerirán unas distancias máximas. Éstas deben ser tenidas en cuenta a la hora de elegir el medio. Por supuesto siempre existe la posibilidad de recurrir a elementos auxiliares (repetidores, amplificadores) pero no son recomendables salvo que no quede más remedio. Siempre que exista un medio de transmisión capaz de dar solución a la distancia necesaria, será recomendable usarlo.

- Condiciones ambientales. Según la ubicación física donde se realice la instalación de la red, habrá que tener en cuenta más o menos medidas de seguridad en la red. Obviamente el ruido eléctrico no será el mismo en una instalación donde los cables pasen cerca de motores (por ejemplo, una cabina de ascensores) que otra situada de forma aislada.

Dentro de los medios tratados a continuación, algunos no tienen una aplicación pura dentro del entorno de las áreas locales pero sí en entidades de orden superior. Así, sistemas como enlaces de microondas a través de vía satélite, se pueden usar para unir las comunicaciones de dos áreas geográficas separadas entre sí como a diferentes sucursales de una misma empresa. De cualquiera de las maneras, y partiendo de la no exclusividad para redes de ordenadores de los medios físicos tratados a continuación, se tratarán aquéllos de mayor uso y que se han considerado más interesantes para el lector.

---

[66] Algunos autores denominan a estos métodos *no guiados* y *guiados*, respectivamente.

16.7.1. Par trenzado

Éste es, hoy por hoy, el tipo de cable más usado en las redes más convencionales. Esto es debido a su precio (no es excesivamente caro) junto a sus características técnicas. Aunque existen diferentes variaciones, como se detallará más adelante, este tipo de cable está formado por hilos de cobre que van trenzados ("twisteados") entre sí entre pares con distintos pasos de torsión. Esta disposición se fundamenta en obtener el máximo aislamiento de la señal frente al medio externo e interno. Así se evitarán inducciones incluso de los propios cables y, en general, el denominado ruido eléctrico. Cuanto más trenzado esté el par, mayor aislamiento entre pares. Téngase en cuenta que dos cables en paralelo, es decir, sin "twistear" componen lo que se denomina un antena simple mientras que un par trenzado no.

En este medio, que soporta comunicaciones en banda base y banda ancha y tanto de señales analógicas como digitales. La velocidad de transmisión así como sus prestaciones dependen del tipo específico de cable (sección, entre otros parámetros) que se esté usando así como de las características propias de fabricación física del cable. De cara a aportar una solución, el EIA/TIA (Electronic Industries Association/Telecomunications Industry Association) ha normalizado los cables de pares trenzados conforme a la siguiente tabla:

CATEGORÍA	TIPO	Velocidad (Mb/seg)
1	Cable de par trenzado de 2 hilos. Es el cable telefónico trenzado. Es apto para audio de baja calidad pero no para datos.	≤ 1
2	Cable de par trenzado sin apantallar. Se le llama comúnmente UTP (Unshield Twiested Pair). Aun siendo apto para datos, es el que menos prestaciones ofrece.	4
3	Se trata del cable usado para las redes Ethernet 10-BASE-T y Token Ring 4. Sus prestaciones lo hacen indicado para soportar segmentos de red de hasta 100 m.	10
4	Cable certificado. Comunicaciones genéricas (redes, telefonía,...). Además de soportar los estándares de transmisión anteriores, suma el Token Ring 4/16 y el 20-BASE-T.	16 - 20[67]
5	Igual al anterior. Es el estándar actual. Añade las opciones de conexión 100-BASE-TX, 1000-BASE-T y ATM.	100
5E	Igual a las categorías 4 y 5. Comparte su vigencia con la categoría 5 al igual que los estándares de transmisión soportados.	1 Gbps
6	Pendiente de certificación estándar, comparte los estándares de transmisión de las categorías anteriores.	1 Gbps
7	Pendiente de certificación estándar, comparte los estándares de transmisión de las categorías anteriores.	1 Gbps

Tabla 16–2 Pares según la EIA/TIA.

67 Valor válido según la fuente a la que se acuda.

Desde la categoría 5 en adelante, las tasas de transferencia soportadas alcanzan el Gbps (incluyendo la propia categoría 5, indicada en este caso con una tasa de 100 Mbps). Realmente es el resto de los periféricos intervinientes en una red microinformática quienes no alcanzan tales tasas quedando, por tanto, disponibles para estándares futuros.

Es de reseñar que trabajando a altas prestaciones, el medio debe tener una frecuencia elevada destinada a soportar las variaciones de la señal en consonancia con la velocidad de ésta. Así, desde la categoría 3 (primera a considerar en prestaciones aceptables a pesar de estar obsoleta a día de hoy) se establece una frecuencia de 10 MHz, que se eleva a 20 MHz para la categoría 4 y hasta 100 MHz en las categorías 5 y 5E. En el caso del cableado de categorías 6 y 7 no existe aún un estándar definitivo por lo que no se pueden dar datos exactos. Aun así se baraja la posibilidad de que se establezca en 200 y 600 MHz respectivamente.

El estándar actual se sitúa en la categoría 5 en sus dos versiones, resultando inaceptables redes microinformáticas con cableados inferiores. Las categorías 6 y 7 están pendientes de estandarización pero sin duda se impondrán en un corto espacio de tiempo.

Como se observa, a mayor tasa de transferencia (velocidad) las distancias soportadas son más cortas y el ancho de banda del conductor disminuye (dato importante si se trabaja en banda ancha). Se debe mantener un equilibrio entre estos tres parámetros para obtener resultados óptimos. Además, en comunicaciones a larga distancia habrá que evaluar el tiempo empleado por la señal en desplazarse (puede acarrear un retraso de la señal de hasta 5 μs/Km). En cuanto a su constitución física, se pueden encontrar cables de pares trenzados denominados UTP, STP y FTP. Éstos se corresponden con la siguiente descripción:

Par Trenzado sin apantallar También recibe el nombre de UTP ("Unshielded Twisted Pair"). Este cable está formado por cuatro pares de dos cables, aislados entre sí, y trenzados uno con otro. Esta disposición consigue optimizar la resistencia a interferencias por inducción. Su impedancia nominal es de 100 Ω y está certificado para soportar frecuencias comprendidas entre el rango de los 10 y los 100 MHz.

A pesar de sus buenas características, la falta de blindaje le hace más propicio a interferencias que otros cables, lo que se refleja en un aumento de errores en la comunicación. Este riesgo es proporcional a la longitud del cable, por lo que se usa de forma habitual para la realización de latiguillos con longitudes inferiores a 1,80 m.

Par Trenzado apantallado El STP ("Shielded Twisted Pair") es exactamente igual al UTP, pero, además, incluye una malla que rodea a ambos conductores (como el cable coaxial convencional). Es altamente inmune al ruido eléctrico. En cuanto al resto de características (impedancia, frecuencias...) se comporta exactamente igual que el UTP pero mejorando las prestaciones ante largas distancias.

Realmente es poco común trabajar con STP ya que, para cableado estático (aquel que va canalizado por dentro del edificio) se suele usar FTP (descrito a continuación) por su mayor rigidez, aislamiento y resistencia mecánica. Mientras, en los típicos latiguillos que van desde el ordenador hasta la roseta de conexión, donde se busca una máxima flexibilidad física, se suele usar UTP.

Par Trenzado encintado También conocido como FTP ("Foiled Twisted Pair"). Este cable es exactamente igual al UTP, pero los grupos de pares están envueltos en cinta conductora (similar al papel de aluminio).

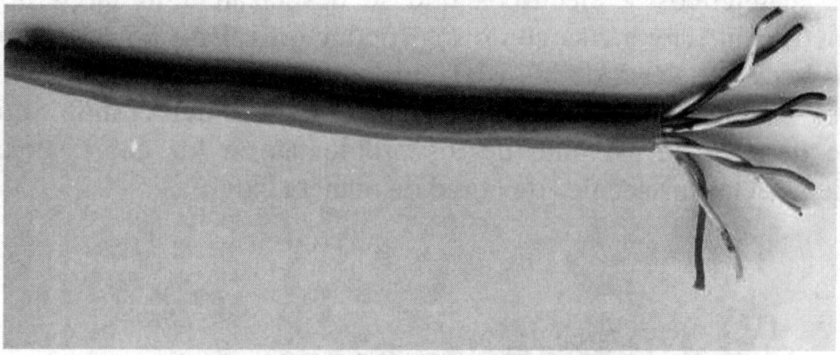

Figura 16–6 Cable de par trenzado UTP.

Este cable es comúnmente usado en aquellas instalaciones donde se quiera asegurar la fiabilidad en la transmisión y, dada la escasa diferencia de precio entre el FTP y las modalidades inferiores, se hace recomendable en la práctica totalidad de las redes.

Existe la creencia de que el formato de los cables (UTP, STP o FTP) está relacionado de manera inseparable con la categoría del mismo. Nada más lejos de la realidad: si bien es cierto que se mantiene una cierta coherencia lógica –ya que no existe ningún cable FTP de categoría 1–, es posible encontrar dentro de la categoría 5 cables en formato UTP y FTP por ejemplo.

Los cables pareados van asociados por colores lisos y con franjas blancas (marrón y blanco-marrón, naranja y blanco-naranja...). El color liso indica la polaridad positiva de la comunicación mientras que el color con franjas es el negativo.

16.7.2. Cable coaxial

Fue el tipo de cable más usado por su facilidad de manejo, además de no necesitar ningún tipo de herramienta especial para su manipulación. Poco a poco ha ido perdiendo protagonismo en el ámbito de las redes locales cediendo ante el par trenzado. Aun así, es muy usado en telefonía, audio y radiofrecuencia por su ancho de banda (superior al ofrecido por el par trenzado pero a mayor coste que éste). Este cable tiene un hilo conductor central (también llamado "vivo" y "alma") que es cobre dieléctrico. Rodeando este cable está un aislante plástico y, sobre él, una malla conductora. El conjunto, en su totalidad, está recubierto por un aislante de intemperie.

Habitualmente se utilizan dos coaxiales: uno de 50 Ω para redes con transmisión en banda base y otro de 75 Ω para transmisión en banda ancha.

El motivo de esta curiosa forma, que responde a la norma IEEE 802.3-1985, no es caprichoso: cuando una corriente atraviesa un par de conductores, éstos producen unos campos magnéticos y eléctricos que se desplazan a lo largo del conductor pudiendo provocar interferencias con otros conductores. Esto no ocurre si uno de los hilos hace las veces de tierra de la instalación y, además, rodea al otro conductor, de esta forma se consigue "confinar" los campos dentro del cilindro que forma el conductor de tierra. Aun así, uno de los problemas en los cables coaxiales es la posibilidad de detectar las señales de la red de manera externa.

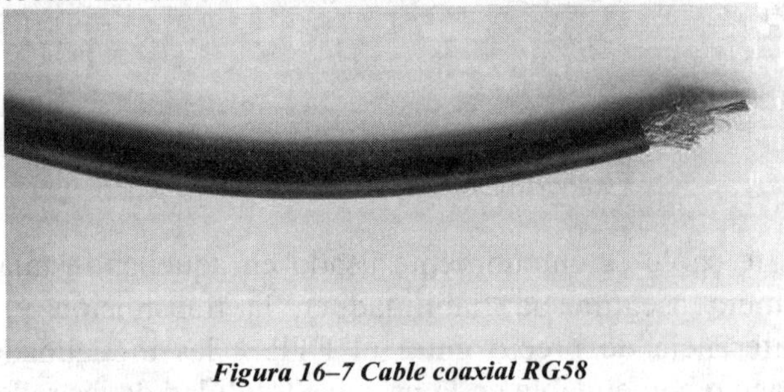

Figura 16–7 Cable coaxial RG58

Dentro del coaxial, además de las diferenciaciones lógicas de la medida, grosor, etc., se establece la división en función de si es de banda base o banda ancha. En el primer caso, se admiten rangos de frecuencia elevados (300 a 400 MHz), utilizando cables coaxiales de 50 ohmios de impedancia característica –por ejemplo, RG58U, RG74, RG79, RG213– cada uno con distintas dimensiones y pérdidas), admitiendo velocidades hasta de 20 Mb/seg. Para la banda ancha, el rango de frecuencias es superior. Así, se establece una división basándose en el grosor:

	Ø (cm)	Distancia (m)	Inmunidad	Precio
Grueso	≈ 1 (0,5")	500	Alta	Elevado
Fino	≈ 0,5 (0,25")	180-200	Media	Barato

Tabla 16–3 Coaxiales

Como se aprecia, el cable coaxial grueso, también denominado Thicknet, ofrece mejores prestaciones que el delgado, denominado Thinnet, pero a un mayor precio. Es común denominar este tipo de cables conforme a una nomenclatura normalizada. Ésta responde al formato <velocidad><tipo de transmisión><metros por segundo dividido entre 100>. El primero de los parámetros viene indicado como Mb/sg (Megabits). El tipo de transmisión puede ser realizado en banda base (*base*) o en banda ancha (*broad*) y, por último, el tercer parámetro indica la longitud del segmento dividido por 100 y expresado en metros. Así, un 10Base5 correspondería a un cable con una transmisión en banda base de 10 Mbps y con una longitud de segmento de 500 m. Si el cable fuese un 10Broad36, se trataría de un cable destinado a banda ancha a 10 Mbps con una longitud de segmento de 3,6 Km.

El cable coaxial es usado en comunicaciones telefónicas a larga distancia dada su velocidad (acarrea retrasos de la señal en torno a los 5 μs/Km) y en comunicaciones con periféricos próximos. Los inconvenientes que presenta están relacionados con el ruido térmico, ruido de intermodulación y atenuación.

Una variación al cable coaxial convencional es el twinaxial. Éste se caracteriza porque dispone de dos "almas" o conductores centrales aislados entre sí.

16.7.3. Fibra óptica

Se trata de un cilindro de cristal o plástico (generalmente) sobre el que se aplica otro de menor índice de refracción y, por tanto, con diferentes propiedades ópticas, rodeándole y un protector opaco similar al aislante de cualquier cable. Estas tres secciones radiales reciben el nombre de núcleo, revestimiento y cubierta, aunque es común denominarlos según la terminología inglesa *core*, *cladding* y *coating*, respectivamente.

El núcleo, a su vez, puede estar compuesto por varias fibras donde cada una de ellas dispone de su propio revestimiento. Esta disposición consigue que cuando se proyecte una luz en su interior, éstos "reboten" hacia dentro. Aquí habría que especificar que, en función del ángulo de entrada al medio, se producirán una serie de efectos relacionados como son la velocidad de transmisión o, incluso, determinará cuántas señales se pueden transmitir a la vez. El espectro de frecuencia de luz admitido comprende todas las longitudes de onda visibles además de parte del espectro infrarrojo. Básicamente, existen tres métodos de transmisión: multimodo. Multimodo de índice gradual y monomodo.

Monomodo Consiste en la reducción del radio de las fibras del núcleo de modo que sólo un rayo de luz podrá incidir con el ángulo apropiado como para introducirse en la fibra. Este rayo recibe el nombre de rayo axial. Cuanto más fina sea la fibra óptica y más estrecho el rayo de luz, mayor velocidad de transmisión se conseguirá.

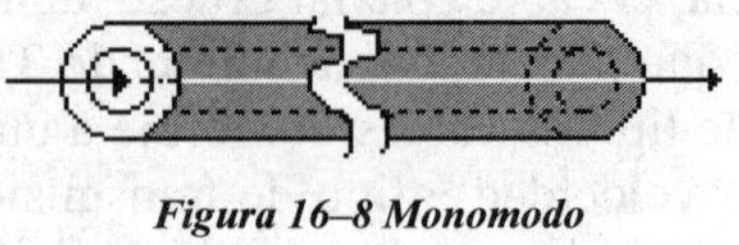

Figura 16–8 Monomodo

Multimodo Se trata del método genérico descrito: unos rayos de luz inciden con los ángulos apropiados como para no ser rebotados hacia el exterior y llegar hasta el otro extremo de la fibra. Este modo implica que los rayos, en función del ángulo de entrada, se desplazarán con diferente número de rebotes que, en definitiva, se traduce en diferentes velocidades de transmisión y en una posible distorsión de la información. Esto limita la velocidad de transferencia en el medio.

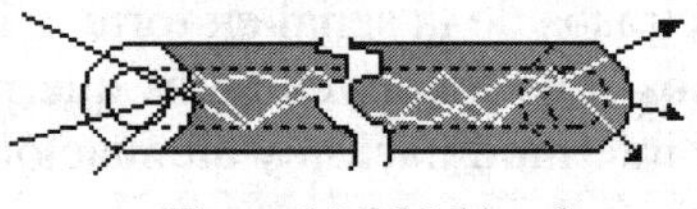

Figura 16–9 Multimodo

Multimodo de índice gradual Se trata de un método intermedio entre los dos descritos anteriormente. En este sistema se cambia el índice de refracción del núcleo y del revestimiento de modo que el índice de refracción es máximo en el centro del núcleo y se atenúa a medida que se aleja de éste. Así se consigue crear diferentes capas dentro de la misma fibra.

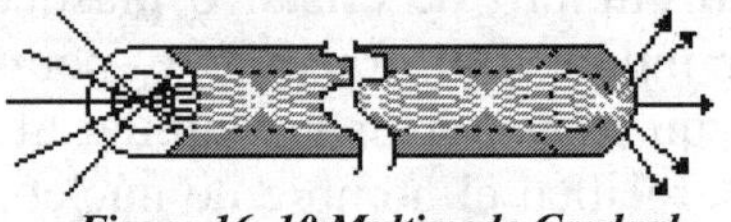

Figura 16–10 Multimodo Gradual

Las diferentes distribuciones de los índices de refracción a lo largo de la fibra del núcleo están definidas por la CCITT en dos grupos: perfil gradual y perfil escalonado.

Este tipo de conductor no presenta ningún problema de interferencias (ya que lo que se transporta es luz), su peso es considerablemente inferior y las pérdidas de la señal son menores al no haber una resistencia física, lo que implica una mayor distancia entre repetidores.

El problema es el elevado coste de manipulación. La velocidad de transmisión es muy elevada (desde los 10 Mb/seg hasta los 500 Mb/seg) y admite segmentos sin repetidores de hasta 2 Km. Otra ventaja adicional es que estos tipos de redes son muy seguras dada la dificultad de espiar la línea u obtener una señal interferida. Como desventaja, precisan de dispositivos adicionales que realicen las funciones de conversión luz-señal eléctrica y viceversa (generalmente se realiza con diodos fotoeléctricos, diodos LED, diodos de inyección láser...).

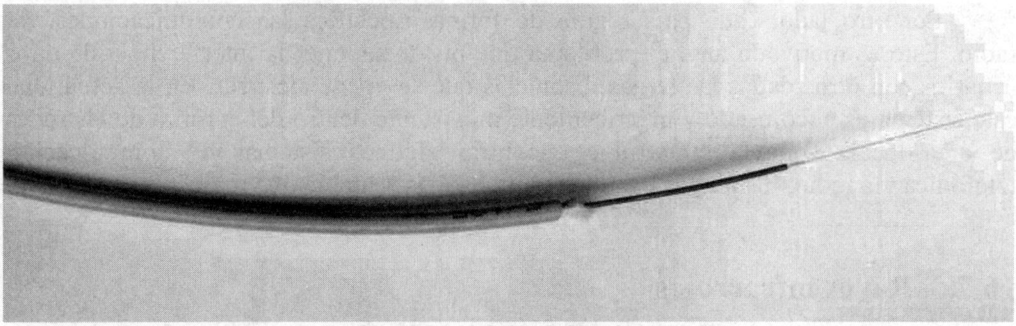

Figura 16–11 Cable de fibra óptica

En este tipo de instalaciones deberá considerarse la curvatura de los trazados de los cables, las pérdidas en calor y las imperfecciones del material.

16.7.4. Radio enlaces

No se trata de un conductor como tal, sino que se basa en la comunicación vía radio mediante el uso de un emisor y un receptor sintonizados en la misma frecuencia.

Presenta la ventaja de no precisar una visibilidad física entre el emisor y el receptor, lo que le hace interesante en conexiones a través de muros. Además, su generación es sencilla y omnidireccional, lo que simplifica y facilita la instalación de las interfaces. Todo esto, añadido a su aplicación a larga distancia, hacían de este medio un método idóneo, a primera impresión.

Ahora bien, también existen serios inconvenientes. El principal problema es la baja velocidad (entorno a los 4.800 Kb/seg) y la falta de confidencialidad de los datos. En cuanto a las interferencias, este modo es susceptible de modo especial. Debe tenerse en cuenta que la frecuencia afecta de modo notable a las características de este medio. Así, una transmisión a baja frecuencia conseguirá un menor alcance de la señal pero una gran facilidad para atravesar obstáculos (muros, edificios...). A medida que la frecuencia aumenta la señal rebota ante los obstáculos y tiende a viajar en línea recta. Uno de los grandes inconvenientes es la lluvia ya que consigue absorber las señales de radio, además de los perjuicios que pueden acarrear los campos eléctricos provocados por motores y otros aparatos. Tanto pueden afectar las condiciones climáticas que incluso zonas de diferente temperatura en la atmósfera consiguen hacer rebotar la señal.

Los radioaficionados con experiencia saben que es posible alcanzar mayores distancias los días nubosos. Esto es debido a que las nubes actúan como medio de distinta densidad al aire y consiguen canalizar las ondas como si de un tubo se tratase.

Por otro lado, cada país regula de forma específica las comunicaciones vía radio. Esto es motivado ante el problema que puede suponer la interferencia de unos usuarios con otros dadas las largas distancias que se puede alcanzar. En la actualidad este sistema es poco usado y prácticamente inexistente dentro del entorno de las redes de área local. Todavía es posible encontrar algunos sistemas de comunicación telefónica vía radio, instalados cuando resultaba más rentable que realizar un cableado.

16.7.5. Rayos infrarrojos

Permiten la conexión inalámbrica a muy alta velocidad (entre 10 Mb/seg y 40 Mb/seg). El inconveniente que presenta es que el emisor y el receptor deben estar visibles el uno con respecto al otro. En cierta medida, es similar a la fibra óptica, ya que también es luz la que se transmite con la variante de usar el aire como medio de transporte de la señal. Se trabaja de forma habitual en banda base. Es una instalación cara y un uso habitual es el de la comunicación de edificios separados por carreteras o similares (hasta un máximo de 2.000 m).

Este sistema es una de las alternativas disponibles en redes inalámbricas dada su dificultad para atravesar objetos sólidos (paredes, por ejemplo), consiguiendo así evitar interferencias entre oficinas adyacentes. De igual modo esto asegura la confidencialidad de los datos dentro del espacio físico donde transcurran. En la actualidad se usan no sólo para comunicaciones en redes de ordenadores sino también en mandos a distancia y controles remotos.

Es relativamente habitual que las impresoras de gama alta incluyan un puerto para comunicación con el PC a través de rayos infrarrojos. Otro de los puntos a tener en cuenta es su bajo coste de fabricación e implementación.

16.7.6. Microondas

Son similares, en cierta forma, a los radioenlaces, pero admitiendo la posibilidad del envío de datos vía satélite (tratado en el siguiente tema de este mismo capítulo). Esto es así gracias a la capacidad que tiene este tipo de transmisión de enviar las ondas en línea recta de una forma precisa. Es necesario, por tanto, el uso de antenas parabólicas para permitir la comunicación, obteniendo una relación señal/ruido aceptable.

No obstante, este modo implica un ajuste importante en cuanto a la alineación emisor-receptor. Tanto es así que se admiten "cruces" entre distintos emisores que envían información a diferentes receptores. Esto no implica interferencias pero sí un importante grado de ajuste. Esta linealidad en la transmisión también lleva asociado el uso de varios repetidores a fin de evitar la curvatura del Planeta o la transmisión mediante un satélite.

Estas ondas tienen problemas para atravesar edificios e incluso pueden verse refractadas por diferentes capas atmosféricas empleando un mayor tiempo en su transmisión, que pueden llegar a ser de hasta 3 μs/Km.

La velocidad alcanzada es de 300 Mb/seg soportando distancias (para comunicaciones normales) de hasta 10.000 m (con torres apropiadas en altura, esta distancia puede crecer hasta los 80.000 m). Su uso está especialmente extendido en la telefonía móvil y la televisión.

16.7.7. Comunicaciones vía satélite

Algunas comunicaciones a larga distancia utilizan satélites como elementos intermedios en la comunicación. Estos satélites reciben la señal en una frecuencia y, tras amplificarla, la devuelven de nuevo a la tierra en otra frecuencia distinta con el fin de no perturbar la señal de entrada. Esta emisión se puede controlar en cuanto a difusión localizándola en un área geográfica concreta o en otra de carácter más amplio pero, en cualquiera de los casos, no es posible asegurar la confidencialidad de los datos.

En el caso de utilizar este método en comunicaciones terrestres, debe tenerse en cuenta la diferencia de retardos de la señal como consecuencia de las grandes distancias recorridas. De este modo un enlace a través de un satélite de comunicaciones puede llegar a producir un retardo de unos 270 ms (¡un tiempo más que considerable!). Por otro lado, la fiabilidad de la comunicación es excelente: la tasa de error es prácticamente inexistente.

A pesar de todo, existe la falsa creencia de que las comunicaciones vía satélite son las mejores. Cada necesidad tiene su medio adecuado pero, siempre que sea posible, es preferible usar uno de los métodos denominados *guiados*, es decir, por cable.

16.7.8. Topología de una red

Se entiende por topología de una red a los diferentes métodos de interconexión física entre ordenadores. Así –y con independencia del medio usado para realizar la conexión en principio– habrá disposiciones más idóneas que otras en función del tipo de edificio donde se desee instalar el sistema o el número de ordenadores a conectar, por ejemplo. Aspectos tan variados como la estructuración de la empresa y sus departamentos, hasta las facilidades ofrecidas por la normativa local de donde se desea instalar la red, pasando por la naturaleza de datos que se desean compartir... todos son importantes y deberán ser tenidos en cuenta.

Ahora bien, cada topología implica más aspectos que los meramente físicos derivados de la conexión, disponiendo cada montaje de características propias y específicas que la de las demás. Estas características definen desde el material a la hora de establecer el medio de transmisión hasta la distancia entre equipos e, incluso, la fiabilidad de la red.

Si bien es cierto que en la mayor parte de los casos, las instalaciones responden a esquemas predeterminados y repetitivos, este apartado no estaría completo si no se analizasen todas y cada una de las posibilidades de interconexión. En esencia, existen tres tipos claramente definidos: bus, estrella y anillo, aunque pueden crearse topologías fruto de la mezcla de los tipos base –denominadas *árboles*– que algunos autores las consideran como tipos específicos. A continuación se detallan los rasgos más característicos.

16.7.8.1. BUS

Se trata probablemente de la topología más instalada en pequeñas redes, dada su fácil implementación. Consiste en un cable (bus) al que se van conectando el resto de los ordenadores en paralelo. El bus puede ser unidireccional en buses de fibra óptica aunque de forma más general trabaja en modo bidireccional. Así, se permite la transmisión full-duplex pudiendo enviar o recibir información cualquiera de los equipos conectados a la red.

El medio físico más usado en redes microinformáticas es el cable coaxial denominada RG58, con el que se conforma el bus. Éste tiene en sus extremos dos "tapones" o cerradores que no son más, en definitiva, que resistencias de 50 ohmios conectadas a los dos bornes del conductor cuya misión es la de evitar los "rebotes" de la señal. La instalación de los equipos es sencilla: se limita a una simple conexión en paralelo al bus mediante un conector denominado BNCT o, coloquialmente, "T". Este conector dispone de tres tomas: dos para el bus y una para la tarjeta de red del equipo. Todo el conexionado en este tipo de red se realiza mediante conectores BNC (British Naval Conector) también llamado conector de *bayoneta*, y su manejo se detalla en el apartado *"Conexiones con BNC"* de este mismo capítulo.

Esta red presenta el problema de depender de forma directa del cable, por lo que, si se rompe en cualquier momento, la totalidad de la red quedará inoperativa. Se trata de una red de muy bajo coste, fácil instalación y mantenimiento. Es posible unir varios segmentos (buses) de red en una configuración "multibus", siendo necesario utilizar repetidores de señal en caso de grandes distancias. Las tasa de transferencia conseguida en este tipo de redes se sitúa en el rango comprendido entre los 10 y 1.000 Mbps.

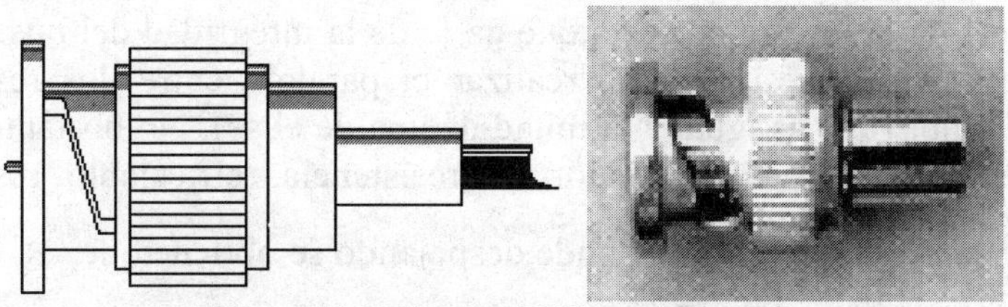

Figura 16–12 Conector BNC y tapón de 50 Ω

El procedimiento de comunicación empleado en los buses bidireccionales es el de difusión ("broadcast") por el canal: todas las estaciones reciben simultáneamente el mensaje enviado, aunque sólo es procesado por aquella a la que va dirigido y que se identifica a través de la cabecera de la trama. Al ser el bus un canal compartido, existen dos potenciales problemas que deben ser resueltos en el ámbito del protocolo: por un lado, que varios dispositivos intenten transmitir simultáneamente sobre el bus, produciéndose una "colisión" (se mezclan los mensajes y el resultado es ininteligible). Por otro, que una estación esté transmitiendo continuamente y monopolice la red. Para evitarlo, los mensajes se transmiten "troceados" en paquetes de datos más pequeños, haciendo siempre una pausa entre los mismos para dar la oportunidad de transmitir a otras estaciones. Esta tecnología es utilizada principalmente en redes Ethernet.

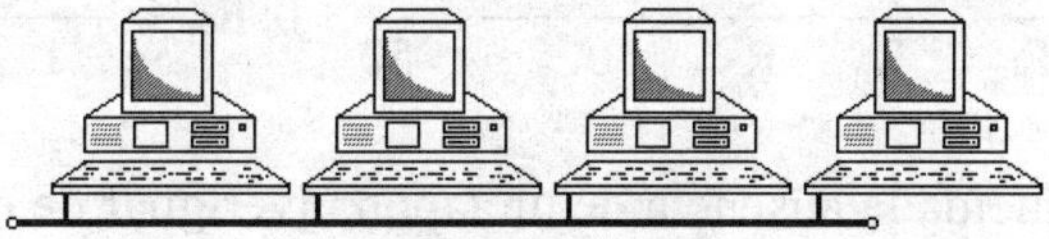

Figura 16–13 Red en Bus

El mantenimiento a nivel hardware es sencillo, por lo menos en lo referente al bus. Basta con utilizar un sencillo polímetro para determinar cuál es el estado del cable coaxial y de los tapones. Así, tal y como se aprecia en la figura, un montaje en bus no es más que un circuito paralelo de dos resistencias de 50 ohmios.

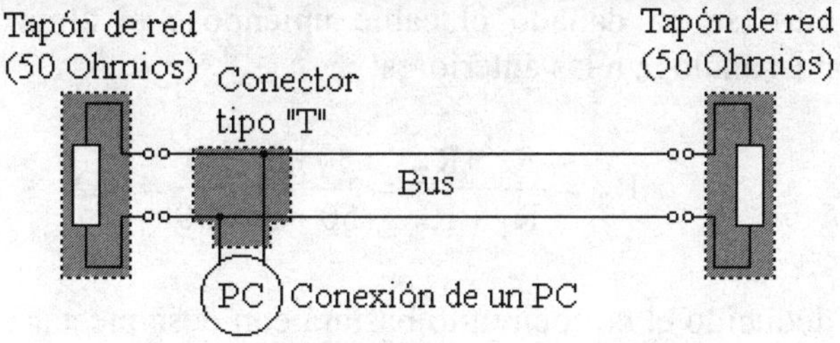

Figura 16–14 Disposición de una red en Bus

Dado que las conexiones de los equipos al bus se realizan por tarjetas de red que muestran una alta impedancia a la misma, éstos no afectan a las lecturas óhmicas realizadas. De este modo, si se dispone un óhmetro sobre una "T" en su conexión con la tarjeta de red del equipo, las lecturas que se pueden desprender son las siguientes:

25 Ω Se trata de la lectura correcta que da fe de la integridad del bus. Esta lectura corresponde al resultado de realizar el paralelo entre dos resistencias de igual valor (que es igual a la mitad de una de ellas). No obstante y de forma genérica para cualquier valor de resistencia, el cálculo responde a la fórmula: $\frac{1}{R_T} = \frac{1}{R_1} + \frac{1}{R_2}$, donde despejando se obtiene que: $R_T = \frac{R_1 * R_2}{R_1 + R_2}$, es decir:

$$R_T = \frac{R_1 * R_2}{R_1 + R_2} = \frac{50*50}{50+50} = \frac{2500}{100} = 25\,\Omega$$

donde R_1 y R_2 son los tapones que se encuentran en los extremos de la red y R_T el valor leído en el polímetro.

50 Ω Esta lectura indica que uno de los tapones de la red no está en su lugar. Siendo así, el valor leído corresponde a uno de los tapones. Para calcular este resultado, hay que tener en cuenta que el circuito ya no es un paralelo, sino que se limita a la lectura directa de una de las resistencias. El valor se justifica así:

$$\frac{1}{R_T} = \frac{1}{R_1} + \frac{1}{R_2} = \frac{1}{50} + \frac{1}{\infty} = \frac{1}{50} + 0;\; R_T = \frac{50*1}{1} = 50\,\Omega$$

Una vez deducida la ausencia de un tapón, averiguar de qué extremo se trata es especialmente sencillo: bastará con desconectar la "T" y medir en ambos sentidos. En uno de los cables se obtendrán 50 Ω, indicando que allí se encuentra el tapón. En el otro extremo la lectura será de ∞ Ω, indicando que es ahí donde es necesario reponer la resistencia perdida.

0 Ω Esta lectura no debe confundirse con ∞ Ω. Un valor de 0 Ω implica continuidad, es decir, una resistencia ínfima o lo que se denomina continuidad. Si ésta es la lectura, la conclusión es que se ha producido un cortocircuito (se ha dañado el cable uniéndose el alma y la malla). La deducción es análoga a las anteriores:

$$R_T = \frac{R_1 * R_2}{R_1 + R_2} = \frac{50*0}{50+0} = \frac{0}{50} = 0\,\Omega$$

Una vez deducido el cortocircuito bastará con desconectar la "T" y medir en ambos sentidos. En uno de los cables se obtendrán 50 Ω, indicando que allí todo es correcto. En el otro extremo la lectura será de 0 Ω, indicando que es ahí donde se ha producido el cortocircuito. Podría darse el caso de que el cortocircuito estuviese en los dos extremos y la lectura sería la misma: 0 Ω.

$\infty\,\Omega$ Esta lectura indica la falta de resistencia o, lo que es lo mismo, una resistencia infinita (correspondiente a una medición al aire). Este valor obedece a la ausencia de ambos tapones a la rotura del bus a ambos lados del punto donde se está realizando la medida, es decir:

$$\frac{1}{R_T}=\frac{1}{R_1}+\frac{1}{R_2}=\frac{1}{\infty}+\frac{1}{\infty}=0;\, R_T=\frac{1}{0}=\infty\,\Omega$$

Nota: Como se puede observar, se han usado indistintamente las fórmulas $\frac{1}{R_T}=\frac{1}{R_1}+\frac{1}{R_2}$ y $R_T=\frac{R_1 * R_2}{R_1+R_2}$ para calcular la resistencia total. Como se puede observar, ambas fórmulas son equivalentes y se ha usado la que en el cálculo evitaba las indeterminaciones a fin de simplificar las explicaciones.

Con independencia de la topología de red usada, hay un método habitual para comprobar la fiabilidad de la conexión de los equipos a la red. Así, si se desea saber si un PC está operativo en la red, bastará con hacerle un "Ping", es decir, una llamada al PC. En su formato básico, este comando lleva asociada la dirección IP del equipo a comprobar y, necesariamente, debe ejecutarse desde un entorno DOS (puede ser una llamada al símbolo del sistema desde Windows). El formato completo de la orden corresponde a:

ping [-t] [-a] [-n cantidad] [-l tamaño] [-f] [-i TTL] [-v TOS] [-r cantidad] [-s cantidad] [[-j lista de host] | [-k lista de host]] [-w Tiempo de espera agotado] lista de destino

Opciones:

-t	***Solicita eco al host hasta ser interrumpido. Para ver estadísticas y continuar, presionar Ctrl+Enter. Para interrumpir, presionar Ctrl+C.***
-a	***Resuelve direcciones a nombres de host.***
-n cantidad	***Cantidad de solicitudes de eco a enviar.***
-l tamaño	***Tamaño del búfer de envíos.***
-f	***No fragmentar el paquete.***
-i TTL	***Tiempo de vida.***
-v TOS	***Tipo de servicio.***
-r cantidad	***Registrar la ruta para esta cantidad de saltos.***
-s cantidad	***Registrar horarios para esta cantidad de saltos.***
-j lista de hosts	***Ruta origen variable en la lista de host.***
-k lista de hosts	***Ruta origen estricta en la lista de host.***
-w tiempo	***Tiempo de espera agotado de respuesta en milisegundos.***

16.7.8.2. ANILLO

Es la topología usada en las redes *Token-Ring* de IBM y se trata de un cable que forma un anillo (por lo que no son necesarios los cerradores de red), al que se conectan cada uno de los equipos con otro. Este tipo de red es poco utilizado, ya que a pesar de lo que pueda parecer en un primer instante, es difícil de instalar y de mantener. Además, al igual que la red en bus, presenta el inconveniente de que, al romperse el cable principal, toda la red queda inoperativa. En este aspecto no se trata de una buena opción.

Alcanzadas transmisiones comprendidas entre 4 y 16 Mbps, los datos eran transmitidos por el anillo de estación a estación en un solo sentido (unidireccional) en los primeros modelos mientras que, en versiones más modernas, se han habilitado dos canales de modo que la información viaja bidireccionalmente, desde su origen a su destino, pasando por todas las estaciones intermedias en dicho anillo. En esta topología, tanto el medio como cada uno de los nodos activos resultan absolutamente críticos. Existen mecanismos para reducir este riesgo basados en la duplicación de los citados elementos críticos. Otro riesgo asociado a la topología en anillo es el de la "información caducada". Dada su estructura cerrada, al contrario de lo que sucedía en el bus, la eliminación de ésta no se produce automáticamente, sino que debe existir un mecanismo específico a cargo del emisor, del destinatario o de una estación especial dedicada. Como ventaja, al "viajar" la información en un solo sentido por canal, no hay riesgo de colisiones.

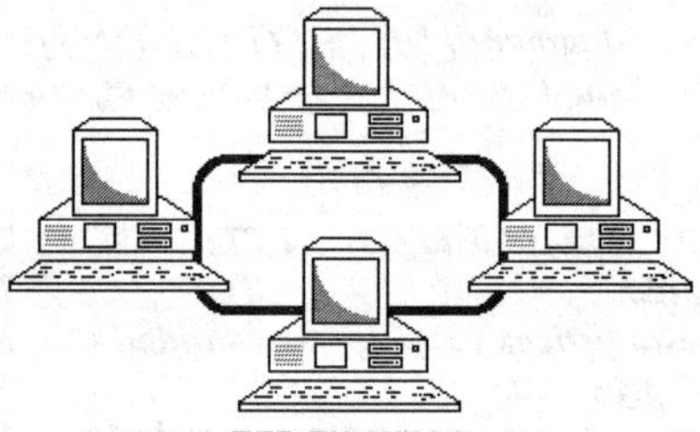

Figura 16–15 Red en anillo

Cada ordenador se conecta al anillo mediante un adaptador encargado de amplificar la señal y de "tomarla" en caso de que la trama –el testigo– recibida corresponda a la dirección del equipo. Este dispositivo recibe el nombre de transceptor o "transceiver" y se conecta al anillo por un extremo y a la tarjeta de red del PC por otro. Es habitual que este tipo de tarjetas ofrezca una conexión BNC y otra DB15 de 15 pines hembra, donde se acopla el transceptor. Dado que de forma habitual el anillo suele ser único (existen variaciones de doble anillo) es común que las transmisiones se realicen mediante la multiplexación de canales en frecuencia.

Sobre esta red existen variaciones como la *red en bucle*, que se trata de un anillo donde todos los equipos se conectan a un dispositivo central que es el encargado de gestionar las comunicaciones. Otra variación que reduce el fallo ante un posible error en el anillo es la implementación de un doble anillo, modelo denominado DDLCN (Double Distributed Loop Computer) y desarrollado por M. Liu, de la Universidad de Ohio.

Dada su disposición física, al igual que el bus, ofrece la ventaja de la no aglomeración de cables en torno a un punto central (como ocurre en la estrella, descrita a continuación).

La creación física del anillo se realiza mediante un dispositivo llamado *MAU* o *Multistation Access Unit* (unidad de acceso para múltiples estaciones) que centraliza todas las conexiones (aquí se pierde la ventaja de aglomeraciones de cableado) y realiza internamente el anillo. Éste es especialmente interesante a la hora de localizar averías y de mantener la red ya que, entre otras opciones, permite incluir un nuevo PC en el anillo o desconectarlo del mismo sin necesidad de detener el funcionamiento de la red.

Figura 16–16 Conexión Token Ring (IBM)

16.7.8.3. ESTRELLA

Se trata de una implementación donde todos los equipos se concentran en un punto (HUB o concentrador de cableado) o incluso, en algunos tipos de redes, en un ordenador principal. En la primera de las posibilidades (el uso de un HUB), el concentrador actúa como un mero repetidor y de forma similar a cómo lo haría un bus, es decir, recogiendo la información enviada por un PC y enviándola a todos los demás que integran la red. En el caso de disponer de un ordenador como elemento concentrador, la señal recibida sólo será reenviada al equipo destino especificado por la cabecera de la trama.

La gran ventaja de esta topología es la fácil instalación y mantenimiento, además de la fiabilidad (si se rompe un cable, sólo se pierde la conexión del PC que ha tenido la avería). Es muy rápida en las comunicaciones del ordenador principal con el resto de los equipos (lo que facilita una estructura cliente-servidor). No ocurre lo mismo cuando la conexión es estación-estación. En este caso, el sistema se ralentiza.

Como inconveniente, requiere una mayor cantidad de cable ya que cada equipo debe estar unido con el concentrador, pudiendo crear importantes volúmenes en torno al HUB. Por otro lado, el número de ordenadores está limitado a la capacidad del HUB (aunque se pueden agrupar varios).

Aunque la topología lógica es un bus y anillo, físicamente se corresponde con redes Ethernet y Tokeng Ring.

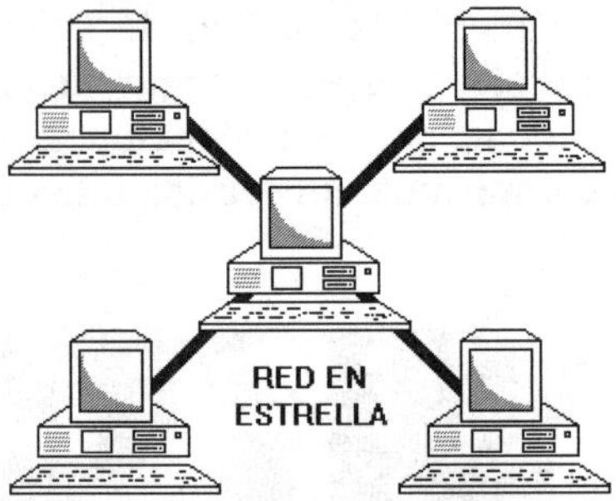

Figura 16–17 Red en estrella

16.7.8.4. ÁRBOL

Estructura "arbórea" constituida a partir de alguna o ambas de las siguientes configuraciones:

- ⇨ Interconexión de estrellas ("estrella ramificada") a través de sus nodos centrales.

- ⇨ Interconexión de buses ("multibus" o bus modificado con varios canales), directamente o en estrella a través de un nodo central (concentrador o "HUB"). En la topología en árbol gana importancia un riesgo potencial que ya existía en la topología en bus: una excesiva atenuación de la señal en caso de gran longitud de los buses, lo que implicaría tener que utilizar repetidores para su interconexión.

Esta topología guarda muchas similitudes con la topología en bus ya que, en definitiva, no es más que una variación de ésta. La diferencia estriba en que se permite que a partir de un bus inicial llamado raíz, surjan nuevos buses (ramificaciones). Obviamente están excluidos los bucles o buses cerrados dentro de los árboles ya que se estaría conformando una topología Token Ring.

16.8. ESTÁNDARES DE RED

Dentro del ámbito de las redes, al igual que otros campos, se definen unos estándares a seguir. Es habitual usar los definidos por la IEEE en su normativa 802. Aquí se recogen las características concernientes a todos los aspectos de los diferentes modelos de redes, si bien existe cierta flexibilidad en aspectos como, por ejemplo, la topología.

Sin pretender reproducir la normativa completa, se recogen en las siguientes líneas aquellos estándares y aspectos que se han considerado más importantes en función de su difusión y uso.

16.8.1. Ethernet

Responde a la normalización IEEE 802.3 y, sin duda, es el estándar más conocido y de los más usados. Equivocadamente se le ha asociado siempre a la topología en bus cuando también puede trabajar como estrella. El método de acceso al medio utilizado es el CSMA/CD explicado anteriormente y trabaja en banda base. Ésta es una de la razones que limitan su tasa de transferencia a 10 Mbps y que impulsó al desarrollo de un nuevo estándar más rápido: el Fast Ethernet o Ethernet rápido, explicado en este mismo capítulo.

Este estándar se asocia al medio físico de transmisión basado en cable coaxial de 50 Ω nominales, aunque existen otros aceptados que varían el nombre del estándar. Así, las referencias a 10BASE5, 10BASET, 1BROAD36… todas siguen referenciando al estándar Ethernet. El cuadro que se muestra a continuación resume todos estos aspectos:

<table>
<tr><th>ESTÁNDAR</th><th>MEDIO FÍSICO</th><th>Ω</th><th>TOPOLOGÍA</th><th>DISTANCIA (m)</th><th>TÉCNICA DE TRANSMISIÓN</th></tr>
<tr><td>Ethernet</td><td rowspan="2">Coaxial</td><td rowspan="3">50</td><td rowspan="4">Bus</td><td rowspan="2">500</td><td rowspan="3">Base</td></tr>
<tr><td>10BASE5</td></tr>
<tr><td>10BASE2</td><td>Thin Coaxial</td><td>185</td></tr>
<tr><td>10BROAD36</td><td>Coaxial</td><td>75</td><td>1800</td><td>Ancha</td></tr>
<tr><td>1BASE5</td><td rowspan="2">UTP</td><td rowspan="2">100</td><td rowspan="3">Estrella</td><td>250</td><td rowspan="3">Base</td></tr>
<tr><td>10BASET</td><td>100</td></tr>
<tr><td>10BASEF</td><td>Fibra Óptica</td><td>-</td><td>≈ 4 Km</td></tr>
</table>

Tabla 16–4 Ethernet

16.8.2. Fast Ethernet

Es la evolución del estándar Ethernet para alcanzar velocidades de 10 a 100 Mbps y normalizada bajo la reglamentación del IEEE 802.3u. Conocida como 100BASET parte como referencia de la 10BASET manteniendo todas sus características.

Uno de los requerimientos de la Fast Ethernet hace referencia a la calidad del medio físico de transmisión que debe ser conforme, al menos, a la categoría 3 (ver el apartado *Medios físicos de Transmisión*).

ESTÁNDAR	MEDIO FÍSICO	Ω	TOPOLOGÍA	TÉCNICA DE TRANSMISIÓN
100BASETX	UTP	100	Estrella	Base
100BASEFX	Fibra Óptica	-		
100BASET4	UTP	100		

Tabla 16–5 Fast Ethernet

Probablemente el estándar más difundido sea, hoy por hoy, el 100BASET, dada su compatibilidad directa y sin ningún tipo de elemento adicional con la 10BASET. No obstante, debe tenerse en cuenta la configuración de dispositivos existentes en la red a la hora de optimizar el rendimiento de la misma. De este modo, si se dispone de un HUB (en una disposición en estrella) con una tasa de transferencia de 10Mbps, dará igual que las tarjetas sean 10/100 y el cableado UTP de categoría 5: la transferencia se limitará al componente más lento, es decir, a 10 Mbps.

El futuro apunta (y de hecho ya implementa) estándares como Ethernet 1 Gbps. Ya existen medios físicos capaces de soportar tasas del orden de gigabits por segundo. Ahora llega la etapa de estandarización y afianzamiento en el mercado y será sólo eso... cuestión de tiempo.

16.8.3. Token Ring

El Token Ring va asociado a la topología en anillo con el método de acceso Token Passing. Las velocidades oscilan entre los 4 y los 16 Mbps.

16.8.4. FDDI

Se trata de la Fiber Distributed Data Interface y, en primer lugar habría que destacar que no se trata de una normativa IEEE sino ANSI, concretamente la X3T9.5. Se trata del estándar diseñado para trabajar de forma exclusiva con fibra óptica y, dadas las características propias de este medio, tiene una serie de peculiaridades específicas. Así, y en primer lugar, aunque se usa en LANs, es más indicada para redes de mayor envergadura como pueden serlo las WAN dado su alto nivel de transferencia que alcanza y supera los 100 Mbps.

La FDDI define su uso en monomodo para una mayor distancia entre segmentos y multimodo para distancias más cortas. Esto es debido fundamentalmente al tipo de fuente de luz usado que, mientras en monomodo se usa el láser, en multimodo se recurre a diodos LED.

La topología en la que se soporta es en anillo bajo un método de acceso al medio Token Passing.

16.8.5. Otros estándares

Los enumerados hasta aquí son, sin género de dudas, el 98% de las redes instaladas en la actualidad. Esto no quiere decir que no existan otras arquitecturas normalizadas dentro de los estándares internacionales e, incluso, fuera de ellos. Como siempre existen marcas que diseñan sus *arquitecturas propietarias* tan válidas y eficientes (a veces más) que las aquí expuestas. No obstante, dado su carácter excluyente con arquitecturas abiertas, no han sido tomadas en cuenta.

Otros estándares sí definidos dentro del IEEE como en otros organismos de normalización gozan de menos popularidad. Éstos, los menos conocidos, conforman el abanico de posibilidades de configuración de redes. Dentro de esta categoría se podría incluir, por ejemplo, el estándar IEEE 802.12 con prestaciones tan aceptables como la Fast Ethernet a 100 Mbps y con las mismas topologías soportadas. Este estándar recibe el nombre común de 100BaseVGAnyLAN y dispone de un medio de acceso al medio DPAM (Prioridad por demanda). Desarrollado por HP, se trata de una alternativa real a la Fast Ethernet y se recoge su normalización bajo la IEEE 802.12.

16.9. ELEMENTOS DE UNA RED

Para conocer una red es preciso comprender cada uno de sus componentes. Las tarjetas de red, el cableado, la topología... todos son parámetros que influirán de manera directa en el rendimiento de la red. En función de las características propias de la instalación, será preciso utilizar más o menos elementos.

Si bien es cierto que Internet ha simplificado en gran medida las comunicaciones, así como las soluciones aportadas por compañías privadas de telefonía, aún sigue siendo necesario recurrir a circuitería adicional para conseguir los resultados deseados.

A continuación se detallarán brevemente los elementos más usuales en las redes. Desde la modesta tarjeta de red como elemento indispensable en la comunicación hasta los complejos routers.

16.9.1. Tarjetas de red (NIC)

Las tarjetas de red también denominadas NIC ("Netware Interface Card") son las encargadas de adaptar los datos desde/hacia el PC hasta que estén listos para su envío a través del medio físico de transmisión. Normalmente son tarjetas conectadas a una ranura de expansión de las ya estudiadas (PCI o ISA generalmente) dejando en su parte exterior los conectores precisos para el cableado según el tipo de tarjeta (BNC, RJ45...).

Las tarjetas de red serigrafiadas como 10/100 hacen referencia a aquellas que pueden conectarse tanto a redes 10Base-T con velocidades de 10 Mbps como a las 100Base-T de 100 Mbsp[68].

Si los drivers son importantes en cualquier tarjeta del PC, este protagonismo se potencia en las tarjetas red hasta el punto de que una NIC sin driver puede resultar totalmente inútil. En caso de no disponer de los controladores de la tarjeta de red (caso bastante habitual en instalaciones antiguas), una de las soluciones pasa, además de intentar conseguirlos mediante el proveedor, por acceder a Internet a alguna de las múltiples URL que ofrecen drivers genéricos. Son muchas las direcciones que un buen *buscador* podrá suministrar y con seguridad se encontrarán algunos drivers válidos. En caso de realizar la instalación con un sistema operativo PnP tipo Windows, suele ser recomendable intentar la configuración con los modelos compatibles con NE2000 y NE1000 ya que marcan un estándar que muchos otros fabricantes han seguido.

Es importante comentar un problema típico de configuración. Éste se da cuando se desea configurar una tarjeta de red en un entorno Windows. Como ya se ha comentado, el driver juega un papel decisivo en la configuración de la tarjeta, asignando una interrupción y una dirección de memoria que son los que se deben aplicar en Windows. En ocasiones puede ocurrir (y desgraciadamente más habitualmente de lo deseable) que Windows mediante el Plug & Play asigne recursos erróneos a la tarjeta de red. Esto en cualquier otro dispositivo no representaría mayor problema ya que bastaría con observar el error obtenido en las *Propiedades del Sistema* y proceder a su solución. En el caso de las tarjetas de red puede darse la paradoja de tener asignada realmente una interrupción y/o una dirección (por el driver) y otros diferentes en Windows que, si no se encuentran en conflicto con otro dispositivo, no darán ningún mensaje de error. Así supóngase que la NIC trabaja en la IRQ 3 (que se presupone libre y deshabilitada por BIOS del COM2). Puede ocurrir que en el arbitraje de recursos del PnP Windows le asigne, por ejemplo, la IRQ 5 que también se encontraba libre. Esta situación provocará que la tarjeta de red no funcione ya que, obviamente, no está correctamente configurada, pero que Windows no muestre ningún mensaje de error ya que no hay ningún conflicto.

Todas las tarjetas de red disponen de un zócalo normalmente vacío destinado a albergar una posible Boot PROM. Esta memoria tiene como finalidad la de arrancar el sistema usando los recursos de la red y sin precisar de sistema operativo ni tan siquiera de disco de inicio (fijo o no). Este sistema era bastante usado hace tiempo cuando un disco duro representaba una importante inversión en un PC. En la actualidad está en desuso ya que debe tenerse en cuenta que un equipo sin disco duro y con Boot PROM, está condicionado al funcionamiento de la red. Así, ante un posible fallo, el PC quedaría totalmente inutilizado.

68 Desde no hace demasiado tiempo, también se pueden encontrar tarjetas "1000", es decir, a 1 Gbps.

16.9.2. HUBs

Un HUB es el elemento concentrador usado en el estándar Ethernet que actúa en el primer nivel del modelo OSI de la ISO. De este modo, la estrella se forma internamente en el HUB, siendo éste el punto al que todos los equipos acceden.

> ***Existen tarjetas de red que, además, hacen las funciones de un HUB, permitiendo la conexión de otros equipos directamente.***

El HUB puede ser pasivo o activo (es decir, con regeneración de señal) y estar dotado de "inteligencia" en un menor o mayor grado (un simple concentrador de cableado o una estación dedicada que actúa como servidor, es decir, como gestor de los recursos compartidos de la red que están a disposición de sus usuarios y puestos de trabajo). Su funcionamiento suele limitarse a repetir la señal que recibe a todos los puertos a los que esté conectado un equipo, recibiendo así todos la información, de ahí que también se le llame repetidor o repeater[69].

Los parámetros fundamentales a tener en cuenta en un HUB son dos: número de puertos y tasa de transferencia permitida. Así, es habitual que los HUBs dispongan de 4, 8, 16 ó 32 puertos de comunicación para PCs y acepten velocidades de 10/100/1.000 Mbps (aunque el futuro marcará las nuevas cotas de transmisión). Es más: actualmente no todos los fabricantes disponen de elementos hardware que soporten transmisiones de 1 Gbps (1.000) y es el mercado y los desarrolladores quienes van marcando las pautas que posteriormente deberán ser estandarizadas.

Físicamente son unas cajas de dimensiones reducidas donde en la parte frontal aparece un número concreto de conectores RJ45 hembra, a los que se denominan puertos. De forma asociada a los puertos existen unos LEDs que indican si hay una máquina conectada a ese puerto. En cuanto a su conexión a otro nivel o lo que se podría denominar como la salida de datos del HUB, existen varias posibilidades. Es habitual que dispongan de un pequeño conmutador asociado a un puerto (generalmente el último) que al ser pulsado cambie la funcionalidad del mismo. De este modo, en reposo, el puerto tendrá la misma misión que el resto: actuar como entrada de un equipo. Ahora bien, en caso de estar pulsado, este puerto será la salida de datos del HUB que podrá conectarse al puerto de otro HUB (conexión en cascada poco recomendable) o a una entidad superior: el switch, tratado en este mismo capítulo.

---

69 Aunque coloquialmente los HUBs reciben el nombre de repetidores (incluso aparece serigrafiado en más de uno), existe un dispositivo específico con ese nombre. La misión de un repetidor es la de regenerar la señal (amplificarla) consiguiendo prolongar la longitud de los segmentos de red.

Figura 16–18 Conexión de HUBs en cascada

Algunos HUBs proporcionan en su parte trasera un conector BNC que permite unir varios HUBs a través de un bus, formando así una topología arborescente contemplada dentro del estándar Ethernet.

> ***Otra aplicación, quizás menos extendida de los HUBs, es la de actuar como compartidores gracias a la multiplexación en el tiempo que realizan. Así supóngase una habitación con una única toma de red conectada a un HUB que se encuentra en otra sala. Si se desea instalar más de un puesto y no se quiere volver a cablear, una solución es colocar un HUB al que accedan todos los puestos y, a la salida de éste, conectada a la entrada de red original.***

16.9.3. MAUs

El MAU es un dispositivo usado para tomar el aspecto de una estrella desde una Token Ring. Su misión será la de conectar estaciones de trabajo haciendo de dispositivo central o unidad de acceso multiestación (de ahí su nombre *Multi Access Unit*). Generalmente utilizará cable especial apantallado, pero se puede encontrar con par trenzado telefónico sin apantallar. Una ventaja de su uso es la total tolerancia a fallo en caso de dañarse el cable de red. Esta opción queda en exclusividad para IBM.

16.9.4. Bridges

Los bridges obedecen en el sentido más literal a su traducción: *puentes*. Actúan en la capa 2 correspondiente al nivel de enlace y su misión es la de actuar como vínculos de unión entre dos o más redes independientes que incluso pueden ser distintas en cuanto estándares se refiere, aunque generalmente disponen del mismo protocolo de capa física y acceso al medio. Básicamente realiza esta función *conociendo* los terminales (o nodos) que se encuentran conectados a cada red. De este modo evalúa el origen y destino de cada trama de información de manera que si origen y destino pertenecen a la misma red, deniega el paso, y si pertenecen a redes diferentes, habilita el puente del que recibe su nombre. La operación de conocer los diferentes puestos conectados a cada red recibe el nombre de mapeado de red e implica un *aprendizaje* por parte del bridge que consumirá un tiempo (el necesario hasta crear una tabla de direcciones). Así, nada más conectar un bridge a dos redes, éste no conocerá a sus clientes y será preciso que realice la operación de mapeado antes de ser operativo en un cien por cien. Este proceso también puede ser realizado por programación, si el bridge así lo permite.

Al recibir la información, ésta es evaluada por el bridge de modo que también realiza funciones de limpieza y seguridad de la información, impidiendo el paso de tramas dañadas de una red a otra, es decir, actúa de filtro.

Otra función de los bridges es la de actuar como elemento descongestionador de redes. Así son capaces de segmentar, es decir, dividir redes en subredes de tamaño inferior. Esto consigue que el tráfico de información se divida y funcione de forma paralela en las subredes obtenidas, excepto en el caso de tener que traspasar información de uno a otro segmento.

16.9.5. Switches

Los switches son una evolución de los bridges que permiten la interconexión de más redes. En este sentido existen dos tipos de switches en base a la tecnología empleada, si bien es cierto que existen dispositivos híbridos. El primer tipo responde a la política "cut-through", donde el único parámetro evaluado de una trama de información es la dirección de destino. Este modo de trabajo le permite trabajar de modo muy rápido ya que no examina el contenido de la información, es decir, pierde las propiedades de filtro definidas en los bridges. La otra modalidad es la "store-and-forward" y es el modelo que define a los bridges. Este modo es análogo a lo ya explicado evaluando de forma completa la trama recibida y actuando como tamiz de la información cuando es preciso. Como contraprestación, este proceso de almacenamiento y evaluación tiene una penalización en tiempo.

En definitiva, vuelve a aparecer el binomio prestaciones-tiempo que, como siempre, es inversamente proporcional: a mayor velocidad, menor tiempo pero también menores prestaciones y viceversa. Esto es lo que impulsa la iniciativa de buscar una solución de compromiso: los switches híbridos que toman características de ambos sistemas.

16.9.6. Routers

Son usados en grandes redes y su misión, al igual que en el caso de los switches y los bridges, es la de dividir la red. La particularidad se da en este caso en el tipo de división que es en un sentido lógico más que físico, trabajando a nivel del protocolo. Así permiten la interconexión de redes con diferentes topologías e, incluso, diferentes protocolos (aunque debe existir una compatibilidad entre éstos, se deben "entender"). En caso de no poder canalizar la información de una red a otra, el router pasa a actuar como un bridge.

El parámetro fundamental de este dispositivo es la velocidad junto a la efectividad del enrutamiento, ya que debe ser capaz de encontrar el camino óptimo para el trasiego de información entre dos terminales. Este camino óptimo puede ser determinado en función de varios aspectos como pueden ser el precio, la fiabilidad, la velocidad,... A esta acción se le conoce con el nombre de *switching*.

Hay dos tipos de routers en función de cómo adquieren la información para enrutar los datos: dinámicos y estáticos. Los dinámicos disponen de la electrónica precisa para, a partir del tráfico de tramas en la red, construir tablas que identifiquen los distintos caminos entre dos puntos (tablas de ruteo o routing tables). En el caso de los estáticos, es el propio administrador de la red quien debe aportar esta información. Cabe la posibilidad de que la información llegue procedente de otro router con un comando específico de routing update (actualización de ruteo). Como se observa, hay una cierta semejanza entre un router y un switch. La diferencia principal estriba en que trabajan en diferentes niveles de red (mientras el router actúa en la capa de red, el bridge lo hace en la capa de enlace), lo que condiciona el modo en que se ve y trata la información.

16.9.7. Gateways

Los gateways (o compuertas, aunque ésta es una terminología poco usada) trabaja en el nivel de red del OSI y realizan, entre otras, funciones de homogeneización y entendimiento entre redes diferentes ante peticiones de cualquiera de ella. Esta información es intercambiada mediante las direcciones lógicas de los nodos.

En cierta medida un gateway se puede entender como un traductor entre dos entidades simplificando el manejo de la red al usuario. Tanto es así que incluso un usuario de una red podría imprimir en una impresora situada en otra red diferentes mediante un gateway.

16.9.8. Ámbito de una red

Uno de los parámetros a tener en cuenta a la hora de elegir los componentes físicos y lógicos de una red, deberá ser el ámbito geográfico de actuación de la misma. Así, y dependiendo de las necesidades, habrá redes con el alcance de una oficina, un edificio, una ciudad... Sin duda, en el culmen de las redes, se pondría Internet dándole la consideración de red mundial[70]. Es por tanto que resulta útil establecer unas reglas para determinar a qué tipo de red nos referimos al hablar. Al igual que en puntos anteriores, no debe considerarse que lo aquí expuesto es exclusivo de microordenadores y excluyente de otras tecnologías: así las comunicaciones de voz también se sujetan a los mismos parámetros y denominaciones.

---

[70] Uno de los sistemas asociados a Internet es el popular *www* o *World Wide Web* cuya traducción literal se aproximaría a *Ancha Telaraña Mundial*.

La clasificación de redes en función de su ámbito de actuación al menos inicialmente hacía referencia única y exclusivamente al área de actuación geográfica y así lo demuestran sus acrónimos (PAN, LAN, MAN, WAN, WWW...). Lo cierto es que a día de hoy esa consideración queda pobre, ya que la distancia no es un parámetro válido (al menos como parámetro único) de medida. Otra opción hace referencia al número de equipos conectados a la red. Si bien es un aspecto más a tener en cuenta, por sí mismo tampoco aporta demasiada información ya que existen LAN (las más pequeñas de las redes) con varias centenas de PCs conectados. Por último, hay otra versión que hace referencia al medio de comunicación. De este modo considera una red pequeña o de área local (PAN o LAN) a aquella que usa el mismo medio físico de transmisión y, además, es un recurso propio, es decir, no se recurre a medios de comunicación externos.

De cualquiera de las maneras, ésta resulta una conversación bizantina ya que se trata de un mero asunto de definición. Se deja al lector el criterio para discernir la categoría de una red en base a todos los aspectos expuestos y su sentido común. La clasificación, de cualquiera de las maneras, en este texto se ha adoptado del siguiente modo:

PAN *Personal Area Network*. Se trata del concepto más básico en cuanto a redes se refiere. Aunque no están definidas dentro de ningún estándar, las PAN hacen referencia conexiones entre dos PCs generalmente. Se trata del caso típico de un usuario que dispone de un portátil y un PC de sobremesa, PDA o teléfono móvil y que, en determinadas ocasiones, tiene la necesidad de conectar. Este concepto del red se empezó a acuñar con la aparición de la tecnología Bluetooth, de comunicación inalámbrica en distancias inferiores a una decena de metros.

LAN *Local Area Network* o *Red de área local*. Es la típica red de área local que se extiende por uno o más edificios. Su consideración no estriba tanto en el número de PCs que soporta como en la compartición de un mismo medio físico. Así se entenderá que todos los equipos conectados al mismo cableado conforman una LAN. A pesar de poder tener un número importante de usuarios, una LAN no se considera una red de grandes dimensiones, pudiendo abarcar algunos kilómetros.

Las velocidades de transmisión en este tipo de redes se encuadran en los ya casi olvidados 10 Mbs hasta 100 Mbs, aunque se pueden alcanzar tasas que multipliquen por diez estos valores en condiciones óptimas y con medios adecuados (atendiendo a las últimas novedades de cableado, algunas aún sin normalizar).

MAN *Metropolitan Area Network* o *Red de área metropolitana (de ciudad)*. Son redes de ámbito metropolitano. Permiten la conexión de edificios distantes y los materiales de transmisión de datos son más potentes y efectivos que en el caso anterior aunque, en definitiva, no deja de ser una LAN "más grande" (en muchas ocasiones son la unión de varias LANs). De hecho la consideración de este tipo de red se establece desde el momento en el que se comunican puntos distantes entre sí una decena de kilómetros o se utilizan sistemas para unir diferentes medios físicos de comunicación. Este tipo de red se caracteriza porque el medio físico es de difusión.

WAN *Wide Area Network* o *Red de área extensa.* Son redes de alcance mundial que unen grandes sistemas de ordenadores. Este tipo de red realmente no es tal sino que, en muchos casos, se trata de enlaces entre redes de gran tamaño. Toda la infraestructura que se encuentra sumergida a los ojos del usuario y que posibilita la comunicación recibe el nombre de *subred* y su misión es la de unir lógicamente los nodos de usuarios. Esta unión se realiza mediante routers o enrutadores, tratados en este mismo capítulo.

Los medios de transmisión en una WAN son diversos y es habitual que se mezclen diferentes técnicas (microondas, fibra óptica, pares trenzados, coaxiales,...). Esto no representa problema alguno: la naturaleza de la señal es digital (una trama o *frame*) y aunque se transforme a microondas, impulsos eléctricos o luz, al final siempre existirán interfaces que conseguirán el "entendimiento" entre unos medios y otros.

Hay quien contempla una consideración más: la *Internet Work.* Bajo este nombre se define una red de dimensiones controladas unida a otra de similares características. Este tipo de red es usado en grandes empresas bien jerarquizadas en departamentos. Así se podría considerar que cada departamento tiene su propia red, pero, a su vez, entre ellas, existe un flujo de información. Realmente no sé hasta qué punto esta definición no correspondería a una MAN pero, de cualquiera de las maneras, no deja ser un matiz más. De igual modo se podría considerar que Internet es otro tipo de red (desde luego, la más grande y única). Sólo es cuestión de consideraciones.

Una consideración más entre las redes son las WLAN o Wireless Local Area Network. Estas redes se caracterizan por su ausencia de cableado, es decir, usan comunicaciones inalámbricas. Éstas pueden ser por infrarrojos, o cualquier otra tecnología que no use medios físicos de transmisión excepto el aire. Las velocidades aún no son comparables a redes cableadas y el radio de acción tampoco suele superar unas tres o cuatro decenas de metros pero su comodidad de instalación (realmente la carencia de la misma), hacen de este sistema un producto a considerar. El futuro decidirá...

16.10. CABLEADO DE UNA RED

En el caso del cableado con RJ45, la dificultad baja ya que se trata de un tipo de cableado más estructurado y, por tanto, más fácil de mantener y sencillo de realizar. Básicamente se trata de que cada equipo se una al HUB mediante un cable. Esta unión se puede realizar de forma directa si la red es pequeña o a través de un "rack" (o armario de conexiones) si la red es más amplia.

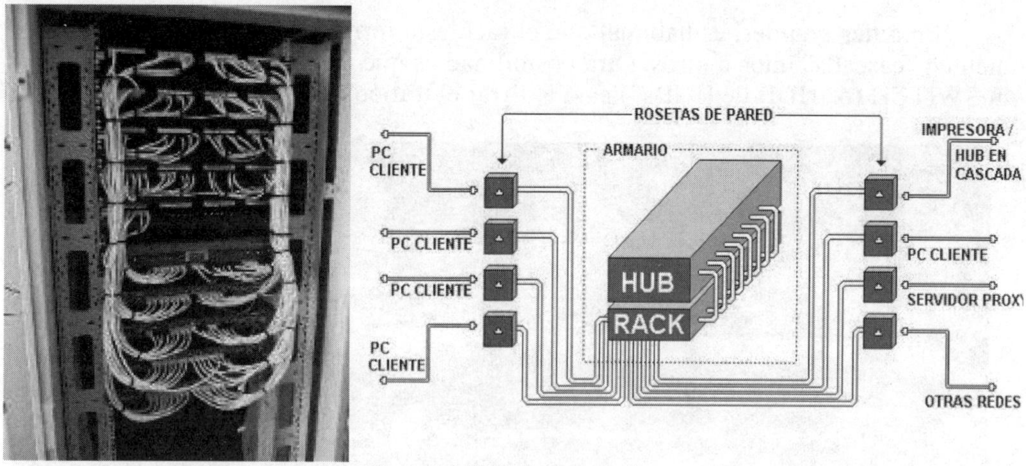

Figura 16–19 Rack para estrella

En el primero de los casos (instalaciones sin "rack"), los equipos se unen al HUB mediante un cable que recibe el nombre de "latiguillo" (cuya fabricación se describirá más adelante). Puede darse el caso de que la unión pase a través de una caja de conexiones que, en definitiva, no es más que un "enchufe" para latiguillos, a partir de las cuales se extiende un cable hasta el HUB.

Figura 16–20 Detalle de un rack

La otra opción pasa por un cableado más estructurado y más flexible en cuanto a prestaciones se refiere. Consiste en la instalación de diferentes cajas de conexiones en aquellas habitaciones donde se prevea instalar un PC (lo que se denomina un "punto de red"). A partir de estas cajas se extiende el cable hasta llegar al "rack" o armario de conexionado. En este rack se encuentran, por tanto, todos los cables que llegan desde los diferentes puntos de red y que terminan sobre un soporte con un conector. También en el rack se encuentran los HUBs. Basta unir con un latiguillo aquellos puntos de red que se desee habilitar con una de las entradas de uno de los HUBs. De esta forma es sencillo variar los puntos de red del edificio desde este armario de conexiones si las circunstancias así lo requieren.

En redes grandes, es habitual que el rack esté formado por varios HUBs que se unen en "cascada" unos a otros. Otra posibilidad es que todos los HUBs se conecten a un SWITCH (o "HUB de HUBs") para agilizar el tráfico de datos.

Figura 16–21 Diversos modelos de HUBs.

> ***La diferencia principal entre un HUB y un switch es la forma que tienen de distribuir los paquetes Ethernet entre los dispositivos conectados. El primero se limita a copiar (transmitir) estos frames (unidad de transmisión en redes Ethernet) a todos los puertos. El switch "aprende" la dirección de cada dispositivo conectado a los puertos y simplemente transmite el frame de un puerto a otro.***

Todo lo expuesto en este punto no es, ni mucho menos, exclusivo de la topología en estrella, si bien se ha usado como ejemplo al ser el caso más habitual. Extrapolando a topologías en anillo, también se dan "concentradores" que, como ya se comentado, no son HUBs sino MAUs. Los rack o armarios y los frontales de cableado son comunes, tal y como se aprecia en la figura aunque con los matices propios de sus cables y conectores.

Figura 16–22 Vista de un rack Token Ring

Los concentradores también son usados en topologías en bus (y también se les denomina HUBs). Son bastante poco comunes y no tiene demasiado sentido abordar una red de grandes dimensiones bajo esta topología. Aun así, todavía es posible encontrar este tipo de concentrador en pequeñas instalaciones. Obsérvese en la fotografía un HUB para bus donde se aprecia el detalle de las conexiones BNC.

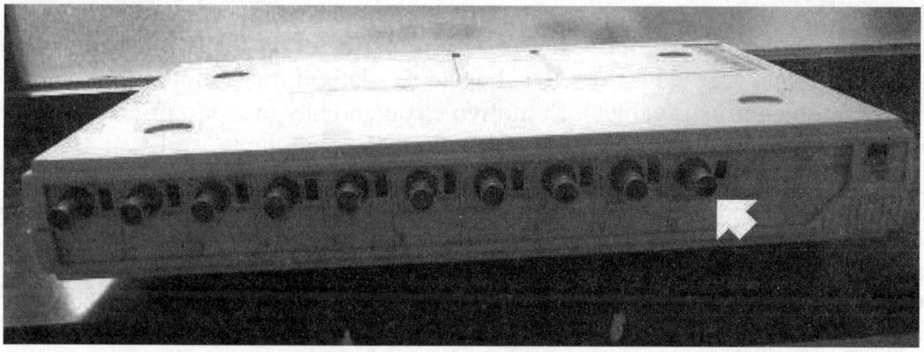

Figura 16–23 HUB para topología en BUS

Esta consideración de cableados físicos que van a un concentrador donde, realmente, se determina la topología da lugar a la consideración de los conceptos de topología *física* y topología *lógica* en una LAN. De este modo, una misma topología física puede servir para implantar varias y distintas lógicas. Por ejemplo, con una configuración de cableado en estrella se pueden soportar también LAN's con una topología lógica en bus o anillo. En el primer caso, el "pseudo-bus" se localiza en el interior del HUB central de la red en estrella, al que acceden "simultáneamente" todos los nodos conectados al mismo. En el segundo caso, el concentrador va comunicando con todas y cada una de las estaciones conectadas según un orden cíclico, produciéndose de este modo el intercambio de información entre ellas (a través del HUB) como si estuvieran dispuestas en un anillo.

De cualquiera de los modos, la operación de cableado tiene un gran componente práctico más propio de electricistas que de informáticos, motivo por el cual a veces se recurre a profesionales del cableado eléctrico para "tirar" los cables según las especificaciones que se les dé (evitar campos eléctricos/magnéticos, evitar reactancias de los fluorescentes, cables guiados por tubo y con suficiente espacio…). Una vez realizado el cableado, bastará con instalar las cajas que albergarán las conexiones de red.

Figura 16–24 Instalación de roseta RJ45

16.10.1. Realización de un latiguillo

Se entiende por "latiguillo" al cable encargado unir un ordenador con el conjunto de la red. Este latiguillo tiene sentido como tal en las redes en estrella ya que existe un nodo principal que es el HUB a partir del cual se "enganchan" los ordenadores. En el caso de las redes en bus no hay latiguillos como tal (a pesar de que se llaman también así sus cables). El motivo es que no hay un nodo principal, sino que la red se forma entre la unión de cada ordenador con el siguiente.

De cualquiera de las maneras este apartado pretende dar una orientación de cómo realizar el cableado de una red en las principales versiones que se instalan actualmente: estrella y bus (aunque esta última cada vez más en desuso).

16.10.2. Conexiones con RJ-45

La realización de un latiguillo con conectores RJ-45 o la inserción de conectores para el cableado de la red es una operación sencilla pero que requiere de cierta destreza. Como en todo tipo de operaciones manuales, habrá personas que tengan más facilidad para la realización de latiguillos que otra. El objetivo es unir dos conectores de tipo RJ45 mediante una cable de par trenzado (FTP, STP, UTP...). El esquema de cableado es sencillo ya que se trata de un cable "transparente" o de los que se denomina "pin-a-pin", pero cuidado: esta conexión directa realiza de forma implícita un cruce. Así, del pin 1 irá un hilo al 8 del otro conector, del 2 al 7… y así sucesivamente, exceptuando los pines 3 y 6 que van al 6 y 3 respectivamente. Por tanto, la colocación por colores de hilos así como el esquema de cableado sería el siguiente:

blanco-naranja, naranja, blanco-verde, azul,
blanco-azul, verde, blanco-marrón, marrón

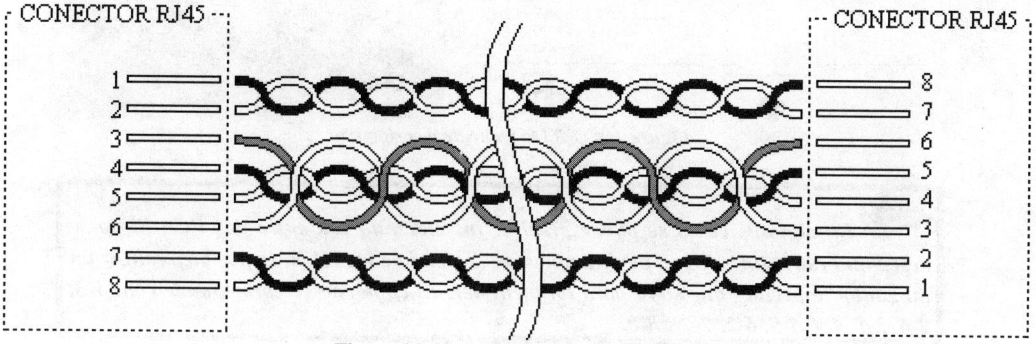

Figura 16–25 Cableado de un latiguillo

Conocida la ordenación, será preciso seguir los siguientes pasos:

1. Retirar el aislante exterior del cable y la malla o cinta según el tipo de cable hasta dejar visibles los cuatro pares de hilos.
2. Deshacer los trenzados y colocar los hilos según el orden anteriormente especificado, intentando que queden lo más rectos posible.
3. Cortar los cables tomando como referencia el conector RJ-45. Obsérvese que los cables deben llegar "al fondo" del conector, mientras que el aislante debe introducirse sólo hasta el habitáculo destinado a su aprisionamiento.

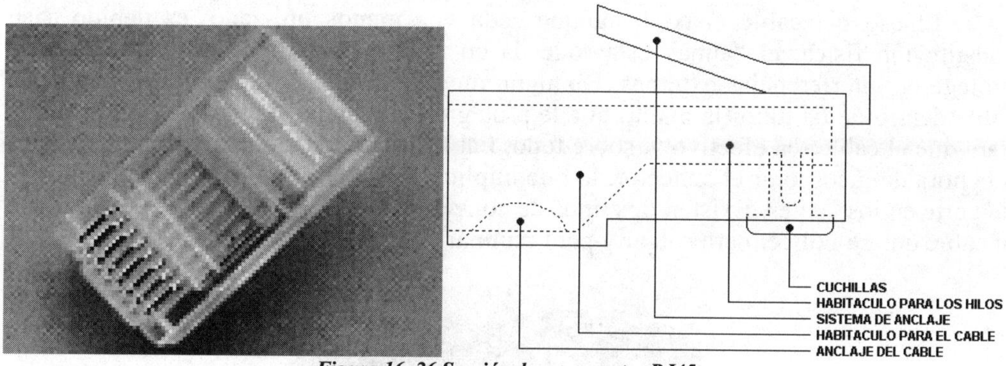

Figura 16–26 Sección de un conector RJ45

4. Introducir el cable dentro del conector y el conjunto, a su vez, dentro del alicate destinado a su sujeción y apretar firmemente.
5. El resultado debe ser que las "cuchillas" del extremo del conector se claven en los hilos correspondientes a los pares, asegurando así el contacto eléctrico. Por su lado, la sujeción física se asegura mediante el aprisionamiento del aislante exterior con una pestaña plástica del conector que debe haber "cedido" al usar el alicate.

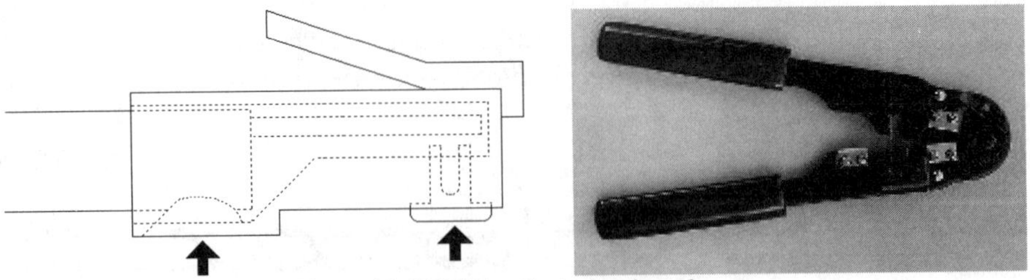

Figura 16–27 RJ45 y alicate de crimpado

> ***En algunos casos se puede precisar instalar una red entre dos PCs. Si no se desea una estructura de bus pero tampoco se dispone de un HUB, es posible realizar un latiguillo "especial" que sirva para tal menester. El cableado se corresponde con: 1-3, 2-6, 3-1, 4-4, 5-5, 6-2, 7-7 y 8-8.***

16.10.3. Conexiones con BNC

En las redes en bus, no existen latiguillos tal y como se conciben en el punto anterior, es decir, un cable de unión entre un PC y un HUB o un *rack*. En este caso los cables unen unos PC's con otros, lo que implican que se precisan dos cables para cada ordenador (excepto el primero y el último que dispondrán de los "tapones" ya estudiados de 50 ohmios). A pesar de esto hay montajes en los que se realiza un tipo de conexión a través de cajas fijas en la pared y que recuerdan una instalación en estrella.

El uso del cable coaxial, aunque cada vez menos utilizado, es debido a su constitución física: el "alma" está rodeada en todo momento de la "malla" que le protege de interferencias externas. De algún modo es como si hubiésemos metido un cable dentro de un tubo (la malla) que le protegiese de cualquier tipo de perturbación. Para que el cable sea efectivo y, sobre todo, fiable, esta característica debe mantenerse a la hora de incorporar el conector, lo que implica un especial cuidado en la operación de corte en los cables. Existen dos tipos de conectores en función del método de unión al cable que se utilice: para soldar y para crimpar.

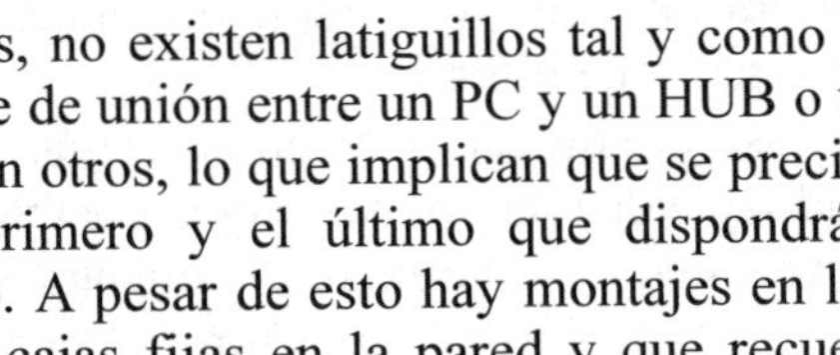

Figura 16–28 Útil de corte para cable coaxial

En el caso de los primeros se suministra un conector formado por un bloque principal que corresponderá al contacto eléctrico de la malla, un pin que corresponderá al contacto eléctrico del alma, una arandela y una tuerca. El proceso es sencillo: tras cortar el cable de forma apropiada, se introduce la tuerca en el mismo y se suelda el alma al pin (mediante un "agujero-testigo") y la malla a la arandela. A continuación se introduce el pin en el bloque principal del conector (aislado del mismo a través del plástico del propio conector) y tanto éste como la arandela (que no queda aislada sino en contacto físico y eléctrico con el bloque) quedan aprisionados dentro del conector en sí, que se "cierra" mediante el acoplamiento de la tuerca inicialmente introducida en el cable. Si bien este tipo de montaje suele resultar fiable, implica dominar las técnicas de soldadura y una labor "artesanal" por parte del técnico. Téngase en cuenta que un exceso de calor a la hora de soldar el alma puede repercutir en que el aislante se funda provocando un contacto eléctrico alma-malla. Por otro lado una soldadura defectuosa (fría, con poros...) puede provocar una falta de contacto eléctrico.

La otra opción mediante el crimpado es más recomendable. Requiere disponer de un alicate destinado a tal fin. El proceso es sencillo: el conector se facilita de forma similar al empleado con la soldadura pero en este caso el contacto eléctrico se asegura mediante el "aplastamiento" (crimpando) el propio conector. Así, tras preparar el cable cortado en las medidas oportunas y con el anillo metálico introducido, se introducirá el alma dentro del pin y mediante el alicate se apretará, quedando firmemente sujeto. El cable, ya con el pin, se introducirá dentro del bloque principal. A continuación se desplazará el "anillo" de modo que quede sobre la malla. Al crimparlo se asegurará tanto el contacto eléctrico con la malla como la sujeción física del propio conector.

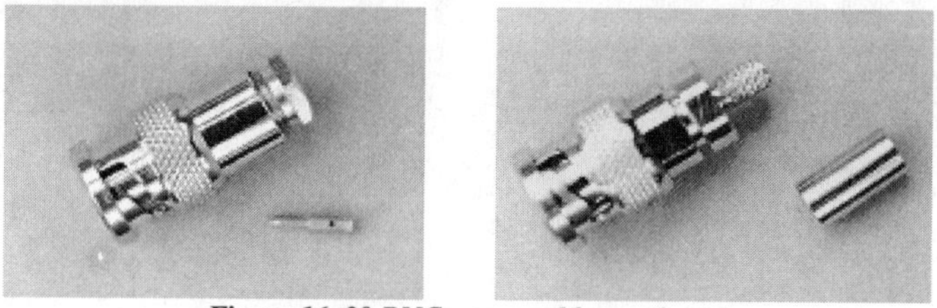

Figura 16–29 BNCs para soldar y crimpar

16.11. FABRICANTES DESTACADOS

Ungermann-Bass	www.ungermann-bass.com	3Com	www.3com.com
Ovislink	www.ovislink.com	Adaptec	www.adaptec.com
SMC Networks	www.smc.com	Cabletron Systems	www.cabletron.com

CAPÍTULO 17

HERRAMIENTAS DEL SISTEMA

Como el lector ya conoce, es fundamental disponer de unas herramientas apropiadas a la hora de manipular un PC. Ahora bien, a nivel de software, también es necesario contar con una serie de utilidades que ayuden a mantener y, por qué no, a reparar la máquina en caso de que fuese preciso.

En esta parcela del software, son múltiples las herramientas que se pueden encontrar. Desde las casi legendarias Norton Utilities de Peter Norton hasta las más modernas aplicaciones en entorno Windows. No obstante, a la hora de elegir, el abanico es suficientemente amplio como para detenerse a tomar una decisión meditada. En este capítulo se han querido recoger algunas de las utilidades más comunes y, para mantener el equilibrio entre los diferentes proveedores, se ha optado por recurrir a las herramientas propias suministradas por el sistema operativo.

Conocer el sistema operativo en profundidad, disponer de discos de arranque (tema éste tratado en otro capítulo) y contar con programas auxiliares es la mejor recomendación a la hora de abordar una avería en un PC. Téngase en cuenta que, en un porcentaje muy elevado, las averías del sistema provienen más del software que del hardware y eso lo saben los programadores. Así, la evoución ha marcado una línea de actuación que define la existencia obligada de herramientas en un sistema operativo. Esto es algo que desde el MS-DOS existe con las ya olvidadas herramientas de diagnósticos, configuración y reparación (MSAV, MEMMAKER, MSD…) y que en este capítulo se evalúa de un modo evolucionado bajo la potencia que Windows XP ofrece a los usuarios.

17.1. UN CONJUNTO DE UTILIDADES IMPRESCINDIBLE

Es habitual que los sistemas operativos más difundidos en general y de forma particular Windows en sus diferentes versiones, incluyan utilidades software para mantener el sistema. De hecho, desde hace ya tiempo la compañía de Bill Gates apostó por incluir programas que se comercializaban de forma externa.

Actualmente Windows cuenta con un compendio de herramientas potentes que ayudarán al usuario a optimizar los recursos de su sistema con la facilidad que caracteriza a los entornos gráficos. No obstante, siempre se recomienda acudir al manual del usuario específico del sistema operativo para comprobar las implicaciones de cada una de las aplicaciones.

En el caso de Windows XP, las utilidades suministradas son las que aparecen en la figura. A continuación se ofrece un breve resumen de las mismas a fin de familiarizar al lector con las mismas antes de abordar una a una en profundidad.

Figura 17–1 Herramientas del Sistema

Asistente para transferencia de archivos y configuraciones

Se trata de una opción interesante cuando se desee cambiar de máquina. Así, cada vez que se opta por adquirir un equipo de prestaciones superiores, además de realizarse los pasos imprescindibles de instalación de aplicaciones y sistema operativo, queda la tediosa labor de reconfigurarlo. Es preciso personalizar los accesos, el *Escritorio*, conexiones a Internet, cuentas de correo. Mediante esta opción se permite almacenar las configuraciones específicas determinadas por el usuario y poder aplicarlas de forma directa en el nuevo equipo. Se trata, por tanto, de una opción interesante de conocer ya que cuenta demás con un *Asistente* software que guiará al usuario o técnico durante todo el proceso.

Copia de seguridad

Se trata de una herramienta selectiva para realizar *backups* o copias de seguridad. Esta aplicación sirve tanto para el almacenamiento como para la recuperación. Llama la atención su versatilidad ya que, además de los datos, permite almacenar configuraciones sin restar capacidad al usuario para que él decida qué archivos guardar.

Desfragmentador de disco

Se trata de una aplicación ya conocida tratada en otro apartado de este mismo capítulo. La desfragmentación consigue aumentar el rendimiento del sistema a la vez de optimizar los accesos y, por tanto, prolongar la vida del disco.

Información del sistema

Es una potente aplicación ya no sólo para conocer la configuración exacta del equipo (opción para la que Windows arranca un sistema de detección de elementos), sino también para conocer potenciales errores. Tal y como se aprecia en la figura, la aplicación se estructura de forma arborescente facilitando unos puntos de interés. Será al pulsar el usuario con el ratón sobre un elemento concreto cuando aparezcan los datos relativos al mismo.

Liberador de espacio en disco

Windows funciona con memoria virtual, esto es, la utilización del disco duro para simular memoria principal del sistema. Obviamente, una falta de espacio en disco repercute negativamente en el sistema operativo diminuyendo el rendimiento. Por otro lado, son muchos los archivos que se pueden eliminar para conseguir espacio. Eso es precisamente lo que consigue esta aplicación: identificar cuánto espacio se podría liberar eliminando todo aquello que no sea preciso y dejar al usuario la posibilidad de actuar en consecuencia. Estos ficheros pueden provenir desde la *Carpeta de Reciclaje* del sistema como de carpetas con ficheros temporales de Internet. Aunque sin duda la mayor limpieza es la dirigida por el usuario, esta herramienta ayudará a obtener un mayor aprovechamiento de la capacidad del disco.

Mapa de caracteres

Para ser honestos, la inclusión de esta aplicación dentro del apartado de Herramientas del Sistema no tiene demasiado sentido. El *Mapa de caracteres* es una versión evolucionada del programa del mismo nombre que ya existía en las primeras versiones de Windows. Lo único que proporciona es un gran número de caracteres no obtenibles de otro modo (por ejemplo, los del código Unicode no contemplados en el código ASCII). Interesante para recurrir a caracteres complejos pero con poca utilidad para el mantenimiento.

Restaurar sistema

Cada vez que se realiza un cambio significativo en el equipo, Windows XP crea un punto de restauración, esto es, una marca que permitirá que el sistema retorne a la configuración previa. Esta opción es interesante si se desean realizar grandes cambios de software y no se tiene una certeza absoluta de los resultados. Por supuesto, también el usuario puede decidir dónde desea crear un punto de restauración. No obstante y a pesar de la potencia de la herramienta, sea precavido en su uso.

Tareas programadas Las tareas programadas permiten al usuario establecer una cadencia para la ejecución de determinadas acciones. Se podría entender como una agenda en la que se programan diferentes eventos. Así será posible, por ejemplo, determinar que todos los viernes se desea realizar una desfragmentación de disco o que todos los meses se desea liberar espacio en disco duro. Cualquier opción de mantenimiento puede verse agilizada mediante la ayuda de esta aplicación, intuitiva como la mayoría que conforman el entorno de Windows.

17.1.1. Asistente para transferencia de archivos y configuraciones

El cambio de ordenador, ya sea de forma voluntaria o como consecuencia de una avería, siempre conlleva una serie de problemas asociados. Así es preciso prever las copias seguridad oportunas, disponibilidad del software requerido (aplicaciones y sistema operativo) y, cómo no, la configuración de la máquina.

Cada vez las máquinas ofrecen un mayor número de servicios asociados al usuario y que exigen de una meticulosa configuración. Supóngase el uso de un sistema operativo compartido con varios usuarios, donde cada uno tiene una configuración de *Escritorio* específica, sus propios *Favoritos*, cuentas de correo... una locura de detalles a prever.

Para facilitar esta tarea, Windows XP incluye el *Asistente para transferencia de archivos y configuraciones*, una herramienta realmente útil para solucionar todo lo anteriormente expuesto. Esta aplicación es capaz de transferir los archivos de datos y la configuración de un equipo a otro. Así será posible mantener los parámetros de manejo de aplicaciones como Internet Explorer, Outlook Express, el *Escritorio*, conexiones de acceso telefónico... Se recomienda que esta transferencia de información se realice de forma directa entre equipos, es decir, a través de una red o, en su defecto, mediante una comunicación por puerto. No obstante, se permiten otros medios de almacenamiento como unidades extraíbles o, incluso, disquetes.

En primer lugar habrá que indicar sobre qué máquina se está trabajando, es decir, si la máquina que está ejecutando el Asistente se corresponde con el nuevo equipo al que se desean enviar las configuraciones o, por el contrario, se trata del equipo original donde residen los datos a exportar. En este sentido es importante destacar que esta transferencia sólo será posible si se dispone de un equipo (de origen) con un sistema operativo de Microsoft igual o superior a Windows 95. Está claro que versiones anteriores a Windows XP no incluyen esta aplicación y esto está previsto desde el propio asistente en la modalidad de equipo receptor de datos (*Equipo nuevo*) donde dará la opción de crear un disco de Asistente a partir del CD de Windows XP.

Así y en el caso de estar trabajando sobre el equipo a partir del cual se desean obtener los datos y la configuración, habrá que seleccionar entre tres categorías posibles de transferencia: sólo configuraciones, sólo archivos o archivos y configuraciones. Sea cual sea la opción, Windows mostrará a la derecha de la ventana los elementos que incluirá permitiendo, en cualquier caso, que el usuario determine de manera manual qué es lo que desea incluir mediante la activación de la opción específica, tal y como se muestra en la figura.

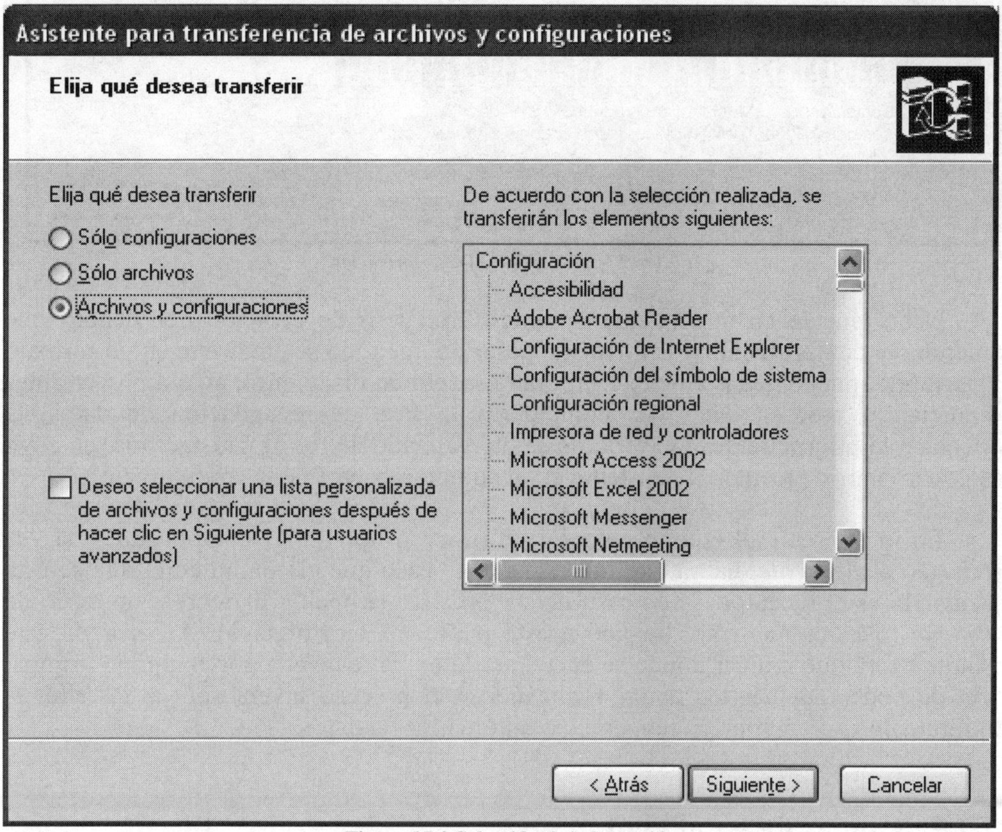

Figura 17-2 Selección de información

De este modo el *Asistente* recopilará la información necesaria en base a la selección realizada por el usuario (ya fuera ésta especificada o la ofrecida por el propio *Asistente*) en un proceso que puede llevar varios minutos.

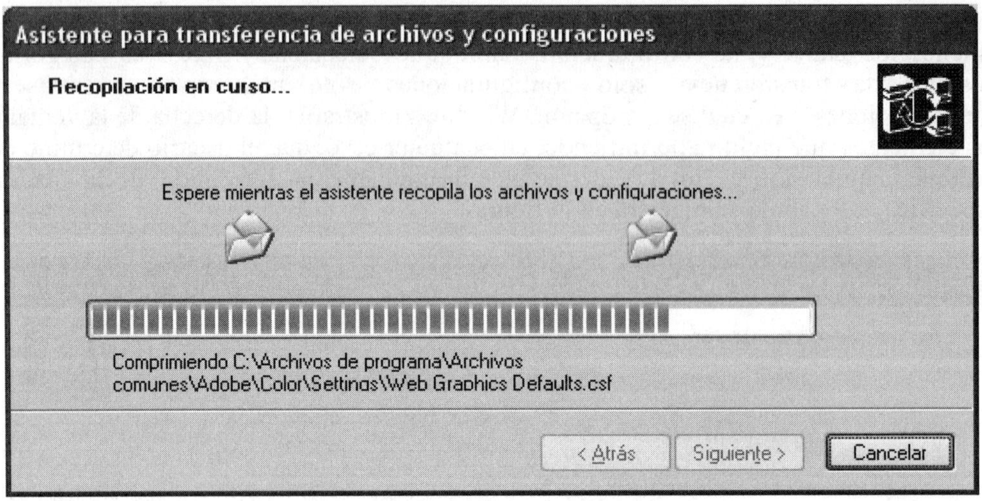

Figura 17-3 Recopilación de información

Debe tenerse en cuenta que durante el proceso de creación del fichero que contendrá la configuración y los datos, a pesar de que todo se almacene en un formato comprimido, puede llegar a ocupar un gran espacio en disco duro, algo a prever antes de iniciar al proceso. Una vez completada la fase de recopilación de datos, la aplicación le informará de si el proceso se ha realizado de forma satisfactoria, en cuyo caso, le invitará a ejecutar el Asistente en el equipo receptor de la configuración.

En lo referente al equipo receptor, el proceso no es más complicado: una vez arrancado el *Asistente*, habrá que indicar en este caso que el equipo en el que se está ejecutando es el receptor y, en caso de ser preciso, la opción para crear un disco de *Asistente* (que, obviamente, llegado a este punto no será preciso). A partir de este instante habrá que indicar dónde se encuentra la copia realizada por el equipo original a fin de poder obtener los datos, realizándose el proceso inverso al ya descrito: la configuración automática y recuperación automática de datos.

17.1.2. Copias de seguridad

Cuando una persona adquiere por primera vez un ordenador, siempre tiene la sensación de que lo importante es realmente eso: la máquina. Poco a poco y a medida que se va trabajando sobre la máquina, los programas y especialmente los datos comienzan a tener una especial relevancia hasta el punto que el hardware pasa a un segundo plano. ¡Cuántos usuarios no hubieran pagado el precio de decenas de ordenadores tan sólo por recuperar los datos de una máquina!

Hasta hace unos años y una vez asumida la importancia de la información, el usuario sólo debía preocuparse del correcto funcionamiento de la máquina para evitar averías hardware. Actualmente, las amenazas que se ciñen sobre los datos no sólo son las asociadas a averías, sino que además hay que pensar con las amenazas víricas y, cómo no, con gente sin escrúpulos que dedica su tiempo a sabotear máquinas ajenas.

Todo esto puede parecer casi de ciencia ficción para los neófitos, pero tenga en cuenta (si ése es su caso) que el desconocimiento de esta realidad (amenazante, ése sería el término), en ningún momento le excluye para ser una victima. Ahora bien, llega el momento de las soluciones. Por supuesto es preciso seguir todas las recomendaciones dadas en otros capítulos y en otros apartados en referencia al uso del software legal, la "higiene" informática pero, sobre todo, debe hacerse especial hincapié en las copias de seguridad. Sólo este sistema garantiza que ante un desastre –sea cual fuere el motivo, el daño será lo importante– los datos puedan ser recuperados.

En este sentido, Windows hace versiones que incorporan utilidades pensadas para la realización automática de copias y, de una manera evolucionada, llegan a Windows XP, sistema operativo objeto de experimentación en este libro. Así, para acceder a la aplicación destinada a tal fin, basta con ejecutar el comando *Inicio / Programas / Accesorios / Utilidades del Sistema / Copia de Seguridad.*

La aplicación comenzará identificando las unidades del sistema, operación determinante para identificar qué tipo de copia de seguridad se va a realizar y sobre qué medio físico. Asumiendo que ésta es una operación con la que no necesariamente debe estar familiarizado el usuario, un asistente ofrecerá la posibilidad de siempre acceder a la copia con una ayuda software, tal y como se aprecia en la figura siguiente. Si por el contrario el usuario ya conoce los entresijos del funcionamiento, puede acceder directamente al *Modo avanzado*.

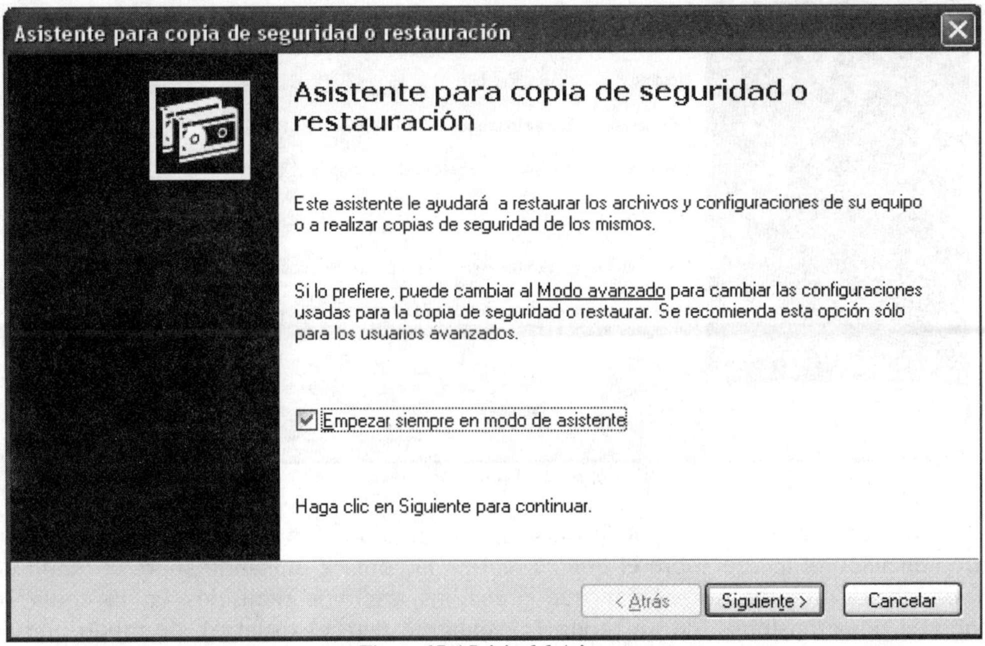

Figura 17-4 Inicio del Asistente

La aplicación, en el modo guiado propuesto por el *Asistente*, interrogará al usuario sobre su intención que, en este caso concreto, se ciñe a dos opciones: realizar una copia de seguridad o, por el contrario, restaurar una copia hecha con anterioridad.

En caso de optar por la primera de las propuestas, hay que destacar que la copia no sólo se realizará de los datos, sino que, además, existe la posibilidad de hacerlo de la configuración, algo vital para muchos usuarios. Tanto es así que mediante una sencilla casilla de verificación el usuario podrá determinar si desea realizar copias de su carpeta de documentos y configuración (contenida en el directorio *Document and Settings*) o, incluso, de las carpetas de datos y configuración de todos los usuarios registrados en la máquina. Cabe también la posibilidad de especificar que la copia se realice de toda la información del equipo (indicado para errores graves) o que sea el propio usuario quien determine qué elementos desea incluir en la copia mediante un sencillo sistema de selección de carpetas y ficheros. Sea cual fuere la opción elegida, el sistema preguntará sobre qué unidad se desea realizar la copia, y para ello ofrecerá todas aquellas unidades que identificó en el arranque del programa y que tengan capacidad de escritura y, por supuesto, el nombre de la copia. Este nombre servirá para identificar qué versión de datos se almacenó ya que resulta interesante mantener más de una copia vigente. Una vez finalizada la copia, el usuario podrá comprobarla mediante la aparición de una ventana que le indica los datos más significativos, tal y como se aprecia en la figura siguiente.

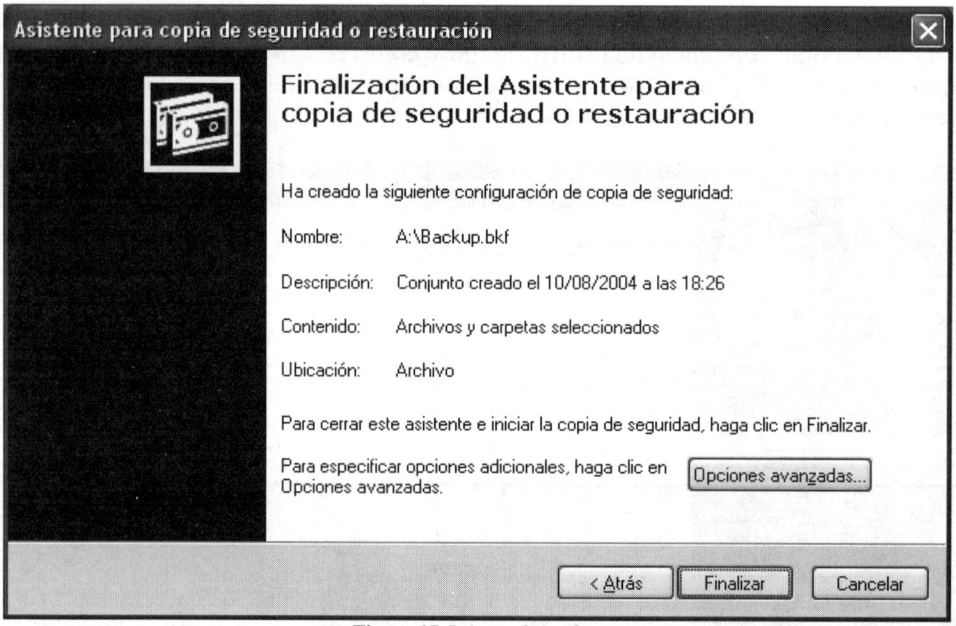

Figura 17-5 Antes de grabar

Si todo está correcto, puede darse por concluido el proceso, guardando en un sitio adecuado el medio sobre el que se realizó la copia y pulsando sobre el botón de *Finalizar*. Es importante reseñar que todos los archivos incluidos en la copia se marcaría por el sistema (de un modo transparente para el usuario), de modo que se tenga constancia de que han sido grabados. Esto permitirá que el usuario pueda realizar otras copias con las siguientes modalidades (accesibles desde el botón de *Opciones Avanzadas*):

Normal Hace una copia tal y como la descrita en el proceso anterior, marcando los ficheros que han sido incluidos en la copia de seguridad.

Copia Es exactamente igual a la anterior pero, en este caso, los ficheros no son marcados.

Incremental La copia de seguridad se realiza sobre los ficheros indicados al usuario sólo si no han sido modificados desde la última copia.

Diferencial Es similar a la *Incremental* pero, en este caso, los ficheros de los que se realiza copia no serán marcados.

Diaria Se trata de una opción interesante ya que sólo realiza copia de los ficheros creados o modificados durante la jornada actual.

En cualquiera de los casos, anteriores, será posible determinar en la próxima ventana ofrecida al usuario si desea realizar una comprobación de los datos tras haber realizado la copia (opción más que recomendada si va a borrar la información de su disco duro), el uso de la compresión hardware (si es que dispone de un dispositivo apropiado) y la deshabilitación de las "instantáneas de volumen", es decir, la posibilidad de almacenar un fichero en una copia de seguridad aunque se esté haciendo uso del mismo en ese preciso instante.

De cara a una optimización del medio, será posible determinar también mediante el sistema habitual de casillas de verificación si se desea anexar la copia que se va a realizar a copias de seguridad ya existentes o si, por el contrario, se desean reemplazar (borrar) las copias que estuvieran almacenadas con la actual. Téngase en cuenta que es importante planificar un sistema de copias donde, por ejemplo, se realicen diariamente y con una vigencia. El proceso consiste en disponer de cinco discos (o CD ROMs, dependiendo del volumen de datos) etiquetados con el día de la semana (lunes, martes...). Cada día debe realizarse la copia en el disco oportuno y a la semana próxima, reescribir el disco del lunes anterior con los datos del día. Esto garantiza que siempre habrá, al menos, cinco copias de seguridad válidas, lo que conlleva un alto grado de fiabilidad. Cada mes puede realizarse una copia que sea guardada como backup resumen. Sólo el seguimiento sistemático de éste o cualquier otro sistema garantizará la integridad de sus datos.

Para finalizar, será posible determinar si se desea realizar una copia de seguridad programada, es decir, si se desea que se inicie en este preciso instante o, por el contrario se desea realizar diferida en el tiempo, en cuyo caso habrá que indicar, además del nombre de la copia, la fecha de inicio (por ejemplo, sábado, 28 de mayo de 2005 a las 21:00). Si la copia se realiza en el momento actual, una ventana con los resultados deberá aparecer de modo similar al ya descrito. Si por el contrario la copia es diferida, el botón de Establecer programación permitirá al usuario determinar cuándo se desea realizar la copia (al arrancar el sistema, semanalmente, diariamente, mensualmente…) la hora y fecha de inicio, el tiempo de inactividad permitido, posibilidad de detener la tarea si no hay batería (en el caso de portátiles e, incluso, no iniciarla si éste es el caso…).

Durante la copia se ofrece información detallada sobre la misma que, una vez finalizada, dará los resultados, tal y como se muestra en la figura siguiente:

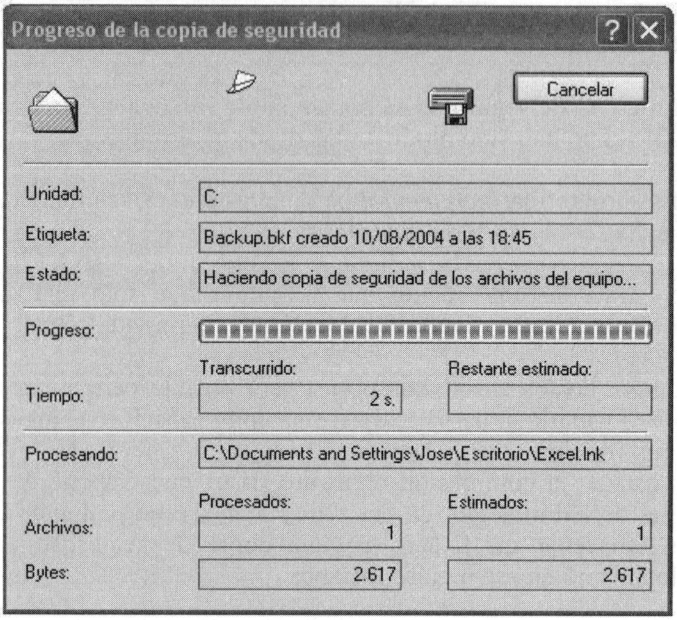

Figura 17-6 Realizando la copia

El usuario podrá, además, solicitar un informe resumen de la copia realizada, completando así el proceso.

Ahora bien, hasta aquí queda explicada la mitad del proceso pero, ¿qué ocurre si lo que se desea es restaurar una copia previamente hecha? En este caso el proceso es más sencillo porque el software se limitará exclusivamente a restaurar lo previamente copiado, sin mayor tipo de especificación. Así, sólo será preciso indicar la ubicación de dónde se encuentra la copia de seguridad y el nombre de la misma (recuérdese que un mismo medio puede contener más de una). La aplicación se ocupará del resto.

17.1.3. Desfragmentador de disco

Durante el proceso de lectura/escritura habitual en un disco (ya sea flexible o duro) es normal que se produzca un efecto conocido como “fragmentación”. Éste se produce como consecuencia de los reajustes necesarios para aprovechar el espacio en el soporte físico. Pongamos un ejemplo: supongamos que disponemos de un medio físico de almacenamiento (➊) de información de una capacidad de 6 (la unidad de medida es indiferente) y se desean grabar cuatro archivos: *A*, *B*, *C* y *D* que ocupan 2, 1, 2 y 1 unidades de información respectivamente. Una vez grabados, el disco quedaría completamente lleno tal y como se muestra en la figura (➋). A continuación se desean borrar dos ficheros: *B* y *D*, liberando así dos unidades de información (➌).

Una vez en este punto, se quiere grabar otro fichero: el E que ocupa dos unidades. La pregunta es si cabría, ya que, visto de una forma lógica, sí que existe espacio suficiente, pero, por otro lado, éste no es adyacente. ¿Qué haría el PC? La solución consiste en grabar el fichero aunque sea de forma no contigua. El fichero *E* estaría pues *fragmentado* (❹)[71].

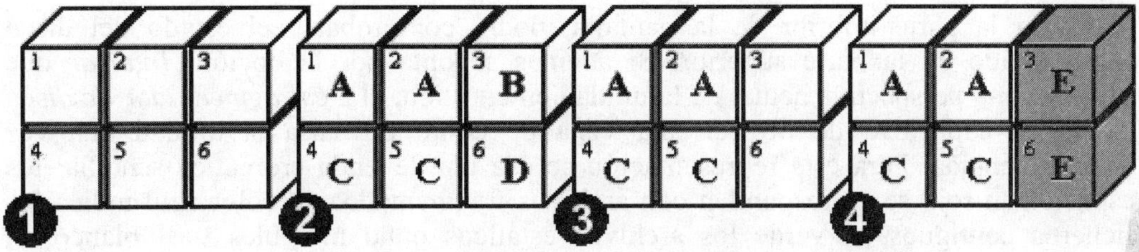

Figura 17–7 Almacenamiento progresivo

Como se ha podido comprobar, en pocas operaciones de lectura/escritura se consigue este efecto que se traduce, de cara al rendimiento de la máquina, en un proceso más lento de lectura (debido a los movimientos bruscos que la cabeza de la unidad debe realizar para conseguir la lectura). Se puede evitar con la orden *Desfragmentador de disco*.

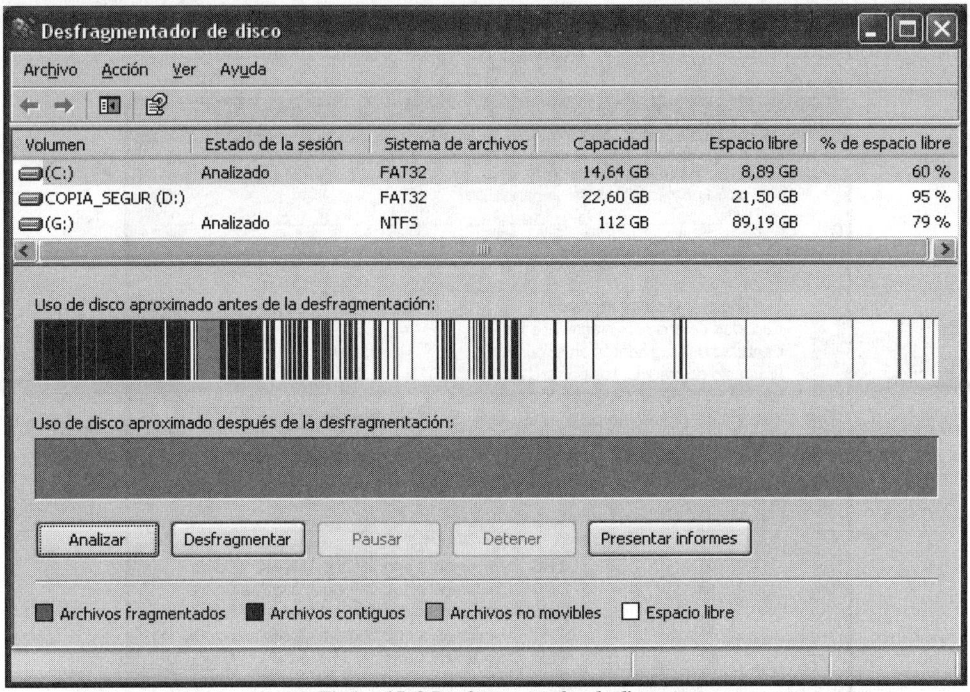

Figura 17–8 Desfragmentador de disco

71 Este ejemplo se usa como mero elemento ilustrativo. El proceso real es bastante más complejo y, entre otras cuestiones obviadas, se requiere de un espacio libre (una unidad de las denominadas en el ejemplo) para poder ser usada como espacio de intercambio temporal.

Así, se mostrará una imagen como la indicada en la figura de la página anterior donde se podrá observar, determinado en columnas, los datos relativos al nombre del volumen, estado de la sesión actual (analizando, desfragmentando...), sistema de archivos usado por la unidad (FAT32, NTFS...), capacidad de la unidad, espacio libre y espacio libre expresado de manera porcentual.

En la parte inferior de la pantalla, podrá comprobarse el estado del disco seleccionado en la parte superior. Si además se opta por la opción *Analizar* que ofrecerá una perspectiva actual de la unidad en cuestión, el *Desfragmentador de disco* estará en capacidad de ofrecer una vista de cómo quedaría la unidad una vez desfragmentada. Para esta representación se usa una leyenda cromática sencilla: los espacios en rojo se corresponden con archivos fragmentados, el color azul indica los ficheros contiguos, el verde los archivos estáticos o no movibles y el blanco, el espacio libre.

Resulta de especial interés analizar la información proporcionada en modo de informes cada vez que se realiza una operación como la de análisis o de desfragmentación. Una serie de opciones de menú ayudan al usuario a poner en práctica el comando deseado y, por lo demás, no es necesaria una mayor intervención del mismo en el proceso. Sólo queda por realizar una consideración adicional: la operación de desfragmentación es especialmente delicada ya que implica una reescritura de la información, motivo por el que un corte de luz fortuito en el sistema o un apagado inadecuado del mismo pueden reportar consecuencias nefastas.

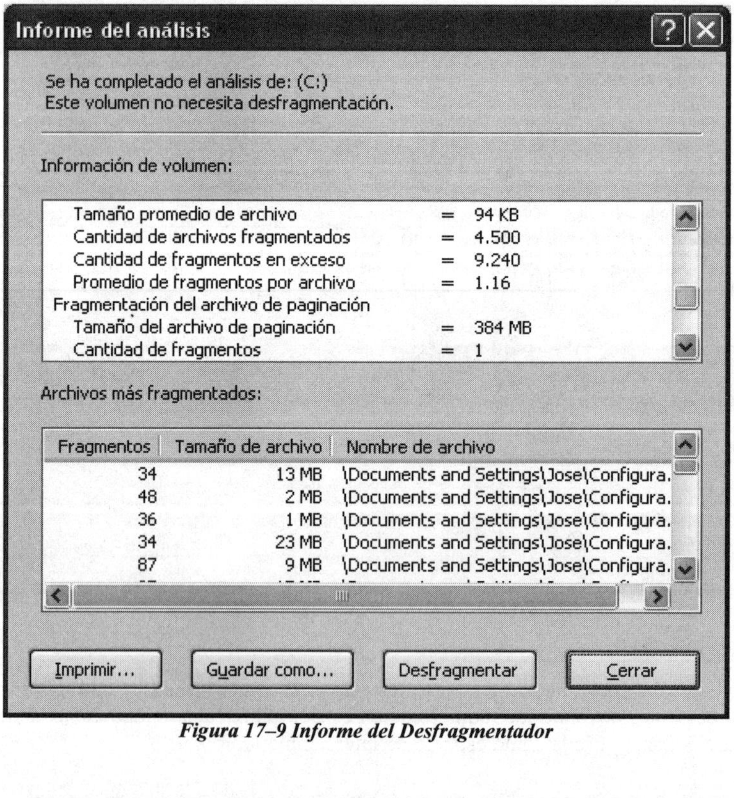

Figura 17–9 Informe del Desfragmentador

17.1.4. Información del sistema

Probablemente a los más veteranos la aplicación *Información del sistema* les recuerde con nostalgia al MSD (Microsoft Diagnostics) que hace años corría sobre MS DOS. Ambas aplicaciones aportan información del sistema pero quizás ésa sea la única coincidencia. Windows XP y su Información del sistema no sólo es capaz de aportar una información detallada de la máquina tanto en su vertiente software como hardware, sino que, además, es una herramienta indispensable para el mantenimiento del ordenador.

Bajo un sencillo sistema de selección basado en dos grandes áreas de pantalla, el usuario podrá seleccionar en la zona izquierda de la ventana qué categoría desea consultar y, en la derecha, el detalle de la misma.

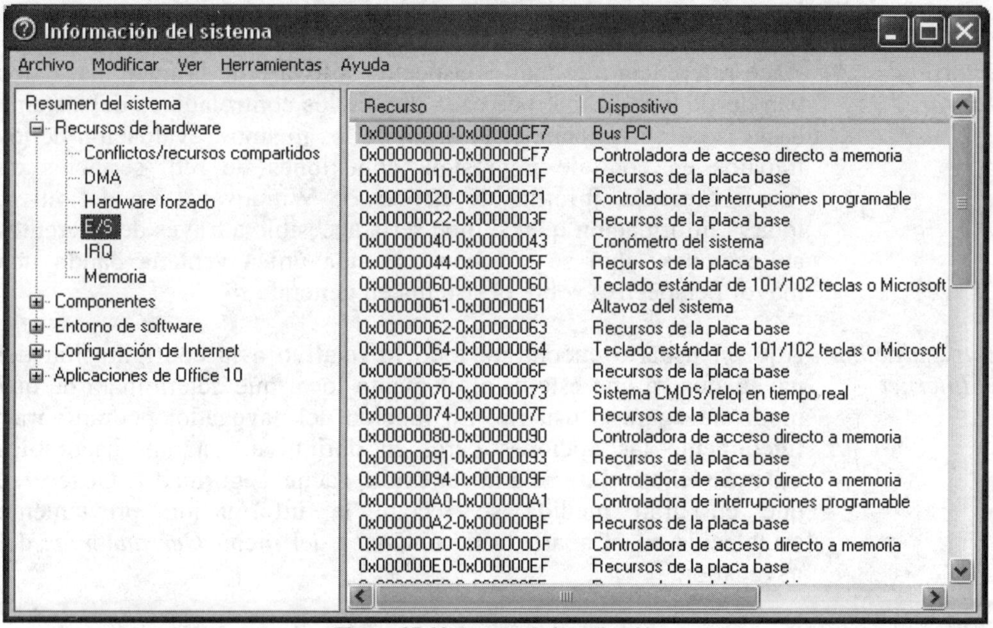

Figura 17-10 Aspecto de la aplicación

Así y mediante una sencilla estructura arborescente, será posible ir desplegando en la izquierda todos aquellos conceptos que se acompañen de un signo más (+). El signo menos (-) será el indicativo de que ya todo está desplegado. De este modo, se crea una navegación sencilla e intuitiva que se complementa con un conjunto de comandos disponibles en el menú desplegable superior. Un primer vistazo al árbol ofrece las siguientes posibilidades:

Recursos de hardware Permitirá evaluar aspectos diversos de la máquina. De este modo, se podrán comprobar los conflictos que existen en la configuración, es decir, recursos (interrupciones del sistema o direcciones de memoria) compartidos por dispositivos distintos. Es importante destacar que no siempre los conflictos son indicativos de un funcionamiento anómalo. Además, y de carácter informativo, se ofrece información relativa a las DMAs, *Hardware forzado* o, lo que es lo mismo, todo aquél instalado de manera manual sin que haya sido detectado y configurado por un proceso Plug & Play. Además, hay información relativa al sistema de entrada / salida, direcciones y memoria.

Componentes El usuario encontrará aquí y de manera agrupada en categorías, los diferentes elementos que conforman su ordenador. Puede recordar al análisis de los recursos del sistema, ya también aparecen enumerados todos y cada uno de ellos con sus características principales de manera global, es decir, no es necesario activar pestañas ni recorrer menús: toda la información disponible sobre el elemento seleccionado en la izquierda de la ventana aparecerá a la derecha de la misma.

Entorno de software Hace referencia a todos los aspectos software de la máquina. Éstos van desde la indicación de cada uno de los controladores del sistema hasta la comprobación de la firma de los mismos, evaluación de los trabajos en cola de impresión, conexiones de red, servicios en funcionamiento, informe de errores de Windows... En definitiva, toda la información que, si bien sería accesible a través de diferentes aplicaciones, aquí se concentra en una única ventana dando una mayor perspectiva sobre el sistema en general.

Configuración de Internet Aquí el usuario encontrará todo lo relativo a la configuración del navegador ya que éste es el elemento local que determinará de qué modo navegará el usuario. En función del navegador podrán variar ligeramente las opciones pero, en definitiva, estarán disponibles todas aquéllas relativas a la conexión, caché, seguridad... Obsérvese que en gran medida se recoge la información previamente establecida en el apartado de opciones del menú *Herramientas* del navegador.

Aplicaciones de Office 10 Da información relativa a todas las aplicaciones Office instaladas en el sistema así como de sus componentes, librerías dinámicas usadas, extensiones, errores...

En cuanto a los comandos del menú, hay opciones especialmente interesantes y, aunque todas son sencillas e intuitivas, merece la pena destacar alguna de ellas. Así, dentro del menú *Archivo* el usuario podrá grabar la configuración actual de su sistema bajo un fichero de extensión *info* para, en el futuro, poder contrastarla. Obviamente también será posible recuperar dichos ficheros para su interpretación e, incluso, realizar exportación de la información aquí mostrada en formato de texto plano, reconocible por cualquier editor de texto. Otra serie de comandos interesantes se encuentran en el menú *Ver*. Aquí será posible mostrar la información actual del sistema hasta conseguir consultar un fichero histórico de cambios producidos en el sistema en cuanto a configuración se refiere. Interesante resulta también la posibilidad de poder examinar un equipo conectado a la misma red a través del comando *Equipo remoto*, simplemente introduciendo la dirección IP o el nombre del equipo en cuestión.

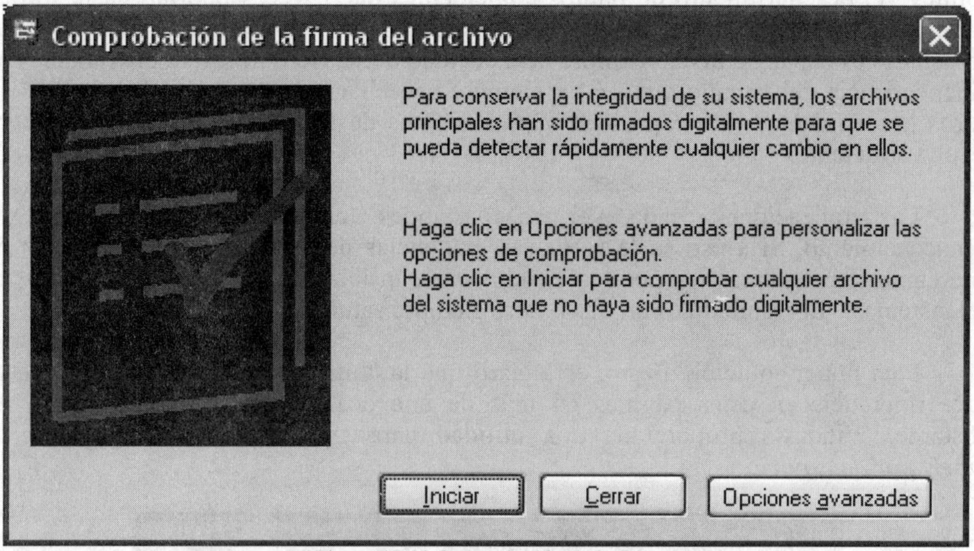

Figura 17-11 Comprobación de la firma

Casi finalizando con la aplicación, el menú *Herramientas* ofrece los comandos más interactivos si bien se echa en falta algo de eficacia en alguno de ellos. Así, el comando *Diagnósticos de red*, lejos de ser una potente herramienta de análisis, conducirá al usuario a una navegación mediante un sistema de pregunta-conclusión que intentará "adivinar" la avería o, en su defecto, ofrecerá la posibilidad de conexión a Internet para continuar la búsqueda. Otro de los comandos aquí contenidos es el de *Restaurar el sistema* el cual permite la gestión de los puntos de restauración, es decir, la capacidad de establecer un punto donde se entiende que el sistema es fiable antes de realizar un cambio para que, en caso de producirse alguna anomalía, sea posible restaurar el sistema a dicho punto. También existe de cara a comprobar la integridad del sistema una utilidad *para Comprobar la firma digital* de los archivos a fin de detectar un posible cambio en ellos (producido, por ejemplo, por un virus). Más opciones y en este caso relacionadas con la multimedia: la comprobación del DirectX permitirá establecer diagnóstico del sistema multimedia y otros como de pantalla red, dispositivos de entrada... mediante un sistema de selección basado en pestañas, el usuario podrá navegar y realizar diferentes pruebas propuestas a fin de determinar el correcto funcionamiento de su sistema.

La utilidad se complementa con un elaborado sistema de ayuda que solventará las dudas del usuario. Sin duda se trata de una aplicación a tener en cuenta, más si cabe en los ambientes técnicos.

17.1.5. Liberador de espacio

Es curioso comprobar cómo la experiencia de un usuario contrastada con otros, conlleva el descubrimiento de puntos coincidentes que a veces podrían hasta formar parte de un "decálogo del usuario del PC". Así, uno de los dogmas a asumir sería que un usuario es capaz de llenar siempre la capacidad del disco duro de su ordenador (con independencia del tamaño que sea) y siempre necesitar más espacio. Así, los discos duros han aumentado en capacidad y prestaciones de forma vertiginosa pero nunca resulta suficiente.

Las aplicaciones, cada vez más grandes, exigen grandes espacios de almacenamiento. Si a eso se le suma las exigencias de Windows y sus ficheros de intercambio, programas temporales creados en la instalación de aplicaciones, *cookies* del sistema… El resultado es un disco duro siempre saturado.

Para poner solución a esto, está claro que la "higiene informática" a la que se hace referencia en estas páginas en más de una ocasión es la solución pero, no obstante, Windows proporciona una utilidad para ayudar a "ganar" espacio: el *Liberador de espacio*.

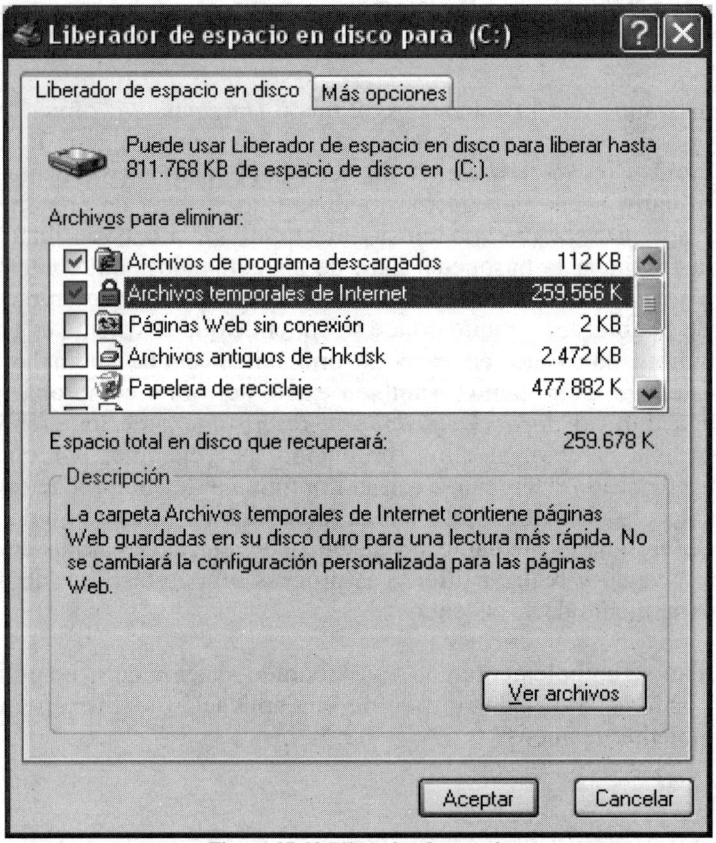

Figura 17-12 Liberador de espacio

El *Liberador de espacio* es una utilidad que examina qué ficheros son susceptibles de ser borrados y, previa autorización del usuario, los elimina, consiguiendo así recuperar el preciado espacio en disco. En primer lugar y tras arrancar la aplicación, solicitará la unidad que se desea analizar y, una vez especificada, comenzará el proceso. El *Liberador* propone la eliminación de los siguientes tipos de ficheros, a saber:

Archivos de programa descargados Se trata de controles *ActiveX* y aplicaciones Java que, al visitar determinadas páginas, se descargan de forma automática. Estos ficheros se almacenan en la carpeta de ficheros temporales bajados de Internet.

Archivos temporales de Internet En la carpeta de ficheros temporales quedan almacenados determinados archivos (por lo general páginas web) que usan el propio disco duro como memoria caché, es decir, en lugar alternativo a acudir al servidor.

Páginas web sin conexión Éstas son las páginas almacenadas en el disco duro del ordenador a fin de que, aun no disponiendo de conexión a Internet, estén disponibles para el usuario.

Archivos antiguos de Chkdsk Son los ficheros generados por el comando *Scandisk*. Se trata de la recuperación de información "perdida" en el disco duro y que se recoge en formato de fichero. Una vez comprobado su contenido, no tiene sentido su permanencia.

Papelera de reciclaje Es aquí donde quedan almacenados los ficheros que se han eliminado de forma temporal por el usuario. La "limpieza" de la papelera implica, además del aprovechamiento del espacio en disco duro, la eliminación definitiva de los mismos.

Archivos de registro de instalación Se trata de los ficheros que Windows crea durante el proceso de instalación del sistema operativo y que, una vez funcionando, no se requieren.

Archivos temporales Son aquellos que se almacenan en la carpeta TEMP y que se han creado como ficheros temporales por otras aplicaciones. Su eliminación no representa problema alguno.

WebClient/ Archivos temporales de Publisher Son ficheros que actúan como si de una memoria caché se tratara a fin de agilizar y optimizar los accesos al disco. Su existencia tiene sentido por razones de rendimiento pero pueden ser borrados ya que se generarán de nuevo de forma automática.

Catalogar archivos para el indizador Son ficheros que actúan como índices a fin de agilizar los procesos de búsqueda. Estos servicios de *Index Server* aceleran la búsqueda y su presencia es indicativa de una búsqueda anterior, motivo por el que pueden ser eliminados.

De este modo, el proceso consistirá en que el usuario determine qué tipo de ficheros desea eliminar. La aplicación le mostrará, además, el espacio en disco que será generado. Además, en la pestaña de *Más opciones* podrá ejecutar tres puntos que, si bien son accesibles desde otros comandos, sí guardan una estrecha relación con el aprovechamiento de espacio, a saber: *Componentes de Windows*, *Programas instalados* y *Restauración del sistema*. Mientas que el primer y segundo punto permiten la eliminación selectiva de aplicaciones (en el primer caso de aplicaciones del propio sistema operativo y, en el segundo, de aplicaciones externas), la última de las propuestas hace referencia a la eliminación de los puntos de restauración del sistema que, si bien son de gran utilidad, sólo el último resulta interesante.

17.1.6. Mapa de caracteres

Se trata de una utilidad que acompaña a Windows desde sus inicios. En definitiva y atendiendo a la posibilidad que el usuario tiene de referenciar diferentes caracteres de diferentes fuentes, Microsoft pensó en la posibilidad de que el usuario pudiese seleccionar diferentes caracteres de diferentes fuentes y combinarlos libremente.

Esta idea que resulta interesante sin duda (téngase en cuenta que, por ejemplo, el símbolo "$" no pertenece al castellano, lo que obligaría a importarlo de otras fuentes –si no fuese por su universalidad–) conlleva que el usuario tenga un especial cuidado en la selección ya que determinados caracteres pueden variar según qué fuente se use.

Todo lo aquí expuesto es vigente siempre y cuando se trabaje en un sistema ASCII. Este sistema trabaja con 8 bits (7 en sus inicios) pudiendo referenciar hasta 256 caracteres (2^8=256) pero, ahora bien, con la llegada de Internet, llega también la universalización del lenguaje. Así se entiende que poco sentido tiene el dividir los diferentes juegos de caracteres en fuentes y que es más práctico usar un único grupo mucho más completo. Éste es el inicio del sistema *Unicode* que, a diferencia del ASCII, trabaja con 16 bits y, por tanto, es capaz de referenciar hasta 2^{16}= 65536 caracteres. Este sistema engloba todos los caracteres de todos los lenguajes escritos del planeta. De este modo, el usuario podrá seleccionar qué carácter o símbolo desea incluir en sus documentos con independencia del tipo de letra usado. Obviamente el carácter se expresa en hexadecimal pero esto es algo que pasa desapercibido al usuario, que tan sólo debe seleccionar el símbolo deseado –tal y como se muestra en la figura– para que aparezca en su documento. Una breve descripción de todo lo expuesto se sustenta en la figura siguiente:

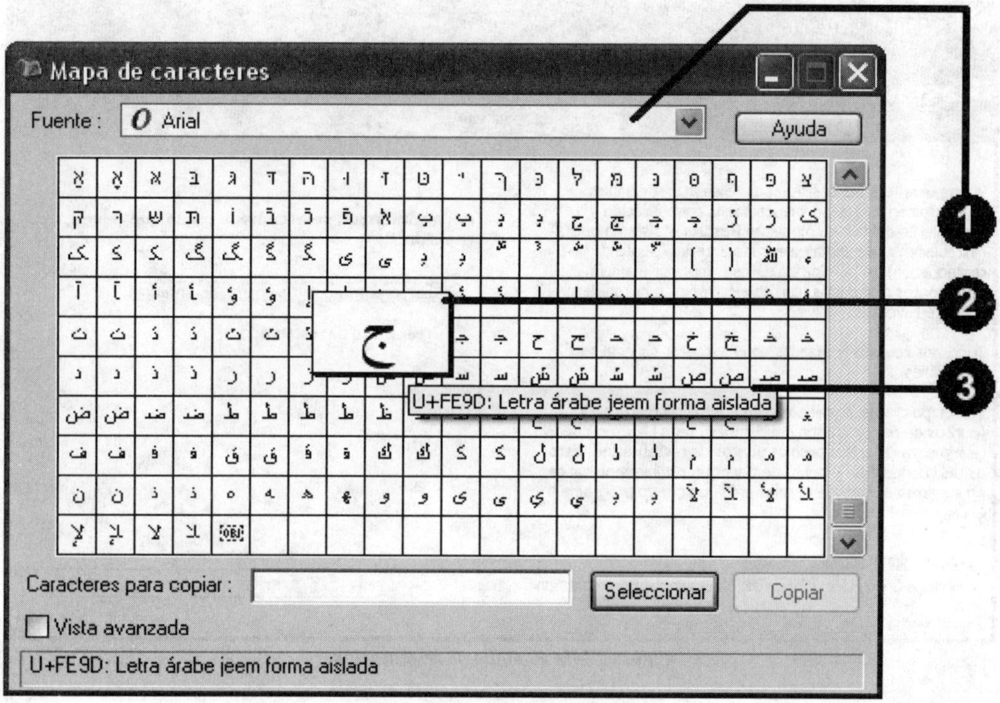

Figura 17-13 Mapa de caracteres

Fuente Se trata de la fuente seleccionada de forma explícita por el usuario. Un menú le ofrecerá la totalidad de fuentes instaladas en el sistema.

Carácter Dentro de la fuente en cuestión, se amplía el carácter seleccionado para obtener un mayor grado de detalle.

Descripción Se corresponde con la descripción de las fuentes además de su identificativo en el sistema hexadecimal para referenciar un carácter.

17.1.7. Restaurar el sistema

¿Quién no ha tenido una experiencia desastrosa al instalar un programa sin posibilidad de dar marcha atrás? Eso es precisamente lo que *Restaurar el sistema* pretende: la posibilidad de que el usuario o, incluso, el propio sistema, establezca un punto al cual sea posible retornar si algo falla.

Estos *puntos de restauración* posibilitan que, en caso de algún problema, sea posible volver a una situación considerada como válida. Así, la creación de estos puntos puede ser a petición del usuario –tal y como se aprecia en la figura– o, incluso, cabe la posibilidad de que el sistema los realice de forma automática. También hay aplicaciones que, en previsión de posibles errores, crean estos puntos de restauración de forma automática.

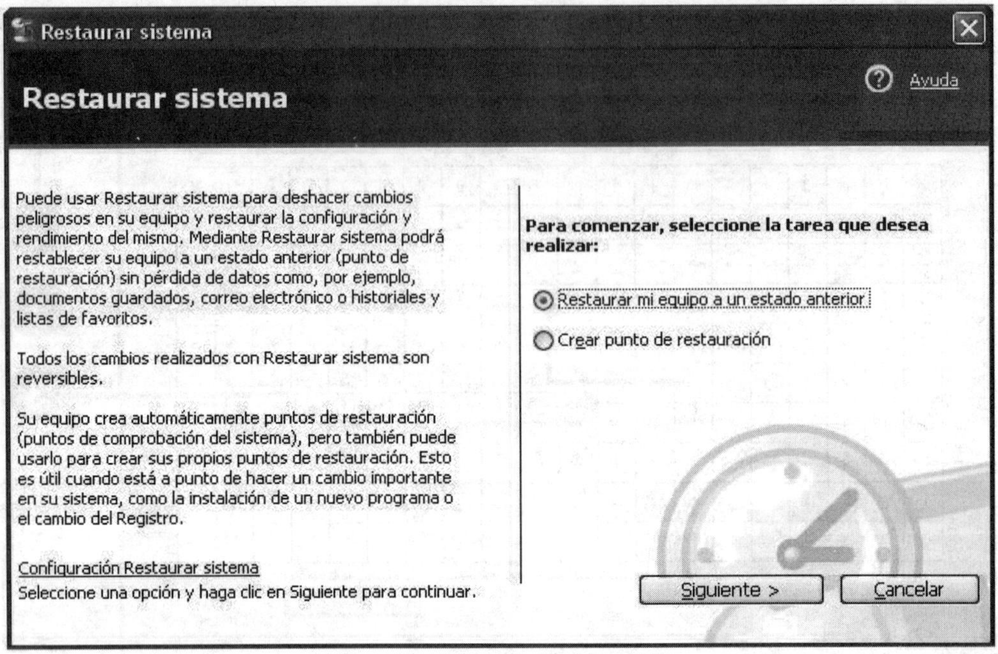

Figura 17–14 Pantalla de restauración

El proceso manual de creación consiste en la introducción de una breve descripción que ayude a identificar el punto concreto (puede haber más de uno). La fecha y la hora serán tomadas del sistema. Eso es todo lo que el usuario debe realizar pero, ahora bien, ¿cómo retornar a ese punto concreto? El proceso es muy similar al descrito pero, en este caso, la operación a seleccionar debe ser la contraria: *Restaurar mi equipo a un estado anterior*. En esta ventana el usuario podrá ver un calendario mensual que le permitirá avanzar o retroceder en unidades de meses. Sobre el citado calendario encontrará días en negrita: éstos son los que disponen de puntos de restauración, pudiendo observar su descripción en la ventana de la derecha.

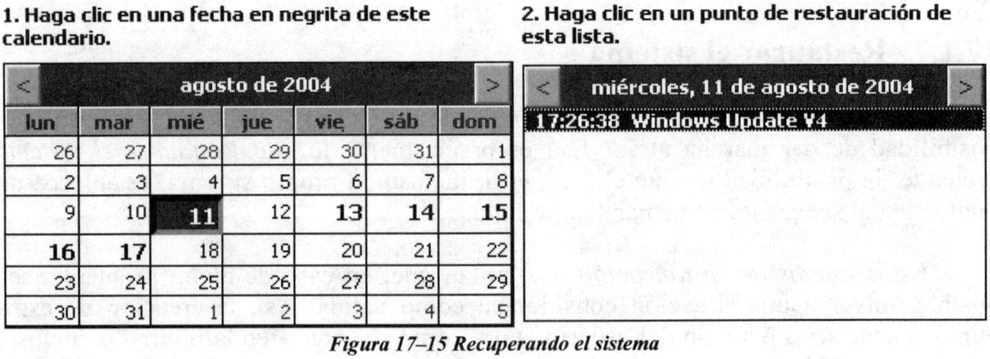

Figura 17–15 Recuperando el sistema

Es importante destacar que este proceso es reversible y, en principio, no debe provocar ningún tipo de pérdida de información de archivos o correos. No obstante, las operaciones con el sistema operativo son siempre delicadas y las copias de seguridad periódicas siempre son recomendables.

En cuanto a la configuración de la aplicación, tampoco hay demasiadas cuestiones a tener en cuenta excepto, eso sí, el porcentaje de disco que el usuario desee asignar al almacenamiento de los puntos de restauración. Este porcentaje variará según la capacidad pero debe estar entre un 10% y un 12%. Esta configuración es accesible desde esta misma aplicación y también desde *Propiedades del sistema / Restaurar sistema*.

17.1.8. Tareas programadas

El uso del ordenador conlleva, a poca experiencia que en el uso del mismo se tenga, una serie de necesidades rápidamente identificables. Probablemente una de las primeras sea la necesidad de programar actuaciones de todo tipo: copias de seguridad, revisión de discos, paso de antivirus, actualización de sistema operativo… En definitiva, se trata de realizar actuaciones concretas diferidas en el tiempo de tal modo que no implique que el usuario deba recordar qué hacer y en qué momento.

Si bien hay muchas aplicaciones capaces de "auto programarse", Windows ofrece un servicio que, de modo genérico, permite determinar qué aplicación se desea ejecutar y en qué instante asumiendo, si así se desea, una periodicidad. Se trata del *Programador de tareas*. Esta sencilla aplicación, configurable con un eficiente *Asistente*, permite establecer un calendario de actuaciones de un modo sencillo, tal y como se detalla en este apartado.

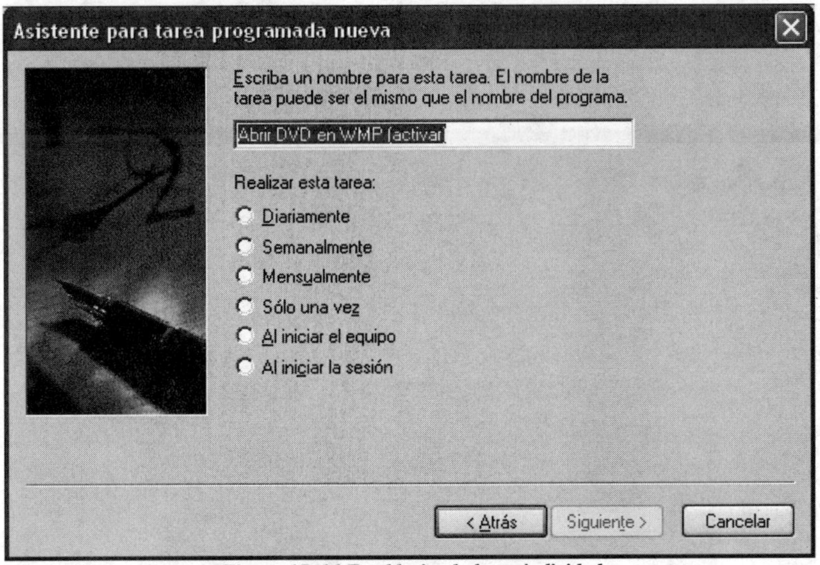

Figura 17–16 Estableciendo la periodicidad

Así, al arrancar el *Asistente*, se ofrece la opción de programar nuevas tareas o, en caso de existir tareas definidas, la posibilidad de modificarlas. Si se opta por la primera opción, el proceso consiste en seleccionar un programa y determinar a qué hora se desea ejecutar. De este modo, una vez seleccionada la aplicación en cuestión, el usuario determinará (tal y como se muestra en la figura), el nombre que desea asignar a la tarea (que por defecto se asumirá el de la propia aplicación), así como la frecuencia de ejecución (esporádica, diaria, semanal, mensual…) y, por supuesto, la hora y fecha de ejecución.

Para completar esta sencilla operación, es necesario introducir una contraseña de tal modo que la tarea no pueda ser modificada por un tercero. Llama la atención que Windows indica que, en caso de no introducir la contraseña, *"es posible que o se ejecuten las tareas programadas"*. Evidentemente el mensaje no ofrece seguridad y se ha comprobado que es realmente claro: no todas las aplicaciones se ejecutan si no hay una contraseña preestablecida (misterios insondables de la factoría de Mr. Gates).

En caso de que la aplicación ya estuviera programada, el *Asistente* –como se indicaba al principio– permitirá su variación mediante tres pestañas (*Tarea*, *Programación* y *Configuración*) que no reflejan ninguna cuestión nueva a las ya explicadas en la definición de la tarea.

Esta herramienta es, sin duda, especialmente útil a la hora de planificar tareas de mantenimiento sobre el ordenador. Acciones como la desfragmentación, comprobaciones de discos y, por supuesto, copias de seguridad, son fácilmente implementables a través del *Programador de Tareas*.

CAPÍTULO 18

HERRAMIENTAS MULTIMEDIA

Que los ordenadores hablen o "escuchen" es algo que puede sonar a ciencia ficción pero, lo cierto, es que se trata de algo muy real y cercano al usuario. Hubo un tiempo en el que el PC sólo era capaz de emitir estridentes pitidos y, por supuesto, de manera monofónica. La reproducción de música profesional era tarea de otras máquinas tales como los Macintosh o los Atari (primeros en implementar el MIDI).

Como fruto de la evolución, un buen día aparece la multimedia. Este curioso término, común en nuestros días a fuerza de escucharlo, procede del inglés haciendo referencia a *múltiples medios*, verdadera traducción que debiéramos haber usado. El concepto realmente queda recogido en el término: se establecen nuevos medios de comunicación con la máquina más naturales que los usados hasta el momento.

Así, se potencia de forma espectacular el vídeo y el audio. Los músicos profesionales observan cómo el PC es una herramienta tan potente como el Macintosh y, además, más barata. Los juegos multiplican su potencia, el vídeo encuentra el PC como un soporte ya no sólo de reproducción sino también de edición.

En la actualidad son muchas las aplicaciones software y elementos hardware orientados a la multimedia. Sería absurdo intentar abarcarlos todos en un solo capítulo, por lo que se ha decidido, como solución de compromiso, estudiar el software más habitual dentro de este entorno. La selección también ha sido sencilla: todas aplicaciones suministradas con el sistema operativo más popular: Windows.

El lector encontrará en las próximas líneas ese barniz imprescindible para manejar la multimedia de su PC. Ahora bien, si lo que busca es la creación de productos profesionales, deberá acudir a herramientas más especializadas tanto en hardware como en software. De cualquier manera, no le quepa duda que la más básica de las configuraciones le permitirá disfrutar a fondo de su PC. Compruébelo...

18.1. MULTIMEDIA

Hoy día es algo casi habitual el disponer de un ordenador multimedia, y no son pocos los programas, aplicaciones y utilidades diseñados para su manejo. Sería objeto de otro libro el intentar hablar sobre las diversas tecnologías y herramientas existentes en el mercado, no obstante, parece de parada obligatoria el tenerlo en cuenta. Ya que el lector, a estas alturas, no debe tener ningún problema en el montaje de un PC multimedia, vamos a escribir algo acerca de su manejo. Con este fin se han elegido las herramientas multimedia de Windows, quizás por ser las más representativas.

18.2. CONTROL DE VOLUMEN

Se trata de la mesa de mezclas que proporciona Windows. Está dividida en dos apartados fundamentales: mesa de reproducción y mesa de grabación, mostrando respectivamente nueve y ocho canales de control de volumen independiente, además de un canal de control general.

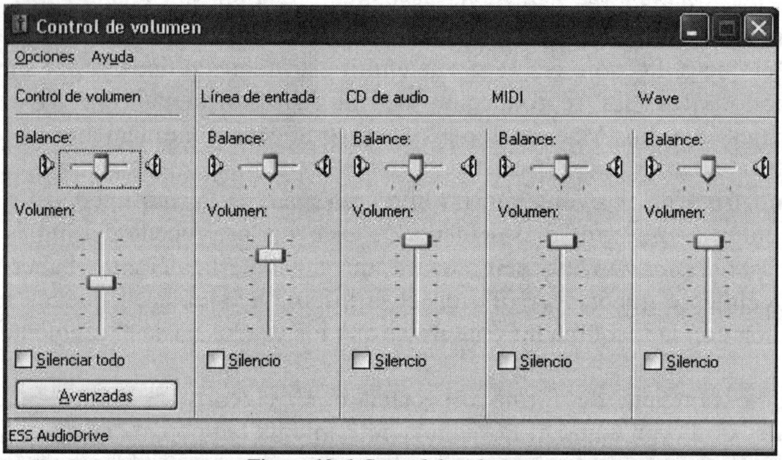

Figura 18–1 Control de volumen

Los canales gobernados por esta aplicación son los siguientes:

Onda Controlará todos los ficheros de sonido "de ondas" (wave) y de extensión wav. Entre otras utilidades está la de controlar los sonidos del propio sistema. Windows XP ofrece ficheros de muestra además de ser el formato predeterminado que genera la *Grabadora de Sonidos*.

MIDI El MIDI ("Modem Interface Digital Instrument") es un sistema que permite, a partir de una base de sonidos, conseguir que un instrumento "disparador" acceda a la misma y obtenga el sonido deseado. Desde aquí, el usuario, controlará el volumen del instrumento o del fichero MIDI (habitualmente de extensión .mid) que esté reproduciendo.

CD Audio Gobernará el volumen de la unidad de CD ROM cuando reproduzca un CD musical. Téngase en cuenta que el potenciómetro que aparece en la unidad sólo tiene control sobre la salida de auriculares de la propia unidad.

Line IN Controla la entrada de línea de la tarjeta de sonido que puede ser usada por cualquier fuente de sonido externa. Ésta será la entrada usada para, por ejemplo, conectar la salida de línea de un equipo de música y poder procesar el sonido a través del PC.

Micrófono Gobierna la entrada externa destinada al micrófono. Ésta es una entrada de línea adaptada de forma óptima, en cuanto a impedancia se refiere, al micrófono, aunque podría ser usada como una entrada de línea convencional.

Altavoz Controlará el volumen del altavoz del PC, también denominado *speaker*. Obviamente, la capacidad de reproducción se encuentra seriamente mermada en cuanto a calidad se refiere.

De forma general, estos canales se ven afectados por un canal "master" que gobierna a su vez a todos. En cualquiera de los canales (incluido el "master") el usuario puede controlar el "balance" o la cantidad de sonido que quiere aplicar a cada canal del estéreo mediante un indicador deslizante. Lo habitual es tenerlo en el centro para conseguir la audición óptima. Igualmente existe una casilla de Silencio total. Si se activa mediante una pulsación de ratón, el canal quedará en silencio.

La aplicación Control de Volumen permite, mediante un menú de tipo "pull down", en su apartado de Opciones y el comando de propiedades, la selección de los distintos canales que el usuario quiera tener presentes en pantalla. La selección se realiza a través de una casilla de verificación. Por otro lado, y también desde este comando, se permite especificar si el volumen controlado es de grabación, reproducción u otros, teniendo cabida en este último apartado los comandos de voz. Como última opción dentro de esta pantalla se ofrece la selección del dispositivo mezclador (SB16 Mixer [220], por ejemplo). El otro comando disponible dentro del menú de Opciones sería el de Controles Avanzados, que permite controlar la intensidad de graves y agudos de forma general en la tarjeta de sonido. En caso de activar este último punto, aparecerá un botón en el canal de control de volumen que será el que dé acceso al reajuste de las frecuencias extremas.

En algunos casos, los propios drivers del dispositivo aportan funciones adicionales como el control del Dolby Surround o la simulación de estéreo espacial (sonido procedente de múltiples puntos).

18.3. GRABADORA DE SONIDOS

Se trata de una aplicación destinada a la grabación y edición de sonidos. A través de una pantalla similar a lo que sería una cinta de audio, posibilita el avance, retroceso, reproducción, parada y grabación de sonidos. Un indicador móvil de desplazamiento indicará al usuario la situación (posición en la señal) en la que se encuentra en un determinado momento. Este mismo indicador servirá para acceder a una posición determinada del sonido. Igualmente se dispone de dos ventanas informativas: en una aparecerá la posición actual sobre el sonido expresada en segundos y, en la otra, la duración total del mismo.

Figura 18–2 Grabadora de sonidos

La Grabadora de sonidos ofrece también una serie de menús "pull down" accesibles por medio del ratón o de la tecla <Alt>, a saber:

Archivo Permite todas las operaciones relacionadas con la grabación y recuperación de ficheros de sonido. En nada difieren estos ficheros de los generadores por un procesador de textos. Así, las opciones de Abrir, Guardar, Guardar como... seguirán teniendo la misma función. La extensión por defecto de los archivos a manejar será .WAV ("Wave", Onda). En este mismo menú, el usuario dispone de un botón de Propiedades, donde se podrán comprobar algunas características de carácter general del sonido en uso. Estas características incluyen la duración del sonido, ocupación en disco, Copyright (si lo tiene) y formato. En esta pantalla se ofrece también la posibilidad de conversión de la señal si es que se puede optimizar. La conversión tiende a conseguir la mínima ocupación en disco a través de modificaciones en la calidad, el formato o los atributos de la señal.

Edición Básicamente permite las posibilidades habituales de este tipo de menú: el uso del portapapeles para copiar, pegar, cortar o borrar partes de la señal. Aquí la selección de los tramos de sonido a variar se realiza a través del ratón, observando que la señal se pone en vídeo inverso. Además, ofrece posibilidades de mezcla e inserción de sonidos diferentes, a través de opciones que, en lugar de trabajar con el portapapeles, lo hacen con ficheros guardados en disco. Como comando adicional, el usuario puede encontrar un apartado de propiedades donde Windows '9x ofrece, tanto para la grabación como para la reproducción, el control de volumen, selección de dispositivo e, incluso, la selección de la calidad deseada.

Efectos Este menú permite la modificación de la señal. Este tipo de variación, en su sentido más básico, sería el control de volumen. En este menú se puede, de forma automática, bajar o subir el nivel de la señal en incrementos de un 25%. También se puede variar la velocidad de reproducción de la señal, agregar eco a la misma o invertir el sentido de la reproducción.

18.4. REPRODUCTOR DE WINDOWS MEDIA

El *Reproductor de Windows Media* es la respuesta de Windows XP a las necesidades de las exigencias de los usuarios en referencia a temas multimedia. Esta aplicación, de carácter casi general en el entorno de audio y vídeo, está diseñada para centralizar en una única ventana todas las necesidades más comunes de ocio. De este modo, el usuario podrá oír la radio, reproducir música en CD o visualizar vídeos sin necesidad de cambiar de aplicación.

Aunque admite varios formatos de visualización o máscaras, personalizables por el usuario, todas contienen los mismos elementos de control comunes además de, por supuesto, el clásico menú pull-down de comandos. Es de destacar que la barra de menú no estará visible a menos que se acceda a la parte superior de la aplicación con el ratón.

En todo momento el usuario podrá acceder a la reproducción en curso mediante un botón destinado a tal fin. Esta acción conlleva la visualización de los controles precisos para la citada reproducción, como pueden ser el control de volumen, teclas de reproducción, pausa, avance, retroceso... según el tipo de medio que se está ejecutando.

Un botón etiquetado como *Guía Multimedia* facilitará al usuario el acceso a diferentes medios aunque, eso sí, en Internet, motivo por el cual resultará imprescindible una conexión. Igualmente resulta de utilidad la opción de Copiar desde CD de audio, pudiendo almacenar en disco duro canciones desde un CD para una posterior reproducción, confeccionando así listas específicas y personalizadas de canciones. Esta grabación de fichero de audio permite parametrizar la canción con datos como el nombre del autor, la duración, la calidad, el proveedor... Esta opción se complementa con la de Copiar a CD o dispositivo que permite, precisamente el proceso inverso: la descarga de la composición realizada en el PC sobre un medio determinado (generalmente, un CD).

La opción de *Biblioteca Multimedia* es la indicada para crear listas de reproducción de ficheros multimedia (audio y/o vídeo), además de servir como herramienta para la administración de medios. Otra de las utilidades es el sintonizador de radio que permite, a partir de las emisoras existentes en Internet, reproducir cualquiera de ellas. La calidad y accesibilidad de esta opción dependerá en gran medida de los parámetros de emisión así como del número de usuarios conectados. En esta línea, Microsoft suministra de forma gratuita un complemento al programa Windows Media: el *Codificador Windows Media* que permite, de un modo cómodo y sencillo, crear una auténtica emisora de radio o TV a nivel mundial. El ancho de banda de emisión será el único parámetro que distinguirá una emisión profesional de una de un aficionado ya que, sobre este parámetro, se delimita la calidad y el número de usuarios que pueden acceder simultáneamente a la emisión.

Figura 18–3 Windows Media

18.5. WINDOWS MOVIE MAKER

Como su nombre indica (Realizador de vídeos de Windows), el Windows Movie Maker es un programa pensado para la realización y edición semiprofesional de vídeo. Así, esta aplicación es capaz de obtener orígenes tan diversos como ficheros de imágenes, audio, vídeos y plasmarlos de forma conjunta en un formato pensado para su posterior emisión con las herramientas de codificación de Windows Media.

La aplicación dispone de todos los requerimientos comunes para realizar un vídeo. Así el usuario podrá utilizar un monitor que le permitirá ver en tiempo real el resultado de su creación o contar con una zona destinada a albergar y clasificar el contenido del vídeo final llamada *Área de Colecciones*.

De cara a facilitar el uso de la herramienta, se posibilita incluso la creación automática de vídeo, mediante un sencillo sistema de organización. Otra de las aplicaciones interesantes es la posibilidad de mejorar el audio y el vídeo de un medio que originalmente estaba dañado o en mal estado, gracias a las diferentes herramientas de edición. De cualquiera de las maneras, se incluye un elaborado sistema de ayuda capaz de solventar las dudas de los usuarios más exigentes, motivo por el que se invita al lector a profundizar en el menú de Ayuda.

Figura 18–4 Windows Movie Maker

CAPÍTULO 19

CONEXIÓN A INTERNET

Cualquier libro de Informática en general y aun de contenido específico como es el caso de este texto, necesariamente debe hablar de Internet. Realmente la pregunta que habría que realizarse sería sobre qué tema no tiene una relación directa o indirecta con Internet. Desde buscar recetas de cocina hasta esquemas electrónicos, todo, absolutamente todo, tiene su referencia en Internet.

En la parte que afecta a este libro se le ha dado un enfoque doble: como utilidad y como recurso potencial de un sistema. Mientras que la primera opción no difiere en absoluto de la utilidad que cualquier internauta da a la red para documentarse sobre un tema concreto, en el segundo se contempla ésta como un acceso que debe ser facilitado y mantenido al usuario. De este modo, el lector encontrará en éstas y otras páginas multitud de referencias a direcciones de Internet para indicar cómo acceder a fabricantes o cómo conseguir drivers para una determinada tarjeta. Por otro lado, también será necesario conocer qué es Internet, cómo se accede y qué opciones hay.

Sin duda el planteamiento es arriesgado ya que, intentar tratar en un capítulo lo que podría ser –y es– el contenido de muchos libros resulta, cuando menos, atrevido. No, no se desea profundizar en exceso pero sí cubrir de ese barniz imprescindible de conocimiento al técnico en Hardware. Éste deberá ser capaz de realizar una conexión a Internet desde un PC y configurar los servicios más comunes como son el correo electrónico y algunos más.

Poco más requiere la presentación de este tema, excepto manifestar al lector de que se trata de uno de esos capítulos "especiales" en la medida que Internet también lo es. Eso es algo que se percibe sin ser siquiera usuario de la red pero, lo que a todas luces queda claro es que, la persona motivada por el Hardware debe conocer los principios básicos de funcionamiento de lo que se ha denominado la *red de redes*.

19.1. INTERNET

En primer lugar y antes de entrar a realizar otras consideraciones, parece preciso definir Internet a fin de que el lector tenga una conciencia clara del tema que se está tratando. Esto no es una tarea fácil pero quizás se pueda percibir la dimensión del concepto a través de algunos datos cuantitativos.

Hoy por hoy, Internet es la mayor red de ordenadores a escala mundial, albergando todos los conocimientos del planeta, más de 80 millones de usuarios se conectan a esta poderosa autopista de la información. Realmente no es una red, sino que se trata de muchas redes (aproximadamente 25.000 y creciendo de manera vertiginosa) las que conforman el conjunto denominado Internet. Aproximadamente se sustenta en 8 millones de servidores que se sitúan sobre el 90% de los países del planeta. Qué duda cabe que estos datos tienen un valor temporal ya que día a día esta multitelaraña mundial crece de manera vertiginosa.

También resulta difícil encontrar cuáles han sido las diferentes claves del éxito de este nuevo fenómeno. Podrían citarse algunas, quizás las que se perciben con más claridad, con la seguridad de que otras muchas se quedan en el tintero. No obstante, el carácter anárquico y multidisciplinar de la red, unido a su fácil manejo y precio asequible, forma uno de los más sólidos pilares de su popularidad.

> ***El desarrollo de Internet ha sido tan notable, que ha dado lugar a la aparición de un nuevo concepto: intranet. Como se puede deducir de su nombre, una intranet intenta ser una réplica de Internet en un ámbito privado y local, de modo que se aprovechen utilidades como el correo electrónico, navegadores y otros dentro de una red local.***

Tanto es así, que Internet ha dado lugar a nuevos conceptos de toda índole. Quizás lo más destacado sea todo lo que hace referencia al aspecto sociológico de la red, ¡incluso por encima del tecnológico! Internet ha conseguido que las comunicaciones de ordenadores ya no sean cuestión de los técnicos o los Informáticos. Ha dado pie a la creación de una realidad paralela: la virtual, que no es otra cosa que un fiel reflejo de su homónima con las ventajas que las Telecomunicaciones aportan. En esta línea resultan muy interesantes lecturas sobre dos temas íntimamente relacionados: Sociedad de la Información y Redes Ciudadanas. Ambas ideas dejan de manifiesto que esta revolución, la de Internet, no es una revolución industrial o tecnológica: como se adelantaba, es una revolución social.

Todo esto implica la necesidad –y casi la obligación– por parte del ciudadano de familiarizarse con el entorno de las denominadas nuevas tecnologías aunque su sector profesional no se desarrolle en ese campo. Incluso los Gobiernos, conscientes de los cambios que todo esto implican, han lanzado planes de formación a todos los niveles (los popularmente conocidos como Alfabetización en Internet) e, incluso, se han creado Ministerios específicos como el de Ciencia y Tecnología en España.

Probablemente el lector no tenga aún la idea clara de qué es Internet pero estos datos sí le habrán permitido percibir que se encuentra ante una realidad de dimensiones desconocidas hasta el momento de su aparición. Si es así, era lo que se perseguía antes de acometer de un modo más riguroso el origen y aspectos técnicos de Internet.

19.2. EVOLUCIÓN HISTÓRICA DE LA RED

Bien, se asume la realidad que hoy implica Internet pero, ¿cuáles han sido sus orígenes? Parece complicado intentar establecer qué criterios sentaron las bases para lo que posteriormente sería un desarrollo de tal magnitud. Realmente, al igual que ha ocurrido con otros muchos grandes eventos de la Historia, los orígenes de Internet poco o nada tienen que ver con lo que ha llegado a ser. Quizás porque era algo demasiado "grande", porque se iba de las manos, por paradojas del destino… Lo cierto es que hay una serie de hitos que, cronológicamente ordenados, han generado la red de redes, a saber:

1969 El departamento de Defensa de los EE.UU. crea una red con la intención de comunicar los ordenadores del Pentágono con diversas Universidades con las que mantiene relación. Esta red recibe el nombre ARPAnet ("Advanced Research Projects Agency"). El proyecto, si bien tenía una orientación científica –ya que pretendía experimentar la resistencia a fallos parciales en las redes, intentando que cada uno de los PCs que conformaban tuviesen la posibilidad de acceder al resto–, se desarrollaba como un experimento bélico. Así lo que movía a los EE.UU. era el diseñar un sistema capaz de descentralizar la información para que, en caso de una posible guerra, si el centro neurálgico de control era destruido, fuese posible restablecer el control desde otro punto geográfico. Era la época de la Guerra Fría. Así ARPAnet puso en comunicación cuatro grandes servidores cuya ubicación física era secreta y distante entre sí. Para ello desarrolló y usó un protocolo específico creado para tal fin: el proyecto *internetting* que arroja como resultado el TCP/IP (Transmission Control Protocol/Internet Protocol), diseñado por DARPA, quien conectó mediante este sistema ARPAnet con otras redes usando diferentes medios físicos.

1972 Durante los años 1972 y 1973, Internet se va consolidando poco a poco y es en 1972 cuando se organiza la CICC (Conferencia Internacional de Comunicación entre Ordenadores). Esta conferencia deja claras las ventajas de este embrión de Internet comunicando un total de 40 máquinas usando ARPAnet. Esta comunicación se potencia con el uso del correo electrónico y, cómo no, el protocolo usado es el TCP/IP. Como consecuencia de la solidez de la idea, se van agregando cada vez más países al proyecto común, lo que supone un reconocimiento internacional. Los primeros países que participan en el proyecto son Inglaterra y Noruega, quienes se incorporan en 1973.

1980 ARPANET ha crecido. Ya conecta aproximadamente 100 ordenadores a través de TCP/IP y surgen otras redes con filosofías similares: CSNET ("Computer Science Network") y MILNET ("Military Network"). Es una etapa de crecimiento donde poco a poco se añaden a la red Universidades, Centros de cálculos. Aunque siempre con un enfoque claramente militar, parece que poco a poco la red se va transformando y resultando de utilidad para otros sectores sociales. Empieza a vislumbrarse la imagen de los que más tarde sería una red mundial.

1983 Las tres redes (ARPANET, CSNET y MILNET) se unen en una sola para dar lugar a Internet (aunque se denominará aún DARPA Internet). Desde un principio, las comunicaciones se hicieron mediante el protocolo TCP/IP, lo que posibilitó posteriormente la incorporación de sistemas UNIX, DOS y MAC OS a Internet. No obstante, es en esta época cuando se desarrolla la identificación de dominios mediante los servidores de nombres (DNS), evitando la referencia numérica como elemento identificado, dando paso a un sistema más sencillo y natural.

Es en 1985 cuando en España la red IRIS (Interconexión de Recursos Informáticos) proporciona interconexión entre diferentes Centros de Investigación, Universidades y organismos afines. El primer servicio de Internet ofrecido será el correo electrónico. La iniciativa IRIS surge bajo el apoyo y gestión de la FUNDESCO (Fundación para el Desarrollo de la Función Social de Comunicaciones) a expensas económicas del Ministerio de Educación, Ciencia, Cultura y Deportes (MECyD y simplemente MEC en su día).

1986 Con el objeto de dar acceso libre a cinco Centros de información, se forma la NSFnet ("National Science Foundation"), con inversión privada pero con ánimo de expansión, sobre todo en las Universidades. Esta red conformará la principal vía de comunicación en Internet, aprovechando la tecnología usada por ARPAnet. De aquí en adelante, Internet va creciendo exponencialmente sin límites de fronteras (especialmente en el ámbito empresarial y comercial). Este desarrollo es promovido por la negativa a que la NSF usará ARPAnet (red, esta última, que desaparecería en el año 1989).

Este crecimiento vertiginoso (ya se soportan más de 1.000 host conectados) hace que sea preciso ampliar la capacidad de comunicación de la red en varias ocasiones y, con el objeto de abaratar las mismas, se crean los centros regionales de explotación de redes.

Dentro de las redes más significativas que se funden en esta gran telaraña mundial están BitNet y UseNet, a finales de la década de los años 80.

1992 La ISOC ("Internet Society") asume la gestión de Internet de forma no lucrativa con el ánimo de consolidar la expansión del sistema integrando cada vez más empresas en la red. En estos momentos hay aproximadamente un millón de servidores que dan, a su vez, servicio a otros usuarios, enlazando más de 10.000 redes por más de 60 países. El NIC[72] ("Network Information Centre") también asume junto a la ISOC la gestión de la red. Resulta especialmente importante que es en este año cuando se desarrolla la popular www (World Wide Web), de la que se hablará en este mismo capítulo y que facilita especialmente el manejo de Internet. Este nuevo sistema de uso de la red crecerá un año más tarde en un 341%.

1994 Ya existen tres millones de "host" por 146 países uniendo más de 25.000 redes. Internet se ha consolidado como algo real y el comercio internacional comienza a usar la red como un elemento para potenciar sus negocios. A esta causa favorece el apoyo claro del Banco Mundial y la ONU. Todo este desarrollo propiciará que un año más tarde se comiencen a cobrar los registros de dominios y que empresas que de forma tradicional facilitaban el acceso por vía telefónica a BBS propias, comiencen a actuar como proveedores de Internet.

Desde entonces hasta ahora, la sucesión de acontecimientos ha sido tan numerosa que resultaría difícil clasificarla cronológicamente. No obstante, esta evolución ha tenido un importante carácter cualitativo pero también cuantitativo, llegando Internet a todos los hogares. En nuestros días se habla de la *alfabetización en Internet* como una necesidad de los países para que sus sociedades no se queden atrás.

19.3. ¿QUIÉN OFRECE CONEXIÓN A INTERNET?

Para conectarse a Internet, en primer lugar es necesario determinar el "cómo" se quiere realizar la conexión. Existen, fundamentalmente, tres modos diferentes de los cuales uno de ellos es directo y los otros dos indirectos. De forma directa se consigue una mayor velocidad además de un acceso total a la red (características y comandos). Vamos a describir cada uno de los modos:

Enlace directo Este tipo de enlace es usado por grandes compañías, centros de cálculo y universidades dadas las características del mismo. Sin lugar a dudas es el enlace más fiable, ya que se trata de una conexión real y directa con Internet. Esto genera la máxima velocidad de transferencia así como una comunicación ininterrumpida e instantánea. El problema es el precio. Muchas empresas pueden amortizar estas cuotas conectando a otros usuarios a través de su propio servidor.

---

[72] Su función principal es la asignación de direcciones por áreas geográficas, encargándose de la gestión global (mundial) Inter NIC y delegando en cada país. Así, en Europa encontraremos RIPE NCC y en España a RedIris. Dado que esto es una regla de siglas, es importante aclarar que existe otra denominación NIC nada relacionada con este organismo: Network Interface Card.

Proveedor Lo habitual es realizar la conexión a través de un proveedor. Existen empresas especializadas en dar servicio de Internet que consisten en un servidor que hace las funciones de "gateway" o "puente" a la red de redes. Mediante una cuota (mensual, anual o incluso sin cuota, según establezca la empresa) permiten la conexión de manera, generalmente, "plana"[73] (todos los días, todas las horas). Por supuesto, esta cuota de conexión no incluye el precio de la llamada telefónica que revertirá directamente en el usuario de la red. En España, la conexión se puede realizar a través de INFOVÍA PLUS[74] (Telefónica Data), RETENET (Retevisión), WANADOO (Uni2), JAZZFREE (JazzTel), ARRAKIS (BT) y muchos más gracias a la liberalización del mercado de Telecomunicaciones. En un principio INFOVÍA (denominación anterior de INFOVÍA PLUS) regía el monopolio, lo que justifica que sea la que más nodos de acceso local posee. Los nodos de acceso local son los que posibilitan que, independientemente de dónde se encuentre la empresa suministradora del servicio, el precio de la llamada siempre será de tarifa local. Estas comunicaciones se realizan a través de la RTB (Red Telefónica Básica) y la RDSI (Red Digital de Servicios Integrados). El proveedor, además de dar acceso a Internet, puede ofrecer otra serie de ventajas propias de su servidor, como pueden ser correo electrónico (E-mail), noticiarios, foros de debate y bases de datos. De cara a la elección del proveedor, deberá tenerse en cuenta, fundamentalmente, el precio y la gama de servicios que ofrece el proveedor, considerando que muchos de ellos ofrecen servicio de conexión gratuita con unos paquetes básicos.

Otros Este último modo de conexión incluye a compañías que, casi tradicionalmente, han ofrecido una serie de servicios basados en las comunicaciones. Éste es el caso de aquellas que ofrecían utilidades para el intercambio de mensajes e información diversa. Actualmente este tipo de compañías tiende a desaparecer, ya que Internet sobrepasa la gama de ventajas que ofrecían. Algunas de ellas se están reciclando ofreciendo a sus antiguos clientes la conexión a Internet.

19.4. REQUISITOS MÍNIMOS PARA LA CONEXIÓN

La conexión a Internet no requiere de unas prestaciones de máquina especiales e, incluso, se trata de unos requerimientos suaves. La máquina a manejar deberá ser actual. Con esto no se hace referencia al último microprocesador del mercado sino a

---

73 El concepto de conexión plana hace referencia a la posibilidad de conectar cualquier día a cualquier hora y nada tiene que ver con el de tarifa plana, que permite la conexión el número de horas y días que el usuario quiera sin ningún tipo de restricción y siempre al mismo precio global a final de mes.

74 INFOVÍA PLUS es una red de TELEFÓNICA que abarca todo el territorio nacional además de algunos países como Argentina, permitiendo acceder a distintos servicios donde, uno de ellos, es Internet.

aquel ordenador que tenga una vigencia ofimática, es decir, que trabaje de forma habitual con los programas convencionales. Dentro de este grupo se podrían incluir desde los arcaicos microprocesadores Pentium a 100 MHz hasta los actuales por encima de los 2 GHz. Quizás más importante resulte la memoria RAM del sistema que como mínimo debe establecerse en 32 MB para que la navegación sea tolerable. No obstante, el precio de la memoria actual hace recomendable disponer de 128 MB. En conclusión, la máquina no es el elemento problemático.

El siguiente paso en cuanto a elementos precisos para la conexión, es el de matizar cómo se va a realizar ésta. Básicamente existen dos opciones: conexión analógica o conexión digital. Cada una de ellas ofrece una serie de características en las que, como siempre, se mantiene una relación inversamente proporcional en el binomio precio-prestaciones. No obstante, ambas son ofertadas por cualquier compañía y, en función del uso a realizar de Internet, tendrá sentido una u otra.

En el primero de los casos la conexión se realiza a través de la conocida como RTB o Red Telefónica Básica. Ésta es una conexión usada para transmitir voz de forma tradicional con una serie de impedimentos a la hora de trabajar con datos. Quizás el principal sea la conversión digital-analógica y analógica-digital que se requiere de la señal. En este caso será preciso adquirir un módem que realice esas funciones. Las prestaciones del mismo se verán reflejadas, fundamentalmente, en la velocidad de transmisión que ofrezca (independientemente de que sea interno o externo). Esta velocidad se mide en bits por segundo (bps) o kilobits por segundo (Kbps o, simplemente, K). Así se recomienda que el módem no esté por debajo de los 14.400 bps aunque se recomienda un módem de 56 K (56.000 bps).

La segunda de las opciones, la conexión digital, ofrece en la actualidad dos posibilidades: conexión por RDSI (Red Digital de Servicios Integrados) y ADSL (Asymmetric Digital Subscriber Line). En ambos casos ya no es preciso realizar la conversión analógica ya que todo funciona digitalmente, por lo que el módem es sustituido por un router (a pesar de que las compañías insistan en llamarlo módem). La ventaja fundamental que ofrece este tipo de conexión es una mayor velocidad pero a un precio considerablemente más elevado. No obstante, en algunos casos resulta interesante. Es de destacar que tanto con la RDSI como con la ADSL se mantienen las líneas de voz aun cuando se está usando la conexión de datos, no como en la RTB donde la línea sólo puede ser usada para uno u otro cometido[75]. Tanto en la conexión RDSI como en ADSL, la instalación del router y configuración suele ser realizada por los propios empleados de la compañía suministradora.

El resto de los parámetros para la conexión son comunes: se debe disponer de un software con soporte para el protocolo de Internet (TCP/IP) y el software preciso

[75] A día de hoy existe un protocolo conocido como V92 que si bien es soportado por diferentes módems, no hay aún ninguna compañía que lo respalde tecnológicamente. Esta normativa permite conmutar el uso entre voz y datos y viceversa sobre una RTB.

de navegación que es proporcionado de forma gratuita[76], generalmente, por las compañías que ofrecen el servicio. Otros sistemas operativos como Windows ofrecen todo el software preciso sin necesidad de ningún paquete adicional para la correcta navegación (normalmente un navegador o browser y un cliente de correo electrónico).

Una vez configurado el acceso (proceso descrito en el siguiente punto) el proveedor ofrecerá un nombre de usuario y un password o palabra clave de acceso. Con estos datos se podrá acceder a Internet.

El planteamiento genérico que se está dando a la conexión a Internet es siempre bajo el prisma de un ordenador (ya sea PC o Macintosh). Esto no implica que no existan otros métodos que se escapen del espectro microinformático y, por tanto, de la esfera de objetivos de este libro. En este grupo se podrían catalogar los teléfonos móviles o celulares que usan la tecnología WAP, los PDAs, consolas, TV por cable...

19.5. PREPARANDO EL PC PARA CONECTAR...

A continuación se describirán los pasos necesarios para acceder a Infovía Plus a través de un proveedor. El proceso de instalación comprende a partir de la configuración del módem hasta la conexión final. Siguiendo paso a paso la descripción y partiendo únicamente de la suposición de que el módem está insertado, instalado y configurado (consultar el capítulo dedicado al módem) además de, obviamente, haber tramitado un alta con el proveedor oportuno de Internet. Se ha desarrollado un proceso bajo Windows entendiendo que éste es, probablemente, el sistema operativo más difundido del momento. Igual consideración tiene la conexión a Infovía Plus. Estas premisas no quieren indicar que no existan otros sistemas operativos tanto o más seguros que Windows (como OS/2, Linux, Unix...) y otros proveedores igualmente válidos. Simplemente es necesario unificar criterios y los elegidos se han tomado como referencia hacia los demás.

Igualmente se ha supuesto una conexión a través de la RTB, es decir, la línea telefónica convencional. Si el lector es usuario de RDSI, ADSL o accede a Internet mediante una red con, por ejemplo, un proxy, el proceso aquí descrito sólo se ajustará en parte a sus necesidades. No obstante, los modos anteriormente citados ofrecen un servicio *Online* de ayuda al usuario por lo que probablemente no le supondrá ningún problema.

76 En su día –y como dato anecdótico–, la compañía Telefónica de España proporcionaba el software apropiado de manera gratuita a través de sus oficinas comerciales y proveedores bajo un formato de un CD o siete discos de $3^{1/2}$” HD si la conexión se realizaba a través de INFOVÍA PLUS.

19.5.1. Carga del software necesario

Lo primero que será preciso asegurar en la conexión a Internet es que se encuentran cargados todos los programas y, en el general, todo el software preciso para la instalación de red. Si el usuario entiende que lo aquí expuesto no le resulta de utilidad ya que lo tiene instalado, se le recomienda que avance sucesivamente a los diferentes puntos enunciados.

Como ya es sabido, Windows no se carga de forma completa en el proceso de instalación, sino que simplemente lo hacen los componentes software de uso más común. Si bien es cierto que existe una opción concreta para que el usuario determine qué programas desea instalar, probablemente sean sólo unos pocos los que optan por ese camino. De cualquier modo, el proceso de adición de software es realmente sencillo y genérico por lo que, si el usuario echa en falta alguna aplicación, puede usar este libro como referencia.

Tras lo expuesto, el primer paso será definir en el entorno Windows el *Acceso telefónico a redes*. Este acceso posibilitará la comunicación a través de la RTB con sistemas de redes informáticas y, cómo no, con la *red de redes* Internet.

La secuencia de "clickeos" responde a *Mi PC / Panel de Control / Agregar o quitar programas*. Una vez allí, habrá que seleccionar la lengüeta marcada como *Instalación de Windows* que dará paso a una nueva ventana.

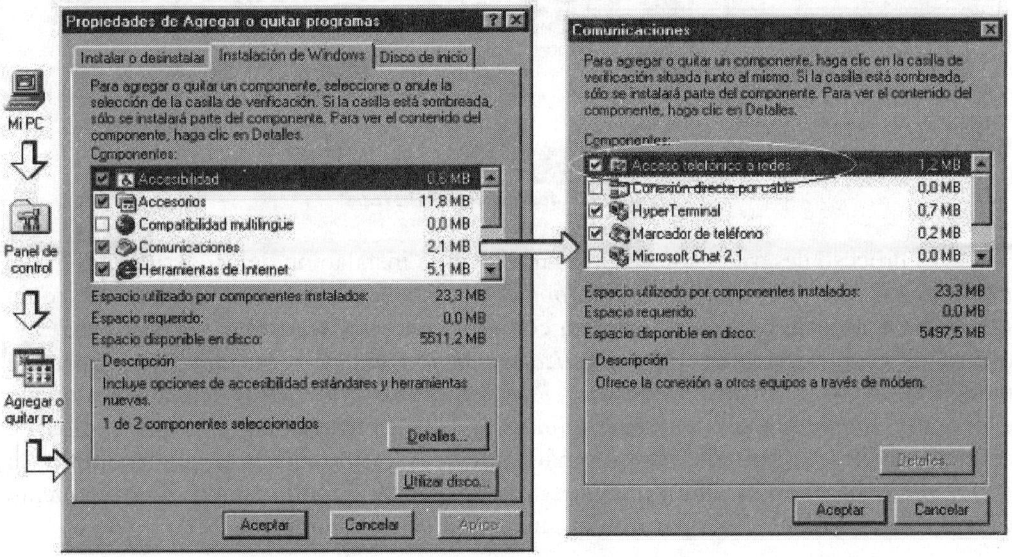

Figura 19–1 Instalador de aplicaciones

Una vez aquí se abrirá una lista con todos los componentes de Windows agrupados por función. Cada grupo tiene a su izquierda una casilla y representa el nivel de instalación alcanzado. De esta forma, una casilla en blanco significa que no se ha instalado ningún componente del grupo, una casilla marcada con el fondo blanco implica que se han instalado todos los componentes incluidos en el grupo y, por último, una casilla marcada con fondo gris indicará que se han instalado algunos componentes del grupo pero no todos, por lo que habría que asegurarse de que el software que nos interesa está completo. Para la instalación del *Acceso telefónico a redes* se seleccionará el grupo de *Comunicaciones* entrando dentro de su entorno (pulsándole dos veces). La siguiente ventana mostrará la lista de componentes incluidos y si están instalados o no según la descripción de las casillas. El usuario debe asegurarse de que el icono de *Acceso telefónico a redes*, imprescindible para establecer la comunicación con Internet, se encuentra marcado. De no ser así, se marcará y Windows solicitará los disquetes o el CD ROM para proceder a la instalación. Éste es un proceso corto, ya que sólo se instalarían los programas especificados. Si todo se ha realizado correctamente, se habrá finalizado. Nuestro sistema dispone de todo el software preciso, suministrado por Windows para establecer la comunicación con redes a través de la RTB. El primero de los pasos está completo.

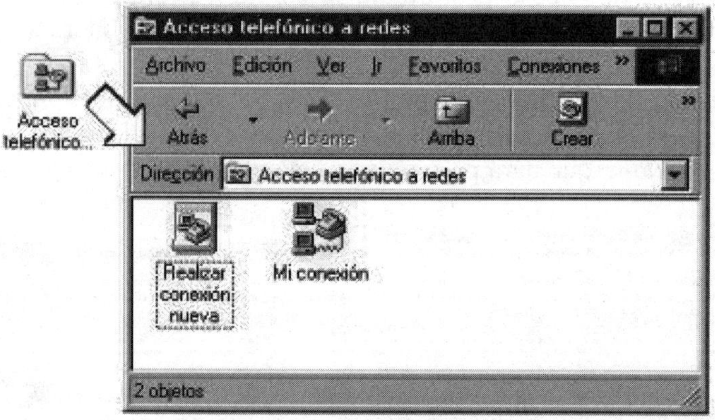

Figura 19–2 Acceso telefónico a redes

El proceso descrito es necesario tanto para la instalación del *Acceso telefónico a Redes* como para la *Conexión directa por cable*. El usuario comprobará que dentro de *Mi PC* ha aparecido una nueva carpeta con el nombre de *Acceso telefónico a redes* y, dentro de ésta, dos iconos más: *Realizar conexión nueva* y *Mi conexión*. De igual modo en *Mi PC / Panel de Control / Red* comprobará que se ha añadido un nuevo elemento: *Adaptador de acceso telefónico a redes*. Incluso algunos protocolos de comunicaciones se han añadido automáticamente. No obstante, este punto último (el de los protocolos) no se dará por supuesto y se aborda a continuación: concretamente el protocolo imprescindible para la comunicación en Internet: el TCP/IP.

19.5.2. Instalación de Adaptador de acceso telefónico y TCP/IP

El *Adaptador de acceso telefónico a redes* se instala de modo automático según se ha detallado en el punto anterior. Incluso, si el PC dispone de una tarjeta de red, se instalará también sin ningún tipo de intervención por parte del usuario. De cualquier modo y en caso de haberse producido un error, la instalación es sencilla. En este caso basta con acceder a *Mi PC / Panel de Control / Red* y, una vez allí, pulsar sobre el botón *Agregar*. Este comando, de modo genérico, sirve para añadir elementos a la red, ya sean tarjetas de red, protocolos, servicios o clientes. Esto se comprueba en la siguiente pantalla donde el usuario deberá determinar qué desea agregar.

Tras seleccionar *Adaptador*, deberá elegir en la ventana de la izquierda el fabricante y en la de la derecha el modelo que desee. Se recomienda escoger el *Adaptador de acceso telefónico a redes* de Microsoft. Una vez completado el proceso Windows solicitará, si es necesario, la introducción del CD original de Windows a fin de copiar los ficheros precisos.

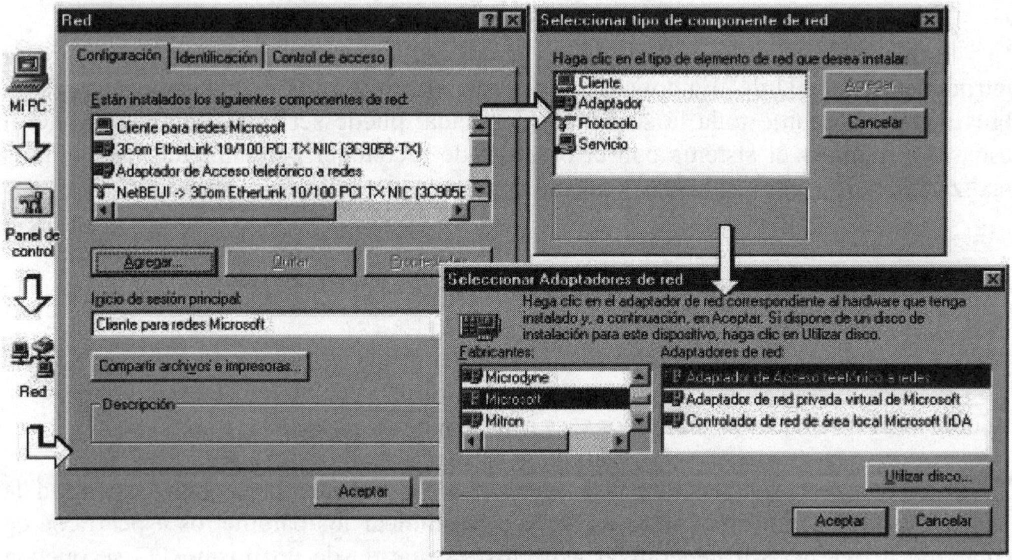

Figura 19–3 Adaptador de acceso telefónico

El proceso de instalación del protocolo TCP/IP, base de comunicaciones sobre la que se fundamenta Internet, es análogo al expuesto para el Adaptador de acceso telefónico a redes. La diferencia estriba en que, una vez dentro del icono de *Red* y habiendo pulsado *Agregar*, la selección no se realizará sobre *Adaptador* sino sobre *Protocolo*.

Al igual que en el proceso anterior habrá que seleccionar el fabricante y el producto que se desea instalar que, en el caso que nos ocupa, será Microsoft y TCP/IP respectivamente.

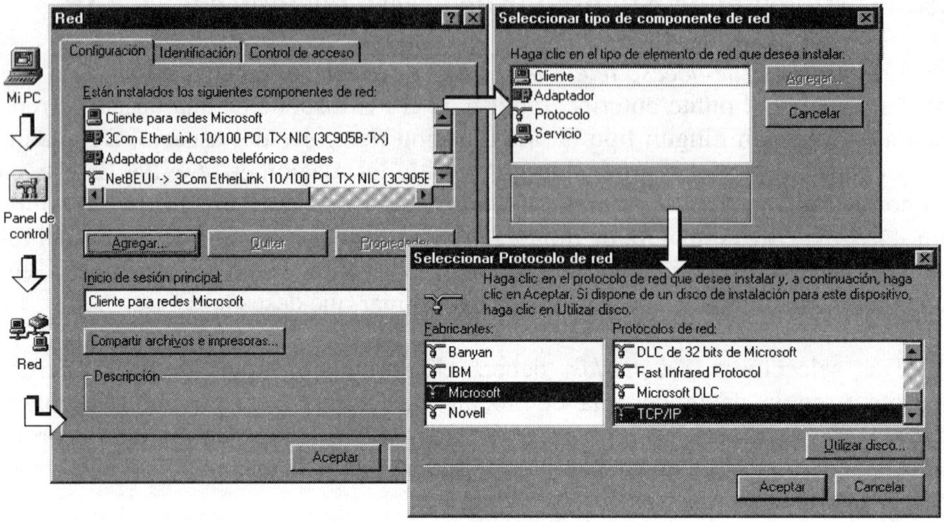

Figura 19–4 Instalación del TCP/IP

Ambas instalaciones (adaptador y protocolo) pueden llevar asociado la introducción del CD de Windows a fin de recuperar los datos y aplicaciones precisas. Igualmente y durante toda la secuencia detallada, puede ser que Windows invite al usuario a reiniciar el sistema con el objetivo de reconocer parcialmente los cambios realizados. Si así fuera, el proceso deberá continuar justo donde se abandonó.

19.5.3. Configuración del Acceso telefónico y TCP/IP

Con todo el software preciso en el PC, habrá que configurarlo apropiadamente para obtener la conexión a Internet perseguida. El proceso es tan sencillo como lo ha sido hasta el momento pero o mejor será ir paso a paso.

La configuración en esta fase es un proceso encadenado donde la entidad la tiene la conexión. En otras palabras: es preciso indicar los parámetros específicos de conexión a Internet sin generalizar aspectos ya que desde un mismo PC se pueden habilitar diferentes conexiones.

En primer lugar habrá que acceder a *Mi PC / Panel de Control / Acceso telefónico a redes*, donde habrá un icono identificado como *Realizar conexión nueva*. Se hará doble clic sobre él ya que encierra todos los parámetros precisos para la conexión.

Si ya existiese una conexión realizada y se desease modificar, todo lo expuesto a continuación es válido y sólo varía el modo de acceso: habría que seleccionar la conexión realizada y realizar un clic con el botón derecho del ratón, seleccionando Propiedades.

Una vez en la pantalla de *Realizar conexión nueva*, habrá que indicar dos aspectos: nombre de la conexión y Módem. El primero responde a cómo se quiere identificar la conexión en caso de existir más de una. Por ejemplo, podría darse el caso de estar dado de alta en dos proveedores y querer distinguir ambos mediante nombres distintos. Esta identificación es totalmente libre y puede definirse como más significativa resulte para el usuario. En lo referente al módem, se ofrecerá una lista con los módems disponibles en el sistema. Si bien lo habitual es que sólo se disponga de uno (aunque existan más de una conexión), aquí se podrá especificar con qué módem se desea trabajar en esta conexión específica. Obviamente el módem tendrá que haber sido definido y configurado con anterioridad (tal y como se detalla en el capítulo que se ocupa de este periférico). Tras pulsar sobre *Siguiente*, se solicitará el prefijo y número al que se desea llamar para realizar la conexión. Este número variará en función de la ubicación geográfica del equipo y cada localidad dispondrá de su número (nodo) específico. Para aquellas poblaciones donde no exista un nodo definido, se ha habilitado un número genérico que les da cobertura.

> ***Importante: si no se usa el número correspondiente a la localidad desde la que se está accediendo a Internet, el coste de la llamada no será local, sino que se aplicará la tarifa vigente a una llamada interprovincial.***

Esta pantalla se complementa con la identificación del país desde donde se realizará la conexión. El país viene acompañado del número de página que lo identifica. En el caso de España será el 034. Estos códigos pueden ser compartidos por varios países igual que un país puede responder a diferentes códigos asignados por áreas. Tras pulsar nuevamente *Siguiente*, se informará al usuario de que el proceso ha finalizado y se podrá comprobar observando que se ha creado un icono con el nombre de la conexión realizada junto al original de *Realizar conexión nueva*. Hasta aquí se podría entender que ha finalizado la configuración del Acceso telefónico a redes. Se inicia, por tanto, la configuración del protocolo TCP/IP.

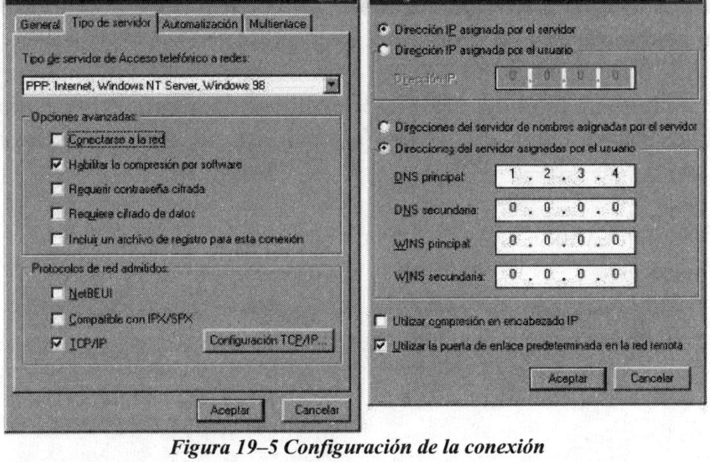

Figura 19–5 Configuración de la conexión

A continuación se marcará el nuevo icono generado y, con el botón derecho, se desplegará el menú contextual asociado. Dentro de él se seleccionará *Propiedades*. Una vez en esta ventana habrá que seleccionar el botón o lengüeta (dependiendo de la versión de Windows usada) de *Tipo de servidor*. Dentro de esta nueva ventana habrá que indicar que el servidor es de tipo *PPP: Internet, Windows NT Server, Windows 98* (en versiones Windows '95 aparecerá *PPP: Windows 95, Windows NT 3.5, Internet*) y sólo dejar habilitadas las casillas de verificación correspondientes a *Activar compresión software* y *TCP/IP*. El siguiente paso será pulsar sobre el botón marcado como *Configuración TCP/IP*.

Dentro de la configuración específica del protocolo habrá tres apartados a completar: dirección TCP/IP del usuario, DNS y otras de carácter específico. Dentro de la dirección, habrá que habilitar la opción de dirección *IP asignada por el servidor*. Como ya se estudió en el capítulo dedicado a las redes, esta dirección debe ser única y, al dejarla de modo libre, el servidor con el que se esté realizando la conexión asignará una de las direcciones comprendidas dentro de su rango de actuación. Esto garantiza que no se puedan dar conflictos entre direcciones IP comunes en diferentes máquinas. A continuación habrá que indicar las DNS mediante la opción de *Direcciones asignadas por el usuario*. Estas direcciones deberán haber sido proporcionadas por el proveedor de servicios de Internet y son específicas de cada uno. Lo habitual es indicar una DNS principal y, en ocasiones, una DNS secundaria. Dentro de las opciones que completan la ventana, sólo deberá dejarse activa la marcada como *Usar gateway predeterminado en la red remota*. Desde este momento, el TCP/IP está preparado para establecer comunicación a través de una conexión telefónica.

19.6. ¡CONECTANDO!

Finalizada la configuración, la conexión se limitará a acceder al icono de conexión creado e indicar dos parámetros: nombre del usuario y clave (o password). Ambos habrán tenido que ser pactados previamente con el proveedor. Debe recordarse que, dentro del cuadro de diálogo de nombre del usuario deberá indicarse el asignado, seguido por el símbolo @ y el dominio del proveedor.

Como comodidad añadida, cabe la posibilidad de habilitar la casilla de *Guardar contraseña*, que ahorrará que en futuras conexiones sea preciso volver a teclear la clave de acceso.

¡Solucionado! Ahora sólo resta pulsar sobre el botón *Conectar*. ¡Buena "navegación"!

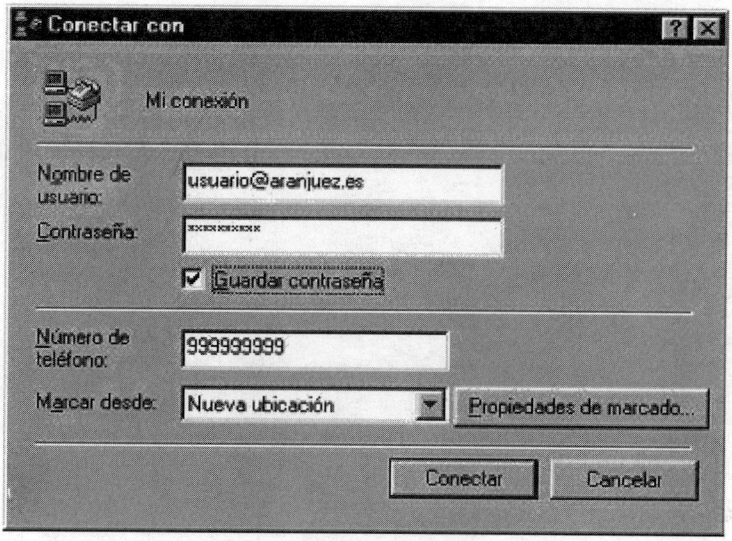

Figura 19–6 Conexión a Internet

19.7. EL WWW

Si algún inconveniente se le puede buscar a Internet es la gran cantidad de información que encierra. Esto hace que sea necesario estructurarla convenientemente para que el usuario encuentre lo que busca de la mejor de las maneras. El WWW ("World Wide Web"), como sistema hipermedia, permite al usuario acceder a información de una manera ágil y rápida con una interfaz realmente amigable que proporciona gráficos, imágenes, sonidos..., en definitiva, todo un entorno multimedia manejable a través del ratón que permite identificar fácilmente la información y hacerla atractiva al usuario.

El WWW permite la conexión en formato hipertexto con cualquier punto (enlace a otros documentos) que esté relacionado con la información tratada por el usuario, permitiendo, desde oír la radio hasta conectarse con la NASA. Para establecer esta comunicación, el usuario "pulsará" con el ratón palabras, frases o dibujos que le guiarán al nuevo enlace[77], de forma más sencilla (aunque menos jerárquica) que usar menús estructurados de búsqueda. Este método de relación estructural está íntimamente ligado con Internet. Precisamente este atractivo diseño está consiguiendo que las empresas usen las páginas Web como medio de publicidad (realmente se trata de un anuncio disponible a todas las horas, todos los días del año y en todo el mundo).

---

[77] Tim Berners-Lee de CERN (Centro Europeo para la Investigación Nuclear) propuso en 1989 un sistema para interrelaccionar toda la información que se encontraba dispersa entre todos los servidores del CERN. Esta solución era el HTTP (Hyper Text Transfer Protocol), protocolo de comunicaciones a la vez que un sólido soporte hipertexto. Poco después, se definió un lenguaje llamado HTML (Hyper Text Markup Languaje) que permitía la creación de documentos estructurados para el HTTP consiguiendo hiperenlaces así como utilidades de formato de texto.

Para establecer estos enlaces, deben estar claramente definidos los puntos de conexión y las direcciones donde se encuentran las distintas informaciones sin posibilidad de confusión. Esta localización se realiza a través de los URL ("Universal Resource Locator") que identifican de manera inequívoca el sistema donde se encuentran los datos requeridos así como la aplicación necesaria para acceder a ellos.

CAPÍTULO 20

CORREO ELECTRÓNICO

El correo electrónico es, sin duda, el aspecto más conocido y uno de los más prácticos de la red. Esto ha sido consecuencia de dos características inherentes a Internet y al propio servicio de correo: la gratuidad de esta herramienta y su facilidad de uso.

Quizás a alguien le pueda extrañar la inclusión de un capítulo sobre este tema en un libro con una dedicación clara al Hardware: todo tiene su explicación. La tarea de un técnico, como en algún párrafo se comentaba anteriormente, no sólo se circunscribe a los meros aspectos técnicos de la máquina. Gran parte de las averías en los ordenadores tienen un origen software que, en ocasiones, sólo precisan de una reconfiguración. La importancia de Internet en nuestros días y el arraigo del correo electrónico entre los usuarios (a veces incluso sin ordenador), justifica la existencia de este texto que, de forma somera, aborda diferentes aspectos de obligado conocimiento para un técnico.

Hoy por hoy, no es preciso ser un titulado universitario para manejar aspectos básicos de Internet (hace unos años, antes de la implantación de la *World Wide Web,* el tema era otro muy distinto). Esta sencillez de uso ha hecho de Internet una herramienta cotidiana y una de las ofertas más populares dentro del abanico de servicios que ha sido el correo. Tanto ha sido así, que ambos conceptos van parejos y los proveedores de servicios, junto a la conexión, ofrecen al menos una cuenta de correo. De igual modo ocurre cuando se adquiere un dominio e, incluso, hasta cuando se adquiere un teléfono móvil (la mayor parte de las compañías crean una cuenta de correo y permiten a sus clientes manejarla desde su teléfono móvil, sin que necesariamente deba ser un aparato de tecnología *WAP* o superior).

En este capítulo, como se adelantaba, se detallan todas las generalidades que es preciso conocer acerca del correo electrónico, su configuración y uso. De forma adicional, el lector encontrará otra serie de utilidades descritas de uso común.

20.1. CORREO ELECTRÓNICO

El correo electrónico ("Electronic Mail" o, simplemente "E-mail") quizás sea una de las utilidades más atractivas de Internet a la vez que prácticas. A escala conceptual tiene mucho que ver con lo que sería el correo convencional: cada usuario tiene una dirección única y un buzón personal. Si se desea enviar un mensaje (un fichero, un gráfico, una base de datos...) a cualquier usuario de cualquier punto del planeta, sólo será necesario indicar su dirección. Internet se encargará de hacerle llegar el mensaje. En caso de no estar conectado el PC del receptor del mensaje, éste quedará almacenado en su servidor u ordenador central hasta que efectúe la próxima conexión. Este servidor de correo contará con una "casilla" o una cuenta de correo electrónico del usuario. No debe pensarse en el ordenador central como una máquina exclusivamente, puede ser una red de ordenadores, una BBS ("Bulletin Board System") o un correo electrónico o servicio en línea.

Todo este proceso de envío de mensajes se realiza en muy poco tiempo a pesar de las grandes distancias que el mensaje tenga que "recorrer". El software necesario para usar el correo electrónico se encuentra de forma gratuita en la red.

Aunque el símil del correo convencional es válido, existen diferencias claras a favor del E-mail como pueden ser la velocidad de transmisión, el precio (¡mucho más barato!), la posibilidad de transferencia de ficheros, consulta a prácticamente cualquier organismo y un largo etcétera de posibilidades.

20.2. IDENTIFICACIÓN DEL USUARIO

Cada ordenador dentro de Internet tiene una dirección única. Para identificar a cada usuario se llega a un acuerdo: la dirección se especificará según el siguiente formato:

<nombre_del_usuario>@<nombre del servidor>.<dominio>

Así, una dirección válida sería *ayuntamiento@aranjuez.es*. Ésta correspondería al usuario llamado "ayuntamiento", que se encuentra conectado a un servidor llamado "aranjuez.es" que es un ámbito de red (es). Se le llama dominio al texto que sigue a la arroba.

Las terminaciones suelen ser indicativos del dominio donde se ha definido la cuenta de correo del usuario. Así los *.com* se asignan a fines comerciales, *.org* a organizaciones, *.net* a redes, *.tv* a emisión de TV... Por otro lado están las indicaciones regionales de paises: *.es* España, *.fr* Francia, *.ar* Argentina...

Existe otro tipo de identificación basada en el estilo "Fidonet" pero que tiende a converger al formato visto.

Dentro de las utilidades relacionadas con el correo electrónico existen las llamadas “Lista de Correo”. Cualquier usuario puede “inscribirse” en estas listas que ofrecen la ventaja de poder enviar mensajes, de manera que todos los usuarios de la lista lo reciban. Cuando se envía un mensaje, automáticamente se reenvía al resto de los usuarios conectados a la lista. Sería algo similar a un “mailing” donde siempre habrá respuesta. Esto permite establecer “coloquios” entre usuarios con afinidades comunes (o dispares), de forma que todas las personas que se encuentran en la lista puedan opinar y recibir opiniones.

20.3. TIPOS DE CORREO: *WEB MAIL* Y CLIENTES

A la hora de acceder al correo electrónico, existen dos métodos diferentes: el *web mail* y los clientes de correo. Ambas opciones son interesantes y dependen del uso que se quiera dar al correo para elegir una u otra. No obstante, dado que no son excluyentes, cabe la posibilidad de combinarlas y, por ejemplo, disponer de un cliente para el uso laboral y un *web mail* para su utilización personal. A continuación, se detallan las diferencias y características de cada uno de ellos.

Figura 20–1 **Banner** ***publicitario de Hotmail***

En el caso del *web mail*, como se deduce a partir de su nombre, el correo se realiza mediante el acceso a una página Web. En este caso el usuario puede acceder desde cualquier máquina y ubicación a su cuenta, identificándose mediante un nombre de usuario y una clave o *password*. Son muchos los portales que ofrecen esta opción de forma gratuita donde cabría destacar, entre otros, el correo web de Hotmail (http://www.hotmail.com), Biwemail (http://tucorreo.biwemail.com), Aldea Futura (http://aldeafutura.com), Netscape (http://netscape.com), Mail (http://mail.com), Dirección (http://direccion.com), Yahoo (http://mail.yahoo.com)...

De forma habitual en este tipo de correo, el usuario debe acceder a la dirección (o *URL*) del servidor y facilitar su nombre de usuario y contraseña. A continuación, y una vez verificado el acceso, podrá disponer de su cuenta de correo electrónico. En caso de no estar registrado como usuario, un acceso directo (o *link*) le permitirá hacerlo en este preciso instante. Para ello, será preciso completar una serie de campos –algunos de ellos opcionales– y seleccionar temas referentes a sus aficiones y apetencias. Esto le permitirá recibir información de su interés.

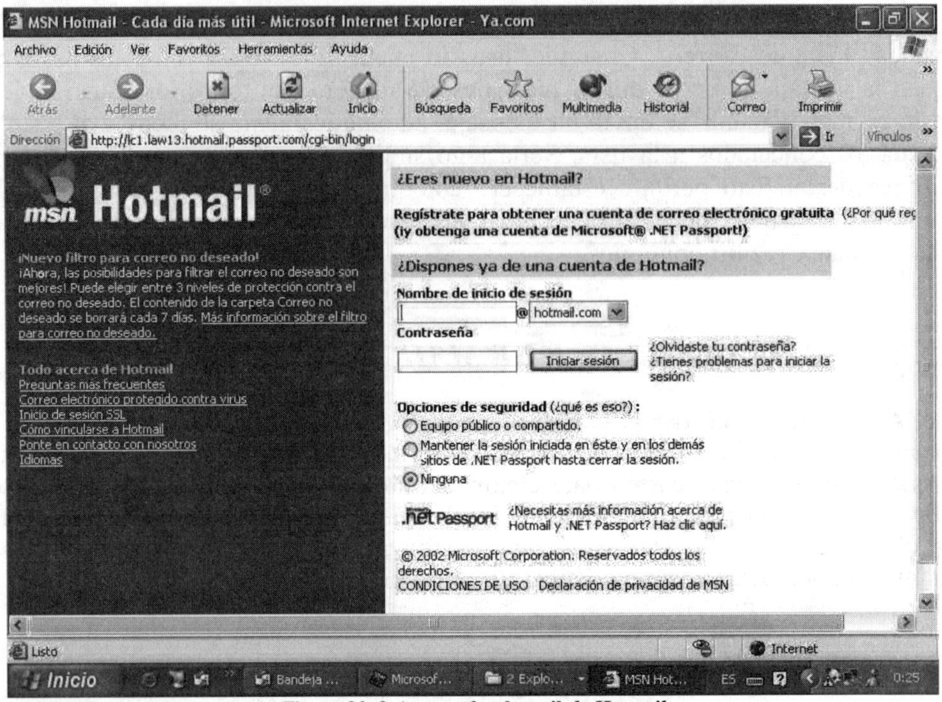

Figura 20–2 Acceso al* web mail *de Hotmail

Como ya se indicaba, para acceder a este tipo de servicio, de forma previa deberá haber formalizado su alta de correo mediante la aportación de los datos requeridos por el servidor. En todos los casos se solicitará identificación del usuario y, opcionalmente, aparecerán otros puntos que le serán de utilidad al proveedor para ofrecer sus servicios. De este modo, si usted indica que le gusta la fotografía, el servidor le ofrecerá periódicamente información al respecto mediante *e-mails*.

Las características principales de este sistema son:

Accesibilidad universal Será posible acceder a su dirección de correo desde cualquier terminal (PC, PDA, teléfono...) y desde cualquier lugar remoto del mundo, disponiendo, exclusivamente, de una conexión a Internet. Esto posibilita una independencia de la ubicación física habitual abriendo nuevas posibilidades limitadas, exclusivamente, por la disponibilidad de cobertura de Internet (no se olvide a este respecto la alternativa de los satélites). Realmente, se trata de una ventaja para aquellas personas que viajen y que no tengan un sistema informático portable que les permita usar siempre la misma máquina.

Ausencia de mantenimiento Dado que los servidores y configuración de la cuenta corren a cargo del proveedor del servicio, no habrá que preocuparse de posibles errores de software. Todo debe ser proporcionado por el proveedor y el usuario limita su área de mantenimiento a una conexión.

Facilidad de comunicación	Es habitual que este tipo de servicio sea especialmente sencillo e intuitivo. Esto es así porque debe tratarse de una herramienta lo suficientemente atractiva para el usuario como para que éste opte por un proveedor de correo y no por otro. De forma adicional, se ofrecen ventajas de comunicación con otros usuarios de forma inmediata e, incluso, acceso a *chats* aprovechando los datos que del usuario ya existen en el servidor.
Ausencia de imagen corporativa	El dominio es el servidor del proveedor que ofrece los servicios, por lo que las direcciones aquí definidas harán mención a él. No hay posibilidad de establecer una relación entre *web mail* y la potencial empresa del propietario de la dirección. No obstante, hay servidores que ofrecen la posibilidad de dominios más "asépticos" de modo que den una imagen más institucional. Tal puede ser el caso de las terminaciones *mail.com*, *europe.com*, *doctor.com*, *accountant.com* ofertadas por *mail.com*.

En la mayor parte de los casos este servicio es gratuito, pero suele estar limitado en su capacidad de almacenamiento (entre 2 y 10 MB). Si se desea disponer de una capacidad mayor, será mediante facturación por parte de la compañía suministradora del servicio.

La otra opción es el uso de un cliente de correo electrónico. Un cliente es una aplicación de ámbito local (esto es, instalada en el ordenador del usuario) que accede a su cuenta de correo. Su utilidad es específica y suele ser usada en el entorno profesional. Esto es debido a la imagen institucional que deben ofrecer las empresas aportando a la dirección de correo de sus empleados su propio dominio. Así, el usuario Juan Pérez de la empresa XYZ debiera tener una dirección de correo del tipo *juan.perez@xyz.com*. Si usase, por ejemplo, un *web mail* de *hotmail*, su dirección sería *juan.perez@hotmail.com*.

Actualmente existen multitud de programas de correo electrónico. Cabría destacar *Outlook*, *Outlook Express*, *Exchange*, *Eudora*, *Addin XeMailing*, *AutoMail*... Cada uno aporta una serie de ventajas que, en muchos casos, hace que su elección sea una simple cuestión de gustos. Normalmente siempre va asociado el binomio complejidad-prestaciones, de modo que cuanto más potente es el cliente, más complejo es su uso. A pesar de esto, este tipo de aplicación es suficientemente sencilla e intuitiva como para ser manejada por cualquiera. Por otro lado, todos ofrecen las prestaciones básicas de envío y recepción de archivos de una forma similar o idéntica a como se hace en un *web mail*. La diferencia estriba en las posibilidades adicionales ofertadas.

Estas aplicaciones aportan interfaces más elaboradas donde, como se aprecia en la figura, se accede a las bandejas, direcciones de la libreta, mensajes e, incluso, contenido con un único clic de ratón.

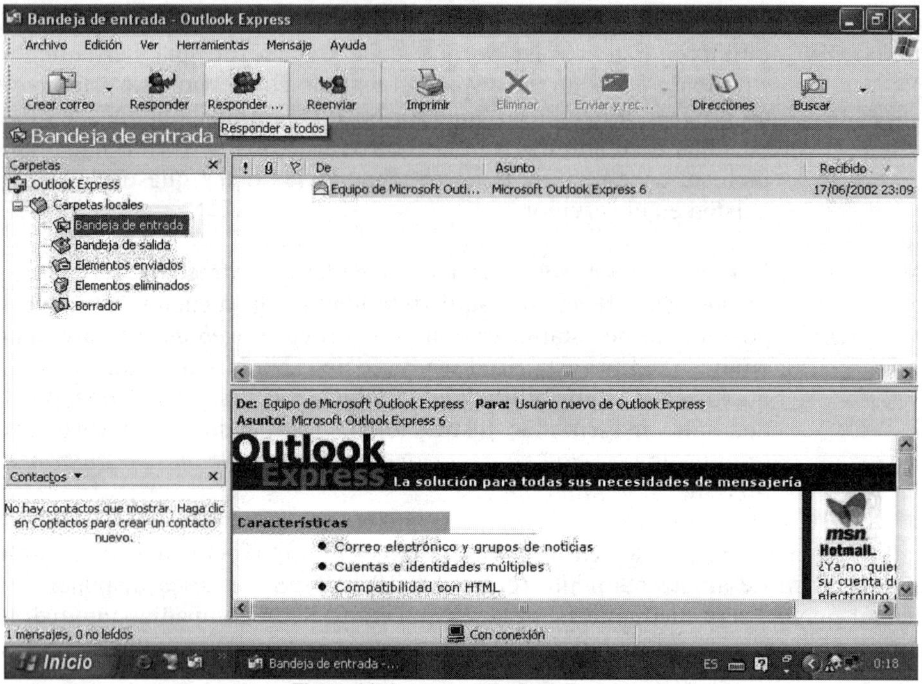

Figura 20–3 Acceso a Outlook Express

Las características principales de este sistema son:

Accesibilidad limitada — Normalmente se accederá a esta cuenta siempre desde el mismo PC, ya que contendrá la configuración específica de la cuenta. Esto no implica que no sea posible reconfigurar la cuenta en otra máquina, pero resulta más complejo que hacerlo desde un *web mail*.

Necesidad de mantenimiento — Toda la configuración debe realizarse en la máquina del usuario, por lo que será preciso conocer datos del tipo de acceso al correo (nombres de servidores entrantes, salientes...). Aunque no es un proceso complejo, sí requiere conocer algunos parámetros específicos.

Múltiples prestaciones — Dado que se trata de un programa local (que reside en el PC del usuario), es habitual que ofrezca más prestaciones al no tener restricción de tamaño (capacidad). Suele ofrecer muchas más utilidades que un *web mail*.

Imagen corporativa — Suele estar asociado el uso de un cliente de correo a un servidor con un dominio propio. De este modo, cada dirección muestra el dominio al que pertenece, que suele coincidir con el entorno profesional del propietario de la dirección.

A continuación se ofrece una pequeña tabla resumen comparativa:

	Web Mail	*Cliente de Correo*
Ubicación del software	Remoto (servidor)	Local (PC de usuario)
Imagen corporativa	No	Sí
Acceso universal	Sí	No
Prestaciones	↓	↑
Mantenimiento	No	Sí

Tabla 20–1 Comparativa web mail/cliente

Se estima que el uso actual del correo electrónico multiplica por diez la utilización del correo convencional. Tal importancia se asocia a su uso, que es éste uno de los parámetros usados para evaluar el nivel de desarrollo de un país.

20.4. CORREO EN LÍNEA Y FUERA DE LÍNEA

Es otro de los conceptos manejados dentro del correo electrónico. El correo "en línea" obliga al usuario a estar conectado a la red vía telefónica mientras está recibiendo o confeccionando un nuevo mensaje, de manera interactiva. Esta operación puede llevar bastante tiempo si el mensaje es largo o complejo y, asociado al tiempo, lógicamente vendrá la factura de la compañía telefónica.

La posibilidad de "fuera de línea" viene dada por las cuentas de usuario en el servidor. Así se podrá confeccionar el texto o mensaje que se desea enviar sin ningún tipo de prisa. Una vez completo, la máquina origen se conectará al servidor, momento en el que enviará el mensaje. Si existiese correo para el usuario, antes de proceder a la desconexión le sería remitido. Este sistema reduce considerablemente el coste del correo. Dependiendo del proveedor, no se trata de elegir entre un método u otro, ya que cabe la posibilidad de disponer de ambos a la vez.

20.5. SEGURIDAD EN EL CORREO

Realmente, la seguridad en un 100% no existe. Los mensajes no se libran y es conveniente que, si la información a tratar es confidencial, se usen líneas privadas y, por supuesto, hacer uso de los métodos "comunes" como son la encriptación, protección con claves...

Dentro de este apartado de seguridad también tienen cabida los virus. Entendidos como programas con fines destructivos, un virus puede entrar en una máquina "alojado" en un programa. Aunque es una posibilidad bastante remota, ya que antes de aceptar software, la red revisa la integridad de los ficheros, no está de más que el usuario compruebe todo aquello que reciba por correo.

20.6. UN EJEMPLO PRÁCTICO

En definitiva, el aspecto práctico del correo electrónico es el envío y recepción de *e-mails*. En cuanto a la recepción, poco hay que aclarar, ya que el proceso es suficientemente intuitivo (basta con realizar un clic con el ratón sobre el nuevo mensaje). Ahora bien, el envío, aunque suficientemente sencillo, quizás sí merezca la pena ser detallado. Los pasos a seguir son los siguientes:

1. Abra su cliente de correo electrónico mediante el acceso específico de su Escritorio.

2. Una vez dentro, seleccione *Archivo/Nuevo/Mensaje de correo*, se desplegará una pantalla similar a la presentada en la figura.

3. Introduzca, en primer lugar, a quién va dirigido el correo en el campo *Para*, marcado con un ❶ en la figura. Esta dirección puede formar parte de su *Libreta de direcciones,* pero, en caso de no ser así, tecléelo directamente. Éste es el único campo de introducción obligatoria.

4. Introduzca, a continuación, las direcciones de las personas que desea que reciban copia del correo (si es que desea proceder así). Su introducción será en el campo señalado con un número ❷ y etiquetado como *CC:*

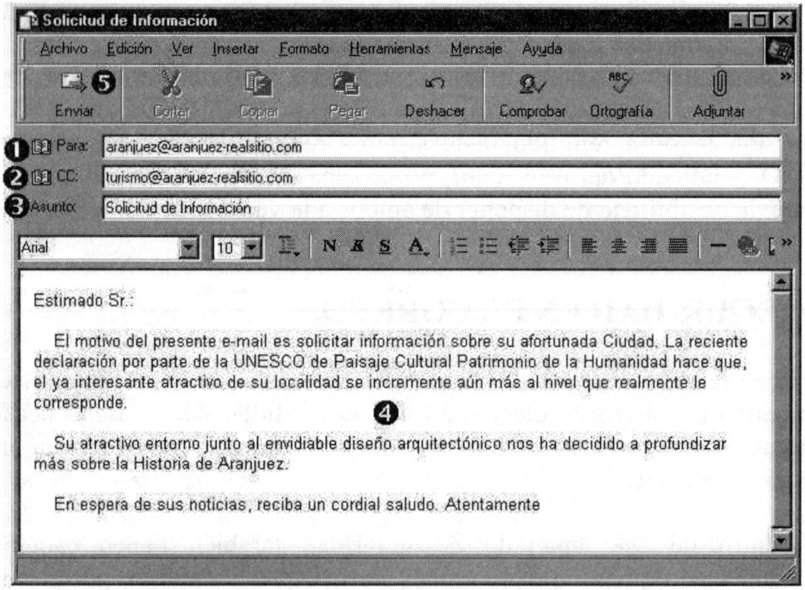

Figura 20–4 Enviando un correo

5. Introduzca el asunto, si es que así lo desea, en el campo del mismo nombre (etiquetado con un ❸). Este campo es opcional y debe ser orientativo del contenido del correo.

6. ¡Por fin! Escriba en la zona central de la pantalla el contenido del correo electrónico. Utilice la misma técnica que si de un procesador de textos convencional se tratase. Este campo está marcado en la figura con un número ❹.

7. Una vez finalizados estos pasos, envíe el correo mediante el comando *Archivo/Enviar mensaje* o mediante el icono destinado a tal fin, marcado con un número ❺.

Estos pasos corresponden a la opción más básica de envío y, sin duda, pueden ser completados con opciones de envío urgente, con aviso de recepción, ficheros adjuntos…

20.7. OTROS SERVICIOS DE INTERNET

Dentro de la red, son muchos los servicios disponibles. Sería largo enumerar todos, pero se ha realizado un pequeño resumen de los más significativos, remitiendo al lector a lecturas especializadas para profundizar sobre el tema. Las utilidades descritas son las siguientes:

Archie Se trata de un diseño que permite la localización de ficheros a través de Internet. Para acceder a "Archie" es necesario usar un protocolo TelNet (descrito más adelante) estableciendo una sesión con un servidor disponible o a través de un programa cliente.

FTP El FTP o Protocolo de Transferencia de Ficheros ("File Transfer Protocol") es una utilidad para transmitir y recibir ficheros (documentos, imágenes, texto, programas...) entre dos ordenadores que se encuentren en cualquier parte de la red. El FTP puede ser anónimo o no, dependiendo de si es preciso introducir una contraseña para realizar el envío/transferencia de datos o se trata de ficheros de acceso público.

Gopher Es un "navegador" que sirve para acceder a aplicaciones "Gopher" que facilita, a través de menús jerárquicos, la búsqueda de información dentro de Internet. En definitiva, es una "búsqueda guiada" que evita que el usuario pueda "perderse" entre los "caminos" de la información. Esto lo consigue a través de menús temáticos a los que el usuario accede hasta concretar la información que busca. Es similar a las web aunque menos gráficas.

IRC El IRC ("Internet Relay Chat" o Repetidor de conversación en Internet) permite establecer conversaciones entre un gran número de usuarios de cualquier zona del mundo. Permite la conexión con direcciones (clientes) específicos o con TelNet. Cuando se realiza la conexión, el sistema solicita un nombre de usuario. Éste será el identificativo que precederá cualquier futuro mensaje del usuario en cualquiera de los canales de comunicación.

ICQ La ICQ ("I Seek You") es una aplicación que consigue mantener comunicados en tiempo real a varios usuarios. Permite conocer si otro usuario, registrado previamente, se encuentra conectado y tiene la capacidad de enviar y remitir mensajes, crear salones de charla (Chat), transferir archivos, etc. Existe una utilidad parecida de Microsoft, llamada MSN Messenger y que pretende hacer frente al oligopolio de la ICQ y AOL en mensajería por Internet.

MBONE El Mbone o "Multicast Backbone" parece estar llamado a ser el sistema que desbanque al *www* como líder del soporte de acceso a la información de forma hipermedia. Una de las grandes ventajas que ofrece este sistema es la posibilidad de manejar texto, vídeo y sonidos en tiempo real. Mbone usa su propio protocolo llamado IP multicast y los expertos aseguran su plena implantación con la llegada de la fibra óptica y la tecnología de Modo de Transmisión Asíncrona (ATM).

News Las "news" o Noticias son un concepto similar a lo que sería un periódico. Al igual que las Listas permiten que los usuarios expresen sus opiniones sobre cualquier tema, pero, a deferencia de éstas, estos ficheros no son reenviados, sino que se "publican" en una dirección determinada donde todo el mundo puede acceder. Las News no son siempre de carácter gratuito, sino que existen empresas que gestionan el proceso.

Talk Se trata de una utilidad UNIX que permite la comunicación "On line" entre usuarios. Se podría establecer un símil con el Terminal de Windows. Al realizar la conexión, la pantalla de cada usuario se divide en dos zonas: una será donde el propio usuario local escriba sus mensajes. La otra zona de la pantalla estará destinada a recibir los mensajes del equipo remoto. Sobra decir que la comunicación es "full-duplex", es decir, ambos usuarios pueden transmitir y recibir a la vez.

Telnet Es una utilidad que permite acceder a ordenadores remotos como si de usuarios locales se tratase. Siempre con autorización de PC remoto, TelNet permite la conexión a bases de datos, bibliotecas... Dentro de Internet existen direcciones de acceso libre donde poder actuar. El formato del comando para poder establecer un TelNet es: **TELNET <dirección>,** donde <dirección> corresponde al PC sobre el que se desea actuar como usuario local. Infovía Plus dispone de un Telnet llamado TNVT.

Wais Se trata de un sistema de búsqueda de información. A partir de un patrón de búsqueda (una palabra escrita normalmente), WAIS buscará todos los documentos que guarden relación con ese patrón. WAIS son las siglas de "Wide Area Information Servers".

20.8. DIRECCIONES DE INTERÉS

Hotmail	www.hotmail.com	Netscape	www.netscape.com
Yahoo	www.mail.yahoo.com	Dirección	www.direccion.com
Mail	www.mail.com	Biwemail	www.tucorreo.biwemail.com
Aldea Futura	www.aldeafutura.com		

20.9. EJERCICIOS PROPUESTOS

1. Realice un alta de un cliente de correo usando un *web mail* cualquiera de los diferentes ofrecidos en Internet.

2. Compruebe qué datos de los solicitados para realizar su alta son estrictamente necesarios y cuáles se les presupone una futura utilización de envío adicional de información.

3. Acceda a *http://recursosgratis.com/dir/e_mail_y_listas/* y anote los diferentes proveedores que ofrecen sus servicios de correo de forma gratuita.

CAPÍTULO 21

AVERÍAS

Sin duda, las averías son unos de los aspectos más interesantes, creativos y también lucrativos de la Microinformática. Ahora bien, además de un conocimiento teórico sobre la materia, debe contarse con una cierta habilidad y, sin duda, con experiencia. Este libro aporta la primera idea pero, lamentablemente, la destreza y experiencia es algo que deberá conseguir el lector por sus propios medios.

Aunque existen síntomas que tiene una correspondencia directa con la avería que los causa, el mundo de las reparaciones está lleno de sorpresas. Probablemente la razón radique en la falta de rentabilidad de escudriñar una tarjeta a fondo: resulta más barato cambiar el componente defectuoso que investigar para poder repararlo. Por otro lado, el instrumental necesario para la reparación, así como la ausencia de manuales y la imperiosa necesidad de un técnico en Electrónica, hacen inviable el aspecto de "investigación". No obstante, no hay que desanimarse. Se trata simplemente de saber calibrar hasta qué punto merece la pena emplear tiempo sin perder el equilibrio de la rentabilidad.

Especialmente curiosas resultan las averías fruto de la incompatibilidad. Por arcaico que este término pueda resultar, en la actualidad siguen existiendo componentes que no son conectables entre sí. Ejemplos como placas base incompatibles con discos duros, ratones incompatibles con controladoras... pueden llegar a crear verdaderos quebraderos de cabeza. Por lo general, estos componentes funcionan perfectamente con otros y la incompatibilidad se da sólo cuando se interconectan entre sí, lo que hace difícil su detección por eliminación (siempre que se prueben independientemente, el resultado será satisfactorio).

Para terminar, sólo indicar que, sin duda el lector, disfrutará de la sensación reconfortante de la reparación a poco que realice sus primeras prácticas. ¡Ánimo!

21.1. AVERÍAS

Escribir un libro de Hardware tiene algunos inconvenientes que de forma inherente no van a presentar otras materias. Las continuas novedades, actualizaciones, revisiones... hacen que el autor pueda llegar a desesperarse. Lo que hoy es actual pasa a ser una referencia histórica en pocos meses. Las diferentes tecnologías se alternan, solapan, encadenan… Por si esto fuera poco, es necesario abordar una dificultad más: las averías. Pobre quedaría un libro relacionado con el Hardware Microinformático si no tuviese ese "toque" de experiencia personal, de aprender a localizar una avería, tipificar errores, aprender conductas de reparación. Pero, ¿cómo reflejar en un texto algo que, en algunas ocasiones, el técnico siente como intuición propia? Realmente no es tal intuición sino un análisis que se realiza sin casi percibirlo en función de la experiencia, y es necesario intentar escudriñar el pensamiento lógico que conduce a la solución de averías en base a una sintomatología típica.

Quizás, éste sea un capítulo que cada técnico consiga complementar con su experiencia y difícilmente llegue a estar completo nunca. No obstante, puede ser una guía útil para aquellos técnicos que se inician. Persiguiendo este objetivo, será preciso dividir el problema para "vencer". La primera clasificación –como no podría ser de otra forma– será en: averías hardware y averías software.

21.2. ANTES DE COMENZAR

A lo largo del libro se han descrito los diferentes procesos de manejo, reparación y ampliación de PCs. De todos ellos se podría obtener un denominador común: la prudencia. Este anexo pretende abordar temas relacionados con la reparación de la máquina y, por supuesto, es válido todo lo anteriormente expuesto en cuanto a precaución se refiere. Es importante matizar una serie de puntos:

- ⇨ No abrir nunca el PC cuando está conectado. Por supuesto, no abrir el PC y no cambiar, añadir o quitar ninguna tarjeta ni componente. La extracción de una ranura ("slot") de una tarjeta puede provocar cortocircuitos como consecuencia del desplazamiento de los pines a través del conector (el ejemplo gráfico más intuitivo puede ser una tarjeta AGP con dos filas de contactos). Por otro lado, no debe olvidarse que los ordenadores ATX (la mayoría en la actualidad) nunca están "realmente" apagados, sino que permanecen en un estado de espera o "stand by" con una corriente de mantenimiento de funciones.

- ⇨ Cuidado con la electrostática. El PC en general y de forma muy especial el monitor son susceptibles de cargarse con electricidad estática. La sensación de hormigueo que se produce cuando se toca una pantalla en la que incluso se puede escuchar un chisporroteo característico, se puede transformar en una desagradable descarga. De igual manera, el usuario puede dañar el PC si él está cargado. Como solución, lo mejor es utilizar manteles y pulseras electrostáticos. Tal y como se aprecia en la figura, se trata de una superficie de goma que está conectada mediante un remache y un cable a la tierra o neutro de la instalación eléctrica. A su vez, desde dicha superficie de goma sale un cable que se conecta a una pulsera con un punto metálico en contacto con la piel del técnico. Esto evitará sorpresas desagradables y averías inesperadas.

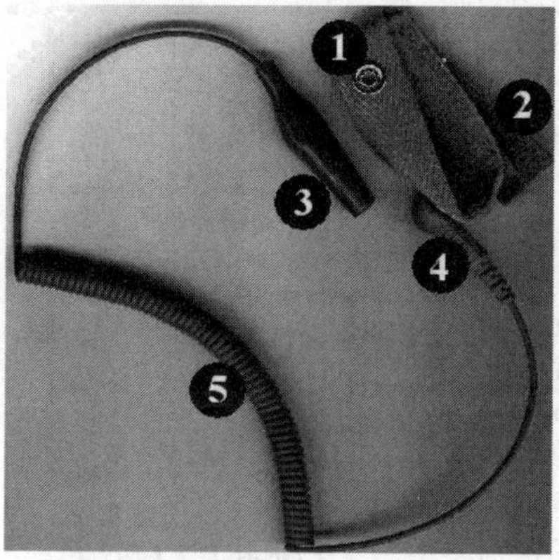

1. Remache en contacto con la piel que actuará como conductor.
2. Pulsera ajustable mediante "velcro" (adhesivo textil).
3. Pinza de "cocodrilo". Se conectará a tierra o al propio tapete sobre el que se trabaje.
4. Conexión de la pulsera al cable de descarga a tierra.
5. Cable extensible que facilita la labor del técnico.

Figura 21–1 Pulsera antiestática

⇨ Usar la herramienta adecuada. Es preferible no realizar una tarea antes que hacerla mal como consecuencia de no disponer de las herramientas y utillajes apropiados. La extracción de componentes y conectores son tareas sencillas que, mal realizadas, pueden provocar averías más serias que las que se pretendía solucionar.

⇨ En caso de tener que realizar medidas en el interior del PC, tener cuidado para no producir un corto. De igual forma es recomendable asegurar que la toma de tierra de ambos equipos (el ordenador y el instrumento de medida) disponen de una única y común toma de tierra, ya que diferentes niveles de potencial pueden provocar descargas.

En definitiva, trabajar en condiciones idóneas asegurarán, si no el éxito de la reparación, sí que al menos no empeoren las cosas. El resto, en gran medida, dependerá de la habilidad y conocimientos del técnico.

21.3. AVERÍAS HARDWARE

Como resulta obvio, la primera de las operaciones es conseguir que el PC arranque. Los posibles fallos de componentes (disqueteras, discos duros…) son fácilmente detectables con pruebas concretas, pero para eso es preciso disponer de la máquina operativa.

Son muchas las razones por las que un PC puede no arrancar y sería complejo entrar con detenimiento en cada una de ellas. No obstante, es posible establecer una serie de elementos de partida útiles para usar como guía.

Obviando "averías" como no conectar correctamente el PC o tener apagado el monitor (¡que realmente se dan en la práctica cotidiana!), se propone una línea de actuación en el diagrama siguiente que si bien no recoge toda la casuística experimental, sí tiene un valor orientativo. Será el técnico quien, poco a poco y con experiencia, trace mentalmente su propio diagrama de actuación ante una avería.

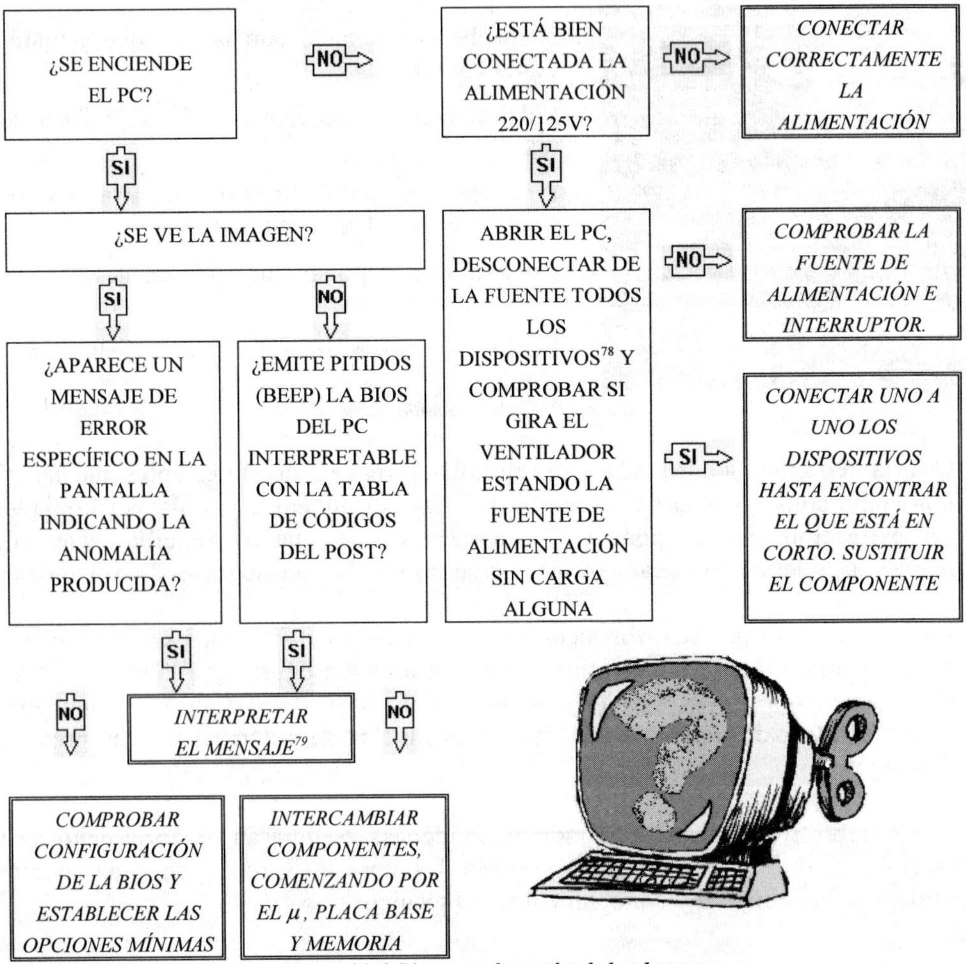

Figura 21–2 Diagrama de averías de hardware

A partir del esquema anterior, protocolo aportado por Soltec (http://tienda.soltecsl.com), se deduce que lo más importante para acometer la reparación de un PC es que éste arranque. Casi siempre los problemas de arranque que escapen del diagrama anterior vendrán relacionados con memoria, placa base, microprocesador o fuente de alimentación que en definitiva son los elementos vitales del PC.

[78] Excepto la alimentación a la placa base si se trata de un PC ATX.

[79] En el caso del POST, con frecuencia suele tratarse de la memoria o la tarjeta de vídeo.

En rara ocasión se procede a la reparación de un componente salvo que se trate de algo obvio (una mala soldadura, un fusible). La integración en circuitos no documentados y la tecnología SMT hace que sea difícil el acometer una reparación y, por supuesto, muy poco rentable dado el precio actual de la microinformática.

Algunas sintomatologías adicionales se adjuntan a continuación:

SÍNTOMA	CAUSA PROBABLE
La disquetera falla en la lectura y escritura de forma aleatoria o no se encuentra.	El cable de datos está suelto o la disquetera está sucia.
La disquetera está permanentemente encendida y no funciona en lectura/escritura.	El cable de la disquetera está conectado al revés (el pin 1 al 34 y viceversa).
Algún LED (indicador luminoso) no funciona correctamente (HDD LED, Power LED, Turbo LED…).	Puede que esté conectado al revés, abierto (roto) o que el transistor encargado de iluminarlo (en placa base) esté averiado.
No funciona alguno de los pulsadores del frontal del PC (Power ON/OFF, Turbo Switch, Stand by,…).	Pueden estar sueltos los cables, sucios los contactos del pulsador o inhabilitado desde la BIOS.
El PC se "cuelga" inesperadamente o da problemas diversos en la ejecución de aplicaciones cuando se lleva un tiempo relativamente corto trabajando.	Probablemente el disipador del microprocesador no funcione correctamente y la elevación de temperatura del microprocesador provoque el fallo.
El PC tiene problemas con el teclado, no reconociéndolo (indicándolo en el arranque) o el teclado no funciona de forma total o parcial (no reconociendo algunas funciones como Shift, Ctrl.…).	Es posible que el teclado no esté bien conectado, que se encuentre averiado, que el controlador de teclado situado en la placa base esté mal o que se encuentre bloqueado mediante el Key loock.
Le falta sincronismo a la pantalla (se desplaza de forma horizontal sin detenerse).	La resolución solicitada por la aplicación no es soportada por el monitor.
La imagen del monitor es en blanco y negro.	El conector del monitor no está firmemente afianzado en la tarjeta de vídeo.
La imagen, aunque se ve perfectamente, tiembla de forma total o en una esquina.	Cerca del monitor se encuentra un campo magnético (altavoces, fuentes…).
Funcionan todos los sonidos del PC, incluyendo los juegos ejecutados desde CD ROM, pero no se consiguen oír los Compact Disc.	El cable de audio que va del CD a la tarjeta de sonido no está o está mal puesto. El volumen de reproducción está al mínimo o anulado.

Tabla 21–1 Sintomatologías adicionales

21.4. AVERÍAS SOFTWARE

Las averías de software no son averías como tal sino más bien de degeneración de ficheros como consecuencia de un mal uso por parte del usuario, virus, apagones inesperados… Lo principal a tener en cuenta en este tipo de problemas es saber si el usuario dispone o no de una copia de seguridad de su información. En caso afirmativo, todas las averías software tienen una solución en último extremo: la eliminación y nueva carga de datos. Por supuesto ésta es la "solución" más drástica.

La problemática planteada por el software puede ser tan amplia como las diferentes aplicaciones que el usuario tenga en su PC. Dada la imposibilidad de conocer todo el software del mercado, se intenta generalizar y usar la experiencia como herramienta ante este tipo de problemas. En cuanto al sistema operativo la cosa cambia: es preciso conocer en profundidad su funcionamiento para poder solventar los problemas más comunes.

21.4.1. Lo principal: el disco de inicio

Evidentemente el primer problema que puede aparecer en un PC es que éste no arranque. Es preciso disponer de "caminos alternativos" que puedan arrancar una máquina para observar qué ha ocurrido. Como el lector ya sabe, es posible definir en la BIOS del PC cuál será la secuencia de arranque de la máquina o, lo que es lo mismo, qué unidades y en qué orden se deben explorar para cargar el sistema operativo. Lo habitual es que la primera unidad sea la A: y, posteriormente el disco duro. Esta combinación permite que si no se introduce un disco en la disquetera, el PC arranque desde el disco duro sin más; ahora bien, ante cualquier percance, siempre es posible introducir un disquete evitando así el paso por el disco duro.

No vale cualquier disco: es preciso que sea de "arranque", es decir, que disponga de todas las rutinas de carga del sistema operativo. Este disco de arranque, también llamado "de sistema", "de inicio" e, incluso "Safe disk", es generado de forma automática por gran parte de sistemas operativos Windows. Si no se ha generado en su momento o no se dispone de él, no representará ningún problema la creación del mismo.

En primer lugar, dicho disco debe contener la secuencia de arranque. Esta secuencia se transfiere (que no copia) con el comando SYS o con la orden FORMAT. La diferencia entre ambas es que FORMAT es destructiva, mientras que SYS no. Dado que se supone que estamos en el proceso de creación del disquete, el resultado sería el mismo. Sería preciso, por tanto, ejecutar una de estas dos líneas de comando según el caso en el que se desee respetar la información o no:

SYS A:, FORMAT A: /S	Una vez completado el proceso, se dispone de un disco capaz de arrancar el PC pero nada más. Ha llegado el momento de incluir todas las órdenes que puedan ser necesarias en el futuro. Aunque no tiene por qué haber una regla fija, una buena recomendación puede ser la siguiente:
SYS	Permitirá en el futuro transferir el sistema de arranque desde el disquete hacia el disco duro.
FORMAT	Podrá realizar el formato a discos que carezcan de él.

FDISK	Creará, eliminará y, en definitiva, gestionará las particiones en los discos duros del PC.
MSCDEX	Habilitará las unidades de CD ROM disponibles en el sistema.
KEYB	Permitirá establecer el idioma de teclado deseado.

También es necesario incluir el controlador de los dispositivos de CD ROM conectados (que tendrán siempre extensión *.SYS*), así como cualquier otro tipo de utilidad que el usuario crea conveniente (antivirus, aplicaciones de diagnóstico...). Una vez se disponga del disco con todos los ficheros, habrá que crear dos ficheros más: AUTOEXEC.BAT y CONFIG.SYS para habilitar la unidad de CD ROM. Un ejemplo de ambos puede ser el siguiente:

CONFIG.SYS	AUTOEXEC.BAT
DEVICE=<controlador>.SYS /D: MiCD	*@ECHO OFF* *KEYB SP* *MSCDEX /D: MiCD*

En el fichero CONFIG.SYS se ha considerado *<controlador>* como el fichero suministrado por el fabricante de la unidad CD ROM para su control, aunque es habitual que se suministre con un programa de instalación específico.

A partir de este momento, se dispone de un disco capaz de arrancar cualquier PC. Los pasos a seguir ahora dependerán de la sintomatología de la máquina (posibles virus, pérdida de particiones, del arranque...).

21.4.2. Problemas con el sector de arranque

Quizás lo más típico haga referencia al sector de arranque. Dado que es en dicho sector donde se almacena toda la secuencia de inicio de la máquina, esta zona es especialmente deseada por los virus. El poder contaminar el sector de arranque implica la detención absoluta de la máquina o la posibilidad de poder contaminar todo lo que se cargue a continuación.

> ***El mensaje típico que indica un problema en el sector de arranque ante la falta de sistema operativo es el de "Missing Operating System".***

Aunque aparentemente pueda resultar grave, la solución resulta ser una de las más sencillas: basta con restablecer el sector de arranque. Para ello será preciso disponer de un disco de inicio con el comando SYS.COM. Una vez arrancado el PC con este disco dentro de la disquetera A:, habrá que teclear SYS <unidad>, donde

<unidad> corresponde al disco que se desea transferir el arranque, por ejemplo SYS C:. Simplemente con esta operación, el PC será capaz de arrancar nuevamente.

Debe tenerse muy en cuenta que tanto el sistema operativo como la versión del mismo del disco de arranque deben coincidir con la del PC. En caso contrario se conseguirá que el PC arranque pero sólo eso, ya que, una vez que se intente acceder a él, se generarán errores de incongruencias entre versiones diferentes.

La pérdida del arranque puede ser exclusiva, manteniendo intacta toda la estructura lógica del disco o como consecuencia de una destrucción anterior del formato o, incluso, de la partición del disco. En esos casos, es el propio sistema quien informa de lo ocurrido. Así la carencia de un mensaje específico indicará una falta de partición (y por tanto de formato) y "Tipo de medio no válido leyendo [unidad]. Anular, reintentar, fallo" implicará una pérdida de formato. En ambos casos, la pérdida de información es segura en un alto porcentaje de ocasiones.

Otro problema típico suele venir por la falta de activación de la unidad de arranque. Se caracteriza porque cada vez que se inicia el PC, aparece un mensaje del tipo "Press any key to boot" (presione una tecla para reiniciar). La solución, disponiendo igualmente del disco de arranque, consiste en ejecutar el comando FDISK y definir la partición activa con la opción número 2 del menú. Este problema se genera cuando se tiene más de un disco duro y se define como disco de arranque uno que antes no lo era.

Conseguido ya que el PC sea capaz de arrancar –primer paso y común a todos los sistemas operativos– será tarea de ver qué ocurre a continuación en función del sistema operativo con el que se esté trabajando.

A veces se producen errores en la partición de forma inesperada. Se caracterizan porque, a pesar de estar todo bien aparentemente, el PC no es capaz de arrancar ni transfiriendo el sistema. En estos casos es útil usar un parámetro no demasiado documentado de FDISK: FDISK /MBR. No tiene carácter destructivo, respetando así los datos, y regenerará la Tabla de Particiones.

Se recomienda, de forma habitual, que siempre se compruebe la ausencia de virus antes de proseguir tras haber arrancado con un disco de sistema "limpio".

21.4.3. Problemas con DOS

Sin duda, son los más sencillos de solucionar gracias a la ausencia de entorno gráfico. La transparencia del DOS simplifica la localización de problemas de forma significativa con respecto a cualquier otro sistema operativo.

Es necesario, como en cualquier sistema operativo, conseguir que la máquina arranque. Una vez conseguido hay que evaluar cada síntoma y corresponderlo con el comando asociado. En la mayor parte de los casos los problemas vienen dados por ficheros dañados o borrados y basta con restablecerlos para que el sistema vuelva a funcionar perfectamente. Así supóngase, por ejemplo, que el teclado no está configurado en castellano. Por supuesto es preciso conocer el sistema operativo o disponer de un manual de referencia que permita saber qué ficheros influyen sobre el teclado. En este caso serían dos: KEYBOARD.SYS y KEYB.COM (según el país, KEYB debe ir acompañado de una partícula que determine qué teclado se quiere instalar. En el caso de España sería KEYB SP).

Para restablecer los ficheros dañados o perdidos, el DOS incluye una utilidad de recuperación a partir de los discos originales suministrados por el fabricante: EXPAND, cuyo formato responde a:

EXPAND <fichero_comprimido> <fichero_expandido>

Y el formato de compresión se identifica claramente porque el último carácter de la extensión se sustituye por un subrayado (_). De esta forma las extensiones EXE pasan a ser EX_, las COM serán CO_ y las SYS serán SY_. En el caso que nos ocupa, si se desea restablecer el fichero KEYB a partir de un disco original introducido en la unidad A: y con destino la unidad C:, en el directorio DOS, el comando a ejecutar será:

EXPAND A:KEYB.CO_ C:\DOS\KEYB.COM

Por supuesto se debe disponer del comando EXPAND en el directorio activo o dentro de la ruta de búsqueda (PATH). El comando EXPAND no admite metacaracteres o "comodines" (*,?), por lo que si se desea restablecer más de un fichero, deberá repetirse la operación con cada uno de ellos.

Una vez asegurada la presencia de todos los ficheros precisos, es conveniente verificar su estado. El DOS incluye en sus últimas versiones dos potentes órdenes que ayudarán a tal fin: SCANDISK y DEFRAG. La primera asegura la integridad de los datos así como la correcta estructuración del disco (detección y eliminación de vínculos cruzados, cadenas perdidas...), mientras que la segunda reorganiza los datos de forma que éstos sean contiguos en su lectura.

Para más información, ver el capítulo dedicado a "Herramientas del Sistema".

21.4.4. Problemas con Windows

Desde que el DOS desapareció, la verdad es que no ha habido demasiadas alternativas fiables en cuanto a estabilidad de sistemas operativos se refiere. Aunque esto pueda sonar raro es así: Windows 9x es la sucesión "obligatoria" por la que todo usuario debe pasar, incluso a pesar de que el sistema falle. Aunque Windows 98 parece ser mucho más robusto que su antecesor Windows 95 (que no se estabilizó realmente hasta la versión OSR2), también presenta problemas y ya están disponibles los "parches", actualizaciones, revisiones y demás complementos como es la versión Windows 98 S.E. ("Second Edition", Segunda Edición).

Los procesos a adoptar aquí ya no son tan concretos como en el caso del DOS y las posibilidades se disparan. Tampoco es sencillo localizar la ausencia de ficheros ni tan siquiera asegurar la integridad de los mismos.

Uno de los problemas más típicos es que el llamado *Registro de Windows* se dañe. Este error es indicado por el propio sistema operativo e impide que el sistema arranque, a pesar de cargar la interfaz gráfica. Dicho registro se encuentra almacenado en dos ficheros: USER.DAT y SYSTEM.DAT y es tal su importancia que se genera de forma transparente al usuario una copia de seguridad de los mismos con extensión .DA0. Los cuatro ficheros (registros y copia) se ubican en el directorio Windows, dependiente de la raíz de la unidad donde se instaló el sistema operativo y con los atributos de sistema, oculto y sólo lectura. Cuando este registro se daña, la solución más efectiva es la de restablecer la copia de seguridad de los mismos de la siguiente forma:

ATTRIB –S –H –R USER.DA?	Quita los atributos a USER.DAT y USER.DA0.
ATTRIB –S –H –R SYSTEM.DA?	Quita los atributos a SYSTEM.DAT y SYSTEM.DA0.
*COPY USER.DA0 *.DAT /Y/V*	Restablece la copia de USER.DA0 como USER.DAT.
*COPY SYSTEM.DA0 *.DAT /Y/V*	Restablece la copia de SYSTEM como SYSTEM.DAT.
ATTRIB +S +H +R USER.DA?	Pone los atributos a USER.DAT y USER.DA0.
ATTRIB +S +H +R SYSTEM.DA?	Pone los atributos a SYSTEM.DAT y SYSTEM.DA0.

Otro problema con el que se puede encontrar el usuario es la mala configuración de algún dispositivo que impida el arranque del sistema. Supongamos que se ha seleccionado una resolución de vídeo de 1.024 x 768 píxeles cuando el monitor no soporta más de 640 x 480. El PC será capaz de arrancar pero no de reproducir la imagen, manifestándose como una falta de sincronismo. En estos casos es especialmente útil la utilidad de arranque incorporada en Windows: justo en el momento en el que aparece el texto "*Iniciando Windows...*" si el usuario pulsa la tecla de función F8, entrará en un menú. Aquí, además de la posibilidad de arrancar en modo DOS y alguna opción más, se encuentra "*Arranca en modo a prueba de fallos*", que permite cargar el sistema pero sin ningún controlador (el PC no reconocerá ni tan siquiera la unidad de CD ROM). Una vez dentro del entorno, bastará con solucionar el problema que se provocó con la configuración –en este caso, cambiar la resolución del monitor–. Para que los cambios sean efectivos, habrá que reiniciar el sistema.

> ***Importante: Debe tratarse con cuidado la solución de reinstalar el software. Si en DOS es una opción válida que sobrescribe los ficheros antiguos y que garantiza el correcto funcionamiento –si se guardan previamente los ficheros AUTOEXEC.BAT y CONFIG.SYS–, en Windows no ocurre así. Windows lleva un histórico que comprueba la existencia previa de ficheros, omitiendo en algunos casos la copia. Por este motivo, si se desea reinstalar, es preferible eliminar previamente el sistema antiguo o, en su defecto, realizar la instalación en otro directorio distinto al original.***

21.4.5. Otros problemas

Es inevitable terminar este capítulo con la sensación de que faltan averías, casos… Realmente es así. Existen multitud de posibilidades que serían difícil documentar con la agravante de la baja rentabilidad que las reparaciones aportan a las empresas. No es que se trate de una operación que repercuta negativamente en el terreno económico, todo lo contrario: supone un ingreso importante si se cuenta con un técnico ducho en las tareas de reparación, pero en la mayor parte de los casos no se repara: se cambia.

No interesa invertir en material de medida (un simple osciloscopio), ya que un polímetro es capaz de dar apreciaciones básicas y es más barato. Esto determina que, una vez agotados los caminos "lógicos" de reparación, se deba comenzar con los "menos lógicos", intentado averiguar la avería por eliminación. Así, si un PC no arranca y se han seguido todos los pasos conocidos, es interesante comenzar a sustituir componentes (placas base, micros, memoria...) uno a uno hasta conseguir aislar la avería y determinar qué componente es el que está mal. Como curiosidad, recuerdo una avería en la que no funcionaba el ratón como consecuencia de la fuente de alimentación, ¿a quién se le puede ocurrir en primera instancia? En estos casos resulta difícil explicar al usuario qué ocurre si no se dispone de aparatos de medida y documentación precisa de los componentes.

Otro problema menos común pero absolutamente real es la incompatibilidad entre componentes. En definitiva, se está trabajando con electrónica digital que se manifiesta como niveles lógicos de tensión. Dichos niveles están sujetos a rangos y sin un 1 lógico debe corresponder a 5 v y un 0 lógico a 0 v, ¿qué ocurre cuando aparece un nivel de 2,5 v? Aunque existen umbrales de tensión que determinan estos valores, se dan componentes que son incompatibles entre sí. Buscando otra vez en la memoria recuerdo un ratón que no funcionaba. Al conectar ese mismo ratón en otro PC, funcionaba correctamente. Conclusión: probablemente la controladora del PC original tenga algún problema. El tema se complica cuando al conectar otro ratón de otra marca en el primer PC, funciona correctamente. Tras varias pruebas se comprobó que "ese" ratón con "esa" controladora no funcionan jamás: son incompatibles. Casos de este estilo se dan con placas base y discos duros…

En definitiva, el campo de la reparación es uno de los más gratos en la medida en que se consiguen resultados y se observa de manera proporcional cómo se aprende y mejora sobre la base de la experiencia. Como aspecto negativo, jamás se termina de ver nuevos problemas, nuevos errores y, resumiendo, jamás se termina de aprender.

APÉNDICE A

LOS VIRUS INFORMÁTICOS

Sin duda uno de los temas más polémicos en el entorno microinformático actual es el de los virus. La curiosidad en este tema no es exclusiva de expertos, sino que incluso los no iniciados en Informática tienen algunas nociones. Esto puede ser debido a esa extraña sensación que causa el aplicar conceptos que en esencia siempre han sido biológicos. Así es el caso de un virus informático… ¡y no digamos si hablamos de vacunas, infecciones, contagios…!

No deja de ser curioso el efecto que estos términos provocan en los no iniciados y, sin embargo, no nos damos cuenta de que otros son ya tan coloquiales que ni tan siquiera se repara en ellos. Tal puede ser el caso de la memoria de una máquina, ¿o acaso la memoria no tiene una consideración tan biológica como la de un virus? Como se verá en este capítulo, este nombre procede de las coincidencias que se dan con un virus biológico (mutaciones, reproducción, contagios…).

De cualquiera de las maneras éste es un tema interesante y que merece la pena conocer ya no sólo por su dimensión didáctica sino por su vertiente práctica. La prevención y las acciones a tomar ante la detección de un virus microinformático son elementos fundamentales para preservar la integridad del equipo y, si un usuario debe estar formado, un técnico aún más. Téngase en cuenta que una mala actuación puede propiciar la propagación del virus y, lo que era algo controlable, puede degenerar en una pérdida irrecuperable. Tanto es así que la recomendación, en caso de no tener la absoluta certeza de cómo actuar, la mejor recomendación es no intentar hacer absolutamente nada.

Cómo eliminar virus, recuperar datos, proteger la información conocer su alcance, valorar si una anomalía puede ser fruto o no de una infección… Todo esto debe estar claro cuando se trabaja en el entorno microinformático ya que, desgraciadamente, éste es un problema más común de lo que se cree y un gran número de aparentes averías se deben a infecciones.

A.1. VIRUS

Los virus reciben su nombre de sus homónimos biológicos dado que existen una serie de coincidencias con los mismos. No obstante y antes de abordar cualquier otra discusión, lo primero será determinar qué es un virus microinformático y qué no, ya que se trata de un tema envuelto en polémica.

Figura A–1 Virus informáticos (I)

En primer lugar habría que determinar que un virus es un programa y sólo eso. Si bien es cierto que no se trata de un programa típico, un virus microinformático no tiene ningún otro origen que no haya sido el PC de un programador con pocos escrúpulos, aunque también hay informáticos que se dedican meramente a investigar los puntos débiles de los sistemas para así poder blindar mejor las aplicaciones. Las coincidencias de las que se hablaba en el párrafo anterior hacen referencia a los siguientes puntos:

Reproducción Una de las características de los virus biológicos es su capacidad de reproducirse aumentando así su número. Esto provoca que el ámbito de actuación de la infección aumente y los daños sean mayores. En el caso de sus homónimos virtuales, la reproducción también se produce pero, como no podía ser de otra forma, esta acción se hace mediante un proceso autocopiativo. Dado que el virus no deja de ser un programa, éste irá haciendo réplicas de sí mismo con el objeto de potenciar su finalidad de contagio.

Finalidad La finalidad es otro de los puntos comunes. El virus informático suele, por lo general, tener como objeto la destrucción de datos. Así lo principal es la eliminación del disco duro mediante el borrado de ficheros, corrupción de la tabla de archivos… En otros casos el daño es menor y se limita a actuar sobre el sector de arranque, provocando la alarma del usuario al observar que su PC no arranca. Existen virus cuya finalidad es lúdica y muestran imágenes, chistes… De cualquier modo, hay formas mejores de hacer humor que jugar con la tranquilidad del usuario.

Vías de Contagio

Éste puede ser quizás uno de los puntos más importantes a aclarar: un ordenador sólo puede contagiarse de un virus por los mismos medios que cualquier programa pudiera acceder (se reitera que un virus es un programa). Así los disquetes, CD ROM, accesos externos (redes, Internet, correo electrónico, webs, FTPs, news…) son posibles vías de contagio. La solución no es el aislamiento sino una correcta *higiene informática*. Especial auge están teniendo últimamente los virus de correo electrónico, dadas las ventajas de distribución que este medio ofrece. Así se sitúa en un 98% las infecciones que se producen por este sistema frente al número total de contagios.

> ***Por aportar un dato numérico, solamente el virus Klez se envió por Internet un total de 4 terabytes. Partiendo de la premisa de que el I-worm.klez ocupa (o "pesa") entre 57 y 65 KB, hace un total de entre 66.076.419 y 75.350.303 virus en movimiento por la red.***

No obstante, existen gran variedad de virus en cuanto a su modo de contagio, de introducción en la máquina, daño que potencialmente pueden realizar…

A.2. EL COSTE DE LOS VIRUS

No está "bien visto" que una empresa reconozca haber sufrido un contagio por virus informáticos, ya que implica asumir públicamente fallos en su sistema microinformático. Esto explica que no existan demasiadas estadísticas al respecto, pero se estima que en el año 1999, los virus generaron a nivel global, un daño valorado en 12.100 millones de dólares. Aunque el dato es de hace unos años, probablemente sea extrapolable a nuestros días.

De este modo, queda patente que éste es un problema real que mueve mucho dinero en todo el mundo. Así se estima que para el año 2004 se realicen inversiones por un valor de 2.700 millones de dólares en todo el mundo en adquisición de antivirus. Quizás lo más destacable de esta cifra no sea su volumen, sino que ese importe supone prácticamente el doble del dinero invertido en el año 1999, cuando se vendieron antivirus por un valor de 1.200 millones de dólares. Uno de los elementos artífices de este espectacular incremento de ventas es, sin duda, Internet ya que es una pasarela hacia los virus y así lo demuestra el incremento en el ratio de crecimiento periódico que se ha experimentado desde el año 1999 en más de un 40% anual.

En el caso de España, el antiguo Ministerio de Ciencia y Tecnología (hoy actual Ministerio de Industria, Turismo y Comercio) ha tomado partida en más de una ocasión en este asunto. De forma anual y durante un período limitado de tiempo, organizó acuerdos con empresas del sector antivirus para ofrecer gratuitamente a los usuarios la posibilidad de examinar su PC a través de Internet. *"Limpiar el Mundo de*

Virus" ha sido uno de los eslóganes usados. Campañas similares son, por ejemplo, la promovida desde Panda Software y AI (Asociación de Internautas) con un eslogan curiosamente similar al anterior: "Limpiando el Planeta de virus". ¡Qué cosas!

Figura A–2 http://www.seguridadenlared.org

A.3. ÁMBITO DE ACTUACIÓN DE UN VIRUS

Tradicionalmente los virus han tenido una finalidad destructiva en el entorno del software. De este modo, si bien el hardware queda al margen, se corría el riesgo de perder precisamente aquello que no es sustituible: la información. Esto explica cómo, de forma preventiva, la mejor recomendación ante posibles contagios será el realizar periódicas copias de seguridad.

Dentro de estos daños software, la categorización es sencilla: algunos virus actúan sobre los datos y otros sobre el sistema operativo. Si bien es cierto que algunos no hacen ningún tipo de distinción, es típico que se encuentren clasificados en uno u otro grupo. Los que afectan a datos buscan aplicaciones tipo, ficheros ejecutables y de datos y el daño lo pueden realizar mediante la eliminación o alteración la información. Son concretos y certeros si bien, por otro lado, su daño es previsible por lo menos en cuanto a aplicaciones se refiere. Lógicamente el usuario percibirá los resultados del virus en aquellas aplicaciones que se han visto afectadas pero, el resto de las aplicaciones y el sistema en general seguirá totalmente operativo.

En aquellos donde el daño se produce en el sistema operativo, es el sistema entero el que se destabiliza. Dado que cualquier aplicación se sustenta sobre esta base, los ataques al sistema se manifiestan con errores de tipo general donde ya no es posible identificar una aplicación concreta.

Hasta aquí, el problema de los virus estaba en cierta medida controlado: una copia de seguridad y antivirus actualizado era el mejor de los remedios. En el peor de los casos los daños obligaban a reinstalar el sistema operativo, aplicaciones y datos sin que hubiese ningún otro daño. Esta operación conlleva un tiempo que irá en función del tipo de aplicaciones y datos instalados pero que, en la mayor parte de los casos, nunca superaba las dos horas.

El problema se incrementa con la aparición de –según ni modesto criterio– una nueva generación de virus en cuanto a su ámbito de actuación. Esta generación se inaugura con Melissa, un virus de macros desarrollado en el entorno de Microsoft

Office. Este virus en cuestión aprovecha la vulnerabilidad que ofrecen las Flash BIOS para su programación y las borra. Analicemos el proceso... Desde hace años, las BIOS –elementos físicos donde se guardan los parámetros básicos de configuración del sistema– ofrecen la posibilidad de actualización. Estos circuitos son memorias que inicialmente eran PROM (Memorias programables de sólo lectura o Program Read Only Memory) que, al no ofrecer la utilidad de reprogramación, eran inaccesibles tanto a virus como usuarios. Poco a poco se introducen en el mercado las conocidas con Flash BIOS que suelen ser del tipo EPROM (Memorias programables y borrables eléctricamente de sólo lectura o Erasabled Program Read Only Memory). Este tipo de BIOS ofrece la posibilidad de, mediante un impulso eléctrico, permitir la escritura, pudiendo así actualizar datos.

Esta ventaja ha sido aprovechada por algunos virus de modo que son capaces de desactivar la protección contraescritura y borrar el contenido de la BIOS. El problema se manifiesta como una carencia de actividad de la máquina, que es incapaz de cargar el sistema operativo, ejecutar el POST o cualquier otra opción. Como se puede suponer, la solución aquí no pasa por la reinstalación de las aplicaciones y datos (que incluso pueden estar en disco duro) sino por la sustitución/reprogramación de la BIOS.

En primera instancia se observa que el ámbito de actuación y daño de los BIOS ha cambiado: en lugar de mantenerse en un entorno software, se amplía el campo y afecta también al hardware. Las soluciones, en este caso, pueden ser tres:

Sustitución de la BIOS Lo ideal sería adquirir una BIOS igual a la destruida por el virus y sustituirla en el PC dañado. Esto, si bien es posible a nivel teórico, conlleva una serie de problemas ya que suele ser muy difícil (casi imposible) localizar un proveedor que proporcione una BIOS de manera independiente a la placa base, lo que hace que en muchos casos la sustitución deba ser completa (placa base y BIOS).

Réplica de la BIOS Otra opción es "copiar" la BIOS. Para ello se puede acudir a determinadas tiendas de microelectrónica donde existen grabadores de EPROMs. Estos dispositivos, gestionados a través de PC, permiten leer una BIOS y grabar ese contenido en una BIOS "virgen". La dificultad en este caso estriba en encontrar una BIOS exactamente igual (en fabricante, versión y revisión) a la dañada.

Actualización Dada la dificultad de los métodos anteriores, existe un procedimiento que si bien es poco ortodoxo, suele resultar válido. Por supuesto se indica a título ilustrativo, desaconsejándolo y eludiendo responsabilidades en caso de que el lector desee ponerlo en práctica. Consiste en, a partir de la disponibilidad de una BIOS idéntica a la dañada, arrancar el PC. Con él en marcha, extraer la BIOS correcta ¡operación delicada e, insisto peligrosa! e introducir la BIOS dañada en el zócalo (todo ello sin apagar la máquina). A continuación habrá que actualizar la BIOS con los discos oportunos que cada fabricante suministra o que previamente se obtuvieron a través de Internet y proceder al proceso de actualización normal. Si todo tiene éxito, se habrá conseguido actualizar la BIOS y restablecer todos sus datos.

Como se puede observar, los daños producidos por un virus ya no se pueden acotar en el entorno del software, sino que pueden implicar la sustitución de algunos componentes, tarea que se sale del círculo de actuación del usuario. Esto conlleva la formación por parte del técnico para detectar y poder aportar soluciones a este tipo de problemas que si bien escapan de la definición típica de avería, se manifiestan como tal ante el usuario.

" ... y al César lo que es del César". Si bien los virus tiene efectos fatídicos, la leyenda en muchas ocasiones lo es más: hay quien habla de virus capaces de alterar las tensiones de la placa base y producir así calentamientos. A día de hoy esto es falso aunque, quizás mañana...

A.4. EL ORIGEN DE LOS VIRUS

La primera de las preguntas que surgen a la hora de hablar de los virus es: ¿quién realiza estas aplicaciones? ¿Qué interés puede haber en desarrollar una aplicación dañina? Aunque a primera vista pueda parecer una pregunta complicada de responder, lo cierto es que la naturaleza humana da explicaciones a la sinrazón de forma sobrada.

Figura A–3 Virus informáticos (II)

Dado el carácter ilegal en la mayor parte del mundo de este tipo de aplicaciones, nadie se proclama como autor de un virus de una manera que le pueda implicar problemas con la justicia. No obstante, existen varias versiones.

Para ser exactos, la creación de virus no está penada en la legislación española. Sí se considera delito la destrucción de datos y el intento de colapsar las redes de comunicación. Así, existen virus "de laboratorio" cuyos fines pueden ser didácticos y cuyos autores están totalmente identificados.

Una de las teorías sobre la aparición de los virus apunta por el desarrollo de un juego llamado CoreWar en la década de los sesenta. El objeto de este juego era que, de forma residente en memoria, otras aplicaciones ejecutasen ciertos comandos con la finalidad de saturar la memoria. Otro de los posibles orígenes se sitúa en Israel, donde en 1986 se distribuye a partir de una tienda especializada en la venta de software ilegal, el virus Brian. Este virus tuvo una gran incidencia en el mercado americano de la época y se extendió de forma vertiginosa. Hay incluso quien sitúa como el primer realizador de virus al mismísimo John Von Neumann en 1949 que, si bien es cierto que estaba interesado en las aplicaciones con "independencia en su procreación", parece casi irreverente hacer una afirmación semejante sobre el padre de la arquitectura de los PCs actuales. Por último se asegura que el origen se debe a un estudiante de Informática llamado Fred Cohen quien desarrolló su primer virus en 1983, y siempre tomando por ciertos los datos de diversas fuentes. Como se puede apreciar, el origen no queda nada claro.

Lo cierto es que en España los virus hicieron su aparición en 1988 con el legendario virus de la pelota, consistente en una pelota que rebotaba por la pantalla del PC (emulando a un juego de la época) y borrando los caracteres por los que pasaba. Poco después apareció el famoso Brian y, a continuación, el popular Viernes 13. Este último puso de manifiesto el problema real que significaban los virus ya que, de forma accidental, fue distribuido en los disquetes promocionales que una revista de informática regalaba con su ejemplar del mes. Sobra decir que inmediatamente se desarrolló un antivirus que se suministró de forma gratuita por la revista que había provocado la infección.

Desde estas líneas no se apunta a que necesariamente ninguna de estas opciones deba ser cierta ni se implica, de forma directa o indirecta, a ninguna de las opciones tratadas. Quizás, los probables autores de virus más comentados en entornos informáticos sean los estudiantes, empresas de software y trabajadores despedidos. Los motivos argumentados son:

Estudiantes Durante la etapa de aprendizaje en la Universidad, son muchas las personas que destacan en programación debido a una experiencia previa. Una demostración de conocimiento y dominio de un entorno de programación (el ensamblador, generalmente) se puede manifestar con la realización de un virus. De este modo se deja constancia de lo que se es capaz de hacer. Quede claro que en este caso probablemente no se busque un fin destructivo sino, únicamente, una demostración técnica. Sería cuestión de que los sociólogos analizasen los motivos que realmente llevan a estas personas a elaborar algo que, independientemente de su origen, tendrá siempre una finalidad destructiva en mayor o menor medida.

Empresas de Software En este punto hay dos teorías en cuanto al tipo de empresa y sus productos: algunos atribuyen una posibilidad razonada a las empresas de diseño de software genérico (aplicaciones, sistemas operativos, juegos…) y otros a los desarrolladores de virus.

Sin duda la oferta está generada por la demanda. Algo tan obvio en este campo sólo quiere decir que, sin virus no habría empresas que fabricasen antivirus. Bajo este prisma, podría haber un interés en la existencia de virus. Por otro lado, también se comenta que, alguna empresa cansada de ver como su producto era "pirateado", introdujo virus con la intención de que el usuario reflexionase y llegase a la conclusión de que una "higiene informática" sólo es posible a través de la compra de software original.

Cualquiera de los dos casos expuestos son afirmaciones gratuitas sin ningún fundamento (o al menos desconocido para mí). Por otro lado, el que pudiese existir alguna empresa que usase estos métodos ilícitos, no sería razón como para englobar a todas aquellas que realizan una labor honesta dentro del mismo grupo.

Trabajadores despedidos Ésta es una de las teorías de las que se hablaba, sobre todo, en etapas de declive económico. Tan popular se hizo que incluso dio pie a la definición de un tipo de virus exclusivo (del que se hablará posteriormente), y que recibe el nombre de bomba lógica. Los motivos que se argumentan en este caso es que, o bien con el objeto de perdurar en el trabajo o con la intención de dañar a la empresa que le despidió, algunos profesionales informáticos con pocos escrúpulos podían dejar aplicaciones con carácter destructivo en sus antiguas empresas que se activasen en una fecha determinada. Esta fecha sería la que permitiría no implicar al autor ya que no se encontraría en las instalaciones.

De cualquiera de las maneras, será imposible determinar las razones que motivan a alguien a realizar un virus salvo en el caso en que esta persona sea detenida y hable en primera persona. Cada vez es más común que, a pesar de la impunidad que proporciona Internet y los IPs públicos, sean más las detenciones relacionadas con este delito tipificado. Aun así, parece que es un problema que, lejos de parar, sigue aumentando en la medida que el número de virus lo hace.

Como dato curioso, sería interesante reseñar que existen aplicaciones encaminadas a generar virus bajo un entorno casi ofimático, ¡sí! Existen aplicaciones que permiten, mediante la selección de menús y bajo el uso del ratón, determinar si el virus que se desea generar debe afectar a la FAT, el sector de arranque… si debe anexarse a ficheros COM, EXE, cómo debe realizar el contagio, si debe visualizar algún mensaje… En definitiva, todos los parámetros que caracterizan a un virus ¡a golpe de menú! La operación final es la generación del virus que, para desgracia de todos, funciona a las mil maravillas según las especificaciones dadas. Incluso, con un sencillo programa BAT de DOS es posible crear una aplicación de pocas líneas capaz de eliminar los archivos del sistema. Demasiado fácil, sin duda…

Hoy resulta sencillo obtener cualquier virus a través de Internet así como los denominados "motores generadores de virus", que permiten personalizar el modo en que se desea que actúe. Incluso es posible conseguir el código fuente de la programación de un virus para que se modifique creando nuevos virus.

En esta misma línea hace años había en Turquía una BBS (Bolletin Board Support, algo similar a Internet pero a mucha menor escala: se trataba de servidores a los que se llamaba directamente y con los que se podía intercambiar información) donde era posible intercambiar virus. Una de las utilidades que ofrecía la BBS turca era la generación de mutaciones a partir de un virus original enviado. Así, tras el primer envío, el autor podía recibir una cantidad limitada de mutaciones (¡hasta 32.000!) según sus necesidades. Si bien es cierto que un antivirus que detectase el virus original también era eficaz con el 95% de las mutaciones, aún restaban un 5% que requerían desarrollos específicos ¡vivir para ver (y ya van dos en este capítulo)!

A.5. SOLUCIONES

Conscientes del problema que los virus representan, han sido muchas las compañías que se han dedicado a investigar en este sector dando soluciones de todo tipo. Incluso los fabricantes de hardware han aportado su colaboración mediante protecciones hard que no siempre son útiles. De cualquier modo las herramientas están ahí para su uso.

Dentro de las utilidades hardware mencionadas, las más comunes son las protecciones que se efectúan desde la BIOS del PC. Así el usuario puede activar o no la opción de antivirus desde el SETUP de su PC. Esta opción suele vigilar que el sector de arranque de la partición del disco duro no se altere. Esto es debido a que el sector de arranque es una de las zonas vitales del disco más codiciadas por los virus y por tanto debe ser protegida con más interés que otras zonas. Esta protección consiste en avisar al usuario cada vez que una aplicación quiera cambiar el sector de arranque. El problema está en que este sector variará al cambiar de sistema operativo o al realizar una operación de formato y, si el usuario no es consciente de lo que la pregunta implica (en inglés, por supuesto), no podrá determinar la acción a seguir. Este problema se incrementa en las instalaciones de entornos gráficos como Windows. Así, si la protección está activa, en un momento de la instalación el proceso se detendrá pero, lejos de visualizar el mensaje correspondiente al cambio en la partición, sólo aparecerá un recuadro negro y la detención total del sistema. Esto es fruto de la imposibilidad de representar el texto en un entorno guiado por Windows. Si el usuario no ha desactivado previamente el antivirus de la BIOS de su PC, no podrá instalar el sistema operativo y además no sabrá qué error es el que se está produciendo.

Dentro de las protecciones hardware existen tarjetas que, insertadas sobre un slot, activan un antivirus que tienen implementado. Esto lo consigue ocupando direcciones que la BIOS explora en el momento de arranque y, si bien son dispositivos hardware, la aplicación que arrancan no difiere en absoluto de cualquier antivirus convencional.

En cuanto a los antivirus software son, sin duda, los más convencionales. Son herramientas que suelen instalarse en el sistema de forma residente de manera que siempre están inspeccionando la actividad de la máquina. En el momento de la instalación suelen analizar la memoria y opcionalmente el disco del ordenador a fin de, en caso de infección, no propagarla aún más. Son muchos los antivirus de calidad que aportan soluciones ya no sólo a las aplicaciones locales más o menos comunes sino a las nuevas necesidades derivadas del uso del correo electrónico, chats, Internet…

Debe tenerse especial cuidado en no instalar más de un antivirus en el PC ya que suelen resultar incompatibles. Por otro lado debe tenerse en cuenta que este tipo de programas debe permanecer en memoria para cumplir con su cometido, lo que repercute negativamente en el usuario perdiendo capacidad útil de memoria de trabajo.

Es absurdo obsesionarse con el tema de protección, ya que, aun disponiendo de un gran antivirus, si tenemos la mala suerte de estar cerca de un virus de nueva creación, no existe ningún antivirus que sea capaz de detectarlo. De cara a la protección, el único remedio es una "higiene informática" en cuanto a compartición y uso de programas.

A.6. TIPOS DE VIRUS

Tanto ha evolucionado el problema de los virus que al final ha sido precisa su clasificación. Ésta, además de tipificarlos, es una herramienta a la hora de conocer sus efectos y cómo combatirlos. Aunque día a día van apareciendo sorpresas nuevas y virus con las características de más de uno de los grupos aquí reseñados, las principales categorías serían las siguientes:

Gusanos También llamados *worms* o *virus de compañía*. Se trata de uno de los virus más primitivos y fáciles de localizar. Su labor consiste en mermar las prestaciones del sistema saturándole, de modo que sea imposible continuar trabajando. Para ello, cada copia del virus se replica a sí misma, generando un nuevo elemento que, a su vez, volverá a replicarse junto con el anterior y así sucesivamente. Esto degenera en el crecimiento exponencial de gusanos que inundan la memoria del sistema y ocupan toda la capacidad del disco duro. El sistema, en estas condiciones y sin posibilidad de realizar intercambios de memoria, se detiene. Este virus es fácilmente detectable si se observa el tamaño de los ficheros de manera constante ya que se irán incrementando y siempre en la misma cantidad. Una de las principales diferencias entre este tipo de virus y el resto es que los gusanos no pretenden contaminar otros ficheros sino simplemente replicarse.

Algunos ejemplos de gusanos son: *Happy99*, *Navidad*, *I love you*, *Mandragore* o *Pretty Park*.

Bomba Lógica Este tipo de virus recibe el nombre por su modo de activación. Se trata de virus cuya ejecución es diferida en el tiempo de modo que no sea posible identificar el origen o autor del virus. De este modo cuando una bomba lógica entra en un sistema, no hace nada hasta que no se active. Esta activación será provocada como consecuencia de alcanzar una fecha en el sistema o arrancar el ordenador un número determinado de veces. Son muy típicos en coincidencias de fecha que tradicionalmente han sido relacionadas con la mala suerte como el Viernes 13 o Martes 13. De cualquiera de las maneras, un simple cambio de fecha al sistema puede conseguir detener su ejecución mientras se busca una herramienta para su eliminación.

Caballo de Troya Los caballos de Troya o, simplemente, troyanos, reciben su nombre por su método de introducción. Como todo el mundo conoce, la conquista de Troya se produjo por la introducción de un caballo de madera lleno de soldados. En definitiva, algo de una apariencia inocente (se creía al caballo como un ídolo divino) degenera en algo que no se esperaba. El enfoque es el mismo: aparentando ser una utilidad, un juego, una aplicación… el programa consigue engañar al usuario de modo que es este quien, de forma voluntaria, introduce el troyano en su PC. A partir de este momento, es el virus quien tiene el control y determina la gravedad de los daños que va a realizar. Este tipo de virus es de los más antiguos y muchos fueron programados en el arcaico y querido BASIC.

Algunos de los troyanos más conocidos por sus nefastos resultados son: *KillCMOS*, *MTX*, *Asylum* y *DonaldDick*. Todos ellos tienen una característica común: abrir determinados puertos para que el artífice del virus o cualquier otro que sea capaz de detectar esos puertos con un escáner (por ejemplo, con SuperScan 3.0) y "secuestrar" el PC.

Hoax No es un virus sino una alarma de éste, lo cual a veces puede resultar hasta más peligroso. Suele encontrar su entorno idóneo en el correo electrónico donde se expande con rapidez. Para intentar ofrecer credibilidad, suele hacer referencia a alguna empresa importante y solvente como origen de la información y habitualmente carece de fechas ya que así da una sensación de reciente. Lo único que se persigue es correr un rumor por la red que se basa en una broma o un engaño que, a veces, puede ser macabro (como la solicitud de sangre para algún hospital o similar).

Polimórficos Sin duda son los virus más complejos y difíciles de detectar. Usan todo tipo de técnicas de contagio y su principal característica es que cambian su forma de encriptación (de ahí su nombre). Esto significa que el mismo virus, de algún modo, está escrito de diferentes formas por lo que no se puede recurrir a un antivirus que busque cadenas representativas de un virus concreto. Buscando un símil biológico se podría encontrar en aquellos virus que cada año mutan y cambian su cepa por lo que es totalmente imposible aplicar una solución definitiva.

Se puede entender que una variación de los *Polimórficos* son los denominados *Multipartites* ya que también se caracterizan por usar múltiples técnicas de contagio. La diferencia estriba en que éstos no son capaces de modificar su forma.

Dentro de los *Polimórficos* más populares –y peligrosos– se encuentran *Cocaine*, *Satan Bug* y *Tuareg*. En cuanto a los *Multipartites*, los más conocidos son *Inca*, *Natas* y *Tequila*.

El nombre de "Natas" es muy común entre los virus. Obsérvese que "Natas" corresponde a "Satán" escrito al revés.

SpyWares Se trata de una tipología de virus similar a los *Troyanos* en el sentido de actuar desde la máquina de la víctima pero, en ningún momento, son una herramienta de control remoto. Este tipo de aplicaciones tiene como misión la de enviar información a un lugar concreto sobre temas tan diversos como el sistema operativo usado, páginas visitadas, IPs... Estos datos son usados por empresas con fines de marketing normalmente. Se trata, pues, de un atentado contra la intimidad del usuario.

De usuario Y no, no es que exista este tipo de virus como tal pero sí que es cierto que a veces el peor enemigo de la información es su propietario. La desinformación y el exceso de celo a veces lleva a confiar más en lo que llega a través de Internet que en los técnicos más próximos. Un ejemplo claro corresponde a esos correos que llegan indicando que un fichero concreto es un virus y que es preciso eliminar. Se da la ruta específica del fichero en cuestión pero, en lugar de ser un virus, se trata de un archivo del propio sistema operativo. Obviamente, quien recibe el correo tiene ese fichero y, presuroso, se lanza a su eliminación sin percatarse que, en realidad, él mismo es quien está actuando de virus.

A.7. MODO DE ACTUACIÓN

Como ya se apuntaba en el apartado anterior, de poco sirve alarmarse ante un virus ya que una mala decisión a la hora de proceder puede resultar más dañina que el propio virus. En algún momento me he encontrado con usuarios que, hartos de no conseguir eliminar un contagio en su PC, han optado por formatear el disco duro. En ese caso, ¿qué falta hace un virus? ¡Es el propio usuario quien se encarga de destruir la información! Por si eso fuera poco, el virus no desapareció.

A la hora de actuar ante un virus, hay dos herramientas básicas: disponer de un buen antivirus actualizado y un sistema de arranque. Si además se dispone de una copia de seguridad limpia, el éxito está asegurado.

> ***La práctica totalidad de los antivirus actuales con cierto prestigio, ofrecen actualizaciones diarias de sus productos para los usuarios registrados a través de Internet.***

El antivirus debe ser capaz de detectar y eliminar el virus del sistema pero, para realizar esta operación de forma correcta, la memoria del sistema debe estar limpia. El motivo estriba en que un virus, al igual que cualquier aplicación, debe residir en un soporte físico de información (disco duro, disquete…) pero su ejecución se realiza en memoria. Tanto es así que algunos virus tienen la propiedad de replicarse en el disco duro desde la memoria, con lo que la eliminación de disco previa no tendría ningún efecto. Es más: el modo de actuar de muchos virus es contaminar todas las aplicaciones que se ejecutan por lo que, si se corre un antivirus en una máquina infectada, se corre el riesgo de contaminarlo y éste, a su vez, al resto de los ficheros que examine.

> ***Existe un organismo cuya misión es la de homologar aplicaciones antivirus. Básicamente evalúa su efectividad mediante pruebas con una selección de los últimos virus del momento. Este organismo es el ICSA (International Computer Security Association) y se puede encontrar información adicional en http://www.icsa.com.***

Vista la necesidad de disponer de la memoria limpia, resulta imprescindible un disco de arranque o de sistema. Éste puede crearse desde entorno Windows mediante *Mi PC/Panel de Control/Agregar o quitar programas/Disco de Inicio* o manualmente mediante los comandos SYS o FORMAT. De cualquiera de las maneras, debe ser capaz de arrancar la máquina. Suele ser recomendable que disponga de una configuración básica de modo que, al menos, sea capaz de reconocer la memoria del sistema. Téngase en cuenta que, en caso contrario, sólo se podrá trabajar con los 640 KB de memoria base que, en la mayoría de los casos, resultarán insuficientes para la ejecución del antivirus. La citada configuración se suple con la creación de un fichero llamado CONFIG.SYS en el directorio raíz del disco y con una línea en su interior:

DEVICE= HIMEM.SYS

Obviamente esta configuración implicará la necesidad de incluir en el disco de arranque una copia del fichero HIMEM.SYS.

Arrancado el sistema con el disco, sólo queda seguir las instrucciones del antivirus para examinar y desinfectar los ficheros contagiados, teniendo la seguridad de trabajar con una memoria limpia. Algunos antivirus ofrecen como opción el chequear la memoria del sistema antes de realizar ninguna operación, impidiendo, en caso de encontrar algún vestigio de virus, la instalación o cualquier otra operación.

A.8. ¿VIRUS EN MÓVILES?

Hay algunas evidencias que a veces, por cotidianas, pasan desapercibidas: tal es el caso de los teléfonos móviles. Los móviles han tomado, de un tiempo a esta parte, una serie de "atribuciones" de los PCs que les hacen más versátiles y funcionales. Ahora bien, esto también conlleva una serie de desventajas ya que se encuentran sujetos a algunos de los problemas típicos de los ordenadores. Bajo esta premisa, surge la primera pregunta: ¿pueden tener virus los móviles?

Inicialmente y bajo la consideración de la capacidad de recepción de datos (melodías, imágenes, código al fin y al cabo) y el uso de una memoria, todo parecería indicar esa posibilidad. La recepción de un código malicioso en el teléfono es posible, pero entonces, ¿habrá que usar antivirus telefónicos? Lo cierto es que, a pesar de la posibilidad expuesta, a día de hoy no existe virus alguno para teléfono móvil (no estrictamente a día de hoy). El motivo es que, por un lado, los móviles no ejecutan aplicaciones de carácter genérico, sino que su ámbito de actuaciones está muy limitado –aunque esto puede ser sorteado por un posible virus–. Por otro lado, los móviles no han sido aún fruto de estudio por los piratas informáticos (¿o habría que llamarlos telefónicos?) ya que, el día que eso ocurra, sin duda, todos nos enteraremos dada la gran implantación de los terminales.

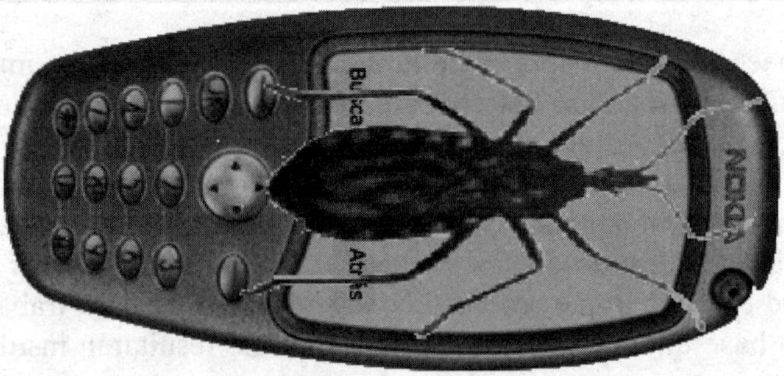

Figura A–4 ¿Virus en los móviles?

Ahondando en el tema y buscando documentación al respecto, sí se han encontrado referencias de virus para telefonía en la modalidad de *hoax*. Un *hoax* es un "virus falso", es decir, un mensaje alarmante que puede incitar a realizar una serie de acciones perjudiciales por parte del usuario y, de ese modo, la finalidad del virus se cumple: provocar daños. Por poner un ejemplo, no hace demasiado que un *hoax* (siempre procedente de un amigo) indicaba que un dañino virus estaba en circulación e invitaba a comprobar la existencia de un fichero concreto en el sistema operativo. Si este fichero existía, era necesario borrarlo para eliminar el virus. En definitiva, dicho fichero era parte integrante del sistema operativo y, por supuesto, en todos los casos existía. Su eliminación provocaba daños en la máquina del usuario.

En la actualidad y gracias a la prevención de los usuarios, la mayor parte de los *hoax* son mensajes de alarma que sólo buscan su transmisión en cadena a fin de saturar la red.

Un ejemplo de *hoax* que no se ha localizado aún en castellano (aunque será cuestión de tiempo, seguro) es el ACE, un *hoax* nada reciente ya que tiene más de tres años. En caso de recibir un mensaje similar al siguiente, no es preciso tomar ninguna medida especial, excepto la de eliminar el mensaje para no favorecer la cadena. Éste es el texto:

> *"Recently, I had received a email from brother & sister at Hong Kong. Attention to all mobile phone user. This is not a joke. This is an early warning! If you receive a phone call and your mobile phone displays ACE-? on the screen (for most of digital mobile phones with function to display in-coming call telephone number) DO NOT ANSWER THE CALL - END THE CALL IMMEDIATELY OTHERWISE YOUR PHONE WILL BE INFECTED BY VIRUS.*
> *This virus will erase all IMIE and IMSI information from both your phone and your SIM card, which will make disable your phone connection with the telephone network. You will have to buy a new phone. This information has been confirmed by both Motorola and Nokia. There are over 3 millions mobile phones being infected by this virus in USA now. You can also check this news in the CNN web site.*
> *Please forward this information to all your family & friends who have digital mobile phones."*

En definitiva, avisa de un terrible virus que borrará la tarjeta del móvil así como la agenda de contactos e inutilizará el teléfono. Para dar credibilidad al texto, invoca a las compañías Motorola y Nokia, afirmando que ya lo han hecho públicos y que la CNN también da fe del texto. Por supuesto, todo es mentira. Otra consideración tienen los nuevos móviles que soportan código JAVA para juegos. El JAVA es un código portable, independiente de la plataforma donde se ejecute, para lo que necesita de una interfaz software denominada *máquina virtual de JAVA*. Así, un código programado en PC puede ser ejecutado en un teléfono siempre que los requerimientos hardware (por ejemplo, capacidad de memoria) sean los precisos. JAVA es usado en telefonía para la ejecución de juegos.

Aun así, donde todo parece apuntar que un virus en un teléfono móvil es una posibilidad más que una realidad, algunas compañías ya han anunciado productos para la protección de teléfonos móviles ante este tipo de *hoax* e, incluso, ante posibles virus futuros. Tal es el caso de, por ejemplo, F-Secure Corporation y su F-Secure Anti-Virus para EPOC. La empresa ofrece sus productos adaptados a más del 85% de los móviles del mercado mundial que se reparten entre las compañías Ericson, Motorola, Nokia, Panasonic, Philips, Psion y Sony fundamentalmente.

A.8. ENLACES DESTACADOS

Este capítulo no podía terminar como tantos otros sin un apartado donde se referencie URLs de interés. No obstante, el lector comprenderá el cambio del título de "fabricantes destacados" por "enlaces destacados" aunque he de confesar que en algunos entornos me recomendaron no hacerlo (vaya usted a saber por qué...).

Panda Software	www.pandasoftware.es	Norton Antivirus	www.symantec.com
McAffe	www.mcafee.com	ThunderBYTE	www.thunderbyte.com
Sophos	www.sophos.com	ICSA	www.icsa.com
F-Secure	www.edata.es	Norman Virus	www.norman.no
Lista de Virus	www.viruslist.com		

APÉNDICE B

EL CD ROM INCLUIDO

Este apéndice reúne todas las especificaciones técnicas y de contenido del CD ROM incluido. El objeto del mismo es dar una panorámica más real del PC que lo que las simples fotografías logran. A tal fin, se ha diseñado una aplicación multimedia que, de forma virtual, permite examinar un ordenador. Esta aplicación consigue manejar en tres dimensiones un PC convencional mostrando todos sus componentes y apoyándose en el texto del libro, ofrecer una información detallada.

Además, se incluyen una serie de aplicaciones *freeware*, *shareware* y de software libre que resultarán especialmente útiles a la hora de operar con un PC. Se trata de aplicaciones no comerciales o en versión de demostración que ofrecen "trucos" y caminos alternativos tanto a la hora de reparar un ordenador como para su configuración u optimización. Junto a este software el lector dispone del fichero Apéndices Adicionales.PDF con el contenido de los capítulos desaparecidos que estaban incluidos en las tres ediciones anteriores, en referencia a la Electrónica Digital, álgebra de Boole, codificación de la información…

También se incluye un glosario detallado (idéntico al del libro que tiene entre sus manos) junto a una guía de conectores del PC y una relación de URL's o direcciones de Internet interesantes para obtener información detallada sobre diferentes componentes.

El CD culmina con la inclusión de un software antivirus cedido amablemente por la compañía Panda Antivirus. Así, el lector dispondrá de forma gratuita de una versión con todas las prestaciones operativas de los productos *Titanium* y *Platinium* de la citada compañía.

Por último, agradecer a la compañía Zona Multimedia y, especialmente, a Frank, Dani, Cristina y Laura, su apoyo a la hora de realizar esta aplicación. Su profesionalidad queda patente en el software y su amistad, también.

B.1. EL CD ROM

El CD-ROM contenido en el libro *Hardware Microinformático, viaje a las profundidades del PC* pretende acercar de manera virtual, al lector, a la ubicación y aspecto de los principales componentes de un PC. Así, de un vistazo puede obtenerse una referencia rápida de qué es una impresora y su aspecto externo, un ratón, un puerto, etc.

El CD es autoejecutable y no realiza instalación alguna, ni necesita de software accesorio. Funciona sobre los sistemas operativos Windows XP / 200x / NT 4.0 / Me y 9x.

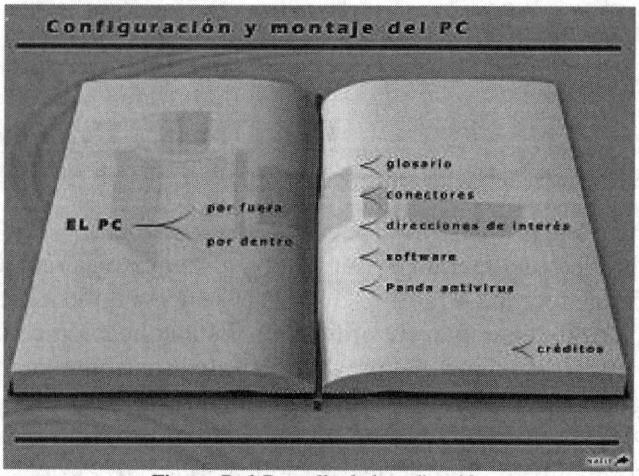

Figura B–1 Pantalla de la aplicación

El CD comienza con un menú principal donde pueden seleccionarse cualquiera de los que se enumeran más abajo.

El PC por fuera Enlaza con una pantalla en la que se muestra el aspecto externo de un PC convencional. En ella pueden seleccionarse mediante la lista que aparece en la parte inferior o mediante el modelo tridimensional, cada uno de los dispositivos que componen el PC. Estos componentes son:

- Caja	- Disquetera	- Ratón
- CD / DVD	- Monitor	- Impresora
- Grabadora de CD	- Teclado	- Multimedia

Al seleccionar un elemento desde el modelo en 3D o bien desde su nombre se muestra una fotografía y un texto descriptivo del mismo. Asimismo, se produce un acercamiento en la imagen virtual de forma que se centra y aumenta la visión del dispositivo seleccionado.

El PC por dentro Se accede a una pantalla en la que se muestra el aspecto de un PC convencional por dentro. En ella pueden seleccionarse mediante la lista que aparece en la parte inferior o mediante el modelo en 3D, cada uno de los componentes internos del PC. Los componentes son:

- BIOS
- Cables
- CD
- Grabadora CD
- Conector ratón y teclado
- Conector puertos serie y paralelo
- Conector puertos sonido y juegos
- USB
- Microprocesador
- Disco duro
- Unidad disquete
- Fuente de alimentación
- Pila
- Placa Madre
- Módulo de memoria
- Tarjeta de red
- Tarjeta de sonido
- Tarjeta de vídeo
- Zócalo AGP
- Zócalo de disquete
- Zócalo IDE
- Zócalo DIMM
- Zócalo PCI

Al igual que sucede en *El PC por fuera*: si se selecciona un elemento, se muestra una fotografía y un texto descriptivo del mismo. De igual forma se produce un acercamiento en la imagen en 3D centrándose y aumentando la visión del dispositivo seleccionado.

Glosario Pantalla donde se encuentran una serie de términos relacionados con el hardware microinformático. La lista de términos se sitúa a la izquierda y tiene un *scroll* en la parte superior para desplazar la lista. Si se selecciona un término, aparecerá su descripción a la derecha. Al entrar en la pantalla, en la zona derecha de la misma, se muestra un texto introductorio.

Conectores Pantalla que adjunta una relación de los conectores más usuales del PC. Si se selecciona uno de ellos, aparece su descripción a la derecha junto a una fotografía ilustrativa del mismo. Al entrar en la pantalla, en la zona derecha de la misma, se muestra un texto introductorio.

Direcciones de interés Pantalla con un apéndice de URL's (direcciones de Internet) agrupadas por temática. Si se selecciona una temática en parte izquierda, aparecerá una descripción a la derecha junto a una fotografía ilustrativa del mismo, y una serie de enlaces en la parte inferior, en los cuales, al hacer clic, se abre el navegador, enlazando con la página. Al entrar en la pantalla, en la zona derecha de la misma, se muestra un texto introductorio.

Software Pantalla con una lista de aplicaciones software agrupadas por temática. Si se selecciona una de éstas en la parte izquierda, aparecerá una descripción, en la parte inferior, se muestra la lista de programas asociados a esa temática. Después de elegir uno de ellos, puede optarse por instalarlo o almacenarlo en el disco, para lo que se dispone de dos botones.

Panda Antivirus La compañía Panda Software ha proporcionado dos de sus antivirus más versátiles y eficientes: Panda Antivirus Platinum y Panda Antivirus Titanium. Éstos pueden instalarse desde esta pantalla, para ello basta con pulsar el botón *Instalar* correspondiente.

B.2. SOFTWARE INCLUIDO

A continuación se detallan brevemente cada una de las aplicaciones incluidas en el CD. Todas ellas pertenecen a la catalogación de *freeware*, *shareware* o software libre, habiendo manifestado los programadores su autorización expresa para su distribución gratuita con este libro. Por supuesto, esto no exime de la aceptación por parte del usuario (el lector) de las condiciones específicas establecidas en cada uno de los programas. En cualquier caso el autor de libro no asume responsabilidad alguna por el uso, correcto o no, de las siguientes aplicaciones, si bien previamente se han evaluado todas y se han seleccionado por su utilidad y practicidad.

Se han agrupado los diferentes programas según su uso. Por supuesto, esta catalogación podría ser tan extensa como se quisiera, pero es preciso limitarla.

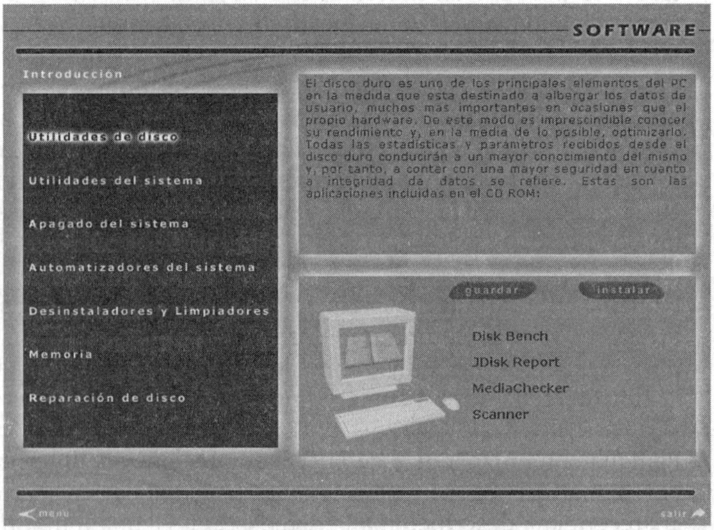

Figura B–2 Pantalla de software

El autor quiere agradecer de forma especial a los autores de las aplicaciones (grandes empresas en algunos casos y programadores únicos en otros) su autorización para incluirlas en el CD ROM anexo al libro, a la vez de animarles a que continúen con su labor de desarrollo de software de calidad como el a continuación definido.

B.2.1. Utilidades de disco

El disco duro es uno de los principales elementos del PC en la medida que está destinado a albergar los datos de usuario, muchos más importantes en ocasiones que el propio hardware. De este modo es imprescindible conocer su rendimiento y, en la medida de lo posible, optimizarlo. Todas las estadísticas y parámetros recibidos desde el disco duro conducirán a un mayor conocimiento del mismo y, por tanto, a contar con una mayor seguridad en cuanto a integridad de datos se refiere. Éstas son las aplicaciones incluidas en el CD ROM:

Disk Bench Se trata de test de medición de tiempos de respuesta del disco duro. Esta aplicación, con un diseño de entorno Windows XP, proporciona los tiempos de respuesta reales del PC donde se encuentra instalado. Para ello, realiza una serie de copias de ficheros de un subdirectorio a otro, borrando los archivos usados en el test una vez finalizado el proceso obteniendo estadísticas. Requiere de *.Net FrameWorks*, disponible en *MSDN Downloads* (http://msdn.microsoft.com/library/default.asp?url=/downloads/list/netdevframework.asp).

JDisk Report Utilidad estadística de control del disco duro. Proporciona diferente información relativa a los aspectos más destacados de uso del disco. Tales como distribución de espacio, clasificación por tamaño, modificación de ficheros... todo en un entorno gráfico muy intuitivo. Requiere disponer de la máquina virtual de JAVA ver. 1.3, disponible en http://www.sun.com o en las páginas de actualización de Microsoft.

MediaChecker Permite la comprobación de la integridad de los datos en diferentes unidades lógicas (con independencia del tipo de éstas). Es útil su uso antes de proceder a destruir copias de seguridad antigua ya que añade fiabilidad a los nuevos *backups* realizados. Su función real es la de buscar ficheros corruptos o datos inestables.

Scanner Atractivo entorno gráfico para ver la ocupación real de los ficheros en el PC, ya sea en disco duro o en cualquier otro soporte. Sin duda una ayuda interesante para la gestión del disco duro.

B.2.2. Utilidades del sistema

Se trata de un epígrafe genérico para evaluar diferentes prestaciones del sistema. Aquí tienen cabida aplicaciones tan variopintas como el control de rendimiento de las baterías de un PC portátil hasta la capacidad de evaluar posibles averías de un PC. Sin duda un conjunto de herramientas interesantes e imprescindibles para el diagnóstico y conocimiento del PC. Se trata de las siguientes:

ADing PowerAlarm Utilidad destinada al control de la duración de las baterías de equipos portátiles. Ofrece una información muy exacta en base a la duración real de la batería ofreciendo utilidades diversas como el porcentaje de batería restante, icono variable de energía y gráfica y mensajes acústicos para indicar situaciones de batería baja.

Aida32 Aplicación autoejecutable (no precisa de instalación alguna) que ofrece un análisis detallado del sistema. De forma clasificada es posible acceder a los elementos del PC, así como a las web de los fabricantes más representativos y sus drivers. Genera informes en diferentes formatos. Una aplicación realmente buena.

Fresh Diagnose Un software interesante para aprender sobre el ordenador y sus componentes, a la vez de poder diagnosticar averías. Dispone de una interfaz muy intuitiva que recuerda al *Explorador* de Windows.

Hot CPU Tester Lite Utilidad para controlar, entre otros componentes, la memoria, chipset, placa base y microprocesador. Ayuda a diagnosticar posibles averías y el origen de cualquier error. Interesante si se usa para controlador microprocesadores en *overclocking*. No es especialmente rápida pero la espera merece la pena.

M2 Information Programa que, en esencia, aporta información al usuario sobre el hardware y software usados. Aporta datos relativos al sistema operativo, microprocesador, memoria...

MetaBench Conjunto de tests para evaluar el rendimiento del sistema. Incluye parámetros para cuantificar la agilidad de proceso de la máquina poder establecer comparativas. Ofrece, además, diferentes formatos de exportación de datos.

SiSoft Sandra Standard Todo un clásico dentro de los programas de diagnóstico. Ofrece información diversa sobre el hardware en general, el software y componentes específicos del sistema.

X-Setup Programa muy interesante para mejorar las prestaciones generales del sistema. Aumenta la seguridad y aceleración del sistema, además de ofrecer un amplio abanico de posibilidades de configuración.

B.2.3. Apagado del sistema

Por curioso que a los neófitos les pueda parecer, apagar el ordenador es una operación delicada y que va asociada a la integridad de los datos. Así, los entornos gráficos multitarea difieren en el tiempo procesos por lo que es posible que, a pesar de que el usuario no esté realizando ninguna operación, el propio sistema se encuentre trabajando con el disco duro. Cerrar el sistema correctamente y, además, poder temporizarlo y programarlo son utilidades interesantes, tal y como se comprueba a través del uso de las aplicaciones siguientes:

A_ShutDown Permite la temporización del apagado, encendido, reinicio y cambio de sesión en el ordenador. Dispone de utilidades adicionales como el apagado de emergencia, bloqueo de la máquina y algunas más.

NisuApagarPC Utilidad extremadamente sencilla con mínimo consumo de recursos del sistema. Permite el apagado reinicio y cambio de sesión de forma temporizada y automática.

RS Somnifero Automatiza diferentes acciones de forma temporizada. Así, será posible el apagado, reinicio y cierre de sesión pero, además, admitirá la presentación de mensajes personalizados y el cierre de una sesión de Internet.

ShutDownPC Realiza de forma temporizada un apagado "no forzado". Esto implica que, en caso de encontrarse alguna aplicación solicitando la intervención del usuario, el PC no se apagará.

Tempone Permite acciones diversas como la apertura y cierre temporizado de la unidad de CD ROM o la conexión de Internet. Por supuesto, también admite el cerrado del sistema, reinicio o cierre de sesión. Admite cierre forzado de forma opcional.

Windows Shutdown Apaga el equipo de forma temporizada o en un instante concreto. Además, dispone de funciones extras como el bloqueo del sistema, incluyendo prestaciones adicionales si se trabaja con Windows 2000 o XP.

B.2.4. Automatizadores del sistema

Herramientas curiosas que nos descubren hasta dónde es capaz de llegar el PC (o los programadores). Los automatizadores son aplicaciones que permiten gestionar aplicaciones diversas del sistema. Casi siempre se basan en sistemas expertos o basados en el conocimiento que, en el caso de los primeros, acaban "conociendo" al usuario y personalizando según sus apetencias. Un buen ejemplo de lo expuesto son:

EasyClip Se trata, fundamentalmente, de un optimizador del *Portapapeles* de Windows, algo que la compañía Microsoft recientemente ha realizado en algunos de sus productos. No obstante, *EasyClip* posibilita manejar hasta 16 portapapeles independientes que son accesibles mediante la pulsación de una única tecla. También dispone de una interesante barra de menú personalizable.

Idox Se trata de un modo interesante de trabajar con el ordenador. A través de una mascota virtual basada en procesos de inteligencia artificial, es posible mantener conversaciones (siempre divertidas) a la vez que se automatizan diferentes aspectos como la consulta al correo electrónico o la ejecución de aplicaciones.

Kas 2001 Un interesante motor de inteligencia artificial con el que es posible conversar a la vez que aprende del usuario y lo que es más curioso: ¡con iniciativa propia! Permite automatizar tareas como la conexión a Internet, consulta del correo, ejecución de programas, agenda...

MediaMat Interesante aplicación de uso múltiple. Permite realizar interfaces personalizadas para la ejecución de aplicaciones, creación de carpetas, descompresión de archivos... admitiendo procesos diferidos en el tiempo. Dispone de un lenguaje propio.

RemoteKeys La herramienta definitiva para aglutinar complejas pulsaciones combinadas por una simple acción de ratón. Personalizable a 10 usuarios. Dispone de utilidades anexas relacionadas con el *Portapapeles* de Windows. Muy útil.

B.2.5. Desinstaladores y limpiadores

El mayor rendimiento de las aplicaciones actuales con respecto a otras de hace unos años se debe, entre otros motivos, a una mayor integración con el propio sistema operativo. Tanto es así que los programas ya no sólo se copian en el disco duro, sino que modifican el sistema operativo con todo lo que ello conlleva. La desinstalación de aplicaciones puede conllevar que esas alteraciones del sistema continúen pudiendo producir graves errores además de una inestabilidad del sistema operativo. A fin de solucionar esta serie de problemas, existen programas desinstaladores y limpiadores que aseguran que tanto el registro de Windows como las propias librerías del sistema mantengan su integridad. Las aplicaciones recomendadas son las siguientes:

ClearMe Aplicación destinada a la eliminación de información tanto de carácter personal como privada, almacenada en ficheros históricos. Además, puede eliminar las *cookies*, *Papelera de reciclaje* e, incluso, la memoria caché del navegador permitiendo renovar sus contenidos.

Jv16 PowerTools Un completo conjunto de herramientas que ayuda a optimizar ya no sólo un PC sino, incluso, una red de ordenadores. Permite controlar el sistema de archivos a la vez de ayudar a mantener intacto el registro de Windows gestionando la instalación de aplicaciones. Admite el control de máquinas remotas, administrar tareas, enviar mensajes... un software realmente interesante.

RegCleaner Un programa realmente útil que, interactuando con el usuario, permite gestionar el registro de Windows. Mediante un sencillo proceso dirigido, el usuario tendrá conciencia en todo momento de los cambios realizados. Muy útil, sin duda...

B.2.6. Memoria

La memoria es uno de los elementos de base tanto del PC como del propio sistema operativo. De ella depende en gran medida el rendimiento general del sistema. Conocer, por tanto, sus prestaciones y potenciales problemas ayudará a optimizar la máquina. A continuación se ofrecen una serie de aplicaciones que ya no sólo aportan información sobre la RAM, sino que, además, permiten optimizar algunos aspectos:

BySoft FreeRAM Es un excelente administrador de memoria que permite liberar RAM para el PC tanto de forma manual como automática. También permite configurar la memoria caché.

FreeRAM XP Pro Permite optimizar memoria aprovechando tanto la libre como la reservada por programas que ya dejaron de ejecutarse. El proceso puede realizarse tanto de modo manual como automático permitiendo, además, la desfragmentación de memoria, lo que implica una mayor estabilidad del sistema.

Memory Monitor Aplicación destinada a informar al usuario del consumo de memoria por parte de los programas en su sistema. También ofrece datos relativos a la memoria virtual.

CacheMan Permite mejorar el sistema en general. Esto lo consigue liberando la memoria caché no utilizada, lo que lleva asociado una disminución inmediata del fichero de intercambio de Windows (memoria virtual). Resulta espectacular el aumento de rendimiento.

MemViewer Editor de memoria en tiempo real. Permite la visualización de la ocupación de memoria. Su entorno gráfico es realmente atractivo.

B.2.7. Reparación de disco

¿Quién no se ha llevado un susto ante la pérdida de datos? El hardware es importante pero, en muchas ocasiones, los datos lo son más. Esta aplicación permite conocer algo más el disco duro y anticiparse a potenciales problemas. La estructura lógica, aspectos de optimización... todos son mostrados de un modo sencillo. Una herramienta imprescindible para un técnico de hardware.

O&O Defrag 2000 Analiza y desfragmenta discos con los sistemas de archivos más comunes (FAT, FAT32, NTFS, NTFS5, RAID...). Además, permite visualizar la estructura de clústeres así como la identificación del tipo de datos contenido.

B.3. PANDA ANTIVIRUS

La compañía Panda Antivirus también ha colaborado en la elaboración de este CD ROM aportando su software. Sin duda resulta inevitable hablar de Panda cuando a virus se refiere y ya no sólo en el ámbito nacional (Panda Antivirus es una compañía española) sino también en el internacional. Las aplicaciones que el lector podrá encontrar en el CD son las siguientes:

Titanium 7.0 Un buen antivirus si se busca seguridad y facilidad de uso. Ofrece actualizaciones completamente automáticas, escaso consumo de memoria, además de avanzada tecnología para Internet y correo electrónico. Entre sus características cabe citar:

- Detecta y elimina rápidamente todo tipo de virus conocidos. Además, su tecnología heurística de última generación es extremadamente eficaz contra los nuevos virus desconocidos que puedan aparecer en el futuro.

- Muy fácil de usar: comienza a trabajar automáticamente, verificando que la información que entra y sale del PC está limpia.

- Actualizaciones automáticas contra los virus aparecidos desde la última conexión a Internet. Motor *UltraFast*: máxima velocidad y mínimo consumo. Analiza exhaustivamente la información sin apenas consumir recursos del ordenador.

- Avanzada tecnología antivirus para Internet y correo electrónico.

- Tecnología exclusiva *SmartClean* para reparar las averías del sistema ocasionadas por los más recientes gusanos y Caballos de Troya tipo *I Love You*, *Anna Kournikova...*

- Soporte técnico 24 horas al día, 365 días al año.

- Protección para Windows XP, Windows 2000 Pro, Windows NT 4.0 W/S, Windows Millennium, Windows 98 y Windows 95.

Platinum Una solución de seguridad total para los pequeños negocios y profesionales. Dispone de una interesante tecnología antivirus y *firewall* y es indicado para redes entre 1 y 10 PCs. Las características más destacables son las siguientes:

- Detecta y elimina rápidamente toda clase de virus. Además, es muy eficaz contra los nuevos virus desconocidos gracias a su avanzada tecnología.

- Defensa contra *hackers*: *firewall* incluido en el antivirus. Incorpora un *firewall* de última generación que detiene a los *hackers* e impide la destrucción, el robo o la corrupción de su información. Actualizaciones diarias con soporte 365 x 7 x 24.

- Máxima velocidad y estabilidad. Respeta completamente el funcionamiento del equipo gracias a la rapidez de su motor de búsqueda de virus UltraFast: una innovación tecnológica de Panda Software que analiza su información más *rápida* y exhaustivamente.

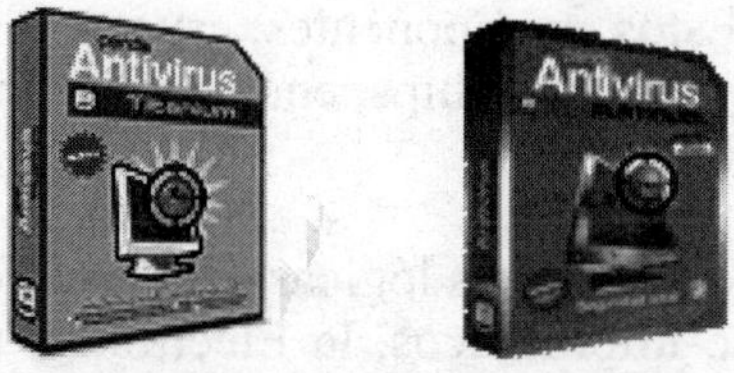

Figura B–3 Pandas Titanium y Platinum

B.4. Y UN POQUITO MÁS...

Tal y como se indicaba en la introducción del libro, a lo largo de cuatro ediciones el texto ha crecido de forma voluminosa en cuanto a número de páginas se refiere. Se ha puesto un especial énfasis en eliminar todo aquel texto que, por la naturaleza del libro, haya podido quedar obsoleto pero, a pesar de esto, el libro ha seguido creciendo. Algunos aspectos novedosos en un momento han pasado a ser históricos en otros pero, no por ello, menos interesantes.

Ésta es la razón por la cual se ha decidido incluir parte del texto en el CD ROM suministrado con el libro. De forma concreta, todos los capítulos dedicados a la Electrónica Digital. Esta rama de la Electrónica resulta imprescindible para entender muchos conceptos de la Microinformática pero, si se ha de ser sincero, no siempre resulta indispensable (lo que no exime de su conocimiento). Buscando una solución equilibrada, el CD ROM adjunto ofrece los siguientes temas imprimibles al lector.

Codificación de la información — Trata de todos aquellos aspectos inherentes a los conceptos relacionados con la información (cuantificación, codificación...) y, sobre todo, a su representación en un formato apropiado para ser tratado por máquinas. Códigos como el binario, octal hexadecimal, ASCII, Unicode, BCD, Airen, Exceso a 3,… son tratados mientras se establecen conceptos de utilidad posterior como la información digital o analógica.

Álgebra de Boole — La información es un bien preciado pero de poco sirve si no se puede tratar. Fue George Boole quien estableció el modo de poder trabajar con el sistema binario, algo que ya los chinos habían establecido de una forma clara varios milenios antes. El conocimiento del Álgebra de Boole permitirtá asimilar cómo pueden funcionar, por ejemplo, los sistemas de detección de errores y códigos de redundancia cíclica. Herramientas como Morgan y Karnaugh son también tratadas en estas páginas.

Puertas Lógicas — Y toda la teoría se tiene que ver implementada de forma práctica para afianzar los conceptos. Esto es de lo que trata este capítulo: la teoría de George Boole llevada a la práctica por Claude Shanon. Este matemático e ingeniero norteamericano determinó cómo, a partir de la Electrónica digital, se podían crear circuitos físicos gracias a la Electrónica basada en semiconductores: las puertas lógicas. Estos componentes, sucesores de los transistores y predecesores de los chips, encierran los misterios del proceso de la información.

Lógica Combinacional

A partir de las puertas lógicas y en este devenir de acontecimientos electrónico-informáticos, la Electrónica Combinacional define los primeros circuitos creados a partir de puertas lógicas o, lo que es lo mismo, a partir del proceso de una información codificada y con las herramientas que la Electrónica pone a disposición del técnico. La revolución electrónica se inicia.

Lógica Secuencial

A la Electrónica Combinacional le sucede la Secuencial. En ésta, se añade un nuevo elemento: el tiempo o, lo que es lo mismo, la secuencia. Esto implica que una salida concreta ya no sólo depende de las entradas aplicadas sino, además, de las salidas anteriores o, lo que es lo mismo, de la "historia" del circuito. Por poner un ejemplo gráfico, si un pulsador abre o cierra la puerta de un garaje, la electrónica en él contenida debe "saber", además de la información producida por el hecho de pulsar el mando en cuestión, si la puerta debe abrirse (si previamente estaba cerrada) o debe cerrarse (si previamente estaba abierta).

Por terminar, sólo indicar que el hecho de incluir este texto de forma anexa en el fichero *Apéndices anexos.PDF* sólo pretende conseguir un libro más ágil, menos voluminoso y, por qué no decirlo, más económico.

APÉNDICE C

NORMATIVA Y CERTIFICACIONES

Al igual que casi todos los elementos que nos rodean y forman parte de nuestra vida cotidiana, los PCs están sujetos a normativas internacionales. Si bien es cierto que aún no tienen aplicación en muchos países y en otros no son claramente definitivas, estas normativas acabarán por extenderse y ser de cumplimiento obligatorio.

Aun a pesar de su clara aplicación, es preciso y recomendable intentar ajustarse a los estándares que hay establecidos. Sin duda será un modo de rentabilizar la experiencia adquirida en determinadas máquinas y no diversificar el conocimiento técnico en función de las especificaciones propias e independientes de cada fabricante. En esta línea no debe olvidarse que IBM marcó en su día la compatibilidad –y con ello la semilla de su éxito– no por ser la mejor máquina (aspecto por supuesto discutible), sino por establecer el estándar abierto de la arquitectura de su PC XT (tema tratado en el primer capítulo del libro). De igual modo, cada vez que se intentó imponer una solución poco consensuada (como por ejemplo el caso de la arquitectura MCA), la respuesta del mercado y, por supuesto, la de la competencia, no fue siempre a favor de la compañía.

La estandarización, por tanto, y la adopción de normativas generales, son interesantes bajo el punto de vista de la empresa y, por extensión, para los técnicos que trabajan para las mismas. En la actualidad, donde la calidad de las compañías se mide por certificaciones y la distinción de normalización es una tarjeta de visita que abre puertas, resulta imprescindible que todo el sector se conciencie de su importancia. Por supuesto siempre existirán empresas y ensambladores que prescindan de todo este tipo de normas pero, a la larga, sólo representarán una pequeña porción llamada a desaparecer. Intente, por tanto, ajustarse a los estándares establecidos que, sin duda, le reportarán seguridad en su trabajo y fiabilidad a la hora de mantener un parque de ordenadores.

C.1. NORMAS DE SISTEMAS MICROINFORMÁTICOS

En la actualidad, los equipos microinformáticos deben cumplir con unos requisitos que afectan fundamentalmente a dos puntos: emisión de frecuencia y seguridad en la manipulación interna de los equipos. El control de la emisión tiene como finalidad impedir que los ordenadores generen interferencias en otros dispositivos, y la seguridad en la manipulación responde a unas normas básicas que ayuden a prevenir accidentes.

En este apartado se contemplará el hardware bajo este punto haciendo hincapié en las dos agencias más importantes que se encargan de realizar certificaciones (no sólo microinformáticas): la FCC y la TÜV, cada una en sus departamentos oportunos.

Existen dos normativas claras que regulan el plano ambiental de la microinformática: la *FCC Part 15 EMI Certification* y la *UL/CSA/TÜV Safety Certification*. El mejor modo de entenderlas consiste en tratarlas de modo independiente. Veamos en qué consiste cada una.

C.1.1. Certificación de equipos por la FCC Apdo. 15

Se encarga de certificar los sistemas completos, nunca componentes independientes. En base a la finalidad de dichos equipos se establecen dos categorías con diferentes requerimientos: las clases A y B.

La clase A ("Class A") regula todos aquellos sistemas que tendrán su entorno de trabajo en un ambiente comercial. Esta normativa es más "suave" que la clase B. La clase B ("Class B") es mucho más severa y regula aquellos sistemas que trabajarán en un entorno doméstico.

El proceso de certificación, conceptualmente es sencillo: la mayoría de las tarjetas y periféricos (disqueteras, HDs, CD ROMs...) tienen su propia certificación FCC. Esto permite que puedan ser vendidas independientemente, aunque, si van integradas en un sistema informático, no precisan ningún tipo de certificación si el sistema lo está como unidad.

Una vez que el sistema ha pasado la certificación FCC, el ensamblador puede modificar o añadir tarjetas y periféricos que tengan su certificado FCC y mantener la conformidad de la norma (¡incluso si el resultado final de los cambios de tarjetas supera los límites establecidos!). La norma es clara en cuanto a la clasificación de un equipo microinformático para su aprobación:

- ⇨ No se deben sustituir placas base, fuentes de alimentación o cajas sin su consecuente "recertificación".

⇨ Los teclados y ratones no requieren una certificación independiente si son vendidos como parte integrante de un sistema, aunque en la mayoría de los casos cumplen todas las reglamentaciones exigidas de forma independiente y pueden ser vendidos de forma separada al PC.

⇨ Es cuanto a monitores, impresoras y periféricos externos con alimentación, cada uno debe tener su propia certificación. No es sencillo llegar a certificar en clase B a un monitor, dadas las elevadas tensiones de trabajo así como el bajo aislamiento hacia el exterior. Ésta es una de las razones por la que en algunos monitores antiguos aún puede verse un núcleo de ferrita que rodea el cable de vídeo y que, a su vez, se encuentra recubierto con un plástico.

C.1.1.1. "BARE BONES SYSTEMS"

Los denominados "sistemas básicos" (o "bare bones systems") son un producto que no ha terminado de afianzarse en el mercado o no al menos en lo que a su formato original se refiere. Consisten en una placa base, fuente de alimentación y caja ensamblados que se suministran como un elemento único y, por supuesto, con todas las certificaciones oportunas. Dado que estos componentes (especialmente la fuente de alimentación y en segundo lugar la placa base) son los elementos más "ruidosos" en cuanto a generación de emisiones y la caja juega un papel fundamental a la hora de limitar dichas radiaciones, la certificación del conjunto asegura con bastante fiabilidad el cumplimiento de las FCC por parte del sistema.

Lo cierto es que su elevado precio (siempre superior al que puede ofrecer la adquisición del material por separado) ha hecho que los "bare bones" no alcancen una cota de mercado significativa en el sector doméstico. Por otro lado, los "bare bone" para sistemas portátiles van tomando cada vez más auge ya que, en estos modelos y a diferencia de los de sobremesa, los componentes no se ĕncuentran tan estandarizados y, por tanto, no es tan sencillo que se apliquen las leyes de oferta-demanda que nivelan los precios. Estos "bare bone" para portátiles han permitido que muchos ensambladores hayan podido contemplar este tipo de ordenadores como una línea de negocio más.

Como última consideración, de un tiempo a esta parte se aplica el término "bare bone" a máquinas que ofrecen prestaciones multimedia semejantes a como un equipo de HI-FI / vídeo podría hacer sin perder las capacidades microinformáticas. El efecto de los nuevos *barebone* ha sido tal que algunas compañías han dedicado una línea de negocio a este sector. Hay compañías que están ofreciendo soluciones realmente espectaculares. Basta con buscar en la red los diseños más atractivos, pero, por poner un ejemplo, la compañía *Acer* ofrece lo que denomina *Centro de entretenimiento* con su nuevo *Acer RC900*. Así, ofrecen un producto con un nuevo diseño elegante, aportando un nuevo concepto en tecnología ideal para usuarios expertos e inexpertos. El Aspire RC900 –según palabras de la propia compañía– permite seleccionar hasta seis modos de trabajo, a saber: vídeo, imagen, radio, música, TV y PC, usando el *super dial*, control remoto o el teclado *wireless*. Esta configuración garantiza el máximo aprovechamiento de la máquina tanto si es un experto o si es la primera vez que utiliza el PC: flexibilidad, simplicidad y funcionalidad.

Figura C–1 Acer Aspire RC900 (www.acer.es)

C.1.1.2. ¿QUIÉN CUMPLE LA FCC?

Lo cierto es que los ensambladores "piratas" no tienen en cuenta la certificación de sus sistemas. Esto es un delito y está perseguido. No obstante, se aprecia que el problema está desapareciendo gracias a la mentalidad de los consumidores que rechazan a estos ensambladores que realizan su trabajo sin ningún control laboral, a menudo en casas, particulares, y que ofrecen equipos de baja calidad, a menudo caros (debido precisamente a la baja calidad de los componentes, los precios suelen ser abusivos) y sin ninguna garantía de continuidad.

No existe ninguna normativa que regule los equipos que monte un usuario para sí mismo. Por supuesto esta permisibilidad es válida en la medida en que el equipo ensamblado no genere radiación excesiva, en cuyo caso sería ilegal pudiendo dar lugar a que la FCC investigase el origen de las emisiones y tomase las medidas legales oportunas.

C.1.2. Certificación de equipos por la UL/ETL/CSA/TÜV

La siglas UL/ETL/CSA/TÜV responden a "Underwriters Laboratories" / "Electronic Testing Laboratories" / "Canadian Standards Association" / "German Safety Agency" y es el fruto de agencias de seguridad. La mayoría de los equipos de mejores prestaciones son aprobados por la UL/CSA/TÜV.

Aunque el proceso de certificación es sencillo, suele resultar bastante costoso y este encarecimiento del producto debe soportarse con la fabricación masiva de los mismos.

Ésta es una lista básica de requerimientos:

- Las altas tensiones no deben ser accesibles al usuario (por ejemplo, los bornes del interruptor de alimentación). Por este motivo, los modelos PS/2 de IBM disponen de unas varillas para acceder al interruptor internamente, por ejemplo. Deben cumplir por tanto las normas UL/CSA/TÜV. La no certificación en dichas normas implicará una falta de calidad de las fuentes de alimentación, ya que no todas superan las exigencias impuestas.

- Todos los periféricos alimentados desde el PC deben tener fusibles en sus líneas de corriente. Esto en algunos casos es ridículo, ya que implica que los ratones, teclados, etc. deban llevar fusibles cuando su consumo en corriente es prácticamente despreciable, a la vez que la fuente de alimentación se desconecta si se produce un cortocircuito en su salida de 5 v. El riesgo de que el cable se queme es prácticamente inexistente, pero, aun así, es un requerimiento más.

- Las baterías de litio de la máquina deben estar doblemente protegidas cuando se produce el proceso de carga por parte del sistema. En la práctica esto se consigue implementando dos diodos en la placa base encargados de tal fin.

- Es indispensable que todos los conectores de alimentación, fusibles y terminales de interruptores, pulsadores y conmutadores se encuentren claramente etiquetados.

- Existen restricciones también en cuanto a colores de botones y lámparas se refiere. Así, aunque no siempre se cumpla, no deben usarse lámparas (diodos LED) de color rojo, ya que están asociados a la señalización de peligro.

- Todos los periféricos deben disponer de forma independiente de su propia certificación.

⇨ Un test de "dedos" ("finger test") asegura que el usuario no pueda tocar con sus dedos partes móviles del sistema como, por ejemplo, ventiladores.

⇨ La agencia deberá comprobar el equipo completamente cargado, con todas las placas y periféricos precisos para generar un consumo en la fuente de alimentación similar al que un usuario realizará. Después, en función de la agencia, se podrán cambiar las tarjetas y periféricos aprobados. La UL es la más estricta en este sentido y exige la presentación de una lista con los periféricos y tarjetas que podrían ser cambiados. No ocurre lo mismo con la CSA o la TÜV que omiten este trámite.

⇨ Todos los componentes plásticos deben disponer de su certificación independiente (fundamentalmente orientada a la inflamabilidad y toxicidad del material).

⇨ Las torres están sujetas a una prueba final. El diseño de este tipo de cajas suele resultar pobre, ya que, entre otros aspectos negativos, los componentes de mayor peso (fundamentalmente la fuente de alimentación) se sitúan en la zona superior de la caja.

⇨ Debe añadirse el conjunto de pegatinas y etiquetas cumpliendo las normativas en cuanto a materiales empleados, tipos de papel, tinta, logotipos…

⇨ La agencia encargada de emitir la certificación deberá visitar la zona de ensamblaje que se desea aprobar de forma periódica y/o aleatoria, asegurando así que el fabricante cumple los requerimientos impuestos.

C.1.3. ¿Quién precisa las certificaciones?

Aunque en EE.UU. no hay requisitos federales para la aprobación de equipos electrónicos, algunas ciudades y estados tienen sus requerimientos propios. Así, aquellas empresas que se dediquen a exportar PCs a Canadá y Europa deben disponer de las certificaciones oportunas.

Como es de suponer, pocos son los ensambladores que cumplen las normas marcadas. Por otro lado, es importante remarcar que con pequeñas variaciones que afectasen fundamentalmente a los interruptores y fuentes de alimentación, el resultado sería válido, ya que el resto de componentes suelen cumplir la normativa.

En Alemania las certificaciones de la TÜV llegan a una gama de productos más amplia que los sistemas electrónicos. Catalogándolos en modelos, cada grupo de productos debe cumplir la normativa oportuna con respecto al fin para el que han sido diseñados.

En definitiva, todos los equipos deberían estar certificados, y esto sólo se conseguirá cuando la legislación sea severa en este sentido y no permita el trasiego de material microinformático no homologado.

C.1.4. Test de emisión de la VDE

En Alemania existe una normativa diferente en cuanto a los requerimientos de emisión (que, por otro lado, son aceptados en casi la totalidad del resto de Europa). Es difícil obtener la aprobación de emisiones por parte de la VDE, ya que no existen demasiados laboratorios capacitados para emitir este certificado; por este motivo, la mayoría de los PCs que se venden en Europa carecen de dicha certificación.

Figura C–2 Logotipo de la certificación VDE

De cualquiera de las maneras, el test VDE es una certificación consolidada y distintivo de calidad en aquellos productos donde aparezca el logotipo de la figura superior.

APÉNDICE D

SOLUCIÓN A LOS EJERCICIOS

La finalidad de este libro tiene, de partida y tal y como se indicaba en su introducción, un propósito didáctico, ya sea bajo el plano de la autoformación como para el aprendizaje supervisado por un tutor. Sea cual sea el caso del lector, sin duda le resultará de utilidad conocer las soluciones a los diferentes ejercicios propuestos a lo largo de estos capítulos.

Gran parte de los ejercicios aquí propuestos han servido al autor de base para la realización de diferentes cursos sobre Hardware Microinformático, contando por tanto con una puesta en común y un debate que, previo a la publicación de los mismos, enriquece más este texto. No todos los apartados de libro tienen ejercicios planteados ya que algunos contenidos se ciñen a un aspecto de práctica manual. En los que sí existen soluciones susceptibles de ser plasmadas en papel, el lector encontrará los razonamientos oportunos para comprender la estrategia de resolución seguida. Es importante destacar que, la citada solución, no tiene por qué ser única y, en ocasiones, tampoco la mejor. Ha predominado la claridad de planteamiento a la hora de explicar el ejercicio a cualquier otro condicionante (como la velocidad de cálculo) que se pudiera aplicar.

Puede usarse este anexo, por tanto, como método de autocomprobación de los conceptos adquiridos, dejando así a juicio del lector la necesidad o no de releer alguno de los capítulos. También puede resultar útil para los docentes, ampliando su carpeta de ejercicios (algo que siempre resulta de utilidad).

Poco más que añadir a esta introducción, excepto desear que este apéndice complemente y ayude a afianzar todos los conceptos expuestos. No hay mayor recompensa en el aprendizaje que la comprobación del conocimiento adquirido y es eso lo que, en las líneas siguientes, podrá comprobar de forma efectiva. ¡Buenos resultados...!

D.1. SOLUCIÓN A LOS EJERCICIOS DEL CAPÍTULO 2

1. No. Los equipos 80486 son máquinas AT –obsoletas pero aún funcionales según qué sectores– donde, la fuente de alimentación, está controlada mediante un interruptor, lo que significa que sólo la acción mecánica sobre el citado interruptor puede posibilitar el encendido de la máquina (otra cosa sería que no se apagase y se tuviera el PC en un estado de hibernación mediante sistemas hardware o software). En el caso del Pentium III sí sería posible ya que su arquitectura ATX nunca llega a apagar la máquina, sino que la mantiene en un estado de stand by.

2. No, al menos necesariamente. La totalidad de las placas incluyen un sistema accionado por jumpers o mediante software que le permite admitir microprocesadores comprendidos entre un rango de frecuencias determinado. Por lo general, valores de frecuencia próximos suelen ser admitidos.

3. No. Si bien es cierto que actúa como medida de seguridad, un fallo (provocado o no) de la batería deja el PC completamente accesible.

4. Dado que *Transferencia = Datos · Frecuencia de trabajo = Datos / Unidad de tiempo*, la solución es sencilla. Si se trabaja con 256 bits de datos a 4 Ghz, el resultado sería de:

$$Transf. = 256\ bits \cdot 4 \cdot 10^9 =$$
$$32\ bytes \cdot 4 \cdot 10^9 = 128 \cdot 10^9\ bytes/s \approx 119{,}21\ GB/s$$

5. La capacidad direccionable viene impuesta por el número de celdas referenciables (2^n donde n corresponde al número de bits) y la capacidad de cada una de las celdas, habitualmente coincidente con la capacidad del bus de datos. Así, el cálculo corresponde a:

$$Capacidad = 2^n \cdot bus\ de\ datos;\ 2^{16} \cdot 32\ bits = 65.536 \cdot 4\ bytes = 256\ KB$$

6. Dado que la frecuencia responde, con respecto al período, a la fórmula $F=1/T$, el período, con respecto a la frecuencia será $T=1/F$. Así se obtiene que

$$T = 1/F = 1/533\ Mhz = 1{,}87\ nsg$$

7. Dada la gran variedad de placas, es imposible determinar una solución generalizada. En este ejercicio, se ha tomado una placa base cualquiera que, sin duda, servirá de referencia al lector para extrapolar la solución a su caso concreto. Bajo esta consideración se han destacado aquellos componentes que juegan un papel estratégico en el ordenador, entendiendo que todos, incluso los no señalados, son imprescindibles para el correcto funcionamiento de la máquina.

Figura D–1 Detalle de placa base

1. Slots ISA (16 bits)
2. BIOS
3. Chipset
4. Slots PCI
5. Receptáculo de batería
6. Puerto AGP
7. Puertos serie y paralelo
8. Zócalo One para el micro
9. Chipset
10. Bancos de memoria
11. Conexiones IDE / FDD
12. Puertos USB
13. Puertos DIN (teclado / ratón)
14. Conector de alimentación

D.2. SOLUCIÓN AL EJERCICIO DEL CAPÍTULO 4

1. Lo primero será averiguar el código ASCCI de los tres caracteres dados y, a partir de ahí, su código binario (tal y como se detalla en el capítulo 11). El resultado es:

A ⇨ 65 ⇨ 01000001
B ⇨ 66 ⇨ 01000010
C ⇨ 67 ⇨ 01000011

La obtención de la paridad par e impar corresponderá al dígito preciso para, tomados los bits en columnas, obtener un número par o impar de unos respectivamente. Así se obtendrá un código fácilmente asociable a su código ASCII. La solución, por tanto, sería la siguiente:

PAR ⇨ *01000000* ⇨ $64_{(10}$ ⇨ *@*
IMPAR ⇨ 00111111 ⇨ $63_{(10}$ ⇨ ?

APÉNDICE E

GLOSARIO

Cada ciencia se caracteriza por una serie de especificaciones propias que la determinan y distinguen de las demás. Esto es obvio y no resulta extraño de igual modo que hay otra serie de generalidades que, aunque inherentes a la ciencia en sí, a nivel conceptual no dejan de ser generalidades. Estamos hablando de los tecnicismos, entendiendo que tan importante es conocer un tema como saber referenciarlo y denominarlo correctamente. No debe olvidarse que la primera sensación se percibirá no por la experiencia del interlocutor sino por el modo de hablar de éste.

Hay quien asegura que la Informática es una guerra de siglas y, lo cierto es que no está muy desencaminado. Largas "palabras" fruto del acrónimo de conceptos que, generalmente, son términos americanos hacen de este apasionante mundo un gheto vedado a aquellos que no estén dispuestos a aumentar su vocabulario de una forma desordenada y un tanto excéntrica (¡sí, excéntrica!). Así se dan términos como S.M.A.R.T. que, a primera vista se podría traducir como "Inteligente". Ahora bien, esa sería la traducción de SMART. El acrónimo referenciado es una característica propia de los discos duros que es el *Self Monitoring Analysis and Reporting Technology*, algo así como *Tecnología de Autocomprobación, análisis e informes*. Otro de los riesgos que se dan en este campo es la coincidencia de siglas. Así, el acrónimo HD puede denominar un disco duro (*hard drive*, en inglés) aunque también puede referenciar un formato de alta densidad en discos flexibles (*High Density*). Puestos a complicar, también de S.M.A.R.T. se pueden obtener variaciones como *Simple Modular Architecture Research Tool*. Finalizando, quizás el colmo de los ejemplos puedan ser las siglas JINI, una tecnología de Sun Microsystems para el desarrollo de sistemas distribuidos formados por todo tipo de dispositivos que contengan la máquina virtual Java que se corresponde con *Jini Is Not Initials* (Jini no son iniciales).

Como se observa, resulta cuando menos curiosa la terminología y admirable su arraigo en los hispanoparlantes que desconocen el inglés. Parece clara, por tanto, la necesidad de dedicar unas líneas a los acrónimos y siglas más importantes aun sabiendo que siempre serán incompletas.

E.1. GLOSARIO DE TÉRMINOS

Bajo este epígrafe se recogen algunos términos contenidos en este libro y otros que no, pero que su frecuente uso obliga a su conocimiento. En la mayor parte de los casos se indica su origen inglés para la mayor facilidad de asimilación.

3Dnow! Set de instrucciones multimedia de los microprocesadores AMD similares al conjunto MMX de Intel.

ADSL *Asymetric Digital Subscriber Line*. Se trata de la opción de banda ancha más difundida gracias su compatibilidad con el par trenzado habitual de la RTB.

AI *Artificial Intelligence*. Inteligencia artificial.

ALU *Arithmetic-Logic Unit*. Unidad aritmético lógica.

AM *Amplitude Modulated*. Modulación en amplitud.

AMD *Advanced Micro Devices*. Fabricante de microprocesadores.

AMI *American Megatrends*. Fabricante de BIOS.

ASCII *American Standard Code for Information Interchange*. Código Estándar Americano para el intercambio de información.

ARP Protocolo de resolución de direcciones.

ASP *Aplication Service Provider*. Se trata de un lenguaje de programación orientado, sobre todo, al entorno web en creciente uso.

AT *Advanced Technology*. Tecnología avanzada.

Backup Hace referencia a sistemas de seguridad, ya sean copias o elementos hardware disponibles para usar en caso de avería.

Bahía Cada uno de los alojamientos que la caja del PC ofrece para albergar dispositivos... Están normalizadas en formato de 3 ½" y 5 ¼".

BiCMOS *Bipolar Complementary Metal-Oxide Semiconductor*. Tecnología usada para la implementación de integrados y componentes discretos.

BIOS *Basic Input/Output System*. Sistema básico de entradas/salidas.

Blue Tooth Tecnología de comunicación wireless (sin hilos) utilizada para pequeñas redes y transferencias de datos en ámbito local.

BNC *Bayonet Nut Connector*. Conector de tipo BNC, muy usado en redes en bus.

BPS/bps *Bytes/bits Per Second*. Bytes/bits por segundo. En algunos casos a los bits/segundo se les da el nombre de baudios, aunque el concepto es más amplio.

BUS Es el "canal" por el que se transmiten los datos entre el microprocesador y un componente. Puede ser de varios tipos (datos, direcciones y control) y, dependiendo de su función, bidireccional o unidireccional.

CAD *Computer Aided Design*. Diseño asistido por ordenador.

CD ROM *Compact Disk Read Only Memory*. Disco compacto de sólo lectura.

CGA *Color Graphics Adaptor*. Tipo de tarjeta de vídeo.

CMOS *Complementary Metal-Oxide Semiconductor*. Tecnología usada para la implementación de integrados y semiconductores discretos.

CPU *Central Processing Unit*. Unidad central de proceso.

CR *Carriage Return*. Retorno de carro (concepto asociado a la tecla INTRO).

CRT *Cathode Ray Tube*. Tubo de rayos catódicos (TRC) de los monitores.

CTS *Clear To Send*. Señal de preparado para enviar de un módem.

DC Corriente continua.

DD *Double Density*. Doble densidad. Concepto asociado, fundamentalmente, a disquetes.

DHCP Protocolo de configuración dinámica de hosts.

DMA *Direct Memory Access*. Acceso directo a memoria de un dispositivo sin la intervención del microprocesador.

DNS Sistema de nombres de dominios.

DOS *Disk Operating System*. Sistema operativo en disco.

DRAM *Dynamic Random Access Memory*. Memoria RAM con necesidad de refresco.

DS *Double Sided*. Doble cara.

EGA *Enhanced Graphics Adaptor*. Tipo de tarjeta de vídeo.

EOF *End Of File*. Fin de fichero. En DOS también se representa con Ctrl+Z.

EOL *End Of Line*. Fin de línea.

ESDI *Enhanced Small Devices Interface*. Tipo de controladora.

FAT *File Allocation Table*. Tabla de situación de ficheros de los discos.

FDD *Floppy Disk Drive*. Disquetera.

FF *Form Feed*. Avance de página. Usado en impresoras.

FIFO *First-In First-Out*. Estructura donde los primeros datos en entrar son los primeros en salir.

FILO *First-In Last-Out*. Estructura donde los primeros datos en entrar son los últimos en salir. También se las denomina LIFO.

FM *Frequency Modulation*. Modulación de una señal en frecuencia.

FSB *Frontal Side Bus*.Valor de frecuencia que la placa base es capaz de suministrar en formato de onda cuadrada para sincronizar a todos los componentes soportados en ella.

FTP *File Transfer Protocol*. Protocolo de transferencia de ficheros.

GUI *Graphical User Interface*. Interfaz gráfica de usuario. Se trata de la aplicación gráfica por la que el usuario es capaz de gobernar un proceso.

HD *High Density*. Alta densidad. Se trata de un concepto asociado, generalmente, a disquetes. En ocasiones también se usa para designar a los discos duros (*Hard Disk*).

HDD *Hard Disk Drive*. Unidad de disco duro.

I/O *Input/Output*. Entrada/Salida.

IBM *International Business Machines Corp*. Sin duda una de las compañías más representativas de la Informática también conocida como *El Gigante Azul*.

IC *Integrated Circuit*. Circuito integrado sobre el que se montan componentes.

ICMP Protocolo de control de mensajes en Internet.

IGMP *Internet Group Mangement Protocol*. Protocolo de gestión de grupos en Internet.

IRQ *Interrupt ReQuest*. Interrupción (del microprocesador).

ISO *International Standards Organization*. Organización internacional de estandarización.

LAN *Local Area Network*. Red de ordenadores de área local.

LCD *Liquid Crystal Display*. Pantalla de cristal líquido muy usada en portátiles.

LED *Light Emitting Diode*. Indicador luminoso usado, por ejemplo, para indicar el Power LED, HDD LED, Turbo LED...

LF *Line Feed*. Avance de línea. Muy usado para, por ejemplo, impresoras.

LSB/lsb *Least Significant Byte/bit*. Hace referencia al bit/byte de menor peso (menos importante) indicando si se encuentra a la derecha o a la izquierda.

LSI *Large Scale Integration*. Nivel de integración de un circuito integrado que, en este caso, corresponde a alta escala de integración.

MAN *Metropolitan Area Network*. Red de área metropolitana.

MB/Mb *Mega Bytes/Mega bits*.

MBR *Master Boot Record*. Registro principal de arranque de sistema operativo de un disco.

MCA *Micro Channel Architecture*. Arquitectura "microcanal", usada por IBM y actualmente en desuso.

MCGA *Multi-Color Graphics Array*. Tipo de tarjeta de vídeo.

MHz *MegaHertz*. Indica velocidad (generalmente del microprocesador). Corresponde a millones de pulsos por segundo.

MIPS *Millions of Instructions per Second*. Unidad de medida de rendimiento de un PC en millones de instrucciones por segundo.

Módem *Modulador/demodulador*. Dispositivo capaz de conectar dos equipos usando la vía telefónica.

MOPS *Millions of Operations Per Second*. Unidad de medida de rendimiento de un PC en millones de operaciones por segundo.

MOS *Metal-Oxide Semiconductor*. Tecnología de fabricación de integrados y semiconductores discretos.

MSB/msb *Most Significant Byte/bit*. Hace referencia al bit/byte de mayor peso (más importante) indicando si se encuentra a la derecha o a la izquierda.

MSDOS *Microsoft Disk Operating System*. Sistema operativo DOS de Microsoft.

MSI *Medium Scale Integration*. Nivel de integración de un circuito integrado que, en este caso, corresponde a escala media de integración.

N/C *No-Connect*. Término muy usado en los esquemas electrónicos de los microprocesadores y otros componentes para indicar pines sin conexión.

NFS *NetworkFIle System*. Sistema de fichero de red.

NMI *Non-Maskable Interrupt*. Interrupción (IRQ) no enmascarable.

NMOS *Negatively doped Metal-Oxide Semiconductor*. Tecnología de fabricación de integrados y semiconductores discretos complementaria a la PMOS.

NVRAM *NonVolatile Random Access Memory*. Tipo de memoria RAM no volátil.

OCR *Optical Character Recognition*. Sistema software capaz de reconocer, a partir de una imagen, los códigos ASCII que la componen. Normalmente lleva un pequeño sistema de inteligencia artificial para el correcto reconocimiento.

OEM *Original Equipment Manufacturer*. Componentes ligeramente más económicos que los preparados para su venta al cliente final.

OS *Operating System*. Sistema operativo, en general. Estas siglas han sido usadas por IBM para designar su sistema operativo OS/2.

PAN *Personal Area Network*. Se trata de una red de pequeñas dimensiones (inferior a la LAN). Suele ser de un par de PCs donde uno de ellos es un portátil (generalmente). Este concepto se acuña con la aparición del estándar de comunicación *Bluetooth*.

PC *Personal Computer*. Corresponde a "ordenador personal" de forma literal, aunque debiera ser "ordenador monousuario". Este término también se asocia al contador de programa de un microprocesador ("Program Counter").

PCB *Printed Circuit Board*. Placa de circuito impreso.

PCMCIA *Personal Computer Memory Card International Association*. Ranura de expansión universal usado, fundamentalmente, por equipos portátiles.

PMOS *Positively doped Metal-Oxide Semiconductor*. Tecnología de fabricación de integrados y semiconductores discretos complementaria a la NMOS.

POP *Postal Office Protocol*. Protocolo de oficina postal.

POST *Power On Self Test*. Chequeo de autoarranque que realiza el PC.

PROM *Programmable Read-Only Memory*. Memoria programable de sólo lectura.

RAM *Random Access Memory*. Memoria de acceso aleatorio.

RAMDAC *Random Access Memory Digital to Analog Converter*. Se trata del conversor digital/analógico que se encuentra en las tarjetas de vídeo cuya misión es la de generar una señal apta para ser visualizada por el monitor.

RDSI *Red Digital de Servicios Integrados*. Se trata de una opción ofrecida por las compañías telefónicas para ofrecer una serie de servicios adicionales aplicados a la telefonías sobre RTB.

RI *Ring Indicator*. Indicador de llamada. Este término se usa frecuentemente en los módems.

RISC *Reduced Instruction Set Code*. Arquitectura de algunos microprocesadores con pocas instrucciones. Se trata del término *contrario* al CISC.

ROM *Read-Only Memory*. Memoria de sólo lectura.

RPM *Rotations Per Minute*. Revoluciones por minuto.

RTC *Real Time Clock*. Reloj en tiempo real.

SCSI *Small Computer Systems Interface*. Tipo de bus extremadamente rápido y flexible.

SD	*Single Density*. Simple densidad. Se trata de un concepto asociado, fundamentalmente, a disquetes.
SET	Se trata del conjunto de instrucciones propio y característico del microprocesador. Algunos SETs se estandarizan, como es el caso de las 57 microinstrucciones que conforman la tecnología MMX orientada a la Multimedia.
SIMM	*Single Inline Memory Module*. Formato físico de memoria disponible en 30 y 72 contactos.
SIPP	*Single Inline Pinned Package*. Formato físico de memoria disponible en 30 que usa pines para su inserción.
SLIP	*Serial Line Internet Protocol.*
SMD	Dispositivo de montaje superficial. Son aquellos componentes discretos de muy alta escala de integración ("Surface Mount Device").
SMT	*Surface Mount Technology*. Tecnología de montaje de los componentes SMD.
SNMP	*Simple Network Management Protocol*. Protocolo de gestión simple de red.
SPT	*Sectors Per Track* o sectores/pistas.
SRAM	*Static Random Access Memory*. Memoria RAM estática (no precisa refresco).
SS	*Single Sided*. Simple cara. Concepto usado, sobre todo, para disquetes aunque ya en desuso ya que, desde hace años todos los discos aprovechan ambas caras.
SVGA	*Super Video Graphics Array*. Tipo de tarjeta de vídeo.
TCP/IP	*Transmission Control Protocol/Internet Protocol*. Protocolo de transmisión de datos para diferentes tipos de redes diseñado para ser usado con Internet aunque también es operativo en otros tipos de redes.
Telnet	Protocolo de presentación remota.
TI	*Texas Instruments*. Empresa fabricante de, entre otros productos, microprocesadores.

TPI *Tracks Per Inch* o pistas/pulgada.

TSR *Terminate and Stay Resident*. Programa residente en memoria RAM.

TTL *Transistor-Transistor Logic*. Lógica digital de 5 v.

UART *Universal Asynchronous Receiver/Transmitter*. Integrado encargado de gestionar las comunicaciones en una controladora. De él depende el rendimiento en las comunicaciones serie y, dependiendo del caso, el aprovechamiento del módem.

UDP *User Datagram Protocol*. Protocolo de datagramas de usuario.

UMB *Upper Memory Block*. Bloque de memoria alta.

UPS *Uninterruptible Power Supply*. Fuente de alimentación ininterrumpida. También recibe el nombre de SAI (Sistema de alimentación ininterrumpida).

USB *Universal Serial Bus*. Es un puerto serie de comunicaciones de altas prestaciones. Su formato es de cuatro pines donde dos se usan para alimentación y el resto para entrada y salida de datos. Soporta 127 dispositivos en cascada.

UTP *Unshielded Twisted Pair*. Cable de par trenzado sin apantallar usado para la instalación de redes.

VESA *Video Enhanced Standards Association*. Normativas a cumplir por los fabricantes de monitores.

VGA *Video Graphics Array*. Tipo de tarjeta de vídeo.

VLB *VESA Local Bus*. Tipo de bus diseñado para 386 que alcanzó su esplendor con el 486. Fue desplazado por el bus PCI.

VLSI *Very Large Scale Integration*. Término muy usado que hace referencia al grado de integración de los circuitos integrados que, en este caso, corresponde a "Muy alta escala de integración".

VM *Virtual Memory*. Memoria virtual obtenida a partir del disco duro del sistema para simular mayor capacidad de RAM.

VRAM *Video Random Access Memory*. Memoria RAM usada para las tarjetas de vídeo.

WAN *Wide Area Network*. Red de área extensa (mínimo alcance de una ciudad).

WD *Western Digital*. Fabricante consolidado, sobre todo, en discos duros.

WLAN *Wireless Local Area Network*. Se trata de una red de área local inalámbrica. Este tipo de redes suele comunicarse a través de infrarrojos o tecnología Bluetooth.

WOL *Wake on LAN*. Técnica que permite arrancar el PC desde una red y que debe ser soportada por la placa base y por la tarjeta de red.

WORM *Write-Once Read-Many*. Dispositivo de una sola grabación y múltiples reproducciones.

WS *Wait State*. Estados de espera.

XGA *eXtended Graphics Array*. Tipo de tarjeta gráfica explicada en el libro.

XMS *Extended Memory Specification*.

XOR *Exclusive-Or*. Hace referencia a la lógica digital, en concreto a la operación OR exclusiva.

XT *eXtended Technology*. Tecnología que abarcó, dentro del entorno de los PCs, los microprocesadores 8086 y 8088.

ZIF *Zero Insertion Force*. Tipo de zócalo usado para microprocesadores de fácil introducción y extracción.

APÉNDICE F

ÍNDICE DE TABLAS Y FIGURAS

Llegados a estas alturas del libro, poco queda por decir que no se haya dicho antes. Esto no significa que no existan muchos más temas a tratar (¡nada más lejos!) y que no se pueda profundizar mucho más sobre cada uno de los puntos expuestos: únicamente, cumpliendo con los objetivos básicos que el texto se proponía, se ha llegado al final.

De cualquier modo, un libro con un eminente carácter práctico como pretende ser éste, debe estar bien surtido de imágenes y ejemplos. Éste es el único modo de plasmar de forma real todos los conceptos tratados. Además, su carácter didáctico obliga, en cierta manera, a proponer prácticas manuales que requieren necesariamente de una imagen (ya se sabe aquello de las imágenes y las mil palabras...). Por otro lado, ha resultado imprescindible usar un gran número de tablas que, a modo de resumen, han servido para esquematizar conceptos que, de otro modo, hubieran precisado de muchas más líneas de texto, menos intuitivas, perdiendo claridad a la hora de su entendimiento.

En definitiva, lo que comenzaron siendo unos apuntes en su primera edición, acaban siendo publicados en esta tercera con 257 imágenes entre fotografías y gráficos y 139 tablas esquemáticas, conformando al final el texto que se encuentra a punto de finalizar.

En las páginas que encontrará a continuación, se reúnen de forma ordenada, la relación de tablas y figuras del libro catalogadas por capítulos. Esto pretende ser una ayuda a la hora de buscar conceptos tratados en los capítulos anteriores. Es deseo del autor, y lo ha sido durante todo el texto, que este apéndice le resulte productivo y útil a la hora de abordar las diferentes tareas que este apasionante mundo del hardware microinformático le ofrece. Siga, por tanto, siendo vigente el subtítulo del libro: ¡Buen viaje a las profundidades de su PC!

F.1. TABLAS

F.2. FIGURAS

ÍNDICE ALFABÉTICO

A

B

C

Ch

C

D

N

O

P

R

S

T

U

V

NOTAS

Esta edición se terminó de imprimir en septiembre de 2005. Publicada por ALFAOMEGA GRUPO EDITOR, S.A de C.V. Apartado Postal 73-267, 03311, México, D.F. La impresión y encuadernación se realizaron en IMPRESOS Y ENCUADERNACIONES SIGAR, Calzada de Tlalpan 1702, Col. Country Club, 04120, México, D.F.